형사정책학

Criminal Policy

김용준 저

백산출판사

머리말

저자가 범죄를 예방하고 방지하는 것을 주 임무로 하는 형사정책학(criminal policy)이라는 학문을 접하는 사람 중의 한사람으로써 지금과 같이 묻지마범죄, 사이버범죄, 보이스피싱, 세계화에 따른 외국인범죄, 그리고 연일 보도되고 있는 살인, 자살 등은 언제 우리의 귀중한 생명과 재산을 잃어버릴지 모르는 세태에 즈음하여 우리사회의 안전망 구축이 그 어느 때보다 시급하다는 것을 알고 이에 조금이라도 도움을 줌은 물론 형사 사법관련 직종의 시험 준비에 만전을 기할 수 있도록 이 저서를 내놓게 되었다.

이 저서의 특징으로는 다음과 같다.

첫째, 형사사법기관에 근무하는 실무자는 물론 형사사법관련 공부를 하는 학도들에게 맞춤형 집필을 하도록 하였다.

둘째, 형사정책학 관련 자격시험 및 사법고시를 비롯한 각종 임용시험 및 승진시험 준비에 손색이 없도록 하였다.

셋째, 최신자료와 법령 등에 따라 법령개정 등에 따른 오류가 없도록 하였다.

넷째, 저자가 대표로 있는 세계범죄방지사(crime stoppers international) 조직의 하나인 한국의 법정조직인 한국범죄방지사협회(korean association for crime stoppers)의 회원 들의 범죄방지사나 범죄방지지도사들에게 도움이 되도록 하였다.

필자는 이상과 같은 큰 뜻을 갖고 집필하였으나, 얼마나 이에 부합되었는가는 독자 제현의 평가에 달려있다고 본다. 잘못 되었거나 부족한 것은 지속적인 개선과 보완을 하고자 한다. 독자 여러분들의 많은 지도편달을 바라마지 않는다.

끝으로, 장인 곽인환 교장선생님과 장모 유보실 선생님의 교육자 집안의 막내로 귀하게 자라 연약한 몸으로 공직자의 아내로서, 학자의 아내로서 기나긴 희생과 인고의 세월을 헌신적인 내조자로서, 언제나 지아비로 하여금 책을 가까이 하면서 꿈과 이상을 좇아 심신과 정열을 불태울 수 있게 함으로써 쉽사리 부패하거나 속물화 되지 않고 힘이 되어 주고 있는 나의 반려 곽재은(郭在恩)의 이번 회갑을 맞아 사랑과 고마움의 정표로 이 한 권의 책을 바치는 바이다.

2011년 2월

저자 씀

차 례

제1편 총론

제2편 범죄학이론

제3편 범죄현상론

제5편 범죄자 처우의 제문제

제6편 각종범죄와 그 방지대책

제8편 형사정책학의 현대적 과제 및 전망

제1편

총 론

제1장 형사정책의 기초이론

제1절 형사정책의 정의

형사정책이라는 말은 독일어의 'Kriminalpolitick'에서 유래하는 것으로써 1800년경 독일의 형법학자이며 형사정책의 아버지라고 불리어지는 포이에르바하(Anselm von Feuerbach)에 의하여 처음으로 쓰여지게 되었다(藤本哲也, 1996 : 1).

형사정책이라는 말과 병용 또는 구별되는 개념으로 '범죄학'(Criminologie), '형사학'(Sciences penales) 등이 있는데, 범죄학은 원래 1879년 프랑스의 인류학자 또삐나르(Topinard)에 의하여 조어(造語)되어 1885년 이탈리아의 법학자 가로화로(Rafaele Garofalo)의 교과서 「범죄학」에서 처음 사용된 것으로 범죄의 현상과 원인을 규명하는 것을 주된 내용으로 하는 사실학 내지 경험과학을 의미하는 것이었다(정영석, 1992 : 17).

한편 영미법계 국가에서는 형사정책에 상응하는 말은 없었으며, 1924년 서덜랜드(E. H. Sutherland) 이후 Criminology(범죄학 또는 형사학)에 행형학(Penology)을 포함시키는 견해가 일반적이었다. 그러다가 UN이 1952년에 「국제형사정책잡지」(International Review of Criminal Policy)를 간행하기 시작한 이래 형사정책과 같은 뜻의 Criminal Policy) 또는 Crime Policy라는 말이 자주 사용되었으며, 20세기에 영미법에 도입되면서 범죄에 대한 방지대책을 포함하는 광범위한 의미로 사용되고 있다.

또 최근에는 형사사법제도(Criminal Justice System)로서의 법의 집행(Law Enforcement)을 담당하는 기관을 어떻게 조직하고 운영할 것인가를 집중적으로 연구하는 영역이 독립적으로 분화되어 종합대학교에 형사사법대학(College of Criminal Justice)이라는 독립된 학과가 설치되었는데, 이중에서 대법관을 지낸 존 재이(John Jay)의 이름을 붙여 만든 미국뉴욕시립대학교(The City University of New York)의 존 재이 형사사법대학(John Jay College of Criminal Justice)이 유명하다. 이와 같은 대학에서는 범죄대책으로 어떻게 효율적인 형사사법제도를 구성, 조직하고 운영할 것인가에 대하여 연구하기 때문에 자연히 '형사사법계획'(Criminal Justice Planning) 또는 '형사사법제도정책학'(Politicsed the Criminal Justice System)이라는 학문분야가 형성되었다. 이 형사사법제도에 대한 정책학은 독일의 형사정책과 그 대상을 같이하면서도 정책학으로서의 의사결정(Dicision Making)을 이용하여 더욱 정책적인 대안과 그 결정과정을 세분화하여 연구하는 특징을 보여주고 있다. 이와 같이 형사정책이라는 말뜻은 여러 가지로 변천되어왔지만 형사정책이 어떤 것인가에 대하여는 아직 정설(定說)이 없는 실정이다. 일찍이 리스트(Franz von Liszt)는 형사정책이란 "국가가 형벌 및 이와 유사한 여러 제도를 수단으로 하여 범죄방지대책의 제원칙의 체계"라고 정의하고, 히펠(Robert von Hippel)은 형사정책은 합목적성의 입장에서 형사법의 유효성을 관찰하는 것이라고 정의했다. 또 메츠커(E. Mezger)는 "범죄의 예방과 범죄의 투쟁을 위한 국가의 모든 조치의 전체"라고 하고 있다. 예쉑(Hans Heinrich Jescheck)은 "형사정책을 형법을 가장 합목적적으로 운영하고, 또한 사회의 질서유지라는 과제를 충족시키는 것"이라고 하고 있다.

볼드(George B. Vold)와 버나드(Thomas J. Bernard)는 형사정책이란 "범죄라는 용어가 서술하고 있는 중대한 사회문제에 대하여, 국가라는 조직이 대처해가는 다양한 방도를 말한다."고 하였다. 최근에 있어서는 영미법계의 흐름에 속하는 학자에 의하여 형사정책은 사실로서의 범죄학이나 규범학으로서의 형법학과의 관계에 대하여 그 대상영역이 설정되어야 한다는 주장과 함께 형사정책은 광의의 범죄학의 한 분야를 구성하는데 불과하다고하는 견해가 유력시되고 있다. 필자의 견해도 형사정책학은 광의의 범죄학의 한 분야라고 보는 입장이며 보다 상세한 것은 후술하고자 한다.

형사정책의 정의에 대하여 고찰할 경우 초보자로 하여금 문제가 되는 것은 범죄학, 형사정책, 형사학에 대한 용어의 차이와 그 사용방법이다. 이에 대하여 한국과 일본은 이 셋을 대부분 같은 의미로 사용되고 있다고 해도 과언이 아니다.

예컨대 일본의 전전신이랑(前田信二朗)은 그의 저서 「형사학원론」에서 "형사정책학과 형사학 또는 범죄학이란 그 명칭에 차이가 있더라도 내용적으로는 모두 동일한 것이라고 할 수 있는 것이다. 다만, 그 중점의 위치나 체계적 서술에 있어서 주관적 혹은 방법론적인 차이가 인정되는데 불과하다."고 기술하고 있으며, 궁내유(宮內裕)도 그의 저서 「형사정책」에서 "협의의 형사학(또는 범죄학 특히 독일어의 Kriminologie)과 협의의 형사정책(서덜랜드가 Penology라고 하는 것)을 포함한 상위개념으로서 광의의 형사학이 있다. 그것은 간혹 영미에서는 Criminology라고 하며 독일에서는 Kriminalpolitik이라고 불리운다."고 하며 형사학을 범죄학과 형사정책을 포함한 의미로 이해하고는 있지만 셋은 별 차이가 없는 것으로 생각하고 있는 것 같다. 또 大塚仁, 香川達夫도 「教材刑事學」 "형사학(Kriminologie, Criminology, Criminologie, Criminoloia)이란 협의의 의미로는 다시 범죄의 대책을 논하는 학문분야까지도 포함"한다. 형사학 대신에 범죄학이라는 용어로도 가끔 사용된다. 그러나 협의의 형사학의 분야를 가리키는 말로서는 형사학보다 더 어울리는 용어지만 범죄의 대책까지도 포함시키는 말로서는 반드시 적절하다고는 말할 수 없다. 또 "형사정책(Kriminalpolitik, politique criminelle)이라는 용어도 널리 쓰여지고 있으나, 그 의미하는 바는 실지로 형사학과 거의 동일하다."고 하여 형사학이라는 용어가 가장 적절하다고는 하면서도 범죄학, 형사정책학, 형사학을 거의 같은 것으로 보고 있는 것 같다.

이러한 범죄학, 형사정책학, 형사학이라는 용어는 원래 범죄학이 영어의 Criminology라는 역어(譯語)이며, 형사정책이 독일의 Kriminalpolitik이란 역어(譯語)이고, 형사학이 프랑스어인 Sciences Penales의 역어(譯語)인데, 앞에서 서술한 바와 같이 일본에서는 범죄학, 형사정책, 형사학이라는 용어를 반드시 엄격하게 구별하지 않는 것 같으며, 우리나라는 이 세 가지 용어를 사용하면서도 그 차이점에 대하여 서술한 문헌은 어느 곳에서도 찾아 볼 수가 없다.

필자의 견해로는 범죄학에는 광의의 범죄학과 협의의 범죄학이 있고, 협의의 범죄학은 이른바 범죄 원인론을 의미하는 것인데 대하여, 광의의 범죄학(형사학이라고 해도 좋을 것 같음)은 범죄와 형사제재 일반에 관한 학문을 의미하며 사실학(협의의 범죄학)과 규범학(형법학) 및 정책학(형사정책학)을 포함한 광범위한 학문분야라고 할 수 있다. 그런 의미에서 형사정책은 광의의 범죄학의 한 분야라고 할 수 있다.

제2절 형사정책의 두 가지 의미

1. 사실로서의 형사정책의 의의

우리가 보통 형사정책이라고 할 경우 그것이 '사실로서의 형사정책'(행동으로서의 형사정책, 실제 활동으로서의 형사정책, 국가활동으로서의 형사정책이라고도 함)을 의미하고 있는지, '학문으로서의 형사정책학'을 의미하고 있는지에 대하여 주의할 필요가 있다. 왜냐하면 형사정책학이라는 말에는 두 가지 의미가 있는 것이며, 범죄대책을 위한 활동자체를 의미하는 '사실로서의 형사정책'(Kriminalpolitik als praxis)과 사실로서의 형사정책을 그 대상으로 하는 과학이라는 의미에서의 '학문으로서의 형사정책학'(Kriminal ales Lehre)이 있기 때문이다. 통상 우리들은 이 양자를 구별함에 있어 사용하는 것이 사실이다.

'사실로서의 형사정책'은 광의에 있어서는 범죄의 예방 또는 진압을 목적으로 하는 국가 또는 지방단체의 일체의 활동을 말하며 또 협으로는 이러한 활동을 직접범죄자 또는 범죄적 위험자에 대하여 가해자는 심리적 또는 실력적인 강제조치를 말한다. 통상 형사정책이라고 할 때에는 이 협의의 의미로 쓰여지는 것으로써 형사정책은 형벌 및 이와 유사한 수단을 통하여 직접 범죄자 및 범죄적 위험성이 있는 사람에 대하여 범죄를 방지하기 위한 국가의 입법 · 사법 및 행정상의 활동이라고 볼 수 있을 것이다.

따라서 형사정책은 범죄의 현상을 정확히 파악하고 범죄의 원인을 과학적으로 규명함과 동시에 현재 발생하였거나 앞으로 발생할 염려가 있는 범죄에 대하여 현존하는 형벌제도가 범죄의 대책으로서 가치가 있는가를 살피면서 형벌제도 자체의 개선방안 및 보안대책을 수립하는 국가의 활동이라고 할 수 있을 것이다.

2. 학문으로서의 형사정책학의 의의

학문으로서의 형사정책학이란, 앞에서 설명한 바와 같이 사실로서의 형사정책을 연구대상으로 하여 그 실시의 현상을 체계적으로 인식하고 그 목적에 부합되는지의 여부와 효과성의 유무정도를 명확히 밝혀 이를 비판 검토하여 어떻게 하면 이를 보다 합리적이며 효과적으로 범죄를 예방하고 방지할 것인가를 연구하는 학문이다. 범죄예방을 가장 유효적절하게 하기위한 합리적안 연구방법은 범죄발생의 근본원인을 탐구하여 그 근본대책을 강구함에 있다. 이런 의미에서 범죄원인론은 형사정책의 기초학이라 하겠다. 그러나 범죄 원인론의 결론으로서 발생하는 범죄예방대책은 왕왕 본래의 형사정책의 범위를 벗어난다. 예컨대, 빈곤과 불황에 기인하는 범죄를 예방하기위해서는 경제정책이나 사회정책인 근로조건 등의 개선책 등이 필요하며 또 무지나 도의 관념의 저하에서 발생하는 범죄를 방지하기 위하여는 교육의 보급이나 도덕이나 윤리교육의 철저를 도모할 필요가 있을 것이다. 그러나 범죄의 예방이 간접적인 목적 또는 부수적인 효과에 머무르고 있는 한 이같은 정책은 그 직접목적으로 한 목적에 따라서 각각 경제정책, 사회정책, 교육정책으로 지목해야 할 것으로써 형사정책의 범위를 벗어나는 것이다. 독일의 리스트는 "최선의 사회정책은 최선의 형사정책이다."라고 주장하고 있으며, 광의의 형사정책 중에는 사회정책을 포함시키는 사람도 있으나 이렇게 보는 경우에는 형사정책의 학문적 한계가 너무나 막연하게 개념규정자체를 무의미하게 만들 위험마저 있으므로 일정한 한계를 긋는 것이 타당할 것이다. 그렇기 때문에 엄격한 의미에서의 형사정책학은 "형사입법, 형사사법, 형사경찰활동, 행형 및 보안처분의 현상을 명확히 하고 이를 비판함과 동시에 범죄 원인론적 인식을 기초로 하여 이같은 정책을 더욱 효과적이고 합목적적으로 이루어지기 위한 방법을 연구하는 학문"이라고 할 수 있다.

한마디로 요약하면 사실로서의 형사정책학은 범죄를 예방, 진압하기 위하여 어떠한 입법상 사법상 행정상의 대책을 강구하는 것이 가장 합리적이며 합목적적인가를 연구하는 것이라고 할 수 있다.

제3절 형사정책에 관한 요약정리

이상과 같이 형사정책이 무엇인가에 대하여 여러 가지 각도로 살펴보았으나 이해를 보다 돕기 위하여 일본과 우리나라의 주요학자들의 형사정책에 관한 정의를 요약정리하고 필자의 의견을 피력하고자 한다.

일본의 학자의 경우 형사정책을 정의함에 있어 범죄 원인론과의 관계에 대하여 정의하는 경우가 많다. 예컨대 木村 · 龜二는 "형사정책이란 범죄의 원인을 탐구하여 현행 형벌제도의 범죄대책으로서의 가치를 비판하고 개선하기 위한 제원칙 및 형벌제도를 보완 범죄대책의 제 원칙을 확정하는 것을 말한다."고 정의하고 있으며, 마사키아키라(正木亮)는 "형사정책이란 범죄의 원인을 탐구하고 이를 기초로 범죄를 방지하는 대책을 강구하는 것"이라 하고 있다.

우리나라의 경우 정영석은 "형사정책학은 사실학과 정책학으로서의 양면적 성격을 띠는 종합과학으로서의 특징을 가지고 있다."고 하였으며, 신진규는 "널리 범죄방지에 관한 국가의 시책을 의미하는 것"이라고 하였고, 이수성과 조준현은 "형사정책은 형사사법에 있어 규율원리의 획득과 실천"이라고 하면서 "형사정책은 본질적으로 존재론적 학문이 아니라 궁극적으로 가치가 지배하는 가치론적 학문이라"고 정의하고 있다.

필자는 형사정책을 범죄의 원인과 현상을 규명함과 동시에 현행 형벌제도의 문제점을 파악하고 그 개선대책을 수립하는 국가적 활동이라고 본다. 그리고 학문으로서 형사정책, 즉 형사정책학은 학문으로서의 형사정책학을 일정한 이념 하에 비판하고 보다 합리적이며 효율적인 제 원칙의 체제화를 도모하고자하는 학문이라 하겠다.

제2장 형사정책과 인접과학

제1절 의 의

범죄학(광의)이라는 학문은 일반인은 말할 것도 없거니와 법학을 어느 정도 공부한 사람들까지도 범죄학이라는 말은 들었어도 어떤 내용의 학문인가에 대하여는 선뜻 말하기 어려울 것이다. 일찍이 일본과 우리나라에서는 형사학이라는 말이 사용되었고, 그 후 형사정책이라는 말이 일반화되었으나 전후(戰後) 영미, 특히 미국법의 영향을 받아 19세기 중반에야 범죄학이라는 말이 사용되기 시작하였으며, 우리나라 국내학자들이 범죄학이라는 교과서를 펴내게 된 것은 불과 몇 년 전의 일이다.

필자의 사견으로는 광의의 범죄학이란 범죄에 형사제재 일반에 관한 학문을 의미하며 사실학(협의의 범죄학)과 규범학(형법학) 및 정책학(형사정책학)을 포함한 광의의 학문 분야를 의미한다. 따라서 필자가 말하는 광의의 범죄학이란 범죄 원인론을 의미하는 것이 아니라 리스트(F. V. Liszt)가 말하는 전형법학의 이론이나 프리드리히 겔즈(Friedrich Geerdz)의 전 범죄과학에 가깝다고 보겠다. 또 어떤 의미에서는 스테판 훌윗츠(Stefhan Hurwitz)의 범죄과학의 개념에 가까운 것이라고 하겠다. 예컨대, 리스트는 전형법학의 이론에 있어서 형법학을 중심으로 이론을 전개하고 있으나 그것은 필자가 말하는 광의의 범죄학에 가까우며 형사법의 전 영역을 연구대상으로 하는 것으로서의 전형법학의 이론이 제시되고 있다(김용준, 1999 : 22~23). 즉 리스트에 따르면 형법학에는 세 가지의 임무가 있다고 하는데, 전형법학에서의 첫 번째 임무는 법관 기타 실무가를 교육하는 것인데, 이를 실행하기 위해서는 형법, 형사소송법을 연구하고 범죄수사기술을 습득하는 것이 필요하다는 것이다. 또 리스트의 두 번째 임무는 범죄나 형법에 대한 과학적 연구를 통해 그 인과적 설명을 명확하게 하는 것인데, 이를 위해서 범죄학(협의의 범죄학)과 형벌학의 연구가 중요한 것으로 되는 것은 말할 것도 없다. 리스트가 말하는 전형법학이론의 세 번째 임무는 정책수행을 위해서는 범죄방지의 방법학으로서 형사정책학 연구의 필요성이 요구되는 것이다. 또 프리드리히 겔즈(Friedrich Geerdz)도 법률적 범죄과학(형법, 형사소송법)과 비법률적 범죄과학(범죄학)을 통합하는 것으로서 전 범죄과학이라는 개념을 제시하고 있다. 스테판 훌윗츠(Stefhan Hurwitz)도 범죄과학의 개념을 필자와 같은 광의의 범죄학의 의미로 사용하고 있다(藤本哲也, 1996 : 11~12).

이러한 관점에 따라서 필자가 생각하는 바를 도표화하면 아래와 같다. 필자의 도식의 경우는 겔즈 및 훌윗츠와 달리 그것이 개념적인 것이 아니라 '형사사법제도의 프로세스 전체가 범죄학의 대상이라고 하는 점'에 특색이 있다고 보겠다. 즉 범죄학은 범죄 그 자체와 범죄자를 프로세스하는 형사사법제도 그 자체를 문제로 하는 다이내믹한 학문으로서 파악되고 있는 것이다. 즉 형사정책학은 도표에서 보는 바와 같이 범죄학의 일부분이라고 볼 수 있으며, 범죄학의 대상영역은 종래와 같이 범죄나 범죄자에게만 머물지 않고, 제도 그 자체, 사회까지도 포함한 넓은 것이라고 하는데서 그 특색이 있다고 하겠다.

〈표 2-1〉 범죄학의 연구영역

광의의 범죄학

협의의 범죄학	형법학 형사소송법학	형사 정책학

형사사법제도: 범죄의 발생 → 경찰단계 → 검찰단계 → 재판단계 → 교정단계 → 보호단계 → 사회복귀

피해자학

제2절 사실학으로서의 범죄학과 규범학으로서의 형법학

이상에서 밝힌 바와 같이 범죄학이란 영미와 같은 넓은 범위에서 범죄학을 파악하려고 한다고 하겠으나 필자가 범죄학(광의의 범죄학)이라고 총칭하는 사실로서의 범죄학(협의의 범죄학과 규범학으로서의 형법학, 형사소송법학으로서의 형사소송법학을 포함), 그리고 정책학으로서의 형사정책학은 도대체 어떠한 관계에 있는 것일까에 대하여 알아보고자 한다.

규범학으로서의 형법학은 현행규범에 관한 과학인 것이며 현행규범의 체계구성, 해석에 있다고 하겠다. 이에 대하여 사실로서의 범죄학은 범죄의 원인을 규명하여 인간행동을 경험과학으로 분석하는 데에 그 주안점이 있어 범죄의 발생과 사실관계가 중요한 관심사로 되는 것이다. 물론 형법학도 사실관계에 관심을 갖는 것은 말할 것도 없으나 그것은 사실 그 자체에 흥미가 있다고 하기보다는 이러한 사실이 법률적 사고과정의 전제가 되므로 관심을 갖지 않을 수 없다고 생각되는 것이다.

이와 같이 양자는 현실문제로서의 범죄를 대상으로 하는 학문이라는 점에서 공통성을 갖는 것이나 범죄학의 연구영역은 형법이 범죄학이라고 명한 것으로 한정되는 것은 아니며 사회학에서 일탈행동이라고 하는 넓은 범위의 반사회적 행동까지도 포함하는 점에 주의하지 않으면 안 될 것이다. 또 범죄학과 형법학을 구별함에 있어서 형법학은 당위의 과학이며 범죄학은 존재의 과학이라고도 한다. 이것은 범죄학이 경험적 기초과학과 통계를 활용하는데서 오는 구별방법이라고 하겠으나 존재와 당위의 대립은 구체적 재판사건에서의 법 정책적 기능을 고려할 경우에 강조되어지는 것이다.

그러나 범죄학은 단지 존재의 과학으로서 머무르며 아무런 가치도 가치판단도 할 수 없는 것일까. 이에 대해서는 뷔르텐버거(T. Würtenberger)는 존재의 과학으로서의 범죄학은 가치의 문제와 불가피적으로 대결하지 않으면 안되는 바 이것은 범죄학으로서 불가능한 것은 아니냐하는 문제제기를 한다. 그러나 한스 궤핑거(Hans Göpinger)도 말하듯이 범죄학이 처우의 과학으로서 등장한다고 해도 어느 종류의 초경험적인 전 판단 및 가치판단에서 출발하지 않으면 안 되며, 그 판단의 정당성이나 의의에 대해서는 경험과학으로서의 범죄학은 충분히 검토할 수 없는 입장에 있다. 하지만 범죄학도 방법의 문제를 검토할 수는 있다. 예컨대, 어떠한 처우의 경과와 제재가 일정한 목적의 도달, 즉 사회복귀의 목적에 적합한 것인지 효과적일 것인지에 대해 문제를 제기할 수 있는 것이다. 물론 목적의 설정자체는 범죄학적 문제밖에 있다.

체제를 고려하는 것과 그것의 경험적 검토 가운데에 평가가 포괄되고 있는 한 범죄학이 하나의 체제를 가지고 다른 것을 부적당하다고 비난할 때는 범죄학의 가치판단을 가하고 있는 것은 아니어서 논의 밖에 있고 선행적인 목적이나 근본적인 판단 등을 고려하여 수단의 유효성에 대하여 말하려고 하는 것이다.

제3절 범죄학, 형법학과 정책학으로서의 형사정책학

존재과학으로서의 범죄학은 종래 유럽에 있어서는 예부터 형법학의 보조과학으로서 보는 견해가 일반적이었다. 만약 보조과학이라는 말이 적당하지 않다고 하면 적어도 범죄학은 형법학의 기초과학으로 보게 되었다고 하겠다. 즉 거기에서는 범죄학이 순수한 경험과학이라고 하는 인식조차 들지 않고 있다고 할 수 있다. 이것은 결코 이상하다고 할 것도 없다. 왜냐하면 유럽에서는 범죄학과 형법학은 어떤 종류의 갈등을 품고서 발전하여 왔기 때문이며 더구나 범죄학은 처음부터 출발점에서 법률학, 심리학, 인류학, 교육학, 통계학 등등 다른 모든 학문의 업적을 빌려서 출발한다고 하는 얄궂은 숙명을 짊어지고 있었기 때문이다. 이러한 학문적 상황은 유럽 그것도 특히 독일의 영향을 받은 일본과 우리나라에서도 마찬가지였다.

그동안 우리나라의 형법학자는 범죄학은 형법학의 보조과학으로 생각하는 것이 일반적인 경향이었으며 형법학자가 범죄학이나 형사정책의 강의를 담당하는 것이 일반적인 현상이다. 물론 형법학자는 범죄학의 독자성과 그 필요성을 인식하고 있으며 범죄학이 경험과학이며 규범적인 형법학과는 본질적인 차이가 있다는 것을 모르는 것은 아니다. 그러나 형법학자의 견해는 범죄학은 어디까지나 형법학에 인접하는 주변학문에 지나지 않는다고 생각하는 것이 일반적인 것이었다고 생각할 수 있다(앙셀 · 吉川譯, 1968 : 11).

물론 새삼 지적할 것도 없이 일반적으로 말하고 있는 바와 같이 범죄학은 형법학의 기초과학이라고 할 수 있다. 그러나 어떤 과학이 다른 과학의 보조과학이라든가 기초과학이라 것을 논하는 것은 그다지 의미가 없는 것처럼 생각된다. 범죄학은 범죄 원인을 규명하고 범죄현상의 분석을 통하여 범죄의 방지대책을 강구하는 데에 그 목적이 있는 것이다. 한편 형사정책의 과제는 이러한 식견을 가치관계적인 법 원리의 전체구조와 조화시키는데 있는 것이므로 범죄학은 형사정책을 통해서 처음으로 형법학과 접점을 갖는다고 생각할 수도 있을 것이다.

물론 범죄학자에게 있어서는 경험적 관점에서 범죄와 범죄자에 관한 모든 것 및 법질서 내지 사회질서로부터 비난되는 행위와 관계하는 모든 사항이 관심사가 되는 것이며 범죄학의 학문적 관심의 넓이는 형법학이나 형사정책학을 훨씬 능가하는 것이라고 할 것이다. 여기에 범죄학이 영역적 과학(interdisziplinäre wissenschaft)이라고 하거나 통합과학이라고도 하는 까닭이 있는 것이다. 어찌됐던 이러한 범죄학과 형법학의 갈등이 표면화한 것은 형사정책의 분야에 능통한자라고 믿었다. 왜냐하면 세기말적 통속 실증주의에 따르면 무엇인가를 고착하고 확정하는데서 어떤 것인가를 도출하는 것은 윤리적으로 가능하다고 생각했기 때문이다. 또 앙셀(Msrc Ancel)도 그의 저서 「신사회방위론」(La defense sociale nonvelle)에서 형법학과 범죄학의 영역 권 다툼이라는 관점에서 문제를 갖고 형사정책이 지닌 적극적인 의의를 궤핑거와는 약간 다른 근대사상의 발전과정에 있어서 형법은 일종의 절망적인 입장에 서게 되어 그 옛날 그대로의 지위에 단단히 매달리려고 했다. 범죄학의 입장에서라고 하면 새로운 영역을 병합하고 그리고 이제까지 자신의 것은 아니었으며 또 원래 자신의 것일 수 없는 영역에 까지 진출하려는 공허한 시도를 거듭해왔다. 사실 과학으로서의 범죄학과 법률적 기술과의 사이에는 입법현상의 관찰과학을 위한 장소 또는 그 안에서 범죄학자와 법률가 등이 적대적 관계로서가 아니라 동일작업을 위한 공동작업 반원으로서 협력할 수 있는 합리적 기술을 위한 장소가 존재한다. 이 작업은 무어라 해도 현실주의적이고 인도적이며 진보적인 형사정책의 작업인 것이다.

물론 앙셀이 말하고 싶은 것은 이러한 의미에서의 형사정책이야말로 바로 사회방위라는 근대적 관념이 도출된 것이라고 하는 데에 있는 것이 앙셀의 지적을 기다릴 것도 없이 오늘날에 있어서는 범죄학은 형사정책적 사고를 가짐과 동시에 범죄학은 형사정책상의 문제를 해결하는 데에 기여 할 수 있다고 믿는 것이다.

그리고 거기서 형법학과 범죄학의 접근이 형사정책적 과제에 어떠한 해결방법을 가져올 수 있다는 점이 중요한 관심사로 되어 있는 것이다. 그렇더라도 형사정책이 형법학과 범죄학을 위하여 공통의 작업장을 제공한다고 하는 앙셀의 주장은 이러한 근대형사학의 저의를 멋지게 포착하고 있다고 할 것이다.

이상과 같은 여러 가지 점에서 고찰할 경우, 사실학으로서의 범죄학과 규범학으로서의 형법학과 정책학으로서의 형사정책학은 제각각 독자의 분야를 형성하면서 상호 연관된 사회과학으로서 상호보완 내지 협력하고 있다고 생각되는 것이며, 이들을 통합하는 것이 필자가 주장하려는 광의의 범죄학의 임무라고 하겠다.

제4절 피해자학과 범죄학

일반적으로 피해학자에게는 두 가지의 기본적인 사고방식이 있다. 하나는, 헨티히(Hans von Hentig)의 사고방식에 기초를 둔 것으로, 피해자학을 범죄의 피해자에 관한 과학으로 한정하는 것이 있다. 다른 하나는, 멘델손(Benjamin Mendelsohn)의 사고방식에 기초를 둔 것으로, 피해자학은 단순히 범죄의 피해자만이 아니라 사고 피해자와 자연재해에 의한 피해자 등까지도 대상으로 하는 것으로, 말하자면 피해자 일반에 관한 과학으로 한 것이다. 모로자와 에이미치(諸澤 英道)는 전자를 협의의 피해자학이라고 부르고, 후자를 광의의 피해자학이라고 부르고 있으나, 결국은 피해자학에 범죄학의 일분야로서의 지위를 줄 것인가, 아니면 피해자학을 범죄학, 사회학, 법률학 외에 심리학, 정신의학 등의 전문지식을 필요로 하는 통합과학으로서의 지위를 줄 것인가의 논쟁에 환원된다고 말할 수 있을 것이다.

필자는 협의의 피해자학의 입장, 즉 피해자학도 광의의 범죄학의 한 분야이라고 생각하고 있으나, 그것은 1950년대에 대두한 이 새로운 학문의 흐름을 잠시 냉정하게 지켜보면서 장래적인 태도결정을 하려고 생각하고 있기 때문이다.

그런데 피해자학은 범죄학의 분야에 수많은 시사성을 제시하고 있다. 피해자학은 피해자에게는 피해자가 되기 쉬운 특성이 있다고 하는 '피해수용성' 또는 '피해자특성'의 개념을 제시하고, 또한 범죄자로서의 관계에 있어서 피해자의 책임을 명확하게 하기 위해서 '피해자의 유책성'의 개념을 제시했다. 이것은 필자의 광의의 범죄학의 개념에서 보면 사실학(협의의 범죄학), 즉 범죄 원인론의 부분에 해당한다고 생각해도 될 것이다. 최근에 있어서는 더욱더 형사사법제도에 있어서의 피해자의 법적지위를 문제로 하고, 피해자의 인권과 피해자 정책의 필요성도 제시되게 되었다. 이 후자의 부분은 정책학(형사정책학)의 분야에 대응하는 것으로 생각할 수도 있다.

종래 일본의 범죄학, 형사정책학, 형사학의 분야에 있어서는 범죄의 원인 규명과 범죄의 방지, 또는 범죄학의 처우에 중점을 두기 쉬웠으나, 범죄 피해자, 즉 그 인권의 옹호와 구제방법 등은 비교적 등한시되어 왔다라고 할 수 있다. 그것은 피해자학 그 자체가 형사법학의 분야에 있어서 일정 지위를 차지하는데 꽤 많은 시간을 필요로 했던 것에 따른 것이기도 하나, 그것보다도 오히려 가해자학을 중심으로 발전시켜 온 일본의 범죄학이 피해자학의 성과를 도입하는 것에 어느 정도 주저함을 나타낸 것에 의한 것이 아닌가라고 필자는 생각한다.

그러나 형사사법제도라고 하는 것은 본래 피해를 입은 국민으로부터 사적 복수 수단을 없애고 국가가 그것을 대신해 온 것으로부터 시작된 것이며 그렇기 때문에 피해자의 법적 지위를 형사사법의 운영상 고려하는 것은 당연한 것이며, 그러한 배려 없이는 원만한 형사사법의 운영을 실현하는 것은 곤란하다고 할 수 있다.

이처럼 피해자학이 범죄학의 분야에 있어서 이룩한 역할은 매우 큰 것이었다라고 할 수 있으나 필자처럼 피해자학을 범죄학의 일부로 취급하는 사고방식에 반대하는 사람도 있을 것이다. 왜냐하면, 피해자학에는 범죄학을 넘은 피해자학 독자의 방법과 이론이 있다고 하는 생각은 지금보다 더 강력한 지지자를 가지기 때문이다. 그러나 예컨대, 피해자학이 독립된 과학이라고 인정한다고 해도 그것은 범죄학에 대치한 것이고, 피해자학의 대상영역이 범죄학을 넘어선 것이라고 한 것은 피해자학의 체계화가 아직 진전하지 않은 현 단계에 있어서 쓸데없는 혼란을 초래하는 것으로 피해자학의 발전에 있어서는 결코 이익이 될 수 없다고 생각한다.

이상과 같이 많은 점에서 사실학으로서의 범죄학, 규범학으로서의 형법학, 정책학으로서의 형사정책학, 거기에다 피해자학은 제각기 독자의 분야를 가지면서 상호 관련한 사회과학으로서 서로 보조하고 있다고 생각할 수 있으며, 그것을 통합하는 것이 필자가 말하는 광의의 범죄학이라고 말할 수 있다.

제3장 형사정책학의 연구방법

형사정책학의 연구방법을 논함에 있어서는 먼저 사실학으로서의 형사정책의 연구방법과 규범학으로서의 형사정책학의 연구방법을 들 수 있으며, 다음으로 범죄통계에 있어서의 암수의 문제를 들 수 있는데, 이를 나누어 고찰하고자 한다.

제1절 사실학으로서의 형사정책학의 연구방법

형사정책학의 사실관계 부분의 연구에서는 범죄학에서 채택되는 모든 연구방법이 그대로 적용되지 않으면 안 된다. 왜냐하면 범죄의 현상과 원인을 규명하기 위해서는 많은 인접과학의 도움이 필요하기 때문이다(정영석, 1984 : 1).

연구방법으로 주로 '관찰'과 '실험'이라는 두 가지 방법으로 집약되는데, 관찰이란 과학적 계획에 따라 현실의 사상을 분석 · 파악하는 방법을 가리키고, 실험이란 일정한 조건을 인공적으로 설정해놓고 그 안에서 벌어지는 사상을 관찰하는 것을 가리킨다.

이 두 가지 연구방법 중 주로 관찰방법에 의존한다. 왜냐하면 실험적 방법은 원칙적으로 불가능하기 때문이다. 예컨대, 범죄의 유전성을 규명하기 위하여 쌍생아를 서로 다른 환경에서 인위적으로 생육한다든가, 사형의 범죄억제력을 평가하기 위하여 사형제도를 일시 폐지해 본다든가 하는 일은 어렵기 때문이다.

지금까지 범죄학상 주로 사용되어 온 연구방법으로는 개별조사(직접관찰), 집단조사

(계열조사), 대량관찰(범죄통계) 등이 있는데, 이를 차례로 살펴보면 다음과 같다.

1. 개별조사(직접관찰)

범죄자 개인에 대하여 그 인격 환경 등 여러 가지 측면을 종합적으로 분석하고 각 요소간의 상호연결 관계를 규명함으로써 범죄의 원인을 해명하고 이를 기초로 당해 범죄자를 교정 · 치료하는 것을 말하며 정신의학, 생물학, 심리학, 사회학 등의 성과를 종합과학적으로 응용하고 있는데, 이는 다시 사례연구, 참여적 관찰법, 추행조사로 나눌 수 있다.

1) 사례연구(case study)

사례연구란, 범죄자 개개인에 대하여 그의 인격 · 환경의 제 측면을 종합적으로 분석하고 그 각각의 상호연결 관계를 밝힘으로써 범죄 및 범죄자의 원인관계를 더욱 정확히 해명하려는 방법을 말하는 것으로, 서덜랜드는 이를 세분하여 앞서 말한 방법을 '개별적 사례연구'(individual case study)라고 하고, 이 방법과 통계적 방법을 사용하여 범죄인의 일정한 행동 설명을 위한 가설을 설정하고 이를 증명하기 위하여 개별사례를 분석해 나가는 방법을 '제한된 사례연구'(limited case study)라고 하였다. 이러한 사례연구의 대표적 예로는 Shaw의 '잭롤러'(The Jack Roller, 1930), Sutherland의 '직업절도범'(The Professional Thief, 1917) 등이 있다.[1)]

2) 참여적 관찰법(participant-observer method)

참여적 관찰법이란, 관찰자가 직접 범죄자의 생활이나 조건을 경험하면서 범죄자를 접촉, 관찰하여 개별적인 범죄의 원인에 대한 자료를 수집하는 방법을 말한다. 범죄학자 '서덜랜드'는 이를 자유로운 상태에서의 범죄자 연구라고 하였다.[2)]

이와 같은 방법은 범죄자에 관한 가장 생생한 자료를 수집한다는 점에서 높이 평가

---

1) 이러한 방법을 통하여 범죄학에 접근하는 것을 임상범죄학(criminologie clinique)이라고 부른다.

2) 일본의 유명한 범죄학자인 마사끼아끼라(正木亮) 교수는 일찍이 지원수형자(Voluntary prisoner)로써 이 방법을 사용한 바 있다.

할 만하다. 또 이 참여적 관찰법은 인류학자들이 원시사회에 관한 연구방법으로 개발했던 것이며 미국의 사회학자들이 범죄자, 마약중독자, 부랑자, 흑인사회 등 특수집단에 관한 연구방법으로 사용하였는데, 학자들은 향후 이 참여적 관찰법은 더욱 발전할 것이라고 전망한다. 지금까지 참여적 관찰법의 예로서는 Yablonsky의 '약물중독자'(Drug Addicts,1965), '사기꾼'(Con Artists, 1967), Ianni의 '조직범죄에 대한 연구'(Study of Organized Crimes, 1972), Klockars의 '전문적 장물아비'(Professional Fence, 1974) 등이 있다(이윤호, 27).

그러나 참여적 관찰법은 형사정책학의 방법론으로서는 매우 중요한 것이지만, 조사자의 개인적인 의견이나 편견에 의하여 왜곡될 염려가 있고, 연구자 자신이 범죄행위를 실제로 자행하는 경우가 발생할 수 있다는 비판이 있다.

3) 추행조사(follow-up study)

추행조사란, 일정한 범죄자를 일정기간 계속 추급하면서 그들의 형태와 환경의 변화를 분석, 상호관련성을 조사하는 방법을 말한다.

추행조사의 장점으로는 개개인에 관한 사실을 어느 정도 시간이 경과한 후에는 기억하지 못하기 마련이며, 그를 둘러싼 주변상황에 관한 것은 더욱 그러하기 때문에 정직한 피조사자들로 설명할 수 없는 사실을 추행조사법에서는 그대로 밝혀낼 수 있다는 것이다.

단점으로는 추행한다는 사실이 알려지면 그들의 행동이 비자연적으로 움직이게 되어 조사목적의 달성을 어렵게 한다는 점과 피조사자의 개인적 사실, 특히 그 심리상태의 변화를 일일이 조사한다는 것은 불가능하다는 것이다.

2. 집단조사(계열조사)

집단조사는 근대 이후의 범죄학상 여러 연구에서 가장 흔히 사용되는 방법으로 표본집단의 조사라고도 하는 바 범죄자의 일부를 '표본'으로 선출하고서 그들에 대하여 정밀관찰한 결과를 전체 범죄자에게 유추적용해서 그 전체상황을 파악하는 방법을 말하는 바 범죄자 전체에 대한 정밀관찰이 불가능한데서 나온 방법이다.

이러한 표본집단 조사의 방법을 이용함에 있어서는 언제나 그 표본집단과 대조되는 일정한 정상인군을 대조집단으로 뽑아서 양 집단을 동일한 방법으로 조사·분석하고 그 결과를 서로 비교함으로써 양 집단 간의 차이점을 밝히는 것을 원칙으로 한다. 이 경우 대조집단에 대응하여 범죄자의 표본이 되는 집단을 '실험집단'이라 부른다.

대조집단을 사용하지 않고 단순히 표본집단만을 조사하는 방법으로는 그 표본집단의 특징을 올바로 규명할 수 없는 것이 보통이다. 예를 들면, 범죄의 유전성을 조사하기 위해 쌍생아를 연구하는 경우 범죄자들 가운데서 쌍생아의 범죄 일치율을 조사하고(실험집단, experimental group), 다른 한편으로 비범죄자들 가운데서 그것을 조사한 다음 대조집단(control group) 양자의 일치율을 비교함으로써 범죄의 유전성에 대하여 일정한 특징을 밝혀내는 것이다.

3. 대량관찰(범죄통계)

형사정책학이 과학적으로 발전하게 된 중요한 계기가 된 것이 범죄현상에 대한 통계적 관찰이며, 사회의 대량현상으로서의 범죄에 대한 수량적 연구로서의 범죄통계는 범죄에 대한 일정한 경향을 나타낸다고 하는 점에서 중대한 의미를 가지고 있다. 이러한 방법은 이미 19세기 초에 사용되어 벨기에의 범죄학자 케틀레(Adolphe Quetelet 1796~1874)에 의하여 확립되었고, 특히 사회주의적 범죄학자인 봉거에 의하여 범죄와 경제상태의 관계를 설명하기 위하여 사용된 것으로 유명하다.

현재 세계 각국에서는 범죄 및 범죄자에 관한 분석결과를 집계한 범죄통계표를 많은 연구에서 이용하고 있다. 우리나라의 공식 범죄통계자료로는 현재 법무연수원에서 발간하는 '범죄백서' 대검찰청에서 발행하는 '범죄분석' 문화체육관광부에서 발행하는 '청소년백서' 등이 있다. 그러나 이러한 공식적인 범죄통계는 일정한 환경조건과 범죄 또는 범죄자의 상관관계를 설명해 줄 수는 없다는 단점을 가지고 있으며, 현실적으로 발생한 범죄 양(prevalence of crime)과 통계상에 나타난 범죄 양의 사이에는 암수관계로 상당한 차이가 있음을 고려하여야 할 것이다.

제2절 규범학으로서의 범죄학의 연구방법

범죄 및 범죄자에 관한 사실관계의 연구결과를 기초로 범죄의 예방과 범죄자의 교정에 관한 시책의 합리화를 도모하고자 함에 있어 규범관계 부분의 연구는 어떻게 행함이 타당하겠는가에 대한 것인데, 이에 관한 연구는 언제나 다음 세 단계로 진행함이 타당하다고 할 수 있다.

첫째는 예방 · 수사 · 재판 · 교정 각 기관에서 행하는 시책이 효과를 분석 · 평가하고 그간의 문제점을 명확히 밝히는 것이고, 둘째는 위의 첫 단계 연구에서 밝혀진 문제점에 대응해서 각종 개선방안을 검토하는 일이고, 셋째는 각종 개선 방안 중에서 '최선의 방안'이라 생각되는 것을 선정하여 이를 실시함과 동시에 그 시행과정에서 나타나는 문제점을 세심하게 검토하고 보다 타당한 시책방안이 될 수 있게끔 가다듬는 일이다.

이상과 같은 방법으로 최선의 방안을 선택하되, 그 최선의 방안 선택의 기준을 정하는 데는 다음 세 가지가 동시에 고려되어야 할 것이다.

첫째, 유용성이다. 앞에서 언급한 최선의 방안이 되려면 먼저 고려되어야 할 것이 유용성이다. 형사정책은 궁극적으로 범죄의 예방과 방지를 목적으로 하는 일정한 방안이 그러한 목적에 유용한 것인가가 검토되어야 한다. 예컨대, 벌금형의 경우 벌금액을 범죄자의 경제 상태를 무시하고 단순히 범죄사실에 대응해서만 결정된다면 빈곤자의 경우보다 부유자의 경우는 형벌의 유용성이라는 측면에서 별효과가 없는 바 벌금액을 범죄자의 경제상태를 고려해서 정하도록 규정하도록 개선하는 대책으로 전환해야 한다.

둘째, 실행가능성(Practicability)이다. 이 실행가능성은 다음 두 가지로 크게 나누어 볼 수 있는데, 첫째, 경제적인 면에서의 실현가능성으로 아무리 좋은 정책이라고 하더라도 비용이 너무 많이 소요되는 것은 실행가능성이 없는 것이 된다. 둘째, 정신적인 측면에서의 실행가능성으로 이것은 당해 사회의 일반국민의 법적 확신 내지 가치관이 유리(遊離)된 것이 아니어야 한다. 즉 형사정책학은 정책의 일종이므로 자기나라의 제도나 사회기구의 여러 가지 제약 내에서 추진되어야 한다는 성격을 띠고 있으므로 기술로서 아무리 뛰어난 것이라고 하더라도 그 사회가 원하고 허용하지 않는다면 어떠한 것도 현실화 될 수 없는 것이다. 이러한 양 측면에서 실행가능성이 없는 방안은 탁상공론에 그치고 말 것이다. 예컨대, 모든 범죄인에 대하여 교도소 밖에서 이루어지는 시설 내 처우를 행하는 것은 범죄인의 재사회화(resocialization)라는 측면에서 가장 이상적이지만, 여기에 수반되는 비용이나 국민의 법적인 확신을 신중히 검토하지 않으면 안 된다. 다만, 이러한 실현가능성의 척도는 시대나 국가의 재정도 등에 따라 변화하는 것이므로 항상 가변적인 변수임을 상기할 필요가 있는 것이다(정영석, 앞의 책, 34).

셋째, 인도성(humanity)의 문제이다. 이것은 우리의 정의인도의 감정에 합치되어야 한다는 것이다. 아무리 값싸고 유효하고 실행가능성이 있는 방안이라도 인도성의 원칙에 반하는 것이면 그것은 최선의 방안이라고 할 수 없다. 예컨대, 사형은 범죄방지 목적상 값싸고 유효하고 실현가능한 것이지만, 사형의 남용은 정의인도의 감정에 반한다고 볼 수 있다. 결국 형사정책학에 있어서 범죄를 방지하고 범죄인을 교화, 개선하기 위한 방안을 수립하기 위해서는 앞에서 언급한 세 가지를 다 고려한 가운데 수립되어야 할 것으로 본다.

제4장 범죄통계와 암수

제1절 의 의

암수(Dankelfeld)란, 실제로 범한 범죄와 공식적으로 알려진 범죄 간의 차이를 말한다. 이와 같이 알려지지 않는 범죄행위문제가 형사정책상 해결해야 할 최우선의 과제이다. 실제로 일어난 범죄행위 중에서 형사소추기관이 오직 일부분에서 가장 시급한 연구과제라는 결론이 도출된다. 일찍이 서덜랜드는 "범죄와 비행에 대한 통계는 아마 모든 사회통계 중 가장 신빙성이 없고 난해 한 것"이라고 하면서, 진정한 범죄율과 그것에 대한 지표라고 할 수 있는 통계의 관계는 경찰이나 법원의 시책 여론의 변화에 따라 변화하는 암수라고 하였다. 이러한 암수의 문제는 범죄통계학이 발달한 초기부터 케틀러(A. Quetelet), 웨팅겐(Oetingen), 페리(Ferri) 등에 의하여 연구되기 시작하였으며 20세기에 들어서 범죄나 비행이 사회의 정상적이고도 필요한 현상이라는 인식이 점차 일반화되면서 암수에 대한 조사가 형사정책의 범죄통계와 관련해 아주 중요한 위치를 점하게 되었다.

제2절 암수의 내용

암수의 내용을 파악하는 데는 발생한 범죄의 모두가 법집행기관에 의하여 인지된다고는 할 수 없다는 본래의 의미에서의 암수와, 법집행에 종사하는 사람의 자의적인 재량에 따라 발생하는 암수의 의미를 제대로 파악하여야 하는바 이에 대해 분설하고자 한다.

1. 본래의 의미에서의 암수

본래의 의미에서의 암수에도 ① 범죄가 이루어진 것은 확실하지만 범죄가 경찰에 되지 않아 통계에 나타나지 않는 경우(여기에도 범죄가 피해자 또는 제3자에게 인지되지 않는 경우)와 인지되었어도 경찰관 등의 수사기관에 범죄발생의 신고가 되어있지 않은 경우가 있다. 또한 ② 범죄가 경찰관에 인지되었으나 아직 범인이 체포되지 않았기 때문에 공식적으로 기록되지 않는 경우가 있다. 전자의 예로서는 절도, 도박, 낙태, 매춘 등의 범죄가 통계에 표시되지 않는 범죄의 전형이다. 이밖에 무임승차나 증수뢰(增收賂) 등과 같이 범죄가 자행되어도 피해자나 제3자에게 전혀 인지되지 않았거나 피해를 입은 것 또는 범죄가 있었다는 것조차 눈치 채지 못한 채 지나쳐버리는 일도 적지 않다.

또 범죄가 실제로 발생한 것을 피해자 또는 제3자가 인지하여도 피해액이 적은 전동차 내에서의 치한(癡漢)에 의한 피해와 같이 피해자가 피해 사실을 신고하지 않는 경우도 있다. 매년 이런 미신고 미발각의 범죄수가 어느 정도 발생하는가를 파악하는 방법은 아직 확립되어 있지 않으나 많은 기업, 회사, 가족, 가까운 이웃 등에서 각종문제를 은밀히 화의나 합의같은 비공식적인 방법으로 해결을 하고 있다는 사실을 포함해서 고찰할 때 그 수가 많다는 것을 추측할 수 있을 것이다. 후자의 의미에서의 암수는 특히 검거율과 관계에서 검토하지 않으면 안 된다. 우리나라와 일본은 세계적으로 알려진 높은 검거율을 자랑하고 있지만 우리나라의 경우 법무연수원이 발행한 범죄백서에 의하면 과거 10년간의 평균치는 아직 90%를 넘지 못하고 있는 실정이며 범죄통계에 나타나는 범죄는 실제 범죄의 일부분에 지나지 않을 뿐 아니라 그것도 법적 절차과정이 진행됨에 따라 실제의 범죄발생 건수와는 격차가 커진다고 하는 것이 현실이다.

한국형사정책연구원에서 발표한 자료에 따르면, '2008년도의 경우 침입절도범죄는 실제 사건의 8.6%, 침입강도범죄는 9.7%, 대인절도범죄는 1.3%, 대인강도범죄는 2.4%, 성폭력범죄(공식통계상의 강간)는 12.5%(전형적인 강간사건은 10.6%, 강제추행은 12.65%), 심각한 상해범죄는 28.0%만이 공식범죄통계에 기록되었을 것이라는 추정을 하게 되었다'고 하는데, 이는 공식통계와 실제로 일어난 범죄방생건수와의 차이가 얼마나 큰 것

인가를 단적으로 말해주는 것이라고 보겠다.[3)]

2. 법집행기관의 의의 내지 재량(discretion)에 의한 암수

1) 의 의

법집행기관의 재량상의 암수문제는 본래의 의미에서의 암수문제보다 중요하다. 특히 미국에 있어서는 법집행에 종사하는 자가 하층계급에 속하는 사람들이나 흑인 유태인 제3세계의 사람들에 대하여는 엄하고, 중산층 사람들이나 백인에 대하여는 관대하다는 사실은 일반적으로 인정되고 있는 사실이며, 법을 집행할 책임 있는 사람이 어느 일정한 가치관을 가지고 법을 집행하는데 따른 불합리성은 새삼스럽게 생각할 필요가 없을 것이다. 이러한 법집행기관에 의한 차별적인 취급, 즉 체계적 낙인(systematic labeling process)에 의해 암수가 발생된다고 하는 사실은 주의를 요하는 바이다. 미국의 교도소 수용인원의 대부분이 흑인이나 소수민족집단이라는 사실도 체계적인 과정과 무관하지 않다.

또 미국에서는 경찰이 자기가 소속된 시의 명예를 지키기 위하여 발각한 범죄를 은닉하는 경우도 있고, 또 정치가나 다음 선거에 입후보할 경우에 재임 중에 범죄가 감소했다는 치적을 나타내기 위해 통계를 조작하는 경우도 있다고 한다. 그러므로 범죄학의 기초가 되는 범죄통계를 분석함에 있어서는 이러한 정치성까지도 고려해 넣지 않으면 안 된다는 점에 주의해야할 것이다.

2) 암수조사

실제 발생한 범죄가운데서 범죄통계에 나타나지 않은 암수범죄가 얼마나 되는가를 파악하는 일, 즉 '암수측정'은 가장 어려운 일 중에 하나가 아닌가 생각된다. 따라서 이러한 암수측정의 기술과 방법을 먼저 확립하는 것이 급선무라고 하겠다. 따라서 이러한 암수측정의 기술과 방법을 먼저 확립하는 것이 급선무라고 하겠다. 역사적으로 보면 암수측정은 ① 통계학적 기법을 통하여 암수를 추계(推計)하고 되도록 정확히 범죄

3) 황지태, 범죄피해율과 공식범죄발생률간의 비교분석, 한국형사정책연구원 제1회 전국범죄피해조사(KCVS) 학술대회(2010. 8.26)자료, 85~86면

수를 파악하려고 하는 입장과, ② 범죄추계상의 통계기술의 깊은 불신에 따라 통계적 결과에 타당성을 찾아낼 수는 없다고 하는 비판적 입장인 사람들의 논쟁의 반복이었다. 미국에서는 1970년을 고비로 하여 경제학자나 통계학자와 같은 범죄학의 전문가들이 아닌 사람들에 의해 수학 모델을 이용한 범죄학연구가 왕성했으나 그 부산물로써 범죄의 암수에 대한 통계학적 해명의 시도가 이루어지고 있다. 하지만 현재의 경우 암수를 추정하기위한 조사로서는 ① 피해자조사, ② 자기보고 연구조사, ③ 정보제공자조사 등이 있을 따름이다. 아래에서는 이에 대하여 분설하고자 한다.

(1) 피해(자)조사(victim survey)

이 피해조사 혹은 피해자 조사라고 하는 것에 대한 것에 대한 본격적인 조사는 피해자화 과정(victimization process)의 연구라고도 하는데, 실제 범죄의 피해자로 하여금 범죄의 피해경험을 보고하게 하는 것으로 본격적인 조사는 1966년 미대통령 자문위원회에서 시행된 예비조사가 최초의 것이며(U. S. Department of Justice, 1988 : 118~119), 그 후 동종의 전국차원의 조사는 오스트레일리아 네덜란드 영국 등에서도 시행되고 있다(Asbert Biderman, 1981).

1982년의 영국에 있어서의 제1회 범죄조사는 내무성 조사기획부와 스코틀랜드 내무후생성의 공동기획 하에 실시된 것이다. 이것은 잉글랜드, 웨일즈, 스코틀랜드지역의 16세 이상인 사람 16,000명을 표본으로 하는 조사이며 그 본질에 있어서 최근 세계 각국에서 실시되게 된 전국차원의 범죄피해조사의 성격을 지니는 것이라고 할 것이다. 즉 이 조사는 각종 범죄발생량을 경찰의 통보 여하를 불문하고 경찰이 기록한 통계와는 별도로 추계하는 것을 그 주된 목적으로 하는 것이다. 더욱이 이 조사는 넓은 범위에 걸친 추가적 정보를 수집한다는 점에서는 전국적으로 실시된 종래의 범죄조사보다도 더욱 철저하게 되어있는 것이다.

그렇다고 하는 것도 ① 피해자화에 관계된 제요인, ② 피해자에게 미치는 범죄의 영향, ③ 범죄에의 공포감, ④ 피해자로서 경찰과 접촉한 체험, ⑤ 자기보고 범죄자라는 각종의 정보가 포함되어 있기 때문이다(宮澤浩一, 1977 : 555~575).

(2) 자기보고(self-report) 연구조사

자기보고 연구조사란, 일정한 집단을 대상으로 개개인의 범죄 또는 비행을 스스로 보고하게 함으로서 암수를 측정하는 방법으로서 암수의 추정을 가능케 함과 동시에 공식적으로 기록되어 있지는 않으나 범죄를 한자와 공식기록상의 범죄자와의 비교연구를 가능하게 하는 점에서 그 의의가 있다고 한다. 이에 대하여 분석하면 다음과 같다.

첫째로, 자기보고 연구는 모집단(母集團) 전체에 점하는 범죄는 비행행위를 범한자의 비율과 빈도를 정확히 사정하는 것을 가능하게 하였다는 점이다. 환언하면 자기보고에 의한 데이터를 사용함으로써 공식통계를 사용했을 때에 빠지기 쉬운 암수에 의한 연구결과의 불확실성을 피하는 것이 가능하게 되어 있다는 점이다. 둘째로, 자기보고 연구는 공식통계를 바탕으로 한다. 범죄자와 비범죄자의 일률적인 분류를 없앰으로서 공식통계에 나타난 범죄자와 자기보고에 의한 범죄자의 특징에 대한 비교연구를 가능하게 하였다는 점이다. 셋째로, 가장 중요한 것은 자기보고에 의한 데이터를 사용함으로써 범죄는 보편적 현상이며 정신이상인 인간만이 범죄자가 되는 것은 아니고 우리들 보통의 인간도 언제 범죄를 범할지도 모르며 언제 범죄자로서의 입장에서 서게 될는지도 모른다고 하는 사실을 명확히 한 점이다. 즉 이는 범죄자와 비범죄자의 차이는 공적인 범죄자로서 낙인이 찍힌다는 것, 즉 라벨이 붙게 된 사람과 그렇지 않은 사람의 차이에 불과하다는 것을 의미하고 있는 것이다.

그러나 이 자기보고 연구에도 문제점은 있다. 어떤 사람이 어떤 범죄를 범한 것을 보고한 때에 그 회답을 어느 정도 신뢰할 수가 있느냐고 하는 점이다.

회답자는 중대한 범죄에 대해서는 그 범죄의 발각을 두려워해서 진실을 감출 가능성이 없다고 할 수 없고, 역으로 있지도 아니한 범죄를 보고할 가능성도 있을 것이다. 그렇기 때문에 타당성 검증을 위한 과학적인 방법이 있는 것은 아니지만 거짓말탐지기를 이용하거나(J. P. Clark and L. L. Tifft, 1996, 31 : 515~522), 공식기록과 비교하거나 친구나 가족에게 확인하거나 또는 재조사를 하는 등의 방법으로 자기보고식 조사가 타당하다는 사실을 주장하고 있으며 지금까지의 연구결과도(이윤호, 앞의 책, 34~35) 자기보고연구가 공식통계와 함께 사용되어질 때 그 범죄발생의 실체 해명에 이바지한 역할이 지대한 사실은 더 이상 논할 여지가 없다.

(3) 정보제공조사(Informantenbefragang)

정보제공자 조사란, 법집행기관에 알려지지 않은 범죄나 범행을 인지하고 있는 사람으로 하여금 이를 보고하게 하는 것으로서 진술한 피해자 조사에 의하여 밝혀지지 않는 범죄를 밝히기 위한 보조적 방법으로 사용되고 있으나 별로 효과는 없다고 보겠다.

제3절 결 어

이상과 같이 범죄통계에 있어서의 암수문제에 관하여 알아보았으며, 이를 요약한다면 암수는 자연발생적인 것이 아니라 법집행기관에 의해 조작되는 측면이 있다는 것이다. 그리고 통계의 표면에 나오지 않는 암수(dark figure)로서의 암수를 추정하는 방법으로서의 피해조사와 자기보고 연구의 의의에 대하여 논술한 셈이다. 범죄나 비행의 일반이론이나 형사정책의 제시책이 범죄사실의 인식에서부터 출발하고 있는 것을 생각할 때 사실을 정확히 파악하는 것이 얼마나 중요하다는 것은 말할 필요조차 없다. 그러한 의미에서 필자는 공식통계만을 자료로써 범죄연구를 진행하는데 대한 문제점을 암시한 셈이다. 범죄이론에 있어 범죄사실이 있는 것은 아니며 범죄현상을 철저하게 분석함으로써 비로소 범죄행동의 발생과정을 이해할 수 있는 것이며 이론 외 형성이나 형사정책상의 제언도 가능해지는 것이다. 그러한 의미에 있어서 암수의 문제가 범죄학이나 형사정책의 출발점이라는 것은 새삼 지적할 필요가 없을 것이다.

제5장 범죄학의 발전과정

제1절 초창기의 범죄학과 베까리아사상

범죄학 사상이 처음으로 싹트기 시작한 것은 계몽주의 영향을 받은 베까리아(Cesare Beccaria, 1738~1794)와 제레미 벤담(J. Bentham)과 같은 사람들의 형벌관에 영향을 받은 '고전학파'(Classical School of Criminology)[4]에 의하여서라고 볼 수 있다. 이들은 공리주의와 쾌락주의의 원리(Pleasure and Pain Principle)에 의하여 인간의 행위를 설명함으로써 범죄를 원인론적으로 설명하려고 하였다. 즉 인간은 손해를 보는 일이나 고통스러운 일은 피하고 이득이 있거나 즐거운 일을 추구하기 때문에, 쾌락보다 큰 고통(처벌)을 부과함으로써 범죄를 억제할 수 있다는 형사사법행정사상을 역설하였다. 어떤 의미에서 고전학파는 형사사법행정의 합리적 운영을 주장하는 범죄통제에 대한 새로운 접근방법이었다.

고전학파에 속하는 사람들은 인간을 합리적인 존재, '자유의지'(Free Will)를 가진 존재로 파악하여 행위의 공리성과 자주적 선택성을 강조하고 그에 따른 전적인 책임을 행위자에게 인정하였다. 그리고 법은 사회와 개인의 권리를 보호하는 것이고, 그 목적은 범죄행위를 억제하는 것이었다. 따라서 법에 의한 행위자 처벌은 범죄행위를 억제하기위한 것이고, 형벌은 범죄를 억제할 수 있는 정도이어야 하되 범죄와 형벌의 등가성을 주장하였다. 또 사회계약사상에 입각하여 모든 인간은 법 앞에 평등하다고 생각하

4) 이를 고전주의라고도 함

고, 형사사법제도는 인간의 권리를 존중해야 된다고 확신하였기 때문에 '적법절차'(Due Process)와 공정한 형사사법행정의 관리, 그리고 사실에서 얻어진 증거 등을 강조하였다(William & McShane, 1989).

'고전주의 범죄학학파'라는 개념은 '고전주의 시대'라는 개념에서 유래하고 있고, 18세기에 출현한 범죄와 형사사법의 개념을 지칭하는 것으로 이해되며 실제로 고전주의 범죄이론이 등장한 것은 1764년 베까리아의 저서 「범죄와 형벌」(Deidelitti delle pene)을 출간한 시기부터로 보면 된다. 그는 그 저서에서 형벌의 목적은 "계속되는 불법으로부터 범죄자를 격리하고 형벌의 집행을 통하여 범죄적 경향을 가진 다른 사람에 대하여 위하적 효과를 거두려는 데 있다."고 하였다(이형국, 1981).

그는 또 사형은 정당하지도 않고 필요하지도 않다고 하면서 과거에 너무 자주 사용되었던 사형에 대한 반성론을 최초로 제기한 사람으로도 유명한데, 사법행정의 절차적 개선점으로 고문의 절대적 금지와 비밀소추제도 이용에 대한 반대를 하였다. "범죄를 처벌하느니보다는 예방하는 편이 양책(良策)이다."라고 하는 베까리아는 실무상 사람에게 최대의 행복과 최소의 불행을 주도록 하는 것이 훌륭한 입법의 기본적인 성격이라고 믿고 있었다. 이와 같은 베까리아의 사상은 특히 독일에서 계승, 발전되어 퀴스토르프(Quistrop), 포이에르바하(Anselm Von Feuerbach)에 이르러 그 의미가 부여되었다.

제2절 근대적 범죄학의 성립

포이에르바하(Anselm Von Feuerbach)는 범죄학을 "입법을 지도하는 국가적 예지"라고 하고 "그것은 형벌의 목적에 적합해야 할뿐만 아니라 가능한 한 인간적 · 시민적 자유를 촉진하기 위하여 형벌을 어떻게 정립하고 집행하겠는가"를 체계화하는 방법을 연구하는 형법의 보조수단이라고 보았으며, 이 사상은 뵈머(J. S. Fr. Böhmer)를 거쳐 헨케(A. Henke)에 이르러 하나의 학문체계로서 완성되기에 이르렀다. 헨케(Henke)는 그의 저서(1823년)에서 "형벌제도를 국가적 목적에서 본 경우의 문제가 곧 범죄학"이라고 하고, 형법의 개인으로서의 범죄인에 대한 형벌과의 관계를 규범적으로 규정하는데 반하여, 범죄학은 형벌로서 국가 목적을 위하여 봉사하게 하는 한 제도로서 이러한 국가 목적달성의 한 수단으로서 형벌에 대한 범인의 상호관계를 연구하는 것이라고 하여 범죄의 원인탐구를 범죄학의 일부로 본 점에서 발전을 인정할 수 있는데, 이것은 당시 응보적 형벌관의 득세로 실효를 거두지 못하고 프로그램적인 의미를 갖는데 그치고 말았다.

형사정책은 형사범에 대한 입법론에 국한시키는 경향이 컸는데, 20세기 리스트(Franz Von Liszt)에 와서야 전형법학 사상에 의하여 완전히 해소되었던 것이다.

한편, 18세기에 들어서 위와 같은 접근방법 이외에 범죄학에 관한 '과학적 · 실증적 연구'가 활발히 이루어졌는데, 범죄학에서는 이를 실증주의학파[5]라 부르고 있는데, 이 학파는 사회문제의 연구에 과학적인 방법을 적용하였던 19세기의 실증철학에서 따온 것이다.

1. 법의학과 재판사례의 연구

이미 1532년 독일제국 최초의 성문 형법전으로서 제정된 '카롤리나 형법전'(Constitutio Criminalis Carolina)이 살인 · 상해 등 특정한 범죄의 재판에 있어서 의사의 입회를 요구하게 되자, 이러한 재판의학에 대한 관심이 높아지게 되어 차키아스(P. Zacchias)의 '법의학 문제' 등 전문서적 등이 출판되게 되었으나, 이것은 단지 일정한 범죄의 증명과 책임 능력의 감정에 국한된 것으로 일반 범죄자에 대한 계통적 연구를 시도한 것은 아니었으며, 다만 그러한 시도의 출발점이 되었다는데서 그 의의를 찾을 수 있다.

17세기 중반에 들어서는 형사재판에 대한 계통적인 사례연구가 행해져서 프랑스 삐따발(Pitaval)이 약 20년간의 범죄 기록을 계통적으로 연구하여 '저명사건기록'을 썼는데, 이 연구는 수사학에도 영향을 미쳐 독일의 야게만(F. V. Jageman)은 「수사학교본」을 저술한 바 있으며, 랄레망(Lallemant)은 1858년 직업범죄에 관한 문화적 · 언어학적 연구를 한 바 있다.

이외에도 독일의 포이에르바하(Feuerbach)에 의한 저명한 범죄의 기록에 기한 서술, 핫치히(E. Hitzig)와 해링(W. Häring)의 '신삐따발'(Der Neue Pitaval, 1857) 등이 나오게 되었으나, 이것 역시 범죄행위의 태양과 재판의 묘사에 그쳤을 뿐 행위자 인격에 대한 체계적 연구와는 거리가 멀다고 보겠다(정영석, 40).

5) 실증주의학파는 범죄학파 또는 이탈리아실증주의학파(the italian positivist school)라고도 한다.

2. 행형의 연구

18세기말에 접어들어 행형의 연구 그 중에서도 감옥 개량운동이 활발히 전개되었는데 영국의 호워드(J. Howard)는 그의 저서, 「감옥상태론」(The State of prison, England and Wales, 1977)에서 형벌집행의 목적은 노동에의 교육에 있고, 노동 중에 범죄 교육적 견지에서 보아 중요성이 인정된다고 하여 인도적인 감옥개혁을 제창, 1779년 교도소 설립을 위하여 교도소법(The Penitentiary)이 그에 의하여 기초되었다. 이러한 그의 운동은 미국에 계승되어 프랭크린(Franklin), 마코노키(A. Maconochie), 하빌랜(J. Haviland) 등에 의하여 교도소 개량운동이 미동부지역을 중심으로 전개되었는데, 펜실베이니아 주에서는 1790년에 월넛 교도소를 1826년에는 피츠버그 외곽에 서부교도소(Western Penitentiary)가 설립되고, 1829년에는 피츠버그 외곽에 서부교도소가 설립되고 1829년에는 필라델피아 근처의 체리힐(Cherry Hill)에 현대적 교정시설의 원형이라고 볼 수 있는 동부교도소의 설립을 보게 되었던 것이다.

3. 범죄현상의 통계적 연구

종래의 실질적 연구가 범죄를 개인의 행위속성으로 파악하여 왔음에 비하여 19세기초 영국에서 범죄통계가 사용됨에 따라 사회현상으로서의 범죄에 관심이 돌려지면서 일정한 지리적 · 사회적 공간에서의 범죄의 분포에 대한 연구가 이루어지게 되었다. 케틀레는 '사회물리학'에서 모든 사회현상을 '대수의 법칙'으로 파악하여, 범죄는 개별적 사실로서 의미를 가지는 것이 아니라 사회적 · 경제적 상태와 함수관계에 있다고 봄으로써 범죄현상의 법칙성을 주장하여 범죄연구에 대한 과학적 처리를 가능하게 하는 한편, 사회현상의 배후에 있는 사회적 원인의 범인성을 연구의 기초로 하였던 것이다(김용준, 앞의 책, 42).

비록 그의 견해가 '존재하지 않는 평균인'(Homme moyen)을 기초로 하여 범죄인의 생물학적 특성을 의도적으로 무시하려고 했다는 점에서 이론적 결함을 안고 있으나, 그 후의 형사정책학이 집단현상으로서의 범죄에 대하여 관심을 가지는 계기를 제공하였을 뿐만 아니라 범죄에 대한 대책방안을 입법론을 넘어 형사사법이나 행형에까지 확장시킨 점에서 높이 평가되어야 할 것이다.

제3절 현대적 범죄학의 발전과정

위와 같은 여러 방향의 근대적인 범죄학의 연구결과로 이제 범죄는 개인적 · 사회적 원인에 의한 현상으로 파악되고 범죄 원인에 대한 과학적 연구와 계획적이고 유효한 범죄방알대책의 확립을 위한 노력이 이루어지게 되었으며, 범죄학은 이미 입법정책뿐만 아니라 형사사법정책 및 행형, 나아가서는 범죄방알을 목적으로 하는 각종 사회정책을 포함하게 되어 실증과학으로서의 성격이 더욱 뚜렷해지게 되었다.

이러한 배경 하에서 성립된 현대적 범죄학은 지역적 특수성, 연구방법의 상이(相異) 등으로 인하여 획일적인 기준에 의하여 학설 내지 학파를 구분하는 데에는 어려움이 있으나 연혁적인 측면에서 각 국가별로 그 대표적인 경향들을 차례로 알아보기로 한다.

첫째로, 이탈리아학파를 들 수가 있는데, 이는 '범죄인류학파' 또는 '이탈리아 실증주의 학파'라고도 불리어지며, 롬브로조(Cesare Lombroso), 페리(Enrico Ferri), 가로팔로(Raffaele Garofalo) 등에 의하여 주도되었다. 이들은 범죄의 현상을 실증적으로 해명하고 효과적인 범죄방지대책을 확립하려고 노력하였다.

롬브로조(Cesare Lombroso)는 정신병자와 범죄자의 체격형태를 조사하던 중 두개골에 현저한 격세유전적 특징이 있음을 발견하게 된 것을 계기로 유명한 저서인 「범죄원인론」을 1876년에 발표하여 생래적 범죄인설을 주장하였다.

페리(Enrico Ferri)는 마르크스의 유물론,[6] 스펜서의 사회관, 다윈의 진화론 등의 영향을 받아 이것을 롬브로조의 범죄 원인론과 결합시켜 1880년에 「범죄사회학-형법에 있어서 새로운 지평선」을 저술하고 스스로를 실증학파(Positivist)라고 불렀다. 그는 또 '범죄포화의 법칙'[7]으로도 유명하다.

가로팔로는 1885년에 「범죄학」을 저술하였으며 이탈리아 학파의 사회심리학적 측면을 중시하여 '자연범설'을 주장하였다. 그에 따르면, 범죄의 본질은 인륜의 근본인 애타적 정조 그 중에서도 가장 본질적인 연민과 성실의 정에 대한 침해 또는 결여라고 하고, 이러한 범죄를 자연범이라고 하였다.

---

6) 만물의 근원을 물질로 보고, 모든 정신 현상도 물질의 작용이나 그 산물이라고 주장하는 이론

7) 페리가 그의 저서 범죄사회학에서 주장한 것으로 일정한 개인적 · 사회적 · 자연적 조건의 사회에서는 그에 상응하는 일정수의 범죄가 발생하기 마련이고, 그 이상도 그 이하도 발생하지 않는다는 법칙을 말한다.

둘째는, 프랑스학파로 이는 환경학파 또는 리용(Ryon)학파[8]라고도 불리어지는데, 라까사뉴, 따르드 뒤르깽에 의하여 주도되었다. 이들은 범죄를 사회병리현상으로 파악하여 환경을 중심으로 한 범인성 연구에 주력하였다.

라까시뉴(A. Lacassarne)는 곡물가격과 재산범죄의 관계에 대하여 실증적인 연구를 하였으며, 그 결과 물가의 앙등과 실업의 증대가 범죄의 증가를 가속시킨다고 하면서 "사회는 범죄의 배양기이고, 범죄자는 미생물에 해당한다 … 벌해야 할 것은 사회이고 범죄자가 아니다."라고 주장하였다.

따르드(J. G. Tarde 1843~1904)는 범죄를 사회현상으로 취급하고, 그 원인을 환경에 두고 있다. 그에 의하면, 모든 사회적 상호작용을 모방의 과정이며 거기에는 일정한 법칙이 있다고 한다. 이 모방의 법칙으로 그는 세 가지를 들고 있는데, 첫째는 '거리의 법칙'으로 모방은 사람 간의 거리와 반비례하는 심적 원격작용을 가진다는 것이며, 둘째는 '방향의 법칙'으로 모방은 사회적 지위가 우월한 자를 중심으로 이루어진다는 것이다. 셋째는 '삽입의 법칙'으로, 이 법칙은 모방의 변천을 설명한 것으로서 모방-유행-관습이란 형식으로 모방은 형태적으로 변화한다는 것이다.

뒤르깽(E. Darkheim)은 범죄에서 나아가서 반사회적 행동의 원인을 사회의 성격 자체에서 구하려고 하였다. 그는 범죄는 모든 사회에서 있을 수 있는 정상적인 일로 보았으며 특히 현대에 와서는 사회혁신의 과정을 거치면서 사회적 통합력이 약화됨에 따라 감정에 대한 억제력 상실의 아노미상태가 생기고, 이것이 범죄로 연결될 수 있다는 주장을 함으로써 20세기 중반 이후 미국의 범죄사회학에서 주장된 '아노미이론'의 기초를 세웠다.

셋째는, 독일학파로 이는 독일의 사회학적 이론 전개를 가리키나 창시자인 리스트와 아샤펜부르크에 의해 주도되었다.

리스트(F. V. Liszt)는 범죄사회학과 범죄생물학을 통합하여 '범죄학'이라고 명명하고, 이것과 형법학을 포괄하는 '전형법학'(die gesamte strafrechtswissenschaft)사상을 확립하였다. 아샤펜브르크(G. Aschaffenburg, 1866~1944)는 1903년 「범죄와 그 대책」이라는 근대적인 형사정책 교과서를 저술하고 범죄의 원인을 일반적인 원인과 개인적 원인 등으로 나누는 한편 범죄인 분류도 시도하였다.

8) 이 명칭은 프랑스학파의 시조라고 할 수 있는 라까사뉴가 당시 리용(Ryon)대학 법의학 교수로 재직한데서 유래한 말이다.

넷째는, 오스트리아학파로, 이는 리스트의 영향을 받으면서 독자적인 '범죄학 영역'을 개척함으로써 범죄학 발전에 커다란 역할을 하였다. 이 학파를 주도한 사람으로는 그로스, 렌츠, 젤리히 등을 들 수 있다.

그로스(H. Groß)는 실무경험을 토대로 1898년에 「범죄심리학」, 「예비판사필휴」를 저술하는 한편, 리스트의 사상을 계승, 발전시켜 범죄수사에 필요한 모든 지식을 연구대상으로 하는 학문을 범죄과학 또는 범죄수사학(Kriminalistik)이라고 하였다.

렌츠(Adolf Lenz)는 그로스의 후계자로서 범죄인류학과 범죄심리학을 발전적으로 통합한 범죄생물학을 기초로 1927년에 「범죄생물학원론」을 저술함은 물론 범죄생물학회라는 세계적인 학회를 창립하였다.

젤리히(E. Seelig)는 그의 저서 「범죄학 교과서」는 범죄의 원인과 대책은 물론 수사학상의 문제점까지를 언급한 전형적인 오스트리아 범죄학의 대변서라고 할 수 있는 「범죄학 교과서」의 저술로 유명하다.

다섯째는, 미국의 범죄사회학파로 미국의 범죄학은 사회학의 일분과로서 발달하여 왔으며 1895년경부터 사회학에서 일탈이론으로서 범죄학에 대한 연구가 이루어지기 시작하여 파멜리(M. F. Parmelee), 길린(J. Gillin) 등을 거쳐 1920년부터 본격적인 범죄학이 발달하게 되었으며, 특히 제2차 세계대전 후에는 세계범죄학의 연구추세는 미국의 실용주의적인 이론에 의하여 주도되고 있다. 이러한 미국의 이론은 크게 다원인자론(多元因子論)과 사회학적 가설 설정방법에 의하여 설명될 수 있는데, 전자는 1950년에 내놓은 글륙 부부의 「소년비행의 해명」(Unraveling Juvenile Delinquency)에서 밝힌 바와 같이 같은 수의 비행 소년과 무비행 소년의 신체구조, 기질, 태도, 지능, 가정환경에 대한 조사를 함으로써 양자 간의 차이점을 밝히고 이것을 통계학상의 확률계산법으로 처리함으로써 원인론적인 해명을 시도하였다. 그러나 이러한 방법도 범죄 원인을 밝히는 데는 한계성이 있다는 것이다. 왜냐하면 추출, 수집된 다원적인 인자를 통합, 체계화하는 방향이 약해지지 않을 수 없다는 결함이 생기며, 이러한 점을 비판하면서 등장한 것이 바로 가설 설정방법에 의한 원인 해명방법이라 할 수 있는 것이다.

사회학적 가설 설정방법으로는 크게 문화전달을 중심으로 하는 이론, 문화갈등을 중심으로 하는 이론, 사회구조에 중심을 두는 이론, 사회심리에 중심을 두는 이론, 사회적 상호작용을 중심으로 하는 이론, 사회실체를 중심으로 하는 이론으로 구별할 수 있으며 이를 다시 세분하면 문화전달을 중심으로 하는 이론은 ① 사회해체이론, ② 문화전파이론, ③ 이질적 접촉이론, ④ 이질적 동일화 이론으로 나누어지고, 문화갈등을 중심으로 하는 이론은 ① 문화갈등이론, ② 하층계급문화이론으로 나누어진다.

또 사회구조에 중심을 두는 이론은 ① 아노미이론, ② 비행부차문화이론, ③ 잠재적 가치이론, ④ 자기관념이론, ⑤ 견제이론으로 나누어지고, 낙인이론을 이끌어낸 사회적 상호작용을 중심으로 하는 이론과 신범죄학(New criminology)을 이끌어낸 사회적 실체를 중심으로 하는 이론 등을 들 수 있다.

이상과 같은 각 학파의 활동과 이론에 대하여는 장을 달리하여 좀 더 구체적으로 살펴보고자 한다.

제4절 범죄학의 최신동향

1. 신고전주의의 출현

20세기 중반까지 교화개선 사상에 의한 범죄학이 주류를 이루었으나 70~80년대의 후반에 이르러 다시 교화개선사상보다는 처벌에 비중을 두는 고전적 개념이 다시 나타나기 시작하였는데, 이를 우리는 신고전주의 또는 현대적 고전주의라고 한다. 이 신고전주의가 지향하는 범죄학의 사상이라고 할까 이념은 다음 몇 가지로 요약할 수 있다.

첫째, 억제(deterrence)사상이다. 이 억제사상은 범죄인을 구금하고 처벌함으로써 범죄가 억제될 수 있다는 인식으로, 이러한 인식은 처벌의 고통이 범죄로 인한 이익을 초과할 때 그는 또다시 범행하지 않을 것이라는 논리로 이를 특별제지(special deterrence)라고 하고, 다른 사람이 처벌을 인식함으로써 범행을 하면 처벌을 받는다는 두려움 때문에 잠재적인 범죄자의 범행이 제지될 수도 있다고 하는 논리를 일반제지(general deterrence)라고 한다.

억제효과에 대하여 푸코는 구금이 현 형사사법체계에서 왜 억제효과가 없을 것인지에 대하여 언급하였는데, 그는 처벌이 억제효과를 가지기 위한 것 중에 가장 중요한 것은 '완전한 확실성의 법칙'(the rule of perfect certainty)이라고 불리는 것으로, 이는 억제효과가 있기 위해서는 범죄를 범하려고 생각하는 사람이 틀림없이 체포되고 처벌받을 것이라는 것을 확신해야 한다는 것이다. 그러나 오늘날 형사사법제도는 그 누구에게도 범인이 반드시 체포되고 그리고 유죄판결을 받아 처벌된다는 확신을 주지 못하고 있다. 실제에 있어 개인의 권리와 사법정의가 희생되는 바가 없이 진정으로 억제효과를 발휘하는 사법제도를 만드는 것은 매우 어려운 일이라고 본다(이백철, 1995 : 67~68).

둘째, 무력화(incapacitation)라는 것인데, 이는 소수의 위험한 범죄자들이 사회의 다수의 범죄를 범한다는 신고전주의범죄 학자들의 주장으로, 범죄를 방지하고 피해자를 보호하기위해서는 이들 범죄성이 강한 사람들을 장기간 무력화시켜야 한다는 주장이다. 그러나 범죄자를 구금하여 그들의 범죄능력을 무력화시킴으로서 실제로 범죄를 감소시킨다고 할지라도 그 비용 또한 적지 않게 들어갈 뿐만 아니라 범죄자의 무력화가 과연 그들의 장래범죄성을 억제할 수 있을 것인가에 대한 분명한 증거도 없으며, 오히려 그 반대의 경우도 생각할 수 있다는 비판이 있다.

셋째, 응보(retribution)라는 것인데, 이는 고전주의 범죄학자들이 주장한 학설로 철학자 칸트(Kant)의 연구에 기초한 것이다. 범죄자는 그들이나 다른 사람들이 할지도 모르거나 할 수 있는 범법행위가 아니라 그들 자신이 실제로 행한 범법행위에 대해서 처벌되어야 한다는 것이다. 범죄란 다른 사람의 비용으로 범죄자 자신이 이익을 보기 때문에, 범죄사실 이상도 이하도 아닌 적정한 선에서 범법자를 처벌함으로써 원상태로 되돌려 놓는 것이 공정한 것이라는 것이다. 한마디로 응보론 자들은 정의사회에서의 처벌이 공정한 것이며, 필수적인 것이라고 주장한다(이윤호, 앞의 책, 164).

넷째, 사회복귀(Rehabilitation))사상으로 오늘날 '교정'(Corrections)이라는 용어 사용이 일반화된 것은, 1940~50년대에 행형사상이 사회복귀사상으로 전환되면서부터였는데, 사회복귀의 정의를 요약정리하면 국가는 범죄는 잘못된 가치관에서 비롯되며 범죄인을 치료하여 갱생의 기회를 부여하여야 한다고 보는 사상을 말한다. 따라서 1950년대부터 '감옥'(prison)은 '교정시설'(correctional facilities), '간수'(guard)는 '교정직원' 또는 '교도관'(correctional officials)으로, 그리고 관련 업무는 '치료' 혹은 '처우프로그램'(treatment programs) 등으로 호칭하였다. 그러나 이러한 사회복귀정책이 실패했다는 것이 대부분의 범죄학자들의 견해이며, 마틴슨(Martison, R., 1938)은 그의 연구에서 "사회가 구금을 통해서 나쁜 범죄자를 선량한 시민으로 변화시킬 수 없다."고 강하게 부정하였으며, 그 외 여러 학자들의 연구에서도 사회복귀사상에 입각한 어떤 처우프로그램도 재범률에는 전혀 영향을 미치지 못하는 것으로 나타났다.

2. 새로운 범죄학파(The School of New Criminology)

범죄학이론의 새로운 경향은 1950년대 말에 시작되었는 바, 이는 21세기가 시작된 지금까지도 계속되고 있는 주류범죄학에 대한 도전이었다. 2가지 도전 중에서 낙인이론(The Labeling Theory)은 주류범죄학은 중요한 수정이 요구된다고 주장하며, 주류범죄학(Old Criminology)에 대칭되는 신범죄학(New Criminology)은 20세기 말의 새로운 도전으로 주류범죄학에 대하여 총체적 공격을 가해왔고, 갈등적 범죄학(Conflict Criminology), 비판적 범죄학(Critical Criminology), 급진주의적 범죄학(Radical Criminology) 또는 마르크스적 범죄이론(Marxist Criminological Theory) 등이 이 범주에 속한다(김보환, 74).

3. 범죄학의 세계화

'범죄의 세계성'이라고 하면 국제학회의 활동, 국제회의의 결의 등을 통하여 각국 간의 상호 정보교환과 협력이 어떻게 이루어졌는가를 알아보는 것이 주된 목적이라고 하겠다. 이러한 활동을 하는 대표적인 국제조직으로는 '국제범죄학회'와 '국제피해자학 심포지엄'이라는 국제조직이 있다. 따라서 이러한 범죄학에 관한 국제학회나 국제회의의 움직임에 주의를 기울이지 않으면 안 될 것이다.

예를 들어, 일본의 森下忠은 "국제형사정책의 중심과제는 국제범죄에 대처하기 위하여 여러 국가가 협력해서 어떠한 시책을 강구하느냐고 하는 것이다. 거기서는 UN, 국제적 정부기관, 국제적 민간기관 등이 그러한 시책의 형성에 있어서 이니시어티브(initiative)를 잡고 있는 것이 특징이다."라고 설명하였다.

그러나 "세계가 가까워짐에 따라 범죄방지를 위하여 모든 국가의 협력이 강조되고 실질적으로 이 협력에 따른 시책(주로 형사입법정책)이 강구되고 있는 것을 보면 범죄학의 개념도 수정되지 않을 수 없을 것이다."라고 기술하고 있다.

최근 각국은 형사에 관한 국제사법공조법의 중요성이 인식됨과 동시에 국제사법공조조약 체결의 필요성이 강조되고 있다. 국제형사사법공조는 범죄인인도를 포함하는 광의의 개념이며 이에는 범죄인 인도와 협의의 국제형사사법공조가 있다.

최근 국제교류가 활발하여지고 국제사회의 상호의존성 증대에 따라 국제적인 규모로 행하여지는 범죄의 빈발, 도망범죄인의 증가 등으로 범죄의 국제화 현상이 심화되고 있고, 국제형사사법공조의 중요성이 대두되고 있다.

아래 〈표 5-1〉는 우리나라가 체결한 범죄인 인도조약의 현황이다. 범죄인 인도는 한 나라의 형법, 기타 형사사법 관계법에 위반한 범죄인이 다른 나라에 있는 경우 범죄인의 현재지 국가가 범죄지 국가의 요청에 따라 그 범죄인을 인도하는 것을 말하며, 1990.9.5. 호주와 범죄인도 조약을 체결한 이후 2008.12.31. 현재 29개국에 이르고 있다.

〈표 5-1〉 범죄인인도조약 체결 현황

(2008. 12. 31. 현재)

체결국	체결일	발효	체결국	체결일	발효
호주	1990. 9. 5	1991. 1.16	일본	2002. 4. 8	2002. 6.21
필리핀	1993. 5.24	1996.11.30	우즈베키스탄	2003. 2.12	2004.11.23
스페인	1994. 1.17	1995. 2.15	베트남	2003. 9.15	2005. 4.19
캐나다	1994. 4.15	1995. 1.29	카자흐스탄	2003.11.13	-
칠레	1994.11.21	1997.10. 1	페루	2003.12. 5	2005.11.16
아르헨티나	1995. 8.30	2000.11. 9	과테말라	2003.12.12	2006. 2.20
브라질	1995. 9. 1	2002. 2. 1	인도	2004.10. 5	2005. 6. 8
파라과이	1996. 7. 9	1996.12.29	코스타리카	2005. 9.12	-
멕시코	1996.11.29	1997.12.27	프랑스	2006. 6. 6	2008. 6. 1
미국	1998. 6.10	1999.12.20	홍콩	2006. 6.26	2007. 2.11
태국	1999. 4.26	2001. 2.15	알제리	2007. 2.17	2008.10.24
몽골	1999. 5.31	2000. 1.27	남아프리카공화국	2007. 5. 3	-
중국	2000.10.18	2002. 4.12	쿠웨이트	2007. 6.14	-
인도네시아	2000.11.28	2007.11.16	불가리아	2008.10. 1	-
뉴질랜드	2001. 5.15	2002. 4.17			

주 : 법무부 국제형사과 자료

또 매스커뮤니케이션(mass Communication)의 발달에 따라 세계가 급속히 교류가 빈번해지고 있는 지금 범죄예방과 방지의 개념도 국제적 차원에서 규정하지 않으면 아니 된다는 것은 사실이며, 국제적인 차원에서 범죄현상에 대하여 고찰하고 그 대책을 강구하는 것이 이전보다도 더 필요하다는 것은 말할 것도 없을 것이다.

그것은 항공기 납치나 국제테러와 같은 국제범죄에 대처하기 위하여 모든 국가가 연대하여 어떠한 시책을 강구할 것이냐고 하는 것은 국제적 차원에서 범죄방지의 전개를 의미하고 있다고 해석하는 편이 좋을 것이라고 생각된다.

4. 유럽이사회의 범죄방지활동

국제적 범죄대책을 추진하기 위하여 유럽이사회는 1957년에 각료위원회 밑에 유럽범죄문제위원회를 설립하고 동구권을 제외한 유럽의 국가 테두리를 초월한 국가 간의 협력에 의한 형사정책의 추진에 착수한 이래 형사법과 형사정책의 영역에서 활발한 활동을 계속하고 있다.

또 이와 같은 활동의 결과 지금까지 형사사법에 관한 몇 가지 조약과 권고가 각료위원회에 의해서 채택되고 있다는 것이며, 이 중 조약에는 범죄인인도조약(1957년), 형사사법공조조약(1959), 테러리즘방지조약(1977년) 등이 있고, 특히 형사정책의 영역에 관계하는 것으로 보호관찰에 대하여 외국판결이 집행을 인정한 '형의 유예자 및 가석방자의 보호관찰에 관한 조약(1964년) 및 일정한 경우에 외국판결의 집행을 인정한 형사판결의 국제적 효력에 관한 조약(1970년)' 등이 있다. 또 각료위원에 의한 권고는 조약으로서의 구속력은 없었으나 각 가맹국의 형사사법에 사실상 적지 않은 영향을 미치고 있다는 것이며, 지금까지는 교통범죄(1968년, 1971년, 1973년, 1975년, 1977년), 약물범죄(1973년), 테러리즘(1974년, 1976년), 형법에 의한 환경의 보호(1977년) 등의 영역에서 권고가 이루어졌으며, 1977년에는 피해자 보상에 대한 권고도 채택되어 있다.

이러한 유럽 이사회의 활동은 한국에도 많은 영향을 끼쳤는데, 그동안 여러 차례 개정된 행형법 개정에 반영된 것이 그것이다.

제2편

범죄학이론

제1장 범죄 원인론

제1절 개 관

범죄의 예방과 그 대책을 수립하기 위해서는 먼저 그 사회의 범죄현상을 정확히 파악하고 이를 기초로 그 원인이 무엇인가를 규명하지 않으면 안 된다. 그러나 범죄발생의 원인은 천차만별이며 하나의 범죄에 있어서도 많은 원인들이 서로 밀접하게 관련되어 있으므로 실제로 범죄의 원인을 해명하는 것은 매우 어려운 일이라고 보겠다. 뿐만 아니라 그간 수많은 학자들의 연구결과도 서로 다르게 나타나고 있어 어떠한 연구결과를 받아들여야 하는지를 결정하는 것도 그리 쉽지 않다. 다만, 그간의 연구 성과를 종합해 볼 때 범죄 원인을 해명하기 위해서는 인간에 대한 자연과학적 연구와 사회현상에 대한 과학적 연구가 병행되어야 한다는 데는 거의 의견의 일치를 보이고 있다.

이하에서는 그간 여러 학자들에 의해 연구 발표한 내용들을 중심으로 원인 인식방법의 제유형별로 나누어 고찰하고자 한다.

제2절 범죄 원인으로서의 소질과 환경

1. 고전적 범죄 원인관

'사회가 있는 곳에 범죄가 있다'고 말하는데, 일찍이 어떠한 사회에도 범죄는 존재하였고 우리들의 인류가 범죄를 완전히 없앤다는 것은 불가능한 일이지만 어떤 방법으로든 범죄를 줄여보려고 전력투구하여 온 것만은 사실이다. 그 때문에 우리들은 범죄 원인을 탐구하고 더 좋은 범죄방지를 위한 대책을 수립하려고 노력해왔다. 예로부터 범죄 원인에 대한 학설은 여러 갈래로 갈라져 있다. 과학적 범죄 연구가 시작되기 이전에 있어서는 범죄는 악마의 원인이고 영혼 때문이었다고 생각하였다. 이것은 일본의 竹村壽의 말처럼(竹村壽, 1953), 인간세계의 모든 사실에 관해 인과관계적이고 과학적으로 인식한다는 것은 불가능했던 그 당시 사람들은 그 비과학적 태도를 표명했다고 할 수 있다. 볼드는 이것을 '신적인 설명방법'이라고도 했지만 일체의 신적인 설명의 배후에는 무엇인가 별세계의 힘, 즉 신의 힘인 영혼이 있는 것이다. 예컨대, 우리 현대인이 비행기나 기차를 볼 때 그것을 설명하기 위한 지식은 아마 전력과 컴퓨터기술이라고 생각하는데, 원시인의 설명방법은 자연과학적인 지식을 이용하는 것이 아니고 영혼이나 신의 초자연적인 개념을 사용할 것이다. 비행기를 보고 악마라고 생각하며 무서워하고 떨고 빌기를 계속할 것이 틀림없다. 이것은 어떤 의미로는 합리적인 생활의 지혜라고도 볼 수 있다. 도대체 영혼이란 인간의 유한한 머리로서는 도저히 이해할 수 없는 이상 원시인에 있어서 비행기는 하나의 괴물이나 영혼이다.

중세유럽에서는 신이라는 지적인 개념과 봉건적이라고 하는 정치적 · 사회적 체제와 표리일체를 하고 있다고 말한다. 종교법원은 거기에서 발생한 신권정치의 심벌이나 그것은 한마디로 잡기의 시대였다. 그 당시는 현세의 생긴 일을 설명하는데 자연계를 몹시 무시하곤 하였다. 예를 들면, 어린이의 출생이나 인간이 왕이 되고 목사가 되고 거지가 되는 것이 신의 뜻에 달려있다는 것이다. 또 인간의 죽는 것도 자연의 현상이라는 것은 말할 것도 없다.

신이 그렇게 되기를 바랐기 때문이다. 유럽인의 사상은 잘라놓은 범죄학 분야에서는 초기의 독일 사람의 이교정신과 초기의 영국교의 관념과의 혼합물에서 많은 영향을 받아왔다. 예를 들면, 속죄금(Wergeld)의 관행, 결투로 인한 재판, 신판(神判)에 의한 재판, 타인의 증언으로 무죄의 증명이 있으면 석방하는 제도(compurgation), 선서(宣誓)에 의한 증언, 유죄냐 무죄냐를 표하는 이상한 표시 또는 징조 등이 그것이다. 이런 것은 전부 별세계의 힘의 영향과 그 영향을 중요시하는 그런 관념의 반영이다.

유죄냐 무죄냐를 판정하기 위한 의식이나 절차가 발달했지만 설명하는 원리는 역시 별세계의 힘의 작용이다. 이런 견지에서 보면 범죄나 범죄행동은 범죄인이 악마에 휘말려 일어난 것에 불과하다. 이와 같이 원시적 그리고 선사적 애니미즘에 있어서는 악령이 범죄를 일으킨다고 하였고, 중세에 있어서는 신이나 악마가 범죄 기타의 일탈행위의 원인이라고 생각하게 되었다. 거기에 있어서 범죄의 사회적 속성을 악령과 결부해 정신이상을 악마 속에 휘말려서 그렇게 됐다는 점에 있어서 신적인 설명은 충분히 존속하는 의의가 있다고 본다. 사즈(T. Szaz)가 그 테마에 관해서 이상할 정도로 흥미를 갖게 된 것도 이러한 점에 관계가 있다고 할 수 있고, 또 죄나 도덕적 결함의 개념이 16세기부터 19세기의 초기에 걸쳐서 일반적인 생각이 되고 대부분의 저작에 있어서 확고한 지위를 점하게 된 것도 이러한 이유 때문이라고 할 수 있을 것이다. 당시에 있어서는 범죄자는 어떤 의미에서 별세계의 힘과 눈에 보이지 않는 관계를 가지고 있다고 생각하게 된 것이다.

오늘날에 있어서는 이와 같이 생각하는 사람은 없지만 그렇다고 범죄 원인론이 과학적으로 규명된 것도 아니다. 범죄가 오늘날에 있어서는 이와 같이 생각하는 사람은 없지만 그렇다고 범죄 원인론이 과학적으로 규명된 것도 아니다. 다만, 범죄행위를 포함하여 인간의 행위를 이해함에 있어 결정론[1]의 입장과 비결정론[2](자유의사론)의 입장이 오래전부터 대립되어 왔는데, 전자의 결정론은 인간의 의사와 행위란 개인의 특수한 소질조건과 그 주변의 환경조건의 복합관계의 구성여건에 따라 거의 전적으로 결정된다고 보는 입장이며, 후자의 비결정론은 그 반대로 인간의 의사와 행위는 그 자신의 자유로운 의사 또는 의지에 의하여 주로 결정되고 그 소질이나 환경조건은 별반 큰 역할을 하지 않는다고 보는 것이다(신진규, 1989 : 95).

---

1) 결정론은 인간의 의사와 행위란 개인의 특수한 소질조건과 그 주변의 환경조건의 복합관계의 구성여하에 따라 거의 전적으로 결정된다고 보는 것

2) 이는 인간의 의사와 행위는 그 자신의 자유로운 의사 또는 의지에 의하여 주로 결정되고 그의 소질이나 환경조건은 별반 큰 역할을 하지 않는다고 보는 학설

또 한편으로 범죄의 원인을 생각함에 있어 소질 또는 환경적 여러 요인 중 어느 한 가지에 결점을 두고 설명하려는 일원론과 다수 관련요인들의 복합관계로서 그 요인을 설명하고 그 요인들의 상호 관련관계를 분석해서 그 원인관계를 규명하려는 다원론이 대립하고 있다.

이하에서는 먼저 범죄 원인론에 있어서 전통적으로 주장되어 온 소질설과 환경설[3]에 대해서 고찰해보고자 한다.

2. 소질설(內的要因)과 환경설(外的要因)

1) 소질설(내적요인)

범죄자의 소질을 범죄의 원인으로 중시하는 입장을 통상 '소질설'이라고 하는데, 이것은 범죄의 발생요인으로서 범죄자 개인의 성격, 즉 범죄자의 생리적 정신적인 내부의 특징을 중시하는 입장이다. 보다 자세히 후술할 예정인 소질설은 롬브로조의 범죄자는 하나의 특별한 인종이다고 하는 '생래범죄인설'에서 시작하여 1920년대에 있어서 급속한 발전을 본 이론이다. 비른스타인(T. Viernstein), 로덴(F. Von, Roden), 비른바움(K. Birnbaum), 렌즈(A. Lenz), 메츠거(E. Mezger), 엑스너(F. Exner), 크레츠머(E. Kretschmer), 쉘돈(W. H. Sheldon), 후톤(E. A. Hooton) 등은 인류유전학 체질 생물학, 성격학 정신병학 등의 당시의 학문영역의 신지식을 동원하여 범죄행위에 개개의 범죄자의 인격 그리고 그 기저(基底)로 된 신체조건과의 관련성에 중점을 둔 이론을 전개했다. 처음에는 오직 범죄와 정신병과의 유전관계를 강조했는데, 그 후 각종의 범죄자와 정신장애의 유전관계에 대해서의 실증적 연구가 축적되고 더구나 범죄관계와 깊은 정신적 소질로서 정신박약, 정신병질, 뇌의 기질적 장애, 정신병, 약물중독 등의 각종의 정신장애와의 관계까지 시야를 넓힌 연구가 되어가기에 이르렀다. 그리고 범죄 원인의 연구에 있어서 내적원인을 중시하는 자 중에 범죄심리를 정신의학적으로 설명하려고 하는 것은 범죄 정신병리학과는 새로운 연구분야로 범죄자의 심층심리에 흥미를 가지는 것은 정신분석학적 방법을 이용하게 된 것이다.

3) 이를 학자에 따라서는 전자를 단원주의, 후자를 다원주의라고도 한다.

2) 환경설(외적요인)

범죄자와 엉키어 있는 환경을 범죄 원인으로 중시하는 입장을 통상 '환경설'이라 부르지만 그것은 범죄의 발생 원인이 범죄자의 개인적인 성격과 사정에 있다는 것이 아니라 사회적·물리적인 영향을 받고 있다는 입장이다. 범죄자의 소질보다 환경을 중시하는 입장은 1830년대에 있어서 프랑스의 게리(A. M Guerry)와 벨기에의 케또래(Quetelt) 등에 의해 발전되었고, 롬브로조의 제자인 페리(E. Ferri)는 롬브로조의 인류학적인 범죄관의 영향을 받아 '범죄포화의 법칙'의 개념을 주장하고 사회적 요인을 중시하는 입장을 취했는데, 특히 페리의 경우 인류학적·개인적 요인 외에 기후, 계절, 습도라고 하는 물리적·풍토적·자연적 환경과 인구밀도 가족관계, 교육제도, 공업생산, 종교, 경제, 정치 등의 사회적·문화적 요인을 중시하고 있다. 또 환경을 중시하는 것 중에서도 불량한 환경을 중시하는 아샤펜버그(G. Aschaffenburg) 등도 그런 입장에 속한다.

또 사회학적인 연구방법을 근대적인 학설로 체계화한 롬브로조 학설에 대해서 비판을 가한 것은 론(ryon) 학설인데, 이 학파 가운데서도 나까사뉴(A. LaCassagne), 따르드(G. Tarde), 뒤르깽(E. Durkheim) 등은 그 대표적인 인물이다. 20세기에 들어와서는 환경설은 후술할 예정인 미국의 사회학파에 속하는 쇼우(C. R. Shaw), 써덜랜드(E. H. Sutheland), 렉레스(W. G. Reckless), 테프트(D. R. Taft) 등에 의해 주도되었으며, 독일은 사우어(W. Sauer), 엑스너(F. Exner), 메츠거(E. Mezger), 미덴도르프(W. Middendorf) 등에 의하여 계승 발전하였는데, 특히 엑스너는 사회학적 연구와 개성심리학적 연구를 결합해 특색 있는 생물학적 견해를 가미하여 범죄사회학의 종합적인 체계를 수립하였다.

3. 범죄가족의 연구

그런데 개인의 생물학적 결함이 중요한 범죄 원인인지 아니면 개인에게 얽혀 있는 사회적 환경이 범죄의 원인이었는지의 문제, 환언해 소질인가 환경인가의 문제는 엄밀한 이자택일적인 것이었을까?

일찍이 범죄가족(제도 : 一家, 남一家, 빅토리아一家, 칼리카크一家, 주크一家, 팔크一家)의 연구에서 유전적 소질의 중요성을 강조하였다. 예컨대, 미국의 한 가족을 연구한 곳다드(Goddard)의 연구 결과는 다음과 같다.

'미국의 뉴저지州의 바인랜드의 정신박약자 수용소에 수용되었던 한 소녀의 가계(家系)를 조사해보니, 그것은 미국의 독립전쟁에 출정(出征)한 마틴칼리카크(M. Kallikak)라는 병사가 전시에 전쟁터인 어느 시골에서 알았던 정신박약의 소녀와 관계를 가져 생긴 사생아인 '소마틴'의 자손(子孫)이라는 것을 알게 되었다. 부마틴은 전쟁이 끝난 뒤 귀향하여 선량한 청교도의 여자와 정식으로 결혼하였는데, 그 자손 496명의 계보를 조사하여 본 결과 정신이상자는 단 한 명 뿐이고, 음주벽자 2명, 종교적 광신자 1명, 조서자(早逝者) 1명을 제외하고는 전부 선량한 시민뿐이고 의사, 법과, 교육자, 변호사, 상인, 지주 등 사회적으로 명망 있는 지위에 있는 자들이었다. 이에 반하여 '小마틴'의 자손 480명의 계보를 조사하여 본 결과 143명이 정신박약자였고 정상인은 단지 4명에 불과하였으며, 나머지는 성적 비정상자 32명(대부분이 매음자였음), 알코올중독자 24명, 간질환자 3명 조서자 82명, 범죄자 3명 매음가경영자 8명 등이었다고 한다. 이 연구 결과에 따라 범죄가 유전되는 것이 아닐까 하는 의문이 생겨서 또 쌍둥이의 연구를 계속하게 되었다(木村, 1959 : 51).

그러나 이와 같은 범죄가족이 대부분 나쁜 유전적 소질을 가지는 동시에 열악한 환경에 있었다고 생각할 때 한 특징의 가족에서 범죄자가 다수 배출되었다고 하여 유전적이라고만 말할 수 없다는 것을 우리들은 주의하지 않으면 안 될 것이다. 또 범죄가족 주크가의 연구에서도 닥태일이 1877년에 처음 연구결과를 발표했을 때도 에스타브룩(A. H. Estabrook)이 1916년에 발표한 연구결과에서도 곳다드(Goddard)의 연구결과와 비슷하게 나타났다.

그러나 이것은 소수의 특정한 가계의 조사라는 점에서 조사결과를 일반화시키기는 어렵다는 비판이 있다. 또 쌍둥이 연구를 한 독일의 정신의학자 '랑게'(J. Lange)의 연구결과를 보면 일란성 쌍둥이의 경우에는 범죄 일치율이 64.4%인데 반하여, 이란성 쌍둥이의 경우에는 그것이 28.9%에 불과하므로 동일한 소질의 쌍둥이가 서로 다른 소질의 쌍둥이에 비하여 범죄 일치율이 현저히 높은 것으로 나타나 유전소질의 영향이 크다는 것을 인정할 수 있다. 이 연구에 대한 비판으로 일란성과 이란성의 정확한 구별이 안 된다는 점, 사례의 수가 적어 일반적 결론을 내리기 어렵다는 점, 일란성 쌍둥이의 경우 그 성장 환경과 행위 환경이 더 나빴던 결과 그 일치율이 그만큼 높게 나타날 수 있었던 점을 배제하지 않았다는 것이다. 그러나 이러한 비판에도 불구하고 쌍둥이연구는 범죄의 원인으로 유전소질이 환경보다 더 영향을 미친다고 보는 귀중한 자료가 된다고 보는 것이 통설이다.

양자연구(adoption Study)에서도 실부와 양부가 모두 범죄자였던 경우에 범죄율이 가장 높은 것으로 나타나 유전소질의 범죄에 대한 중요성이 입증되었다고 할 수 있다.

성염색체 연구에서 XYY형은 성염색체에 있어서 남성적 특징을 나타내는 Y염색체가 증가한 경우로서 이 XYY형의 특징은 신장이 크고 성적으로 조숙하며 지능이 낮으며 조발성 범죄자가 많다는 점 등을 들 수 있는데, 연구결과 6피트 이상의 장신자 가운데 XYY형의 출현율이 높고, 특히 소년범죄자에게서 그 비율이 높은 것으로 나타났다. 이상과 같은 연구결과는 유전소질이 범죄에 중요한 의미를 가진다고는 볼 수 있으나 연구의 방법론상의 문제점으로 환경의 중요성도 배제하지 못했다.

4. 일원적 원인론(일원론)과 다원적 원인론(다원론)

범죄의 원인을 규명함에 있어 소질 또는 환경적 여러 요인 중 어느 한 가지에 역점을 두고 설명하는 입장을 일원적 다원론 또는 일원론(single-factor theory)이라 하고, 그보다도 다수 관련요인들의 상호관련관계를 분석해서 그 원인관계를, 더 정밀히 해명하는 것을 주요임무로 생각하는 입장을 가리켜 다원적 원인론 또는 다원론(multiple-facfor theory)이라고 부른다.

인간의 행위를 지배하는 힘은 결코 단일할 수는 없는 것이며 범죄의 원인은 여러 요인으로부터 성립한다고 보는 것은 일단 타당하다고 본다. 또 형사책은 범죄방지를 위해서 구체적으로 강구하는 학문이라고 생각한다면 범죄의 원인으로서 다수요인에 관해서 생각한다는 것은 하나의 요인에 집착하는 것보다 더 설득력이 있다고 본다. 그러나 학문이라는 것은 사상을 법칙화 하고 추상화하는 것을 사명으로 하고 있다. 그러기 때문에 다수의 원인을 그저 사실적으로 보고 있는 것은 학문이라고는 볼 수 없다.

다원적 원인론을 주장한 대표적 학자로는 버드(Cyril Burt), 헐리(William Healy), 글룩(Sheldon Glueck)가 있지만, 이들은 범죄 원인으로서 단 한 개의 원인력을 탐구하는 것은 학문적으로 무의미한 것이며 범죄연구를 하는데 있어서 아무런 이익도 얻지 못한다고 한다. 확실히 범죄 원인론에 있어 모든 원인을 가미해서 다원적 원인론을 내세워 범죄를 설명하는 것은 손쉬운 방법이고 편리하다. 그러나 다원적 원인론은 그 이론이 전체의 요소를 원인으로 보고 있어 어느 쪽이 범죄에 있어 유력한 원인이 되었는지가 불분명하기 때문에 결과적으로 형사정책상의 범죄대책에 원용하는 것은 매우 어려운 문제가 아닌가 생각한다. 범죄 원인을 명확히 규명할 수 있는가 하는 문제는 보다 유용한 형사정책을 수립한다는 사실과 직결되기 때문에 안이한 방법을 채용한다는 것은 될 수 있으면 피하고, 어쩔 수 없다고 생각할 때라든가 그 밖의 다른 수단이 없을 때에 한하여 납득이 갈 수 있는 의미를 충분히 검토한 후에 다원적 원인론을 사용할 수 있도록 하여야 할 것이다. 필자의 소견으로는 다원적 원인론은 범죄 원인론으로서는 과학적인 것이라고는 말할 수 없다고 생각되어 채용하지 말아야 된다고 생각한다. 왜냐하면 이 이론을 지지하는 사람이 있다고 해서 모두를 설명할 수 있는 이론이라고 해서 반드시 모든 요인을 포함하는 이론이라고 할 수는 없다고 보기 때문이다. 한마디로 학문에 있어서의 초보적인 이론상의 미스까지도 범하고 있는 것같이 생각되기 때문이다.

서덜랜드(E. H. Sutherland)도 다원적 원인론 보다는 일원적 원인론을 채용해야 된다고 하며 다음과 같이 말하고 있다(Sutherland, 1947).

범죄행동의 이해와 통제를 위해서는 전체로서의 범죄행동에 대해서는 확고한 일반이론과 그 일반이론을 특정의 범죄행동에 적용한 특수이론 등이 필요하다고 본다. 일반이론과 특정의 범죄행동과의 관계는 질병에 있어서의 세균과의 관계와도 비유될 수 있는데 … 질병에 있어서의 세균이론이 반드시 모든 질병의 원인을 설명할 수 없는 것과 같이 1개의 이론으로 모든 범죄행동을 설명할 수는 없을지도 모른다. 이럴 경우 각 이론의 적용영역을 정하고 수개의 이론을 정리하여 전 범죄행동에 대하여 설명하는 것이 바람직하다고 본다. 또 레클레스와 스미스(Walter C. Reckless & Mapheus Smith)도 다원적 원인론의 합리성을 인정하면서도 하나의 법칙을 캐낸다는 중요성을 지적하고 다음과 같이 말하고 있다(Reckless, W. C. & M.Smith, 1992).

지구상에서의 모든 것들이 범죄의 원인에 포함되면 그것은 말하지 않는 것과 같다. 우리들은 많은 원인으로 생각되는 것 가운데서 공통되는 그 어느 것을 추상화 하는 것도 가능하다. 그리하여 범죄 원인을 정리하고 그의 명제로 해서 법칙화 한다고 하면 일원적인 범죄 원인론이 생기게 되는 것이다.

이와 같은 의미에서 말한다면 필자의 소견으로는 사회적 견지에서는 문화의 충돌, 사회의 붕괴가 범죄 원인이고 개인적 견지에 있어서는 심리적 불안정, 갈등, 긴장관계가 범죄 원인이었다고 생각한다. 범죄가 무수히 발생하는 것은 인간의 일생에 있어서 질풍노도기인 청년기이다. 시대적으로는 경기변동이 심한 전환기나 전중전후이다. 지역적으로는 주민이 이동이 잦은 곳 국경, 마을 변두리 민족의 접촉지대 등이다. 가정적으로는 주민이 이동이 잦은 곳 국경, 마을 변두리 민족의 접촉지대 등이다. 가정적으로는 결손가정, 빈곤가정, 갈등가정 등이며 이상 말한 것들의 공통적 요소를 추출할 때에는 전기와 같은 법칙을 파악할 수 있는 것이다.

5. 범죄 원인론의 체계화

이상과 같이 범죄 원인론에 관해서 소질설과 환경설과의 논쟁과 일원론이냐 다원론이냐의 논쟁이니까 그 어느 것을 채용하느냐 하는 것은 그 사람의 인생관에 따라 다를 것으로 생각한다(藤本哲也, 1996 : 51).

그렇더라도 범죄 원인의 규명은 범죄현상의 정확한 파악에 있어 필수불가결의 전제조건일 뿐 아니라 범죄대책이나 범죄자의 처우에 있어 중요한 기초적 조건을 이루고 있다고 생각하면 그 과학적 해명의 노력은 금후 점점 증대될 것이며 감소되지는 않을 것으로 생각한다.

그래서 이것은 개인적 사견이지만 범죄 원인론을 소질설, 환경설의 논쟁과 일원론, 다원론의 논쟁보다는 차라리 ① 정신의학적 · 생물학적 원인론, ② 심리학적 원인론, ③ 사회학적 원인론으로 삼대별하여 범죄자의 신체면, 정신 · 심리면, 환경면을 중심으로 하는 이론으로 분류함으로써 종래의 이론을 분석 · 검토하는 것이 체계적인 범죄 원인론을 구축하는 데는 더 중요하지 않을까 생각한다. 그래서 이하에 있어서는 그 세 가지 원인론적 측면에서 종래의 범죄 원인론을 검토해 보고자 한다.

제2장 정신의학적 · 생물학적 원인론

제1절 롬브로조(Lombroso)의 생래성 범죄인설

범죄자에 대한 정신의학적 · 생물학적 연구는 19세기 후반에 있어 이탈리아의 정신의학자 롬브로조에 의해서 시작되었다고 한다. 그는 우연한 기회에 범죄자의 두부에 현저한 원시인적 특징이 있는 것을 발견해 그것이 동기가 되어 그 후 383개의 두개골과 3,839인의 수형자에 대해서 상세히 측정한 결과 1876년에 이르러 범죄학사상 저명한 「범죄인론」(Lúomo delinquente)을 저술한 것이다(Lombroso & Bocca : 1896~1897).

Lombroso의 범죄연구의 출발점은 범죄태생의 사상인 것이다. 이 사상은 그의 독창적인 '生來性 犯罪人'의 이론이며, 그 골자는 격세유전설과 범죄정형설로 되어 있는 것이다. 바꾸어 말하면, 이 범죄태생의 사상이라는 것은 범죄인은 모친의 태내(胎內)에 있어서 범죄인이 될 숙명성을 지니고 있다는 것이다.

Lombroso가 말한 생래성 범죄인이라는 것은 일정한 신체적 · 정신적인 특징을 가지고 있고 이 특징으로서 이 사람들은 특별한 종속의 인간, 즉 인류의 특별한 종속이라고까지 말하였다. 이러한 범죄종속은 그 고유한 범죄인 특성과 범죄인형이 인정되며 이러한 것은 외부적으로 탐지할 수 있는 인류학적인 특징인 것이다. 그리하여 이러한 일정한 특징(Stigma)을 가지고 있는 사람은 필연적으로 범죄를 행하게 되어 그 행위를 방지하는 일은 불가능한 일이라 한다. 이를 좀 더 구체적으로 살펴보면 다음과 같다.

① 두개골의 특징으로서 예각적인 앞이마, 안면각의 예각성, 좌우의 불균형, 턱수염의 결여, 납작코, 관골의 이상발달, 두발의 밀생, 무발, 치열부정, 사시 등을 들 수 있다.
② 신체적 · 생리적 이상으로는 대뇌회전(Hirnwindungen)의 단조, 심장의 위축 및 변막부전, 체모의 부족, 통각탈실, 미각 예민, 혈관운동신경의 이상 등을 들 수 있다.
③ 정신적 이상으로는 도덕적 감정폭발성, 자제력 결여, 지능저격, 권태감, 나태 등을 들 수 있다.
④ 사회적 특징으로는 문신의 경향, 냉혹한 노름, 주색과 도박의 탐익, 은어의 신작성, 무생물의 인격화, 도당의 편성(Bandenorganization), 특수상징적인 그림그리기 등을 들 수 있다(前田, 1970 : 69~72).

롬브로조는 이러한 여러 가지 특징을 가지고 있는 사람은 명백한 생래성 범죄인이고, 3개나 5개를 가지고 있는 사람은 명백하다고는 볼 수 없지만 범죄자라고 보아야 하며 3개 이하의 사람은 꼭 생래성 범죄인이라고는 말할 수 없다는 것이다. 이러한 롬브로조가 말하는 생래성 범죄인설은 범죄인 정형설(定型設)이라고도 부르지만 그는 이러한 특징의 생래성 범죄자가 처음에는 전체 범죄자(수형자) 중에 약 65~70% 가량 되리라고 주장하였다가 후에는 35~40%로 후퇴하였다. 그리고 이들에 대하여는 교정교화의 효과를 거의 기대할 수 없으므로 영구격리 또는 도태처분을 행하지 않으면 안 된다고 주장하였다.

그러면 왜 롬브로조는 지금은 완전히 부정되어 있고 당시에도 상당히 의문시 되어온 생래성 범죄인설에 그렇게까지 집착하였을까? 그것은 그의 오랜 연구에 있어서 가장 인상에 남는 한 강도의 사체해부 할 때 받은 감명에서 비롯되었다고 하는데, 그는 그 당시의 상황을 다음과 같이 말하였다. "그것은 단순한 발상이 아니고 신의 계시였다. 그의 두개골을 한 번 본 순간 돌연 나는 모든 범죄문제가 다 밝혀질 것 같은 기분이 들었다."라고 하였다.

Lobroso는 진술한 바와 같은 정신적 · 신체적인 변화는 많은 점에서 원시인에 유사한 것으로서 격세유전[4]에 의하여 원시선조의 야성이 후대에 나타났다고 보았다.

4) 격세유전이란 원시인에게 있는 정신적 · 신체적 특징이 현대의 생래범인에게 돌연히 유전된다는 것을 말함

이러한 생래범죄인설은 아리스토텔레스 이래의 인상학이나 갈(F. J. Gall)의 골상학(phrenologie), 다윈(C. R. Darwin)의 진화론과 모렐(B. A. Morel)의 변질론,[5] 프리차드(J. C. Thonpson) 등이 보는 범죄자관은 초기의 유전적 조사의 성과나 정신병학에 있어서의 나간의 새로운 지식을 도입한 것이다. 당시로서는 포괄적이며 참신한 학설이라고 말하고 있는 것이다.

그러나 범죄의 추상적·형이상학적인 연구는 아니고 범죄자의 실증적 연구만이 범죄의 원인을 밝힐 수 있는 유일한 방법이라고 한 롬브로조의 연구에도 몇 가지 결점이 있는데, 이에 대하여 살펴보면 다음과 같다.

① 개개의 범죄자의 임상적 분석은 당시에 있어서는 종합적인 것이었지만 정적인 통계이며 비실험적이었으며, 기술적인 것이지 다이내믹한 것은 아니라는 점
② 롬브로조는 다수의 범죄자의 임상적 연구 예와 같이 케이스 연구적인 방법으로 얻은 특수한 성과를 임상적 논의의 장에 꺼내어 원용하였다는 점
③ 롬브로조가 범죄자와 비범죄자를 비교 검토하였다는 것은 범죄 원인 규명을 위한 큰 진전이라고 할 수 있지만, 범죄자와 비범죄자의 개인적 또는 집단적인 작업이 면밀히 행하여지지 않았다는 점
④ 범죄자의 특징의 측정결과에서 어느 이상성이 범죄자의 특징인지 몇 가지 이상성을 가지고 범죄자의 특징으로 하는 것이 꼭 명확한 것은 아니라는 점 등이 그것이다.

그러나 현대의 범죄학의 과학성과 동등한 것을 구한다는 것은 어떤 의미로는 잘못된 것이라고 할 수 있으며 위대한 선각자의 이름을 욕되게 하는 것이라 할 것이다.

범죄자는 신체적으로나 정신적으로 다수의 변질 징후(특징, 오욕, 치역)를 가진 인간의 변종이며 인류학적으로 본다면 이것은 원시인적 특징이 격세유전으로 해서 현대사회에 재현한 것이다. 병리학적으로 보면 나간증이었으며 심리학, 정신의학적으로 봐도 패덕광[6]에 지나지 않는다 라고 하는 롬브로조의 견해는 근대 범죄학의 시작을 알리는

5) 변질론이란, 어떤 가계 또는 인종 중에는 세대의 진행에 따라 신체적·정신적 조건이 진행적으로 퇴화 또는 저하의 과정을 거치고 있고 그로인하여 뇌졸증자, 대주가(大酒家), 부랑자, 매춘부, 정신병질자, 범죄자 등이 다수 나오게 되는 경우를 인정할 수 있다고 하고, 일단 이러한 변질과정을 거치기 시작한 가계와 인종은 언젠가는 멸망하지 않으면 안 된다는 주장을 말함

6) 배덕광이란 도덕적 정신착란을 말함

것이며 그것은 또 실증주의 범죄학의 탄생을 의미하는 것이다.

롬브로조는 또 교정치료나 형사정책의 영역에 있어서도 중대한 제언을 하고 있는데, 이에 대하여 살펴보면 다음과 같다.

① 범죄의 원인으로서 소질의 중요성을 지적한 롬브로조는 각 개인의 평등한 자유의사의 존재에 의문을 보내면서 범죄자 처우에 있어서 범한 죄로 해서 형벌을 정할 것이 아니라 범죄자의 개선에 따른 치료를 해야 한다고 본다.
② 롬브로조는 범죄자에 대해서는 형벌의 기초가 형벌의 자연적 필연성과 사회방위의 권리에 있다고 본다.
③ 형벌에 대해서는 범죄자의 동기나 인격을 고려해서 합리적으로 처우할 필요가 있다. 형법전이 형벌을 상세하게 구별한다는 것은 난센스다. 범죄와 형벌은 탄력적으로 정해야 한다. 그것은 마치 병명이 같으면 같은 약을 투약하는 것과 같은데, 이것은 참으로 위험천만이다. 환자의 체질과 증상에 따라 치료방법을 바꾸는 것과 같이 범죄자의 주관적인 조건에 따라 형벌을 개별화하지 않으면 범죄방지의 목적은 달성할 수 없다.
④ 추상적 의미로 범죄를 연구한다든지 취급하지 않고 범죄자 그 자체를 연구한대로 처우를 하지 않으면 안 된다. 즉 롬브로조는 처우의 개별화를 주장하고 의사가 환자 각자에 대해 치료를 하는 것과 마찬가지로 각 범죄자에 적합한 특별한 방법으로서 처우를 하지 않으면 안 된다는 것이다.
⑤ 구체적으로는 소년범죄자나 경범죄자, 우발범죄자에게는 구금형을 될 수 있는데로 피하고 감독제도를 도입하는 것이 바람직하다. 소년범죄자나 여자범죄자에 대해서는 그 특수성과 치료가능성 등을 고려하여 특별처우가 필요하다고 본다. 생래성 범죄자나 패덕광자는 유전적 본능으로 범죄를 범한 것으로 해서 치료의 대상으로 해야 할 것이지만, 그 치료의 곤란함과 다른 수형자에게 악영향을 미치니 특별한 시설에 수용하는 것이 바람직하다는 것 등을 제언하고 있다.
⑥ 형벌의 종류에는 소년에게는 체형이 효과적이다. 단식, 냉수욕, 중노동, 가택구금, 벌금형, 형보증 등이 적당한 것으로 제안하였다. 또 소년범죄나 기회범인에 대한 최량의 예방적 방법은 미국의 보호관찰제도가 적당하고 상습범죄자에게는 유형(流刑), 기타 사회보전과 인도주의적 입장에서 정신병원의 설립이 바람

직하다고 하였다. 더욱이 이제는 죄를 범할 능력이 없는 노인은 감옥에 넣어서는 안 되지만 감옥에만 들락날락할 경우 도태방법으로서 사형에 처할 수밖에 없다고 단언하고 생래성 범죄자에 대한 무기징역과 사형을 주장하였다.

⑦ 롬브로조는 또 페리나(Ferri)나 가로팔로(Garofalo)와 같은 이탈리아학파에 속하는데, 범죄피해자는 그 피해에 상응하는 보상을 받을 수 있는 법률상의 권리를 주어야 한다고 강력히 주장하고 있다.

⑧ 롬브로조는 또 생래성 범죄인 이외의 사람에 대해서는 부정기형을 주장하고 벌금형이나 보호관찰 같은 것을 추천하고 있다.

그는 또 그의 인류학적 소견을 기초로 ① 생래성 범죄자, ② 배덕광 범죄자, ③ 나간(癩癎)성 범죄자, ④ 정신병적 범죄자, ⑤ 우발성 범죄자, ⑥ 감정성 범죄자의 6종류로 분류하였다. 그 외 이러한 분류는 후에 페리나 아샨펜부르크의 범죄자 분류의 기초로 된 것이다.

제2절 롬브로조(Lombroso)의 학설에 대한 비판

롬브로조는 이 연구로 일약 세계적 명성을 얻게 되었고, 그 후의 과학적 범죄학 및 과학적 형사정책 발전에 결정적 기여를 하게 되었지만, 그의 학설자체에 대하여는 격심한 논란이 일게 되었고, 그 중에는 실증적 논의에 의한 힘찬 비판론도 포함되고 있었다. 그 하나는 독일 감옥의 '베에로'에 의한 것이며, 다른 하나는 영국 감옥의 '고링'에 의한 것이다. 이 중 특히 주목할 만한 것은 후자이다. '고링'은 직접 롬브로조의 주장의 타당성을 검토하기 위하여 근 10년에 걸쳐 영국 각지의 교도소 수형자 3,000명과 일반 시민(주로 대학생) 3,000명을 대상으로 롬브로조가 제시한 생래성 범죄인의 여러 특징과 기타 사항에 대한 조사연구를 행하고 이를 비교분석한 결과 그가 제시한 것의 어느 것도 양 집단을 뚜렷이 구별하지 못했으며, 단지 '신장과 체중에서의 열등'(劣等)만이 범죄자 집단에서 더욱 현저했다는 정도에 그쳤다.

이것은 롬브로조의 학설에 대해 치명적인 손상을 가하는 것이었다. 그 후의 학자들은 흔히 고링의 연구결과에 의해 롬브로조의 생래성 범죄인설을 배척하기만 했다. 현재의 비판자들 중에는 롬브로조가 제창한 유인원의 특징에 관한 가설도 잘못된 것이었음을 지적한다.

그러나 고링의 연구도 그 조사대상자를 선정함에 있어 죄명별 차이를 무시하고 여러 종류의 범죄자를 한 종류의 범죄자로 취급했다는 치명적인 결함을 갖고 있다. 이러한 비판에도 불구하고 그가 범죄연구에 있어서 종래의 관념적 방법을 지양하고 자연과학적 실증방법을 채용한 공적은 영구히 기억되어야 한다.

제3절 신롬브로조학파의 이론

앞서 말한 바와 같이 롬브로조의 학설은 고링에 의하여 부정되었으나(C. Goring, 1913) 롬브로조 이후 범죄자의 소질을 중시하는 입장은 인류유전학, 체질생물학, 성격학, 정신병학 등의 새로운 지식을 동원하여, 독일, 오스트리아를 중심으로 발달한 범죄생물학에 의하여 계속되었다. 이 범죄생물학파의 이론은 롬브로조의 생래성 범죄인설을 발전시켜 범죄인을 단순한 유전적인 변질자로 보지 않고 형성, 발전하는 통일적 생물체인 인간으로서 관찰하기 때문에 신롬브로조 학파라고도 부르고 있으며 그 대표적인 인물은 버른스타인(T. Viernstein), 렌즈((A. Lenz) 익쓰너(F. Exner) 등이다.

범죄생물학파는 원래 사람의 생물학적인 체질보다는 구조와 정신적인 반응경향 또는 성격과의 불가분적인 관계에 있다고 하는 인식에서 범죄 잠재력으로서의 인격의 성립과정과 그 발현으로서의 범죄행위를 이해하려고 하는 것이다. 말하자면 범죄에 관한 생물학적 정신병리학적 · 유전체질학적 연구의 총칭이라고 할 것이다.

1. 체질생물학적 견해

범죄생물학파 가운데 가장 대표적인 학설은 크래츠머(E. Kretschmer)의 범죄체질학적인 연구인데, 그는 다수의 정신병환자와 정상인의 조사를 기초로 해서 1921년 「체격과 성격」(Körperbau und charakter)이라는 저서를 내고 롬브로조와는 다른 신체적 특징의 중요성을 강조했다(E. Kretschmer, 1961).

크레츠머는 인간의 체형을 「비만형, 세장형 또는 허약형, 투사형」이라는 저서를 내고 롬브로조와는 다른 신체적 특징의 중요성을 강조했다.

크레츠머는 인간의 체형을 비만형, 세장형 또는 허약형, 투사형이라는 3가지의 기본적 체형과 발육이상적 특수형이라는 3가지의 기본적 체형과 발육이상적 특수형으로 분류했다.

크레츠머는 또 인간이 기질을 순화성기질, 분열성기질, 점착성기질의 3가지 종류로 분류하고 있다. 순환성기질이란 기분이 상쾌와 비애 사이를 파동적으로 움직이고 그 움직임은 자연적이고 반응은 자극적이다. 사교적이며 천하기 쉽고 마음이 온화하다. 또 사회적 태도는 외향적, 실제적, 물질적, 협조적이다. 분열성기질은 과민과 둔감과 양극단 사이를 갑자기 왕래하고 그 왕래는 부자연하고 반응은 자극에 상응되지 않는다. 사회적 태도는 얌전하고 내성적이며 대인 접촉을 싫어한다. 둔감 · 잔인 · 냉혹이라는 반사회성이 인정된다. 다음 점착성 기질의 사람은 점액질성과 폭발성과의 사이를 왕복하고 그 태도는 둔하고 그 행동은 정중 · 완만하다. 사회적 태도는 친화의리가 있고 또 믿음이 두텁고 규칙적이다. 성격은 완고 · 집착 · 보수적이다.

비만형은 그 정신특징으로서 조울증적 인간의 경향을 갖고 회귀성적 기질을 갖는다. 이 형의 사람은 사회적이며 순진하고 또 솔직하다. 또 개방적이며 온화한 인품을 갖는다.

세장형은 분열형이고 투사형은 간질과 친화성을 갖는다. 또 그 성격에 있어 전자는 괴리성이고 후자는 점착성이다. 발육이상성 특수형은 그 특징이 특별한 내분비선의 장애에 의한 것으로서 이러한 분류는 비교적 적다. 이러한 것으로써 거세적 장신, 거세적 내분비, 과다적 비만, 소아형 발육정지가 있다.

크레츠머의 체형은 그 후 비어스타인, 로덴, 슈바브, 리들 등에 의하여 그 연구가 계속 행하여졌다. 그 중에서도 특히 슈바브는 ① 범죄초발년령에 관해서는 세장형은 조발경향이 강한데 대하여 비만형은 자발적이고 초범자의 비율이 높다는 것, ② 누범경향은 세장형에 강하고 비만형에는 약하고 투사형은 그 중간이라는 것, ③ 죄질에 관해서는 세장형은 절도나 사기가 많은데 폭력범과 성범죄는 적다. 투사형은 폭력범과 관계가 깊어서 폭력성의 재산범죄나 성범죄에 친화성이 있다. 발육이상형은 성범죄에 많고 비만형은 여러 가지 범죄에 평균 이하로도 관여하지 않지만 예외적으로 사기와 친화성이 있다는 것을 지적하고 있다.

이러한 크레츠머의 체질학설을 한걸음 더 발전시킨 분으로 미국의 정신의학, 심리학자 쉘던(William H. sheldon)이 있다. 그는 크레츠머처럼 체격형을 단순하게 나누지 않고 각인의 체격형을 결정하는 세 가지 기본 구성요소(primary components)로 내배엽(endomorphy)·중배엽(mesomorphy)·외배엽(ectomorphy)의 세 가지를 지적하고, 그 각각이 신체 각 부위에 있어 어느 만큼 큰 비중을 차지하느냐를 최고위 7로부터 최하위 1까지로 나누어 측정케 하고, 각인마다 그 각각의 정도를 표시케 하였다. 그리하여 그 각각의 비율이 6-2-1정도로 나타나면 내배엽 우월형이라 부르고 1-6-2 정도로 나타나면 중배엽 우월형, 그리고 1-2-6 정도로 나타나면 외배엽 우월형이 되며, 그 중의 어느 하나가 7에 가까우면 극단적인 내배엽자 등으로 불렀다. 그러나 그도 크레취머와 마찬가지로 각 체격형과 기질형이 정확히 일치함을 논증하면서, 이로써 심리학과 생물학은 통합이 가능하게 되었다고 하고 인간에 관한 과학은 그 절정에 이르렀음을 역설했다. 단 쉘던은 기질형을 나눔에서도 신체 각 부위의 긴장도를 기준으로 내장긴장형·신체긴장형·두뇌긴장형이라 불렀다. 다음은 쉘던에 의한 세 가지 체격 및 기질형의 기본 특징을 요약해서 설명한 것이다.

〈표 2-1〉 '쉘던'의 체격 및 기질형 3분법

체격형	기질형
1. **내배엽 우월형(비만형)** 대체로 소화기관이 크게 발달, 살이 찐편, 전신부위가 부드럽고 둥근편, 끝이 가늘면서 짧은 사지, 소골격형, 피부는 부드러움	1. **내장긴장형(순환성기질)** 몸가짐이 대체로 이완, 낙관주의적, 부드러운 장식품을 좋아함. 온순하나 외향적, 사교성, 관대한 편, 가정관계에 마음 쏟는 편
2. **중배엽 우월형(투사형)** 근육골격 활동기관이 우세, 동체가 굵고 가슴이 넓고 손목과 손이 크다. 여윈 경우에도 사각형의 손목, 여위지 않으면 살이 찐다.	2. **신체긴장형(점착성기질)** 활동적, 쫓아다니거나 말하거나 태도취할 때 자기주장형, 용감, 공격적, 모험심 감하고 권력을 쓰려하고 지배하려는 경향
3. **외배엽 우월형(세장형)** 신체표면과 신경계통이 크게 발달, 여위고 섬세한 몸집, 골격은 작고 긴편, 축 쳐진 어깨, 뾰족한 코, 가는 머리카락	3. **두뇌긴장형(분열성기질)** 태도 동작이 억제적, 내향적, 사교를 피하며 언제나 신체의 호소를 하는 편

'쉘던'은 그 자신이 직접 청소년 범죄자들의 체격형에 관한 연구를 행하고 중배엽우월형에 집중되는 사실 등을 밝히기도 하였다.

2. 유전학적 견해

범죄에 대해서 유전학적 연구는 독일의 정신의학자 랑게의 쌍생아연구에 의하여 눈부시게 발전해 나갔다고 하는데, 여기서 말하는 범죄생 학파 또는 신롬브로조 학파의 유전적 학설은 선조로부터 받은 정신장애·음주기벽 등의 유전적 소질을 범죄 원인 중에서 가장 중요하다고 생각하고 있다.

랑게는 1929년에 「운명으로서의 범죄」를 저술하고 그 속에서 일란성 쌍생아가 이란성 쌍생아에 비해 범죄에 빠질 가능성이 높기 때문에 범죄에 대하여 유전소질이 크게 영향을 미친다는 것이다. 새삼스럽게 말할 것도 없이 쌍생아의 연구는 범죄 원인을 규명함에 있어, 특히 그것이 소질에 의한 것이냐 환경에 의한 것이냐 하는 논쟁에 있어서 중요한 지침이 될 수 있다고 보겠다. 왜냐하면 적어도 일방이 비행 또는 범죄를 범하고 있는 쌍생아의 사례를 연구함으로써 소질과 환경의 상관관계의 파악을 가능케 한다고 생각하였기 때문이다. 즉 소질이 범죄의 중요한 원인이었다는 것을 알게 되어(물론 환경의 영향이 없다는 것은 아니다) 어느 한쪽이 더 많이 범죄에 빠져 있을 때에는 소질보다도 차라리 환경이 범죄의 원인으로서는 중요한 의미를 갖고 있다고 보기 때문이다. 즉 거기에 있어서는 쌍생아의 연구에 의하여 어떠한 인격구조가 어떠한 환경조건과 결부되어 비행이나 범죄를 실현해 가느냐 하는 과정을 해명할 수 있다고 생각하기 때문이다.

이와 같은 입장에서 쌍둥이연구의 단서를 연 사람은 영국의 갈톤(F. Galton)인데 범죄성과의 관계에 있어서 쌍둥이연구를 시작한 것은 랑게였다. 랑게는 적어도 쌍둥이 중 한쪽이 범죄에 빠졌던 쌍생아 30조를 모아 2범죄 일치율을 조사한 것이다. 그 결과 랑게는 일란성 쌍둥이 13조 중에서 10개조와 이란성 쌍둥이 17조 중에 2개조에 범죄의 일치율을 본 것이다. 그 후 그라스(A. M. Le. Grass), 로자노프(Rosanoff), 슈툼풀(F. Stumpfl, 크란즈(H. Kranz), 보르크스토룀(G. A. Borgström, 일본의 吉益修夫도 유사한 결과를 보이고 있다. 다음 〈표 2-2〉에서 보는 바와 같이 135예 중 일란성 쌍둥이에 있어서 64.4%의 범죄일치율을 이란성 쌍둥이에 있어서는 28.9%의 범죄일치율을 보이고 있다.

〈표 2-2〉 쌍둥이의 범죄행위에 관한 여러 연구

연구자	일란	성	쌍둥이	이란	성	쌍둥이
Lange (독일, 1929)	13	10 (75.9%)	3 (28.1%)	17	2 (11.8%)	15 (88.2%)
Legras (네덜란드, 1929)	4	4 (100%)	0	5	0	5 (100%)
Rosanoff (미국, 1934)	37	25 (67.5%)	12 (32.4%)	28	5 (17.9%)	23 (82.1%)
Stumpfl (독일, 1916)	18	11 (61.1%)	7 (38.9%)	19	7 (36.8%)	12 (63.2%)
Kranz (독일, 1936)	31	20 (64.5%)	11 (35.5%)	43	22 (53.5%)	20 (46.5%)
Borgstrom (영국, 1936)	4	3 (75.0%)	1 (25.0%)	5	2 (60.0%)	3 (40.0%)
吉 益 (일본, 1949)	28	14 (50.0%)	14 (50.0%)	18	0	18 (100%)
합 계	135	87 (64.4%)	48 (35.6%)	135	39 (28.9%)	96 (71.1%)

3. 생물학적 견해

체질학설과 유전학설을 종합해서 행위가 인격의 연구를 통해 얻은 렌즈의 대표적 저작인 「범죄생물학원론」은 신롬브로조학파의 생물학적 학설의 대표적인 것이다. 렌즈의 범죄생물학원론의 기초가 된 것은 크레츠머의 체질학설 그리고 융, 왈트, 엔쉬형제 등의 생물학적 반응형에 관한 제학설이었다고 한다.

크레츠머(E. Kretschmer, 1961)는 전술한 바와 같이 인간의 체격형을 비만형, 세장형, 투사형으로 분류하고 거기에 따라 성격형도 순환성, 분열성, 점착성으로 분리된다고 하고 그 같은 성격형이 극단화하면 우울병, 정신분열병, 전간병(지랄병)이라고 하는 3가지의 정신병형을 일으킨다고 한다. 또 왈트와 엔쉬는 내분비선과의 관계에 있어서 인간의 성격형을 갑상선형과 부갑상선형으로 나눠 전자가 활동적 · 이면적인 인격상을 갖는데 대해 후자는 완만 그리고 강제적인 정신구조를 갖는다고 한다. 게다가 융의 외향성=내향성설, 왈트의 긴장형=이완형성 및 에쉬의 통합형=분산형설 등은 어느 것도 생물학적인 체질과 생리적 정신적인 기능과 인간의 성격구조와 관련된 것으로 파악한 것이라고 할 것이다.

렌즈는 그와 같은 성격형에 관한 제학설과 프로이드의 인격구조와를 잘 결합시켜 복잡한 인격론을 구성하고 범죄적 인격의 생성과정을 소질과 환경과의 상호작용에 의한 것으로 이해하고 범죄행위를 그 때까지 성립하고 있는 행위적 인격의 외계자극(外界刺戟)에 대한 반응이라고 설명하고 있다.

Lenz에 의하면(A, Lenz, 1938) 각종의 성향 그리고 성상이 복합하여 기능적 또는 실질적인 성격구조를 형성하고, 그와 같이 상호 상하관계, 지배, 피지배관계에 서서 전인격을 구성한다는 것이다. 그는 기능적 성격구조를 외향성, 내향성, 회귀성(순환성), 괴리성(분열성), 공격성(점착성)의 5종으로 나누고, 실질적 성격구조를 자아성, 성욕성(性慾性), 사회성의 3종으로 하고 또 전인격형을 분산형과 통일형, 변전형과 안정형의 2군으로 분류하고 있다.

이상이 Lenz의 인격론의 개요인데, 이 학설은 종래의 제 학설의 종합뿐만이 아니고 자신이 라이츠교도소의 수형자에 대하여 연구를 하고 그 범죄행위를 관찰하여 이것을 상기와 같은 인격론과 결부하여 실증적 연구를 한 성과라 할 것이다.

이와 같이 범죄생물학은 종래와 같은 정력학적 범죄 원인론은 아니다. 그것은 동력학적 범죄 원인론이라고 불러도 좋을 것이다. 그것은 생생한 변화와 풍부한 인격의 동적형성을 문제로 한다. 일본의 前田信二郞은 이 관점에서서 "우리들은 범죄의 전체적 존재구조를 조감할 수 있는 것이다."라고 하였다. 즉 범죄행위의 배후에 약동하는 인격적 알레르기의 흐름에는 소질이라는 내인적 세력과 환경이라는 외인적 압력의 교차가 인정되는 범죄는 그 교차의 한 점에 지나지 않는다.

그런 의미로 해서 범행은 1회 뿐인 것인데, 그것은 인격의 통일적 · 지속성에 의하여 반복될 가능성을 가지고 있다. "행위는 인격의 그림자다. 인격은 또 행위의 집적이다."라고 할 것이다.

제4절 신롬브로조 학설의 승계

고링의 롬브로조 비판에 의해 쇠퇴했다고 보이는 롬브로조의 학설은 롬브로조가 태어난 이탈리아의 카라라(M. Carrara)에 의해서 계승되었고, 미국에 있어서는 후톤(E. A. Hooton)에 의하여 계승되었다(Hooton, E. A., 1939).

하버드대학의 인류학자인 후톤은 고링의 업적은 재검토하고 신체적인 형태에 대해서 광범하게 조사한 결과 고링의 방법론(Goring, 1913)과 결론이 반드시 옳다고는 볼 수 없다는 결론에 도달했다. 후톤이 1939년 「범죄와 인간」(Crime and the Man)에서 그가 자신이 행한 조사의 의의을 요약해서 발표하자마자 체형론적인 범죄학이 다시 범죄 원인론상에서 논의되게 되었다고까지 말하고 있을 정도이다. 라돈의 연구결과에 따르면 키가 크고 여윈 사람은 살인범이나 강도범이 될 경향이 있다. 키가 크고 체중이 무거운 인간은 살인도 하고 문서위조나 사기행각도 한다. 키가 작은 인간은 절도나 야간절도에 능하다. 키는 작지만 체중이 무거운 인간은 상해, 강도 기타의 성범죄를 범한다. 다른 한편 보통의 체격을 하고 있고 신체적인 특색이 없는 인간은 범죄 면에서도 전문적이지 못하고 어떠한 죄를 범하면 좋을까에 갈팡질팡하는 사람이라고 하였다.

라돈의 연구성과에 대하여 살펴보면 다음과 같다.

① 33개의 측정사항 중에서는 19개가 범죄자와 일반시민이 서로 다른 데가 있었다.

② 신체측정의 모든 점에서 범죄자는 일반인보다는 뒤떨어진다.

③ 앞이마가 낮고 콧대와 코의 끝부분이 극단적으로 넓거나 좁고 코는 삐뚤어지고 휘어졌으며 눈은 꽉 눌러놓은 형이고 턱은 좁고 일반적으로 소질적인 열등인간의 상과 꼭 일치한다.

④ 신체적 열성은 주로 정신적인 열성과 관계가 있으니까 중요하다.

⑤ 열성(劣性)의 근본원인은 어쩌면 유전에서 오는 것이며 생활 상태나 환경에서 오는 것은 아니다.

⑥ 검은 눈과 푸른 눈은 범죄자에게는 적고 청 · 다색(茶色)과 여러 가지 색을 혼합한 눈이 가장 많다. 전체가 옥색(玉色)을 하고 있는 눈은 비교적 적고 옥색의 반점이 있는 눈이 가장 많다. 또 눈이 처져 있는 것이 가장 많고 눈썹이 엷은 것도 많다.

⑦ 일반인의 대조군보다는 문신이 많다.

⑧ 입술은 엷고 턱의 각도가 압축되어 있는 사람이 많다. 윗이 쪽이 앞으로 나온 사람도 많다.

⑨ 범죄자의 귀는 대개 작다.

⑩ 전액이 낮고 경사되어 있으며 머리가 가늘고 처진 어깨도 일반인에 비하여 많다.

이러한 라돈의 연구결과는 롬브로조의 것과 비슷한 특징을 많이 볼 수 있다고 하는데, 볼드에 의하면 라돈의 연구업적을 정립하기 위해서는 그것을 생물학과 심리학에 있어서 말하자면 체질학파와 결부해서 이해할 필요가 있다는 것이다. 인간의 기초적인 기관의 우열을 나타내고 있는 체질적(유전적) 상위는 확실히 생물학적으로나 심리학적으로 개인차가 있음을 반영하고 있다는 것이 근본가설이다. 그래서 라돈이 발견했다고 생각하는 상위점은 범죄인의 생물학적 열성을 나타내는 명확한 지표에 있다고 말하고 있다. 그 결과 그 체질적 열성이 그리고 열등자를 설명하기 위한 가장 중요한 요소가 되었다.

제5절 결 어

이상과 같은 정신의학적 · 생물학적 원인론의 범죄 원인론적 관점은 범죄자는 일반인과 같이 1개의 생물학적인 조직체이지만 그저 어딘가 다를 뿐만 아니라 이상과 결함이 있고, 따라서 생물학적으로는 열등하다고 생각하여 왔다. 거기에는 행동에 있어서 인간의 생물학적인 차이라고 하는 일반관념이 있다. 인간의 생물학적 구조가 인간의 기능을 결정한다는 논거가 가로놓여있다고 해도 좋을 것이다.

최근에 있어서 정신의학적 · 생물학적인 연구동향은 내분비선의 이상에 의한 범죄성의 해명에 의한 것이다. 뇌파측정으로 본 범죄의 연구, 성염색체 이상에 관한 연구, 생화학적 방법에 의한 범죄의 연구 등이 있는데, 미국에서는 범죄 원인론에 관하여는 롬브로조 입장으로 돌아오고, 형사정책으로는 베까리아 입장에 돌아왔다고 하는 오늘날 생물학적 연구의 부활이 의미하는 것은 무엇인가를 주의 깊게 생각할 필요가 있다고 할 것이다.

제3장 심리학적 원인론

제1절 심리학 연구의 시작

'범죄심리학'이라는 명칭은 이미 18세기부터 사용되었는데, 이는 범죄자의 심리에 중점을 두고 범죄행동을 해명하려하는 것으로 18세기 말엽부터 시행되었다고 하는데, 「범죄심리학」이라는 명칭을 붙인 저서가 나오게 된 것은 19세기의 말부터 20세기 초에 걸쳐서 부터였다. 그 중에서도 롬브로조의 제자이며 저명한 사법관이었던 가로파로(R. Garofalo)는 범죄심리학의 중요성을 지적하고 자연범죄의 개념을 제창함으로서 범죄를 연민의 정과 성실의 정이라는 기본적인 애타적 정조에 대한 침해라고 이해하고 도덕적 의식에 대한 침해가 범죄의 개념에 있어서 중심적 요소로 되어있다고 하였다. 이 가로파로의 생각은 '도덕적 이상성설'이라고 하는데, 그 생각은 다윈과 스펜서의 영향을 받은 것이고 같은 시대의 케틀레(A. Quetelet) 페리(E. Ferri)가 사회물리학적인 입장에서 범죄의 정율성을 주장하고 자연범죄의 개념에 접근한데 대해서 어디까지나 도덕감정의 진화를 연구하는 것으로서 자연범죄의 형식을 정하는데 성공한 것이다. 즉 롬브로조는 자연범죄인은 애타적 정조의 결여(사회적 의무감의 결여)가 원인이라 보고 그 애타적 정조의 결여 원인을 인류학적 변이성에서 찾고, 인류의 진화와 사회의 진화에 역행하고 낙오된 인간이 범죄자라고 생각한 것이다.

가로파로는 범죄자의 심리인 반윤리적 정조는 퇴화적 도태를 받은 윤리적 변절자의 고유의 것이며, 그것은 긴 진화의 과정에서 서서히 형성되어가고 있다고 하는데 우리들은 그 점에서 가로파로에 대한 롬브로조의 영향을 간파할 수 있게 되는 것이다. 가로파로는 자신은 구별하고 있는데도 범죄인은 생래범죄인과 같은 개념을 가지고 있다는 것을 알 수 있다.

이와 같이 가로파로는 범죄의 심리적 고찰을 출발점으로 하고 범죄의 법률적 개념으로 방향성을 가지게 하면서 애타적 정조의 결여(사회적 의무감의 결여)의 정도에 따라 범죄자를 분류하고 그 대책을 수립한다는 형사정책적 시책의 전개를 시도하였다. 그리고 자연범죄의 개념을 기초로 하고 형법상의 제 문제를 검토하고 고전학파의 도의적 책임론을 배격했다. 그리고 범죄자의 위험성이라고 하는 개념의 형법학에의 도입을 시도하고 사회적응성의 개념을 채용함으로서 형사법사상의 발전에 크게 공헌한 것이다.

필자는 이러한 가로파로의 견해를 범죄심리학적 단서로 보는 것인데, 물론 본연이 범죄심리학 업적으로 나타난 것은 1930년 이후의 것이다. 심리학적 원인론이 범죄학의 한 원류로 되는 것은 프로이드의 업적이 평가됨으로서라고 말할 수 있다.

제2절 프로이드(S. Freud)의 정신분석학적 범죄관

범죄학의 이론에 있어 프로이드일파의 사상체계가 가지고 있는 의미는 범죄 그 자체에 주목한 점이 아니고 범죄를 포함한 일체의 행동을 설명하려는 학설을 확립하는데 있다고 하였다. 프로이드는 범죄와 관련성이 깊은 것으로 의식, 전의식, 부의식이라는 3가지 심적 영역과 이드(id), 자아(ego), 초자아(superego)라는 정신구조가 있다고 하였다. 이를 설명하면 다음과 같다.

1. 프로이드(S. Freud)의 의식구조와 성격구조

1) 의식구조

프로이드는 우리인간의 의식구조를 의식, 전의식, 무의식으로 나누고, 의식이란 지각상태에서의 심적 내용이며 직접적인 지각에 의하여 경험하는 것을 말하고, 전의식이란 생각이 날 듯 말 듯 하는 현상으로 흔히 이용 가능한 기억으로서 마음속에서 무의식과 의식영역을 연결해 주는 것을 말하며, 무의식이란 인간 마음의 가장 깊고 중요한 부분으로 프로이드는 아무리 사소한 일이라도 중요하지 않은 말이나 행동은 별로 없다고 믿었으며 말의 실수, 사고, 약속을 잊는 것, 농담을 하는 것 등의 무의식적 욕구, 원망, 갈등의 표시라고 그는 주장하였다. 프로이드는 의식 밖으로 억압되는 어떤 체험이나 생각은 소멸되는 것이 아니라 무의식 안에 남아 있어 강력한 영향력을 행사한다고 하였다.

2) 성격구조

프로이드는 우리인간의 성격구조를 이드(id)-쾌락원리, 자아(ego)-현실원리, 초자아(superego)-양심으로 나누었다.

이드(id)는 쾌락원리로 가치, 윤리, 논리 및 시간적 지각이 없으며 오로지 순간적인 쾌락원칙에 따라 움직인다. 우리는 꿈의 분석과 신경증적 행동의 다양한 형태 등을 통해서 이드를 알게 된다. 이드 안에는 두 개의 성적 및 공격적 본능들이 작용한다.

성적본능이란 생존본능의 힘을 일컫는 것이며, 성적행동을 통해서 만족을 얻고자하는 정신적 에너지의 일부분이다. 성본능에너지를 리비도(libido)라고도 한다.

자아(ego)란 현실원리로 사람이 성장함에 따라 이드에서 의식적 자아가 발달한다. 자아는 생후 6~8개월부터 발생하기 시작하여 2~3세에 형성된다. 이드의 충동들이 자아를 통해 어떤 방식으로든 만족되어져야 하고, 세상의 현실과 초자아의 욕구사이를 중재하기에 성격의 집행자 또는 경영자라고도 불린다.

초자아(superego)란 양심을 말하며 성격의 제일 높은 구조인 초자아는 자아로부터 발달한다. 초자아가 하는 일은 이드가 용납할 수 없는 충동을 차단하고 자아로 하여금 도덕성을 완성하도록 방향성을 갖게 하는 것이다.

프로이드의 정신분석론은 라파포트(D. Rapaport) 이래 다음의 6가지 기본적 관점을 분리해서 생각하는 것이 일반적이다(S. Freud, 1917).

① 의식, 전의식, 무의식이라는 3가지 심적 영역을 인정하고 정신활동이 어떤 영역에서 영위하여 있는가를 밝히려는 국소론(局所論)적(topographic aspect) 입장

② 이드, 자아, 초자아라는 정신구조를 생각하고 그와 같은 각 기능과 그 같은 상

호간의 역동적인 관계를 문제로 하는 구조론적 입장

③ 모든 심적 현상에 있어 그 배후에 심리학적인 힘 내지 무의식적인 동기를 가정하여 심적 현상을 그러한 제 힘이 협동과 갈등과의 통합의 표현으로서 파악하고자 하는 역동적 견지(dynamic aspect)

④ 욕동의 흥분량과 자아의 억압 에너지에서 볼 수 있듯이 모든 심적 현상이 심리적 에너지로 해서 나타났다고 가정하는 경제론적 관점(economic aspect)

⑤ 모든 심적 현상이 환경과 밀접하게 관계되어 있으며 쾌감원리와 현실원리에 관한 명제를 기초로 한 후 정신분석학의 사회적 측면의 발전을 준비한 적응론적 관점

⑥ 모든 심적 현상이 심리적인 기원과 그 후의 발달과정을 가지고 있고 과거의 심리현상의 파탄은 한 번은 깨진 것 같이 보이지만 뒤에는 더 활동적으로 될 가능성을 가지고 있다고 보고 정신분석 인격발달론을 발생한 발달론적 관점이 그것이다.

그런데 프로이드는 최초 신경증의 연구에서 출발해, 무의식의 세계를 탐구하기 위해서 최면암시법에서 전액법을 거쳐 자유연상법, 즉 '보통 머리에 떠오르는 이미지를 자유롭게 이야기하게 하는 방법'을 사용해 꿈과 일상생활의 심리연구에 적합하다. 이 자유연상법은 무의식을 의식화하는 심리학적 방법으로 그 후 프로이드의 정신분석학의 중심개념인 무의식 세계를 탐구하는 방법론적 기초를 제공한 것이다.

또 프로이드의 이론은 그 때 범상설(무엇보다도 성적인 것을 강조하는 학설)이라고 부르듯이 리비도를 중시하는 것인데, 프로이드는 히스테리증상의 원인에 성적인 것이 많은 것을 발견한다. 억압된 관념이 성적인 것이라는 것으로 성욕은 어릴 때부터 있다는 주장은 그 후 성의 이론에 대한 3가지 논문에 있어서 전개되어 그때부터 프로이드는 자기의 이론을 체계화하는 작업을 시작한 것이다. 그 후 프로이드는 성욕을 더욱 중시하게 되어 성욕이라고 보게 되는 모든 범위를 확대시켰다. 그리고 신경증의 원인으로서 성적 소질의 역할을 중시하게 되어 있는 것이다. 그래서 프로이드는 이같은 생각을 범죄에도 적용해 정신적(심리적) 갈등→억압→상징적 행동으로서의 범죄라고 말하는 도식이 신경증과 같은 사고방향에서도 채택되고 있다는 것이다.

프로이드의 견해 중에서 범죄와의 관련성이 깊은 것으로 의식, 전의식, 무의식이라

는 3가지 심적 영역과 이드, 자아, 초자아라는 정신구조가 있는데, 그와 같은 관련은 아래 도표와 같다.

[도표 3-1] 정신분석학의 인격구조관과 정신의 구조

〈정신분석학의 인격구조관〉

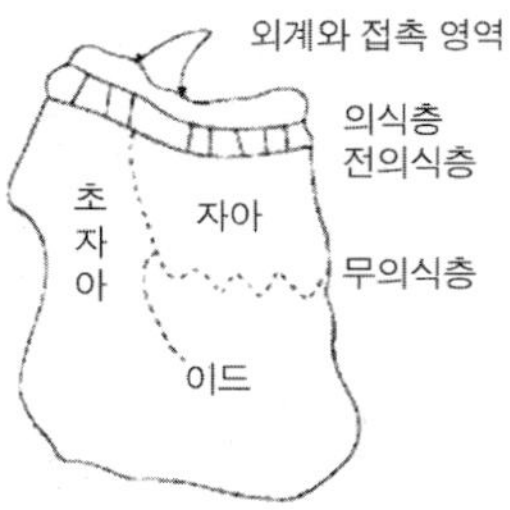

출처 : Healy, W., Bronner, A. Bowers, The Structure and Meaning Psychoannalysis New York : Knopf, 1930 ; L. M. 브라마니=E. L. 쇼스토롬저 쓰시마 타다시 역, 「현대의 에스프리치료의 심리학」(자문당)(1976) p. 51.

〈정신의 구조(프로이드)〉

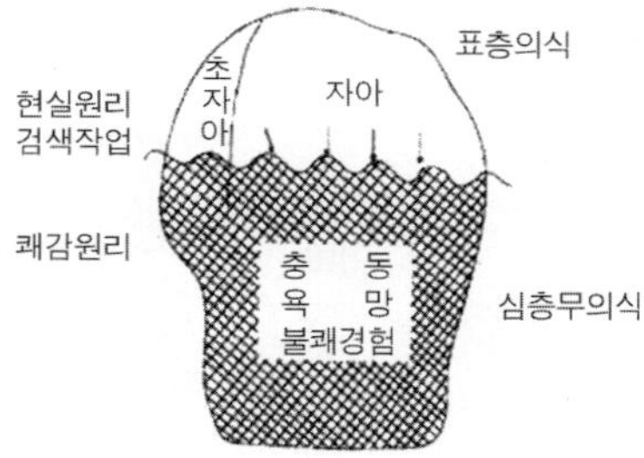

출처 : 무기시마 후미오 「범죄심리학」 유비각(1975) p. 214. (단, 쾌각원리를 쾌감원리로 했다.)

성욕 등의 원시적 욕구('이드' 또는 독일어로 '에스'라 칭한다)는 본능적이고 쾌를 구하고 불쾌를 피하려고 하는 쾌감원리에 지배되어 있지만, 인격은 그 원초적 단계에 있어서 오로지 쾌감을 구하려고 하는 충동제로서의 이드에 지나지 않는다고 프로이드는 말한다. 물론 우리들은 쾌감 원리만으로는 생활해 나갈 수가 없으니깐 이드는 억압될 필요가 있다.

이와 같이 이드의 무의식의 동기로 보는 쾌감과 파괴의 본능은 초자아의 도덕적 억압과 현실적응의 움직임에 따라 통상 억압되어버리지만 만족추구의 에너지는 꺼지지 않고 남아서 꿈과 공상으로서 방출되기도 하고, 때에 따라서는 격한 마음의 갈등 결과 정신이상의 징후로서 표현될 때도 있다. 상습범죄자는 강한 자아가 배우지 못한 사람들로 적의가 있는 공격본능을 억압할 수 없는 자들이라고 프로이드는 생각하고 있다.

이상과 같은 관계를 도표로 나타내면 다음과 같은데, 이러한 프로이드의 범죄관을 일본의 前田信二朗은 다음 도표와 같이 말하고 있다.

[도표 3-2] 자아, 초자아, 이드의 관계

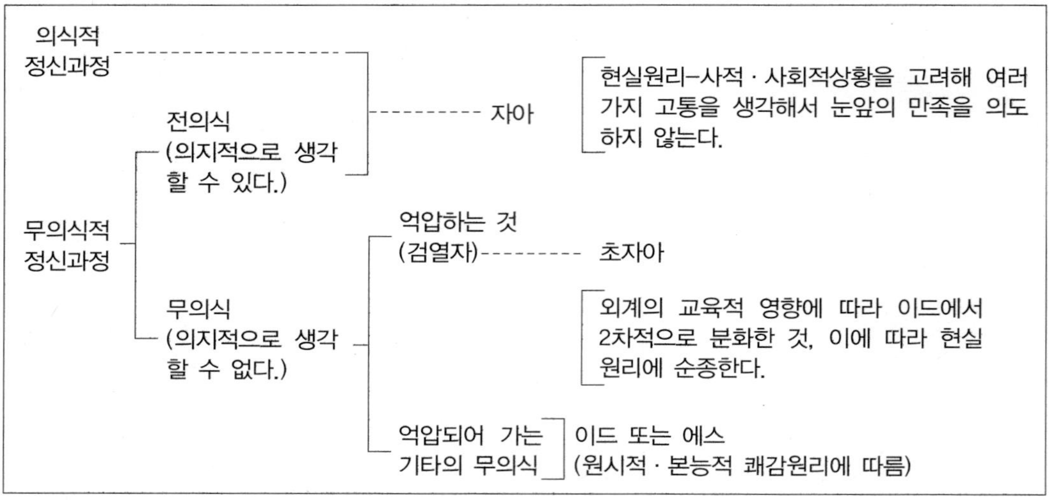

출처 : 미야지도 「精神分析」, 下中邦編 「世界大白科事典17」 平凡社(1982년) p. 114.

인간은 범죄적 생물로서(성악설) 유년기는 범죄성을 완전히 보유하지만 욕동(欲動)으로 인하여 행동이 점차 사회와 접촉하는 것을 알고 무의식의 세계에서 의식의 생활로 들어가는 것으로 되어 있다. 그래서 본능적 욕동은 억제되어 사회적응성의 획득에 의해 오이디푸스(Oedipus) 복합체는 극복된다. 이것이 정상인과 범죄인과의 분기점인 것이다. 그 제지의 중심을 인격의 사회성의 기초에 두고 이에 따라 형성된 양심을 초자아라고 한다. 즉 이 초자아의 포섭의 유무가 양자의 차이점을 결정한다고 하는 것이다.

이와 같이 범죄인은 그 무의식적인 범죄행동에 의해 하나의 잠재적인 죄의식과 범죄망상을 포섭하고 있고 범죄행동에 의하여 여기에서 피하려고 노력한다. 오이디푸스 콤플렉스가 사회적인 죄책감을 낳고 그들은 무의식적으로 그것을 피하기보다는 역으로 범죄를 추구한다. 형벌의 제재를 열망하고 숙명적인 죄책감을 배설하려고 할 것이다. 그래서 이 사상은 죄책감 또는 죄의식이 범죄행위의 원인이 되는 것, 그래서 범행 후에는 처음으로 일어나는 것이 아님을 알게 된다.

범죄인과 신경증자와는 여기에 있어서 동일한 인간이다. 다만 범죄인은 콤플렉스를 범죄라고 하는 외적 행위로 해서 과잉적으로 대상하지만, 신경증은 이 무의식적 행동과 억압력과 긴장을 내면적인 무해한 증상으로 상징화한다는 상위가 인정되는 것이며, 그들의 병적 행동은 다같이 무의식 속에서 발견되는 것이다. 다음에서 나타난 바와 같이 프로이드 범죄관에서 중요한 또 한 가지 기본적 개념은 '오이디푸스 콤플렉스'(oedipus complex)이다. 오이디푸스 콤플렉스는 남아에게는 일반적으로 어머니를 독점하기를 갈망한다. 경쟁자로서의 아버지에 대해서는 증오심을 품을 때도 있다고 한다. 테-베의 왕 라이오스의 아들인 오이디푸스가 자신도 모르게 아버지를 죽이고 어머니를 취해 사는 그리스신화처럼, 아버지를 살해한다든지 근친상간적인 갈망은 성장하면서 차츰 줄어들지만 성장 후에도 계속하여 남을 때가 있다. 이것이 신경증 또는 반사회적 행동(범죄나 비행)의 원인이 될 수가 있는 것이다.

또한 여아의 경우에는 이러한 관계를 표시하는 말로서 엘렉트라 콤플렉스(electra complex를 사용하고 다른 콤플렉스의 성질을 나타내는 것으로서 거세콤플렉스, 카인콤플렉스(형제적 대감정) 다이아나(여자가 독립심이 강한 남성적 직업을 선택하고 독신으로 살거나 결혼한 남편을 비남성화 하려는 콤플렉스가 존재한다고 한다)를 말한다.

프로이드는 또 후기에 와서 생의 본능 또는 에로스본능과 파괴본능 또는 죽음[死]의 본능은 순수한 형이 아니고 여러 가지로 융합해서 작용하는 것이다. 인간행동은 전부 에로스(생의 본능)와 타나도스(死의 본능)와의 상호 대립적 또는 결합적 작용에 불과하다는 것이다. 그래서 사의 본능을 프로이드는 오이디푸스 콤플렉스 속 가운데 억압되어 있는 2개의 범죄, 부친살해와 근친상간의 무의식적 반복이라고 하여 이 무의식 속에 억압된 갈망이 여러 인간의 무의식적 죄책감의 근원이라고 생각한 것이다. 그래서 이와 같은 오이디푸스적 정신력동은 여러 개인에 인정받고 있는 것으로 인간은 거의가 잠재적인 범죄자라고 할 수가 있다고 한다.

이상과 같은 프로이드의 이론적 방향에서는 범죄행동은 단적으로 말해 대상(代償)반응이며 억압되어 있는 콤플렉스가 상징적으로 나타난 형태라고 이해하는 것이다. 말하자면 무의식의 마음속의 갈등은 죄책감과 불안감을 낳게 한 결과 죄책감을 추방하고 악에 대한 선의 정정한 밸런스를 회복하기 위하여 자신을 벌해주기를 바라는 마음이 생겨난다고 프로이드는 주장하고 있다. 결국 범죄인은 잡혀서 벌받으려고 범죄행동으로 나가는 것이다.

정말 그렇다고 한다면 범죄를 범한 것으로서 정신적 체증에서 해방되려는 인간에게 형벌은 어떠한 의미를 가지는 것일까? 그들에게 형벌을 바라는 것은 될지언정 고통은 아닐 것이다. 왜냐하면 그들은 범죄와 같이 형벌을 원하기 때문이다. 그리하여 형벌의 위하적 효과는 인정 못받고 그에 따라 범죄의 방지도 기대할 수 없을 뿐만 아니라 역으로 형벌이 범죄성을 조장하고 촉진하는 기능을 인정하지 않을 수 없는 처지가 되고 만다. 결국 프로이드의 학설에 의하면 형벌의 부정과 철폐를 주장하게 되는 것이다. 정신분석학적 형벌관은 신경증적 범죄인에 대해서 무죄를 주장하고 그들을 의학적 치료와 보호처분의 대상으로 보고 재판 그리고 행형의 대상으로 보지 않는 것이다. 결국 인간행동의 밑바탕에는 무의식적 동기가 생겨 그 자유스런 발현은 사회적 통제, 제재로서 억압되고 무의식 중에 빠지고 말지만 그렇다고 소멸하는 것은 아니고, 기회가 있으면 의식면에 나타날 것이다. 거기에 무의식과 의식 간에 갈등이 생겨 그것이 정동장애의 형성으로 결부된다는 데에 프로이드의 기본적인 생각이 있다고 할 것이다.

제3절 프로이드의 후계자들

1. 알렉산더(F. Alexander)의 신경증적 범죄자

프로이드로부터 시작된 정신분석학 범죄관은 그 후 정신분석학적 인격이론, 자아심리학, 욕구불만과 공격성에 관한 제이론 자아범위기제에 기초를 둔 적응이론, 사회화과정과 정신발달로 이어지는 제이론으로 계승하면서 독특한 범죄학 이론이 나오게 되었는데, 그 중에서도 알렉산더는 심적 갈등의 결과 특정사태에 대한 행동은 나쁘나 다른 사항에 대해서는 양심적 행동을 하는 범죄자의 유형을 들어 그것을 신경증적인 행동표출범죄자(acting-out neurotic Criminal)라고 한다. 즉 여기서 알렉산더가 말하는 신경증적 행동표출범죄자라는 것은 초자아가 자신들의 처벌을 구해서 범죄를 행하는 경우를 말하는 것이다. 예를 들면, 일본 橋本鍵一은 이 문제에 대해서 다음과 같이 진술한다.

그들은 어느 때는 조용하지만 때로는 반사회적이고 반항행동을 해 전체적으로 봐서 비합리적이고 항상성이 없다. 그들에게는 불가항력적 충동보다 설명 안 되는 반사회적인 행동에서 멀어지면 법을 지키는 보통의 인간이다. 그와 같을 때 그들에게는 깊은 무의식적인 동기가 발생한다. 그와 같은 동기의 하나가 죄책감으로의 범죄가 있는 것이다. 모든 신경증과 똑같이 그와 같은 불행한 것은 민감하면서 초자아를 가지고 있다. 그들은 만성죄책감으로 고민하여 억압된 성적 콤플렉스와 관계를 가지고 있다. 그들은 우스꽝스럽게도 일부러 체포될 수 있을 만한 범죄를 범한다. 그것은 그들이 무의식적으로 벌을 구하면서도 법의 엄격함을 비난하는 것으로, 그들의 내면에 숨겨진 죄책감을 일반인 앞에 선언당한 것과 똑같은 효과를 가짐으로서 구원을 얻을 수가 있는 것이다. 그들의 행동이 정신병자와 비슷해도 그들은 보통의 신경증과 같은 내적 갈등을 가지고 있어 임상적 조사에서 그들의 병세가 명확하게 되는 것이다.

이와 같은 알렉산더의 생각은 프로이드의 죄책감에서의 범죄자에 해당된다고 보는데, 그럴 경우 죄책감은 범죄의 결과가 아니고 차라리 그 동기인 것이다. 그리고 범행 전부터의 중압적인 죄책감은 범행에 따라 의식적 죄책감으로 바뀌고 판결 · 처벌 등으로 하여금 자기파괴욕구가 만족되면 경감(輕減)된다고 하는 절차를 거치게 되는 것이다. 알렉산더의 경우 무의식적 죄책감의 원천은 오이디푸스 콤플렉스에서 찾을 수 있다고 보는 것이다.

이와 같이 프로이드의 후계자 중 한 사람인 알렉산더는 심적 결정론의 입장을 택해서 정신분석학파의 범죄관을 한층 명확하게 하였다고 보지만, 알렉산더가 말하는 신경증은 자신이 자신을 벌하는 것으로서 그리고 또 범죄자는 다른 사람을 공격하고 처벌을 받는 것으로 죄책감을 줄이려고 하는 존재라고 생각한다면 알렉산더의 입장에서는 형벌이란 의미 없는 것이 된다. 왜냐면 그와 같은 경우 범죄자에게 형벌을 과하는 것은 그들의 양심을 만족시킬지는 모르나 범죄억제에 효과가 없을 것이기 때문이다.

일반적으로 정신병질이라고 말하는 사람은 무의식적 동기에서 범죄에 빠진 신경증적 범죄자이며 정신분석이 유일한 치료법이라고 하는 알렉산더의 주장은 1930년대의 알렉산더에 있어 직접요법이라 불렀다. 정신과 의사인 자신이 범죄자의 개별요법을 개발한 카프만 등 여럿이 실천에 옮겼지만, 글룩의 조기예측도 알렉산더와 같은 사회정신분석학자의 영향을 강하게 받았다고 한다.

2. 아이흐호론(A-Aichhorn)의 잠재적 범행성

알렉산더의 이론과 같이 중요한 정신분석학파의 범죄이론의 하나로 프리드랜더(K. Friedlender)와 아이흐호론의 정신분석학적 비행자 인격이론이 있다. 그 입장에 설 수 있는 것은 프로이드의 정신발달의 프로세스와 이드, 자아, 초자아라고 하는 정신구조의 도식을 사용하여 범죄자 인격의 해명을 하기위해서 성인의 범죄자보다는 차라리 반사회적인 비행소년을 대상으로 하는 경우가 많은 모양이다. 아이흐호른은 우선 무엇보다도 비행원인으로서 자아 그리고 초자아의 발달장애를 강조했다. 비행소년의 자아는 내적 그리고 외적 원인에 의해 현실적응이 곤란하게 되어 있지만, 그것은 유아기의 인간관계에 기인한다고 하고 동일시하지 않기 때문에 발생하는 초자아의 발달 부전은 본능적 충동의 통제를 불가능하게 하고 현실적응의 기본적인 형의 확립을 저해하는 것이다. 그래서 아이흐호른은 잠재적 비행성격이 형성된 경위는 ① 가정에 있어서 사랑의 과잉은 쾌감자아의 갈망의 충만을 계속하는 것으로 현실자아의 형성을 저해하고, ② 가정에 지나치게 엄격한 것은 연령에 상응한 현실원리의 정착을 저해하는 쾌감자아에 대한 퇴행을 가져오는 것과 같은 문제 때문이라고 본다. 조네스(H. Jones)는 그 저서 「범죄의 조건」에서 아이흐호른에 대해 다음과 같이 서술하고 있다.

비행청소년의 처우도 위대한 선구자인 오스트레일리아의 아이흐호른은 어린이는 애정이 교환되지 않으면 그 본능적 요구를 방기 안한다고도 말했다. 혹시 어린이가 보호자로부터 그런 원시적인 갈망의 단념을 얻지 못하고 사랑만을 받는다든지 전혀 사랑을 받지 못하였을 때는 그와 같은 어린이들은 생애를 통해서 의연하게 본능으로부터 나오는 인간이라고 한다. 사랑을 바침과 동시에 순응을 강요하는 것보다 더욱 정상적인 가정의 아들이면 점점 내면적인 컨트롤을 기억해가고 그에 따라 자신의 행동을 제어하지만, 그 과정에는 또 그에 따른 위험이 있다. 그것은 양친이 꼬치꼬치 캐묻는 것은 신경증의 기미가 있을 경우에 그럴 수 있다고 하였다. 그가 지나치는 일이 있을 수 있기에 매사에 그들은 신경증의 기미가 있을 때는 더욱 그렇다.

그와 같은 양친은 그들 자신의 개인적인 충동을 겁내고 그 때문에 그것을 적시하고 있지만 그 본능적인 욕구에 강하게 추궁 받는 어린이들로서는 그것을 만족시킬 수 있는 것이 용이한 일은 아니다. 양친이 바라는 기대가 클수록 그 속에 일어날 수 있는 일은 어린이가 자기 자신 중에서 극히 억압적인 욕구불만에 미친 내면적 컨트롤의 심적 장치를 만들어주는 것이다. 그는 아마 지나치게 조용해지지만 그것은 많은 심적 갈등을 대상으로 하고 있는 것이다. 아이흐호른에 의하면, 여기에 그 본능이 어느 점에서도 억제되지 않은 채 환경과의 갈등을 일으키고 있는 비행자와 마음속에서 갈등을 일으키고 있는 비행자라면 자아와 초자아의 형성 그 자체에는 장해는 없다. 다만 현실의 문제로서 환경조건과의 사이에 갈등을 발생해 그 결과로서 범죄, 비행이 출현하는 것이다. 마음속에서 갈등을 일으키고 있는 신경증환자라면 초자아가 형성되어 있으면서 자아와 이드와의 갈등이 일어나고 그 갈등의 결과로서 비행이 일어난다고 할 것이다. 프로이드와 알렉산더에 의해서 지적된 죄책감에 의한 범죄는 그 후자의 타이프의 모형인 것이다.

3. 프리들랜더(K. Friedlander)의 반사회적 성격

프리들랜더는 아이흐호른의 이론을 기초로, 정신분석이론을 사용해 비행요인을 기본적인 것과 부차적인 것으로 분류했다. 여기서 말한 기본적 요인이란 프로이드가 말하는 오이디푸스기의 친자관계에 기인하는 요인을 말하는 것인데, 이 경우의 친자관계는 처음에는 모자의 인간관계가 문제되지만 생후 수년간의 친자관계가 현저히 소원해지고 왜곡되어 있는 것으로 현실원리에 따른 자아가 형성 안 되고 자아는 본능적인 이드의 노예가 되니 정동적 요인으로서 반사회적 성격이 형성되고 그것이 비행요인으로서 중요한 움직임이 된다고 한다.

이 프리들랜더의 비행소년이 비행을 일으키는 준비생으로서의 반사회적 성격은 ① 통제되지 않은 본능적 욕구력, ② 조종기능으로서의 5, 6세로 잠재적 비행성으로 이행(移行)하고 소년기에 나타나게 되는 것이다.

이상과 같은 기본적인 관점에서 프리들랜더는 인격진단으로 비행소년의 유형화를 시도하고 있다.

① 기질장해(알코올 기타의 약물중독, 뇌외상, 뇌염후유증 등) 때문이었다. ② 정신이상 때문에 자아장해에 이르는 것, ③ 반사회적 성격형성에 의하여 분류하고 반사회적 성격은 다시 ㉮ 반사회적 성격형성이 심한 것과, ㉯ 반사회적 성격의 정도는 가볍지만 환경의 영향을 크게 받는 것, ㉰ 반사회적 성격의 정도는 비교적 가볍지만 신경증적 갈등을 보이는 것, ㉱ 반사회적 성격의 정도는 비교적 가볍지만 신경증적 갈등을 보이는 것, ㉲ 반사회적 성격과 같은 공상(空想)을 행동화하는 신경증적 장해를 이루는 것으로 분류하고 있다.

프리들랜더는 또 무의식의 심적 갈등 속에서 ① 공상 속에서 대리형성을 하고 만족하는 것, ② 행동 속에서 대리형성을 하고 만족하는 것 등이 있다고 생각하고, 전자는 신경증의 징후이고 후자는 불량의 징후 때문이라고 한다. 그래서 전자에 속하는 것 말하자면 신경증의 소년들은 정상에 가까운 단순한 히스테리에 틀림없지만 강박신경증과 같이 초자아가 이상하게도 심하게 자기를 공격하여 괴로워한다고 생각하고 거기에 반하여 후자는 초자아의 결함 때문에 공격을 밖으로 주위의 사람들을 괴롭히는 것으로 생각하고 있다. 환언하면 프리들랜더는 신경증이 된 소년들이 초자아의 발달과잉을 위하여 자기를 공격하고 괴로워하는데 대해서 비행으로 치닫는 소년들은 초자아의 결함을 위하여 공격을 밖으로 하여 주위의 사람들을 괴로워 할 수 있다고 보는 모양이다. 물론 우리들은 어린아동을 컨트롤 하는 어머니의 힘이 합리적으로 나간다면 그 아동은 사회적으로 인정받는 태도와 성격을 가져올 뿐더러 어머니의 애정을 받는 것은 본능적 욕망의 직접적 만족보다는 귀중하다는 생각을 가지게 되는 것이 프리들랜더의 기본적 생각 중의 하나라는 것을 잊어서는 안 될 것이다.

제4절 정신분석학적 범죄학이론의 제학설

1. 아들러(A. Adler)의 열등감설(劣等感說)

아들러는 프로이드의 좋은 협력자였는데 성 중심주의를 비판하고 프로이드와 독립하여 독자체계를 수립했다. 아들러의 체계는 개인심리학이라고 부른다 말하자면 아들러의 학설은 프로이드와 같이 심층심리학을 중심으로 하는 종(縱)의 체계라기보다도 외계의 적응성을 주도하는 횡(橫)의 체계라고 하는 것이 좋을 것이다(森武夫, 1978 : 68).

아들러에 의하면, 어린이는 출생으로부터 무력감을 가지나 그 무력감은 ① 부적당한 취급을 받아 불행한 환경에서 자랄 때, ② 신체기관의 열등성, 말하자면 신체의 이상에 대해서 본인이 열등감을 가졌을 때에 강화된다고 한다. 그리고 그와 같을 때는 다른 사람보다 뛰어났다는 욕구로 하여금 이것을 극복하려고 하는 것이다. 말하자면 범죄자는 어렸을 때 ① 응석부리며 버릇없이 자란 아이, ② 학대 받으며 자란 아이, ③ 추한 자의 어느 하나에 해당하는 것으로서 범죄는 그들의 우월성에 대한 노력이다. 그들은 본질적으로 겁쟁이이며 정신병자, 신경증자와 같고 사회적 관심과 사회와의 결합이라고 하는 것이 아들러가 주장하는 요지라고 말할 수 있다.

이러한 아들러의 견해에 대해서 일본의 히라오 마유미는 인간에게는 무의식 속에 열등 콤플렉스(inferiority complex)가 내재하고 있는데, 이것을 극복해서 우월감을 얻으려고 하는 무의식의 동기, 즉 우월 욕구 또는 권력에의 의지가 있다. 즉 리비도로서의 우월 욕구가 채워지지 않는 결과 발생하는 열등 콤플렉스의 보상에 대응하여 이기려는 욕심에서 개인의 행동이 일어난다. 특히 과잉보상은 문제행동의 발생을 야기시키는 경우가 많다. 그래서 비행은 열등감을 가진 소년이 과도하게 보상하기 위해 타인의 주의를 자신에게 이끌려는 행동이라고 본다. 비행을 함으로서 자존심을 회복할 수가 있기 때문이다.

한편 일본의 모리 다지오는, 아들러는 기관(器官)의 결함 때문에 범죄자가 된다고 생각하고 다음과 같이 말하고 있다.

아들러는 사회적 관심이 아동초기에는 아직 눈뜨지 못한 것을 중대하다고 보고 있다. 사회적 관심이 아동초기에는 아직 눈뜨지 못한 것을 중대하다고 보고 있다. 사회적 관심을 피하고 있는 자는 적절한 준비가 없는 사태에 직면했을 때 열등 콤플렉스를 가지고 있다. 그 콤플렉스의 원천은 기관열등 뿐만이 아니고 응석을 받아주거나 무시로 인하여 열등 콤플렉스를 해결 못하는 문제에 부딪치면 그것을 계기로 아이 때부터 내면에 준비되어 있는 경향에 따라서 최초의 범죄를 범한다. 여기서 받아들일 수 있는 것은 응석부리고 고된 일도 참지 못하며 사람으로부터 돈을 뺏기도 하고 사회적 무관심으로 인하여 부모로부터 얻지 못하는 따뜻함을 동료로부터 얻기 위해서 절도를 시작할지도 모른다. 깊은 열등성을 확신하는 여성을 세상의 3가지 문제(사회적 관심, 직업, 연애와 결혼)를 해결 못하고 자기를 팔고(매춘) 그러는 중에 타인으로부터 인정을 받는 것, 돈을 버는 것, 개인적 우위를 득하는 것으로서 그러한 문제를 해결할지도 모른다. 개인적 우월성에의 욕구가 많은 범죄자는 정복자가 되는 것을 자기들의 목표로 하고 일체의 활동을 그 목표달성에 집중한다. 그들은 사회적 관심이 미발달했기 때문에 상식에서 유리해 케이스의 규칙에는 눈도 안 뜨고 오로지 행동에의 충동에 몸을 맡긴다. 그래서 사회로서는 위험인물이다.

이상과 같이 아들러는 인간의 기본적 욕동을 열등감의 극복 및 자기보존의 욕동이라고 생각하고 '열등감'과 '비사회성'(dis-socialization)의 개념을 중심으로 하는 독자적인 범죄론을 전개한 것이다.

2. 융의 분석심리학

융(C. G. Jung)은 프로이드의 리비도개념을 비판하고 리비도(성적 에너지)를 성적뿐만 아니라 전체의 행동의 밑바탕에 있는 심적 에너지로 생각하고, 그와 같은 생명의지의 방향에 따라 인간의 태도를 외향성-내향성(타이프이론)으로 2분하고 독자의 인격이론을 구성함과 동시에 자기의 체계를 '분석심리학'(Analytical Psychology)이라 부르고 아들러와 같은 프로이드의 정신분석과는 다른 것을 강조했다. 융의 경우 무의식을 중시하는 태도는 프로이드와 같은 것이나 개인적 경험에서가 아닌 집단적 무의식을 인정한 것, 즉 우리들의 선조의 경험과 자연의 힘에 대해서 원시적인 해석의 방법이 유전되어 무의식 중에 존재하고 있다고 주장한 점이 독특하다고 할 것이다(藤本哲也, 前揭書 : 83).

환언하면 융의 리비도 개념은 역사적 변천을 고금동서의 신화나 민속 등의 광범한 면에 따라서 연구한 결과 프로이드는 아직 명확하지 않은 원시시대부터 현대인까지 계속해 온 집약적 무의식을 개인적 무의식과 구별한 것이다. 융은 쇼펜하우어나 하트만의 생각에 따라 의지의 생명력을 인정하고 이것을 리비도라고 부른 것이고, 그것은 프로이드의 리비도 개념보다는 더 넓다고 봐도 좋을 것이다. 더구나 융은 리비도가 무의식에서 나와 의식화될 때 심벌의 형을 택하고 있다. 융의 심리학에 대해서는 외향성-내향성이라는 성격의 분류로 유명하지만, 이것은 프로이드가 신경증을 성적외상이론으로 설명하고 아들러가 권력의지로 설명한 것을 융이 외향성-내향성이라는 형태의 이론으로 설명한 것이라고 말할 수가 있을 것이다. 프로이드는 주위의 환경과 인관관계에 관심이 있는 외향형의 인간이었기 때문에 그의 이론은 주위와 특히 유아기에 양친과의 관계에 중심을 두고 있고 아들러도 오로지 스스로의 내적인 심적 움직임에 관심을 갖는 내향형의 인간이었기 때문에 스스로의 마음속에 숨어있는 '권력에의 의지' 또는 그 이반의 '열등감'에 눈을 돌린 것이라고 융은 생각한 것이다.

또 융은 인간을 단순히 과거에 의해서만이 설명하는 것이 아니고 주체성을 가진 것으로서 설명해 꿈같은 것도 과거의 갈망으로 인한 향후의 해석보다는 미래를 향해 전향의 해석을 행한 점에 대해서 프로이드와 다른 견해를 제시했다고 할 수가 있다. 특히 그 신경증이론에 대해서 융은 일반적으로 신경증에는 프로이드가 설명한 성 이론에서 이해되고 또한 치료할 수 있는 것으로 이를 인정하는 한편, 아들러의 설명과 같은 권련의 의지이론에서 이해되며 그래서 치료될 수 있는 것이라고 이를 인정한 것이다. 또 그 위에 다른 신경증의 발증에 대한 기반이며 의미 등이 존재할 수 있다고도 설명하고 있다. 그래서 프로이드의 말까지 신경증의 원인 모두가 과거의 체험에서 기초된 것이라고 한다면 어떻게 신경증이 일어나지 않을 수 없는가를 설명할 수 없다고 비판하는 점에서 아들러의 생각은 현시점에서 예를 들면, 가족관계의 세력관례를 변경하고자 하는 목적적인 사고방식을 제공하고 있다고 하여 이를 평가하고 있는 것이다.

프로이드로서는 생명은 2가지 목표, 즉 리비도의 만족과 생활 상태에의 복귀를 가질 뿐이지만 융으로서는 환경을 지배하고 인간을 진보시키는 잠재력을 실현시키려고 다양한 목표를 가지고 있다고 보고 있는 것이다. 여하튼 집합적 무의식의 현상 형태를 원시유형이라고 하고 생물적 본능과 같은 선천적 행동양식에의 유전이라고 생각한 데에 융의 분석심리학의 특색이 있다고 생각되는 것이다.

3. 라이히(W. Reich)의 충동적 성격이론

일본의 平尾請(히라오야스시)에 의하면, 라이히는 기본적으로는 프로이드에 동조하는 한편 종래의 정신분석요법이 그 목표를 오로지 증상이라는데 대해서 증상이 일어나는 배후에는 신경증적 반응이 기초하고 있다고 해명했다는 점에 특색이 있다고 한다(平尾, 1979 : 124). 즉 라이히는 모든 신경증의 증상은 성격론적 반응이 기초된다는 것을 분명히 밝히고 개인의 성격은 하나의 충동이 좌절되는 시기 그 욕구좌절의 범위와 강도, 욕구좌절을 준 사람의 성별 등의 인자에 의한 규정과 형성된 것을 통하여 그 개인에게 특유한 성격반응 양식이 되어가고 있다고 생각하고 있다. 라이히는 이와 같은 과정에서 일어나는 갈등과 방위의 반복이 자아를 변화 발달시켜간다고 보고 거기에서 일어나는 외계에 대한 태도를 '성격의 무장'이라 칭한 것이다. 구체적으로는 애정과는 달리 일관성이 없는 양육태도 하에서 형성되는 충동적 성격에 있어서는 충동긍정적인 초자아와 충동부정적인 초자아가 매우 불균형한 가운데 공존되고 있고, 이것이 범죄나 비행의 요인이 된다고 라이히는 생각하였다. 즉 라이히에 의하면 충동억제적인 신경증적 성격에 있어서는 충동의 단념은 자아이상에 대한 동일시라고 보고 있어 초자아와 자아와는 유기적으로 융화되고 있다. 여기에 대해서 충동적 성격인 형성과정에서는 사랑에 기초가 없으면 광범한 충동만족에 대한 금지의 결여와 외상적 단념의 강제라는 모순된 양육태도가 보여서 어린이는 매우 언밸런스한 가운데만이 '자아에서 고집하는 초자아'를 형성한다. 여기에 반사회적 성격의 형성이 보인다고 하는 것이다. 또 라이히에 의하면 죄책감에서 매조키즘적 수벌욕구는 충격적 성격에서 인도되는 2차적 경제적인 것이다. 충동성이 완전히 억압을 결하고 있는 자는 내적 갈등은 생기지 않지만 현실에 직면하면 가까운 외계와의 갈등이 생기는 일이 많다. 이러한 형은 통상 누범자 매춘부에 많다고 한다. 여기에 대해서 라이히가 말한 충동적 성격자는 행동화 경향이 강한 신경증이었다. 정신병질의 일종의 경우로 생각할 수가 있다고 한다.

이상과 같은 라이히의 충동적 성격의 양육사에서 본 욕동만족의 무제한의 충족과 부조리한 금지라는 모순은 후에 비행소년을 치료한 아이히호른, 알렉산더 프리들랜더 등에 따라 실증되었다.

라이히는 또한 병자가 지닌 성격에 치료적으로 깊이 들어감으로서 병자가 보인 방위적 저항적인 성격의 측면 가운데 단순히 본능적인 것뿐만이 아니라 병자의 성격 또는 환경으로서의 사회질서 자체의 잘못된 점도 반영하고 있다는 것을 지적했다. 또 프로이드가 공격성 또는 죽음의 본능을 1차적 충동이라고 한데 대하여 라이히는 죽음의 본능은 물론 본능으로서의 공격성도 부정했다. 즉 라이히는 "공격성은 욕구불만에서 2차적으로 일어난 사회적 욕구였으며, 그것은 사회변혁과 억압해소로서 감소시킬 수 있다고 한 것이다."라고 했다.

제5절 신프로이드 학파와 그 후

프로이드 후 정신분석학의 분야에 있어서는 프로이드의 이론을 충실히 계승한 프로이드(A. Freud)와 하트만(R. Hartmann) 등으로 하여금 정통파 정신분석으로서의 자아심리학이 발달하는 한편 프로이드이론의 생물학주의에 대한 비판을 기포로 대인관계론적, 적응론적, 비교문화론적 입장의 도입으로서 프로이드의 이론을 수정하려고 하는 움직임이 일어났다. 호나니(K. Horney), 사리반(H. S. Sullivan), 프럼(E. Fromm), 라이히만(E. Reichman) 등이 그 대표적 인물이다. 보통 이러한 프로이드의 견해의 근본적인 원칙을 인정하면서도 프로이드의 생각을 전면적으로 받아들이고자 하지 않는 사람들을 신프로이드 학파라고 부르는데, 영국에서는 이 학파에 속하는 자들이 많다고 한다.

하지만 일본에서는 프로이드의 정신분석학이 생물학적, 사회적 견해가 부족하다는 점에 반대하여 1930년부터 이것을 수정하려고 한 미국학파를 가리키는 경향이 강하다고 한다. 상기자 이외에는 카디나(A. Kardiner), 린톤(R. Linton), 달라드(J. Dollard)는 프로이드의 정신세계를 보다 철저히 순수화한 점이 특징적이다(平尾, 1979 : 125).

종래의 본능론적 정신분석학과 자아심리학에서 개인의 인격발달을 구순기, 항문기 등 인간의 생물학적 욕동의 발달단계를 기초로서 이해하는데 있어서는 자아와 그의 대상과의 관계, 즉 자아에 있어서 외계에 어떻게 반영하고 어떤 의미를 가지고 있으며, 또 그것이 자아의 발달에 어떻게 변천되어 가는가 하는 시점에서 인격발달을 포착한다. 게다가 그 자아의 정신력동을 이해해 정신요법을 행하는 데에 대상관계론의 본질적 특징이 있다.

제6절 결 어

이 절에서는 특히 정신분석학의 입장에서 하는 심리학적 원인론에 대해서 그 흐름을 개관하였다. 또 정신분석학파의 이론에 대해서 ① 이 이론의 주된 어려운 점은 변수에 상당한 것이 과학적으로 연구될 수 없다는 성질의 것이다. ② 정신분석학자의 신념과 견해도 그 연구와 똑같이 그저 반대론자에게 그를 믿어달라고 하는 것 같다. ③ 이 이론의 옹호자들은 정신분석의 이론은 많은 점에 과학적인 근거가 없다고 논하는 자를 정신분석해 "비판자는 그 깊이 숨겨있는 비밀 가운데 급격한 감정의 갈등을 표출하고 있는 것이다. 또 그렇게 할 수 밖에 없었고 건설적인 비판을 하는 것은 아니다."라고 하지만, 그와 같은 일은 범죄와 범죄성에 관한 건전한 지식체계의 발전은 바랄 수 없다. ④ 정신분석학파는 택산(澤山)의 새로운 상표를 부처준 것을 빼고는 범죄자에 대한 정의를 내리고 처우한다는 문제에 대해서 실제상의 공헌은 극히 한정적이라는 등의 비판도 있지만, 정신분석학파는 ① 범죄자의 감정적 요소에 초점을 둠에 따라 깊은 범죄성의 뿌리를 탐구하였다는 점, ② 사회적으로 핸디캡이 없는 사람들로서 범한 돌연의 범죄행동을 설명하는 것을 용이하게 했다는 점, ③ 과거부터 현재까지의 시간과 더불어 인과적인 인격의 형성발전을 설명하려고 시도했다는 점, ④ 심적 결정론으로서 형벌에 대신해서 치료를 중시해야 한다는 것을 주장한 점 등에 대해서 높이 평가할 수 있다고 생각한다.

제4장 사회학적 원인론

제1절 페리와 범죄사회학

롬브로조(C. Lombroso)로 하여금 인류학적 조사에 기한 범죄의 원인탐구에 노력을 기울이는 한편, 가로팔로(R. Garofalo)에 의해 도덕적 이상성이 강조된 범죄원인의 실증적 연구는 페리(E. Ferri)에 와서 사회학적 방법론의 채용과 이론의 체계화가 이루어졌다. 이로써 범죄학분야에 있어서 범죄 원인의 규명은 일단 완성을 보게 되었다(藤本哲也, 前揭書, 89).

페리도 롬브로조의 제자인데, 가로팔로의 다른 점은 페리는 다원의 진화론과 스펜서(Herbert Spencer)의 종합철학, 마르크스의 과학사회주의의 이론을 흡수하여 자기의 이론을 완성하였다는 점이다. 그는 범죄의 원인으로서 인류학적 요소, 물리학적 요소, 사회학적 요소의 3가지를 들고 이들 각 요소가 일정한 양으로 존재하는 사회에는 이에 상응하는 일정량의 범죄가 반드시 발생한다고 하는 '범죄포화의 법칙'을 주장하였다.

이 법칙은 "사회는 범죄를 예비하고 범죄자는 그것을 실천하는 수단에 불과하다."라는 유명한 말을 남긴 케틀레의 견해는 "범죄는 사회를 움직이는 윤활유의 역할을 한다."고 하는 케틀레의 생각과 일맥상통하는 것이다. 범죄자는 인류의 아종이라고 보는 스승인 롬브로조의 생각과는 이론적으로 서로 대립하는 것으로 되어있다. 이와 같이 범죄에 관한 사회학적 연구는 19세기 말부터 20세기 초에 이르러 뒤르껨 등에 의해 전개되어 타르데의 범죄모방설과 범죄인류학과 사회학의 유기적 관련성에 있어서 "사회 환경은 범죄의 배양액이다."라고 표현한 프랑스의 라카사뉴와 마르크스주의의 입장에서 범죄의 원인은 자본주의체제에 있으며 빈곤이 범죄의 원인이라고 한 봉건의 사상이 미국에서 '시카고학파'를 형성함에 따라 사회학적 원인론, 즉 범죄사회학은 범죄학상 중요한 위치를 점하게 된 것이다. 이하에서는 1910년대에 전개된 사회해체론으로부터 1970년, 1980년대의 새로운 사조인 뉴 크리미놀러지의 이론까지의 대표적인 이론에 대하여 언급하기로 한다.

제2절 문화전파를 중심으로 하는 이론

1. 사회해체이론(Social Disorganization Theory)

사회학적 원인론이 가장 발달한 나라는 미국이라고 할 수 있는데, 유럽에 있어서 범죄학이 주로 범죄와 사회사업의 통계분석에 의해 실증적 측면을 강조하며 발달해 온데 대해 무엇 때문에 미국의 범죄사회학적 방법이 오직 사회학의 제이론이 범죄에 적용하는 방법에 의해 이론적 측면에 중점을 두고 발달되어 왔는지 그 이유는 잘 모른다. 1910년대까지는 범죄학이론이 없었다고 하는 미국에 있어 사회학이론을 범죄현상에 적용한 최초의 범죄학이론으로서 등장한 것이 사회해체이론이다.

그래서 사회해체란 사회를 구성하는 제도 간에 부조화상태가 발생하여 사회가 그 집단의 구성원에 대해서 전체로서의 존재를 확립하는데 필요한 사회생활에 관한 행동기준으로서의 사회규범에 의한 통제력을 잃은 상태를 말하는 것인데, 그 사회해체의 개념을 이용한 범죄발생 메커니즘에 대한 설명은 이하와 같다.

① 우선 제1단계로서 슬럼가에서 사회해체가 정상적 상태로 되면 거기에 대해서는 사회규범에 대한 사회구성원으로부터 공감을 받지 못하게 되어 사회의식의 분열을 일으킨다.

② 제2단계로서 이러한 사회의 기본적 조직이 해체되는데 있어서는 기존의 사회통제도 사회화로 기능을 잃어버리고 그에 대한 통제기구도 없는 상태에 빠진다.

즉 슬럼화가 발전하여 소위 도덕적 퇴폐현상이 일어나는 것은 이때부터이다.

③ 제3단계로서 슬럼화가 역력한 상태 하에 있어서는 위기감이 발생하고 사기가 상실되며 여러 가지 형태의 사회 붕괴현상이 보이기 시작한다. 그 결과 여기에 있어서는 반사회적 태도가 일상화되고 사회의 해체속도는 증가일로를 걸을 뿐이다. 여기에 범죄의 발생이 생긴다고 보는 것이다.

이와 같은 사회해체론을 이용해서 범죄현상을 설명하려고 하는 학자로는 쿨리(C. H. Cooley), 토마스(W. I. Thomas), 엘리오트와 메릴(M. A. Elliott&F. E. Merrill), 파리스(R. E. L. Faris) 등이 있다.

2. 문화전파(전달)이론(Culture Transmission Theory)

사회해체이론과 거의 같은 시기에 발전해 온 이론으로 문화전파이론이 있는데, 문화전파이론은 한마디로 말해 문화가 부모로부터 아이들에게 전해짐으로써 범죄도 부모로부터 자녀에게 전해진다고 하는 이론이 있다. 그 이론은 쇼우(C. R. Shaw)와 맥케이(H. O. McKay)의 도시에 있어서 범죄의 생태학적 연구로부터 시작 소위 시카고학파의 전통적 이론으로서 서덜랜드(E. H. Sutherland)의 차별적 접촉이론과 글래서(D. Glaser)의 차별적 동일화이론으로 결실을 맺었다. 쇼우와 맥케이는 도시의 생태학적 연구에 있어 ① 비행률은 지역에 따라서 많은 차이가 있다. 어느 지역에서는 1년간 한 사람의 소년도 체포되지 않는데 다른 어떤 지역에서는 소년의 20% 이상이 체포되는 것과 같은 것이다. ② 비행률은 일반적으로 도시 중심부분에 가장 많고 중심부에서 멀리 떨어질수록 감소한다. 그리고 이러한 경향은 도시의 공업 혹은 상업지역을 중심으로 해서 볼 수 있다. ③ 무단 결석률이 높은 지역에서는 소년법원의 수리건수도 많고 성인의 카운터(군)구치소의 수용률도 높다. 남자소년의 비행률이 높은 지역, 여자소녀의 비행률 보다 높다는 것, ④ 1930년에 범죄율이 높은 지역은 1900년으로 거슬러 올라가도 또 그 사이 지역의 주민의 변화가 있어도 범죄율은 역시 높다는 것, ⑤ 비행지역에서는 민족집단의 비행률은 인구전체의 비행률과 같고 시의 중심부근은 높고 변두리로 갈수록 낮은 경향이 있다는 것, ⑥ 비행률이 높은 지역에서는 비행자들은 누범자가 되기 쉽고, 누범자 중에서도 비행률이 낮은 지역에서는 누범자보다도 많게 법원에 나타나는 경향이 있다는 등의 연구성과가 보고되고 있다.

그들은 연구성과 중에서 주목해야 할 것은 시간의 경과에 따른 지역주민의 민족구성의 변화에도 불구하고 비행률이 일정하다는 점이다. 여기에 대해서는 범죄는 개인 심리의 소산이라고 하기보다는 차라리 환경의 함수로 봐야한다는 것을 시사하고 있는 것이다. 동시에 우리들은 그 범죄현상을 보다 잘 이해하기 위해서는 초개인적인 사회적 요인에 주목하지 않으면 안 된다는 것을 암시하고 있는 것이다. 그리고 또 그같은 사실이 범죄, 비행지역에서는 사회적 전통의 중핵적 부분을 구성하고 있다는 것을 말해주고 범죄나 비행은 말과 기타 관습이 전해져오고 있는 것과 마찬가지로 주민들 간에 계속 전달되고 다음 세대로 전달된다는 가설을 제시하고 있다고도 할 수 있다. 이러한 비행다발지역에 있어서는 비행을 낳는 고유의 문화가 있고 비행문화가 전달되어 간다는 가설이 문화전파이론의 골자라는 것은 두 말할 것도 없다.

3. 차별적 접촉이론(Theory of Differential Association)

미국의 범죄사회학 중에서 가장 중요한 이론 중의 하나는 서덜랜드의 이질적 접촉이론이다. 이 서덜랜드의 이질적 접촉이론은 범죄행동을 역사적 · 발생적으로 설명하려고 하는 것이다. 이질적 접촉이론은 다음의 9가지 명제에서 성립한다.

① 범죄행동은 학습하게 된다.
② 범죄행동은 커뮤니케이션의 과정에 있어서 다른 사람들과의 상호작용 안에서 학습된다.
③ 범죄행동의 학습의 중요한 부분은 친밀한 사적 집단에서 일어난다.
④ 범죄행동이 학습하게 될 때 그 학습의 내용은 때로는 대단히 복잡하다. 또 때에 따라서는 대단히 단순한 범죄수행의 기술이라고도 볼 수 있다. 동기, 충동, 합리화, 태도 등의 특징의 방향 등도 포함한다.
⑤ 동기와 더불어 충동에 관한 특정의 방향 등은 법규범의 정의를 좋다고 생각하는가, 좋지 않다고 생각하는가에 따라 따로 학습해간다.
⑥ 사람은 법의 위반을 좋다고 하는 정의가 법의 위반이 좋지 않다고 하는 정의를 초과하였을 때 범죄자가 된다.

⑦ 차별적 접촉은 빈도, 기간, 순위, 강도에 있어서 여러 가지 차이가 있다.

⑧ 범죄적 행동형과 비범죄적 행동형과의 접촉에 의한 범죄행동의 학습과정은 다른 여러 가지 학습에 포함되는 메커니즘의 전부에 포함된다.

⑨ 범죄행동은 일반적인 욕구나 가치의 표현인데, 비범죄 행동도 똑같은 욕구나 가치의 표현이니까 범죄행동은 그와 같은 일반적 욕구나 가치에 의해서 설명할 수는 없다.

이상의 9가지 명제가 서덜랜드에 의한 범죄행동의 발생적 설명이지만, 서덜랜드 자신이 말한 것과 같이 제 ⑥번의 명제 "사람은 법의 위반을 좋다고 하는 정의가 법의 위반이 좋지 않다고 하는 정의를 초과하였을 때는 범죄자로 된다."는 것이 차별적 접촉이론의 근본원리이다.

4. 차별적 동일화이론(Differential Identification Theory)

차별적 동일화이론이라고 하는 것은 글라서에 의해 제창된 것인데(D. Glaser, 1956 : 432~445), 여기서 말한 차별적 동일화 이론이란 "사람은 자신의 범죄행동을 받아준다고 생각하는 실제의 인간 또는 관념상의 인간에게 자기 자신을 동일화시키는 경우에 범죄를 저지르게 된다."고 한다. 결국 글라서의 차별적 동일화이론은 서덜랜드(E. H. Sutherland)의 '접촉'의 개념 대신에 '동일화'의 개념을 택함으로서 범죄의 발생, 범죄행동과 비범죄 행동의 분화를 더 용이하게 설명할 수 있다는 것이다. 좀 더 구체적으로 말하면 글라서는 ① 문화에 접촉한다는 것과 동일화 한다는 것과는 다른 것이다. 동일화의 개념을 취함에 따라 범죄문화는 접촉하면서도 범죄를 행하지 않는 사람이 있다는 것을 설명할 수 있다는 것, ② 차별적 접촉이론은 범죄일반은 아니고 특별한 일부의 범죄밖에 설명되지 않고 우연한 계기로 범죄를 한 것에 대한 설명을 곤란하게 하는데 동일화의 개념을 이용함으로서 이러한 결점을 보완할 수 있다고 하였다.

그래서 글라서는 차별적 동일화이론의 특질로서 차별적 동일화이론으로서 명확하게 된 관념은 범죄학의 여러 성과를 설명하는데 가장 적절하고 간결한 이론이라고 하는 것, 차별적 동일화이론은 교정기법의 사회복귀 효과를 정확하게 평가하는 지침을 준다고 하는 것, 차별적 동일화이론은 그 역할개념에 있어서 인류학자와 사회학자에 의한 집단행동의 분석과 심리학자 외 정신병리학자에 의한 개인의 동기와 그 분석결과를 결부된 논리적 접점에 제공한다고 하는 3가지 점을 들고 있다.

결국 차별적 동일화이론의 핵심은 인간자신의 행동을 용인하고 지지하여 준다고 생각하는 실재 또는 관념상의 사람들에 대한 동일화의 정도에 따라 또는 동일 하의 대상이 되는 사람들의 종류에 따라 범죄를 수행하든가, 안하든가 하는 것이어서 범죄적 문화의 간단한 접촉의 경험뿐만 아니라 접촉한 범죄문화에 어느 정도 자신이 휘말릴 수 있을까 하는 것이 범죄행동을 결정짓는 요소가 된다고 하는데 있다고 할 것이다.

제3절 문화갈등을 중심으로 하는 이론

1. 문화갈등이론(Culture Conflict Theory)

문화갈등이론은 "범죄는 문화의 소산이다."라고 하는 가설을 그 이론적 전제로 하는 것이다. 즉 사람을 법규범에 위반하는 행위에 문화, 특히 문화적 가치규범의 갈등이라고 생각하는 것이다. 이와 같은 관점으로서 범죄를 이해하려고 생각하는 것은 전에는 프린스(A. Prins), 리스트(Franz Von Liszt), 하멜(G. A. Hamel)에서 볼 수 있다. 그들은 뉘앙스의 차이는 있지만, 사회조직의 퇴폐라는 개념을 이용하는 것으로 범죄와 문화의 관련성을 추구하려고 생각하는 것이다.

그러나 문화갈등이론의 대표적인 자는 셀린(T. Sellin)이다. 셀린은 문화갈등을 제1차 문화갈등이란, 일정한 문화지역이나 소문화지역에 속하는 규범이 다른 지역에 이입됨으로써 행위규범 간의 충돌이 생기는 경우에 대한 것으로써, 이것을 문화적 관습의 갈등으로서의 문화갈등이라고도 한다. 이에 대해 2차적 문화갈등이란 현대문화의 발전에 따른 사회문화의 과정에서 생기는 규범갈등이다. 즉 이질적 요소에서 불통합한 복합적인 사회에는 규범갈등이 증대하고 그것이 내면화 하는 것으로서 퍼스낼리티(personality)의 해체를 야기한다고 설명하는 것이다. 즉 제2차적 문화갈등은 사회가 원시적 집단으로서의 가족적 · 협동적인 문화를 가진 사회에서 개인적 결정적인 문화를 가지고 수많은 사회집단, 경쟁하는 제이익, 개인 간의 내용, 빈약한 제관계, 사회적 익명성 규범의 혼란 비인간적인 지배기구 등의 특징을 가진 사회의 변천에 따른 문화의 추이 중에서 범죄의 해석을 보는 것이다. 말하자면 제1차적 문화갈등이 이질문화의 충동에 의한 갈등으로서 횡적으로 문화갈등이 일어나는데 대해 제2차 문화갈등에서 보이는 규범의 갈등은 역사적 사회발전적인 관점에서 종적으로 문화갈등을 야기한다는데 그 특색이 있다. 이와 같이 셀린은 문화갈등의 개념을 사용하여 하나의 통일적인 가치관을 가지고 사회구성원이 상호 승인하고 있는 공통의 규범의식을 가진 사회에서는 문화갈등의 문제는 일어나지 않는다.

그러나 다원적 · 복합적인 현대사회에 있어서는 고유의 규범의식을 가진 부분사회가 내포되어 있기 때문에 전체사회의 규범과 부분사회의 규범 간에 갈등이 발생하기 쉽다. 개인적인 범죄의 경우에 있어서도 이같은 문화갈등이 내면화해서 규범갈등이 증대하면은 그것은 행위자의 퍼스낼리티의 해체가 이루어지며 그 결과로서 범죄가 유발된다고 설명하는 것이다. 즉 셀린은 범죄행동과 같은 이상한 행위는 단적으로 집단규범의 위반이나 다름없다고도 할 수 있지만, 이상한 행동을 취하는 것과 같은 문화적 요소와 결합한 퍼스낼리티의 다이내믹한 표현이라고도 말할 수 있기 때문에 퍼스낼리티의 구조나 그 발전과정에 초점을 맞추어서 범죄자를 범죄자로부터 구별하는 법칙을 발견하는 것이 중요하다는 것을 시사한 것이다.

따라서 셀린의 미국범죄학에의 공헌은 범죄 원인의 연구 분야에 문화 접촉면을 도입 범죄의 중요한 요소로서 사회적 환경의 차이에 따른 행위규범의 갈등이라고 설명하는데 그 의의가 있다고 본다. 그래서 셀린(Thorsten Sellin)으로서는 범죄 원인론의 연구에 있어서 중요한 것이란 퍼스낼리티의 구조나 그 발전과정에 착수하고서 범죄자와 비범죄자를 구별하는 법칙을 발견하는데 있다고 할 수 있다.

2. 하층계급 문화이론(Theory of Lower Class Culture)

문화갈등이론을 기초로 해서 '관심의 초점'(focal concerns)의 개념을 써서 하층계급에는 하층계급에 따른 특징적 가치, 생활양식, 행동양식이 존재한다는 것을 인정하고 이러한 하층계급에 독특한 문화적 규범이 따르는 것은 자동적으로 더 넓은 사회의 법규범에 위반하는 것이 된다고 주장한 학자로 밀러가 있다.

밀러가 지적한 바와 같이 오늘날 미국사회에 있어서는 그 사회계층 하나의 큰 부분으로 '하층계급'이라고 불리는 하나의 특징적인 문화체계를 가진 그룹이 존재하는 것은 사회학자나 범죄학자가 일반적으로 인정하는 것이다. 또 많은 학문적 연구에 의해 실증되었듯이 그 문화체계는 미국사회에 있어서 점점 더 특징적인 것이 되는데, 그래도 이 전통을 공유하고 있는 집단의 규모는 확대되고 있는 것이 현실이다.

밀러에 의하면, 이 하층계급의 생활양식은 모든 특징적인 문화집단에서의 마찬가지로 일련의 '관심의 초점' 즉 꽤 높은 정도의 감정적인 관련성을 끌어들일 수 있는 능력 혹은 문제에 따라 특정지을 수 있다. 그렇지만 밀러가 택하고 있는 특정의 제 관심은 결국 미국사회의 하층계급에만 한정되어 있는 것은 아니고, 그것은 하나의 특징적 제 관심의 패턴을 형성하는 것이지만 그 순위를 매기는 방식에 있어서는 미국의 중간계급 그것과는 현저히 다르기 때문이다.

이와 같이 밀러는 범죄나 비행은 하층계급에서 현저하게 나타나는 현상이라 하고 행동에 직접적인 영향을 주는 것은 비행부차문화에서가 아니고 하층계급의 공동사회 그 자체라 하고 오랫동안 지켜온 그 공동사회의 고유한 전통적 가치라고 한다. 즉 밀러는 비행부차문화가 어떻게 해서 창출되느냐 하는 문제보다도 그것이 창출된 후 왜 존속되고 유지되느냐 하는 문제에 관심을 갖고 논리를 전개하고 있다.

이 논리에 의하면, 범죄나 비행은 하층계급문화에의 동조의 소산이라고 하는 것이 된다. 하층계급에 속한 자로 범죄나 비행을 취하지 않는 자는 하층계급에 있어서도 사회적 상승의욕을 가지지 않는 자나 중상층계급문화에의 동조를 지향하고 있는 자라고 하는 것이 된다. 그래서 여기에 있어서 하층계급의 가치관이 비행부차문화를 포함한다는 것을 그 이론적 전제로 하고 있다는 것은 말할 것도 없다.

이상에서 설명한 바와 같이 밀러의 이론은 문화적 측면에서 하층계급에 왜 범죄가 많은가 하는 것을 설명하고 하층계급에 현저한 범죄의 발생과정을 잘 설명하는 점에서는 높이 평가되고 있다고 본다.

이론의 특색은 범죄나 비행에 직접적인 영향을 줄 수 있는 것은 하층계급사회 그 자체이며 오랫동안 그렇게 되어 온 그 공동사회의 고유한 문화라는 점이다. 이에 대하여는 뒷장 사회계급과 범죄에서 보다 더 상세히 설명하고자 한다.

제4절 사회구조에 중심을 두는 이론

1. 아노미(Anomie)이론

머튼(R. K. Merton)은 "사회구조와 아노미"(Social Structure and Anomie)라는 논문에서 일탈행동은 문화적으로 규정된 목표와 그 목표를 달성하기 위한 제도적 규범이 부조화 상태를 이룰 때 일어난다고 하였다. 즉 현대사회에 있어서는 많은 사람들에게 공통되는 목표를 강조하면서도 그 목적을 달성하기 위한 합법적인 수단에의 접근가능성은 각자의 능력이나 사회적 계층에 따라 각기 상이하므로 그 수단에의 접근기회가 제한된 사람들은 목표달성을 위하여 수단의 합법성 여부를 무시한 행동으로 나오게 된다고 주장하는 것이다.

여기에서 볼 수 있는 머튼의 사회관은 현대사회를 하나의 좋은 공통의 목표를 가지고 노력과 업적이 크게 평가되는 사회라고 생각하는 한편, 제도적으로 인정받은 수단을 거의 받지 못한 하층계급에 욕구불만과 긴장을 만들어내는 사회라고 하는 것이다. 그리고 이러한 사회적 관점에서 왜 일탈행동의 빈도가 사회구조의 차이에 따라 다른지 무엇 때문에 일탈의 방법이 사회구조의 상위에 따라서 그 종류나 형식을 다르게 하는가 하는 점을 문제로 하는 것이다. 이러한 문제의식 하에서는 머튼의 사회적 · 문화적 구조는 문화적 목표와 제도적 규범의 두 요소로 이루어지고 이러한 두 요소는 통상 공통으로 작용되는 것인데 양자는 꼭 항상적 관계를 가진다고만 볼 수는 없다. 즉 일정한 목표에 대한 문화적 강조는 제도적 수단의 강조의 정도와는 무관하게 변화한다고 생각하고 있다. 양자의 균형상태나 그 상호관계를 문제로 하는 것이다.

이상과 같은 이론적 전제 하에 머튼은 문화적 목표와 제도적 수단의 수용과 거부라는 조합에 따라 일정한 문화를 가진 사회에 개개의 구성원들이 적응하는 유형을 다섯 가지로 나누어 동조, 개혁, 예의주의, 도피주의 반항의 유형으로 분류하고 있다. 이 다섯 가지 적응양식 가운데는 혁신과 도피주의가 가장 범죄와 관계가 깊은 유형이라고 할 수 있다. 결국 아노미이론의 핵심은 문화적 목표와 제도적 수단의 갭을 문제로 하는 데 있다. 특정의 사람들 특히 하층계급에 속하는 사람들이 사회구조상 불리한 입장에 처해 있고 일탈행동으로 빠질 우려가 있다고 하는 점, 즉 문화구조가 요구하는 행위나 태도를 본래 평등한 제도적 수단에의 통로를 보장할 사회구조가 압박을 가하고 방해할 때에는 아노미상태가 발생한다고 하는데, 그것이 특히 하층계급에 있어서 현저하다고 한다.

이와 같이 머튼의 이론적 특색은 문화적 목표달성의 기회에 계층적 차별이 있다고 지적한 점이다. 개인이 사회에 점하고 있는 지위에 따라 성공목표를 달성하기 위한 합법적 수단이 다르다고 지적한 점이다. 머튼의 이론은 말하자면 중 범위이론으로서 기초이론에 있어서 추상적 개념과 실증적 연구에 있어 현실문제와의 통일적 설명 원리를 도출하는 것을 목적으로 한 것이고, 더구나 범죄행동 이외의 일탈행동 일반을 설명하기 위한 기초개념의 확립을 이루었다고 하는 것이다.

2. 비행부차(하위)문화론(Theory of Delinquent Subculture)

비행부차문화란, 범죄자가 집단과 비행자 집단 간에 공유된 특정한 신념과 가치관에 의거한 사고와 행동양식을 말하며 범죄나 비행행위가 불가결한 요소로 되어 있는 문화를 말하는 것이다. 코엔(Albert K. Cohen)은 그의 저서인 「비행소년」(Delinquent Boys)에서 이 비행부차문화를 계급구성과의 관계를 갖고 논했고, 소년비행은 압도적으로 남자노동자계급에서 발견되는 현상이라는 사실을 밝혀냈다.

즉 코엔은 비행이 하층계급에 속하는 소년 간에 집중되고 있는 이유로 미국사회의 계급구조에 주목한 것이다. 이점에 있어 코엔의 비행부차문화론도 원칙적으로는 머튼의 이론과 동일한 기반에 서 있는 것이라 볼 수 있다. 그러나 코엔은 왜 많은 비행이 확실한 목적과 이익도 없이 오히려 비공리적이며 악의적이고 부정적인 것으로 비치는 것인가 하는 점을 추궁하고 있는 것을 보면, 머튼의 이론과는 상당히 다른 관점에서 접근하고 있다고도 볼 수 있다. 코엔은 범죄, 비행의 발생과정에 대해 대강 다음과 같이 설명하고 있다.

① 우선 미국사회에서 지배적인 가치세계는 중산계급에서 통용되고 있는 것이며, 그 특징을 말이 유창하고 높은 수준을 지향하는 상향심, 성공에 대한 의욕, 장기적인 목표를 위해 끊임없이 노력하는 능력, 욕구충족을 연기할 수 있는 능력, 정연함, 세련된 행동 등에 있다고 한다.

② 그리고 이러한 중산층 계급적인 가치와 여러 도덕이 지배하는 사회에서는 하층

계급에 속하는 소년들은 그 사회적 지위 때문에 동일한 출발점에 설 수 없다는 불만을 갖고 있으며, 사실 그들을 중산층 계급에 속한 아이들이 승리자가 되는 인생이란 게임에 휩쓸려, 실패와 굴욕을 보다 많이 경험하기 쉽다.

③ 미국문화의 특징은 사회계급을 달리하는 소년이 동일한 규칙 하에서 상호간의 지위와 승인을 얻으며 경쟁하고 있다는 느낌을 받게 하는 것에 있다고 하지만, 실제 문제는 하층계급에 속하는 사람이 불리한 입장에 있는 것은 명백하며 그 때문에 하층계급에 속하는 소년이 갖고 있는 주된 문제는 지위에 대한 욕구불만이다.

④ 그리고 이 욕구불만에 대해 가능한 한 가지 반동형성이 비행부차문화 강조와 그것을 유지하는 것이며, 이 반동형성을 통해 중산계급적인 가치와 규범은 집합적, 서브컬처적인 해결로 바뀌는 것이다.

⑤ 이처럼 하층계급 출신의 소년들은 중산계급 소년들과는 이질적인 적응문제에 직면하게 되며, 그 때문에 그들에게 불이익을 초래하는 중산계층의 가치기준을 부정하고 뒤집어엎음으로써 중간계급적인 생활방식을 경멸하는 것이다. 그들의 행동이 범죄나 비행으로 나타나는 것은 실로 이러한 중산계급의 가치기준에 대한 반동형성적인 것이다.

매우 복잡한 설명이지만, 말하고자 하는 요지는 비행은 하층계급 소년들이 처해진 사회적 환경과의 관계로써 설명하지 않으면 안 된다.

3. 차별적 기회구조론(Differential Opportunity Theory)

차별적 기회구조론이란 클로워드(R. Cloward)와 올린(E. Ohlin)에 의해 제창된 이론이며, 범죄학 이론상 한 시대를 긋는 이론 중의 하나이다.

이질적 기회구조론은 한마디로 말해 개인을 원칙적으로 합법적 기회구조 관점에서 고찰하는 아노미 이론과, 비합리적 수단에 중점을 두고 합법적인 수단에 대한 접근을 비교적 등한시 하는 시카고학파의 전통에 의거한 문화전파이론과 이질적 접촉을 통합한 이론이라 할 수 있다. 즉 클로워드-올린은 아노미 이론에 있어 성공 목표를 달성하기 위한 합리적 수단에 대한 접근의 사회구조상 차이에 대해서는 다양하게 논의되고 있는데도 불구하고, 성공목표에 대한 비합리적 수단의 이용가능성에 대해서는 거의 논의되지 않고 있다는 점을 문제시삼고 있으며, 다른 한편으로 문화전파 심리와 서덜랜드의 이질적 접촉이론에 있어서는 반대로 비합법적 수단이란 측면에 중점을 두고, 합법적 수단의 이용 가능성에 대해서는 고려하지 않은 점에 대한 원망이 있는 것이다.

이런 두 가지 중요한 범죄학 이론이 갖는 결점을 고려해 합법과 비합법이란 두 가지 기회구조와의 관계에서 일탈행동을 주장한 사람이 클로워드와 올린이며, 이것이 그들의 이질적 기회구조이다. 즉 클로워드와 올린은 개인을 합법적인 기회구조와 비합법적인 기회구조의 양자에 걸친 지위를 차지하고 있다고 가정하는 것이며, 개인이 성공목표를 달성하고자 할 때 합법적 수단을 취할 것인가, 비합법적 수단을 취할 것인가 하는 차이는 사회구조와의 관계에 있어 어느 쪽 수단을 취할 수 있는 지위에 그 사람이 놓여있는가에 따른 것이다.

바꾸어 말하면, 개인의 범죄에 빠지는지 빠지지 않는지는 그 사람이 어느 정도나 비행부차문화에 접촉하며 그것을 학습할 기회를 갖고 있고, 실제 비합법적인 행위를 수행할 기회에 접근할 수 있는가, 또는 반대로 합법적인 행동의 학습과 수행기회에서 얼마나 차단되고 있느냐에 따라 결정되는 것이다.

이처럼 차별적 기회 구조론의 특색은 합법적 수단에 대한 접근의 상위를 강조하는 아노미이론과 비합법적 수단에 대한 접근의 상위를 중시하는 시카고학파의 이론을 통합하는데 있는 것이라고 할 것이다.

제5절 사회심리에 중심을 두는 이론

1. 비행표류이론(Drift Theory)

범죄나 비행을 하층계급의 특징적인 현상으로 보고 하층계급의 특수한 문화를 비행부차문화의 소산으로서 범죄현상을 해명하려는 종래의 범죄관에 대하여 비행소년은 그러한 특정의 Subculture에 지배되어 있는 것은 아니고, 또 변치 않고 반사회적 행위만을 하는 것도 아니고 비행과 무비행의 생활양식 사이를 표류하고 있는데 불과하고, 비행자는 일반사회에서 상대적으로 자립할 수 없다. 중간적 표류존재로서 파악하려고 하는 견해가 1964년 맛차(D. Matza)에 의해 표명되었는데, 이것을 비행표류이론이라고 하는 것이다.

이 맛차의 비행표류이론은 코엔의 비행부차문화이론의 비판을 통하여 형성된 것인데, 코엔이 하층노동자계급에 속한 비행소년의 행동은 중산층계급의 가치관의 반동형성에 기초하고 있는데 대하여 맛차는 비행소년의 행동에는 그러한 자세의 강한 것은 보이지 않고 오히려 그들은 전통적 가치관에 동조하면서도 결과적으로 비행행동에 이르는 과정을 거치는 것이 보통이라고 생각하는 것이다. 즉 비행청소년은 지배적 사회질서에서의 요구에 대하여 무관심하지 않고 자신의 행위를 내심으로는 수치라고 맛차는 보고 있다. 이런 점에서 비행소년은 중산층계급의 가치관을 부정하고 그들은 자신들의 비행을 정직하다고 생각하는 독자적 행동양식이나 규범을 가지고 있다. 그 가치체계를 기초로 하여 비행이 일어난다고 하는 코엔(Cohen)의 이론과 서로 대립하고 있다는 것은 말할 나위도 없다.

2. 비행중화기술이론(Techniques of Neutralization Theory)

전술한 바와 같이 맛차의 비행표류이론은 코엔에 대한 비판으로부터 출발하였지만, 이 이론의 기초가 된 것은 사이크스(Gresham M. Sykes)와 같이 1957년 '미국사회학평론'에 게재한 논문 '중화기술'이다. 여기서 말한 비행중화기술을 한마디로 말하면 비행은 그 비행행위의 감행을 정당화한다고 하는 데서 비롯된다고 하는 이론이라는 것은 좋지만, 그 밑바탕에 있는 것은 사회규범에의 동조를 요구하기 위하여 어떻게 중화할 수 있느냐를 할 것인가 하는 비행행동의 이해에 이어진다고 하는 생각을 하고 있다. 즉 비행자도 전통적 가치관이나 규범의식을 내면화하고 있기 때문에 자신들의 행동을 정당화할 수 없으면 죄악감이 불식되지 않기 때문에 자기에게 내면화되어 있는 가치관이나 규범의식의 중화를 시도한다고 한다. 말하자면 비행과 그들 비행자들에게 내면화되어 있는 규범의식의 대립을 조정하려고 애쓰고 있는 자기정당화의 방법이 비행중화의 기술이라고 하는 데 있다.

맛차와 사이크스는 비행중화의 기술로서 ① 책임의 부정, ② 손해의 부정, ③ 피해자의 부정, ④ 비난자에의 비난, ⑤ 더 높은 충성심에의 호소의 5가지 유형을 들고 있다.

① **책임의 부정**(denial of responsibility)

의도적이 아니거나 주변 환경이나 주변사람들에게 책임을 전가하거나 자기 자신도 외부세력의 피해자라고 여기는 등 책임을 부정하는 것으로 이와 같은 자기변명 방법의 학습으로 규범자체에 대한 직접적인 공격 없이 자기의 범죄나 비행행위를 용납하는 것을 말한다.

② **가해의 부정**(denial injury)

자기의 행위는 어느 누구에게도 피해를 입히지 않았다는 것을 자기나 다른 사람에게 강조하는 방법을 터득하여 중화하는 것이다. 예컨대 자동차를 훔치고는 잠시 빌렸을 뿐이라든가 훔친 돈을 갚으면 된다는 식이다.

③ **피해자의 부정**(denial of the victim)

자기의 가해행위는 피해자가 마땅 받아야 할 정의로운 응징이라고 주장하는 것인바, 그는 마치 비위사실이 있는 자나 부정부패와 연루된 자를 응징함으로써 사회정의를 실현한다는 식이다.

④ **비난 자에의 비난**(condemnation of condemners)

자신을 비난하는 사람들 예컨대, 경찰, 검찰, 법원 등 형사사법기관 등이나 부모나 선생님 등이 더 나쁜 사람이면서 청소년의 작은 잘못을 비난하는 것은 잘못이라고 주장하며 자신의 잘못을 합리화시키는 것을 말한다.

⑤ **더 높은 충성심에서의 호소**(appeal to higher loyalties)

자기의 친척이나 친구 등 중요한 친근 집단에 대한 충성심 때문에 자기는 어쩔 수 없이 범죄나 비행행위를 하지 않을 수 없다는 식으로 중화시키는 것을 말한다.

위와 같은 비행중화기술의 5가지 유형은 그 하나하나마다 그 특징이 있다는 것은 사실이지만 전체로 볼 때는 비행행위 그 자체라고는 할 수 없고, 또 이러한 행위가 정당화될 수도 없지만 사회적으로 수용될 수 있다는 점에 공통점이 있다고 하는 것이다.

말하자면 맛차와 사이크스의 비행중화기술의 근본원리는 비행자와 사회와의 관련성에 대해 고찰함으로서 그 비유성을 강조하는 종래의 전통적 시점에서 역으로 양자(兩

者)의 유사성에 착안하고 비행행동의 설명은 더 크게 사회문화적, 전통적 제가치가 정당한 형은 아니라고 하면서도 비행자에게도 용인되어 있다고 하는 점에 있는 것이다.

3. 잠재적 가치이론(Theory of Subterranean Vales)

비행중화이론과 같이 맛차(Matza)와 사이크스(Sykes)의 비행행동이론을 이해하는데 있어서 중요한 또 하나의 이론은 '잠재적 가치이론'(Theory of subterranean values)에 비행행동의 배후에 있는 가치는 유한계급의 가치라 할 수 있다. 맛차와 사이크스는 1961년의 논문 '소년비행과 잠재적 가치'(Juvenile Delinquency and Subterranean Values)에 비행행동의 배후에 있는 가치는 유한계급의 가치라는 이론을 전개해, ① 많은 소년 비행의 배후에 있는 가치는 통상적으로 기술되는 정도만큼 일탈적인 것이 아니라는 점, ② 종래의 설명은 중산계급의 가치체계를 너무나도 단순화하고 있는 것에 문제가 있다는 점을 지적하고 있다. 즉 최근의 소년비행에 관한 설명은 비행자의 일탈에 역점을 두고 있다. 그리고 그것은 단순히 비행자의 행동에 관한 것뿐 아니라, 그의 행동 기초에 있는 가치와 관련해 이뤄지는 것이다. 그러면서도 비행자의 가치는 통상 묘사되고 있는 정도로 일탈된 것이 아니라, 그런 잘못된 묘사는 중산계급의 가치체계에 대한 잘못된 견해에서 기인한 것이라는 논란이 가능해진다. 아마도 비행자가 갖고 있다고 여겨지는 일련의 가치는 지배적인 사회의 여가활동에 나타나 있는 가치와 매우 유사하다고 할 수 있다.

청소년 일반, 특히 비행소년을 최근의 유한계급의 구성원으로 보는 것이, 기록되지 않는 비행이 엄청난 양에 달한다는 사실과 계급구조 전반에 걸쳐 비행이 발견되고 있다는 것을 설명하는데 도움이 될 것이다.

이처럼 비행행동의 배후에 있는 가치로써 잠재적 가치의 존재를 주장하고 소년비행을 어떤 특정한 계급의 특이한 현상으로 보는 것이 아니라 공통의 사회학적 기반을 갖고 있다는 생각은 중요하다. 맛차와 사이크스가 지적하는 것처럼 사회는 중산계급만으로 구성되어 있는 것도 아니며, 중산계급 그 자체도 결코 질이 모두 똑같은 것은 아니기 때문이다. 그러나 그렇다고는 하지만 잠재적 가치가 비행 가치이며 그것은 또한 유한계급의 가치 혹은 일반사회의 가치와 동질의 것이란 점을 반복해서 시사한 후 이런 가치를 공유하는 것이야말로 비행자가 어른이 됐을 때 이미 비행 등을 생각할 수 없을 정도로 변모한 모습을 보이는 최대의 원인이 될 것이라는 맛차((David Matza)와 사이크스(Gresham M. Sykes)의 생각은 범죄학상 중요한 의미를 갖고 있다고 볼 수 있다.

4. 자기관념이론(Theory of Self Concept)

서덜랜드의 차별적 접촉이론에 있어 제시된 범죄학상 가장 중요한 과제는 왜 같이 범죄적 문화에 접촉하면서 한 사람은 범죄자가 되는데 다른 사람은 범죄자가 되지 않는가 하는 것이다.

이 문제에 답하기 위하여 범죄심리학적 요소를 취하면서 '접촉'에 대신해서 '동일화'의 개념을 이용해서 설명을 시도한 것이 글라서의 차별적 동일화 이론이었다. 이에 대해 글라서(Daniel Glaser)보다도 더 심리학적 요소를 중시하면, 종래의 연구자와 같이 범죄적 문화에 접촉한 사람이 범죄에 빠지는 과정들을 문제로 삼는 것이 아니라 역으로 왜 어느 사람은 범죄에 빠지지 않는가라는 점을 문제점으로 한 것이 레클레스와 그 제자들이었다.

레클레스(W. C. Reckless), 디니츠와 무레이(S. Dinitz and E. Murray)는 1956년에 "비행에 대한 절연체로서의 자기관념"(Self Concept as Insulator against Delinquency)이라는 논문에 있어서 비행소년을 많이 낳는 소위 비행다발지역에서 같은 나쁜 환경에서 나쁜 영향을 받으면서도 비행에 빠지지 않는 사람은 왜일까? 라는 점에 초점을 맞추어 연구를 했다. 연구의 주된 내용은 소년이 그 성장과정에 있어 범죄로 빠지지 않고 준법적인 비비행자의 습관을 유지하는 원인과 요소는 무엇인가를 알아내는데 있었다. 그 결과로서 레클레스 등이 발견한 선량한 소년을 비행으로부터 멀리할 수 있는 '비행절연체'(delinquency insularity)로서 보다 중요한 것은 소년들의 가족관계였다는 것이다.

'레클레스'와 '디니츠'가 연구 조사한 바에 따르면, 비행다발지역의 청소년들이 범죄적 접촉을 하면서도 이들 중 다수가 비행에 가담하지 않는 것은 그들이 사회적으로 적절하게 수용되는 자아관념을 습득하고 유지하는 것이 외부의 비행적 영향이나 환경적 압력과 유인에 대한 절연체 및 내적 견제요소, 또는 장애물로 작용하기 때문이라는 것이다. 즉 동일한 범죄적 접촉 하에서도 실제로 비행에 가담하고 안 하는 개인적 반응의 차이는 바로 자아관념의 차이 때문이라는 주장이다. 다시 말해 좋은 자아 관념은 슬럼지역의 소년을 비행으로부터 멀어지게 하고 반면에 나쁜 자아관념은 슬럼지역의 소년에게 저항을 주지 못한다는 것이다. 따라서 적절하거나 부적절한 자아관념이 비행과 미비행의 중요한 요소가 되는 것이다. 여기서 자아관념은 친근한 세계의 중요한 다른 사람들을 고려하는 소년 자신에 대한 인식으로 정의할 수 있다.

생각건대 자기관념의 이론은 차별적 반응의 문제를 해명하는데 크게 기여했다는 데는 의문의 여지가 없다고 보겠으며, 따라서 우리는 이러한 자기 관념의 차이에 있어서의 특징에 주목하면 비행소년 또는 범죄자들의 성격 교정 및 예방에 상당한 성과를 거둘 수 있으리라고 본다. 그러나 이러한 자기관념은 어떻게 해서 형성되는 것인가 하는 문제는 여전히 해명되지 않고 있다. 이것은 일반적인 사회화 과정의 차이라는 사실만으로는 해명될 수 없고, 가정생활 등 생육사의 더욱 깊은 분석과 생물학적 · 정신의학적인 배경요인의 분석도 병행되어야 할 것이다.

5. 견제(Containment)이론

1956년 이후의 연구를 통하여 레클레스가 얻은 범죄학상의 중요한 가설은 행위자의 자기관념 또는 행위자의 직접적인 세계 중의 일탈에 대해서 한 획을 긋는 혹은 사회적 기대에 호응하는 어떤 요소가 존재하는 것은 아닌가라고 하는 것이었다.

이 가설은 1961년의 논문 "범죄와 비행에 관한 새로운 이론"(A New Theory of Delinquency and Crime)에 있어서 강력한 내면적인 통제와 그것을 보강하는 외면적인 통제가 법적인 행위규범의 위반에 대한 하나의 절연체를 형성한다고 하는 가설에까지 발전하고 있다.

이것은 보통 '견제이론'이라고 불리고 있다. 레클레스의 견제이론을 한마디로 설명하는 것은 어렵지만 레클레스의 견제이론에 있어서 중요한 개념인 내적 견제란 주로 자기통제, 훌륭한 자기관념, 자아의 강함, 충분히 발달한 초자아, 좌절에의 강한 인내력, 전환에 대한 강한 저항력, 강한 책임감, 목적의 설정, 대체적 만족을 찾는 능력, 긴장을 순화시키는 합리화 등의 자아의 구성요소로부터 형성되는 것이다.

한편 '외적 견제'란 그 사람의 직접적인 세계에 있어서 구조상의 완충장치로써 그것은 그들을 견제 내에 멈추게 하는 것을 가능케 한다. 행위자에게의 일괄된 모럴의 제시, 행위자의 규범, 목표, 기대에 대한 제도상의 강화, 일련의 합리적인 사회적 기대의 존재, 효과적인 관리와 규율, 정당한 활동을 달리 취득할 수 있는 방법과 안전망의 제공, 승인, 동화, 귀속의 기회 등이 그 중요한 항목이다. 이와 같이 레클레스의 견제이론은 규범적인 행동이 정당한 사회적 기대에의 방향설정을 통해서와 같이 일탈에 대한 저항을 통해서도 규제되는 것을 지적하고 있으며, 인간에게는 Push, Pull의 두 개의 반대된 방향의 힘이 개인에 대해서 부여되어 있다고 하는 전제를 두고 일탈은 그 차이적인 표출이라고 하고 있다(藤本哲也, 전게서, 104~105).

제6절 사회적 상호작용을 중심으로 하는 이론

1. 낙인이론(Labeling Theory)

낙인이론은 사회적 반작용이론 또는 사회적 반동이론 등으로 불리어지고 있는 이 범죄학이론은 사회학적 범죄학이론 가운데서 비교적 새로운 접근방법 중에 하나라고 볼 수 있다.

1940년대부터 1950년대까지 범죄학의 중심을 이루었던 것이 머튼, 파슨즈(T. Parsons) 클로워드, 오올린 등을 중심으로 하는 기능주의적 이론(functionalistic theory)이었다면 1960년대는 민족학적 방법(ethnomethology)에 기인한 이론, 현상학적 방법(phenomenolgy)에 기인한 이론, 상징적 반작용이론(symbolick reation theory) 등 다양한 이론이 제시된 시기라고 할 수 있으며, 이와 때를 같이하여 사회적 상호작용(societal interaction)에 중점을 두어 확립된 것이 바로 낙인이론(labeling Theory)인 것이다(정영석, 1992 : 57).

이 낙인이론은 엄격히 말해서 이론이라기보다도 하나의 개념요소이며 낙인이론의 내용도 이것을 설명하는 학자에 따라 상이하다. 그러나 이 이론의 진수는 일탈자로써의 낙인을 찍는 자와 찍힌 자와의 상호작용을 중시하고 일탈행위 형성의 메커니즘을 단순히 개인의 소질이나 환경에서 찾는 것이 아니고 일탈은 사회에서 생겨난다고 하는 전제 하에 다른 사람에 의한 사회적 낙인이나 사회적 반작용이야말로 비행경력의 매개체역할을 다하는 것으로 라벨링이 행위자의 주관적인 면에 미치는 영향을 중시하는데 있다고 할 수 있다. 즉 행위자가 사회의 구성원 혹은 사회통제기관에 의해 일탈자라는 낙인을 부치는 과정을 중시하고 낙인이 일탈행동에 미치는 영향의 중대성을 지적함으로써 일탈행위가 사회적 통제를 자아내는 것이 아니고 역으로 사회통제가 일탈행위를 자아내게 하는 것이 아닌가 하는 의문을 제시하는 것이다. 여기서 말하는 일탈행위란 사회규범에서 벗어나는 행동을 말하는 것으로 사회규범 자체에 대한 정의가 집단에 따라 다를 수 있고, 또한 같은 행동이라도 상황에 따라 일탈행동여부가 결정되는 특징을 가지고 있기 때문에 정의하기가 쉬운 일이 아니다. 예컨대, 북한과 같은 공산주의체제하에서는 주거의 이동, 직업선택, 식량배급 등의 일상생활의 모든 부문을 공산당과 행정기관에서 관장한다는 점에서 대부분의 일탈행위는 범죄를 구성한다고 볼 수도 있다. 왜냐하면 범죄란 규정된 법을 벗어난 행위를 말하는 것으로 공산주의에는 일탈행위자체를 거의 법제화 하고 있기 때문이다.

이러한 낙인이론은 종래의 범죄학 연구방법에서 보면 180도의 전환이라고 할 수 있다. 즉 라벨링이론에 있어서 종래의 전통적 범죄학이론에 대한 범죄행위의 원인을 찾고자 하였던데 반해, 낙인이론은 사람들이 일탈자로 지명되는 이유를 밝히고자 하였다. 따라서 그들의 논점은 범죄행위가 아니고 그 행위가 일탈적인 것으로 낙인되는 이유에 관심을 두고 있다. 즉 특정행위를 위한 모든 사람이 일탈자로 낙인되지 않고 그 중 일부만 낙인되는 이유가 무엇인가를 알고자 한다. 여기서 낙인이론의 이해를 돕기 위하여 낙인이론에 대한 학자들의 의견을 요약해보면 다음과 같다.

첫째, 탄넨바움(Tannenbaum)의 악의극화(dramatization)를 들 수 있는데, 이것은 가벼운 기물을 파손한다거나 행인을 희롱하는 등의 행동이 청소년 비행초기 행동의 무해한 비행 행위들이 지역사회에서 비우호적으로 받아들임으로서 그 소년은 악마나 비행소년으로 간주될 수도 있는 것이다. 그런데 이러한 갈등은 상호 가치관의 상이(相異)함의 결과이며, 이 가치관의 갈등이 특정 청소년에게 공식적인 반응으로 전이(轉移)되는 것이다. 이처럼 일단 공공이 비행의 발생을 인지하게 되면 그 청소년은 여타의 청소년들과는 다른 청소년으로서 꼬리표가 붙게 된다. 따라서 이러한 꼬리표가 붙은 청소년은 자신에게 붙여진 꼬리표와 같은 유형으로 자신을 분류하게 되고 자신에 대한 사회의 부정적 반응으로부터의 도피수단으로서 비행활동에 가담하게 되며 사회사업가나 청소년 관계자들은 이들을 선도하려고 노력하지만 청소년에게 더욱 적대심을 불러일으켜 문제를 심화시킨다는 것이다.

둘째, 탄넨바움의 '악의 극화'에 관한 논의를 보다 구체화한 레머트(Lemert)는 청소년 비행을 '일차적 일탈'(primary deviance)과 '이차적 일탈'(secondary deviance)로 나누어서 보는데, 일차적 일탈은 청소년이 순간적으로 규범을 위반할 수 있지만 외부에 그 사실이 노출되지 않으므로 사회적 반응이 발생되지 않을 뿐만 아니라 자신을 탈선자로 인식하지 않는 경우를 말하고, 이차적 일탈은 행위자의 행위에 대해 사회적 평가나 반응이 나타내게 되고 행위자를 탈선자로 낙인찍게 되는 경우를 의미한다. 구체적으로 보면, 일차적 일탈상태에 있던 청소년이 점차 이차적 일탈상태로 변모하여 이차적 일탈자로 낙인찍게 되는 과정을 강조하고 있지만, 일차적 일탈이 반드시 이차적 일탈로 발전된다고 보지는 않는다. 청소년은 일차적 탈선행위에 대해 비행이라고 오명이 찍히게 되면 사회생활에 큰 제한과 불이익을 받고 사회에서 소외되는데, 소외되면 소외될수록 그들은 경력 비행자가 된다고 본다. 따라서 낙인이론은 일차적 일탈로부터 이차적 일탈로 변하는 과정을 강조하여 청소년의 경력비행을 방지하는데 중점을 두고 있다.

이 이론과 맥을 같이하여 배커(Backer)는 일타행위란 사람이 저지르는 행위의 특성이 아니라 타인이 행위자에 법과 제재를 가한 결과일 뿐이라고 주장하여(H. S. Backer, 1963) 낙인론자들이 주장하는 탈선행위란 행위자체가 나쁜 것이라 하기보다는 그 행위에 대해서 주위사람들이 어떤 반응을 보이느냐에 따라 행위의 옳고 그름이 규정지어진다는 것이다. 따라서 낙인이론은 두 가지의 심리적 반응을 예측할 수 있는데, 하나는 낙인이라는 오명을 자신의 잘못보다는 오히려 사회 환경의 잘못으로 돌려 자신의 비행을 합리화시키든지, 아니면 자신에 대한 희망을 포기하는 경우가 있을 것이다. 이러한 자기에 대한 부정적 시각이 비행으로 연결된다고 보고, 랜(Ryan)은 청소년의 성 비행을 유발시키는 요인들을 연구하기 위하여 세 명의 사례연구를 들어 설명하고 있는데, 그 비행의 과정을 보면 첫째로, 청소년이 부정적인 자기이미지를 갖게 되며, 자신의 주관적인 환상들을 발달시키게 되어 비행을 계획하고 비행을 실행하게 된다고 보고 있다(김장대, 1998 : 14).

셋째, 백커(Backer)의 사회적 지위로서의 일탈을 들 수 있는데, 백커는 일탈행동으로 규정하거나 낙인찍는 것은 사회적 지위와 같은 효과를 사람에게 주며, 낙인이 체계적 일탈을 낳는 과정은 관습적 경력을 갖게 하는 과정과 비교할 수 있는 것이라고 강조한다. 사회적 지위는 사회질서 속에서 차지하는 위치(여자, 흑인, 의사 등)를 말하는데, 이러한 지위는 상호작용의 구조적 유형들과 연관되어 있다. 사회적 지위는 사회적 상호작용의 과정과 유형에 영향을 미친다. 사회적 지위를 분석하는 데에는 주 지위(master status)와 경력(career)이란 두 개념을 구분하는 것이 유용하다. 주 지위는 일반적으로 상호작용의 과정과 유형에 영향을 미침으로써 다른 지위를 능가하는 지위이다. 인종은 주 지위의 한 예이다. 미국에서 흑인은 수입, 교육, 직업, 나이와는 어느 정도 무관하게 차별을 당한다. 경력은 단계별로 차례차례 밟아가는 일련의 지위들을 말한다. 예를 들어, 직업적 세계에서는 종종 사람들이 단계적으로 일련의 지위(도제, 장인, 은퇴자)를 갖게 된다.

백커는 어떤 사람이 일탈자로서 사회에 알려지면 그 사실이 사회적 상호작용의 과정에 영향을 미치기 때문에 사회적 지위와 유사하게 작용한다고 주장한다. 예를 들면, 그들의 행동 또는 갱생기관이나 정신병원에 입원한 사실 때문에 약물중독자, 알코올중독자 또는 정신질환자라는 낙인찍힌 사람들은 취업과 관습적 사회관계를 유지하는데 어려움을 겪게 되는 것이라는 것이다.

넷째, Schur의 자아개념으로서의 일탈을 들 수 있는데, 슈어(Schur)는 어떤 사람이 규범을 위반했다거나 또는 자신이 소수계층의 사람이라고 해서 자동적으로 일탈자로 낙인찍히지는 않으며 이차적 일탈자가 되는 과정이 순차적 행로를 찌르는 것도 아니라고 하였다. 즉 그는 오랫동안의 우회적 협상으로 이해하였다. 어떤 사람은 자신의 행위에 대해 비난받고 낙인찍히는 반면 혹자는 낙인되지 않고, 또 일부는 오히려 비난자를 낙인하거나 적어도 방어할 수 있는 능력을 갖기도 한다. 한편, 장기동성애자가 사회적으로는 동성애자로 어떠한 낙인도 각인 받지 않더라도 스스로를 동성애자로 간주하기도 한다. 따라서 낙인자로서의 공적 신분이나 그로 인한 사회적 상호작용의 외적 제한보다는 자기스스로 자신에게 각인한 자아개념이나 자기낙인과 스스로 부과한 사회적 상호작용의 제한이 더 중요하다는 것이다.

그러므로 이차적 일탈은 공식낙인으로 인하여 사회적 상호작용에 부과된 외적 제한의 기능 이상과 같은 네 학자의 공통점은 첫째, 네 학자 모두 비조직적, 우연적, 일시적, 혹은 우발적인 규범위반에는 별도 관심을 갖고 있지 않다. 그러한 일탈을 설명하기 위해서 Lemert는 일차적 일탈이란 용어를 사용하고 있고, Scheff는 일시적 일탈이란 용어를 사용한다. 둘째, 네 학자 모두 일정한 기간에 걸쳐 형성되는 조직적이고 체계적인 일탈에 초점에 맞추고 있다. 이러한 일탈을 Lemert는 이차적 일탈(Secondary deviance)이라 부르고 있고 Becker는 경력일탈, Schur는 역할흡입 그리고 Scheff는 안정화된 일탈이라고 말하고 있다. 셋째, 네 학자 모두 과정적이고 단계적인 이론들에 관심을 두고 있는데, 이러한 이론들은 일차적 일탈을 이차적 일탈로 전화시키는 사회적 규정 혹은 낙인의 역할을 강조하고 있는 것이다.

다음의 인과적 모델에 제시된 것처럼, 이 네 학자들의 연구가 일반적으로 보여주고 있는 주요점은 사회적 반응의 효과를 이차적 일탈에 전해주는 매개체는 대인적 관계, 자아개념 및 구조적 기회라는 것이다. 다음은 이차적 일탈에 대한 사회적 반응의 영향을 나타내는 인과적 과정들이다.

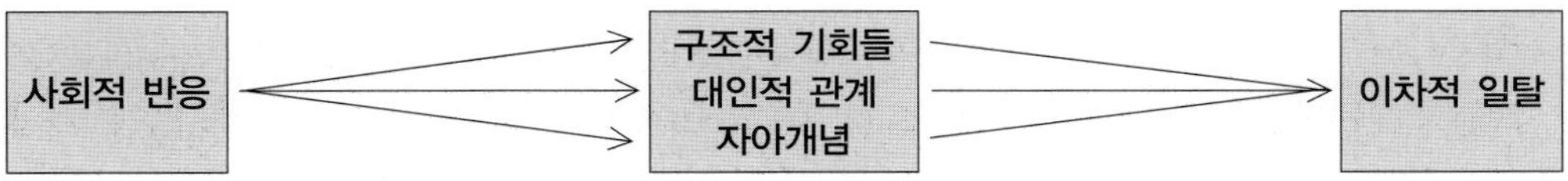

이상과 같은 관점에서 Labeling이론의 특질을 들어보면 다음과 같다.

① 라벨링 이론은 유전적 · 심리학적 · 다원론적 범죄 원인론을 배척한다.
② 지금까지 전통적 범죄학 이론에 있어서 비교적 등한시 되어온 Labeling의 주체인 법집행기관을 주요한 연구대상으로 한다.
③ 이 이론은 일탈규정 자체를 독립변수로 보지 않고 종속변수로 보아 그러한 규정이 형성된 과정이나 적용되는 메커니즘을 연구대상으로 하게 된다.
④ 이 이론은 일탈행위를 행위의 차원에서 분석하지 않고 사회와 일탈자의 상호작용의 차원에서 분석한다.
⑤ 일탈행위의 분석방법으로서 공식통계에 나타나는 허점(암수문제 등)을 지적하고 자기보고나 참여적 관찰을 병용할 필요성이 있음을 강조한다.

끝으로, 라벨링 이론이 형사정책분야에 기여한 공헌과 비판에 대해서 알아보면 다음과 같다.

먼저 공헌한 점으로 전통적 범죄학의 비판을 통해서 제기한 문제점은 중요하다.

즉 라벨링 이론은 ① 전통적 범죄 원인론적 분석이 범죄행동의 정의에 관해서 형법과 형벌제도의 역할을 묵과하고 있다는 점을 문제로 하고, 또 ② 전통적 범죄학이 범죄자와 비범죄자의 구별을 너무나도 중시한 점을 문제로 한다. 즉 ③ 일탈이 생물학적, 사회학적, 심리학적 제 변수에 의해 결정되는 것이 아니고 작용과 반작용, 반응과 역반응이라는 상호작용적, 동태적인 절차로서 파악되어야 한다는 것이다.

다음으로 비판에 대해서 알아보면 라벨링 이론은 ① 낙인이론이 일차적 일탈의 원인, 즉 이차적 일탈을 유발하는 일차적 일탈의 근본원인을 설명하지 않았다는 점이다. ② 낙인이론은 일탈자로 낙인되는 사람(the labeled)과 낙인을 부과하는 사람의 역할을 지나치게 단수화 하고 있다는 점이다. ③ 낙인이론이 주장하는 일탈적 정체성과 경력의 불가피성은 자유의사와 선택 및 잠재력을 무시했다는 점이다. ④ 낙인이론은 특히 중요한 범죄에 관한 형사정책적 대안을 제시하지 못했다는 점이다. ⑤ 낙인이 당사자 자신의 태도에 큰 영향을 미치는 것은 사실이나 이러한 태도 변화가 반드시 행동변화를 유발시키는 것은 아니며 오히려 상황적 요소에 더 많은 영향을 받을 수도 있는데 낙인이론에서는 이 점이 간과되었다는 점이다.

2. 민속방법론적 이론(ethnomethodology of deviance)

민속방법론은 철학적인 면에서 현상학의 영향을 많이 받았으며, 현상학의 두 가지 주제, 즉 '현상의 본질'과 '현상이 형성되는 방법의 제시'에 초점을 맞추고 있다. '현상'이란 지각, 인지 그리고 의식을 말한다. 따라서 현상학은 객관적 세계를 무시하고 세상에 대한 사람들의 주관적인 인식과 해석을 그리고 사람들이 그들의 세계를 이루고 구성하는 과정을 설명하는데 관심을 둔다. 인간의 행위를 이해하기 위해서 현상학자들은 사람들이 실재를 어떻게 구성하는지 알아야만 한다고 주장한다. 행위이론은 사람들이 어떻게 실재를 구성하는지 포착해야만 하고, 또는 적어도 이 이론들은 그러한 실재구성과 일치해야만 한다.

현상학의 관심분야는 사회학의 전통적이고 관심분야와는 매우 다르다. 민속방법론자들은 현상학적 관점과 전통적인 사회학적 관점을 서로 연계시키려고 노력한다. 몇몇 학자들은 관점을 사회학의 전통적인 문제를 현상학적 관점에서 분석하려고 하는 반면, 다른 학자들은 사회적 상황을 강조함으로써 현상학의 발전을 도모한다.

상징적 상호작용론자들은 주관적 의미와 이 주관적 의미가 연합행위를 출현시키는데, 역할취득, 감정이입 및 협상과 같은 사회심리적 그리고 사회적 과정들이 매우 중요함을 강조하는데, 민속방법론자들은 현상학적인 방법을 원용하여 이러한 상징적 상호작용론의 과제를 연구한다.

민속방법론자들은 공식적 조직을 상황적 상호작용의 표출로 보고 있는데, 이는 사람들의 주관적 실재구성과 그들의 실재구성방법(전형화와 상식이론)의 차원에서 이해될 수 있다. 그리고 조직의 활동구조는 조직통계(organizational Statistics)에 반영되므로, 민속방법론자들은 조직통계도 또한 사람들의 실재구성과 실재를 구성하는 그들의 방법을 분석함으로써 이해될 수 있다고 주장한다. 예를 들어, 시코렐(cicourel)은 학생들의 성적은 학생자신에 의한 결과라기보다 교사와 사무직원들이 갖고 있는 전형(typification)과 교육에 관한 상식이론의 결과라고 주장한다.

이상과 같은 학자들의 주장을 요약하면, 민속방법론자들은 현상학의 원리를 사용하여 사람들이 실재를 구성할 때 사용하는 방법을 연구하며 이 방법에 대한 지식이 상황적 연합행위, 조직의 구조, 과정 및 산물 그리고 사회질서와 같은 사회학의 전통적 주제를 연구하는데 얼마나 유용한지를 보여주고자 노력한다.

민속방법론의 관점에서 볼 때 일탈은 사람, 조직 그리고 사회에 의한 사회적 구성물이다. 그들은 어떠한 사회적 상황 하에서 어떠한 행위가 일탈로 규정되는가라는 구성, 그리고 특수한 사회적 상황에서 누가 일탈자로 규정되는가 하는 특정한 구성의 구체적인 적용, 그리고 사람들과 조직이 일탈의 규정을 적용하고 구성하는데 있어서 이용하는 방법에 관심을 갖는다.

일탈(逸脫)에 대한 인상은 어떤 대상을 묘사하기 위한 일반적인 사회적 범주들은 복잡하게 뒤얽혀있는 환경을 사람들이 인지적으로 처리할 능력이 없기 때문에 생겨난 당연한 결과라고 하겠다. 즉 일반적인 사회적 범주들은 환경을 단순화시킴으로서 환경을 비유동적인 상태로 만들어 이를 이해할 수 있도록 한다는 것이다. 전통적으로 사회학자들은 일반적 사회범주들과 인상들(특히 민족과 인종에 대한 인상들)이 세상을 정확하게 또 편차 없이 반영하고 있는 정도에 관심을 두어왔다.

실제에 대한 판단을 보류하거나 또는 무시함으로써 민속방법론자들은 이런 유형의 질문을 무시하고 정보를 인지하고 처리하는 과정, 즉 실재를 구성하는 과정에 대한 이러한 인상들의 역할에 초점을 맞추고 있다. 따라서 민속방법론자들은 전통적인 용어인 '고정관념'을 사용하여 일반적 범주들과 인상들을 언급하고 있다.

한 사회에서 일어나고 있는 일탈에 대한 일반적 인상들은 사람들의 세상을 묘사하고 질서를 부여하기 위해 사용하는 일반적인 인지범주들, 즉 전형의 특별한 경우라고 할 수 있다. 일탈에 대한 이러한 인상들은 따로 존재하는 것이 아니고, 일탈에 대한 일반적인 상식이론으로써 구체적으로 나타낼 수 있고, 또한 그 이론의 한도 내에서 의미가 있는 것이다.

민속방법론자들이 일탈에 대한 일반적이고 집합적인 규정과 이러한 일탈규정의 역사적 출현에 관심을 갖는 한편, 민속방법론적 관점의 주된 노력은 이와 같은 일반적 규정들이 구체적 상황들에 적용되는 방법, 즉 상황적 구성에 집중되어 있다. 그러나 상황적 구성에 관한 일반적 이론을 확인하기가 어렵다.

Sacks는 사람들이 사회적 실재(social reality)를 구성하기 위해 정보를 조직하는데 사용하는 두 가지 인지규칙(cognitive rules), 즉 일관성의 규칙(the rule of consistency)에 대하여 논하였는데, 그 중 하나는 사람들이 일단 사건들이나 사람들을 범주화하면 사람들은 그들에 대한 과거의 정보와 미래의 지각을 이들 범주와 일치되도록 조직하는 것을 말하고, 다른 하나는 일단 어떤 범주를 정했으면 그 범주만을 사용하여 해석하는 경향을 말한다.

이러한 인지과정의 특별한 경우로서 민속방법론자들은 특히 소급적 해석에 관심을 가져왔다. 예를 들면, 어떤 사람을 동성연애자로 분류한 후에는 사람들은 일관된 방식으로 그 사람의 과거행동을 재해석하려는 경향이 있다. 즉 보통 때에는 의미 없이 무시되어버리는 행동들(이성의 무릎을 톡톡치는 것과 같은 것 등)이 새로운 의미가 부여된다는 것이다.

다음으로 조직들(경찰, 병원들)이 일탈을 규정하는데 도구적 역할을 담당하고 있다고 보기 때문에 민속방법론자들은 일탈에 대한 조직적 구성과 그 구성과정을 연구했다.

호킨스와 티드멘(Richard Hawkins & Gary Tiedeman)은 사회적 통제조직에 의한 일탈규정은 조직의 효율성, 영속성, 책임성에 대한 조직적 필요에 의해서 형성된다고 주장한다. 효율성은 복잡한 세상을 조직하고 묘사하기 위해 확립된 단순한 범주체계를 필요로 한다. 사회통제 조직의 업무가 증가됨에 따라 효율성에 대한 요구는 더 높아지고 그럼으로써 더욱 일탈에 대한 일반적이고 추상적인 전형을 낳게 하였다. 그래서 만일 개별적인 사례들이 구체적이고 미묘한 특성은 무시되어진다. 책임성(accountability) 때문에 조직은 정신과 의사의 범주체계와 같은 특이하고 난해한 범주체계를 만들고, 이러한 범주체계에 의해 조직들은 사회문제를 해결하는데 독특한 기여를 하였음을 표명하고 있다.

결국, 민속방법론자들은 사회 통제조직이 내놓은 통계(범죄율과 같은)는 실재의 비율을 나타내주는 지표가 아니다. 조직의 특성과 일상적 과정을 나타내주는 것으로 개념화하여 연구하고 있다.

민속방법론자들은 사람들의 구성을 왜곡시키지 않는데 관심을 두고 있기 때문에 그들은 구조화된 자료수집방법(질문지, 면접, 공식기록 등)을 회피한다. 왜냐하면 이러한 구조화된 방법은 일반사람들의 구성을 사회학자들의 구성으로 표현하기 때문이다. 구조화된 자료수집방법 대신에 그들은 직접관찰, 특히 참여관찰을 강조하고 있다. 참여관찰은 연구자들로 하여금 연구대상자들의 것과 어느 정도 같은 실재를 경험하도록 해줌으로써 연구자들의 구성들이 연구대상자들의 구성들과 그렇게 다르지 않다는 것을 보장시켜 준다.

이와 같은 이유로 참여관찰이 유용하기는 하나 또한 한계점도 갖고 있다. 참여관찰을 통해서는 이러한 지위에 있는 사람들의 구성을 연구하기 어렵다. 어떻게 참여관찰자들이 판사와 검사들에 의한 구성을 연구할 것인가? 비참여관찰도 참여관찰의 경우와 유사한 제한점을 갖고 있는데, 그 이유는 대부분의 관찰자들이 사회통제요원들의 행동을 종종 잘 볼 수 없기 때문이다. 사회통제요원들은 공공의 눈을 피하기 위해 때로는 매우 노력을 하며 이들은 연구자들 앞에서는 그들의 행동을 바꿀 수도 있다. 현장관찰 특히 참여관찰이 갖는 주요문제점은 관찰자의 신뢰성이다. 관찰을 구조화하는 방법이 없으면 여러 관찰자들은 실재를 서로 다르게 구성한다. 어떻게 우리들이 이와 같은 서로 다른 구성들의 타당성에 비중을 두거나 또는 이를 평가할 수 있겠는가? 민속방법론자들은 이 문제에 대하여 매우 무관심하다. 사실 몇몇 민속방법론자들은 사회학자들이 일반사람들과 다르지 않다고 주장함으로써 이 문제를 무시한다. 그러나 일반사람들도 서로 다른 이해를 하게 되고 서로 다른 실재를 구성하게 된다. 만약 우리가 이 논리를 받아들인다면 사회학의 임무 혹은 사명은 무엇이 될 것인가?

이와 같은 연구방법 때문에 민속방법론적 연구의 축적이 거의 이루어지지 않고 있다. 민속방법론적 연구는 이론들을 검증하는 것이 아니라 이론을 실례를 들어 설명하려는 것이다.

제7절 사회적 실체를 중심으로 하는 이론(Theory of Criminology)

1970년대의 대표적 범죄학이론 중에 하나가 new criminology이다. 이 이론은 테일러 · 왈톤 · 영(I. Taylor, P. Walton, and J. Yong) 등 3사람의 영국의 범죄학자에 의하여 주장된 것으로 말하자면 신범죄학이론과 미국의 사이크스로 하여금 명명된 크리티컬 크리미놀로지(Critical Criminology)이론에 플래트(T. Platt)를 그 대표자로 하는 래디칼 크리미놀로지(Radical Criminology)가 있다(김용준, 125).

New Criminolory의 이론은 실증주의, 뒤르깽이론, 초기의 범죄사회학, 라벨링이론, 자연주의와 현상학, 마르크스, 엥겔스(Friendrich Engels), 봉거의 견해, 신투쟁학파의 이론 등의 비판을 통하여 더 완전한 범죄사회학이론을 수립하는 것을 시험해 본 것이다.

여기에서 말하는 완전한 범죄의 사회학이론이란? ① 일탈행동의 더 넓은 기원과, ② 일탈행동의 직접적 기원에 대해서 충분히 고려하고, ③ 실제 활동을 사회동태성의 견지에서 음미하며, ④ 사회적 반작용의 직접적 기원과, ⑤ 일탈적 반작용의 더 넓은 기원에 대하여도 검토하고, ⑥ 일탈자의 장래 행위에 대한 사회적 반작용의 결과를 고려하고, ⑦ 전제로서의 일탈과정의 본질을 적절히 설명할 수 있는 이론에 있다고 하는 것이다. 그리고 거기에 있어서는 '범죄의 정치경제성'과 '범죄의 사회심리성'이 중시되는 것이다.

범죄학상 Radical Criminolory라고 할 경우에 사이크스가 말한 Critical Criminology와 new Criminology의 주장자라는 테일러, 월톤, 영에 의해 편집된 저서 「비판적 범죄학」을 가리킬 때도 있지만, 후자의 경우는 영국의 new criminology의 논자(論者)와 미국의 Radical, Criminolory의 논자와의 합작이기 때문에 보통 critical, criminolory라고 하는 경우가 사이크스의 주장을 가리킬 때가 많다.

여기에서 사이크스의 주장 내용은 사이크스는 역사적인 시점으로부터 범죄학의 동향에 관해 분석을 시험하고, 비판범죄학(Critical Criminolory)의 이론의 특질을 이하의 네 가지로 나뉘어 논술하고 있다. 즉 ① 비판범죄학의 이론은 개인에 초점을 맞춘 범죄원인론에 대해 깊은 회의심(懷疑心)을 나타내는 점, ② 비판범죄학의 이론이 범죄를 취급하는 여러 기관의 활동의 배후에 있는 참 동기를 파고드는 일에 연구의 시점을 이행시켰다고 하는 점, ③ 형법의 정당성 자체를 의문시 한 점, ④ 범죄통계에 관해서 공식통계의 신빙성을 문제로 삼고, 암수 존재의 인식에 대한 중요성을 지적한 점 등이다. 신 범죄학 이론의 세 번째 것은 급진범죄학의 이론이다.

래디칼 크리미놀로지는 캘리포니아 대학 바크레이 교수에 의해 탄생된 이론으로 그 대표자인 플래트의 이론적 사상은 현재 미국에서 큰 비중을 차지하고 있지만, 낙인이론의 관점에 선 범죄학이라 하며 이를 다음과 같이 비판하였다. 첫 번째 비판은 일반에 리버럴한(자유로운) 범죄학자는 정치적으로 조직되어진 권위 있는 여러 기관에 의해 정해진 범죄의 정의를 무조건적으로 받아들이는 경향이 있다는 점, 두 번째 비판은 리버럴한 범죄학의 중심이 되는 이념이 리포미즘(reformism)에 있다는 점이다. 플라트는 다시 세 번째 비판으로서, 리버럴한 범죄학이 거시적인 이론구성과 역사적 분석을 중시하지 않은 점과 행위주의, 프로그마티즘(pragmatism), 사회공학을 강조하고 있는 점, 혹은 시니시즘(cynicism)과 정열의 결여라 하는 점을 들고, 리버럴한 범죄학자는 무턱대고 어려운 말을 사용하고, Pragmatic(실용적인) 해결방법과 개선주의를 강조하는 것만으로 일의 본질을 끝까지 지켜보기 위한 역사적 고찰과 경제적 조건의 분석을 태만히 하고 있는 점을 지적하고 있다.

이상과 같이 뉴 크리미놀러지의 이론은 종래의 이론의 비판 위에 전개된 것으로 현재에 있어서는 이 이론을 무시하고는 범죄학을 논하지 못할 정도로 세계 각국의 범죄학에 큰 영향을 주고 있다고 말해도 과언이 아니다.

제3편

범죄현상론

제1장 서 설

21세기를 맞이한 우리 인류는 정치, 경제, 사회, 문화적으로 급격한 변화를 가져옴에 따라 범죄현상 역시 질적으로나 양적으로 큰 변화를 가져온 것이 사실이다. 따라서 이러한 최근의 변화된 범죄양상을 제대로 파악하고 진단하는 것은 범죄를 예방하고 방지대책을 수립하는데 중요한 열쇠가 된다고 본다. 특히, 범죄행위의 추세를 정확하게 파악하지 않고서는 실무에 종사하는 형사사법기관에서 범죄에 효과적으로 대처하지 못할 뿐더러, 형사정책학을 연구하는 학자에게 효과적인 범죄방지대책을 내놓을 수 없게 할 뿐더러 이를 공부하는 학생들에게도 비효율적인 학습을 할 수밖에 없을 것이다.

따라서 오늘날과 같이 복잡다기하고 국제화시대를 맞은 오늘날 나라마다, 또 한 국가 내에서도 특정지역이나 특정시간에 어떠한 범죄가 어떠한 양상으로 어느 정도 일어나는가를 제대로 파악하는 것은 아주 중요한 일 중에 하나라고 볼 수 있다.

따라서 이 장에서는 사회적 환경변화에 따라 범죄의 양상과 특징이 어떻게 달라졌는가에 대하여 알아보고, 이러한 범죄의 양상이나 특징을 알아보기 위하여 활용되는 범죄통계자료에는 어떤 것들이 있는가를 알아보고자 한다.

제2장 공식범죄 통계자료 활용

어떤 범죄가 일정기간동안 얼마나 일어나는가에 대한 것을 알아보기 위해서는 보통 형사사법기관에서 발행하는 통계자료를 활용하는데, 우리나라에서 주로 활용하는 공식 통계자료에는 대검찰청에서 발행하는 범죄분석, 경찰청에서 발행하는 경찰백서, 법무연수원에서 발행하는 범죄백서, 대검찰청에서 발행하는 검찰연감, 법원행정처에서 발행하는 사법연감, 문화체육관광부에서 발행하는 아동·청소년 백서 등이 있다.

제1절 대검찰청의 범죄분석

대검찰청에서 발행하는 범죄분석 자료는 우리나라에서 범죄에 관한 최초의 종합적인 공식통계로서, 범죄의 발생, 검거, 그리고 피의자에 관한 사항 등 각종자료를 항목별로 모은 것으로 그 내용면이나 규모면에서 가장 상세하고 포괄적인 범죄통계 자료라 할 수 있다. 1963년 2월 1일 당시 중앙정보부에서 월간으로 7호까지 발간되었다가 1963년 12월 31일부터 대검찰청에 이관되어 3개월에 한 번씩 분기별로 발간되다가 1995년부터는 1년에 한 번씩 매년 발간되고 있다.

제2절 경찰백서

경찰백서란 경찰이 지난 1년간 각종 치안시책과 활약상에 대하여 각종 통계자료를 수집하고 이를 종합적으로 분석 · 평가하여 1994년부터 경찰백서를 발간해 오고 있는데, 1994년에 창간호가 발간된 이래 지금까지 매년 발간하고 있다.

제3절 법무연수원의 범죄백서

효과적인 형사정책수립의 기초자료를 제공하고 범죄방지에 기여하고자 1984년부터 해마다 범죄의 발생, 범죄사건의 처리 및 범죄자에 대한 처우에 이르는 형사사법절차 전반에 관하여 각종 통계자료를 수집하고 이를 종합적으로 분석 평가한 것으로 일본의 범죄백서를 많이 참고하였다.

제4절 법원행정처의 사법연감

법원 행정처에서 매년 발행하는 사법연감은 1954년 최초로 발행하였다가 중단된 후 6년이 지나 1960년도에 다시 발행된 후 1976년부터는 매년 발행되고 있다. 주요 내용은 사법부의 조직과 운영, 인적 구성과 물적 현황 및 각종사건의 통계자료의 수록은 물론 민사 · 형사 · 행정사건 등의 재판통계자료와 각급법원의 사건처리 통계에 관한 것이다.

제5절 아동 · 청소년백서

아동 · 청소년백서는 1965년 청소년백서라는 이름으로 발행한 이래 45년 동안 우리나라 아동 및 청소년 정책의 성과와 현황을 제시해왔다. 이번 백서는 문화체육관광부와 각 부처의 아동 · 청소년관련 주요정책 현황 및 성과 그리고 전망은 물론 아동 · 청소년과 관련된 각종 통계자료와 정보를 모두 수록하였다.

제3장 범죄 현황분석

범죄 현황을 분석하는 데에는 주로 범죄율(crime rate), 범죄 해결률(clearance rate), 검거율(arrest rate) 등이 활용된다.

범죄율이란, 가장 널리 사용되는 통계수치로 특정기간 동안에 형사사법기관들이 인지된 전체 범죄건수를 그 기간의 인구로 나눈 수치를 말한다. 범죄율이란 인구 100,000명당 범죄건수로 흔히 표시하여 특정기간별 범죄의 발생 정도를 나타내는 것을 말한다.

범죄 해결률이란, 형사사법기관에 인지된 범죄사실 중에서 범인으로 판명된 정도에 관한 통계수치로 흔히 전체 범죄건수에서 이러한 경우가 차지하는 퍼센트로 표시하는 것을 말한다.

검거율은 범인이 실제 검거된 정도에 관한 통계수치로 범죄해결율과 마찬가지로 전체 범죄건수에서 범인이 검거된 범죄수가 차지하는 퍼센트로 표시하는 것을 말한다. 따라서 범죄율이 범죄발생의 심각성 정도에 관한 것이라면 범죄 해결률이나 검거율은 범죄문제에 대한 형사사법기관의 대처능력에 관한 통계수치임을 알 수 있다(박상기 외, 194~5).

제4장 범죄통계와 암수문제

제1절 의 의

범죄현상에 관한 공식통계는 범죄 실태를 파악하는데 있어서 가장 광범위하게 이용되고 있다. 그러나 이러한 공식 통계자료에는 신뢰성에 한계가 있다는 것은 여러 학자들이 주장하였다. 일찍이 서덜랜드(Sutherland)는 "범죄비행의 통계는 모든 사회통계 중 가장 신빙성이 없고 난해한 것이다."라고 하였다. 이러한 범죄통계표의 한계성으로는 첫째, 범죄통계표는 암수범죄를 무시하고 통계표를 작성하는 기관에 신고되거나 인지된 사건만을 집계함으로써 실제 일어난 범죄통계와는 차이가 많다는 것이다. 실지로 한국형사정책연구원에서 발표한 자료에 의하면, 2008년도의 경우 침입절도죄는 실제사건의 8.6%, 침입강도범죄는 9.7%, 대인절도범죄는 1.3%, 대인강도범죄는 2.4%, 성폭력범죄(공식통식통계상의 강간)는 12.5%(전형적인 강간사건은 10.6%, 강제추행은 12.6%), 심각한 상해범죄는 28.0%만이 공식범죄통계에 기록되었을 것으로 추정하는 것으로 되어 있다.[1] 이를 봐도 얼마나 공식통계와 실지로 범죄가 일어난 통계와는 차이가 큰 것인가를 단적으로 말해주는 것이다.

범죄현상의 정확한 파악을 위해서는 신고되거나 보고되지 않은 범죄사건들(unreported crimes)에 관한 분석을 병행하지 않으면 안 된다. 따라서 암수범죄를 얼마나 제대로 파

1) 황지태, "범죄피해율과 공식범죄발생률간의 비교분석" 제1회전 국범죄피해조사(KCVS) 학술대회자료집(2010. 8. 26) : 86~87면), 한국형사정책연구원

악하는가 하는 것은 보다 정확한 범죄통계 작성을 위한 관건이 된다고 보겠다.

제2절 암수범죄가 되는 원인

실제 범죄발생 사건이 암수범죄로 남는 원인을 살펴보면 다음과 같은 것을 지적할 수 있다. 첫째, 범죄수법의 완전성으로 인하여 피해자에게 조차 알려지지 않는 것을 들 수 있다. 둘째, 피해자가 피해사실을 알고도 신고를 하지 않는 것인데, 이것은 피해자의 여러 가지 개인적 사유에 기인하는 것으로, 예컨대 신고를 하는 것이 오히려 피해자의 피해를 입히는 결과를 초래한다든지, 형사사법당국이 통계행정체제의 불비 또는 미비로 통계를 제대로 내지 못하거나 잘못 통계를 내는 경우를 말한다. 셋째, 범죄통계표는 대개 법률에서 규정하는 죄종별로 그 건수를 집계하고, 그 각 사건의 규모나 크기는 무시하는 경향이 있는데, 이러한 비중의 차이를 무시한 단순한 사건의 집계는 현실의 범죄문제의 규모를 정확하게 파악할 수 없게 하는 것이다. 가령 1만 원짜리 횡령사건도 1건이고 1억 원짜리 횡령사건도 1건으로 취급하는 경우와 같은 것이다. 넷째, 법률의 개폐가 있는 경우 그로 인해 범죄사건의 전체 수치에 상당한 변화가 있을 수 있다. 특히 오늘날과 같이 입법의 증대와 개폐가 심한 때에는 문제가 될 수 있다. 보다 정확한 범죄통계를 위해서는 암수문제를 밝혀내는가가 관건이라고 볼 수 있다.

제3절 암수조사방법

암수측정의 기술과 방법으로 가장 많이 사용되는 방법이 설문조사(umfrage forschung)라고 할 수 있다. 이것은 사회과학의 연구방법으로 급속히 발전하였으며 1946년에 처음 형사정책학에 도입되었다. 조사대상을 기준으로 하여 크게 3가지로 나눌 수 있는데, 자기보고 피해자 조사, 정보제공자 조사가 있다.

1. 자기보고(self-report)

자기보고란 일정한 집단을 대상으로 개개인의 범죄 또는 비행을 스스로 보고하게 함으로써 암수를 측정하는 방법으로서, 예컨대 100여명의 성인 남녀나 청소년에게 각자 자신의 비행경력을 말하도록 하여 그 비율을 산정함으로써 공식적으로 집계된 청소년의 비행률과 비교하여 암수의 비율을 알아보는 방법이 여기에 속한다. 자기보고 자료는 조사대상자들에게 익명성을 보장한 상태에서 자신들이 저지른 범죄 사실들을 자발적으로 기술하도록 하여 수집되는 범죄 자료이다. 자기보고는 공식통계에서 얻을 수 없는 범죄자의 성격, 태도, 행동습관에 관한 범죄 실태뿐만 아니라 범죄 발생과정에 대한 정보도 수집할 수 있다는 장점이 있다. 자기보고 자료를 수집하는 데는 여러 가지 방법이 활용되는데, 이중에서 수집된 자료의 신빙성이 가장 높은 방법은 표본조사(sample survey)이다. 표본조사는 연령별, 성별분포, 생활수준별, 도시인구와 농촌인구 등의 면에서 전체인구의 특성과 유사한 표본집단을 설정하고 표본에 속한 사람들에게 자신이 저지른 범죄들을 질문하고 그 응답을 취합하여 자료를 수집하는 방법이다. 표본집단이 전체인구의 특성을 대변함으로써 표본조사의 결과는 전체인구에서 발생하는 범죄 실태에 대하여 정확한 정보를 제공할 수 있다. 표본조사의 대표적인 예로는 미국의 미시건대학교의 사회조사연구소(Institute for social)가 수집하는 소년비행자료를 들 수 있다(박상기 외, 197~8).

2. 피해자 조사

피해자 조사는 피해자화 과정(victimization process)의 연구라고도 한다. 범죄피해 자료는 일반인을 연구대상으로 이들의 응답을 통하여 범죄발생 실태를 파악하려는 점에서 자기보고 자료와 자료수집방법이 유사하다. 그러나 자기보고 자료는 연구대상자가 저지른 범죄를 직접 질문하였지만, 범죄피해자 자료는 연구대상자들이 경험한 범죄사건들을 기술하도록 하여 범죄발생 실태를 규명하려는 점에 근본적인 차이가 있다. 실제 범죄의 피해자로 범죄의 피해경험을 보고하게 하는 것으로, 미국에서 1987년에 대통령자문위원회의 주관으로 전국적으로 실시된 바 있다.

3. 정보제공자 조사

정보제공자 조사란 형사사법기관인 법집행기관에 알려지지 않은 범죄나 비행을 인지하고 있는 자로 하여금 이를 보고하게 하는 것으로서, 피해자 조사에 의해 밝혀지지 않는 범죄를 밝히기 위한 보조적 방법으로 사용되고 있다.

제4절 범죄통계자료를 통한 최근 범죄동향

공식통계는 국가에 의해 접수되고 처리된 범죄에 대한 통계이다. 여기서 집계되는 범죄는 반드시 실제 일어난 범죄를 말하는 것이 아니다. 엄밀하게 보자면 경찰이나 검찰의 자료는 모든 범죄사건 또는 범죄자에 대한 것이 아니다. 범죄는 발생 · 인지 · 접수라는 처리의 일련의 과정을 거치면서 국가기관에 의해서 통계로 집계된다. 이런 범죄통계는 일반시민의 범죄에 대한 인식을 비롯하여 경찰, 검찰, 법원의 사건처리절차와 업무관행에 의한 영향을 받으며 집계된다. 이런 일련의 과정에서 특정한 사건은 범죄로 규정되어 처리되는 반면, 일부의 사건들은 범죄로 인식되지 않거나 접수되지 않고 누락되기도 한다. 이와 더불어 공식통계와 관련해서 범죄의 발생에서 보고 및 인지 이전까지의 과정, 범죄의 보고 및 인지 이후의 자료작성 과정, 통계처리 과정 등에서 문제가 발생할 수 있다(김준호 · 이동호, 1991).

통계가 범죄현상을 믿을만하게 나타나는가에 있어 가장 먼저 문제가 되는 것은 범죄와 직접 관련을 가진 일반시민의 범죄에 대한 태도라고 할 수 있다. 특정한 사건에 대해서 일반인이 범죄라고 생각하고 이를 경찰이나 검찰에 신고 · 접수할 때 비로소 사건이 공식통계에 집계 될 수 있다. 특정한 사건에 대해서 일반인이 범죄라고 생각하고 이를 경찰이나 검찰에 신고, 접수할 때 비로소 사건이 공식통계에 집계 될 수 있다. 반대로, 범죄피해를 당한 일반인인 자신이 당한 피해가 범죄가 아니라고 생각하고 넘어갈 경우에는 경찰에서 이를 인지하지 못하거나 삼자가 신고하지 않을 경우에는 공식통계에서 누락될 가능성이 커진다. 아울러 경찰이나 검찰에 대한 신뢰가 낮은 경우에도 범죄통계의 누락 가능성은 커진다. 일반 시민들이 경찰이나 검찰에 대해 신뢰하지 못하거나 업무능력에 대해서 낮은 평가를 하는 경우, 혹은 이런 기관에서 사생활을 적절히 보호해주지 못하고 오히려 귀찮게 할 것이라고 할 경우에는 범죄 신고를 회피하게 될 가능성이 커진다. 이런 요인도 공식통계의 신뢰성에 많은 영향을 미친다.

따라서 범죄에 대한 통계의 신뢰성을 높이기 위해서는 일반시민의 범죄에 대한 인식과 형사사법기관의 신뢰를 높이는 방안이 우선적으로 검토되어야 한다. 일반시민들이 일어난 사건에 대하여 그것을 범죄라고 인식하고 보고할 가능성은 사건의 단순성, 명확성, 감정개입 등에 따라 차이가 있다(Dykema & schaeffer, 2001). 이러한 측면을 고려하여 범죄 신고율을 재고할 수 있는 방안이 체계적으로 연구되고 추진되어야 한다(조병인, 1998).

범죄로 신고되거나 인지된 사건에 대한 처리와 관련해서 통계의 신뢰도는 형사사법기관의 업무처리 절차와 관행에 의하여 영향을 받으며 업무를 담당하는 사람의 인적요인에 의해서도 차이를 보인다. 무엇보다 공식통계는 형사사법기관의 업무처리의 주된 관심사와 처리절차를 반영한다. 전통적으로 살인, 강도, 강간절도 등은 주된 관심영역에 위치하고 있는데 비하여 화이트칼라 범죄, 정치인 관련범죄는 별도의 관심영역에 위치하고 있는 것으로 보인다. 아울러 실제업무를 처리하는 담당자의 업무량과 업무태도 등에 따라서 자료의 질적인 측면이 영향을 받는다. 따라서 범죄통계의 신뢰성을 높이기 위해서는 이런 측면에 대한 검토와 개선이 필요하다.

범죄통계와 관련하여 죄명의 분류에 대해서 진지하게 검토할 필요가 있다. 우리나라의 범죄통계에서 죄명은 크게 형법과 특별법으로 구분하고 형법은 조문에 따라, 특별법은 법률명에 따라 다시 분류하여 통계치를 제시하고 있다. 여기서 문제되는 부분은 형법의 구성요건을 기본으로 하면서 가중처벌을 규정한 특별법, 예를 들어 「폭력행위 등 처벌에 관한 법률」, 「특정범죄가중처벌 등에 관한 법률」 위반자를 어떻게 집계할 것인가 하는 점이다. 이들 법률위반은 현실적으로 우리나라에서 일어나는 범죄의 상당부분을 차지하고 있다. 그런데 이 부분에 대해 경찰의 범죄분석과 검찰의 범죄분석은 다른 태도를 취하고 있다. 경찰의 범죄분석은 일부를 형법에 포함하여 집계하는 반면, 검찰의 범죄분석은 특별법으로 집계하고 있다. 현실적으로 현재의 죄명 분류방식으로는 우리나라에서 한 해 동안 일어난 강도나 절도가 얼마나 되는지 쉽게 알 수 없는 실정이다. 따라서 통계가 범죄현상을 정확히 나타내주기 위해서는 이러한 집계방식을 개선하는 것이 무엇보다도 시급하다고 하겠다.

이와 함께 일련의 업무처리 과정이라 할 경찰-검찰-법원통계의 연결과 비교가 어려운 점은 앞으로 많은 관심과 개선이 필요한 부분이다. 적어도 경찰에서 입건된 사건이 검찰, 법원을 거치면서 어떻게 처리되었는지를 추정해 볼 수 있도록 기관통계 사이의 연계성이 확보되어야 한다. 현재는 경찰, 검찰, 법원에서 각각 통계를 발간하고 있는데 이들 통계를 연결하여 파악하는 것이 쉽지 않다. 아울러 범죄통계는 일부 항목에 있어서 다른 국가 통계와의 통일성이 떨어지기도 한다. 예를 들어, 연령은 센서스를 비롯한 다른 국가 통계의 연령집단 구분과 차이를 가지고 있다. 이런 점들은 그 자체로 일관성이나 타당한 분류기준이 있다고 하더라도 범죄통계를 보다 넓은 범위의 사회현상들과 연결하여 분석하는 데 장애요인이 된다. 범죄통계의 신뢰성과 활용성을 높이기 위해서는 이런 점도 진지하게 검토할 필요가 있다.

제5절 통계자료의 적절한 활용

국가에 의해 제공되는 통계를 사용하는 사람들은 통계가 일차적으로는 나름대로의 쓰임새를 가지고 작성되었다는 점을 고려하여 신중하게 사용하여야 한다.

범죄분석에 포함된 자료는 무엇보다 경찰, 검찰 등에서 접수되어 처리된 범죄라고 의심이 가는 사건이나 피의자에 대한 것이다. 이미 살펴본 바와 같이 여기에는 다수의 범죄와 범죄자가 누락되어 있을 뿐만 아니라 집계에서 빠져야 할 부분이 포함되어 있다는 것을 주의해야 한다.

공식통계를 활용하는 연구자들은 항상 자료의 성격과 결함에 대해서 신중하게 고려하여야 한다. 이미 살펴본 것처럼 공식통계, 특히 범죄통계는 자료의 수집, 분류 집계 과정에서 여러 가지 누락과 부정확의 가능성을 내포하고 있다. 만약 자료가 충분하지 않거나 연구하고자 하는 현상에 대해서 충분히 신뢰할 만한 정보를 제공하지 못할 경우에는 어떤 자료를 사용할 것인가 하는 점에서부터 자료를 사용하게 될 경우에는 어느 정도의 보완과 수정이 필요한 것인가 하는 점에 이르기까지 신중한 검토와 판단이 필요하다.

대검찰청의 범죄분석을 통해 집계해 본 결과에 의하면, 전체 범죄를 볼 때 입건된 범죄자 가운데 대략 49% 정도가 불기소처분을 받으며 10% 이상이 혐의 없음 처분을 받고 있는 것으로 되어 있다(박순진 · 이상용, 1999). 이러한 사실은 우리가 흔히 범죄 발생이나 범죄자에 대해 이해하는 자료인 범죄분석이 반드시 우리가 보고하고자 하는 현상을 단적으로 보여준다. 공식통계는 특정의 목적을 가지고 이미 선출되어 있는 자료이다. 공식통계는 그것을 읽는 사람에 대한 고려가 전혀 없는 것은 아니지만 일차적으로 그것을 산출하는 사람의 관심을 반영하는 것이라는 점을 잊지 말아야 한다.

이와 관련하여 무엇보다 적절한 자료를 사용하는 것이 필요하다. 사용한 자료에 대해서는 출처를 분명히 밝히고 자료의 특성을 명기하여야 한다. 이것은 간단한 사항이지만 많은 수의 연구자들이 쉽게 간과하고 있는 것이다. 공식통계를 요약하거나 추가로 계산하여 제시 할 경우에는 특히 주의하여야 한다. 산식이나 계산과정을 밝히는 것이 반드시 필요하다. 새로운 수치를 계산하여 제시할 때에는 통계치 내의 논리적 일관성을 신중하게 고려하여야 한다.

아울러 통계치는 경우에 따라서 실제현상을 과대 포장할 수도 있고, 과소 포장할 수도 있다는 점을 명심하여야 한다. 수치를 과대 포장하거나 과소 포장하는 것은 다수의 연구자들이 쉽게 빠지는 통계의 함정이다. 자료는 객관적으로 제시하고 엄밀하게 해석되어야 한다. 이와 관련하여 계산에 사용되는 수치의 절대적인 규모와 기준에 특히 주의하여야 한다. 범죄발생건수를 지수화 하여 비교하거나 범죄발생 추세를 말할 때 규모와 기준은 계산된 수치에 민감하게 영향을 미치는 중요한 요인이다. 단순건수를 율과 비로 계산하여 사용하는 연구자들은 이러한 점을 깊이 생각해야 한다. 과대포장의 문제는 사례의 절대수가 적은 경우에 두드러진다. 사례수가 20~30인 경우 이를 백분율로 표현하는 경우가 종종 있는데, 이 경우 백분율은 자료를 일목요연하게 보여준다는 장점에도 불구하고 각 사례의 변동을 지나치게 확대하여 보여주는 경향을 가진다.

제6절 결 어

통계는 범죄현상을 이해하는데 아주 유용한 도구이다. 우리는 정부에서 공표하는 범죄통계를 통해 우리나라에서 얼마나 많은 범죄가 일어나고 있으며 어떤 범죄가 가장 심각한 범죄인가 알 수 있다. 이처럼 일반에 공개된 통계는 자료의 생산과정이나 생산자와 독립되어 그 자체로써 이해되고 기능하는 사회적인 의미를 가지고 있으며, 경우에 따라서는 막대한 사회적 영향력을 행사한다. 그러나 통계는 유용한 측면을 가지고 있으면서 동시에 잘못된 통계나 통계에 대한 맹신은 사회현상에 대한 그릇된 인식을 갖게 한다는 점에서 통계를 산출하는 사람은 물론이고 이를 사용하는 사람도 지극히 신중하여야 한다.

흔히 범죄통계는 여러 가지 통계 가운데 신뢰성이 가장 떨어지는 통계로 인식되고 있다. 무엇보다 국가에서 집계하는 범죄통계가 실제 범죄를 최대한 포괄할 수 있도록 범죄 신고율을 높일 수 있는 방안이 모색되어야 한다. 범죄와 관련된 공식통계를 산출하는 국가기관과 해당업무의 종사자는 믿을 만하고 객관적인 통계자료를 산출하기 위해서 여러 가지 가능한 조치를 취하여야 한다.

각급기관에 따른 큰 차이를 줄이고 기관별 통계의 연계성을 높이는 방안을 모색하여야 하며 통일된 기준이 적용될 수 있도록 세심한 주의를 기울여야 한다. 아울러 담당자의 정확한 업무처리를 위하여 전문적인 소양을 함양하도록 하는 것이 필요하다.

이와 함께 통계자료를 사용하거나 확산하는 연구자와 언론 등에서는 자료의 오용이나 남용을 경계하여 통계수치가 범죄현상에 대한 왜곡된 이미지를 초래하지 않도록 각별히 유의하여야 한다. 통계의 잘못된 사용은 경우에 따라 잘못된 통계보다 훨씬 더 현상을 왜곡하기도 한다는 점을 주의하여야 한다. 공식통계가 방대한 자료를 한꺼번에 제공하기 때문에 일반인이 접근하거나 이해하기 어렵다는 점을 생각하면 공식통계를 활용하는 연구자나 이를 보도하는 언론 등에서는 기왕의 자료를 가공하여 제시하는데 있어서 보다 세심한 주의를 기울여야 한다. 자신의 의도에 따라 스스로 산출한 통계가 아닌 한 통계를 사용하는 사람은 자료의 특성을 정확히 이해하고 자료에 대해서 합리적인 의심의 태도를 가지는 것이 반드시 필요하다.

제5장 통계상에 나타난 주요 범죄발생 동향

제1절 연도별 범죄발생 동향

1. 전체의 범죄발생추세

지난 30년간 우리나라 전체 범죄의 발생 및 검거현황은 아래 〈표 5-1〉 및 [도표 5-1]과 같다. 발생건수는 1979년 555,793건에서 2008년 2,189,452건으로 지난 30년간 약 3.94배 증가하였고, 인구비 발생건수(인구 10만 명당 발생건수)도 기간 중 1,480건에서 4,419건으로 약 3.9배 증가하였다. 검거율은 1980년 79.9%로 이례적으로 낮은 수치를 기록한 것을 제외하고는 85~90% 내외를 유지하고 있으며 2008년에는 87.4%의 검거율을 기록하고 있다. 검거인원은 1979년 651,998명에서 2008년 2,322,822명으로 지난 30년간 약 3,56배 증가하였다.

〈표 5-1〉 30년간 전체 범죄발생 · 검거현황(1979~2008년)

구분 / 연도	발생건수	인구비	검거건수	검거율(%)	검거인원
1979	555,793	1,480.8	491,567	88.4	651,998
1980	595,277	1,501.4	475,353	79.9	697,629
1981	625,934	1,616.4	549,532	87.8	734,981
1982	658,371	1,674.1	575,029	87.3	794,564
1983	786,553	1,970.8	656,204	83.4	859,907

연도 \ 구분	발생건수	인구비	검거건수	검거율(%)	검거인원
1984	803,792	1,989.3	693,387	86.3	888,105
1985	810,416	1,986.0	693,270	85.5	885,765
1986	809,660	1,964.5	704,874	87.0	801,895
1987	946,390	2,273.8	825,601	87.2	1,054,407
1988	968,965	2,305.3	856,517	88.4	1,114,468
1989	1,073,997	2,530.1	949,308	88.4	1,179,156
1990	1,171,380	2,732.4	1,047,760	89.4	1,326,775
1991	1,230,118	2,841.2	1,130,262	91.9	1,418,168
1992	1,241,102	2,836.9	1,135,146	91.5	1,451,942
1993	1,356,914	3,070.3	1,298,637	95.7	1,656,113
1994	1,373,407	3,076.5	1,246,582	90.8	1,582,428
1995	1,399,085	3,102.7	1,269,375	90.7	1,599,930
1996	1,494,846	3,283.6	1,358,982	90.9	1,681,321
1997	1,588,613	3,457.0	1,452,097	91.4	1,802,720
1998	1,765,887	3,815.1	1,632,678	92.5	2,010,814
1999	1,732,522	3,716.5	1,651,896	95.3	2,081,797
2000	1,867,882	3,973.5	1,664,441	89.1	2,126,258
2001	1,985,980	4,193.6	1,763,346	88.8	2,234,283
2002	1,977,665	4,152.8	1,826,852	92.4	2,267,557
2003	2,004,329	4,188.0	1,766,049	88.6	2,184,975
2004	2,080,901	4,331.6	1,862,234	89.4	1,565,365
2005	1,893,896	3,934.3	1,624,522	85.7	1,897,093
2006	1,829,211	3,733.7	1,569,547	85.8	1,813,816
2007	1,965,997	3,987.7	1,720,000	87.5	2,099,447
2008	2,189,452	4,419.5	1,914,469	87.4	2,322,822

주 : 1. 범죄분석
2. 인구비는 인구 10만 명당 발생건수

[도표 5-1] 30년간 전체 범죄발생 · 검거 건수(1979~2008년)

(단위 : 1,000)

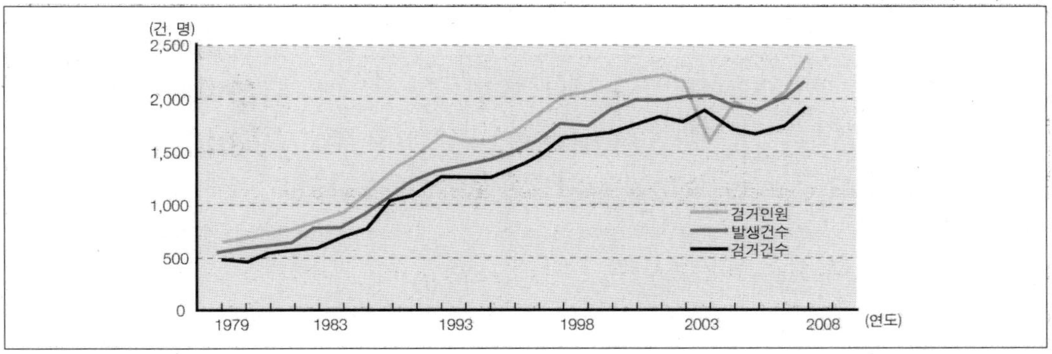

제2절 마약류범죄 현황

1. 개 설

일반적으로 마약류 범죄라 함은 마약, 대마 및 향정신성 의약품과 관련된 법규를 위반한 범죄를 총칭하는 의미로 사용된다. 마약류 사범의 확산 및 마약류 사범의 국제화에 대처하기 위하여, 2001.4.23. 대검찰청에 마약부가 신설되어 전국검찰청의 마약사범 단속을 총괄 지휘하고 있다.

2009년 법무연수원이 발표한 범죄백서에 의하면, 전체 마약류 사범은 1999년 10,589명이었는데 2000년 2001년 감소추세를 보이다가 2002년 10,673명으로 전년대비 5.7% 증가하였으나, 2003년 들어 전년대비 29.3%나 대폭 감소한 7,546명을 기록하였다. 이후 2006년까지 대동소이한 발생 원인을 보이다가 2008년도에는 9,898명으로 전년대비 7.1% 감소하였다.

2008년의 경우 전체 마약류 사범 9,898명 중 향정사범은 7,457명으로 75.3%, 대마사범은 1,045명으로 10.5%, 마약사범은 1,396명으로 14.1%를 점유하고 있다. 아래 〈표 5-2〉 및 [도표 5-2]를 토대로 각 사범별로 범죄추세를 분석하면 다음과 같다.

1) 마약사범

마약사범은 〈표 5-2〉 및 [도표 5-2]에서 보는 바와 같이 1999년 923명, 2000년 954명으로 증가추세를 보였다가 2001년에는 661명으로 전년대비 30.7% 감소하였다. 그 후 다시 2002년에는 790명으로 증가하고, 2003년에는 1,211명으로 전년대비 53.3%로 대폭 증가하였다. 2004년에는 1,203명으로 전년대비 0.7% 감소하였고, 2005년에는 768명으로 전년대비 36.2%로 크게 감소하였다. 그러나 2006년에는 868명, 2007년에는 958명, 2008년도에는 1,396명으로 다시 증가하고 있다.

2) 대마사범

대마사범은 〈표 5-2〉 및 [도표 5-2]에서 보는 바와 같이 1999년에는 2,187명이 발생하고, 2000년에는 2,284명으로 전년대비 4.4% 증가하였으나, 2001년에는 1,482명으로 전년대비 23.4%, 2005년에도 1,032명으로 전년대비 16.2%, 2006년에는 835명으로 전년대비 19.1% 감소하는 등 2003년 이후 계속 감소추세를 보였고, 2008년도에는 1,045명으로 전년대비 10.7% 감소하였다.

3) 향정사범

향정사범은 1999년 7,479명이 발생하였다가 2000년에는 7,066명으로 5.5% 감소하였으나 2001년 7,959명으로 전년에 비해 12.6% 다시 증가하였다. 2002년에는 7,918명으로 전년에 비해 0.5% 감소하였고, 2003년에는 4,727명으로 전년대비 40.4% 대폭 감소하였으나, 2004년에는 5,313명으로 전년대비 12.4%, 2005년에는 5,354명으로 전년대비 0.8%, 2006년에도 6,006명으로 전년대비 12.1%, 2007년에는 8,521명으로 전년대비 41.9% 각 증가하였다. 2008년에는 7,457명으로 전년대비 12.5% 감소하였다.

다른 마약사범과 달리 최근 증가하고 있는 향정사범에 대한 지속적인 단속과 과학적인 수사방법의 개발, 범죄확산 방지교육의 중요성이 계속 요구된다고 할 것이다.

〈표 5-2〉 마약류시범 죄명별 발생 · 검거 현황(1999~2008년)

(단위 : 명)

연도 죄명	1999	2000	2001	2002	2003	2004	2005	2006	2007	2008
계	10,589 (100)	10,304 (97)	10,102 (95)	10,673 (101)	7,546 (71)	7,747 (73)	7,154 (68)	7,709 (73)	10,649 (101)	9,898 (93)
마약	923 (100)	954 (103)	661 (72)	790 (86)	1,211 (131)	1,203 (130)	768 (83)	868 (94)	958 (104)	1,396 (151)
대마	2,187 (100)	2,284 (104)	1,482 (68)	1,965 (90)	1,608 (74)	1,231 (56)	1,032 (47)	835 (38)	1,170 (53)	1,045 (48)
향정	7,479 (100)	7,066 (94)	7,959 (106)	7,918 (106)	4,727 (63)	5,313 (71)	5,354 (72)	6,006 (80)	8,521 (114)	7,457 (100)

주 : 1. 마약류 범죄백서
2. ( ) 안은 지수
3. 2000. 7. 1부터 마약법, 대마관리법, 향정신성 의약품관리법이 마약류 관리에 관한 법률로 통합되었으므로 2000년 이후의 통계는 마약류 관리에 관한 법률위반 사범 중 마약사범, 대마사범, 향정사범으로 분류한 것임

[도표 5-2] 마약류사범 단속실적 추이(1999~2008년)

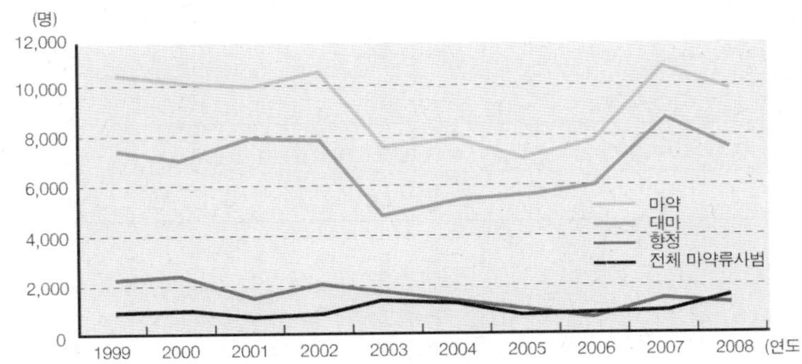

제3절 재산범죄 발생 현황

재산범죄는 형법상 재산적 법익을 침해하는 범죄 중에서 절도, 사기, 횡령, 배임, 장물, 손괴죄를 가르킨다. 다음 〈표 5-3〉 및 [도표 5-3]은 지난 30년간의 전체 재산범죄의 발생 검거현황을 나타낸 것이다. 이를 토대로 분석해보면 재산범죄 발생 건수는 1999년

319,627건에서 2008년 503,302건으로 약 1.57배 증가하였다. 그간의 발생건수를 보면 2001년까지는 30만건대를 유지하다가 2002년 415,572 건으로 올라선 이후 꾸준히 증가세를 보이고 있고 2008년에는 50만건을 넘어섰다.

재산범죄검거건수는 1999년 272,662건에서 2008년 503,302건으로 약 1.57배 증가하였다. 재산범죄의 검거율은 1999년에는 85.3%의 비교적 높은 검거율을 보였으나 최근 5년간은 64.7% 내지 69.2%의 낮은 검거율을 보이고 있다.

〈표 5-3〉 재산범죄 발생 및 검거현황(1999~2008년)

구분 연도	발생건수	검거건수	검거율(%)	검거인원
1999	319,627	272,662	85.3	350,727
2000	368,404	235,117	72.3	307,401
2001	392,473	247,079	63.0	324,201
2002	415,572	323,789	77.9	432,989
2003	470,826	325,928	69.2	428,107
2004	447,163	309,653	69.2	250,043
2005	442,015	285,864	64.7	339,896
2006	455,948	296,368	65.0	341,934
2007	469,654	318,040	67.7	396,292
2008	503,302	340,116	67.6	433,116

주 : 범죄분석

[도표 5-3] 재산범죄 발생 및 검거 추이(1999~2008년)

(단위 : 1,000)

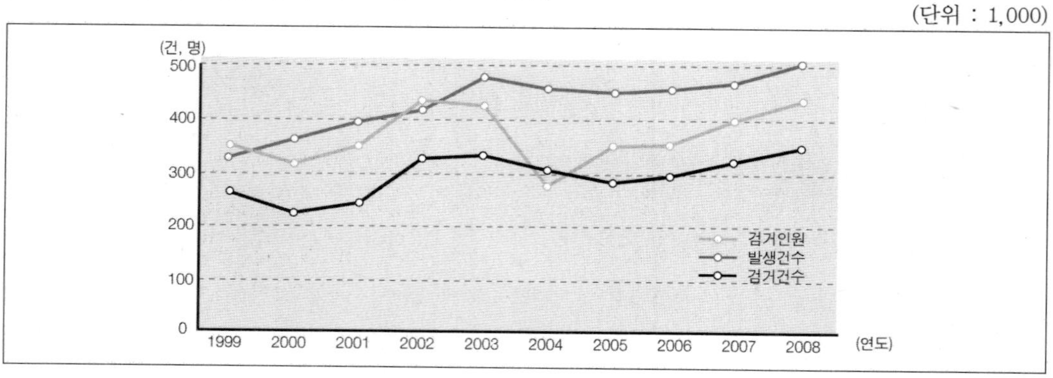

제4절 소년범죄발생 추이

소년범죄라 함은 소년법 제4조 제1항 제1호에서 정한 14세(형사책임 연령 이상 19세 미만)의 소년에 의한 범죄행위와 제2호에서 정한 10세 이상 14세 미만인 소년에 의한 촉법행위(형벌법령에 저촉되는 행위를 하였으나 형사책임 연령에 달하지 않았기 때문에 형사책임을 묻지 않는 행위)를 말한다.

동조 제3호에서 정한 우범(집단적으로 몰려다니며 주위사람들에게 불안감을 조성하는 성벽, 정당한 이유 없는 가출, 술을 마시고 소란을 피우거나 유해환경에 접하는 성벽)은 포함하지 아니한다(2008.6.22.부터 시행되는 개정법 〈법률 제 8722호〉은 소년법의 적용연령을 상한 연령 20세에서 19세로 낮췄고, 촉법소년의 하한 연령을 12세에서 10세로 낮췄다).

아래 〈표 5-4〉는 최근 10년 동안 전체 범죄인원(처분인원기준) 중 점유비율을 분석한 것이다. 전체 소년범은 10만 명을 전후로 증감을 반복하다가 1999년에는 143,155명을 기록하였고, 2000년에는 전년대비 0.3% 증가한 143,647명, 2001년에는 8.8% 감소한 130,983명을 기록하고 있다. 2003년부터 2005년까지 3년간은 계속하여 감소하다가 2006년 들어서 2.6% 소폭으로 증가하였으나, 2007년에는 27.3%나 증가하였고, 2008년에는 53.8%로 대폭 증가한 134,992명이나 되었다. 전체 범죄인 중 소년범의 점유비율은 2000년 6.8%를 기록한 이후 계속 감소하여 2008년에는 전체 소년범이 134,992명으로 전체 범죄인원의 5.5%를 점하고 있다.

〈표 5-4〉 전체 소년범 인원 및 전체 범죄인원 중 점유 비율(1999~2008년)

구분 / 연도	전체소년범	전년대비 증감률(%)	전체 범죄인원 중 점유비율(%)	소년형법범	소년특별법범
1999	143,155	−3.6	6.2	93,261	49,894
2000	143,643	0.3	6.8	94,465	49,178
2001	130,983	−8.8	5.6	82,746	48,237
2002	115,423	−11.9	5.0	75,982	39,441
2003	96,085	−16.8	4.2	67,135	28,950
2004	72,770	−24.3	3.2	51,298	21,472

연도 \ 구분	전체 소년범	전년대비 증감률(%)	전체 범죄인원 중 점유비율(%)	소년형법범	소년특별법범
2005	67,478	−7.3	3.4	50,652	16,826
2006	69,211	2.6	3.7	50,846	18,365
2007	88,104	27.3	4.5	60,426	27,678
2008	134,992	53.2	5.5	79,766	55,226

주 : 1. 범죄분석
2. 폭력행위 등 처벌에 관한 법률 위반은 형법범에 포함

제5절 여성범죄발생 추이

우리나라 전체 범죄 중 약 15% 내외를 차지하는 여성범죄는 지난 10년 동안 전체적으로 볼 때 꾸준히 증가하고 있다. 범죄유형별로는 재산범, 죄명별로는 사기가 가장 많은 비율을 차지하고 있으며, 연령별로는 41세 이상 50세 이하, 교육정도는 고등학교 졸업 또는 중퇴자, 생활환경으로는 하류의 기혼자가 가장 많은 비율을 점하고 있다.

다음 〈표 5-5〉는 지난 10년간의 전체 여성범죄자 수와 여성비를 나타낸 것인데, 이를 토대로 분석해보면 1999년에 363,688명이던 여성범죄자 수는 2008년에는 381,241명으로 증가하는 등 최근 10년간 약간식의 증감추세가 반복되고 있다. 그간의 증감을 보면 1999년 이후 전반적으로 증가하였으나, 2005년부터 감소세로 돌아섰다가 2007년부터는 다시 증가세를 보이고 있다.

1999년에는 전년대비 24,584명 7.2%가 증가하였는 바, 이는 IMF체제의 관리 하의 경제난으로 인한 것으로 보이며, 2000년에는 전년대비 35,562명으로 9.8% 감소하였으나 그 후에는 증가추세를 보여 2003년에도 전년대비 13,881명으로, 4.0% 증가하였고, 2004년에는 전년대비 17,644명으로 17.5%, 2006년에는 7,077명으로 2.3% 각 감소하였고, 2007년에는 전년대비 3,959명으로 1.3%, 2008년에는 75,916명으로 24.9% 각 증가하였다.

여성범죄자가 전체 여성인구 중에서 차지하는 비율을 보면 2008년의 경우 여성인구 1,000,000명당 1,542.4명으로 전년대비 21.8% 증가하였다.

〈표 5-5〉 여성 범죄자 현황(1994~2008년)

구분 연도	전체	여성		
		인원	여성비(%)	인구비
1994	1,437,929	224,118	13.5%	10.2
1995	1,548,770	255,635	14.2%	11.5
1996	1,634,349	288,200	15.0%	12.8
1997	1,708,247	278,007	14.0%	12.2
1998	1,857,461	339,104	15.4%	14.7
1999	1,943,136	363,688	15.8%	15.7
2000	2,241,653	328,126	14.6%	14.0
2001	1,641,225	344,755	14.9%	14.6
2002	1,954,692	342,328	14.9%	14.7
2003	1,727,684	356,219	17.1%	14.9
2004	1,792,583	373,883	16.4%	15.6
2005	1,965,571	308,443	15.7%	12.8
2006	1,932,729	301,366	15.6%	12.5
2007	1,989,862	305,325	15.3%	12.6
2008	2,472,897	381,241	15.4%	15.4

주 : 1. 범죄분석
2. 인구비는 여성인구 100,000명당 범죄지수

제6절 교통범죄 발생추이

최근의 교통범죄 발생추이를 살펴보기 위해서는 그동안 교통여건의 변천과정을 알아보고 교통사고처리특례법위반사범과 도로교통법위반사범에 대하여 살펴보고 이를 토대로 분석해보겠다. 그러면 먼저 다음 〈표 5-6〉을 통하여 1999년부터 2008년까지 우리나라 교통여건의 변천과정을 분석해보면, 2008년부터 우리나라 도로 연장거리는 총 104,236km로서 1999년의 87,534km에 비하여 불과 19% 증가한데 비하여, 자동차 대수는 50% 증가하여 도로증가율이 자동차대수 증가율에 비해 훨씬 뒤지고 있다.

다음은 교통사고처리 특례법 위반사범의 발생 및 검거 현황을 다음 〈표 5-6〉을 통하여 살펴보면, 1999년에는 239,140건이 발생하여 전년대비 13.8% 증가하였고, 그 후 등락을 반복하다가 2008년도에는 187,027건이 발생하여 전년대비 2.8% 감소하였다. 검거율은 1999년부터 2003년까지 99% 이상의 높은 검거율을 보이다가 2004년부터 감소하기 시작하여 2008년도에는 97.3%의 검거율을 보이고 있다.

끝으로, 최근 10년간 도로교통법위반사범의 발생 및 검거현황을 아래 〈표 5-6〉을 통하여 살펴보면 도로교통법위반사범은 10년간 많은 기복을 보여 일정한 추이를 단정 짓기는 어려우나, 2008년의 경우 도로교통법위반사범의 발생건수가 599,357건으로 전년에 비해 9만 건 이상 증가하였다.

〈표 5-6〉 도로교통법위반사범발생 · 검거현황(1999~2008년)

구분 연도	발생건수	증감률(%)	검거건수	검거율(%)	검거인원
1999	388,436	−18.1	386,361	99.5	398,373
2000	408,423	5.1	397,085	97.2	410,668
2001	502,552	23.0	489,680	97.4	502,510
2002	561,444	11.7	551,346	98.2	562,004
2003	554,650	−1.2	539,242	97.2	546,976
2004	621,589	12.1	610,515	98.2	471,963
2005	485,363	−21.9	462,528	95.3	466,626
2006	400,271	−17.5	385,761	96.4	385,063
2007	504,159	26.0	487,964	96.8	493,178
2008	599,357	18.9	582,703	97.2	586,404

주 : 범죄분석

위의 〈표 5-6〉은 지난 9년간의 도로교통법위반사범의 유형별 · 발생 · 검거현황을 나타낸 것으로 이를 토대로 분석해보면 무면허 운전의 경우 2000년도에 4,980건에 불과하였던 발생건수가 2004년도에는 103,103건으로 증가하였다. 그 후 2005년도에 76,550건, 2006년도에 56,375건으로 감소하였다가 2007년도에 89,920건 발생하였고, 2008년도에 156,526건이 발생하여 전년대비 74%가 증가하였다.

음주운전의 경우 2000년도에 40,769건 발생한 후 계속 증가하여 2004년도에는 446,901건이 발생하여 전년대비 133.3%가 증가하였다. 그 후 2005년도에는 330,575건, 2006년도에는 280,809건 발생하여 감소추세로 들어섰다가 2007년도에 351,451건, 2008년도에 387,455건이 발생하여 전년대비 10.2%가 증가하였다.

음주측정거부의 경우도 2004년도까지 계속 증가추세를 보여 2004년도에 5,453건이 발생하여 전년대비 215.7% 증가하였으나, 그 후 다시 감소하여 2005년에는 4,117건, 2006년에는 3,361건 발생하였다가 2007년도에는 3,822건이 발생하여 전년대비 1.6%가 증가하였다.

제7절 지적재산권 범죄발생 추이

최근 큰 폭으로 범죄발생 변동이 심한 범죄 중 하나는 지적재산권 범죄라고 볼 수 있는데, 다음 〈표 5-7〉을 통하여 지난 10년간의 지적재산권 범죄의 발생 및 검거현황을 분석해보면 지적재산권 범죄는 1999년 23,540건이 발생하여 전년대비 120.6%의 증가를 보인 이후 등락을 거듭하다가 2006년도에 49,949건이 발생하여 전년대비 49.8%의 상당한 증가세를 보였다. 그 후 2007년도에는 30,754건이 발생하여 38.4% 감소하였다가 2008년도에는 89,663건이 발생하여 전년대비 191.5% 증가하였다. 검거율은 2006년까지 80% 이상의 검거율을 보였으나, 2008년도에는 65,876명을 검거하여 73.5%의 가장 낮은 검거율을 나타내는 등 저조한 실적을 보이고 있다.

다음 〈표 5-7〉 및 [도표 5-4]는 지난 5년간 지적재산권범죄의 죄명별 발생 현황 및 2008년도 지적재산권범죄의 죄명별 구성비를 나타낸 것이다.

2006년도에 음반·비디오물 및 게임물에 관한 법률 위반이 전체 지적재산권범죄 중 53.9%를 차지하는 등 2006년까지 가장 많은 비중을 차지하다가, 2007년도에는 처음으로 저작권법위반이 전체 재산권범죄 중 66.8%를 차지하였는데, 이는 음반·비디오물 및 게임물에 관한 법률이 2006년 4월 28일 폐지되었기 때문인 것으로 판단된다.

저작권법 위반은 2007년도에 20,558건이 발생하였다가 2008년도에는 385.4%가 증가한 79,239건이 발생하였다. 이는 일부 로펌 등이 인터넷상에서 저작권을 침해한 사람들을 상대로 소위 '기획성 고소·고발'을 많이 한 것에 원인이 있는 것으로 분석된다.

〈표 5-7〉 지적재산권범죄 죄명별 발생 현황(2004~2008년)

죄명 \ 연도	2004	2005	2006	2007	2008
계	41,582	33,348	49,949	30,754	89,663
상표법위반	6,869	3,486	6,562	3,844	5,508
부정경쟁법위반	711	550	577	492	537
저작권법위반	10,275	11,182	13,045	20,558	79,239
컴퓨터프로그램보호법위반	2,624	1,415	1,980	2,402	3,135
음비게법위반	20,195	15,791	26,910	2,422	352
디자인보호법위반	309	237	274	302	362
특허법위반	281	310	314	525	309
실용신안법위반	318	377	287	209	221

주 : 범죄분석

[도표 5-4] 지적재산권 범죄 죄명별 구성비(2008년)

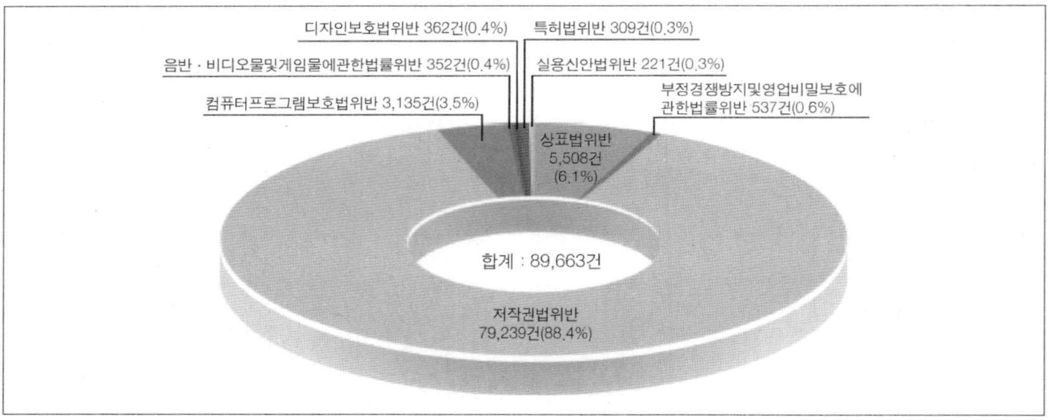

제8절 사이버 범죄의 발생추이

사이버 범죄는 최근 들어 급속한 정보화의 진행에 따라 나타난 것이라는 점에서 그 용어 및 범죄의 정의와 관련하여 여러 다양한 의견들이 제기되고 있지만, 본서에서는 컴퓨터를 이용하거나 컴퓨터를 대상으로 하는 범죄들을 통칭하는 것이라고 보겠다.

아래 〈표 5-8〉은 최근 5년간 사이버 범죄의 발생추이와 유형별 발생추이를 나타낸 것인데, 사이버 범죄는 형법범, 특별법범 모두 발생건수 및 인원이 증가하는 추세에 있으며, 2008년의 경우 발생건수 25,648건 중 정보통신망이용촉진 및 정보보호 등에 관한 법률 위반(음란물유포 등)이 6,054건으로 23.6%를 점유하여 가장 비율이 높았고, 전자문서관련죄가 4,389건으로 17.1%, 정보통신망이용촉진 및 정보보호 등에 관한 법률위반(명예훼손)이 2,145건으로 8.3%를 각각 차지하였다.

〈표 5-8〉 사이버 범죄 발생현황(2004~2008년)

죄명 \ 연도			2004	2005	2006	2007	2008
합계		건수	11,523	12,672	15,691	20,897	25,648
		인원	15,683	19,234	24,083	32,470	36,555
형법범	전자기록비밀침해	건수	7	3	13	13	7
		인원	10	3	21	20	14
	전자기록손괴	건수	12	12	17	18	13
		인원	18	12	18	26	21
	전자문서관련죄	건수	890	2,406	3,020	4,031	4,389
		인원	1,442	5,752	7,062	10,582	11,174
	전산업무방해	건수	33	27	84	54	39
		인원	39	35	103	100	58
	컴퓨터사용사기	건수	1,634	1,208	1,133	1,480	1,337
		인원	2,040	1,465	1,320	1,654	1,544
	공용전자기록손상 등	건수	1	2	1	2	0
		인원	2	4	1	2	0
특별법범	개인정보보호법	건수	75	112	127	161	189
		인원	131	215	219	237	313
	정보통신망법 (명예훼손)	건수	1,040	1,569	1,931	2,106	2,145
		인원	1,420	2,257	3,404	3,862	3,201
	정보통신망법 (정보통신망침해 등)	건수	1,204	1,188	1,473	1,489	1,999
		인원	1,409	1,450	1,791	1,768	2,409
	정보통신망법 (음란물유포 등)	건수	2,164	2,807	4,735	6,683	6,054
		인원	2,663	3,435	5,441	7,795	6,594

죄명		연도	2004	2005	2006	2007	2008
특별법범	정보통신망법 (개인정보누설 등)	건수	51	69	94	135	106
		인원	92	143	206	259	337
	정보통신망법 (기타)	건수	1,763	1,920	1,739	3,023	5,239
		인원	2,191	2,424	2,385	3,496	5,942
기타		건수	2,649	1,349	1,324	1,702	4,131
		인원	4,226	2,039	2,112	2,669	4,948

주 : 1. 대검찰청 첨단범죄수사과 자료
2. 기타 죄명에 사기(사이버 범죄), 여신전문금융업법위반(사이버 범죄) 포함

아래 [도표 5-5]는 지난 5년간 사이버 범죄 중 형법범의 발생추이를 나타낸 표이고, [도표 5-6]은 사이버 범죄 중 정보통신이용촉진 및 보호 등에 관한 법률위반사범의 발생추이를 나타낸 표이다. 사이버 범죄 중 형법범 정보통신이용촉진 및 보호 등에 관한 법률위반사범 모두 증가하는 추세를 보이고 있다.

[도표 5-5] 사이버 범죄 발생 추이

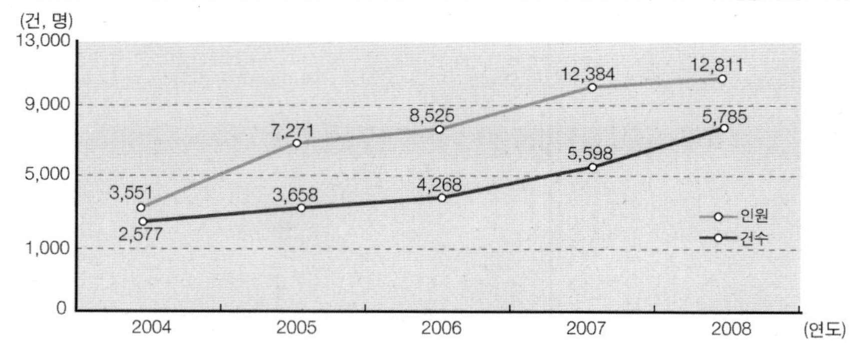

[도표 5-6] 사이버 범죄(정보통신망법) 발생 추이

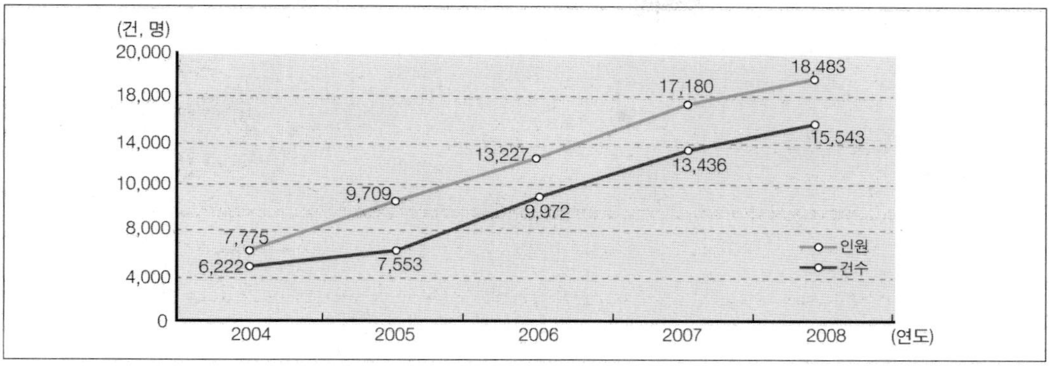

아래 [도표 5-7]은 2008년도의 사이버 범죄(형법범) 사범의 죄명별 현황을 나타낸 표인데, 전체 5,785건 중 전자문서 관련죄가 4,389건으로 75.9%, 컴퓨터 사용사기가 1,337건으로 23.1%를 각 차지하고 있음을 알 수 있다.

[도표 5-7] 사이버 범죄(형벌범) 죄명별 구성비(2008년)

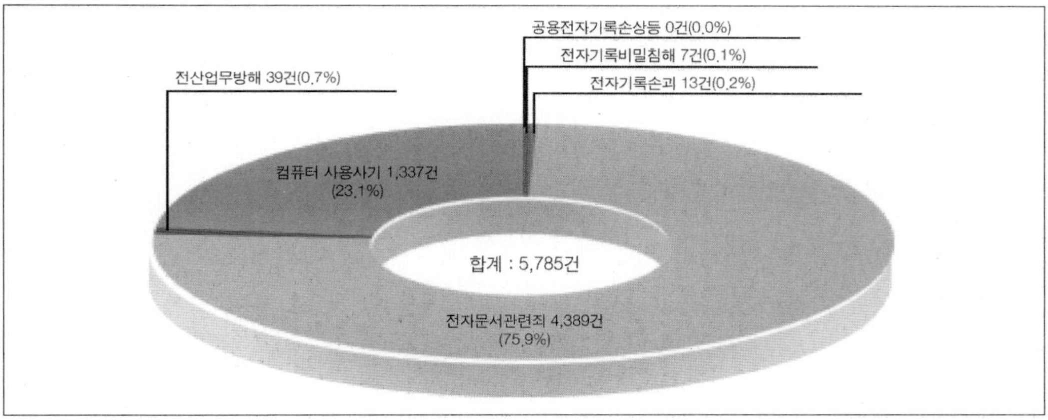

다음 [도표 5-8]은 2008년도의 사이버 범죄(정보통신망법) 사범의 죄명별 현황을 나타낸 표이다.

전체 15,543건 중 명예훼손이 2,145건으로 13.8%를 차지하고 있는 바, 이는 사회적으로 많은 문제들을 야기하고 있는 악성 댓글의 게시 등 정보통신망에서의 명예훼손 사례가 만연되고 있음을 나타낸 것이다.

[도표 5-8] 사이버 범죄(정보통신망법) 죄명별 구성비(2008년)

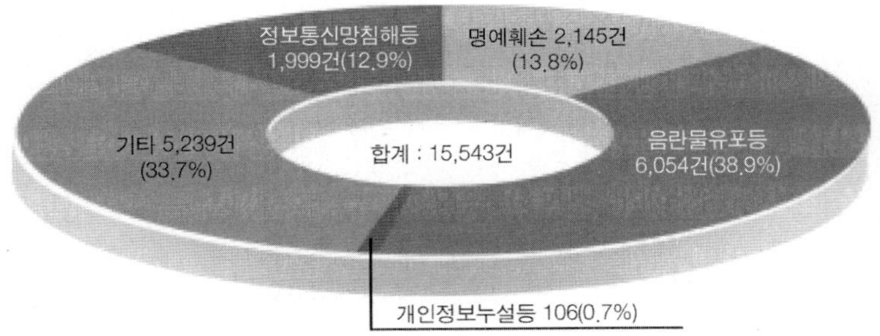

제4편

형사제재일반에 관한 제문제

제1장_ 형벌제도
제2장_ 사형
제3장_ 단기자유형
제4장_ 부정기형
제5장_ 벌금형
제6장_ 유예제도
제7장_ 사면
제8장_ 보안처분제도

제1장 형벌제도

제1절 형벌제도의 개관

1. 형벌제도의 역사적 변천

범죄를 행한 자가 처벌을 받아야 된다는 것은 인간사회의 섭리이다. 인류역사를 통하여 볼 때 범죄의 개념이나 범죄의 유형에는 그다지 변화를 찾아볼 수 없으나, 형벌의 역사를 돌아보면 형벌의 성격은 그 형벌을 적용하는 국가의 문화적인 가치와 밀접하게 관련되어 있다는 것을 알 수 있다. 그러나 형벌은 범죄의 단순한 결과가 아닐 뿐 아니라 범죄의 대립 개념도 아니며 달성해야 할 목적에 의해 결정되는 단순한 수단도 아니다. 형벌도 하나의 사회현상인 것이다. 여기서 형벌이라 함은 형벌의 구체적인 제도 및 특정한 형사 관행을 뜻하고 있는 것이다. 이는 결코 추상적인 의미로 형벌이라는 개념을 사용하고 있는 것이 아니라는 사실에 우선 주의해야 할 것이다. 만약 추상적인 의미로 형벌이라는 개념을 사용하는 것이라면 범죄도 형벌도 인간에게 고통을 준다는 점에서는 동일한 의미와 내용을 가지고 있다고 말해도 과언이 아니기 때문이다.

이러한 해석은 형벌의 목적을 무시해야 한다거나 범죄를 긍정해야 한다는 의미가 결코 아니다. 그것은 형벌도 하나의 사회현상이고 사회의 정치적 · 경제적 요인과 밀접하게 관련되어 있다는 사실을 우리가 인식해야 함을 시사하는 것이다. 형벌의 한 가지 형태였던 노예사역은 노예제도 없이는 불가능한 것이었고, 교도소 노동은 수공업이나 공업의 발달 없이는 생각할 수 없는 것이며 사회의 모든 계층에 적용되는 벌금형은 화폐

경제의 발전 없이는 생각할 수 없는 제도임에 틀림없다. 그렇기 때문에 형벌을 사회제도의 역사적인 측면에서 고찰해 볼 의의가 있다고 할 수 있다. 이렇게 사회제도의 역사적인 측면에서 형벌제도를 연구해 보아야만 그 관념적인 껍데기와 법률적인 외관을 벗길 수 있으며 그것을 통해 진실로 형벌제도가 갖는 의미, 즉 그 사회적인 의의라고 할 수 있는 무언가를 파악할 수 있기 때문이다.

2. 형사행정의 시대적인 추이

형벌제도의 변천을 역사적으로 바라보면 속죄금과 벌금형이 중심이었던 중세기 초반과 신체형 및 사형이 주로 사용되었던 중세기 후반, 그리고 구금형이 주류를 이루게 된 17세기 이후라는 시기로 대별할 수 있다. 물론 이러한 형사행정의 변화는 각 시대의 경제적인 발전단계와 밀접한 관계를 이루고 있다고도 할 수 있다.

일반적으로 국가적인 형벌제도가 존재할 여지가 거의 없었던 중세기 초반에 있어서 사람들로 하여금 범죄를 저지르지 않게 한 주요동기는 피해자 측의 사적인 복수에 대한 공포였다고 한다. 말하자면 이때의 범죄는 마치 전투행위처럼 간주되어 이웃끼리의 작은 다툼조차 공공의 평화를 위협할 위험성이 있었던 것이다. 왜냐하면 이러한 싸움은 처음에는 단순한 것이었어도 차츰 각각의 연고자나 친족, 나아가서는 부족까지도 싸움에 휘말리는 경우가 종종 있었기 때문이다. 그렇기 때문에 이러한 사회에서는 말할 것도 없이 형사법의 첫 번째 임무는 무엇보다도 평화의 유지에 있었다. 그리고 그런 경우에 속죄금 지불이라는 사적 중재에 의한 평화적 해결이 분쟁처리의 방법으로 이용되었던 것이다. 따라서 이러한 사회에서 형법은 사회계급 조직을 유지하는 수단으로서는 그다지 중요한 의미를 가지고 있지 않다고 할 수 있다. 그것은 전통적인 관습이나 균형 잡힌 사회적 종속제도의 존재 및 기존질서를 유지 · 보존하려 하는 종교적 규범의 통제가 아직은 확고한 힘을 보유하고 있었기 때문이다. 따라서 어떤 자가 일시적인 격정을 이기지 못해 다른 사람에게 중상을 입히거나 살해했을 때 당시 사회에서는 자유인에 의한 엄숙한 집회가 열리고 그 집회에서 범인에게 살인 배상금을 지불하게 하는 등의 판결을 내리는 경우가 많았다. 이는 피해자 측의 복수를 위한 혈투 등으로 인해 무정부상태로 사태가 발전하지 않도록 하기 위한 일종의 독특한 제도였던 것이다.

그러나 14세기에서 15세기에 걸쳐 유럽 각국에서는 차츰 치열한 계급투쟁이 발생하게 되었고 그런 결과 하층계급에 대한 가혹한 형법이 제정되었다. 인구의 급격한 증가와 토지의 피폐에 따른 경제상태의 악화에 의하여 빈곤에 지친 무산계급 사이에서는 범죄가 증가하기 시작했기 때문이다. 이런 경향은 특히 대도시에서 현저하게 나타났기 때문에 지배계급은 형사정책을 효과적으로 수행하기 위하여 새로운 범죄통제방법을 고안할 필요성을 절감하게 되었다. 그러나 신체형과 벌금형으로 이원적이었던 당시의 형벌제도는 피고인의 계급에 따라 적용정도를 달리한다는 것 외에는 방법이 바뀌지 않은 채 그대로 존속되었다. 물론 범죄나 범죄자의 종류에 따라 취급을 달리하는 경우가 전보다 빈번하게 발생되었지만 절도와 같은 부정행위를 원인으로 하는 싸움 등에 대한 사적인 해결은 더 이상 인정을 받지 못하게 된 것이다.

이와 같이 재산에 관한 각종 범죄를 억압하는데 필요한 법률을 제정하는 것은 발전하기 시작했던 도시유산(有産)계급에서 매우 중요한 일이 되었다. 왜냐하면 그들에게 재산은 모든 것을 의미했기 때문이다. 더구나 형사행정의 효과를 증진시켜 달라는 유산계급의 요구는 로마법을 교육받은 관료에게 형사 행정이 차츰 집중되어감으로써 진보의 속도가 현저하게 빨라졌다. 그런 속에서 벌금형은 이미 피해자에 대한 배상이라기보다는 재판관이나 대법관을 살찌우기 위한 방법으로 변질되어 버렸다.

한편, 15세기 후반부터 16세기에 걸쳐서는 대중 사이에서 범죄가 증가해 간 것과 비례하여 형벌에서도 계급차별이 더욱 현저하게 드러나게 되었다. 벌금 또는 신체형의 적용을 단순히 피고인의 지불능력에 따라 결정한 것 외에도 특별 신분의 특권에 따른 차별까지 존재했던 것이다. 즉 어떤 종류의 형벌은 특정한 신분을 가진 자에게는 적용되지 않고 다른 형벌이 이를 대신하거나 혹은 상류계급에 속한 사람들에 대해서는 특별하게 수정 적용되었다. 더불어 부유한 자에 대해서는 사형 또는 신체형을 대신하여 벌금형을 적용할 수 있었으며 중대한 범죄를 저지른 경우에도 유배형으로 대신할 수 있었다.

이와 같이 부나 재산을 소유하고 있는 부자나 특별한 신분을 가진 자들은 그 지위나 금전에 의하여 형벌을 면할 수 있었지만 아무런 자산도 없는 대다수 일반 범죄자들은 자신에게 가해지는 가혹한 형벌을 면할 길이 없었다. 이 무렵 범죄의 대부분은 재산에 관한 것이었는데, 그러한 범죄를 저지른 자는 무일푼이었으므로 벌금형의 적용은 실질적인 의미가 없었다. 따라서 그들을 범죄로부터 멀어지게 하기 위한 형벌은 서서히 가혹하게 되어간 것이다. 실제로 신체형의 적용은 현저하게 증가하기 시작하여 나중에는 보조적인 형벌에서 정규형벌로 확대되어 갔다.

이상과 같은 예에서 알 수 있듯이 사형집행이나 육체손상 및 태형 등은 갑자기 혁명적인 변천이 있어서 형벌로 채용된 것이 아니라 사회적 정황의 변화에 따라서 점차 형벌체계 속으로 파고들게 되었던 것이다. 물론 당시에도 의심의 여지가 있는 사안의 경우 형벌을 관대하게 적용해야 한다는 주장이 없었던 것은 아니지만 실무상에서는 그러한 인도주의적인 주장은 거의 받아들여지지 않았다. 오히려 15세기까지는 사형 및 신체형은 극단적인 사안에 대해서만 벌금형을 보조하는 형태로 자리 잡게 된 것이다. 재판관은 범인이 사회에 위해를 준다고 확신했을 경우 주저함 없이 사형을 적용시켰다. 결과적으로 16세기에는 사형선고의 수가 이상할 정도로 증가하게 되었는데, 이는 형벌사에 남을 정도로 유명한 일이었으며 우리가 주시하고 있는 사실이 된 것이다. 헨리 8세 시대에는 무려 7만 2천 명의 절도범이 교수형에 처해졌으며 엘리자베스여왕 통치시절에는 부랑자가 한 번에 3~4백 명씩 줄지어 처형되었다.

이러한 중세 후반의 형벌제도는 적어도 그 당시에는 여러 도시의 노동력이 부족하지 않았다는 사실을 여실히 보여주고 있다. 노동에 대하여 지불되는 임금이 감소함에 따라 인간 생명의 가치는 더욱 낮아져서 공개사형조차 일종의 축제나 행사처럼 간주되었던 것이다. 이러한 경우는 치열한 생존경쟁으로 인해 형벌제도조차 인구 증가를 억제하는 수단이 되어버렸다고 할 수 있을 것이다.

그러나 형벌의 각종 방법은 16세기 말엽에 가까워지면서 차츰 변화하기 시작했다. 즉 노예전선의 노젓기 부역형이나 추방, 중노동형 등이 점차 채용되어 형벌제도의 중심을 이루게 되었던 것이다. 여기에서 우리는 이러한 변화가 일어난 것이 중세기 후반의 형벌제도의 잔혹성에 대한 반성이나 인도주의적 사상의 대두로 인한 것이 아니라 당시의 경제적 발전 때문에 바뀌었다는 사실에 주의해야 할 것이다. 말하자면 이는 중상주의의 대두와 식민지 정책으로 인해 노동력이 필요하게 되었기 때문에 형벌이 변화되었다는 것을 의미한다. 16세기 말엽에 부랑자에 대한 대책으로 수용소제도가 채용되었던 것도 필요한 노동력을 죄수들로 보충한다는 매우 공리적인 사고방식에 따른 조치였으며 근대적인 형무소의 출현이나 구금형의 채용까지도 자본주의경제의 발전과 궤도를 같이하고 있다는 사실을 알 수 있다.

3. 결 론

이상과 같이 형벌제도의 시대적인 추이를 볼 때 알 수 있는 것은 현대사회에서 강조되고 있는 인권보장의 관점이나 범죄자의 개선 · 갱생이라는 사상은 계몽기 이후에야 생겨나고 발전되었다는 사실이다. 특정한 형벌제도가 특정한 경제적 발전단계와 일치한다는 것이 단순한 우연이라고 할 수도 있으나, 노예제도가 있었던 시절에 노예공급이 적어서 수요가 절박했을 경우에 형벌로 인해 만들어지는 노예를 경시할 수 없었던 것과 마찬가지로 봉건제도 하에서는 죄수들의 노동력이 그다지 필요하지 않았기 때문에 사형 및 신체형이 형벌제도의 중심이 되었다는 사실은 누가 뭐라고 해도 변함없는 역사적 사실인 것이다. 런던의 브라이드웰에 처음으로 만들어진 부랑자 수용시설은 중상주의 하에서 발전한 것이었으며 중상주의 시설의 경제를 위해, 그 중에서도 새로운 생산양식에 다대한 공헌을 했다고 말할 수 있다. 그 이후 수용소의 경제적 중요성은 19세기 초에 생긴 공장제도의 대두로 인해 가치를 상실하게 되었는데, 이는 노동력을 생산적으로 사용하기 위한 필요조건으로 노동의 자유를 요구하는 근대산업사회로의 이행이 죄수나 부랑인들의 노동이 가지는 경제적 역할을 과소평가하게 한 이유였다고 볼 수 있다.

이처럼 경제적 필요성이 직접적으로 형벌의 창조나 형성에 중요한 의미를 가진다는 생각이 어디까지 정당한 것인지는 분명치 않으나 형벌제도를 역사적 관점에서 분석해 볼 때 적어도 형벌 수단의 선택은 각 시대마다의 경제적 이해관계와 밀접한 연관성을 가지고 있는 것처럼 보인다. 그래서 다음으로 이러한 관점을 보다 명확하게 가지고 있는 것처럼 보인다. 그래서 다음으로 이러한 관점을 보다 명확하게 하기 위하여 계몽기 이후에 형사법사상의 전개가 어떠한 경과를 보이고 있는지 검토해 보기로 한다.

제2절 형사법사상의 전개

우리가 보통 형사법사상의 전개에 대하여 논할 경우 고전학파(學派)와 근대학파의 논쟁에 대하여 말하는 것이 일반적이다. 또한 고전학파를 다시 전기 고전학파와 후기 고전학파로 분류하여 논하는 경우도 있다. 그러나 여기서는 형사법사상도 그 시대의 사상적 조류나 경제체제와 밀접하고 불가분한 관계가 있다는 것을 전제로 하여 근대 형사법사상을 전기 고전학파와 후기 고전학파라는 용어가 아니라 계몽주의 형사법사상과 자유주의 형사법사상 및 신파 형사법사상이라는 세 종류로 분류하여 검토해 보고자 한다.

1. 계몽주의 형사법사상

종래의 고전주의 형사법사상의 시조는 벡카리아(Cesare Beccaria)나 포이에르바하(Anselm von Feuerbach)라고 간주되어 일본의 구파이론도 그 기원을 계몽주의 형사법사상에서 구하였으며 사상의 흐름도 자유주의 형사법사상과의 관계에서 파악해 왔다. 그러나 자본주의사회의 발전과정과 시민혁명의 단계와 자유방임을 기조로 하는 산업자본주의단계는 사회구조나 경제체제에 차이가 있기 때문에 계몽주의 형사법사상과 구파이론을 완전히 동일시하는 것이 현재로서는 의문시된다.

17세기에 있어서 형벌의 불합리성 및 가혹성에 대한 반대운동의 결과로 구금형이 모든 종류의 범죄에 대한 일반적 형벌로 채택되었다는 사실은 전술한 바와 같으며, 그것과 병행하여 18세기에 들어서는 형벌의 불확실성과 형사재판의 독단성에 대해서도 반대운동이 대두되기에 이르렀다. 몽테스큐(Charles L. S. Montesquieu)의 '페르시안인의 편지'(Letters persanses)나 벡카리아의 '범죄와 형벌'(Die dellitti e delle pene)은 우리에게 당시의 가장 우수하고 혁신적인 견해를 제시해 주는 문헌이라 할 수 있다. 물론 종래에도 계몽주의 형사법사상의 특징은 일반적으로 국가 형벌권의 기초가 사회계약설에 근거한다는 점에서 출발하여 죄형전단주의를 배격하고 죄형법정주의를 확립할 것을 주장하며 중상주의 경제정책을 담보로 한 일련의 형벌제도 개혁을 요구하고 있는 점에서 찾을 수 있다. 구체적으로 그것은 종교범죄의 폐지, 범죄와 형벌의 균형 요청, 신분적 차별의 철폐, 형벌의 인신 종속성 확보, 형법과 종교나 도덕의 구별, 사면권 부정, 미결구금의 제한, 고문이나 밀고제도의 폐지 등과 같은 내용으로 나타나고 있다. 그러나 이와 같은 주장은 어떤 의미에서 보면 정권획득 투쟁에서 아직 승리하기에 이르지 못하고 자기 보전을 위해 법에 의한 보장을 원하고 있던 부르주아 세력의 이익을 대표하는 주장이라고 할 수도 있다.

이와 같이 중세의 신학적인 응보형론과 대립되는 개념으로서 등장한 계몽주의 형사법사상은 개인의 시민적인 자유 확보와 그것을 위해 필요한 시민사회의 최소한의 질서유지를 국가의 임무로 선정하고 개인의 자유를 보장하기 위해 국가권력에 명확한 한계를 설정하려 하는 사상을 기초로 하고 있다고 볼 수 있다.

이는 또한 합리적인 이성을 가진 인간의 현실적 감각과 경험을 중시하고 자연법사상에 의거한 결정론적 사고를 기초로 하고 있었다는 점에 있어 유물론적 계기를 함축하고 있다고도 할 수 있다. 바로 그런 이유로 인해 계몽주의 사상가 중 많은 사람들은 형벌의 정당성을 응보가 아닌 사회적 유용성 속에서 찾았으며 범죄자의 개선, 갱생을 표방하는 특별 예방이 아니라 공리적인 일반 예방론에 역점을 둔 것이라고 볼 수 있다.

결론적으로 계몽주의 형사법사상의 역사적 의의는 그것이 절대주의 제도의 억압에서 벗어나 자유를 구하고 신학적 응보형론에 기초한 가혹한 전제 재판을 배제함으로써 혁명적인 역할을 수행했다는 점이라고 할 수 있다. 그리고 18세기 후반부터 시작된 형법개혁운동은 19세기 중반 이후 심각한 사회정세를 배경으로 자유주의 형사법사상으로 바뀌어 가게 된 것이다.

2. 자유주의 형사법사상

19세기에 들어서부터 눈에 띄게 심화된 생존경쟁의 격화는 노동자 계급의 생활수준을 저하시켰으며, 또 한편으로 나날이 증대하는 기아상태나 악덕의 횡행으로 인해 새로운 빈민계급이 계속 창출되어 갔다. 그날그날 먹을 식량조차 없는 무산계급의 증가가 범죄의 증가로 연결된 것은 지극히 당연한 일이었으며, 18세기 후반에서 19세기 전반에 걸친 시민혁명을 통하여 지배계급의 지위에 오른 부르주아 계층이 이러한 사태에 직면하여 중상주의 시대 전반기에 채택되었던 범죄자 처우방책으로 역행하려 했던 것 또한 당연한 일이라 할 수 있다. 이러한 점에 있어서 전통적인 형벌방법을 대신하여 채택되기 시작한 구금형의 빈번한 사용은 비판의 대상이 되었으며 형벌을 한층 더 엄격하게 하라는 요구까지 대두하였던 것이다. 이러한 사회정세 하에서 법치국가의 개념과 가혹한 형벌제도를 연결하는 철학적인 근거로는 계몽주의 하의 공리주의적 형사법사상보다 오히려 칸트(Immanuel Kant) 및 헤겔(Georg W. F. Hegel)의 이론 쪽이 적절하였다는 것은 말할 필요조차 없을 것이다. 칸트나 헤겔의 이론 쪽이 적절하였다는 것은 말할 필요조차 없을 것이다. 칸트나 헤겔의 출발점은 형벌을 순수한 효용의 측면에서만 설명하는 사상 자체를 반박하는 것에서 시작되었다고 할 수 있는데, "시민사회가 모든 구성원의 동의에 의하여 해산하는 경우에 있어서도 감옥에 묶여있는 마지막 살인범은 그전에 사형에 처해져야 한다."는 칸트의 말에도 나타나 있듯이 칸트나 헤겔은 형벌 속에 포함되어 있는 모든 목적론적 요소를 부정하고 전적으로 형이상학적인 절대적 응보형 사상을 강조하는 것에 목적을 두고 있었다고 할 수 있는 것이다.

이와 같이 개념론적 형사법사상은 그때까지 특별한 이론 없이 사용되어 왔던 응보개념에 이론적 기초를 부여했다고 할 수 있으며, 이 개념론적 형사법사상은 다시 각각의 범죄 행위와 각각의 사건에 적용되는 형법의 일반원칙 사이에 존재하는 법적 관계로부터 모든 주관적 요소를 배제함으로써 실제에 있어서는 형법의 자유개념으로 향하는 길에 개척했다고 볼 수 있는 것이다.

19세기 초반에 살았던 형법학의 대 이론가이며 '근대 형법학의 아버지'라고도 불리는 포이에르바하의 학설은 어떤 의미에서 공리주의적 개념을 칸트의 이론에 접목시킨 것이라고 볼 수 있으며, 처벌의 합법규칙이라는 형식적 인권보장에 역점을 둠으로서 자유주의 형사법사상으로 가는 교두보의 역할을 했다고 볼 수 있다. 포이에르바하의 이론에서 볼 수 있는 형식적 보장원리의 중시는 그 후 법률 실증주의에 계승되어 그 계몽주의적 측면이 점차 잘려나갔다는 사실을 우리는 알 수 있다.

그런 자유주의 형사법사상은 범죄와 형벌의 균형을 요구하며 범죄이론을 객관적으로 구성했다는 점에 있어서는 계몽주의 형사법사상과 공통점을 갖는다. 그러나 도의적 책임이 있는 행위에 대한 응보의 형태로 형벌을 가하는 것에 의의를 인정했다는 점에 있어서 자유주의 형사법사상은 계몽주의 형사법사상과 전혀 다른 측면을 갖고 있다고 할 수 있다. 일본에서 고전학파(구파)라고 불리는 학파는 이 자유주의 형사법사상의 입장에선 사람들을 일컫는 말이며 이들을 일반적으로 후기 고전학파라고도 부른다. 어느 쪽 이름으로 부르든 고전학파의 특색은 대략적으로 말하면 행위형법, 객관형법, 죄형법정주의, 응보형, 일반예방의 중시에 있다고 할 수 있을 것이다.

3. 신파 형사법사상

19세기 말에 이르러 행정적 관료주의나 중산층 계급 간의 반목의 시대는 종언을 고하고 공업기술의 발달과 자본주의 경제의 성장으로 인해 정부와 행정기관에서 부르주아 계급의 지위와 세력은 점점 더 강화되어 갔다. 그 결과 19세기 전반에 재판관 사이에서 종종 볼 수 있었던 자유주의적 태도를 부르주아계급이 관료주의적 지주세력과 융화하면서 강력한 보수주의에게 그 위치를 내어주었고 재판관과 독립적인 이론도 차츰 하층계급에 대한 투쟁을 감추기 위한 위장으로서만 의의를 가진 것에 지나지 않게 되었다. 정치적 · 경제적 기반에서 일어난 이와 같은 변화가 형사법사상에 얼마나 영향을 주었는지는 말할 필요조차 없을 것이다. 형벌 정책의 문제는 더 이상 범죄와 형벌과의 균형을 유지하는 문제로는 간주되지 않고 범죄자의 장래라는 관점, 즉 사회복귀 가능성이라는 관점에서 논의되기에 이르렀다.

20세기에 접어들어 노동자계급이 정치적 · 사회적으로 무시하기 힘든 힘을 얻어 부르주아 계급과 대립하는 세력으로 대두되자 종래에 구파이론을 지탱해 온 고전적인 자유주의도 그 한계성이 드러나게 되었다. 범죄, 특히 누범과 소년범죄의 급증현상은 시민적인 자유를 기초로 하는 부르주아 사회의 규범의식에 심각한 타격을 주었고, 이로 인해 범죄에 합당한 형벌을 주어야 한다고 고전학파의 응보이론이 무능하다는 비판이 빗발치게 되었다.

신파 형사법사상의 특색은 당시의 자연과학 발전과도 연계되어 실증주의적 정책적인 제안을 했다는 것인데, 독일 신파의 지도자인 리스트(Franz von Liszt)는 범죄를 다음과 같이 정의하였다. 그에 따르면 범죄는 범죄자가 생활하고 있는 사회와 유전적이거나 자기 체험에서 구성되는 범죄자가 성격이 만나 생기는 필연적인 소산이며, 그로 인해 범죄자의 처벌은 근본적으로 범죄자의 행위에 토대를 두는 것이 아니라 범죄 행위 그 자체를 범죄자의 인격이 표출된 일례로 파악해야 한다는 것이다.

신파 형사법사상의 대두로 인하여 범죄율과 경제적 변동과의 관계에 대한 통계적 연구가 진행되어 어느 정도까지의 범죄가 순수한 사회현상인지 밝혀짐과 동시에, 범죄인의 사회적 원인 제거에 대해서는 집행유예나 벌금형을 활용하여 될 수 있는 대로 교도소에 수용하지 말자는 주장이 나왔고 단기자유형은 그 폐해를 생각하여 폐지해야 한다는 생각이 제창되었다. 여기서의 범죄자는 사회 복귀의 가능성이 전혀 없는 경우가 아니면 사회로부터 영구히 추방되는 일이 없어야 한다는 주장이 강조되었다. 그리고 이 신파 형사법사상을 형법이론의 하나로 보면, 우선 범죄에 대한 인간의 자유의사를 부정하고 범죄를 성격의 표출로 간주함으로써 처벌해야 할 것은 범죄가 아니라 범죄자라 하여 행위자의 반사회적인 성격을 문제 삼았기 때문에 행위자의 개선이라는 것을 그 형사정책의 목표로 하였으며 사회의 방위와 재범 방지를 중시하는 특별 예방론을 전개하였던 것이다.

신파 형사법사상에서 전개한 이와 같은 형사정책적 제언에는 현재의 형사법사상과 비교해 볼 때 인권보장에 대한 문제가 있는 바도 없지 않다. 그럼에도 불구하고 신파 형법학은 범죄와 형벌을 단순한 법률 현상으로 보는 것에서 탈피하여 형법이론을 생물학, 심리학, 사회학 등의 각종 과학과 연결시켜 합목적적인 범죄대책을 주장하였다는 점이 가장 큰 특징이었다고 할 수 있다.

제2장 사 형

제1절 문제의 소재

현행 형법은 구형 종류로서 생명형으로 사형, 자유형으로 징역 · 금고 · 구류 재산형으로 벌금 · 과료 · 부가형 등을 규정하고 있다. 그 중에서도 생명형으로서의 사형은 인간의 존재 그 자체를 부정하고 말살하는 형벌이기 때문에 오래 전부터 존폐여부에 대한 논란이 끊이지 않았다. 근래 들어 세계적으로 사형폐지의 움직임이 활발하게 되어 1989년 12월에는 소위 '사형폐지조약'(정식 명칭은 '사형 폐지를 향한 시민 및 정치적 권리에 관한 유엔규약 제2 의정서')이 채택되어 1991년 7월에 발효되었다. 우리나라의 사형 문제를 고찰하기에 앞서 우선은 이러한 국제적인 동향을 감안하면서 검토하는 것이 중요한 것이다.

사형은 범죄인의 생명을 빼앗는 형을 말한다. 사회에 의해 위험한 범죄인을 영구 격리하려는 취지이다. 이는 응보적 방법으로는 가장 원시적이며 목적형으로서는 극단적인 방위조치라고 할 수 있다. 사회전체 · 사회도태의 관념을 철저히 실행하려고 할 경우에만 사형은 정당화되는 것이다. 위하가 사형의 본질이라고 하는 견해는 죽이라는 인간의 불가지의 상황이야말로 생에 집착하는 인간본성에 가장 무서운 외포심(畏怖心)을 일으키는 것으로 보는 것이다. 일순간에 유명을 달리하는 점에서 극단의 외포심은 인정될 수 있으며 그에 의한 범죄예방의 효과도 기대할 만하다. 그러나 어느 정도의 시간이 경과되면 외포심은 망각의 피안으로 사라져 가게 된다. 과중한 형벌인 사형집행의 보도에 접하는 국민은 두려움에 떨고 충격을 받은 나머지 마비되는 것이며, 흉악범에 대한 사형집행은 신심에 야비한 흥미를 불러일으키기도 하며 이러한 경우 위하의 효력은 달성될 수 없는 것이다.

베카리다(Beccaria)는 일생을 햇빛도 제대로 안 비추는 곳에 창백하고 수척한 모습으로 지내는 무기형은 때로는 오히려 사형보다 더욱 고통스러운 것일 수도 있다고 하여 사형을 옹호하기도 한다. 그러나 오늘날 무기형 혹은 종신형에 대해서 인도적 관점에서 혹은 국가적 재정의 부담의 관점에서 비판이 있는 점을 고려하면 사형이라는 형벌의 정당화에는 미흡한 논리라고 할 수밖에 없다. 사형을 둘러싼 논리는 여러 가지이며 또한 사형에 관한 인식도 시간과 장소에 따라 변화하고 있다.

제2절 사형 존폐론의 이론적 근거

1. 사형폐지론

사형폐지에 대하여 처음으로 역설한 사람은 이탈리아의 베카리아(C. Beccaria)로, 그는 그의 저서 「범죄와 형벌」이라는 저서를 통해서 형벌의 효과 면에서 사형은 불필요하다고 하였다.

베카리아는 형벌제도의 합법성을 사회계약에서 찾는다고 하나 그 사회계약에 임하는 사회구성원들이 사람의 생명을 박탈하는 권능까지도 부여받은 것이 아니고 사형이라는 형벌의 위하적 측면에서 보면 무기형이나 장기형이 더 효과적이라는 것이다.

베카리아에 뒤이어 영국의 유명한 감옥개량가 존 호워드는 1777년에 출간한 그의 저서 「감옥상태론」에서 당시의 비참한 감옥상태를 비판하고 베카리아에 동조하여 사형폐지운동을 전개하였다. 20세기에 들어서는 미국의 서덜랜드(E H. Sutherland), 영국의 캘버트(E. R. calvert), 독일의 리프만(M, Liepmann), 일본의 正木亮, 齊藤靜敬은 「新版死刑再考論」에서 사형폐지론을 주장하였다.

사형폐지론의 입장에 서있는 학자들의 의견을 종합해보면 그것은 첫째, 오판의 경우 구제가 불가능하다. 둘째, 사형은 일반사회인이 기대하는 것처럼 위하적인 효과가 없다. 셋째, 사형은 야만적이고 잔혹하므로 인도주의 견지에서 허용할 수 없다. 넷째, 국가가 사람을 살해한 범죄인을 중형에 처하면서 국가자신이 사형이라는 극형을 처하는 것은 국가가 도살꾼을 인정하는 결과로 된다. 다섯째, 사형은 피해자에 대한 손해배상 내지 구제가 불가능하다. 여섯째, 사형은 형벌의 주된 기능인 교화개선기능을 전혀 갖지 못한다. 일곱째, 사형은 그 자체가 위헌이다.

2. 사형존치론

사형존치론자들은 주로 사형이 가지는 위하력, 즉 일반예방효과로서의 범죄억지력을 갖고 사형의 존치 이유를 들고 있는데, 이들의 존치론을 살펴보면 다음과 같다.

① 사람을 살해한 자는 자기 자신도 생명을 박탈당할 수 있다는 것이 아직까지 일반국민이 가지고 있는 법적 확신이다.

② 극악무도한 흉악범죄에 대해서는 사형이 아니면 법익보호의 목적을 달성할 수 없으므로 사형은 하나의 필요악이다.

③ 극악한 사람은 사회적 암적 존재이기 때문에 사회방위를 위해서는 그를 이 사회로부터 완전히 격리해야 한다.

④ 오판 때문에 사형을 폐지한다는 것은 잘못이다. 왜냐면 오판은 자유형의 경우도 일어날 수 있을 뿐만 아니라, 오판방지를 위하여 여러 제도상의 방지를 두고 있음은 물론 오판의 경우는 극히 드문 일이기 때문이다.

⑤ 사형이 헌법에 위배된다는 것도 헌법이 생명을 박탈당하는 형벌자체를 부정하는 것은 아니며, 다만 생명을 박탈하는데 필수적으로 수반되는 고통 이외의 해악을 주는 것을 허용하지 않는다는 뜻으로 여겨져야 할 것이다.

3. 향후의 전망

사형은 우리 인류의 형벌의 역사 가운데서 가장 오랜 전통을 가지고 있고, '형벌사는 사형의 역사'라고 할 만큼 중요한 지위를 차지하고 있으며, 특히 중세봉건시대부터 근세초기의 이른바 위하시대에는 형벌 중 사형이 가장 높은 비율을 점하다가 프랑스혁명 이후 근대 국가의 형벌은 인도주의를 지향하면서 점차 사형의 적용범위를 제한하고 나아가서 제도 자체를 폐지하는 경향을 보이는 한편 그 집행도 잔혹성을 제거하고 밀행하는 방향으로 나아가게 되었다.

현재 세계 각국의 사형제도 현황을 살펴보면 아직은 폐지국가보다는 존치국이 더 많은 것이 사실이다. 그러나 사형이라는 우리 사회를 방위하고 법질서를 지키기 위한 최후의 극약 처방이라는 것을 생각할 때 사형이 없어도 더 이상의 흉악무도한 범죄가 일어나지 않을 정도로 법질서 문화가 성숙되었을 때는 사형은 당연히 폐지되어야 하지 않을까 생각한다. 실제로 국가마다 종교계나 사회단체에서 조직적으로 사형폐지운동을 전개하고 있는 것이 사실이다. 그러나 지금과 같이 범죄가 흉포화 되고 있는 현실에서 사형을 폐지한다는 것은 시기상조가 아닌가 생각한다. 따라서 현시점에서 사형을 폐지한다는 것은 무리라고 보며 현행 사형제도의 문제점을 개선하는 방향으로 나가야 할 것이다. 가장 큰 문제점이 되는 것으로 오판과 정치적 탄압의 가능성이 있다는 것이다. 이를 방지하기 위해서는 신중한 수사와 형사재판 및 적정절차의 확립이 필요하다. 이는 비단 사형제도의 문제점을 개선하기 위해서 뿐만 아니라 형사사법의 올바른 확립을 위해서는 필수적이고 전제조건이다. 또한 업무의 과다로 인한 수사포기나 졸속수사, 졸속재판이 이루어지지 않도록 해야 할 것이다.

다른 하나는 사형규정의 대폭축소이다. 정치적 반대자에 대한 탄압의 소지가 있는 국가적·사회적 범죄에 대한 사형규정을 줄이는 방안이 모색되어야 한다. 그리고 사형선고를 신중히 할 수 있는 장치가 각 심급마다 마련되어야 한다. 또한 사형선고를 금지하는 등의 사형선고기준이 명시될 필요가 있으며, 사형선고에 대한 재심판 청구사유의 확대가 필요하다.

제3절 | 사형의 집행방법

1. 교 살

교살은 끈을 이용하여 수형자의 목을 매어 질식케 함으로써 생명을 빼앗는 방법인데, 우리나라에서도 이 방법으로 사형장에서 비공개로 하도록 되어 있다. 그리고 집행방법은 교수(Hang)하도록 되어 있는데, 우리나라에서 이 방법을 택하는 것은 집행 당시 가능한 한 참혹성을 최소화하려는 입법자의 의도적인 것으로 보이나 유럽인들 특히 독일 사람들은 교수를 감정상 가장 모욕적인 것으로 생각한다. 미국, 일본, 영국 등 50개국 이상이 이 방법을 채용하고 있다.

2. 총 살

총살은 대상자의 특정부위, 즉 머리, 가슴 등을 총으로 쏴 사살하는 것으로, 우리나라 군형법 제3조도 군인에 대하여는 총살로써 집행하도록 하고 있다. 현재 이 방법을 택하는 나라로는 태국, 인도네시아, 캄보디아, 유고슬라비아, 알제리 등이 있다. 이 총살은 나라마다 국민감정에 따라 다소 다르다고 하지만 일반적으로 가장 명예로운 사형방법이라고 할 수 있다.

3. 참 살

참살은 사형에 처할 자의 머리를 절단하여 그 생명을 빼앗는 방법으로 참살할 때 사용되는 형구로는 칼(우리나라 조선시대), 손도끼(옛서양), 기오뗑(guillotine) 등이 있다.

4. 전기살

전기살은 대상자의 몸에 전류를 통하게 하여 생명을 빼앗는 방법으로 그 장점은 고통이 덜하고 집행인의 심리적 압박을 덜어준다는 장점이 있는 반면 사체가 참혹하게 된다는 단점이 있다. 이 집행방법은 1989년 1월 미국의 뉴욕주의 법률에 의하여 처음으로 시행되었으며 현재 미국의 일부 주에서만 사용하고 있다.

5. 가스살

가스살은 사형수를 가스실에 감금시키고 시안화 수소가스에 의해 질식사시키는 방법으로 신속하고 고통이 적은 방법이다. 기계문명이 인간을 압살하고 구축(驅逐)하는 형태인데 미국에서만 사용하는 방법이다.

6. 독 살

독약을 탄 것을 먹고 자살하는 방법으로 소크라테스의 처형에서 볼 수 있는 방법이다. 국가가 자살을 장려한다는 측면도 있어, 반 그리스도교적 방법으로 비판되고 있으나 범죄자가 자기의 악을 자기 스스로의 행위로 청산한다는 점에서 인도성을 인정할 수 있다. 이와 같은 자살인가의 결정은 법관보다도 교정공무원에 속하는 사행으로 하는 것이 타당하다는 의견도 있다(Gurter).

7. 기 타

기타 사형집행방법으로 이란, 사우디아라비아, 예맨 등에서 실시하는 석형(石刑) 등이 있다.

제4절 사형에 대신할 만한 제도

사형을 폐지할 경우 그에 대신할 만한 제도로서는 어떤 것들이 있는가를 고찰하고자 한다. 먼저 생각해 볼 수 있는 것은 무기형(소위 종신형)인데, 이것은 수형자를 사망에 이를 때 까지 구금하는 형벌이며, 사면에 의한 감형 혹은 석방은 가능하지만 제도적으로는 가석방의 기회가 주어지지 않기 때문에 사회복귀를 기대할 수 없고, 수형자에게 절망감만을 안겨주는 가혹한 형벌이라고 말할 수 있다. 오판의 경우에는 구제의 여지가 남아 있다는 것만이 이점(장점)이라 하겠다. 절대적 무기형은 수형자를 자포자기하게 하여, 교도소 내의 질서유지의 면에서는 문제가 많다고 한다. 물론 이것은 자유형 가운데서 가장 중한 형벌이기 때문에 사형에 대신하는 제도로서는 이론적으로는 환영할 만하지만 사형보다도 비인도적인 측면을 가지고 있기 때문에 찬성하는 자는 적다.

둘째로는, 상대적 무기형이다. 이것은 가석방이 인정되는 무기형이며 현행제도와 마찬가지이다. 다만 현행제도의 경우에는 10년을 경과하면 가석방이 가능하도록 되어 있다(형법 72조). 사형과의 사이에 상당한 격차가 있다는 이유에서 사형에 대신할 제도로서는 그 채용에 반대하는 자가 많다. 따라서 이 경우 문제가 되는 것은 가석방이 인정되는 시기이다. 세 번째로는, 사형도 무기형도 폐지하고, 유기형으로 해야 한다는 주장은 스페인을 시작으로 중남미의 여러 나라에서 채택하고 있다.

끝으로는, 사형집행유예제도이다. 이 제도는 중국에서 실시하고 있는 독특한 제도로 중국에서 이 제도를 채용하게 된 이유는 대략 다음과 같다.

사형폐지론은 사형이 지니는 위하력과 일반예방효과를 과소평가하는 점에서, 또 사형을 단순히 도태형으로만 이해하고 형벌의 개선, 교육목적을 간과하고 있다는 점에 근본적인 오류를 범하고 있다. 사형도 형벌의 일종이다. 사형은 도태형이라고 하여도 사형이 지니는 일반예방목적을 달성한 이상, 범인의 성격개선의 가능성의 존재가 명확히 되는 경우, 사형수를 단순히 처형하는 것이 아니라 특별예방의 조치를 강구하여 사회복귀에로의 길을 여는 것이 형벌의 본질 혹은 목적에 합치하는 것이며, 이 때문에 사형폐지론의 주장인 “인도적 견지로 보아 사형은 죄악임과 동시에 오판에 의한 집행 후의 구제회복의 수단이 없는 것”이라고 하는 적극적 자유와, 사형존치론의 주장의 근거가 되는 ‘사형의 위하력’과 ‘사형존치를 요구하는 국민감정’ 모두 만족할 수 있는 형벌제도를 고려해야 하는데, 이 양자를 만족시키는 것으로 생각되는 것이 사형의 집행유예제도이다.

이 사형집행연기제도에 관해서는 ① 집행연기가 되는 사정이 있으므로 지금까지는 무기형으로 되었지만 용이하게 집행연기부 사형이 될 염려가 있다. ② 적절히 운용되지 못한다고 하는 사실상의 사형폐지와 같게 된다. ③ 사형의 억지효과가 반감된다. ④ 현행의 사면제도의 활용으로 충분하다고 하는 반론이 있는가 하면 이에 대한 찬성론으로서는 첫째, 사형의 전면폐지가 이상적이지만 폐지에로의 과도적 조치로서 집행제한을 고려할 필요가 있다. 둘째, 사형언도를 받은 자에게도 그 정상에 경중의 차가 있으며, 현행무기형과 사형과의 격차가 크기 때문에 사형과 무기형과의 중간적 의미를 가진 것으로서 집행연기제도를 생각할 수 있다. 셋째, 사형의 언도가 있는 경우에도, 그 후의 일정기간의 경과에 따라 본인도 뉘우침이 있고 피해자의 감정과 사회의 평가도 고려하는 등의 사정에 따라, 사형집행을 할 필요가 없는 경우도 발생한다. 넷째, 사형판결의 타당성과 사형집행의 타당성을 구별하여 평가하여야 한다고 하는 입장에서의 찬성론이 있다. 필자로서는 사형폐지의 과도적 조치로서, 사형집행연기제도를 고려해 보는 것이 좋지 않을까 생각한다.

제3장 단기자유형

제1절 문제의 제기

자유형이라는 것은 수형자를 일정한 시설에 구금하여 그 신체적 자유를 박탈하는 것을 내용으로 하는 형벌이다. 현행형법은 자유형으로 징역, 금고, 구류의 3종류를 규정하고 있지만 그 자유형에 관해서는 자유형의 종류를 폐지하고 한 종류의 형으로 통일하자고 하는 '자유형의 단일화' 움직임이 있다. 이것은 징역형이 파렴치범으로 금고형은 비 파렴치범이라는 도덕적 평가를 형벌에서 갖고 있다는 것은 이론적으로 문제가 있다는 것은 물론 강제노동의 유무를 기준으로 해 징역과 금고를 나눈다는 것은 노동천시사상의 잔재로 헌법 제32조에 위반하는 것은 아닌가하는 헌법논리, 그리고 금고수형자의 대부분이 청원작업에 종사하고 있는 현실을 보면 양자를 구별할 실익이 없다는 것이다. 또 자유형에 관해서는 예부터 단기자유형의 폐지에 관해 논의되어 왔다. 이것은 단기자유형이 단기간의 구금으로는 개선에 도움이 못되고 위하의 효과도 없으며 오히려 수형자의 장래에 큰 위험을 가져다준다는 점에서 형벌로서 무가치할 뿐만 아니라 도리어 폐해가 많은 제도이므로 형사정책의 관점에서 별 의의가 없기 때문이다.

제2절 단기의 개념

단기자유형 문제를 논하기에 앞서 우선 그 '단기'가 어느 정도의 기간을 말하는지를 명확하게 해둘 필요가 있다. 물론 이런 경우에는 문제가 되는 형기가 법정형인지 선고형인지 아니면 집행형인지 하는 것도 미리 확정해 놓아야 할 것이다. 그 이유는 같은 단기라는 낱말을 사용해도 법정형을 중심으로 논하고 있는 사람과 집행형을 중심으로 단기자유형의 문제를 거론하고 있는 사람은 논의의 내용에 커다란 차이가 발생할 것이기 때문이다.

예전에 正木亮은 "오늘날 일본의 형사정책은 세 종류의 단기형에서 발생되었다고 생각한다. 그 중 한 가지는 구류형을 중심으로 하는 단기형으로 단기형의 개량 문제는 항상 이 분류에 주력을 두는 경우가 많다. 두 번째는 재판상의 선고를 중심으로 보는 경우의 단기형이 6개월 이하로 나타나는 경우이다. 따라서 단기형이라고 지칭하는 것은 이 정도 수준의 형벌이라고 해석할 수 있다. 마지막은 형집행상으로 보는 관점이다. 이는 누진제를 중심으로 정해지는데 일단 여기에서는 6개월 이하의 경우를 생각해 본다" (正木亮, 1963년 : 23)라고 하는 견해를 제시하였는데, 이러한 생각은 바로 그러한 문제의식을 가지고 한 발언이라고 본다.

한편 일반적으로 '단기'의 개념에 관해서는 3개월설, 6개월설, 1년설 등이 유력한데 1주일설(콘, 콜레망), 2주일설(슈슐, 조이펠트), 6주일설(리스트, 로젠페르트), 4개월설(가로파로) 등도 있으며, 극단적인 것으로는 단기자유형의 최하한을 단기자유형에 있어서의 기간문제는 어느 정도의 형기가 폐해가 있어 수형자의 개선과 교육에 도움을 주지 않는가라는 것을 기준으로 하고 있는 이상 우리나라의 형 집행 실무와의 관련에 있어 수형자의 개선 갱생을 위해 필요한 최저기간이 어느 정도 필요한지를 기준으로 하여 결정해야 할 것이라 생각된다.

1. 3개월설

단기자유형의 '단기'를 3개월이라고 생각하는 입장은 비교적 역사가 오래된 것으로 일본의 朝倉京一의 '단기자유형에 관한 과제와 문헌에 대하여'라는 논문의 서술에 의하면,

1891년에 허트레에서 개최된 제2회 국제형사협회에서 3개월 이상의 형기가 단기자유형으로 채택된 것을 시초로 하여 1894년에는 브라운 슈바이크에서 열린 독일 형무직원협회의 제10회 회의에서도 같은 결의가 이루어졌다고 한다. 또한 겐나트(Georg Gennat)도 3개월 이하를 단기자유형이라 하였으며 헤일본(Paul Heilborn)도 그의 '단기자유형론'(Die Kurze Freiheitsstrafe)에서 3개월 이하의 자유형 문제를 논하고 있다.

또한 제2차 세계대전 이후로는 1946년의 국제형법 및 형무위원회의 결의에서도 "단기자유형 개념은 완전히 상대적인 것으로 개개인 및 범죄에 따라 상이하다. 그러나 3개월을 넘지 않는 자유형은 모두 이 범주에 속한다고 볼 수 있다."고 하여 3개월 설을 지지하였다. 그리고 볼프강 미텔마이어는 1954년의 '행형학'에서 단기자유형의 문제를 잘 풀기 위해서는 형벌의 효과에 관하여 보다 충분한 연구가 필요하다고 하면서도 일반적으로 말하여, 우리는 3개월 이하의 자유형이 극히 작은 가치밖에 가지고 있지 않다는 것을 인정할 수 있다고 하면서 이 3개월설을 지지하였다. 일본에서는 3개월설을 지지하는 사람으로 木村龜二가 있다.

2. 6개월설

6개월설은 1959년에 유엔의 유럽자문그룹인 슈트라스부르크 회의에서 채택된 이래 통설적인 지위를 가지고 있는 견해인데, 이 견해를 대표하는 사람 중의 하나인 맨하임(H. Mannheim)은 "단기란 구금의 현대적 목적을 달성하기 때문에 구금이 건설적 가치를 가진다고 생각하기에는 지나치게 짧은 기간이라는 것이다."라는 근거를 들어 단기자유형의 기간을 6개월로 해야 한다고 주장하였다.

또한 이밖에도 독일의 소년형의 단기가 6개월이었다는 점이나 영국의 범죄자처벌에 관한 자문위원회가 6개월 이하를 다기로 간주하는 점, 그리고 일본의 형 집행실무에 있어서 특별처벌을 받는 최소기간이 6개월이라는 점, 형 집행 누진처우 령을 적용하는 경우의 하한이 6개월이라는 점 등의 설이 있는데 한국에서는 6개월설이 다수를 차지하고 있다.

3. 1년설

단기자유형의 상한을 어느 정도 기간으로 하는가에 관해서 할(Karl Alfred Hall)은 "어떠한 자유형을 단기로 규정할 것인지는 명확하지 않다. 그러나 3개월이나 6개월은 너무 짧은 감이 있다. 교육적인 입장에서 보면 9개월이나 10개월도 또한 너무 짧다는 생각이 든다. 나는 단기의 상한으로 1년을 제안하고자 한다."고 하여 1년설을 주장하였다. 이렇게 1년 이하의 기간을 단기자유형으로 정의하는 견해는 1950년 헤이그에서 열린 제12회 국제형법 및 형무회의에서 프랑스 대표인 켄나트(P. Cannat)가 주장한 것으로서 그는 "한사람의 인간을 3개월만에 재교육시킬 수는 없다. 아니 그에게 직업기술을 익히게 할 수조차 없을 것이다. 한 가지 기술을 배우는 데에 필요한 기간이야말로 구금의 단기를 정하는 기준이 되어야 할 것이다. 그렇기 때문에 이 경우에 필요한 기간을 적어도 1년인 것이다."라고 하는 의미심장한 제언을 하였다.

필자도 자유형을 굳이 기간으로 구별하여 장기와 단기로 나누어 생각해야하는 것이라면 단기자유형의 '단기'라는 기간 문제는 그 기간이 수형자의 개선·교육에 충분한 기간인지 어떤지를 고려하여 1년까지의 기간을 단기로 간주하는 의견에 찬성하며 이 기간을 기준으로 단기자유형에 따른 고유의 문제성에 대하여 검토해 보아야 한다고 생각한다. 그 이유는 단기자유형에는 단기이기 때문에 발생하는 이익도 있다고 여겨지기 때문이다. 단기자유형은 물론이고 자유형 자체에 폐해가 있기 때문에 자유형에는 의미가 없다고 하는 입장에선 사람은 어쩔 수 없지만 그렇지 않고 우리나라의 형집행 현실을 생각할 때에는 자유형이 그 나름대로 의의를 가지고 있다고 필자는 생각하는 바이다. 또한 단기자유형 자체를 볼 때는 필자는 결코 폐해만 있다고 생각하지는 않는다. 폐해가 있다는 주장이 나온 것은 형의 기간을 3개월이나 6개월처럼 비교적 짧은 기간으로 전제하였기 때문이라고 본다. 그렇기 때문에 만일 단기형의 상한을 1년으로 하여 단기이기 때문에 발생하는 자유형의 처벌효과를 생각해본다면 우리는 단기자유형이 가진 현대적 의의에 대하여 재검토해야 할 필요성이 있다고 생각되는 것이다.

일본의 朝倉京一도 "현행 형집행의 기본구조를 생각해 볼 때에도 적어도 1년 이하라는 기간을 다루어야 할 필요성이 있다고 생각된다."고 하여 1년설을 지지하였다. 일찍이 헤일본(Heilborn)은 "어떠한 자유형을 단기로 간주하는가는 감정의 문제이다."라고 말하였지만, 이는 정말 감정만의 문제인 것인가? 필자는 그렇게 생각하지 않는다. 왜냐하면 폐해만을 기준으로 단기라는 기간을 설정한 종래의 방법과 그 처벌효과를 재평가하려 하는 근래의 새로운 동향에서 파악하는 단기의 설정방법은 당연히 그 내용이 상당한 차이를 보일 것이기 때문이다. 결국 어떠한 범죄자 유형에게 단기자유형의 처벌이 유효하며 그 기간은 어느 정도인가라는 것에 기준을 둘 필요가 있다는 것이다.

제3절 단기자유형의 폐해

이상과 같은 서술에서 알 수 있듯이 필자의 기본적인 입장은 단기자유형의 폐해를 지적하여 그것을 폐지하자는 주장을 하려는 것이 아니다. 오히려 필자는 단기자유형을 평가하여 예를 들면, 교통사범이나 마약사범 혹은 매춘사범과 같은 범죄 유형에는 적극적으로 단기자유형을 사용해 보는 것이 어떨까 생각한다. 그 이유는 현재의 형벌정책에서 가장 많이 사용되고 있는 벌금형을 가지고는 충분한 개선·교육효과를 볼 수 없는 범죄자 유형도 존재하기 때문이다.

이하에서는 단기자유형에 폐해가 있다고 하여 폐지를 주장하는 입장과, 필자처럼 단기자유형에 적극적인 의미를 부여하여야 하는 입장으로 나누어 그 이론적 근거에 대하여 검토해 보고자 한다.

단기자유형에는 폐해가 있다고 하여 단기자유형의 개선이라는 사안이 국제적으로 화제가 되기 시작한 것은 1872년의 제1회 국제형무회의의 제10의제 때부터였다고 한다. 일본에서는 일반적으로 바우만(Jurgen Baumann)과 크엔젤(Stephan Quensel)의 폐해론이 소개되고 있는데, 단기자유형에는 폐해가 있다고 하여 폐지를 주장하는 사람들은 그 주된 이유로 다음과 같은 점들을 들고 있다.

① 단기이기 때문에 교육 및 개선 수단을 강구할 여유가 없으며 위하력도 없다는 점
② 단기구금은 가족의 물질적·정신적인 곤궁을 초래할 뿐이며 수형자가 석방 후 사회에 복귀하는 것도 힘들다는 점
③ 집행 장소는 대체적으로 설비가 불충분하고 적절한 자격이 있는 직원의 지도가 불가능하므로 오히려 나쁜 영향을 받게 된다는 점
④ 이러한 종류의 형벌을 받는 수형자는 대다수가 초범인데 구금에 대한 두려움이 없어지고 자존심의 저하를 초래한다는 점
⑤ 단기자유형의 수형자 중에는 하층계급의 사람이 많기 때문에 불공정하다는 느

껨을 심화시킬 우려가 있다는 점

⑥ 단기자유형 수형자에 의한 시설의 과밀수용은 형집행 실무에 지나친 부담을 준다는 점 등이다.

이렇게 단기자유형의 폐해라고 하는 것이 단기자유형만이 가진 특징인지 아니면 자유형이 전반적으로 이러한 폐해를 가지는 것인지에 대해서는 신중한 분석고찰이 이루어져야 할 것이다. 그런데 일단 인문사회과학에 있어 질적인 것이 양적인 것에서 아무런 영향을 받지 않는다고 전제를 두는 것이 아니라고 할 때, 형기의 장단은 수형자의 사회복귀에 어떠한 영향을 주는 유력한 요인의 하나임을 생각해 보면 자유형 일반의 폐해와는 달리 특히 단기이기 때문에 폐해가 되는 요소가 있다는 사실은 부정할 수 없을 것이다. 그렇기 때문에 필자는 단기자유형의 기간을 1년 이하의 자유형으로 생각하여 그 유용한 이용방법을 찾아야 한다고 주장하는 것이다. 바꿔 말하자면, 필자는 종래에 우리가 너무나도 빈번하게 단기자유형의 폐해만을 강조하고 그 유용성을 무시해 온 경향이 있었다는 점이 문제라고 보고 있는 것이다.

이러한 점에서 노르웨이의 안데나에스(Johannes Andenaes)도 1950년 헤이그에서 열린 '국제형법 및 형무회의'에서 단기자유형의 폐해라는 것이 너무나 무비판적으로 하나의 도그마로 시인되고 있다고 하면서 노르웨이의 누범에 관한 통계 연구에 따르면 단기자유형의 결과가 유해하다고만 장담할 수는 없다고 경고하였는데, 이 또한 올바른 지적이라고 생각한다. 그리고 단기자유형에 적극적인 의미를 부여하고자 하는 입장의 견해는 다음과 같다.

① 초범자, 기회범, 특히 과실범에게는 충격효과가 있다는 점

② 교도소의 실정에서 본다면 형기가 짧다는 것은 자유형으로서는 오히려 이점이 된다는 점

③ 단기자유형은 자유형인 이상 재산형과는 달리 빈부의 차이 없이 공평하게 집행될 수 있다는 점

④ 단기자유형은 자유형이라는 점에서 재산형인 벌금형에 비해 형벌의 성질을 더욱 잘 나타내 그 나름대로의 의미를 갖는다는 점

⑤ 일반 예방의 관점에서 단기자유형을 보존할 필요가 있다는 점 등을 지적하고 있다.

그러나 단기자유형에 대하여 많은 폐해가 지적되었음에도 불구하고 오늘날까지 폐지되지 않고 존속해 온 진짜 이유는 필자와 같이 단기자유형에 개선효과를 추구하여 적극적으로 단기자유형을 활용해야 한다는 입장이 아니더라도 우리나라의 다수설의 이론적 기반인 형식적 응보사상 속에 단기자유형이 필요하다는 생각이 존재했기 때문이라고 볼 수도 있다. 따라서 근래 들어서 단기자유형의 증대는 어떤 의미에 있어서는 형벌제도 그 자체가 인도적으로 되어가는 역사 내지는 인도화의 지표라고 할 수도 있는 것이다.

제4절 단기자유형의 대체수단

단기자유형의 대체수단 문제는 단기자유형에 폐해가 있다는 것을 전제로 하여 이를 대신할 어떤 범죄자 처벌 방법이나 수단이 있는지를 검토하는 것이 주요한 목적이다. 이런 경우 단기자유형에는 그 나름대로의 의의가 있으며 처벌효과가 있다고 생각하는 필자와 같은 입장일 때도 단기자유형의 대체수단에 대하여 고찰하는 것은 중요한 일이다. 그 이유는 단기자유형에는 거기에 맞는 범죄자 유형이 있다고는 하나 만일 해당 행위자에 대하여 범죄자라는 낙인을 찍지 않고 처벌하는 일이 가능하다면 더 이상 바람직한 일이 없을 것이기 때문이다.

종래 단기자유형의 대체수단에 대해서는 많은 구체적 제안이 제시되어 왔는데, 이를 살펴보면 다음과 같다.

① 벌금형으로의 환형, ② 형의 집행유예 또는 선고유예, ③ 강제노동, ④ 시민권박탈, ⑤ 기소유예, ⑥ 프로베이션, ⑦ 재판상의 견책(譴責), ⑧ 선행보증, ⑨ 거주제한, ⑩ 음식점 출입금지, ⑪ 태형, ⑫ 가택구금, ⑬ 부정기형, ⑭ 자격제한 등이 대표적인 것들이다. 이 중에서 ⑦과 ⑧은 명예심과 자존심이 결여된 범인에 대해서는 의의가 없으며 ⑨와 ⑩은 근대도시에서는 사실상 불가능한 형벌이므로 일반적으로 ①, ②, ③에 관심이 집중되어 있다고 할 수 있다. 그러나 벌금형으로의 환형이나 강제노동은 반드시 유효할 것이라고 보기에는 힘든 수단이며 집행유예나 선고유예는 사실상 형벌을 가하지 않는 것이 되기 때문에 엄격한 의미에 있어서는 대체방법이라고 할 수 없다. 현재로서는 단기자유형을 재평가하는 움직임과 더불어 단기자유형 그 자체의 대체수단을 탐구

하기보다는 단기자유형의 집행방법을 연구하는 데에 역점을 두고 있다고 볼 수 있다.

예를 들면, 독일의 소년법원법에 있는 것처럼 주말인 토·일요일에만 형을 집행하는 주말구금이나 벨기에에서 채용되고 있는 야간과 비번 일에만 교정시설에 수용하는 반구금, 혹은 영미에서 사용하고 있는 사회봉사 명령, 일본의 교통사범의 집단구금시설에서 시행되고 있는 개방처우와 같은 것이 바로 집행방법을 약간 개선시킨 예라고 볼 수 있다.

일본의 富田敬一이 지적하는 것처럼 단기이기 때문에 시도할 수 있는 집행시의 폐해 회피에 대한 연구가 보다 진전되면 단기이기 때문에 더욱 개선효과를 가진다는 생각에 도달하게 될 것은 자명한 사실이다. 영국의 소년단기수용소에서 3S주의(short, sharp, shock)에 기초하여 3개월간 실시되고 있는 작업과 스포츠 위주의 엄중한 훈련과 교화의 시도는 바로 이러한 생각을 구체화한 전형적인 사례이며 단기자유형의 재평가를 가능케 한 선구적인 시도였다고 할 수 있다. 또한 미국 캘리포니아 주의 워싱턴릿지 삼림캠프, 독일의 소년구금, 프랑스 파리 근교의 사비니 소년분류심사원, 스웨덴 압스치나 교정시설 등에서 이룬 실제상의 형집행 실무의 성공은 단기자유형의 효과를 재평가하기에 충분한 근거라고 할 수 있다.

이와 같이 종래 유해무익한 것으로 사장되어 갈 운명에 있었던 단기자유형은 20세기 후반에 형벌의 일반 예방효과의 재고라는 현상과도 맞물려서 단기자유형도 사용방법에 따라서는 교정효과가 있다는 쪽으로 인식되기 시작한 것이다.

제5절 결 어

이상과 같이 최근의 단기 자유형론은 종래의 전통적인 단기 자유형론과는 달리 단기자유형 그 자체를 적극적으로 평가하려고 하는 경향이 있다. 또한 실제문제에 있어서도 과거의 역사가 가리키는 것처럼 단기자유형의 전면적 폐지가 형사정책상 불가능하며 비현실적이라고 한다면 단기자유형을 활용할 때 짧은 기간이 갖는 이점을 이용하여 범죄자의 교화 개선에 일조하도록 하는 것이 단기자유형의 현대적인 활용방법이며 형사정책의 사명이라고 할 수 있을 것이다.

제4장 부정기형

제1절 부정기형의 정의와 연혁

부정기형이란 일반적으로 재판에서 자유형의 기간을 확정하지 않고 복역 중에 수형자의 개선정도에 따라 법원이나 형 집행기관이 석방시기를 결정하는 것이다. 따라서 형 집행 중의 성적이 나쁘면 구금기간이 연장되고 반대로 성적이 좋은 경우에는 구금기간이 단축된다는 것이 부정기형의 특징이라고 할 수 있다.

이 부정기형에는 전혀 기간이 정해지지 않은 절대적 부정기형과 단기 또는 장기 등 일정한 기준이 있는 상대적 부정기형이 있는데, 범죄자가 개선하지 않는 동안은 무제한으로 구금을 계속하고 개선하면 당장이라도 석방하는 것이 부정기형의 본래 목적인 것을 생각할 때 가장 이상적인 부정기형의 형태는 기간이 정해지지 않은 절대적 부정기형이라 할 수 있다. 그러나 이 절대적 부정기형은 인권보장 측면에서 문제가 있으며 죄형법정주의에도 반하기 때문에 오늘날에는 지지하는 사람이 거의 없는 상황이다.

원래 범죄자를 부정기적으로 구금한다는 생각은 오래 전부터 존재하고 있었으며 종교재판에서도 종종 그런 사례를 볼 수 있었다. 또한 1532년의 카를로스 5세의 형사재판법(카롤리나 형법)에도 부정기형이 규정되어 있었다고 한다. 그러나 이러한 것들은 범죄자의 징벌을 목적으로 하는 것이었지 범죄자의 개선갱생을 목적으로 하는 것이 아니었다. 수형자를 개선시키기 위해 부정기적으로 구금한다는 사상이 나타난 것은 18세기 말에서 19세기 초반에 걸쳐서라고 할 수 있다. 예를 들면, 개선사상을 가진 부정기형제도 그 자체의 원리는 1787년 이미 러쉬(Benjamin Rush)에 의해 제창되었고, 1813년의 바이에른 형법전, 1814년의 오르덴부르그 형법전에는 그러한 사상 하에서 부정기형이 채택되었다. 또한 1830년대에는 바바리아에서 오베르마이어가, 스페인에서는 몬테시노스가 부정기형을 실제로 사용했다고 한다. 일본에서도 구미의 사상과는 관계없이 18세기말에 中井竹山이 장기투옥을 주장했는데, 이는 반년, 3년, 5년, 10년 종신과 같이 기한을 정하여 개심하면 만기가 되었을 때 석방하고 개심하지 않으면 종신토록 구금한다고 되어 있는 점을 보아 부정기형과 같은 유형의 자유형인 것으로 보인다.

이밖에도 부정기형 제도의 연혁에 관해서는 호주의 노포크섬에서 점수제(mark system)를 채용한 마코노키(Alexander Maconochie), 아일랜드제의 창시자인 크로프튼(Walter F. Crofton) 등의 업적을 언급할 필요가 있으나 무엇보다도 부정기형 제도가 꽃핀 장소는 미국이었다. 미국에서 처음 부정기형을 도입한 곳은 미시간 주로서 1876년에 채택되었다(물론 미시간주는 1869년 매춘부 대상으로 하여 3년 이하의 부정기 구금을 정한 소위 '3년법'이 제정된 상태였다). 그러나 제도로서 부정기형은 1877년에 뉴욕주의 엘마이라 교정원에서 실시된 것이 처음이라고 할 수 있을 것이다. 그 후에 부정기형제도의 사용은 급속도로 확산되어 1915년까지는 31개 주가 채택하였고, 1960년대에는 9개 주와 연방을 제외한 모든 주에서 부정기형 제도가 실시되기에 이르렀다.

그러나 1960년대 후반부터 70년대 초반에 걸쳐서 형무소의 인구구성이나 사회적 불평등 문제가 표면화하고 그것이 미국사회에서 중요한 사회문제가 됨에 따라 공민권운동의 흐름 속에서 부정기형이나 형량이 통일되지 않는다는 문제는 형무소 인구의 대부분을 차지하는 흑인이나 소수민족과 같은 피차별집단의 공격대상이 되었고, 당시의 형무소 운영에 대한 재판소의 적극적인 관여로 이 부정기형 문제는 단순히 법률문제에 머무르지 않고 사회적 · 정치적 문제로 대두하게 되었다. 결과적으로 미국에서는 1977년 7월 1일, 우선 캘리포니아주가 부정기형 제도를 폐지하기에 이르렀다.

제2절 미국의 부정기형 제도

그런데 미국의 부정기형 제도를 생각해 볼 때 미국에서 보통 부정기형이라고 하는 경우 판결 속에 형기가 명확하게 정해지지 않고 단기와 장기라는 기준만이 정해져서 그 제한 안에서 일부는 법원에서, 일부는 행정기관의 가석방위원회에서 재량에 따라 형기를 정하도록 인정하는 제도가 일반적인데 이 제도에도 4가지 유형이 있다.

우선 첫 번째의 경우 법관은 형무소에 송치되는 수형자의 형기를 장기나 단기로 결정하는 권한을 갖지 못하며 그 대신 제정법이 각 범죄 유형에 따라 형기를 장기나 단기로 규정하는 방법이다. 물론 이러한 경우에는 실제 수형기간 및 수용자의 가석방 기일은 행정기관에서 결정하게 된다. 캘리포니아 주는 이런 종류의 부정기형 제도를 채용하고 있었다. 두 번째 유형은 제정법이 형의 단기를 규정하고 법원이 형의 장기를 특정하는 것인데, 실제 수형기간은 이처럼 결정된 형기의 범위 안에서 가석방위원회가 최종적으로 결정하게 된다. 세 번째 유형은 법원이 형의 단기만을 정하고 제정법이 각 범죄에 따라 형의 장기를 규정하는 것이다. 네 번째 유형은 법원이 형의 단기와 장기 양쪽을 정하는 것인데, 단기는 장기의 3분의 1 또는 2분의 1을 초과해서는 안 된다고 법률상 규정되어 있다.

이와 같이 미국에서 실시되고 있는 부정기형도 단기와 장기를 명확하게 확정하는 상대적 부정기형이다. 물론 캘리포니아 주와 같이 일정한 범죄 유형에 대해서는 부정기형의 장기를 무기한으로 하여 부정기형제도의 이상에 다가가고자 한 경우도 있으나, 일반적으로 부정기형제도 그 자체는 형기의 불균형을 없애기 위해 생겨난 시도 중의 하나라고 할 수 있는 것이다. 그러나 죄형법정주의의 요청이나 인권보장의 관점에서 존재하게 된 부정기형의 단기라는 존재는 거꾸로 형기의 불균형을 조장하는 결과를 낳았다.

즉 각 범죄별로 단기를 정하여 구금의 최저의무기간을 설치하였기 때문에 가석방위원회조차 단기를 종료할 때까지는 가석방을 할 수 없게 되는 폐해와 부정기형의 고정화를 초래할 것이다. 그래서 이러한 부정기형의 고정화를 해소하기 위한 노력의 일환인 모범 양형법에서는 단기를 없애고 법정형 중에서 법관이 장기만을 언도하여 그 범위 안에서 가석방위원회가 가석방 시기를 심사하는 것으로 하였다. 그런데 결과적으로 이러한 부정기형 개선의 노력은 일반적으로 가석방위원회의 자의적 재량권행사를 초래하였고 장기간 수형자를 교도소에 수용하는 경향을 낳게 된 것이다.

캘리포니아 주에서는 수용의 장기화에 따른 폐해를 피하기 위해 가석방위원회의 재량권 행사를 제한하고 되도록 권한을 법관에게 돌려주는 등 개선책이 제안되었는데 결과적으로 결실을 보지 못하였다. 그리고 캘리포니아주 대법원이 린치사건(In re Lynch, 1972), 윙고사건(People V. Wingo, 1975), 로드리게스사건(Inre Road Rigues, 1975)과 같은 일련의 사건을 심리함에 있어 "탄력성을 가지고 처벌할 수 있는 폭넓은 부정기형의 규정 그 자체는 위법이 아니라 행정기관이 가진 재량권의 부당한 행사에 의해 형이 범죄의 정도를 현저하게 넘어설 정도로 부당하게 길어지고 그 부당함이 사람들에게 충격을 주어 인간의 존엄성을 해치게 된다면 그것은 주 헌법 제1조 6항의 잔혹하고 비정상적인 형벌의 금지조항에 반한다."고 하는 판례를 남기게 된 것이다. 이로 인해 부정기형은 폐지를 향해 첫발을 내딛게 되었고 결국 1977년 7월 1일에 본격적으로 폐지의 길을 걷게 되었다.

제3절 일본의 부정기형 논쟁

우선 부정기형을 둘러싼 논쟁은 전쟁 전과 전후에 있어 그 양상을 달리하고 있다는 점에 유의해야 할 것이다. 전쟁 전에는 주로 신파 형법학에 속하는 사람이 행위자책임과 교육형을 핵심으로 하는 문화사상에 기초하여 부정기형의 필요성을 주장하였던 것에 비해서는 구파를 중심으로 하는 사람들은 행위 책임과 응보형을 중심으로 하는 법치사상에 기초를 두고 부정기형을 거부하는 입장에 서 있었다. 그런데 전후에는 구파 중에서 부정기형을 적극적으로 지지하는 사람들이 나타나는 한편 신파 중에서는 부정기형을 회의적으로 생각하는 사람들이 나타났다. 그리고 쟁점에 있어서도 종래와 같이 부정기형이 책임주의에 반하는지 어떤지가 아니라 부정기형을 채용하기 위해서는 책임주의를 어떻게 이해해야 하는가라는 데까지 이론이 발전하였다는 사실을 인식해야 한다. 그러므로 부정기형을 채용하는 것에 대한 시비가 이제는 신파냐 구파냐 하는 형법이론상의 입장 차이가 아니라 주로 보안을 중시할 것인지 개선을 중시할 것인지 하는 점에서 차이가 생긴다고 할 수 있는 것이다(澤藤, 1975 : 134).

일반적으로 구파의 입장에 선 사람이 부정기형을 정당화하는 경우는 ① 인격을 출발점으로 하여 책임과 형벌의 동적인 성격을 강조하고 인격책임에 따른 형벌은 동적인 것이어야 한다는 견지에서 부정기형을 정당화하는 점, ② 폭의 이론을 사용하여 책임에는 폭이 있으며 그 폭을 가진 책임에 상응하는 범위 안에서 보안, 개선을 목적으로 필요한 부정기형을 가하는 것은 책임주의에 위배되지 않는다는 점, ③ 행위책임과 행위자 책임의 통합을 주장하는 실질적 책임론의 입장에서 보면 행위책임에서 현저하게 벗어나지 않는 한도에서 행위자의 위험성을 고려한 부정기형을 인정해야 한다는 점 등과 같이 일정한 이론적 조정이 이루어지고 있다.

그러나 이러한 조정이 있다고 하여도 인격책임론과 형벌의 동적인 성격을 강조하는 관점에서 부정기형을 추진하는 團藤重光의 견해에 대하여 수형자한테서 '2년에서 15년의 책임의 폭'을 인정하는 것이 과연 주체적인 인격형성을 촉진하는데 필요한 책임의 폭이라 할 수 있는가라고 하는 瀨川晃의 비판(賴川晃, 1973 : 103)이나 일본처럼 많든 적든 보안을 위한 구금이라는 요소를 떠맡지 않을 수 없는 상습범에 대한 부정기형 일원주의 하에서 그것이 책임형이라는 것을 행장(行狀)책임론에서 설명하기는 힘들다는 平野龍一의 비판(平野, 1966 : 35) 등이 있다는 사실에 유의해야 할 것이다.

또한 폭의 이론에 대해서도,

① 가령 책임에 폭이 있다고 하여도 그 폭은 부정기형의 기초가 될 정도로 넓지 않다.
② 책임의 폭에 곧바로 부정기형의 장기와 단기를 의미할 수 있을지 의심스럽다.
③ 책임에 폭이 있다고 한다면 모든 범죄와 범죄자에게 부정기형을 가할 수 있다고 할 것이다.
④ 가령 책임에 폭이 있다고 한다면 왜 부정기형이 원칙이 되지 않고 정기형이 원칙이 되었는가.
⑤ 책임의 폭을 확정하는 기준점이 무엇인가.
⑥ 부정기형의 단기도 책임에 따른 형벌이라고 한다면 단기의 집행이 끝나면 책임추궁은 끝난 것이 되어야 하므로 그 이상의 구금을 정당화하는 것은 더 이상 책임일 수 없다(賴川, 1973 : 106)는 등의 비판이 있다.

그리고 실질적 책임론의 입장에서 부정기형과 책임주의의 모순을 해결하려하는 일본의 莊子邦雄의 견해에 대해서는 형량은 비난으로서 책임(행위책임)의 양을 초과할 수 없다는 입장에서 이 견해에 의문을 제기하는 西原春來의 견해(西原, 1971 : 16)가 있다는 것에도 유의해야 할 것이다.

게다가 이러한 단순이론적 측면과 현실적 효과라는 양면에서 부정기형의 도입은 그것이 비록 극히 소극적이고 철저하지 않은 것이라도 책임주의 원칙을 후퇴시키고 이를 완화시킨다는 것이 사실이다. 처음에는 책임에 폭이 있다는 형태로 이 모순을 일단 회피할 수 있었다하더라도 부정기형의 본래적 성격과 내부법규에 토대를 둔 발전은 반드시 책임주의 그 자체를 위협하게 된다.

행위형법에서 행위자형법으로의 전환을 분명히 예견하지 못한다면 부정기형을 향한 첫발을 내딛을 수 없을 것이다. 그런 의미에서 한쪽에서 책임주의 원칙을 인정하면서 또 한쪽에서 상습범에 대하여 부정기형을 인정하는 것은 기본적으로 모순이며 이율배반이다라고 하고 있다. 그러므로 왜 그토록 소극적이고 철저하지 못한 부정기형을 고집해야 하는지, 도대체 어떠한 효과를 현실적으로 기대할 수 있는 지라는 점에서 일본에서 제안되고 있는 부정기형은 책임주의의 충돌로 인해 이상적 부정기형 일원론과 현저한 차이가 있다. 따라서 부정기형 본래의 효용도 그만큼 감소되었다고 해야 하므로 그런 면에서도 현실적인 효과는 의심스럽다고 하는 의견이 있다는 사실에도 주목해야 할 것이다.

제4절 부정기형 제도에 대한 찬반양론

이상과 같이 부정기형 제도를 채용하는 경우에 있어서는 책임주의적 입장에서 각종 문제가 발생하는데, 이번에는 부정기형 제도에 관한 찬성론과 반대론의 논거를 들어서 그 논점을 정리해 보고자 한다.

1. 우선 부정기형 제도에 찬성하는 논리

① 부정기형은 개선의 목적을 달성하는데 있어서는 가장 적합한 방법이라는 점
② 위험한 범죄자나 상습범죄자에 대하여 장기적인 구금이 확보되기 때문에 사회의 보안을 유지할 수 있다는 점
③ 부정기형을 채용함으로서 형의 불균형이 시정된다는 점
④ 초범이나 범죄성이 진행되지 않은 자에게는 수형기간을 짧게 한다는 이점이 있어 자신의 석방기일을 자신의 노력에 따라 앞당길 수 있기 때문에 개선의욕이 촉진된다는 점
⑤ 형기가 부정기라는 것은 범죄자에게 위하적 효과를 가진다는 점
⑥ 사회복귀를 충분히 기대할 수 없는 범죄자에 대해서는 교정직원이 구금기간을 늘려 효과적인 처벌을 꾀할 수 있다는 점
⑦ 수형기간이 처벌 진도에 따라 결정된다는 사실은 사회에도 수형자 자신에게도 이익이라는 점 등을 열거할 수 있다.

2. 부정기형 제도에 대한 반대 논거

① 장기간에 걸치는 경향이 있는 부정기형이 개선효과를 가지고 있는지 여부는 매우 의심스럽다는 점
② 부정기형은 빈곤하고 사회적으로 불이익을 받고 있는 자에게 주로 가해지기 쉬워서 사회적 불공정성을 발생시키기 쉽다는 점
③ 부정기형은 실제로 운용함에 있어 인권침해를 일으킬 우려가 있다는 점
④ 부정기형에 처해진 수형자는 언제 석방될지 모른다는 정신적 불안감에 시달리게 되며, 석방시기의 결정이 형집행관의 평가에 달려 있기 때문에 수형자와 집행관의 인간관계를 왜곡시킬 가능성이 있다는 점
⑤ 부정기형은 교활하고 이기적인 수형자에게는 유리하지만 사회적 위험성이 적고 약삭빠른 행동을 할 줄 모르는 우직한 사람에게는 오히려 엄한 형벌이 된다는 점
⑥ 부정기형은 책임주의의 원칙에 반하는 것이며 책임의 양을 훨씬 초과하는 형벌이 가해질 염려가 항시 따라다닌다는 점

⑦ 교도소에서 석방되는 날짜가 분명치 않기 때문에 수형자 사이에 과도한 긴장감을 초래할 뿐만 아니라 수형자의 가족에 대해서도 지나친 압박감을 주게 된다는 점
⑧ 각종 실태조사에 따르면 부정기형은 효율성이 낮아 유효한 형사정책수단이라고는 할 수 없다는 점
⑨ 부정기형의 가석방 결정과정에 대해서는 적정절차 보장이 결여되어 있으며 판단기준도 애매하다는 점 등을 들고 있다.

제5절 소년범죄자에 대한 부정기형

원래 부정기형 제도란 한편에서는 범죄자에 대한 개선교육을 꾀한다는 점에서 형벌의 효과를 다하고자 하고, 또 한편에서는 사회 보전을 위해 범죄자를 사회로부터 격리하는 것으로 사회방위를 꾀하고자 하는 것이라 볼 수 있다. 그리하여 전자를 생각하는 입장에서 소년범죄자에 대한 부정기형 제도를 주장하게 되고, 후자를 생각하는 입장에서는 상습범죄자에 대한 부정기형제도의 채용을 주장하게 된다.

그러나 이러한 점에 대해서는 牧野英一도 "부정기형에 대하여 생각하지 않으면 안 되는 점은 그것이 더 이상 해악형(害惡刑)이 아니며 단순한 격리형도 아니고 역시 교육형이라는 점이다. 상습범에 대해서조차 국가는 동화정책을 포기하지 않는다는 것에 부정기형의 합리적 기초가 있다고 할 수 있다. 부정기형이 교육형주의를 기본으로 한다는 것은 상습범에 대한 자세와 소년범에 대한 자세에 차이가 없다는 것을 뜻한다. 다만 교육적 효과를 실제로 거론해 보자면 이 두 경우는 난이도에 차이가 많다. 그렇기 때문에 이 두 경우를 구별하여 생각하는 것뿐이라고 해야 할 것이다. 상습범에 대한 부정기형이 격리형이라는 것은 단지 그런 의미에서 이해되어야 할 것이다(牧野, 1933 : 290~291)." 라고 하면서 부정기형의 교육적 측면을 강조하고 있다는 사실에 주의해야 한다.

현행형법은 정기형을 원칙으로 하고 있고, 다만 특별법인 소년법에 의하여 소년범에 대해서만 상대적 부정기형을 인정하고 있다(소년법 제54조 참조). 그러나 현행 형법에 따른 정기형의 경우에도 가석방(형법 제72~76)이 인정되므로 실질적으로는 형기를 부정기화 하고 있고, 또한 무기자유형도 가석방과 결합됨으로써 실질적으로는 일종의 부

정기형이 된다고 할 수 있다. 부정기형에서 단기와 장기의 의미를 살펴볼 때 형법의 책임주의 원칙에서 단기가 책임의 한도인지 장기가 책임의 한도인지에 대한 논쟁이 있다. 첫 번째 설은 단기설인데 단기가 책임형이고, 장기는 특별예방의 필요성으로 인해 정해진다고 주장한다. 두 번째 설은 장기설로서 책임에 기초하여 장기를 정하고 단기는 소년에게 희망을 주어 노력 여하에 따라서 조기 석방될 수 있다는 가능성을 제시하는 것으로 정해진다는 주장이다. 세 번째 설은 중간설로서 부정기형의 본질은 미리 단기나 장기에 중점을 두는 것이 아니라 양자를 겸비한 하나의 통일된 형벌이라는 것인데, 말하자면 특별예방적인 관점에서 상하 양쪽에 일정한 폭을 주자는 것이다.

필자의 사견을 말하자면 첫 번째 단기설은 형법의 책임주의 견지에서 보아 책임에 기초하지 않는 장기를 인정하게 되므로 장기는 일종의 보안처분으로 해석할 수밖에 없게 된다. 그리고 세 번째 설은 책임에 따른 형벌의 소재, 즉 죄형의 판단기준이 애매하게 되어 책임주의의 의미가 상실되어버리게 된다. 따라서 두 번째 설을 정당하다고 보아야 할 것이다. 즉 소년은 가변성이 풍부하며 아직 인격형성 과정에 있으므로 개선갱생을 위한 교육효과가 높기 때문에 교육을 철저하게 함과 동시에 소년에게 희망을 주어서 노력하도록 유도하고 될 수 있는 대로 조기에 사회로 복귀시키기 위해 단기를 정하는 것이라고 해석하는 것이다. 그런 의미에서 보면 소년의 가석방이 성인에 비해 상당히 완화되어 있다는 점도 이해가 되리라 생각된다. 부정기형의 경우는 단기의 3분의 1만 경과하면 가석방 자격을 얻을 수 있고 심사를 거쳐서 가석방이 인정된다.

단, 형의 집행유예를 언도하는 경우에는 부정기형이 아니라 정기형을 선고(예컨대, 징역 1년에 집행유예 2년처럼 징역에 비례해서 집행유예 기간은 정해짐)하게 되어 있다는 점에 유의해야 한다.

제5장 벌금형

우리나라 현행형법에는 재산형으로 주형인 벌금·과료 이외에 부가형으로 몰수 등이 규정되어 있다. 이 중에서 몰수는 주형을 언도할 때에만 가할 수 있는 형벌이다. 벌금과 과료는 보통 양자를 합하여 벌금형이라 불리는데, 양쪽 모두 일정한 금액을 국고에 납입시키는 것을 그 내용으로 하는 형벌이므로 금전형(金錢刑)이라고 할 수 있다.

벌금형은 범죄인으로 하여금 일정한 금액을 지불하도록 강제하는 형벌이다. 과료와는 적용대상 범죄와 금액면에서 구별된다. 그리고 몰수는 원칙적으로 주형에 대한 부가형으로 재산권을 일방적으로 귀속시키는 효과를 갖는데 반하여, 벌금형은 독립된 형벌로서 일정한 금액의 지불의무만 부담시킨다는 점에서 다르다(신진규, 앞의 책, 591).

제1절 벌금형의 형사정책적 의의

종래 벌금형의 형사 정책적 의의를 검토할 때에는 주로 단기자유형의 대체수단으로서 벌금형의 의의를 생각하는데 그쳐서 벌금형 그 자체의 형사정책 적 의의에 대하여 검토하는 일은 비교적 적었다고 생각된다. 바꿔 말하자면, 종래의 벌금형론에는 그 자체의 고유한 근본적사상은 찾아볼 수 없었고 벌금형이 문제되는 것은 주로 자유형, 그것도 단기자유형과의 관계에 대해서만 논의되었다. 그런데 최근의 형사정책에 있어서는 라벨링(labeling)이론의 도입에 따라 벌금형도 고유한 형사정책적 의의를 가진다는 것이 강조되고 있다. 즉 벌금형도 유예제도나 보호관찰과 마찬가지로 사회 내 처벌의 일종이며 비시설화(de-institutionalizaton)나 전환(diversion) 문제와 관련되어 있다는 것이 드러나기 시작했기 때문이다.

또 한편으로는 최근의 형벌체계에서 벌금형이 보이는 동향으로는 자유형에서 벌금형으로의 완형화(緩刑化)나 벌금형을 형사벌에서 행정벌로 전환시키는 비형벌화(de-penalization) 내지는 비범죄화(de-criminlization)의 방향도 북구를 비롯한 각국에서 제안되기 시작하였다. 이제 일반시민에게 있어 벌금형은 가장 친숙한 형벌이 되고 있으며 현대세계의 형벌체계에서 벌금형이 중심이 되어가고 있다고 볼 수 있는 것이다. 또한 오늘날 형벌체계가 자유형에 있다고 하면 그것은 비유적으로 말하자면 자유형 중에서도 '금전으로 바뀐 자유형'(울겐 바우만 : Jürgen Baumann)이 중심이 되어가고 있다고 볼 수 있다(藤本哲也, 전게서, 158).

제2절 벌금형의 본질

벌금형은 본인에게 재산적인 고통을 줘 그것으로 범죄성을 진압하거나 또는 다음 범행을 불가능하게 하는 것을 목적으로 하는 형벌이라 할 수 있는데, 일반적으로는 비교적 경미한 범죄에 대하여 범죄자로부터 일정한 금액을 박탈하는 것으로서 규범적 의식을 각성시키는 것을 기대하여 가해지는 형벌이다. 따라서 벌금형은 자유형처럼 수형자의 인격에 지속적으로 작용하여 수형자를 개선시키는 것이 아니라 형벌을 받았다는 것이 그 사람의 규범의식에 작용해야만 비로소 범죄억제의 효과를 얻을 수 있다(片倉=井上, 1965 : 1; 福田, 1972 : 189).

그러나 이 벌금형의 본질에 대해서는 두 가지 상반된 견해가 있다. 그 중 한 가지를 보면 자유형은 인간의 신체의 자유를 박탈하여 수형자의 성격전체에 작용하는데 비해서, 벌금형은 외부적인 생활요소이자 인격과는 관계가 없는 것인 단순한 소유권에 대하여 가해지는 벌에 불과하므로 교화개선의 이념이 적다(木村, 1942 : 341)고 생각하는 것이다. 물론 벌금형이 박탈하는 법익은 금전이고 금전은 인격의 일부라고는 할 수 없는 것이므로 그런 의미에서 벌금형의 비인격성을 지적하는 것은 옳다고 볼 수 있을 것이다. 그러나 또 한편으로는 벌금형 대상의 비인격성 때문에 곧바로 벌금형 그 자체의 비인격성을 결론짓는 것은 옳지 않다고 하는 비판(小野坂, 1965 : 88)이 있다는 사실도 잊어서는 안 된다. 이는 말하자면 벌금형은 어떤 사람의 물건을 박탈하는 것으로 그 사람을 공격하여 죄가 있는 자의 재산으로 죄가 있는 자의 인격에 타격을 주는 것이므로 벌금형은 인격적인 형벌이며 자유형의 정도는 아니라하더라도 한정된 범위에 있어서는 교육적 효과도 기대할 수 있다고 하는 것이다.

그러나 이러한 논쟁은 결국 벌금형이 인격에 관계된 형벌인가 아닌가를 중심으로 하여 벌금형의 교육적 효과의 유무를 따지는 것으로 그 나름 데로의 의미를 가지고 있기는 하겠으나 벌금형의 기능이 '낙인의 회피에 있다'고 생각하는 필자의 입장에서 보면 금전의 박탈자체가 인격에 영향을 미치는지의 여부보다는 교도소 수용에 따르는 자유형이 아니라 교도소 수용이 따르지 않는 벌금형에 의해 범죄자의 규범의식을 각성시킨다는 것에 벌금형의 현대적 의의가 있다고 생각되는 것이다(福田平, 1972 : 183~203).

그러나 새삼 지적할 것도 없이 이러한 사고방식으로 보자면 매춘부 등과 같이 벌금형을 받는다는 것을 예상하여 벌금을 일종의 세금 또는 필요경비라고 생각하는 사람에게는 벌금형이 전혀 효과가 없으며 그 기능을 다할 수 없다는 사실을 시인하지 않을 수 없다. 그리고 이러한 경우에 한해서는 벌금형에 범죄 억제효과가 없다는 주장 또한 인정하지 않을 수 없다는 것이다. 그야말로 벌금형에는 한계가 있는 것이며 그렇기 때문에 벌금형은 규범의식이 둔화된 범죄자나 개선교육이 반드시 필요한 범죄자에 대해서는 적절하지 않은 형벌이며 비교적 가벼운 죄를 범한 초범이나 과실범 또는 욕심이 강한 범죄자에 대해서만 적당한 형벌이라 할 수 있는 것이다.

제3절 벌금형의 장점과 단점

그러면 형사정책적 관점에서 본 벌금형의 장점과 단점에 대하여 검토해보도록 한다. 우선 벌금형의 장점으로는 첫째, 벌금형은 범죄의 경중(輕重)을 수량적으로 표현할 수 있으며 집행에도 많은 비용이 소요되지 않는다는 점이며, 둘째, 벌금형은 금전을 매개로한 인격적 비난의 의미를 갖고 있으므로 비교적 본인에게 주는 충격이 적으며 고통도 재산적인 면에 한정된다는 점이다. 셋째, 벌금형은 경미한 범죄에 대한 형벌로서 단기자유형의 폐해를 방지할 수 있다는 점이며, 넷째, 범죄는 이욕적 동기를 가진 범죄, 예를 들면 절도 등에 관련된 죄, 도박죄, 통제경제법 위반죄에 대해서는 반대동기로 응징한다는 점에서 효과적이라는 점이다. 다섯째, 벌금형은 본인의 자산, 수입, 성격, 가족상태 등에 따라 적용할 수 있으며 자유형보다도 더욱 특별예방적인 효과를 기대할 수 있다는 점이며, 여섯째, 벌금형은 범인의 범죄에 대한 형벌적용 기술상의 장점이 있다는 점이며, 일곱 번째, 벌금형은 초범 과실범에 대해서는 충격효과를 기대할 수 있다는 점이다. 끝으로, 벌금형은 집행방법이 간편하며 납부금액이 국고에 귀속된다는 점 등을 장점으로 들고 있다(西山富夫=大冢仁, 1972 : 317~323).

반면에 단점으로는 첫째, 벌금형은 빈부의 격차에 따라 효과가 전혀 다르게 되므로 형벌의 공평성이 결여된다는 점이며, 둘째, 벌금형은 수형자의 인격과는 무관한 우연적이라 할 수 있는 재산권에 대한 벌이라는 점과 형벌의 집행이 일시적인 것이며 벌금을 납부해버리면 그만이라는 관념이 있으므로 생명형이나 자유형과 비교하여 형벌로서의 효과나 작용이 적다는 점이다. 셋째, 벌금형은 적은 금액을 법으로 정하는 것이 어려우며 애써 정해도 한 번 인플레이션이 일어나면 형벌의 효과가 상실된다는 점이다. 넷째, 벌금은 본인 이외의 사람이 지불할 수도 있으므로 형벌의 일신전속성의 본질에 반한다는 점이며, 다섯째, 벌금형은 영리적인 범죄에 대해서는 무력하다는 점이다. 여섯째, 벌금지불이 불가능한 경우는 노역장유치처분을 받으므로 본래 경미한 형벌이어야 할 벌금형이 사람에 따라서는 중형이 되어 형벌효과의 불공평성이 야기될 우려가 있다는 점 등과 같은 것을 들고 있다.

이와 같이 벌금형의 장점과 단점으로 열거되는 것은 벌금형에만 국한되는 요소가 아니라 형벌 일반의 특징이라고 생각할 수 있다. 결국 현재 우리에게 가능한 일은 형벌제도상의 수단 중 하나로서 범죄자 처벌에 있어 벌금형이 갖는 중요성을 인식하고 벌금형의 단점이라 할 수 있는 요소들을 하나씩 개선해 나가는 노력에 형사정책 상의 목표를 설정하는 데에 있다고 생각된다.

예를 들면, 벌금형의 단점이라 일컬어지는 것 중에서도 수형자의 빈부 차이에 따라 불공평한 결과가 발생한다는 결점을 피하기위해서는 첫째, 벌금형 적용에 있어 범죄자의 경제 상태를 고려하여 형량을 정한다는 것을 법문화하여야 한다는 것이다. 둘째, 벌금형의 집행에 있어 체납이나 분납을 허용한다는 제도를 법률로 규정하여야 하다는 것이다.

셋째, 소위 일수벌금제도를 채택해야 한다는 등의 개선책을 생각해 볼 수 있다. 또한 그 밖에도 벌금형의 단점을 보완하는 조치로서는 첫째, 벌금의 적용범위를 확장하여 특히 단기자유형을 벌금형으로 전환시키는 것을 인정해야 하며, 둘째, 벌금을 완납하지 않는 자에 대한 노역장 유치를 폐지하고 '자유노동에 의한 상환' 또는 '사회봉사명령' 제도를 채택해야 할 것이다. 셋째, 벌금형의 집행유예를 보다 많이 활용해야 하고, 넷째, 이욕범죄자에 대한 벌금적용을 강화시켜야 한다는 등의 시책을 강구해 볼 수 있는 것이다.

제4절 벌금형의 제문제

벌금형이 범인의 재산적 이익을 빼앗은 것으로 범인에게 고통을 주어 범인의 규범적 의식을 환기시키는 것에 그 의의가 있다고 생각할 때 과연 벌금형은 그 기능을 충분히 다하고 있다고 할 수 있는 것일까? 이 점에 대하여 일본의 什辰三朗은 '벌금형의 이모저모'라는 제목으로 잡지 '죄와 벌'의 권두언에서 다음과 같이 말하고 있다.

'각종 법령에 규정되어 있는 벌금액 대부분은 고도경제성장에 의한 소득증대나 물가의 폭등 등 경제성장의 발달에 따라 실질적으로는 상대적으로 적은 액수가 되어, 증대한 국민의 소득과의 관계에 있어 균형을 잃기에 이르렀다. 따라서 벌금을 징수하는 것이 반드시 타인에게 고통을 주는 것이 되지못하고 범죄에 대한 규범적 의식을 환기시킨다는 것은 기대할 수조차 없게 되었다. 더구나 약식절차에 의해 형벌을 받는다는 인식은 감명력(感銘力)의 희박함과 도로교통법 위반에 의한 벌금수형자의 급증은 벌금에 대한 국민의 감각을 일상적인 것으로 만들어버려서 형벌로서의 벌금은 별 의미가 없다(什辰, 전게서, 2).

다음에는 벌금형에 동반하는 각종문제를 해결하기 위해 이제까지 고안되었던 여러 방법 중에서 벌금의 집행유예제도, 벌금의 분납 · 연납문제, 자유노동에 의한 상환, 사회봉사명령, 일수벌금제 등에 대하여 아주 간략하게 검토해보기로 한다.

1. 벌금의 집행유예제도

형벌의 집행유예제도가 최초로 제정된 것은 1888년 벨기에의 「가석방 및 조건부유죄판결에 관한 법률」에서였으며, 벌금의 유죄판결에 집행유예가 인정된 첫 사례는 1891년 프랑스의 「형의 감경 및 가중에 관한 법률」에서였다고 전해진다. 일본에서는 징역 및 금고에 집행유예가 인정받기 시작한 것은 1947년부터이다. 즉 1947년의 제1국회에서 5000엔 이하의 벌금(1991년 법률 제31호에 의한 50만 엔 이하의 벌금)을 언도받았을 때에는 정상을 참작하여 재판확정일로부터 1년 이상 5년 이하의 기간 동안 그 집행을 유예시킬 수 있다고 된 것이다(小野辰弘, 1965 : 64~101). 우리나라의 경우 벌금형에 선고유예만을 인정할 뿐(형법 59) 집행유예는 인정하지 않고 있다. 이러한 입법태도는 벌금형이 대개 경한 범죄에 대해서만 규정되어 있다는 점을 고려한 것으로 보이는데, 이와 함께 우리나라의 경우처럼 총액벌금형 제도를 취하는 경우에는 선고유예와 집행유예의 대상을 구별하는 것이 용이하지 않다는 점도 고려된 것이라고 생각된 것이라 생각한다.

그러나 벌금형도 그 액수에 따라 경중이 있고, 벌금형의 대상이 되는 범죄의 죄질도 천차만별이므로, 벌금형에 대해서도 형사정책 적 목적에 비추어 집행유예를 인정할 필요가 있다고 본다.

2. 벌금의 납부연기와 분납

벌금형에 있어서 가장문제가 되는 것은 벌금을 내지 못하는 사람에 대하여 어떻게 대처해야 하는가하는 문제이다. 앞서 기술한 벌금의 집행유예제도도 중요한 대책의 하나이겠지만 벌금을 완납할 수 없는 사람을 노역장에 유치한다고 하는 폐해를 회피하는 수단으로서는 집행유예 이외에도 벌금의 납부연기와 분납제도를 생각해 볼 수 있다. 물론 여기에서 말하는 벌금의 납부연기란 벌금의 납부기한을 연장하는 것이고 분납이란 벌금을 분할하여 지불하는 것을 말하는데, 양자는 벌금형의 지불을 용이하게 하는 수단이라는 점에서 공통성을 갖는다. 그리고 이러한 점 때문에 벌금의 납부연기와 분납은 벌금의 집행유예제도와 다른 의미를 갖는 것이다. 즉 납부연기 · 분납은 벌금형의 집행을 가능하게 하는 방법인 것에 비하여 집행유예는 벌금형의 집행 그 자체를 유예하는 제도이기 때문에 결과적으로 다르다고 볼 수 있다(什辰三郎, 前揭書, 1~3).

이 벌금의 납부연기 · 분납제도는 이미 영국, 독일, 이탈리아, 스위스, 덴마크, 벨기에, 스웨덴, 오스트리아, 헝가리, 폴란드, 아르헨티나, 그리고 미국의 일부 주에서도 실시되고 있는 제도이지만 이웃일본의 경우는 납부연기 · 분납제도를 인정하는 데에 이론(異

論)이 있는 상황이다.

우선 이 제도에 대한 이론의 첫 번째는 납부연기 · 분납을 허용하는 것으로 벌금형이 갖는 형벌로서의 진지함이 약해지고 형벌로서의 성격을 잃는다는 것이다. 여기에 대해서는 벌금의 납부연기 · 분납에 의하여 행위자는 자신의 행위와 그 결과를 상기하여 오히려 형벌효과가 높아진다고 하는 유력한 반대론(小野坂, 1966 : 20)이 있다는 사실에 유의해야 한다.

두 번째로 납부연기 · 연납이 인정되는 대상은 재산이 없는 사람이나 경제적으로 여유가 없는 노동자들인데, 이러한 사람들은 납부연기 · 분납이 허용되어도 지불하지 못하는 경우가 많으므로 결국 납부연기 · 분납은 무의미하다는 의견이다. 여기에 대해서도 납부연기 분납의 대상은 꼭 무자산자나 경제적으로 여유가 없는 노동자에 한정되는 것이 아니라 수입이 부정기적인 행위자나 수입이 특정한 시기에 한정되어 있는 행위자 등도 있으므로 납부연기 · 분납제도는 나름대로의 의미를 갖는다고 하는 반론(小野坂, 上揭書, 20)이 있다는 사실에 유의해야 한다.

세 번째 반대론의 논거는 납부연기 · 분납제도를 채택하면 집행부서의 부담이 증대한다는 것이다. 여기에 대해서도 물론 납부연기 · 분납의 규정을 적용함으로 인해 집행사무량이 늘어난다는 것은 분명하지만 그렇게 현저하게 증대하리라고는 생각되지 않으며 납부연기 · 분납의 규정을 적용함으로 인해 업무량이 늘어난다는 것은 분명하지만 그렇게 현저하게 증대하리라고는 생각되지 않으며 납부연기 · 분납에 의해 대체적 자유형의 집행을 받는 사람이 감소한다는 효과와 업무량이 대체적으로 자유형의 집행시에 증대하는 정도와 비교하여 보면 벌금의 납부연기 · 분납을 부정할 이유는 없다(福田, 1972 : 201)라고 하는 납부연기 · 분납 옹호론이 있다는 것도 분명히 밝혀 두어야 할 것이다.

이밖에도 납부연기 · 분납제도를 채택할 경우에는 다음과 같은 문제점이 있을 수 있다.

① 납부연기 · 분납을 허용하는 기관을 집행부서로 할 것인가 법원으로 할 것인가.
② 어떤 조건 하에서 납부연기 · 분납을 허용할 것인가.
③ 납부연기의 유예기간 · 분납의 기한을 어떻게 결정할 것인가.
④ 다른 제도, 예를 들면 보호관찰이나 가납부(假納付) 등과 어떻게 결합시킬 것인가 등의 문제가 있다는 것에도 주의해야 할 것이다.

그러나 이와 같이 검토되어야 할 문제점은 있으나 벌금의 납부연기 · 분납제도는 벌금지불을 용이하게 하여 벌금완납이 불가능한 사태를 감소시키고 나아가서는 대체적 자유형의 집행을 감소시키는 효과를 가지는 것이므로 벌금형을 합리화하기위한 수단으로서는 중요한 선택이라고 할 것이다. 현재 우리나라에서도 실무상으로 재산형 등에 관한 검찰집행사무규칙 제12조에 의거 「국민기초생활 보장법」상의 수급권자, 「국민기초생활보장법」상의 차상위계층 중 「의료급여법」상 의료급여대상자, 「한부모가족지원법」상 보호대상자, 자활사업참여자, 장애인, 본인 외에는 가족을 부양할 자가 없는 자, 불의의 재난피해자, 납부의무자 또는 그 동거 가족의 질병이나 중상해로 1개월 이상 장기치료를 요하는 자 기타 부득이한 사유가 있는 자 등에 한하여 제한적으로 실시되고 있다.

3. 자유노동에 의한 상환

자유노동에 의한 상환이란 벌금을 완납하지 못하는 사람을 국가가 제공하는 일정한 노무에 종사하도록 하여 자유를 구속하지 않고 본인의 노동의 대가로 벌금을 충당하게 하는 방법이다. 이것은 스위스, 노르웨이, 아르헨티나 등에서 실제로 법제화되어 있다고 하는데 그다지 사용되지는 않고 있다. 참고로 노르웨이에서는 이 제도가 채택된 이래 실제로 실행된 적은 한 번도 없으며, 스위스의 취리히에서도 1945년 이래 자유노동에 의한 상환이 행해진 것은 겨우 4건에 불과하며 그것도 4건 중 3건은 결국 벌금으로 납부되었다고 한다(森井晴, 1975 : 299~300).

일본에서는 일찍부터 正木亮이나 木村龜二에 의하여 이 제도의 유용성이 주장되기는 했으나, 막상 당사자인 이 두 사람도 이제도를 현대의 사회경제조직 하에서 실현시키는 것은 매우 힘들다는 사실을 충분히 인식하고 있었던 것으로 생각된다. 실제로 正木亮은 자유노동에 의한 상환제도를 채택하기 위해서는 우선 국가의 직업배부제도가 확립되어야 할 필요성이 있다고 주장하고 있으며(正木, 1963 : 49), 木村龜二도 "사회 및 산업의 조직을 현상그대로 방치한 상태에서 형법내지 행형의 개혁을 논하는 것이라면 자유노동에 의한 상환이 이상적인 해결법이기는 하나 사실상은 실현불가능하다는 점으로 돌아 갈 것이다(木村, 前揭書, 352)."라고 말하고 있다.

결과적으로 이 자유노동에 의한 상환제도는 적당한 노무를 제공하는 것이 곤란한 수형자 자신의 노동의욕 등을 고려했을 때 이상적인 제도이기는 하지만 실현되기 매우 힘든 일이라고 할 수 있을 것이다.

4. 사회봉사명령

사회봉사명령(community service order)이란, 법원이 유죄가 인정되어 자유형을 선고하여야할 범죄자에 대하여 자유형을 대신하여 일정시간 동안 무보수로 봉사작업에 종사하도록 명하는 제도를 말한다.

이 제도는 무보수의 작업을 강제함으로써 그동안 범법자의 시간과 자유가 제한되는 점에서 여전히 처벌의 성격을 가지고 있는 반면에, 범죄로 인한 피해를 상쇄할 수 있는 대가를 사회에 되돌려주는 처벌의 성격도 지니고 있다.

그리고 자신의 무책임한 행동에 대한 속죄적 요소, 근로를 통하여 사회적 책임감을 배양함으로써 건전한 시민으로서 사회와 재융합할 기회를 주는 사회복귀적 요소도 있다. 또한 범죄자를 소극적으로 지도 · 원조를 받는 객체에서 사회에 전환하고 범죄자에 의한 노동을 사회에 대한 봉사라는 관점에서 파악하여 지역사회에 대한 봉사활동으로 자리매김한다.

이와 같이 사회봉사명령은 처벌이라는 성격과 배상이라는 성격을 동시에 가지고 두 방향에서 범죄자를 사회에 재통합시킴으로써 범죄자의 사회와의 화해를 가능하게 하여 정상인으로서 복귀를 수월하게 할 수 있는 사회 내 처우의 한 방법이다(박상기 외 2인, 앞의 책 501~511).

이사회의 봉사명령에 대해서 말하자면, 일반적으로 알려진 사회봉사명령은 영국의 1972년 형사사법(criminal justice act)에 의하여 채택된 것으로 이는 자유형을 언도할 수 있는 범죄자에 대하여 자유형을 대신해서 일정한 시간의 사회봉사를 명령하는 것으로 어디까지나 형사제재 방법 중의 하나이다.

여기에서 문제시하고 있는 벌금의 불완납자에 대한 대체수단으로서의 사회봉사명령은 1952년 영국의 치안판사재판소법에 기초한 시책이다. 이 법에 따르면 치안재판소에서 유죄가 되어 벌금형이 부과되었음에도 불구하고 이를 완납하지 않는 사람에 대해서는 유치를 명할 수 있도록 되어 있으나, 해당 법원은 유치를 명하는 대신에 벌금을 완납하지 않는 자에게 사회봉사명령을 내릴 수도 있다고 되어 있다. 물론 이 규정은 치안판사가 관할하는 범죄 중에서 벌금형에 상당하는 것에 한해서만 한정적으로 적용할 수 있다는 사실에 주의해야 하지만 벌금 불완납자에 대한 유치를 대체한다는 점에서 참고가 될 것이다. 미국에서도 1966년에 캘리포니아 주 알라미다 군에서 벌금을 지불하지 못하였는데 그렇다고 교도소에 구금하는 것도 문제가 되는 여자 교통범죄자에 대한 제재로서 사회봉사명령이 부과된 바 있다. 유사한 사례는 캐나다, 오스트리아에서도 존재한다고 하는데, 사회봉사명령의 경우는 자유노동에 의한 상환의 경우처럼 국가 또는 지방공공단체의 노무에 한할 필요가 없고 민간인으로부터 노무제공도 가능하다는 점에서 탄력적인 운용을 할 수 있다는 이점이 있다.

5. 일수벌금제

일수벌금제는 1916년에 스웨덴의 티렌(J. C. W. Thyren)에 의해 제안된 것으로, 그 후에 북구나 중남미에서 법제화되어 현재는 독일, 프랑스, 오스트리아, 스위스 등지에 채택되고 있다. 본래 이 일수벌금제도는 희생평등의 원칙과 책임원칙의 조화를 꾀하여 벌금형을 합리화하는 방법으로 고안된 것인데, 보통 벌금액의 책정은 다음과 같은 2단계로 나눈다.

우선 제1단계에서는 행위의 중대성이나 그 정도에 따라 '며칠'이라는 일수가 정해진다. 여기에서 형 책정의 일반원칙에 따라 일수가 정해지는 것인데 형의 양정이 행위자의 책임에 따라 결정된다. 여기서 일수의 계산은 주로 행위에 대한 객관적 평가라는 성격이 부여되므로 행위가 같다면 같은 크기의 벌금일수가 정해지게 된다.

이어서 제2단계에서는 행위자의 경제력을 고려하여 하루에 해당하는 금액이 정해진다. 예컨대, A가 B의 2배의 지불능력이 있다면 하루의 금액(일액)도 2배가 된다.

이렇게 해서 제1단계에서 정해진 일수(행위에 대한평가)와 제2단계에서 정해진 일액(지불능력의 고려)을 곱한 것이 벌금액이 되며 판결에 있어서는 벌금총액 외에 일수와 일액도 제시되는 것이다.

이와 같이 일수 벌금제는 한편에서는 행위에 대한 부정적 평가의 정도를 객관적으로 명시함과 동시에 또 한편으로는 행위자에 대한 형벌로 적정한 효과를 확보한다는 점에서 뛰어나다고 할 수 있어 벌금형의 이상적인 형태로 높이 평가되고 있으나, 그 반면에 일수 벌금제도는 너무도 기교적이며 부자연스럽고 처음에는 며칠간 벌금을 낼 것인가를 결정하고 다음에 하루치 금액을 결정하는 산정방법을 채택하면 재판관은 벌금총액이 너무 높아지지 않도록 하기 위하여 하루치 금액을 낮게 책정할 가능성이 있으며, 또한 법관이 전통적인 사고방식에서 우선 벌금총액을 염두에 두고 그 총액을 기계적으로 벌금일수로 나누어 하루치 금액을 산정할 위험성이 있다고 하는 비판이다(齊藤, 1970 : 182).

그리고 두 번째로 범인의 경제력을 충분히 조사하는 것은 매우 힘든 일이므로 범인의 경제력에 따라 하루치 금액을 산정하는 것은 거의 불가능에 가깝다고 하는 비판(福田, 1972 : 195)도 있다. 또 법정형의 기능 중 하나가 해당행위에 대한 규범적 평가를 명시하는 점에 있다고 한다면 법정형의 표시는 일수에 의한 표시여야 하는데, 실제로는 이 표시로 법정형의 사회적 기능을 충분히 다할 수 없으며 오히려 단적으로 금액을 명시해 두는 편이 낫다고 하는 비판도 있다(森井, 1975 : 297).

그 밖의 비판으로는 첫째, 하루치 금액이 경제력의 대소에 따라 결정되므로 경제력이 있는 것이 나쁜 것 같은 인상을 주어 법아래서 평등하다는 헌법규정에 위반된다는 비판이 있다. 둘째, 법정형을 일수로 정하는 경우 금액으로는 상한이 없어 매우 높은 벌금이 언도될 위험성이 있다는 비판이 있다. 셋째, 일수 벌금제를 채택했을 때 하루치 벌금액에 대해서는 법정 상한 및 하한을 정하게 되므로 고통의 평등이라는 사고를 철저히 실행하지 못할 것이라는 비판도 있다(福田, 1972 : 196, 森井, 1975 : 297). 따라서 이웃일본의 경우 일수 벌금제도가 현행제도와 너무나도 동떨어져 있다는 점, 둘째, 현재도 어느 정도 범인의 재력을 가미한 양형을 주고 있다는 점, 셋째, 범인의 재력에 대한 정확한 조사가 힘들다는 점 등을 이유로 현재는 일수 벌금제를 채택하고 있지 않다. 이러한 점은 宮澤浩一도 지적하는 바와 같이 시설 내의 처벌을 될 수 있는 한 회피하여 범죄자를 사회 안에서 생활하게 하면서 형벌의 소기의 목적을 달성하고자 하는 것이 현대사회에서의 형사정책적 요망이라는 점을 생각할 때 우리나라도 일수 벌금제의 채택을 다시 한 번 고려해보아도 좋을 것이다.

일수 벌금의 한 유형으로 범죄의 중대함을 '일수'로 나타내는 것이 아니라 '단위수'로 나타내는 단위벌금제도(Unit fines system)가 영국에서 1991년 형사사법(Criminal Justice Act)에 의해 도입되었는데, 이는 범죄의 무거움을 나타내는 단위수에 피고인의 재력을 반영시킨 단위당 벌금액을 곱하여 단위별로 산출하는 방법이다. 이 방법은 1년도 채 안되어 폐지되었다.

제6장 유예제도

제1절 선도조건부 기소유예

1. 의 의

선도조건부 기소유예란, 청소년의 비행이 가볍고 이들의 가정환경이 안정된 경우 검찰이 위촉한 범죄예방위원 내 상담지도 분과위원의 지도를 받도록 검사가 내리는 처분을 말한다. 이 선도조건부 기소유예는 1978년 광주지방검찰청에서 김양균 검사장에 의하여 20세 미만의 비행청소년에 대한 선도조건부 기소유예제도를 처음 시험실시하였다. 그 결과 반응이 좋아 1981년부터 소년선도보호지침을 제정하여 전국에 확대 실시하였다.

2. 필요성과 절차

1) 필요성

선도조건부 기소유예제도의 필요성은 다음과 같다.

① 청소년은 인격적으로 미완성이므로 지역사회에서 선도하면 개선의 가능성이 높기 때문에 굳이 교도소나 소년원에 수용시킬 필요가 없다. 이들을 시설수용할 경우 교정보다는 오히려 악성범죄에 감염될 수 있기 때문에 사회내처우가 바람직하다.

② 형사절차 중간단계에서 석방이 예상되는 경우라면 검찰단계에서 비행청소년의 반성태도와 사회복귀 의지가 퇴색되기 전에 조기석방함으로써 선도효과를 극대화하고 수용기간의 단축으로 국가예산도 절감할 수 있다.

③ 범죄방지사와 범죄예방위원을 비롯한 여타의 자원봉사자들의 참여와 범죄예방활동을 활성화함으로써 민간화합을 도모하고 비행청소년을 포용하는 지역사회 분위기를 확산시킬 수 있다.

2) 절 차

선도유예의 절차는 대상자 선정, 범죄예방위원 선정, 선도보호위탁, 사후관리로 구분해 볼 수 있다.

① 대상자 및 범죄예방위원 선정

범죄내용의 경중을 가려 재범가능성이 희박한 18세 미만의 비행청소년을 주된 대상으로 한다. 단 공안사범, 마약사범, 흉악범, 조직적 또는 상습적 폭력배, 치기배, 현저한 파렴치범은 제외함은 원칙으로 한다. 선정은 담당검사가 소년사건의 비행성, 예측자료표와 비행청소년의 환경조사서를 참작하고 유예소년의 보호자, 교사, 직장상사의 의견, 피해보상 여부와 피해자감정, 유치장 행장기록을 참작하여 범행동기, 수단, 결과, 범행 후의 정황, 피해자와의 관계 등 죄질과 범정을 살펴 선별한다.

범죄예방위원 선정은 담당검사는 대상소년의 주거지 내 혹은 가까운 곳에 거주하는 범죄예방위원을 선정하여 위탁해야 한다. 그러나 더욱 효과적으로 선도할 수 있는 보호자, 학교교사, 직장상사 등이 있을 때에는 이들을 비상임범죄예방위원으로 위촉하여 위탁할 수 있다.

② 선도보호위탁

담당검사는 범죄예방위원을 선정하면 그 범죄예방위원에게 대상소년을 범죄예방수칙이 정하는 바에 따라 선도 보호해줄 것을 위탁한다. 이 때 대상소년의 인적사항, 범죄사실, 선도시 유의사항을 첨부하여 소년선도보호위탁서를 범죄예방위원에게 교부한다.

③ 범죄예방위원은 월 1회 접촉선도, 경과통보서를 작성하여 검찰청에 통보해야 한다. 대상소년의 유예기간은 1급이 1년, 2급이 6월이나 3월씩 2차에 걸쳐 각각 연장할 수 있다.

한편 담당검사는 유예소년이 재범이나 재비행하지 않고 준수사항을 지키면서 선도기간을 넘기면 담당 범죄예방위원의 의견을 들어 선도보호조치를 해제하고 이를 유예소년과 보호자에게 알려야 한다.

④ **소 결**

선도조건부 기소유예제도는 비행청소년의 지역사회 내 처우로서 교정복지 측면에서 매우 중요한 의미를 갖는다. 중요한 의미로는 첫째, 지역사회에서 비행 혹은 범죄와 관련하여 활동하고 있는 교정복지사들은 자원봉사자로서 범죄예방위원활동에 참여할 필요가 있다. 이 활동을 통해 교정복지사는 검찰과 관계하면서 지역사회의 비행 혹은 범죄와 관련하는 사업에 검찰을 지원체계로 활용할 수 있다. 둘째, 지역사회의 사회복지관에서는 선도유예대상청소년들을 중심으로 집단활동, 캠프, 체육활동 등과 같은 교정복지 프로그램을 실시할 수 있다. 이런 프로그램은 그 실적에 따라 차후 검찰의 협조를 얻어 재정적인 지원도 가능하게 될 것이다.

제2절 기소유예

1. 개 념

기소유예라 함은 기소편의주의에 의거하여 검사가 공소를 제기하지 않는 처분을 말하는바 현행 형사소송법 제27조1항에도 "검사는 형법 제51조의 사정(양형조건 : 범인의 연령 · 성행 · 지능과 환경 · 피해자에 대한 관계, 범행의 동기, 수단과 결과, 범행 후의 정황)을 참작하여 공소를 제기하지 아니할 수 있다."라고 하였다.

따라서 기소유예는 기소편의주의에 기초를 둔 것이며 그것은 법정주의에 대립한다. 법정주의는 검사의 자의를 방지하며 더욱 정치범에 좌우되는 것을 저지하는데 도움이 된다. 그러나 범죄의 정황을 묻지 않고 형식상 범죄가 성립한다하여 곧 기소하지 않으면 안 된다고 하면 구체적 정의에 반하는 결과가 되는 바 이에 편의주의, 즉 기소유예제도의 존재이유가 있는 것이다.

2. 기소유예의 장점

기소유예제도의 장점으로는 첫째가 기소법정주의에 따른 형식적 공평과 경직성을 지양하고 구체적 사건의 정상에 기초를 둔 구체적 정의의 실현과 실질적 공평성의 추구에 필요한 탄력성을 부여한다. 둘째, 기소여부를 결정하면서 형사정책적 고려를 반영할 수 있다. 특히 단기자유형의 폐해인 악풍감염을 방지할 수 있다. 셋째, 합리적인 필요가 인정되는 경우에만 공소제기를 제한할 수 있어 결과적으로 형사사법 절차에 대한 사회일반의 신뢰를 높이고 공소제기 자체의 일반예방 효과와 특별예방 효과를 증대시킨다. 넷째, 충분한 범죄의 혐의가 소송조건이 구비되어 있는 경우라도 검사의 재량으로 기소를 유예함으로써 법원 및 교정시설의 부담을 덜어 줄 수 있다.

3. 기소유예의 단점

한편 이에 대한 문제점으로는 먼저 유무죄에 대한 판단은 원칙적으로 법원에 의한 사법절차를 거치는 것이 인권보장의 측면에서 볼 때 합리적임에도 불구하고 기소단계에서 검사의 행정처분에 맡기는 것은 문제가 있다는 것이다. 둘째, 실무상으로는 기소유예처분의 피의자의 개선 · 교화라는 측면보다 검사의 자의적인 재량에 좌우되고 오히려 불기소처분을 해야 할 사건에 대하여 안이하게 기소유예처분을 내리는 폐단마저 생긴다는 비판이 있다.

기소유예처분은 협의의 불기소처분과는 달리 적어도 장래 별개의 정상에 대하여 참고자료로 남게 되는 것인 만큼 검사의 입장에서 일정한 사건에 대하여 불기소처분이 아닌 기소유예 처분을 하는 것은 인권보장에 문제가 될 수도 있다. 왜냐하면 기소유예처분을 받은 사람은 오히려 기소처분을 받은 자와는 달리, 국민에게 보장된 재판을 받을 권리(헌법 제26조1항)를 박탈하는 점을 감안하면 그 운용상의 신중은 특히 중요한 문제라고 할 수 있다.

4. 결 론

기소유예제도는 전과자를 만들지 않고 수용에 따른 악풍감염을 최소화하여 사회복귀를 용이하게 함은 물론 소송경제상의 이점과 교정시설의 과밀수용의 해소 등 형사정책적 효과가 매우 크다고 볼 수 있으나, 검사의 자의적인 재량을 견제하고 정치적 개입을 배제하기 위한 제도적 장치와 피의자의 원활한 사회복귀를 위한 제도적 보완이 이루어져야 한다고 본다.

제3절 선고유예

1. 의 의

선고유예(the conditional release, Verwarnung mit Strafvorbehalt)란, 범정이 비교적 경미한 범죄인에 대하여 일정한 기간 형의 선고를 유예하고 그 유예 기간을 특별한 사고없이 경과하면 형의 선고를 면하게 하는 제도이다. 원래 영미법계 하에서는 선고유예제도는 유죄의 판결 그 자체를 유예하는 제도이나, 우리나라에서는 일단 유죄판결은 하고 형의 선고만을 유예하고 있다(정영석, 1992 : 364).

이 제도를 인정한 이유는 단기자유형이나 다른 형벌의 목적을 달성할 수 있게 하기 위하여 나오게 된 것이 바로 형의 선고유예제도이다. 즉 형의 선고자체를 유예함으로서 피고인이 법원의 은전에 감동하여 그의 잘못을 뉘우치고 조기에 정상적인 사회생활을 할 수 있는 기회를 제공할 수 있다. 또한 비교적 경미한 사건으로서 피고인이 초범인 경우에는 그의 연령, 직업 그리고 경우에 따라서는 범정 등을 참작하여 판결이란 형의 선고를 유예함으로써 재산형이 가지는 경제적 폐단이나 자유형의 폐해 등을 방지할 수 있다는 점에서 다른 형벌에 대한 대용방안 의로서도 의의가 있다.

2. 연 혁

형의 선고유예(suspension of the imposition of the sntence)는 주로 영미법국가에서 채

용하고 있는 제도로서 보호관찰제도의 발달과 함께 형성된 것이다. 영미에서는 선고유예와 보호관찰이 결합된 형태를 probation이라고 부르고 있다.

먼저 영국의 경우에는 이미 14세부터 보통법(Common Law)의 관행으로 행해진 '서약'(Recognizance)제도에서 그 기원을 찾을 수 있다. 이 제도는 법원이나 치안판사의 면전에서 피구금자가 왕에 대하여 금전채무를 진다는 취지의 서약을 하고 이를 법원의 기록에 올리는 것을 말한다. 법관은 배심에 의하여 유죄가 획정된 후 그 사건에 대하여 판결의 선고를 유예하고 이러한 내용의 서약을 조건으로 석방하는 것이 개선 가능한 소년범이나 초범에 대한 관행으로 되었던 것이다.

미국은 17세기부터 영국의 영향으로 선고유예제도가 인정되어 왔으나 사인에 의한 구두방을 하던 존 어거스티스(J. Augustus)가 노역장에 구금되어야 할 범죄인의 보증인을 자원하여 이들을 지도·감독한 이래 널리 관행화되었는데, 처음 입법화한 것은 1878년 보스턴이 소재하고 있는 매사추세츠 주에서 였으며 1957년 뉴멕시코 주 법에 이르기까지 48개주가 이를 입법화하였으며, 1962년에 제안된 미국 모범형법전(Model Penae Code)도 제6장 제2조에서 이를 규정하고 있다. 독일의 경우에는 형을 유보한 경고(Verwarnung mit Strafvorbehalt)라는 제하의 조문(독일형법 59)에서 이 제도를 규정하고 있으며, 벌금형에 한해서 이를 인정하고 있으며 우리형법 제59조 내지 제61조에서 이를 인정하고 있다.

3. 법적 성격

법적 성격에 있어서는 현행 형법은 법정이 비교적 경미한 범죄인에 대하여 일정한 요건 하에 형의 선고를 유예할 수 있도록 하고 있는데, 이것은 미국의 대부분의 주가 판결의 선고자체를 유예하고 있는 것과 구별되며 오히려 영국의 경우와 유사한 것이라고 할 수 있다.

우리나라 형법의 선고유예제도는 영미법계의 보호관찰(probation)과는 달리 오히려 법원에 의한 조건부사면(conditional discharge)의 성격을 띠어 그만큼 적용범위도 제한되어왔다고 볼 수 있다. 그러나 이는 선고유예제도를 두는 본래의 목적인 개선 가능한 범죄인을 보다 많이 재판단계에서 사회 내 처우를 명하여 사회복귀를 촉진시킨다는 취지와 어긋나므로 이제 우리나라도 보호관찰제도를 실시하고 있는 바, 보다 과감하게 보호관찰부 선고유예제도를 확대 실시하여, 일시적 잘못이나 과실로 범죄를 일으킨 사람들을 전과자로 낙인찍지 말고 사회복귀를 용이하게 할 수 있도록 하여야 할 것이다.

4. 선고유예의 요건(형법59①)

그러나 이러한 취지에도 불구하고 우리나라 형법은 선고유예의 요건을 너무 엄격하게 제한하고 있는데(형법59①), 이를 살펴보면 첫째, 1년 이하의 징역이나 금고, 자격정지 또는 벌금형을 선고할 경우라야 하고, 둘째, 형법 제51조의 사정(양형의 조건)을 참작하여 개전의 정상이 현저할 때임을 요한다. 여기서 개전의 정이 현저할 때라 함은 판결 선고 시를 기준으로 하여 볼 때 행위자에게 형을 선고하지 않아도 재범의 위험성이 없다고 인정되어야 한다. 셋째, 자격정지 이상의 형을 받은 전과가 없음을 요하는데, 이것은 선고유예는 현행법상 가장 유죄판결로서 재범의 위험이 가장 적은 초범자에게만 인정될 수 있다는 의미이다.

5. 부담부 조건

형의 선고를 유예하는 경우에 재범방지를 위하여 지도 또는 원호가 필요한 때에는 보호관찰을 받을 것을 명할 수 있다(동법59의2①). 보호관찰의 의미에 관하여는 집행유예에서 설명한 바와 같다. 집행유예에서와는 달리 1년의 보호관찰(동법59의2②)만을 조건부 부담부처분으로 한 것은 선고유예에 상징적인 의미에서 노력으로 치러야 할 죄가 가볍기 때문이다.

6. 선고유예의 효과

선고유예의 판결여부는 법원의 재량에 의한다. 선고유예도 일종의 유죄판결이므로 그 범죄사실과 선고할 형을 정해서 내려야 한다. 형의 선고유예를 받은 날로부터 2년을 경과하면 면소된 것으로 간주한다(동법60). 여기서 면소는 무죄와는 구별된다. 무죄의 판결은 공소사실이 범죄로 되지 아니하거나 범죄사실의 증명이 없는 때에 선고하는 것임에 반하여, 면소의 재판은 범죄가 성립하더라도 형벌권의 소멸원인에 기인하여 형벌권의 존재를 부정하는 경우에 선고하는 것이다.

7. 선고유예의 실효

형의 선고유예를 받은 자가 유예기간 중 자격정지 이상의 형에 처한 판결이 확정되거나 자격정지 이상의 형에 처한 전과가 발견된 때에는 유예하였던 형을 선고한다(동법61①). 이를 이유로 한 선고유예의 실효는 임의적이 아니고 필요적이다. 이에 비해 보호관찰을 명한 선고유예를 받은 자가 보호관찰기간 중에 준수사항을 위반하고, 그 정도가 무거운 때에는 유예한 형을 선고할 수 있다(동법61②). 이를 이유로 한 선고유예의 실효는 임의적이다. 유예된 형의 선고는 검사의 청구에 의해 그 범죄사실에 대한 최종판결을 한 법원이 한다(형소법336).

제4절 집행유예

1. 의 의

형의 집행유예(Strafaussetzung)란, 일단 유죄를 인정하여 형을 선고하되 일정한 조건 아래 일정기간동안 그 형의 집행을 유예하고 그것이 취소 또는 실효됨이 없이 유예기간을 경과하면 형의 선고의 효력을 상실하게 하는 제도이다(형법62). 이 제도는 단기자유형의 폐해를 제거하고 범죄인의 자발적·능동적인 사회복귀를 도모하겠다는 형사정책적인 의지를 반영한 것이다(김일수, 757면).

원래 유예의 방법과 관련하여, 유예기간 중에 형의 집행유예의 선고가 취소되지 않는 한 자동적으로 형의 선고가 없었던 것과 동일한 효과를 발생하게 하는 제도이다. 원래 유예의 방법과 관련하여, 유예기간 중에 형의 집행유예의 선고가 취소되지 않는 한 자동적으로 형의 선고가 없었던 것과 동일한 효과를 발생하게 하는 조건부유죄판결주의(System der bedingten Verurteilung)[1]와 형의 집행만을 면제하고 형의 선고는 여전히

1) 이를 조건부 선고주의라고도 한다.

유효로 하는 조건부 특사주의(System der bedingten Begnadigung)가 있으며, 우리나라와 일본은 전자의 입장을 독일은 후자의 입장을 각기 취하고 있다(정영석, 앞의 책, 277).

오늘날 집행유예제도는 범죄자에 대한 침해의 강도가 보다 적고 비용절감의 효과가 있다는 점 때문에 형벌의 인도주의 경향을 가장 잘 보여주고 있고, 형법의 보충성이념 또한 충실하게 반영하고 있다. 또한 범죄자들에 대해서 자유형이 무조건 집행되는 경우에 비해서 반드시 우수한 제재수단은 아니라고 할지라도 적어도 그와 동일하게 실효성 있는 것이라는 사실이 지적되고 있다. 특히 과거의 전과사실이 없거나 초범인 범죄자의 경우 및 여성범죄자들의 경우에는 집행유예의 제도가 대부분의 경우 실효성이 있는 제도라는 점이 확인되고 있다. 또 집행유예제도는 오늘날 이미 현행법상의 가장 중요한 자유형의 대체수단의 하나로 인정되고 있고 시설 내 제재수단에서 사회 내 제재수단의 전이(轉移)의 가장 대표적인 사례로 꼽히고 있다(김성돈, 1995 : 62~63).

2. 연 혁

형의 집행유예제도는 영미법계에서 범죄자의 적극적인 사회 내 처우를 목적으로 발달한 프로베이션 제도가 유럽대륙에 도입되면서 약간 변형된 것이라고 할 수 있다. 즉 엄격한 책임주의를 원칙으로 하는 유럽대륙에 눈을 돌리게 되었으나 그 제도가 행위자의 책임의 정도에 따른 형벌의 부과라는 책임주의와 조화되기 어렵다는 점을 고려하여, 적어도 유죄판결만은 하지 않을 수 없다는 생각이 지배적이었고, 이에 따라 변형된 형태로서 등장하게 된 것이 형의 집행유예제도라고 할 수 있다.

이러한 집행유예제도를 유럽에서 처음으로 입법화한 것은 벨기에의 1888년 「가석방 및 조건부유죄판결에 관한 법률」이며 이어서 1891년 프랑스가 이를 입법화하였고, 이어 이탈리아도 이를 도입하였다. 한편 노르웨이에서는 1902년에 프랑스 · 벨기에와는 달리 단지 형의 면제만을 인정하는 집행유예를 형법에 도입하였고, 독일에서도 1903년 유죄판결의 효력 그 자체에는 영향이 없는 노르웨이 집행유예제도를 행정처분형식으로 인정하게 되었다. 그 후 덴마크 1905년, 네덜란드 1915년, 스웨덴 1918년, 스위스 1939년 등의 순으로 집행유예에 보호관찰을 법제화하기에 이르렀다.

3. 집행유예 요건(형법62①)

① 3년 이하의 징역 또는 금고형을 선고할 경우

징역 또는 금고의 형을 선고할 때에만 집행유예를 선고할 수 있다. 따라서 벌금형을 선고할 때에는 집행유예를 내릴 수 없다. 문제는 벌금형과 자유형을 비교해 볼 때 이론상 벌금형에 대해서 집행유예를 인정해야 할 것인가를 놓고 견해가 갈리고 있다.

이에 대하여 부정하는 견해로는 첫째, 벌금형에는 단기자유형의 폐해가 없으므로 집행유예를 인정할 필요가 없다. 둘째, 벌금형의 집행유예를 인정하면 형벌로서 벌금형의 효과를 거둘 수 없다. 셋째, 과료와의 균형이 맞지 않는 다는 것이다. 그러나 벌금형이 징역·금고보다 가벼운 형이라는 점, 벌금을 납입할 수 없을 경우 노역장유치를 하게 되어 실질적으로 자유형과 동일하다는 점 등을 두루 고려해본다면 벌금형에 대해서도 집행유예가 가능해야 할 것으로 보며, 이때 선고할 형은 3년 이하의 징역 또는 금고의 형이어야 한다.[2] 이는 독일 오스트리아가 2년 이하, 스위스가 18개월 이하인 점에 비추어 볼 때 그 범위가 더 넓어, 형사정책적으로 더 선진화된 제도라 할 수 있다.

② 정상에 참작할 만한 사유가 있을 것

정상에 참작할 사유란, 형의 집행 없이 형의 선고만으로도 피고인에게 충분한 경고기능이 인정되어 장래에 재범을 하지 않을 것으로 사료되는 경우를 말한다. 이때 형법 제51조의 사항을 종합·판단하여야 하며, 판단 기준 시는 판결선고 시이다(김일수, 앞의 책, 759).

③ 금고 이상의 형을 선고받아 집행을 종료하거나 면제된 후 5년이 경과하였을 것 (동조1항 단서)

4. 집행유예의 효과

집행유예의 기간은 1년 이상 5년 이하의 범위에서 보통 판결주문에 선고된 형의 기

2) 이는 독일 오스트리아가 2년 이하, 스위스가 18개월 이하인 점에 비추어 볼 때 그 범위가 더 넓어 형사정책적으로 더 선진화된 제도라고 할 수 있다.

간보다 법원의 재량에 의하여 정하여진다. 하나의 형의 일부에 대한 집행유예는 허용되지 않으나 형을 병과할 경우에는 그 일부에 대해서도 집행유예 할 수 있다 집행유예의 선고 후 그 선고의 실효 또는 취소됨이 없이 유예기간이 경과된 때에는 형선고는 효력을 잃는다. 따라서 형의 집행이 면제될 뿐만 아니라 처음부터 형의 선고가 없었던 것으로 된다. 그러나 형의 선고가 있었다는 기왕의 사실까지 없어지는 것은 아니며(대판 1983.4.2.83모8), 또한 형의 선고로 발생한 이제까지의 법률효과도 그대로 남는다(김일수, 앞의 책, 767).

5. 집행유예의 실효와 취소

1) 집행유예의 실효

집행유예의 선고를 받은 자가 유예기간 중 금고 이상의 형의 선고를 받아 그 판결이 확정된 때에는 집행유예의 선고는 효력을 잃는다. 이 때 금고 이상의 형을 선고받아 그 판결이 확정된 때에는 집행유예의 선고는 효력을 잃는다(동법63). 이 때 금고 이상의 형은 실형의 선고뿐만이 아니라 집행유예의 선고도 포함하며(대판, 1979.9.14, 79모30), 집행유예기간 중에 판결을 받아 확정되면 그 대상인 범죄가 언제 행하여졌는가는 문제되지 않는다. 그러나 집행유예가 좀더 특별 예방적 관점에서 실시되려면 집행유예를 받은 판결 이후의 범죄에 대한 형이 선고되어 확정된 경우로 축소되어야 한다. 집행유예가 실효되면 집행유예는 효력을 잃고 선고된 형이 집행된다.(김일수, 앞의 책, 768).

2) 집행유예의 취소

집행유예의 선고를 받은 후 금고 이상의 형을 선고받아 집행을 종료한 후 또는 집행이 면제된 후 5년이 경과하지 않은 자(동법62조단서)라는 것이 발견된 때에는 집행유예의 선고를 취소한다(동법64①). 이를 이유로 한 집행유예의 취소는 임의적이 아니고 필요적이다. 이에 비해 보호관찰이나 사회봉사 또는 수강명령과 함께 집행유예를 받은 자가 준수사항이나 명령을 위반하고 정도가 무거운 때에도 집행유예를 취소할 수 있다(동법64①). 이를 이유로 한 집행유예의 취소는 임의적이며, 집행유예가 취소되면 유예된 형을 집행하게 된다.

제7장 사 면

제1절 개 관

사면이라는 것은 사회의 변화와 법령의 개폐에 의하여 형 집행의 구체적 타당성이 결여되었기 때문에 행정권에 의해 형벌집행권의 전부 또는 일부를 소멸 또는 감경하는 제도이다. 이것은 엄격한 의미로 유예제도는 아니지만 공소권의 소멸 등 국가형벌권의 실현내지는 수행하는 제도로서 유예제도의 한 유형으로서 파악된다고 생각된다.

제2절 사면의 종류

사면으로는 일반사면, 특별사면, 감형, 형의 집행면제 및 복권 등의 5종류가 있는데, 이를 나누어 설명하면 다음과 같다.

1. 사 면

사면이란, 형사소추 및 확정판결에 의한 처벌을 포기케 하는 제도를 말한다. 사면에는 광의의 사면(Abolition Niederschlagung)과 협의의 사면(Begnadigung)이 있는데, 전자는 소추 및 처벌포기까지 포함되지만, 후자는 확정판결에 의한 처벌의 포기만을 의미하는 데, 보통 사면이라 함은 협의의 사면을 뜻한다. 이같은 사면은 헌법(79조) 및 사면법에 규정되어 있다.

사면은 국가원수의 특전 내지 은전의 성격을 갖고 있다. 역사적으로 국왕이 갖는 재량적인 형벌청구권을 의미하였다. 사면권이 특히 관리에 대한 형벌집행의 경우에 인정된 점에서도 알 수 있다. 그러나 이는 국왕에 의한 자의적 형법의 등장을 가능하게 하였다. 그러므로 오늘날 국가원수가 갖는 사면권을 국왕의 사면권과 동일한 의미로 이해하여서는 안 된다. 오히려 대통령의 사면권은 시혜적인 권리가 아니라 국민에 대한 기본권보호 차원에서 파악하여야 한다. 즉 대통령은 사면 권 행사를 통하여 사법권에 의해 야기될 수 있는 기본권침해에 대한 안전판으로서의 역할을 다하여야 한다.

사면에는 일반사면(Amnestie)과 특별사면(Begnadigung)이 있는데, 일반사면이란 특정범죄 또는 일반범죄에 대한 형사소추 및 처벌을 일반적으로 포기하는 제도로 이를 대사라고도 한다. 형 선고 전이라면 소추권이 즉시 소멸되고, 선고 후라면 선고실효의 효력이 발생한다.

일반사면은 국회의 동의를 얻어야 한다. 특별사면이란 형 확정판결을 받은 수형자에 대해 그 집행을 포기하는 제도이다. 특별사면을 특사라고도 하는데, 특별사면이 되면 형의 선고는 효력을 잃고, 형 집행면제의 효과가 생긴다. 사면은 사회 환경의 변화에 따라 이미 구체화된 형벌권을 신축성 있게 활용하는 것이 법이념 · 법가치의 실현에 적합할 수도 있고 법 내부의 긴장을 완화시킬 수도 있다.

사면의 목적으로는 첫째, 가혹한 법률규정의 완화, 둘째, 입법 또는 사법의 결함에 대한 구제, 셋째, 판결의 착오에 대한 수정, 넷째, 형사정책적 목적의 달성을 들 수 있다(김일수, 앞의 책, 782~783).

2. 형의 소멸

형의 소멸이란, 유죄판결의 확정에 의하여 발생한 형의 집행권을 소멸시키는 제도를 말한다. 따라서 이것은 검사의 형벌청구권을 소멸시키는 공소권의 소멸과 구별된다.

형의 집행권을 소멸시키는 원인으로는 형 집행의 종료, 가석방기간의 만료, 형 집행의 면제, 시효의 완성, 법인의 사망 등이 있다. 특히 집행유예기간의 경과는 집행이 면제 될 뿐만 아니라 형의 선고까지 없었던 것으로 된다. 범인이 사망한 경우에도 형의 일신 전속성으로 인하여 형의 집행권이 소멸한다. 그러나 벌금형 또는 몰수의 경우에는 특례가 있다(형소, 478~479).

제3절 형의 실효 및 복권

1. 개 관

형이 소멸되어도 남아있는 전과사실로 인하여 형선고의 법률상 효과는 그대로 존재한다. 이에 따라 여러 가지 자격의 제한이나 사회생활상의 불이익이 발생할 수 있으므로, 전과사실을 말소시켜 자격을 회복시키고 그로 하여금 사회복귀를 용이하게 하는 것이 형사정책적인 요청이라 할 것이다. 우리나라 형법은 이러한 제도로 형의 실효(형법81)와 복권(동법82)에 관한 규정을 두고 있다.

2. 형의 실효

형의 실효에는 재판상의 실효와 법률에 의한 실효가 있다.

1) 재판상의 실효

먼저 재판상의 실효는 징역 또는 금고의 집행을 종료하거나 집행이 면제된 자가 피해자의 손해를 배상하고 자격정지 이상의 형을 받음이 없이 7년을 경과한 때에는 본인 또는 검사의 신청에 의하여 그 재판의 실효를 선고할 수 있는데(동법81), 이를 재판상의 실효라 한다. 따라서 실효의 대상은 징역과 금고형에 한하며 기간의 경과로 자동적으로 실효되는 것이 아니라 재판에 의해서만 실효될 수 있는데, 재판이 확정되면 선고에 의한 법적효과는 장래를 향하여 소멸된다.

2) 법률상의 실효

형의 실효에 관한 법률은 형의 실효의 범위를 벌금 · 구류 · 과료로 확대하고, 형의 종류에 따라 일정기간의 경과 후 또는 즉시 자동적으로 형이 실효된다고 규정하고 있다. 즉 형을 받은 사람이 자격정지 이상의 형을 받음이 없이 3년을 초과하는 징역 · 금고는 10년, 3년 이하의 징역 · 금고는 5년, 벌금은 2년이 경과하면 형이 실효되고, 구류 · 과료는 형의 집행이 종료되거나 그 집행이 면제된 때 즉시 형이 실효된다(형의 실효에 관한 법률7①).

3) 복 권

복권이란 형법(82조)에 의하여 자격정지의 선고를 받은 사람이 피해자의 손해를 보상하고 자격정지이상의 형을 받음이 없이 정지기간의 2분의1을 경과한 때에는 본인 또는 검사의 신청에 의하여 자격의 회복을 선고할 수 있는데, 이를 복권이라 한다. 물론 복권이 되어도 형 선고의 효력은 소멸되지 않는다. 복권은 사면법(제3조3호, 제6조)에 의해서도 할 수 있는데, 이 규정의 취지는 자격정지의 선고를 받은 자가 자격정지의 기간의 만료전이라도 일정한 조건 하에 자격을 회복하여, 사회복귀를 보다 빨리 그리고 용이하게 하고자 하는 데 있다.

4) 재판절차

형의 실효 및 복권의 선고는 그 사건에 관한 기록이 보관되어 있는 검찰청에 대응하는 법원에 신청해야 하고 이 신청을 받은 법원은 결정으로 이를 선고하며(동조②), 신청을 각하(却下)한 경우에는 신청인이 즉시 항고를 할 수 있다.

제8장 보안처분제도

제1절 개 관

보안처분이란, 행위 속에 객관화된 행위자의 장래의 위험성 때문에 행위자의 치료, 교육, 재사회화를 위한 개선과 그에 대한 보안이라는 사회방위를 주목적으로 하여 과하여지는 형벌이외의 형사제재를 말한다. 사회의 급격한 공업화·도시화에 따라 범죄의 질과 양에 급격한 변화가 일어났고, 누범·상습범의 격증에 대해서는 응보 적 책임형벌만으로는 효과적으로 대처해 나갈 수 없게 되었다. 또한 책임능력이 없는 정신병질환자의 사회적 위험성에 대한 사회방위를 위한 합목적적 강제조치는 필요불가결한 요청이 되었고, 더욱이 알코올·마약중독자와 같이 개선적·위하적 형벌이 적절한 방법이 될 수 없는 사람들에게는 새로운 위험제거수단이 필요하게 되었다. 이리하여 행위책임을 도외시하고 현존하는 행위자의 위험성으로부터 사회를 방위하기 위한 합목적적 강제수단을 형벌 이외의 강제수단으로 강구하게 되었는데, 이들 일련의 조치가 바로 현대적인 보안처분이다.

제2절 보안처분의 연혁

현재 또는 가까운 장래에 중대한 형벌법령에 저촉되는 행위를 할 우려가 있는 자에 대하여 형벌처분 외에 보안처분을 실시한 예는 고대사회에서부터 각국에서 여러 가지 형태로 인정되어 왔다. 고대 사회에서부터 있었던 정치범의 국외추방, 절도범 · 성범죄자에 대한 수족 또는 성기절단의 조치 등은 형벌처분적 성격 외에 보안처분적 성격을 띠었던 것이며, 형벌이 또한 그러한 목적으로 운영되었다. 이러한 혼용법은 고대사회로 올라갈수록 성공했다고 말할 수 있다.

그런데 근대에 이를수록 양자의 구분은 엄격하게 되었으며, 특히 18, 19세기에 근대 자유인권사상이 고조되면서부터 이의 구분은 더욱 엄격히 요구되었다. 18세기 말엽 독일인 클라인(Ernst Ferdinand Klein, 1747~1810)은 그의 법 이론을 전개함에 있어 일반예방, 응용목적의 형벌제도와 개개인의 위험성에 대응한 특별예방 · 교정목적의 보안처분제도의 본질적 차이성을 인정하면서 전자와 함께 후자의 필요성을 역설하고, 1974년 그 자신이 기초한 '프로시아 공통지방법안'에서 형법편을 구성하면서 형벌 외에 보안처분에 관한 규정을 삽입하였다.[1] 그러나 이 클라인의 보안처분론은 당시의 강력했던 인권사상 및 이에 기초한 죄형법정주의 사상에 밀려 별로 빛을 발휘하지 못한 채 외면되었다.

그러나 1세기를 경과한 19세기의 말엽에 이르러 롬브로조(C. Lombroso)의 생래성 범죄인론을 비롯한 실증학파의 발흥과 이미 노골화된 자본주의 사회의 여러 가지 폐해의 결과로 범죄, 특히 상습범문제가 증대됨에 따라 보안처분사상은 다시 고개를 들기 시작하였다. 당시의 학자로 독일의 형법학자 리스트(F. V. Liszt)는 1883년에 발표한 '형법에 있어서의 목적사상'(Der Zweckgedanke instrafrecht)(이른바 마부르크강령 : Marburger program)에서 신파 = 실증학파의 입장에서 보안형(Schutzstrafe)의 사상을 전개하면서 형벌과 보안처분의 일원적 파악을 도모하고, 이와 관련해서 개선 불가능한 자에 대한 보안처분의 제도를 개발할 것을 주장하였고, 또 이탈리아 학자 엔리코 페리(E. Ferri)는 그의 강력한 결정론의 입장 위에서 재래의 도의적 책임론을 배척하고, 사회적 책임론 및 위험성의 원리를 제창하면서 보안처분과 형벌의 등가성을 내세우며, 이의 일원적 파악

1) 安平政吉, 保安處分法の 理論(1936), 64面

을 주장하였던 것은 그 대표적인 예이다.[2)]

이러한 때에 나타난 것이 유명한 슈토스 형법초안이다. 즉 1893년에 형법학자 칼슈토스(Karl Stooss, 1849~1934)가 기초해서 발표한 스위스의 통일형법 초안으로, 이 형법초안에서는 신구학파의 입장을 절충하여 형벌에 관한 규정과 함께 보안처분에 관한 장을 따로 두어 이른바 이원주의의 입법을 도모하였던 것이다. 그리고 동 초안에 나타난 보안처분의 종류는 다음과 같이 광범위하였다.

① 위험성 있는 책임무능력자와 한정 책임능력 자에 대한 치료 · 보호처분
② 알코올 중독성 범죄인에 대한 교정수용소 수용처분 및 주점출입금지처분
③ 노동혐가자에 대한 노동소 수용처분
④ 누범자에 대한 교정 · 감호처분
⑤ 가석방자에 대한 보호관찰처분
⑥ 직권 또는 친권의 남용자에 대한 권리박탈 처분
⑦ 위험물의 파기처분
⑧ 예방처분 등이다.

이 슈토스 초안은 실로 '형법전근대화의 지표'가 되었다고 볼 수 있다.[3)] 이 슈토스안이 발표된 이후 각국의 형법 개정안에서는 언제나 동 초안에서 제시된 바와 같은 보안처분제도의 도입문제가 가장 중요한 관심사로 거론되었던 것이며, 다수의 국가에서는 이를 여러 가지 형식으로 채택해 나갔다.

아마도 1908년의 영국의 범죄예방법(prevention of crime act)이 그 첫 예가 될 것이다. 그밖에 형법 전 중에 보안처분제도를 규정한 예는 계속 증대되었는 바, 이를 연대 순으로 나타내면 다음과 같다. 소련 1922년, 스웨덴 1927년, 네덜란드 1929년, 이탈리아와 덴마크가 1930년, 핀란드와 스위스가 1932년, 브라질 1940년 등과 같은 순서이다. 한편, 벨기에서는 1930년에 「사회방위법」이란 이름으로 이에 관한 광범한 규정을 정하여 세계의 주목을 받았다.

그리고 이 문제는 형법, 형사정책과 관련된 수많은 국제회의에서 토의의 대상이 되었다. 이와 같이 보안처분제도의 도입은 20세기 형사입법론에서 하나의 큰 과제가 되

2) 신진규, 범리학 겸 형사정책(1989), 618면
3) 신진금, 상게서, 619면

었었지만, 우리나라에서는 1953년에 들어서야 신형법전 제정 시 동 법전 편찬위원회에서 보안처분제도의 채택여부에 관한 논의가 있었으나 당시의 복잡한 사회여건 때문에 이의 채택이 보류되었던 것뿐이다. 그러다가 1975년에 국가보안문제와 관련하여 사상범에 대한 보안처분제도로서 사회안전법이 제정되었다. 이 때 일반상습범 등에 대한 보안처분제도의 도입문제도 거론되었으나, 후자의 채택은 보류되고 전자만이 채택되었었다. 그 후 1980년 사회보호법이 제정됨으로써 우리나라도 특별법을 통한 보안처분제도를 채택하였으며, 1989년 3월 25일 법률 제4089호로 일부 개정하여 시행하여 오다가가 2005년 8월 4일 폐지되었다.

제3절 보안처분의 성질-형벌과 보안처분과의 관계

보안처분의 법적성질에 관하여는 주로 보안처분과 형벌과의 관계가 문제가 된다. 즉 보안처분은 그 성질상 형벌과 본질적으로 구별될 수 있는가가 논의되는 것이다. 이에 관하여 종래 여러 견해가 대립되어 왔으나, 요약컨대 형법의 기초이론으로서 응보형주의를 취하는가, 교육형 내지 목적형주의를 취하는가에 따라 견해를 달리하는 것이다. 즉 전자의 입장에서는 양자가 서로 법적성격을 달리한다고 하여 이른바 이원론을 취하고, 후자의 입장에서는 사회방위라는 측면에서 양자는 법적 성격이 동일하다고하여 일원론을 취하고 있는 것이다. 다음에는 이러한 두 가지 입장의 이론적 근거와 문제점을 살펴보고 현재의 이론적 경향에 대하여 알아보기로 한다.

1. 이원론과 그 문제점

이원론은 주로 형벌의 본질을 응보에 있다고 보는 입장에서 주장되는 것으로서 형법과 보안처분은 법적성격을 달리하므로 형벌과 보안처분은 동시에 선고되고 중복적으로 집행될 수 있다고 한다(이른바 병과주의). 이러한 입장을 취하는 학자로는 독일의 마이어(M. E. Mayer), 벨링(F. Beling) 등과 일본의 小野, 草野, 管本 등을 들 수 있으며, 이탈리아, 프랑스, 아르헨티나, 네덜란드 등이 이를 채택하고 있다. 이원론을 주장하는 논거로서는 다음과 같은 것이 있다.

① 형벌은 범죄행위에 대한 해악으로서의 규범적 비난이고 그 본질은 응보형 이외의 다른 목적이 없다는 절대주의인데 반하여, 보안처분은 사회방위와 본인의 교정교육을 목적으로 하는 처분이다.
② 형벌은 범죄(가벌적 행위)를 전제로 하는데 대하여 보안처분은 단적으로 위험한 성격에 착안한다.
③ 형벌의 기초는 책임(도의적 비난 가능성)인데 비하여 보안처분의 기초는 본인의 사회적 위험성이다.
④ 형벌은 범죄의 진압, 즉 과거를 대상으로 하는 것인데 대하여, 보안처분은 범죄의 예방, 다시 말하면 장래에 대한 것이라고 할 수 있다.
⑤ 형벌은 과거의 범죄에 대한 형사처분(따라서 법원에서 선고할 필요가 없고 행정관청의 권한)에 속한다.

이상과 같은 이유를 들어 응보형 논자는 형벌과 보안처분은 그 성질에 있어서 근본적으로 다른 것이라고 한다. 그러나 이론적인 타당성은 별론으로 하고 실제 집행에 있어서 이원론적으로 구별할 수 없다는 중요한 문제점을 가지고 있다. 즉 보안처분이 비록 형벌과는 달리 해악을 내용으로 하지 아니하나 실제로는 보안처분도 억압적인 성격을 가지고 있으며, 이러한 점에서 사실상 형벌의 효과(de facto strafwirkang)를 가지므로 이원론과 같이 형벌과 보안처분을 중첩적으로 집행하는 경우에는 이중처벌(doppelbestrafung)을 인정하는 결과가 된다고 하는 것이다. 특히, 보호감호 처분의 경우에는 이를 집행하는 기관이 인적으로나 장소적으로 매우 유사하므로 대개 교도소 내의 특별시설이나 교도소와 유사한 감호시설에서 집행한다. 피처분자는 자신의 책임에 따른 형벌 이외에 부가적으로 형벌을 받는다는 인상을 가지게 되는 것이다. 따라서 이원론이 주장하는 병과주의의 입장은 원칙적으로 받아들이기 곤란하며 따라서 실제 적용상 수정을 요한다고 할 것이다.

2. 일원론과 그 문제점

일원론(Einsparigkeit)이란, 주로 형벌의 본질을 사회방위, 범죄인의 개선 · 교화에 있다고 보는 견해에서 주장되는 것으로서, 형벌의 보안처분은 모두 사회방위와 범죄인의 개선·교육을 목적으로 하는 것이고, 또한 행위자의 반사회적 위험성을 기초로 하여 과하는 사회방위처분이므로 양자의 본질적 차이는 없다고 하여 형벌 또는 보안처분 가운데 어느 하나만을 선고, 집행된다고 한다. 이러한 입장을 취하는 학자로는 리스트(Franz Von Liszt), 페리(E. Ferri) 그리고 일본의 牧野 등을 들 수 있으며, 스웨덴·영국·벨기에·덴마크 등이 이를 채택하고 있다. 일원론을 주장하는 논거를 보면 다음과 같다.

① 형벌도 개선·격리를 통한 사회방위를 목적으로 하고 있다는 점에서 넓은 의미의 보안처분에 속하는 것이며, 다만 행위자의 성격에 형벌적응성이 없는 경우에는 형벌에 대신하여 보안처분을 과하는 것이므로 양자는 단지 그 정도와 분량상의 차이가 있을 따름이다.
② 고전적 형벌론과 같이 형벌을 범죄에 대한 해악으로 보는 응보형론의 입장은 부당하며, 형벌도 수형자의 사회복구에 중점을 두어야 한다.
③ 보안처분이 합목성을 강조하기는 하나 윤리적으로 무색한 것이 아니며 도리어 사회방위와의 관계상 행위자의 반사회적 성격에 대한 평가를 내용으로 한다.

이상과 같은 이유를 들어 목적형론자들은 형벌과 보안처분을 본질적으로 동일한 것으로 본다. 형사정책상 범죄의 방지라는 측면에서 본다면 고답적인 형벌이론을 넘어서서 범죄에 대한 보다 효과적인 대응을 하기 위해서는 이와 같은 일원론의 방향으로 나아가야 함은 물론이고, 최근의 입법 추세도 그 방향으로 가고 있다. 그러나 여기에도 문제점이 없지는 않다. 먼저 이론적으로 일원론은 형법상의 대원칙인 책임주의에 반하는 것이다. 즉 단순히 행위자의 반사회적 위험성만을 척도로 하여 일정한 재재를 가하게되면 행위자의 개별행위에 대한 책임을 넘어서는 소위 생활형식 책임을 지는 결과도 되는 것이다. 따라서 행위자의 책임과 위험성을 합일한 별개의 척도로서 범죄에 대한 제재를 결정하는 이론적 변혁(變革)을 전제로 하지 않는 한 일원론은 받아들이기 어려운 것이다. 그리고 형사정책상으로도 양자의 중복이 문제로 되는 경우에 현행 형법과는 달리 그 위험성에 따라 치료감호처분만을 과하는 것은 그 사람의 범죄행위에 대한 형벌적 평가를 배제한다는 점에서 타당하다고 할 수 없는 것이다.

3. 대체주의의 이론적 근거

앞서 언급한 바와 같이 현대적인 형사정책적 관점 아래서 볼 때 형벌과 보안처분을 일원화 하여 범죄에 대한 유효적절한 대책을 수립하는 것이 요청되고 있는데, 문제는 이러한 방향을 어떻게 전통적인 형법이론과 조화시키는가 하는 데에 있다. 이러한 관점에서 등장한 것이 바로 대체주의(Vikariierendes)라고 볼 수 있다.

대체주의 또는 이원론(bedingate zweisparigkeit)이라 함은 이원론과 일원론을 절충하여, 형벌은 언제나 책임의 정도에 따라 선고되지만(이원론적 입장) 그 집행단계에 있어서는 보안처분으로 대체하거나 일정한 상황 하에서 보안처분의 집행이 종료 전후에 형벌을 집행하는 제도(일원론적 입장)를 말한다. 슈토스(C. Stoos) 초안 이래 스위스형법이 이 이론을 채용하고 있고, 독일형법도 1969년 제2차 형법개정 법률을 통하여 이원주의에서 대체주의로 전환하게 되었다. 현재 이러한 제도는 많은 학자들에 의하여 지지되고 있는데, 그 요지는 형벌과 보안처분의 요건과 선고에 관하여는 서로 별개의 것으로 하여 이원주의를 선택하고 그 집행에 관하여는 보안처분에 의한 형벌의 대체를 인정하여 일원주의를 선택하는 데에 있다.

이와 같은 대체주의의 이론적 근거는 무엇인가? 먼저 대체주의에서도 형벌의 응보적 성격은 긍정한다. 다만, 전술한 통합설(vereinigungstheorie)의 입장에서 응보를 기초로 한 책임의 한정을 원칙으로 하면서 그 범위 내에서 일반예방 및 특별예방의 목적을 달성해야 한다고 보는 것이다.

다음으로 양자의 집행순서에 관해서는 보안처분의 집행이 구체적인 행위자의 개인적 처벌 필요성에 적합한 것이므로 사회복귀라는 관점에서 이를 먼저 집행하는 것이 합목적적이라고 한다. 또한 보안처분이 비록 부차적이기는 하나 형벌과 같이 행위자에 대한 해악적 성격을 가지고 있으므로, 보안처분이 집행된 경우에 그 기간을 형기에 산입하거나 형벌을 전혀 집행하지 않는 기능적 대체가 가능하다고 한다. 결국 대체주의는 형벌과 보안처분의 관계를 순수이론적 측면보다도 실질적이고 형사정책적인 고려에 기하여 해결하고자 하는 이론이라고 할 수 있는 것이며, 이러한 의미에서 현실 적응성이 가장 뛰어난 이론으로 평가될 수 있는 것이다.

4. 보안처분의 성질과 관련 문제

1) 대체성의 문제

보안처분의 성질과 관련하여 보안처분을 형벌에 대체 선택할 수 있는가(일원론) 또는 형벌의 보충으로서 병과 할 수 있는가가 문제로 된다.

이 문제에 관하여 이원론자는 형벌과 보안처분의 본질적 차이를 인정하기 때문에 그 필연적 결론으로서 양자의 병과(Kumulierung)의 원칙은 인정할 수 있으나 대체(Ersetzung)의 원칙은 허용되지 않는다고 하였다. 이에 반하여 일원론자는 양자 사이의 본질적인 차이를 인정하지 않기 때문에 대체의 원칙을 인정하는 것이 타당하다고 한다. 그리고 대체주의의 입장에서도 양자의 집행단계에 있어서의 대체성을 인정하고 있으므로 일원론과 동일한 결론에 이르게 된다. 생각건대 병과를 인정하는 경우에는 벨첼(H. Welzel)이 적절히 지적한 바와 같이, 보안처분의 경우에도 실질적으로 자유가 구속되는 수가 많아 결국 보안처분의 미명하에 가중처벌을 하는 결과로 된다는 이른바 '상표사기'의 오명을 쓰게 될 것이다. 이러한 이유로 형벌과 보안처분의 대체를 인정하여야 할 것이고, 따라서 먼저 보안처분을 집행하고 그것이 종료된 후 그 기간을 형기에 산입하여 나머지 형을 집행하거나 집행을 면제하는 것이 타당하다.

그러나 우리나라 구사회보호법과 독일형법은 위험한 상습범에 대하여 집행하는 보호감호처분에 대하여는 병과주의를 택하고 있고, 이것은 대체주의에 의하는 경우에 위험한 상습범이 형벌로부터 면제되어 일반범죄자보다 유리하게 처벌되는 부당한 결과를 피하고, 보호감호라는 최후의 형사정책적 수단은 형벌이 과해진 후에 집행하는 것이 타당하다는 데에 근거를 두고 있다.

그러나 보호감호는 보안처분 가운데 가장 자유제한적 성격이 강한 것이므로 이를 형벌과 병과하는 것은 기본권보장의 이념과 일치하지 않으며, 이와 함께 보호감호처분의 종료 후에도 형벌은 다시 집행할 수 있는 것이므로 형벌의 대체성을 인정하는 것이 타당하며, 이러한 사고가 오히려 형벌의 계호에 영향을 받지 않는 위험한 상습범에 대하여 효과적이라고 생각된다.

2) 보안처분의 선고기관

양자의 성격과 관련하여 또 하나의 문제로 되는 것이 보안처분을 선고하는 기관이 누구이어야 하는가이다. 먼저 이원론의 입장에서는 양자는 본질적 성격을 달리하므로, 그 선고기관도 구별되어야 하며, 따라서 법원 이외의 행정기관에 의하여야 한다고 한다.(구사회안전법 제15조 참조) 이에 반하여, 일원론의 입장에서는 양자를 다 같이 형사처분으로 이해하여 그 선고기관도 원칙적으로 법원에 통일되어야 한다는 것이다.

최근의 입법기관을 보면 보안처분을 법원의 권한에 속하게 하여 보안처분에 관해 형사처분설에 입각하려는 추세에 있다(예컨대, 독일형사소송법 제413조 이하, 구사회보호법 제42조 등 참조). 생각건대 보안처분도 일정한 자유의 제한을 내용으로 하고 있고, 개인의 법익을 침해 할 가능성을 내포하고 있으므로, 형사처분과 유사한 것으로 보아 선고기관을 법원으로 하는 것이 타당하다고 할 것이다. 다만 앞서 언급한 대체주의에 입각한 적어도 선고의 절차와 내용은 형벌과 별개의 것으로 행하여져야 하므로 보안처분의 절차에 관하여는 특별법을 제정하거나 형사소송법 가운데 특별규정을 두어야 할 것이다. 그러나 보안처분의 전제가 되는 행위의 판단을 위하여 상당한 부분에 있어서 형사소송절차를 원용하지 않을 수 없으며, 그 밖의 범위 내에서 형사소송법이 준용될 수 있을 것이다.

제4절 보안처분의 종류

보안처분은 관점에 따라 여러 가지로 분류할 수 있으며 각국에서 채택하고 있는 보안처분의 종류도 국가별로 다소 차이가 있다. 보안처분의 종류를 비교법적으로 분류해 본다면, 크게 보아 대인적 보안처분과 대물적 보안처분으로 나눌 수 있으며, 또한 전자는 다시 자유를 박탈하는 보안처분과 자유를 제한하는 보안처분으로 가름할 수 있다.

1. 대인적 보안처분

대인적 보안처분이란, 장래의 범죄행위를 방지하기위하여 특정인에게 선고되는 보안처분을 말한다.

1) 자유를 박탈하는 보안처분

(1) 치료감호처분

치료감호처분은 정신병자, 정신쇠약자, 신경쇠약자, 히스테리환자, 농아자 등과 같이 책임능력의 결함상태에 있어 형벌의 효과를 기대하기 어렵거나 재범의 우려가 있는 자에게 불기소, 무죄의 선고를 하는 경우나 형의 집행 후라도 치료감호를 위하여 무기한 또는 일정기간 동안 정신병원 등 일정한 시설에 수용하는 처분이다. 이에 대하여는 우리나라의 사회보호법 제8조, 독일형법 제63조, 스위스형법 제43조, 덴마크형법 제65조, 미국모범형법전 제4장 제8조 등이 이를 규정하고 있다.

(2) 교정처분(교정소 또는 금절시설수용처분)

알코올 또는 마약중독자를 일정기간 교정소 또는 금절시설에 수용하여 이러한 습벽을 치료하는 처분이다. 이와 같은 규정으로는 우리나라 사회보호법 제5조, 독일형법 제66조, 오스트리아형법 제22조, 스위스형법 제44조, 덴마크형법 제62조 등이 이를 규정하고 있다.

(3) 보호감호처분(보호감호시설수용처분)

이는 대체로 사상범 · 상습범 · 누범의 위험성이 있는 강력범 등이 자유형의 집행종료 후에도 다시 범죄를 반복할 우려가 있는 경우에 예방소 또는 보안감호시설과 같은 특별한 시설에 수용처분하는 경우이다. 이런 예로는 우리나라 사회보호법 제5조, 독일형법 제66조, 오스트리아형법 제3조, 덴마크형법 제65조, 벨기에 사회방위법 제22조 내지 제26조 등이 이를 규정하고 있다. 1908년 영국의 범죄예방법(prevention of crime act)이 제도로서 처음 도입되었다. 이 보호관찰제도는 유럽에서 부정기형 제도에 대한 평판이 좋지 못한 관계로 그 대체제도로 고안된 것으로 알려져 있으나 그 효과가 기대에 미치지 못하여 점차 폐지되는 추세에 있고 실제로 판사가 예방구금을 선고하는 예도 찾기가 그리 쉽지 않다고 한다.

(4) 노동시설수용처분(노동개선처분, 노작처분)

부랑자 · 걸인 · 매춘부 등 노동혐기로 인하여 상습적으로 범죄를 저지르는 자에 대하여 형을 선고하는 경우, 이와 동시에 이들을 노동 소에 수용하여 일정한 작업에 종사하게 함으로써 근면하고 규율 있는 생활습관을 순치시키는 처분이다. 이에 관한 규정으로는 덴마크형법 제62조, 프랑스형법 제274조, 그리스형법 제72조 등이 이를 규정하고 있다.

그러나 노동개선처분의 대상자들의 범행은 그 죄질이 경미하고 재범의 위험성이 크지 않으므로 자유형의 집행에 부과되는 정역(定役)에의 복역을 통해서도 그 교정효과를 충분히 거들 수 있기 때문에 이들에게 보안처분을 과하는 것은 타당하지 않다는 견해가 대두됨에 따라, 이 노동개선처분도 점차 폐지되어가는 추세에 있다고 한다.

(5) 사회치료처분

사회치료처분이란 인격장애가 있는 누범자, 성적 충동범인 등 범죄성 정신병질자(kriminelle psychopathen)에 대하여 인격의 장애를 제거하기 위하여 각종 사회치료시설에 수용하는 것을 말한다. 이러한 정신병질자 내지는 성격 편기자는 그 심신상태가 책임무능력이나 한정책임능력 상태에까지는 이르지 않는 경우가 많고, 그 사회적 위험성이 크기 때문에 이들에 대한 보안처분이 요청되나, 이들에게서는 의학적인 치료효과를 거두기가 어려우므로 치료감호처분은 별로 소용이 없다. 그렇기 때문에 이들에 대한 새로운 보안처분으로 각광을 받고 있는 것이 사회치료처분이다. 그러나 사회치료처분을 위하여는 사회치료시설과 전문인력이 먼저 확보되어야 하고, 여기에는 줄잡아도 막대한 예산과 인원이 소요되므로 우리나라의 현행 형사정책의 수단으로서는 실행가능성이 희박하다고 본다. 뿐만 아니라 정신병자를 보안처분의 대상으로 하는 경우에 그 범위가 불명확하여 오히려 인권침해의 우려마저 자아내므로 정신병질자에 대하여는 책임능력이 인정되는 한 형벌(자유형)을 집행하고 그 교과과정에서 특별한 처우를 해나가야 할 것이다.

2) 자유를 제한하는 보안처분

(1) 보호관찰

보호관찰(probation)은 보호처분 가운데 가장 의미 있고 오랜 역사를 가진 제도로서, 범인에게 형벌을 집행하지 아니하고 정상적인 사회생활을 영위하게 하면서 보호관찰기관의 지시, 감독과 지도를 받도록 함으로써 그 개선과 사회복귀를 도모하는 보안처분이다. 원래 보안처분제도는 영미법계에서 각기 다른 형태로 발달하여 온 것이다. 이 제도는 먼저 영미법계에서 각기 다른 형태로 발달하여 온 것이다. 이 제도는 먼저 영미법계에서 보호관찰부 집행유예 내지 가석방제도로서 발전되었고, 후에 대륙법계 있어서도 집행유예를 기초로 하여 자유 제한적 보안처분의 영역으로 확대되었다.

보호관찰부에 대하여는 장을 달리하여 보다 상세히 고찰한 바 있는데, 우리나라의 경우에는 대륙법계의 보호관찰제도를 받아들여 구 사회안전법 제4조, 사회보호법 제10조, 그리고 소년법 제30조1항6호 등이 이를 규정하고 있다. 현재 영미법계에 있어서는 영국의 형사재판법, 미국의 여러 주의 법 모범형법 전 제6장제2조 등이 있으며, 대륙법계에서는 독일형법 제68조의 g, 네덜란드 형법 제14조의 c, 덴마크형법 제56조 내지 제61조 등이 있다.

(2) 선행보증

선행보증이란 형의 집행유예나 가석방을 하는 경우에 상당한 금액이나 유가증권을 보증금으로 제공하거나 보증인을 내세워 그 효과 발생의 정지조건으로 명하는 보안처분의 일종이다. 따라서 보증기간 중에 범죄를 범한경우에는 보증금을 국고에 귀속시키거나(스위스형법, 이탈리아형법), 피해자에게 배상하는데 충당하게 하고(프랑스형법 초안), 사고 없이 그 기간을 경과하는 경우에는 위탁자에게 반환하게 된다. 결국 이 제도는 보증금 몰수라는 심리적 압박을 통하여 선행을 확보하려는 보안처분이다. 이러한 입법례로는 스위스형법 제53조, 이탈리아형법 제 237조, 프랑스형법 초안 제58조 등이 이를 규정하고 있다. 그러나 이 제도는 그 대상자에게 상당한 부담을 주고 형의 집행유예나 가석방을 사실상 제한하는 것이기 때문에 보안처분으로 적절치 못하다고 보는 견해도 있다.

(3) 직업금지

이 제도는 일정한 직업이나 영업활동을 남용하거나 이와 관련된 직업에 반하여 범죄를 하거나 장차 범죄를 범할 우려가 있는 자에게 당해 직업이나 영업을 일정기간 금지시키는 처분을 말한다. 이러한 입법례로는 스위스 형법 제54조, 독일형법 제70조 내지 70조의6, 덴마크형법 제79조 등이 이를 규정하고 있다.

(4) 거주제한

이 제도는 사상범 등 일정한 범죄자에게 그 주거를 제한하는 보안처분이다. 우리나라 구 사회안전법 제5조, 스위스형법 제16조, 이탈리아형법 제215조2항 등이 이를 규정하고 있다.

(5) 국외추방

이 제도는 외국인 범죄자를 대상으로 하여 외국인 범죄자의 국내체류가 공공의 안녕질서에 위험하다고 인정되는 경우에 과해지는 처분이다. 이러한 입법례로는 스위스형법 제55조, 이탈리아형법 제235조, 프랑스형법 제272조 등이 있다. 또 우리나라 출입국관리법 제45조는 출입국관리법을 위반하였거나 외국인으로서 금고이상의 형의 선고를 받고 석방된 자를 행정처분으로 국외로 강제 퇴거를 시킬 수 있도록 하고 있다. 그러나 이 국외추방은 정치적으로 악용될 소지를 내포하고 있다.

(6) 음주점 출입금지

이 제도는 범죄 원인이 술을 과음하는 자에게 과해지는 처분이다. 이와 같은 입법례로는 스위스형법 제56조, 이탈리아형법 제235조, 프랑스형법 제272조 등이 이를 규정하고 있다. 그러나 음주는 음주점이 아니 곳에서도 어디든지 가능하므로 실질적인 담보의 수단이 없다는 비판이 가해지고 있다.

(7) 운전면허 박탈

이 제도는 운전법규를 위반하여 사고를 낸 자에게 운전부적합 사유가 있다고 판명된 경우에 운전면허를 취소하는 처분이다. 대부분의 국가에서는 이것을 행정처분으로 규율하고 있으나 독일형법 제69조는 보안처분으로 규정하고 있다.

(8) 단종, 거세

단종(斷種)은 생식능력을 제거하는 것이고, 거세는 생식선(고환, 난소)까지 제거하여 생식뿐만이 아니라 성생활도 불가능하게 하는 것이다. 거세는 나치스시대에 유태인의 단종(斷種)을 위해 채택되었던 것이나(나치스형법42의a), 종전 후 인간의 존엄과 가치를 침해하는 비인도적인 것 이라고 하여 1946년 연합국관리위원의 문제일 뿐만 아니라 국민위생학적 입장에서도 중요한 사회문제로 되어 있다. 이러한 단종(斷種)의 입법례로는 1907년 인디아나 주법에서 최초로 이를 법제화하였으며, 1934년 노르웨이, 1935년 덴마크, 1950년 핀란드 등지에서 단종, 거세에 관한 법률을 제정한 바 있으며, 멕시코도 이를 인정하고 있다. 한편 1948년의 일본의 우생보호법이나 우리나라 모자보건법도 국민보건향상을 목적으로 불임수술을 인정하고 있다. 2010년 6월에는 '화학적 거세'를 담은 법률안이 통과되어 2011년 7월부터 시행된다.

2. 대물적 보안처분

대물적 보안처분(sachliche liche sichernde maßnahme)은 범죄에 제공되거나 범죄와 관련된 물건의 몰수, 범죄에 이용된 영업소의 폐쇄, 범죄와 관련된 법인의 해산 등의 처분이 여기에 해당한다.

1) 몰 수

몰수(Einziehung confiscation)는 범죄행위에 제공하였거나 제공하려는 물건 또는 범죄행위로 인하여 생긴 물건이 범죄적 위험성이 있을 때에 과하는 대물적 보안처분이다. 몰수의 법적 성격에 관하여는 형벌의 일종(부가형)으로 보이려는 견해, 보안처분의 일종으로 보는 견해, 양자의 성격을 다 가지고 있는 것으로 보는 견해 등이 대립되고 있다. 우리나라 현행형법은 몰수를 벌금과료와 함께 재산형의 일종인 부가형으로 규정하고 있으나(형법41, 48) 몰수의 대상이 되는 물건이 다시 범죄행위와 관련을 갖게 되는 것을 방지하는데 주목적이 있다는 것을 감안한다면 실질적으로는 보안처분적 성격을 지니고 있다고 할 수 있는 것이다. 이러한 입법례로는 이탈리아형법 제24조, 스위스형법 제58조가 있는데, 이들의 법에 내포된 법적 성격은 형벌도 보안처분도 아닌 특별처분으로 보고 있는 것 같은데, 이것은 범죄로 취득한 물건 또는 이를 대가로 취득한 물건의 몰수는 범죄로 인하여 얻은 이익의 박탈을 목적으로 하고 있으므로 형벌로서의 성격을 부정하기는 어렵다는 점을 고려한 것으로 보인다.

2) 영업소의 폐쇄 · 법인의 해산

범죄에 이용되는 영업소를 일시적 또는 영구적으로 폐쇄시키거나 범죄와 관련 있는 법인조직 그 자체의 해산을 명령함으로써 범죄의 위험을 방지하려는 처분이다.

1934년의 프랑스 형법 초안은 시설의 폐쇄(형법87), 법인의 해산 또는 영업정지(형법88)를 금제품 등의 몰수와 함께 재산상의 보안처분으로서 규정한 바 있으며, 현행 프랑스형법도 1975년의 개정을 통하여 매춘에 이용된 시설이나 매춘에 종사하는 자들이 드나드는 것을 항상 허용하는 시설의 일부 또는 전부에 대하여 3월 이상 5년 이하의 폐쇄 선고를 할 수 있도록 하고 있다(형법 제335-1조). 또한 음주판매업법 62조도 범죄방지를 위한 주점 및 식당의 폐쇄를 인정하고 있다(정영석, 1992 : 304).

제5절 보안처분의 적용과 그 한계

1. 보안처분 법정주의와 그 내용

1) 의 의

보안처분 법정주의(Gesetzlichkeit der Massregdn)라 함은 보안처분에 관하여도 형벌법규에 있어서와 마찬가지로 법정주의의 원칙이 인정되어야 함을 말한다.

보안처분에 대하여는 그것이 형벌과는 달리 정의의 관점에서가 아니라 합목적성(Zweckmassigkeit)의 관점에서 인간의 자유를 제한하는 것이라는 점에서 종래 인간의 존엄과 가치를 규정하고 있는 헌법상의 기본권보장에 반하는 것이 아닌가하는 의문이 독일의 마이어(M. E. Mayer, K. A. Hall) 등에 의하여 제기되어 왔다. 특히 보호감호처분의 경우에는 형벌 이상으로 인간의 자유를 제한하고 이중처벌의 인상을 지우기 어려우므로 헌법 제10조 인간의 존엄과 가치에 반하는 것이라고 하는 것이다. 그러나 기본권이란 사회구성원으로서의 국민 개개인에게 인정되는 것인만큼 사회생활의 필요에 따라 일정한 제한을 받는 것이 불가피한 것이다. 따라서 법익침해의 사전예방이라고 하는 관점에서 일정한 자에게 자유를 박탈하거나 제한하는 처분을 과하는 것이 반드시 기본권제한의 범위를 벗어나는 것이라고는 볼 수 없는 것이다.

그러나 이와 같이 자유의 제한을 내용으로 하고 있는 보안처분에 대하여는 그 종류와 요건 등에 관하여 법률로 엄격히 제한하지 않으면 안 된다. 보안처분도 그 성질에 있어서 처분대상자의 자유·재산 등의 법익을 박탈 내지 제한하는 것을 내용으로 하는 점에서 사실상 형벌과 다름이 없으므로 기본권보장의 견지에서 죄형법정주의에 상응하는 보안처분법정주의가 요청되는 것이다.

이미 1928년 로마에서 개최된 제2회 형법통일에 관한 국제회의 결의에서도 제1조에서 "누구든지 법률로서 명시적으로 규정되어 있지 아니하는 보안처분이 적용되지 아니하고, 또한 법률상 규정이 없으면 보안처분을 적용하지 아니한다."고 선언한 바 있으며, 이탈리아형법 제199조와 프랑스형법 초안 제199조도 이와 유사한 규정을 두고 있다. 우리나라의 경우 현행형법은 보안처분을 인정하고 있지 않으므로 위와 같은 규정을 두지 않고 있으나 현행헌법(12 ①) "누구든지 법률에 의하지 아니하고는 … 보안처분을 받지 아니한다."라고 규정하여 보안처분법정주의를 명문화하고 있다. 이와 같이 보안처분은 반드시 법률에 의하지 않으면 안됨은 말할 나위도 없다.

2) 내 용

그러면 보안처분의 구체적 내용은 어떤 것인가에 관하여는 형법상의 대원칙인 죄형법정주의의 내용을 준용할 것인가 하는 문제로서 제기되어 왔다. 죄형법정주의는 법익을 침해하는 가벌적인 범죄와 그에 대한 제재수단인 형벌을 법률로서 정할 것을 요청하는 것으로서, 국가권력의 자의적인 행사로부터 개인의 자유와 재산을 보호하고, 나아가서 범죄자에 대하여도 범죄에 대한 형벌을 미리 알려줌으로써 부당한 형벌을 받지 아니 하도록 한다는데 그 의의가 있는데, 이를 일반국민과 범죄에 대한 마그나카르타적 기능이라고 한다.

이러한 측면에서 본다면, 보안처분도 그것이 개인의 자유와 재산에 대한 침해를 내용으로 하고 있으므로 비록 형벌과 보안처분을 전혀 별개의 것으로 보는 이원론의 입장을 취하더라도, 그 요건과 효과 등에 대하여는 법률로 정하여야 할 뿐만 아니라 그 실질에 있어서도 죄형법정주의의 내용을 준용하여야 할 것이다. 그러나 보안처분은 형벌과는 달리 합목적성의 관점이 중시되는 것이므로 형벌법정주의의 파생원칙들이 보안처분법정주의에 어떻게 작용 할 것인가를 재검토하지 않으면 안 된다. 다음에는 이 점에 관하여 개별적으로 검토해보기로 한다.

(1) 관습법금지와 유추해석금지의 문제

앞에서 말한 바와 같이 보안처분법정주의를 시인한다면 그 당연한 관습법은 보안처분법의 법원이 될 수 없음은 물론이다.

한편 유추해석에 관하여는 보안처분이 위험성에 대한 합목적적인 조치인 점에 비추어 합리적인 유추해석은 허용된다고 하는 입장도 있으나, 피처분자에게 이익이 되지 않는 한 이를 금지하는 것이 타당하다. 예컨대, 현행 사회보호법상으로도 제5조에서 '동종 또는 유사한 범죄로 2회 이상 금고이상의 실형을 받은 때' 할 수 있도록 한다면 기본적인권의 보장과 부합하지 않게 될 것이다.

(2) 소급효 금지의 문제

형벌과 마찬가지로 보안처분에 대하여는 적용되지 않으며 따라서 보안처분법의 적용은 재판시법에 의하여 결정해야 한다고 한다. 이러한 입법례로는 나치스독일형법 제2조의2, 4항, 형행독일형법 제2조 6항, 이탈리아형법 제200조1항, 프랑스형법 제9조 등이 이러한 입장을 취하고 있다. 이 입장의 근거를 보면 형벌은 책임을 전제로 하고 있으므로 법질서가 요구하는 것과 다른 방향으로 자기답책적인 의사결정을 한데 대하여 가해지는 것이고, 따라서 그러한 의사결정을 할 당시에 이미 법규로써 그에 상응하는 형벌을 정하여 놓지 않으면 안 되는 것이다. 이에 반하여 보안처분은 행위자의 책임을 전제로 하는 것이 아니라 행위자의 장래의 위험성을 전제로 하여 사회방위와 범죄인의 개선, 교화를 도모하는 것이므로 반드시 행위 시에 미리 그것을 정하여 놓을 필요가 없다고 하는 것이다.

한편 보안처분의 소급효를 부정하는 소수설에 따르면, 형벌불소급의 원칙이 형벌에 대해서만 적용된다면 전술한 보안처분법정주의와 모순된다고 한다. 즉 형벌법규에 있어서 소급효금지의 원칙을 인정하는 근거는 개인의 자유보장과 법적 안정성의 요구에 있고, 이 점은 어느 정도 보안처분의 경우에도 그대로 타당하다고 한다. 예컨대, 행위시에 경미한 형벌만이 규정되어 있는 범죄에 대하여 소급하여 보안처분을 적용하는 경우에는 형벌의 소급효를 인정하는 것과 마찬가지로 개인의 자유가 침해된다.

생각건대 보안처분법정주의를 인정하는 한 보안처분의 소급효를 인정하여 보안처분법을 원칙으로 재판시법으로 하는 것은 법정주의가 가지는 예측적 기능, 즉 개인에게 그의 행위가 법질서에 의하여 어떻게 평가되고 있는가를 알려준다는 취지와 부합되지 않는 것으로서 타당하다고 할 수 없다. 따라서 보안처분에 대하여도 형벌과 마찬가지로 행위자에게 이익이 되지 않는 한 소급효를 인정하지 않는 소수설에 필자는 찬성하고 싶다. 구 사회보호법에서도 원칙적으로 소급효 금지원칙에 따라 일정한 죄를 범한 자에 대해서만 보안처분을 과할 수 있도록 하고 있다.

(3) 부정기형 금지의 문제

형벌과는 달리 보안처분은 행위자의 위험성을 제거하는데 그 목적이 있으므로 적어도 피처분자가 재범의 위험성을 가지는 한 처분의 효과가 계속되어야 하고, 따라서 보안처분에 있어서는 부정기처분이 원칙이라 할 수 있다.

그러나 치료처분의 경우를 제외하고는 인권보장 측면에서 가능한 한 최고의 한도 기간을 규정하고 정기적으로 심사를 하는 것이 최근의 경향이라고 할 수 있다. 현행사회보호법도 보호감호처분에 대하여 7년의 상한을 정하고(동법7 ③), 매년마다 사회보호위원회로 하여금 가출소의 심사를 행하게 하고 있다(동법25, 32).

2. 보안처분의 정당성(비례의 원칙)

형사정책상 범죄방지수단으로서의 형벌은 일정한 한계를 가지고 있다. 즉 국가형벌권에 대한 제약원리로서의 책임주의에 입각하고 있는 까닭에 비록 범죄방지를 위하여 필요한 경우라고 하더라도 행위자의 책임의 범위를 넘어 형벌을 과할 수 없는 것이다. 이러한 이유에서 형벌이외의 수단에 의하여 형법의 사회통제기능을 보완하도록 해야 한다는 요청이 나타내게 되는 것이며, 이것이 바로 보안처분제도의 필요성이라고 할 수 있다. 그러나 보안처분도 형벌 못지않게 자유를 박탈, 제한하는 것을 내용으로 하고 있으므로 그 자체를 정당화하기 위한 근거를 필요로 하게 된다.

생각건대 보안처분도 형벌과 마찬가지로 일정한 법익침해로부터 사회를 방위하고 범죄인을 개선, 교화하는데 그 목적이 있는 것이므로, 그 목적은 정당화의 정당성을 가지지 않으면 안 된다. 바로 이러한 수단의 정당성을 부여하기 위한 것이 비례의 원칙(Grundstz der verhaltnismaßkeit)이라고 할 수 있다. 비례의 원칙이라 함은 보안처분에 의한 개인의 자유에 대한 침해는 보안처분의 목적이라 할 수 있는 사회방위와 비례관계에 있어야 함을 의미한다. 독일형법 제62조는 "보안처분은 행위자에 의하여 행하여진 범죄와 기대되는 범죄 및 그들로부터 나오는 위험의 정도와 비례되지 아니하는 경우에는 명하여져서는 아니된다."고 하여 비례의 원칙을 명문화하고 있다. 이 규정에 따르면 비례의 원칙에 있어서 비례성(verhaltnismaßigkeit)은 구체적으로 ① 행위자가 행한 범죄의 의미, ② 행위자에 대하여 기대되는 범죄의 의미, ③ 행위자로부터 나오는 위험의 정도라는 세 가지 요소에 따라 판단되어야 하는 것이다.

따라서 이러한 비례의 원칙에 따라 보안처분은 사회와 개인에 대하여 가장 경미한 처분으로서 행하여져야 하며, 그 한도 내에서 합목성이 추구되어야 할 것이다. 예컨대, 사회의 안녕질서를 위하여 경미한 범죄자에게 자유를 박탈하는 보호감호처분을 명하는 것은 비례의 원칙에 반하는 것으로 금지되어야 할 것이다.

이와 같은 비례의 원칙은 보안처분의 선고에서 뿐만 아니라 선고된 처분을 집행하거나 집행중인 자를 석방하는 경우에도 마찬가지로 적용되어야 한다. 예컨대, 보호감호처분을 집행중인 자에 대하여 감호소 내에서의 위험제거가 불필요하다고 인정되는 경우에는 즉시 가출소 결정을 내려야하고 다만 비례의 원칙에 따라 필요성이 인정되는 경우에는 보호관찰처분을 명할 수 있을 것이다. 그러나 비례의 원칙은 단지 형식적인 기준만을 제시할 뿐이므로 국제적인 기준은 개별 보안처분에의 적용을 통하여 발견되지 않을 수 없으며, 이것은 책임원칙이 일정한 범죄행위에 대하여 구체적인 형량을 제시하는 원칙이 아닌 것과 동일하다고 할 수 있다.

3. 보안처분의 적용요건

앞서 살펴본 바와 같이 보안처분에는 여러 가지 종류가 있으므로 개별처분에 따라 그 선고를 위한 요건이 상이함은 물론이다. 그러나 모든 보안처분은 비례의 원칙에 입각하여 선고되어야 비로소 정당성을 가지므로 그러한 의미에서 일반적인 보안처분의 적용요건 내지는 전제조건이 문제로 된다.

비례의 원칙의 판단기준에서 이미 시사된 바와 같이 보안처분의 적용요건으로서는 ① 위법한 행위의 존재, ② 중대한위법행위의 기대, ③ 상당한 개연성을 가진 위험성의 존재 등을 들 수 있으며, 형벌과의 관계 상 보안처분의 대상이 되는 행위자가 형벌적응성이 없어야 함은 물론이다.

그 적용요건을 나누어 설명하면 다음과 같다.

첫째로, 구성요건에 해당되고 적법한 행위가 존재하여야 한다. 보안처분도 형벌과 마찬가지로 형법상의 제재이기 때문에 위험성을 방지하기위한 일정한 조치를 취하기 위해서는 범죄행위의 존재가 전제로 되어야 하는 것이다. 그러나 보안처분의 성질상 이러한 범죄행위는 반드시 유책할 필요는 없다. 따라서 심신상실저가 위법한 경우를 한 경우에도 처분의 대상이 된다. 형법상의 구성요건에 해당하는 위법한 행위로 족하다. 또한 구성요건에 해당하는 모두 보안처분에 해당하는 것은 그 행위가 보안처분의 본질적 요소인 행위자의 위험성을 징표 하는 것이어야 한다. 법률이 보안처분의 대상이 되는 행위를 열거적으로 한정하고 있는 것도 이러한 이유에서 나온 것이다(사회보호법②). 따라서 일정한 범죄행위가 행위자의 범죄적 성벽이나 상습성으로 인한 것 이라든가 심신장애 및 각종 중독 등으로 인한 경우에 한하여 보안처분의 대상으로 될 수 있는 것이다.

둘째로, 다시 중대한 위법행위가 기대되는 경우라야 한다. 특히 자유박탈을 내용으로 하는 보안처분에 있어서는 기대되는 행위가 중대한 것이 아니면 안 되며 독일형법 제63조 내지 66조는 이를 명문화하고 있다. 중대성(erheblichkeit)에 대한 판단은 구체적인 사례에 따라 각기 다를 것이나, 일반적으로 예상되는 침해법익의 내용, 행위실행의 방법, 범죄적 에너지의 정도, 범죄자에 대한 행위자의 표상 등을 기준으로 하여야 할 것이다. 독일형법은 보호감호처분의 경우에 중대한 범죄행위라 함은 "피해자에게 정신적 · 육체적으로 중대한 손해를 입히거나 경제적으로 중대한 손해를 입히는 행위(동법

66①,③)"라고 예시적 규정을 두고 있다.

셋째로, 위법행위로 인한 개연성의 정도는 개연성에 이르러야 한다. 위험성은 여러 가지의 의미로 사용될 수 있으나 전술한 비례의 원칙에 입각할 때 보안처분의 전제조건으로서 행위자의 위험성은 엄격히 정하여야 할 것이다. 따라서 과거의 위법행위가 특수한 위험성을 징표하고 있고 장래에 기대되는 행위가 중대한 위법행위라고 하더라도 단순히 재범의 가능성(Möglichkeit)만으로는 부족하고 보다 높은 정도의 개연성(wahrscheinlichkeit)을 요한다고 할 것이다. 물론 개연성의 정도는 보안처분의 종류와 기대되는 행위의 성질에 따라 상이하며, 비교적 경미한 위법행위가 기대되는 자유박탈처분에 있어서는 어떠한 경우보다도 고도의 개연성이 요구된다고 본다.

위험성에 대한 판단(Gefahrlichkeitsprognose)은 장래에 대한 가정적 판단이므로 보안처분의 선고 또는 집행되는 시기를 기준으로 법관이 개별처분에 따른 법정사유를 기초로 하면서 행위자의 인격과 그의 행위를 종합하여 판단하여야 한다(통합판단). 따라서 행위자의 출신과 부모 · 가족관계 · 교육의 정도, 범죄초발연령과 죄질, 행위자의 행장과 직업, 지능과 성격, 전과사실 그리고 위법행위의 내용 등이 모두 판단의 대상에 포함되어야 한다.

4. 적용상의 관련문제

1) 보안처분과 집행유예

보안처분에 집행유예를 인정할 것인가에 관하여, 종래 보안처분의 전제조건이 위험성의 제거라는 것과 집행유예와는 서로 모순된다고 하여 부정적인 입장을 취하여 왔으며 1930년 프라하에서 열린 국제형법 및 형무회의에서도 특별한 경우를 제외하고는 이를 인정하지 않기로 한 바 있다.

그러나 이 문제는 형벌과 보안처분의 집행에 관하여 어떠한 입장을 취하는 가에 따라 결론이 달라진다는 점에 주의를 필요가 있다. 예컨대, 전술한 바와 같이 대체주의를 취하는 경우에(예컨대, 치료감호처분의 경우와 같이) 보안처분의 집행이 선행되므로 집행유예의 여지가 없을 것이나, 병과주의에 의하는 경우에는 형의 집행이 선행하므로 보안처분에 대하여도 집행유예를 인정할 필요가 있게 된다. 즉 병과주의에 의하는 경우에는 형벌을 집행한 다음 단지 이름만 바꾸어 보안처분을 다시 집행하면 결과적으로 이중처벌을 한다는 인상을 지울 수 없으므로, 이러한 비판에 대응하기 위해서는 형집행이 종료된 다음 일반위험성에 대한 재심사를 하여 위험성이 없어졌거나 현저히 감소된 경우에는 보안처분(보호감호처분)의 집행을 유예시킬 필요가 있고, 유예처분을 받은 자에 대하여는 보호관찰을 명함으로써 그 목적을 달성할 수 있는 것이다(독일형법67의c ①).

2) 보안처분과 가석방

보안처분 특히 자유박탈적인 대인적 보안처분에 가석방을 인정할 것인가에 관하여는 최근의 학설과 입법례가 이를 인정하는 경향이 있다.

보안처분은 원칙적으로 부정기이므로, 처분기간 동안 정기적으로 위험성에 대한 심사를 함으로써 피처분자를 사회에 복귀시키기 위한 노력을 하지 않으면 안 된다. 이러한 관점에서 특히 보호감호처분은 · 치료처분 · 교정처분을 받은 자에게 일정한 심사를 거쳐 가석방을 결정하여야 한다고 한다. 그리고 가석방은 위험성의 소멸유무를 집행하기위한 실험기간으로서도 의미가 있다고 한다.

현행 사회보호법도 보호감호처분과 치료감호처분에 대하여 그 집행 개시 후 정기적인 심사를 거쳐 집행정지를 내릴 수 있도록 하고 있으며(동법25), 독일형법도 제67조 e항에서 자유박탈을 수반하는 보안처분에 대하여 이를 인정하고 있고, 스위스형법도 보호감호처분에 대하여는 시험적 퇴소를 명할 수 있도록 하고 있다(동법41④).

3) 보안처분과 시효

보안처분에 대하여도 형벌과 마찬가지로 시효를 인정할 것인가에 대하여 찬부양론이 대립되고 있다. 먼저 부정설에 의하면 보안처분의 전제조건인 위험성은 일정한 기간의 경과로써 소멸되는 것이 아니므로 시효제도는 인정할 수 없다고 하고, 긍정설은 소추 및 집행의 양자에 대하여 시효를 인정할 수 있다고 한다.

생각건대 행위자의 위험성은 범죄행위가 기대되는 내적 · 외적조건이 복합적으로 작용하여 나타내는 것이므로 시간의 경과에 따라 변화해 나갈 뿐만이 아니라 시간의 경과에 따라 감호의 선고와 그 집행에 대한 일반사회의 의식도 감소되어 나가는 것이다. 따라서 보안처분, 특히 보호감호처분 · 치료감호처분 · 교정처분 등에 대하여도 행위자의 위험성이 인정되지 않는 한 시효가 인정되어야 할 것이다. 독일형법도 이러한 관점에서 판결이 확정된 날로부터 처분이 집행되지 아니하고 3년이 경과한 때에는 법원의 명령이 있는 경우에 한하여 집행이 가능하며, 그 명령은 처분의 목적상 사후의 수용을 필요로 하는 경우에 한하여 허용된다고 규정된 바 있으며(동법42의g②), 현행 독일형법 제78조 이하는 보호감호처분 이외의 보안처분에 대한 시효를 규정하고 있다.

현행 사회보호법도 시효를 인정하여, 먼저 감호청구의 시효에 대하여는 감호 청구된 사건과 동시에 심리하거나 심리할 수 있었던 죄에 대한 공소시효기간의 경과로 완성된다고 하고(동법36① 및 형사소송법249 ①), 감호집행시효에 대해서는 7년 또는 10년의 기간을 별도로 정하여 놓고 있다(동법37①, ②).

제6절 현행법상 보안처분

1. 서 설

현행 헌법(12 ①)은 "…누구든지 법률에 의하지 아니하고는… 보안처분을 받지 아니한다."고 규정하여 보안처분을 헌법에 명문화하였다(보안처분 법정주의). 그러나 우리 형법은 보안처분을 전혀 규정하지 있지 않고, 소년법 · 국가보안법 · 사회보호법 · 구사회안전법 · 모자보건법 · 마약법 · 윤락행위방지법 등 상당수의 특별법에 의하여 이에 관한 규정을 두고 있다. 이상의 각종 특별법에 의한 보안처분은 소년법상의 보안처분을 제외하고는 모두 일정한 행정기관에 의하여 행정작용의 일종으로서 행해지고 있다는 데 그 특색이 있다. 이하에서는 소년법상의 보안처분, 구 사회안전법상의 보안처분, 그리고 사회보호법상의 보안처분을 중점적으로 고찰하고자 한다.

2. 소년법상의 보안처분

성장기에 있는 소년들은 정신적 · 신체적으로 미숙하고 사려가 부족하여 범죄의 유혹에 빠지기 쉬운 반면, 또 그만큼 개선 · 교화의 가능성도 크다. 또한 이들 소년에게는 장래가 있기 때문에 교화개선주의를 기본으로 하는 처우대책이 필요하다. 이러한 특성을 존중하여 소년법은 반사회성 있는 소년에 대하여 그 환경의 조정과 성행의 교정에 관한 보안처분을 행하고 형사처분에 관한 특별조치를 행함으로써 소년의 건전한 육성을 기함을 목적으로 하고 있다(소년법 제1조). 소년법상 인정되는 보안처분은 다음과 같다(동법32①).

① 보호자 또는 보호자를 대신하여 소년을 보호할 수 있는 자에게 감호를 위탁하는 것
② 보호관찰의 단기보호관찰을 받게 하는 것(6월)
③ 보호관찰관의 보호관찰을 받게 하는 것(2년)
④ 아동복지법상의 아동복지시설 기타 소년보호시설에 감호를 위탁하는 것
⑤ 병원 · 요양소에 위탁하는 것
⑥ 단기로 소년원에 송치하는 것
⑦ 소년원에 송치하는 것

이상의 각호에 해당하는 처분은 소년부판사(가정법원 소년부판사 또는 지방법원소년부판사)가 심리의 결과 필요하다고 인정한 때에 결정으로써 내린다. 그리고 위의 제1항1호 처분과 제2호 및 제3호의 처분은 병합할 수 있고(같은 조②), 소년의 보호처분은 그 소년의 장래에 어떠한 영향도 미치지 아니한다(같은 조⑤).

3. 사회안전법을 보호관찰법으로

1975년 7월 16일에 개정된 사회안전법은 89년 6월 16일 보안관찰법으로 전면 개정하였는데 그 주요골자는 다음과 같다. 먼저 보안관찰처분의 요건으로는 형법상의 간첩죄, 국가보안법상의 반국가단체 목적수행 등 특정범죄로, 3년 이상을 선고받아 전부 또는 일부집행을 받은 자로서 재범의 위험성이 있다고 인정되는 자이다. 다음 보안관찰자의 의무로는 매 3개월마다 관할 경찰서장에게 주요활동사항을 신고해야 하고, 주거지 이동, 10일 이상 국내여행, 국외여행 등의 경우 신고해야 하며, 기타 검사 및 사법경찰관은 타인과 보안관찰 해당 범죄를 범한 자와의 회합 · 통신을 금지하고 공공의 안녕질서에 직접적인 위협을 가할 것이 명백한 집회 또는 시위장소에 출입금지가 가능하도록 되어있다.

4. 사회보호법상의 보안처분

1) 의 의

사회보호법(1980.12.18, 법률 제3286)은 제1조 그 목적에서 죄를 범한자로서 재범의 위험성이 있고 특수한 교육, 개선 및 치료가 필요한 자에 대하여 사회복귀를 촉진하고 사회를 보호할 목적으로 과하여지는 보안처분을 규율하고 있다. 보호대상자는 ① 고의범행으로 인하여 수개의 형을 받거나 수개의 죄를 범한 자, ② 범죄를 목적으로 하는 단체 또는 수괴 및 간부인 자, ③ 심신장애자·마약 중독자 및 알코올중독자이다(동법 제2조).

2) 종 류

(1) 보호감호

보호감호제는 보호처분의 하나로 1980년 12월 '사회보호법' 제정으로 도입되었다. 살인, 강도, 성폭력 등 강력범죄와 상습절도 등을 범한 사람들 중 재범의 위험성이 인정되는 사람들에 대하여 법원이 유지판결과 함께 보호감호를 선고하고, 법무부가 집행한다. 2010년 8월 5일 현재 96명이 보호감호 집행을 받고 있으며, 죄명별 인원은 살인 1명, 강도 42명, 성폭력 40명, 폭력 3명, 절도 9명, 기타 1명이다. 사실 보호감호제는 2005년 폐지되었다. 그러나 여전히 보호감호 대상자가 남아 있는 것은 "법 폐지 이전에 확정 판결을 받은 사람들은 보호감호를 집행한다."는 경과규정이 있기 때문이다. 보호감호 대상자는 현재 경북북부 3교도소(옛날 청송교도소)에 수용되어 있다.

(2) 치료감호

치료감호란 심신장애자, 마약 및 알코올중독자의 피치료감호자를 치료감호시설에 수용하여 이들에게 치료를 위한 조치를 행하는 보안처분을 말한다(동법9).

치료감호의 대상자는 ⓐ 심신장애자로서 형법 제10조제1항(심신상실자)의 규정에 의하여 벌할 수 없는 자가 금고 이상의 형에 해당하는 죄를 범한 때, ⓑ 심신장애자로서 형법 제10조2항(심신 미약자)의 규정에 의하여 형이 감경되는 자가 금고 이상의 형에 해당하는 범죄를 범하고 재범의 위험성이 있다고 인정되는 때, ⓒ 마약 · 향정신성의약품 · 대마초, 기타 남용되거나 해독작용을 일의킬 우려가 있는 물질이나 알코올을 식음, 섭취, 흡연 또는 주입받는 습벽이 있거나 그에 중독된 자가 금고 이상의 형에 해당하는 자이다(동법8①).

외국의 입법례를 보면 심신장애자에 대한 치료처분과는 별도로 마약 · 알코올중독자에 대한 금절처분(독일형법63,64)을 규정하고 있는데 비하여, 우리나라의 사회보호법상의 치료감호는 이 양자를 통합한 점에 특색이 있다. 이 치료감호의 기간은 피치료감호자가 완치되어 사회보호위원회의 종료결정을 받을 때까지이므로(동법8②), 치료감호는 무기한 지속될 수 있다.

(3) 보호관찰

보호관찰은 가출소한 피보호감호자와 피치료감호자를 감호시설 외에서 지도 · 감독하는 것을 내용으로 하는 보안처분이다. 이를 위하여 사회보호위원회는 피보호감호 자에 대하여 일정한 장소에의 출입제한이나 특정물품의 사용금지 기타 필요한 준수사항을 부과할 수 있다(동법11).

보호관찰은 ⓐ 피보호자가 가출소한 때 또는 병과된 형의 집행 중 가석방된 후 그 가석방이 취소되거나 실효됨이 없이 잔 형기를 경과한 때, ⓑ 피치료감호자가 치료감호시설 외에서의 치료를 위하여 친족에게 위탁된 때(동법10 ①)에 시작된다. 보호감호의 기간은 3년이다. 다만, 그 이전이라도 사회보호위원회의 보호감호의 집행면제 또는 치료감호의 종료결정이 있거나, 피보호감호자가 다시 감호의 집행을 받게 되어 재수용되거나 금고 이상의 형의 집행을 받게 된 때에는 보호관찰은 종료된다(동법10③).

3) 결 어

사회보호법이란, 원래 재범자 또는 누범적 상습 범인을 엄히 다스려 그를 사회로부터 장기간 격리시키기 위해 과거 국보위가 만들어낸 법이다. 이 법의 보호감호처분에 따르면 그 같은 범죄자는 법원이 언도한 형기를 다 살고도 검사의 청구에 의해 일정기간을 더 격리수용하도록 되어 있다. 이러한 사회보호법의 규정과 운영 실태는 특히 인권취약성이 농후한 보호감호처분의 입법과 실무관행에서 많은 문제점을 내포하고 있다.

첫째, 2중처벌이나 다름없는 보호감호의 기간을 획일적으로 7년 또는 10년으로 규정하고 있는 것은 인권을 침해할 소지가 많으므로, 현행제도를 개선, 범죄의 유사성, 재범의 위험성, 범인의 상습성 등을 법관이 독자적으로 판단해 처분여부를 재량에 따라 결정하도록 법원의 재량여부를 넓혀 가급적 보호감호처분을 억제하는 방향으로 나아가야 할 것이다.

둘째, 일단 보호감호처분을 받은 후라도 주형에 대한 집행면제나 가석방 등의 사유가 없는 경우에는 현행 2년마다 가출소, 감호 등을 심사 · 결정하도록 한 심사기일(본법 25①)을 단축시키거나 가출소시키는 길을 훨씬 넓힐 필요가 있다. 왜냐하면 이것은 기본권인 신체의 자유를 장기간 구속하는 결과가 될 뿐만 아니라, 개과천선은 절망에서 나오는 것이 아니라 희망에서 생겨나는 것이기 때문이다.

셋째, 보호감호처분의 경우 형벌을 먼저 집행한 후 선고된 보호감호처분을 이어서 집행할 필요가 다시 있느냐를 필요적으로 심사하는 중간심사제도의 도입이 시급하다.

우리형법의 개정시에는 사회보호법상의 보안처분제도를 인권침해의 우려가 없는 형사제재상의 표준화된 보안처분으로 손질해야 함은 물론 이를 형법상의 제재수단의 하나로 형법 전에 편입시켜 엄격한 사법심사의 대상으로 삼아야 할 것으로 본다.

제5편

범죄자 처우의 제문제

제1장 범죄자 처우의 기본이념

제1절 서 설

형사정책사조의 국제적 진전과 범죄자 처우의 기본이념은 크게 변천하였다고 볼 수 있으며, 그 중에서도 1955년 UN이 결의한 '피구금자처우최저기준규칙'(Standard Minimum Rules for the Treatment of Prisoners)은 범죄자 처우에 관한 구체적 지침서로서 세계 각국의 행형에 큰 영향을 끼쳤다.

본 규정이 피구금자의 법적지위를 명확히 하고 이를 존중하는 것을 기본으로 함은 물론 처우의 목적이 사회에 있다는 것을 표명하였으며, 그 후 세계 각국의 행형입법이나 행형제도의 개혁은 모두 사회복귀사상을 범죄자 처우 기본이념으로 하고 있다.

우리나라 형 집행법 제1조도 "수형자의 교정교화와 건전한 사회복귀를 도모하고"라고 하였는데, 이것 역시 이를 반영한 것이라고 하겠다. 그런데 구미제국과 스칸디나비아 여러 나라에 있어서는 범죄자 처우를 단순히 응보로서 혹은 사회로부터의 격리수단으로서 형벌을 과하여야 하며 범죄자를 개선하고 그 사회복귀를 도모하는 것은 아니라고 하는 '반사회복귀사상'을 제창하고 있다. 이러한 주장은 1970년대에 들어서면서부터 미국에서 현저히 나타나고 범죄자처우모델로서 '공정모델'(justice model)이 대두되고 힘을 얻게 되었다. 이하에서는 '의료모델'(medical model)로부터 '공정모델'로의 범죄자 처우 모델론의 새로운 전개를 중심으로 범죄자 처우 이념의 중점의 변천에 관하여 관찰해보고자 한다.

제2절 범죄자 처우 이념의 변천

우리가 이미 아는 바와 같이 구미제국을 비롯하여, 21세기인 오늘날의 범죄자 처우 이념의 중심을 이루고 있는 것은 사회복귀의 사상(rehabilitation ideal)이 범죄자 처우 이념이라고 하여도 과언이 아니다. 그리고 우리들이 범죄자 처우의 문제를 생각할 때 주의하지 않으면 안 되는 것은 범죄자 처우의 기본이념 그 자체가 실은 형벌의 목적과 연계되고 있다는 사실이다. 결국, 형벌의 목적이 단지 응보로부터 개선교육(개선갱생)으로 변화되어 온 것이 형사정책의 경우에 있어서 의료모델 혹은 사회복귀모델이 범죄자 처우의 기본이념으로 등장하여 온 진짜 이유라고 볼 수 있다. 이와 같이 사회복귀사상이 강조되어 개선목적이 전면에 나타남에 따라 범죄자는 자기가 저지른 범죄에 대하여 속죄해야 하는 것은 물론, 그들을 하루라도 빨리 사회에 복귀시키는 것이 교정처우의 우선적인 과제이다.

그리고 사회복귀를 용이하게 하기 위하여 시설 내 처우를 보다 외부사회에 근접시키는 개방처우가 제창되어 사회 내 처우의 중요성이 강조되었다. 결국 범죄자의 개선갱생을 기도하여 사회에 복귀시키기 위하여서는 시설 내 처우만으로 충분하지 않고 사회 내 처우와 중간처우 등 모든 방법을 동원하는 것이 무엇보다 중요하다는 인식이 높아지고, 범죄자 처우의 중점도 시설 내 처우에서 중간 처우 내지 사회 내 처우로 이행하게 되었다. 이와 같은 중요한 변천은 당연히 사회복귀사상에 의존하는 것이고, 형벌목적이 보복이 아닌 개선교육에 있다는 인식이 아니면 안 된다고 말할 수 있다.

제3절 범죄자 처우 모델의 변천

1970년대에 접어들자 구미, 특히 미국에 있어서는 범죄가 격증하고 교정시설은 과밀수용되어 형사정책의 위기가 나타나게 되었다. 그리고 1973년 오일쇼크로 개선교육을 표방하는 사회복귀사상은 하나의 꿈같은 이상이 되었고, 사회 내 처우는 생각했던 것보다 비용이 너무 많이 든다는 비판이 전개되었다. 또한 1975년 연방교정국은 마침내

의료모델을 버리고, 사회복귀 모델에 철퇴를 가하기 시작하였다.

범죄자 처우문제를 국제적 추세에 비추어 볼 때 1975년이라는 해는 주목해야 하는 해이고 중요한 시기라고 말할 수 있다. 왜냐하면 1975년까지의 사회 내 처우의 모든 처우기법이 범죄자의 개선교육을 목표로 하고 있는 것에 대하여 구미, 특히 미국의 1975년 이후의 새로운 사회 내 처우는 종래의 사회 내 처우에 형벌적인 요소를 가미하는 형태로 전개되고 있기 때문이다. 이와 같은 것은 단적으로 사회 내 처우로부터 사회 내 제재로 라는 말로 표현할 수 있지만 일반적으로는 의료모델로부터 공정모델로 변천한 것으로 알려지고 있다. 그런데 의료모델이라든가 공정모델이라는 것은 범죄자의 처우모델을 가리키는 것이고, 의료모델은 영어로 medical model로서 표현되어 한국어로는 치료모델, 의학모델, 환자모델, 처우모델, 개선모델, 사회복귀모델이라고 번역되고 있다. 한편 1975년 이후에 대두한 공정모델은 영어로는 Justice model이라고 부르고, 한국어로는 정의모델, 법치모델, 응보모델, 형벌모델, 사법모델로 번역되고 있다. 이 양자의 차이를 한마디로 말한다면 의료모델은 재범률을 어떻게 낮출 수 있는가에 중점을 두는 것이라면, 공정모델은 범죄자를 얼마나 공평하게 대우하는가 하는 공정의 문제에 중점을 두고 있다고 말할 수 있다.

의료모델의 기본적인 생각은 환자와 범죄자를 동일시하는 점이다. 예컨대, 환자에게 병의 원인이 있는 것과 같이 범죄자에게도 범죄에 빠지게 된 원인이 반드시 있다. 환자가 병에 들게 된 원인을 찾아내는 것과 같이 범죄의 원인을 찾아내는 것이다. 즉 의학의 현장에서 의사가 병의 원인을 찾기 위하여 진단하고 병명을 붙이는 것과 같이 교정의 현장에서는 진단(diagnosis)과 분류(classification)가 필요하게 될 것이다. 결국 현재 교정의 현장에서 사용되고 있는 진단과 분류라고 하는 말은 의학용어로부터 출발되었다고 할 수 있다. 진단과 분류 후에는 환자에게는 치료(treatment)가 시행되듯이 범죄자에게는 처우(treatment)가 시행하여진다. 그리고 병의 상태가 명백하게 된다면 과거의 경험으로부터 어느 정도의 기간이 필요할 것인가 하는 추측이 가능하겠지만 병의 재발의 위험성을 생각한다면 치료에 필요한 기간을 사전에 결정지어 주는 것에 문제가 있다. 왜냐하면 완치 후 퇴원시킨다는 것이 보통의 상식이기 때문이다.

한편 재범의 방지를 목적으로 하는 의료모델에 있어서는 개개인의 범죄자에 따라 적절한 처우를 다하기 위해서는 기간을 정하여 처우하는 정기형보다도, 개개인의 범죄자의 사정을 고려해가면서 교정현장의 판단에 의해 형기를 책정하는 '부정기형'(不定期刑)

쪽이 효율적이라고 말할 수 있다. 결국 어느 정도의 처우(치료) 효과가 있었는가 하는 사법적 차원에서가 아니라 행정적 차원에서 판단하여 가석방, 즉 병원으로 말하면 가퇴원시켜서 통원시키는 것이 된다. 이처럼 환자와 범죄자를 가석방자로 지정하여 범죄자 처우모델을 전개한 것이 1975년까지의 미국의 의료모델이다. 물론 미국이 1975년 이후 의료모델을 방기(放棄)했다고 하는 것도 그것은 연방차원의 일로써, 모든 주가 의료모델을 방기했다고는 말할 수 없다는 점에 유의할 필요가 있다. 그렇지만 각주에서의 의료모델의 방기는 1975년 이후 보편화되어 그 중 중핵(中核)을 이루고 있는 부정기형과 가석방의 방기도 나타났다.

제4절 부정기형의 폐지와 무능력화 정책의 대두

1976년 캘리포니아 주 양형법이 제정됨과 동시에 캘리포니아 주는 그간 미국에서 100년간 실시해 온 부정기형 제도를 방기했다. 그 후 일리노이, 인디애나 콜로라도, 뉴멕시코, 뉴저지, 펜실베이니아 주 등도 부정기형 제도를 폐지하게 되었다. 부정기형 제도가 없어지면 당연히 이 제도와 표리일체를 이루고 있는 가석방제도도 필요 없게 되었다. 1975년 매인주에 이어 인디애나, 일리노이, 캘리포니아, 미네소타, 뉴멕시코 주 등에서도 가석방제도가 폐지되어 1984년의 「포괄적 범죄규제법」(Comprehensive Crime Control Act of 1984)에 의해 미국의 의료모델은 자취를 감추기에 이르렀다. 그러나 우리나라와 같이 개선교육을 기본으로 범죄자 처우를 하는 나라에 있어서는 의료모델(사회복귀모델)은 앞으로도 계속하여 발전할 것으로 생각되지만 미국과 같이 '응보'(retribution), '제지'(deterrence), '무능력화'(incapacitation) 등의 4개 형벌목적이 경합적으로 존재하고 있다.

미국에 있어서 사회복귀모델이 범죄자 처우의 기본이념이라고 하는 것은 형벌의 목적이 '사회복귀' 또는 '개선'(reformation)이었기 때문이라고 할 수 있다. 특히 1975년 이후 형벌목적의 역점이 '응보'와 '제지'에 바탕을 둔 공정모델이 전개되게 되었다. 그리고 1980년대에 들어서도 이와 같은 공정모델의 노선을 유지하면서 '무능력화'가 형벌의 목적으로서 강조되었고 형사정책으로서의 '무능력화 정책'이 전개되게 되었다.

이 '무능력화 정책'의 대표적인 것으로서는 '선별적 무능력화'(Selective in Capacitation)

정책이 있다. 이 선별적 무능력화 라는 것은 형사법체제에 들어있는 전체 범죄자 가운데 위험한 범죄자 군을 선별하여 장기구금 하에 두는 것을 말한다.

다시 말하면, 가장 위험한 범죄자를 교정시설에 수용하고 격리하는 것에 의해 그 구금기간 중이라도 범죄로부터 멀어지게 한다는 소극적인 형사정책이다. 이 선별적 무능력화 정책은 '위험성'(dangerousness)을 기준으로 하기 때문에 범죄학이나 형사정책의 문헌 가운데는 '위험성의 르네상스'라든가 '위험성의 부활'이라고 부르지만 이것은 종래의 가능한 한 많은 범죄자를 교도소에 구금하려하는 '필요적 구금론'과는 다르게, 선별된 범죄자만을 구금하기 때문에 과밀수용의 해소를 할 수 있다는 의미에서 '마법의 상자'로 되지 않을까하는 기대를 해왔다. 그렇지만 현실은 그렇지 못했다. 미국의 선별적 무능력화 정책에 있어서, 가장 위험한 범죄자를 선별하여 교도소에 수용하고 형기를 장기화하는 시책을 전개해왔다. 그러나 처음에는 확실히 효과가 있는 것처럼 보였다. 그러나 이 정책도 시설수용이 한계에 달함에 따라 문제가 생기게 되었다. 즉 교도소가 과밀수용상태가 되면 감형(remission)과 선행보상제도(good time system)를 채용하여 수용자들 중에 비교적 위험성이 적은 자를 석방하지만 이 경우 진정 범죄자가 개선 갱생되었기 때문에 출소시키는 것이 아니고 과밀수용을 해소하기 위해 석방하는 것이기 때문에 사태는 심각하다는 것이다. 그래서 위험한 범죄자를 아무런 조치도 하지 않고 사회에 내보내면 우리 시민의 안전은 어떻게 되는가라고 하는 비난을 막기 위해 생각해낸 것이 우리 시민의 안전은 어떻게 되는가라고 하는 비난을 막기 위해 생각해낸 것이 '집중감독프로베이션'(intensive provation supervision)이라는 새로운 사회 내 처우방법이었다.

이 집중감독프로베이션은 1975년 이전의 프로베이션과 같이 사회복귀를 표방한 범죄자의 개선갱생을 원조하는 시스템이 아니라 재범을 일으킬 위험성이 있는 범죄자를 어떻게 감시하고 시민의 안전을 어떻게 확보할 것인가를 목적으로 한 특별한 감시시스템이다. 이런 시스템의 대표적인 것으로 알려져 있는 것이 전자감시(electronic monitoring)와 재택구금(house arrest)시스템인 것이다. 그리고 당연한 것이지만 보호관찰관의 역할도 지금처럼 범죄자를 원조하는데 있지 않고 교도소 직원처럼 범죄자를 감시하는 역할을 담당하게 된다. 물론 이와 같은 미국의 사회 내 처우가 잘되기 위해선 프로베이션 오피셔 자신의 의식개혁이 무엇보다 요구되지만 이러한 보호관찰관의 처우목적의 변경을 확실히 실행하기 위해서는 이 또한 상당한 시간이 필요하다는 것은 어제 오늘 지적한 일이 아니다. 사실 현재 미국의 이러한 보호관찰의 의식개혁은 순조롭지 못한 것이 현실이다. 또한 사회 내 처우 그것도 순조롭지 못한 것이 현실이라고 할 수 있다. 그렇기 때문에 집중감독프로베이션이 우리나라의 모델이라 할 시책인가 아닌가는 꽤 의문이 가는 점이다.

제2장 수형자의 법적 지위

제1절 발전과정

19세기 말까지만 해도 수형자는 법의 보호밖에 있는(outlaw) 자 내지 법적으로는 사망한 자로 인정되어 권리의 주체라고 보지 않았다. 이는 미국의 연방대법원이 1871년 러핀사건(Ruffin common Wealth 62, 790)에 대한 판결에서도 잘 나타나있다. 그러나 법치국가의 이념이 일반화되면서 수형자는 법적 보호의 대상으로 인정되었다.

19세기 행형개혁에서도 이 문제가 부분거론되었는데, 누진제를 주장한 마코노키(Maconochie)의 자율적 수용생활의 제시와 크로포톤 · 오스본 등의 독자적인 처우제도의 전개가 그것이다. 그러나 이런 주장들은 수형자의 생활조건을 개선한다는 점에 중점을 둔 것으로서 수형자를 법적 보호의 주체로 파악하지 못했다는 점에 한계가 있다.

그 후 1909년 프랑크푸르트 암마인 대학장 취임강연에서 프로이덴탈(B. Freudenthal)이 '수형자의 국법상의 지위'(Die Staatrechtliche Stellung des Gefangenan)에 관해 언급함으로서 수형자의 법적지위의 문제가 전면에 등장하게 되었고 바이마르(Weimar)헌법이 생존권적 기본권의 보장을 선언하면서 수형자의 법적 지위에 대한 문제가 활발히 논의되었다. 제2차 세계대전 후 인권의식이 고양되고 수형자의 권리가 신장되어 1960년대에 이르러 수용관계가 법률관계임이 분명하게 되었다. 최근 들어서는 공권력의 위법한 행사를 이유로 한 수형자의 권리구제를 위한 소송이 점차 증가하는 추세에 있어 수형자의 인권도 그만큼 확대 신장되어 가고 있다.

제2절 수형자의 법적 지위의 기초원리

수형자의 법적 지위의 확립은 결국 수형자의 인권보호를 의미한다고 볼 수 있는데, 수형자의 인권보장은 ① 사법적 요청, ② 자유형의 순화, ③ 교정목적 달성이라고 하는 3가지 관점에서 생각하지 않으면 안 된다고 본다. 헌법적 요청에서는 우리나라 헌법전문에 '…정치, 경제, 사회, 문화의 모든 영역에 있어서 각인의 기회를 균등히 하고… 국민생활의 균등한 향상을 기하고…'라고 선언하고 있으며, 헌법 제11조의 법 앞의 평등원리와 제10조의 국가의 개인이 가지는 불가침의 기본적 인권의 확인과 제12조의 법률에 의하지 않고는 체포 · 구금 · 압수 · 수색 · 심문 · 처벌과 보안처분을 받지 않는다고 하는 것 등에서 찾아 볼 수 있다.

자유형의 순화(Reinhaltung der Freiheitsstrqafe) 사상은 독일의 프로덴탈이 처음 주장한 것으로 이 주장의 골자는 자유형의 내용은 수형자의 신병의 구속을 넘어 생명, 신체, 명예, 재산, 가족형적 성격을 받아서는 안 되는데, 실제적으로는 자유형은 명예형과 형집행 중 가족에게 고통을 주는 바 없지 않으며, 이와 같은 권리의 침해가 되지 않도록 제도적 장치가 필요하다고 본다(平野龍一, 1976 : 8~11). 또한 수형자의 법적 지위의 향상을 위한 수형자의 인권보장은 교정목적달성을 위해 이루어져야 한다고 본다.

제3절 수형자 권리의 제한과 한계

먼저 수형자에 대해 시설구금 하에서도 보장받을 수 있는 기본적 권리를 법률상 분명하게 할 필요가 있다. 다만 헌법상 보장되는 사상 및 양심의 자유 등 내심의 자유에 속하는 것은 수형자에 대해서도 당연히 제한할 수 없는 것이므로 이와 같은 것은 특별히 문제시 되지는 않지만 많든 적든 신체적 행동에 관련하는 권리, 자유에 대해서는 시설구금 내지 행형목적의 요청에서 여러 가지의 고려가 요구된다. 그를 위해서는 수형자에게 인정할 수 있는 권리행사의 범위와 교정시설의 특징에 기인하는 합리적인 제약의 한계를 법률상 명확히 정할 필요가 있다. 이와 같은 견지에서 크게 두 가지로 나누어 살펴 볼 수 있는데, 하나는 시설보안상의 자유제한이요, 다른 하나는 행형처우상의 자유제한을 들 수 있다.

시설보안상의 자유제한은 범죄자의 구금확보에 의한 사회의 방위라고 하는 시설의 제일차적 임무에서 당연히 요청되는 것이지만, 시설에서의 보안유지를 위해 취해지는 대부분의 조치는 수형자의 행동에 대한 직접 · 간접의 구금의 제한으로 실시되고 있으며 경우에 따라서는 수형자에게 중대한 불이익을 과할 가능성이 있는 것은 의심할 여지가 없다. 그 점에 있어서는 당연히 법률에 의한 명시된 근거에 의거하여 엄격한 요건에 기인하는 목적달성상 필요하고 적당한 한도 내에서의 규제가 특히 요망된다.

행형 처우상의 자유제한은 교정목적달성을 위해 어쩔 수 없는 일이라고 하지만 그 제한이 많든 적든 간에 수형자의 자유나 행동을 규제하는 것으로서 실시되는 이상 그 제한은 당해 법률관계의 성질에서 필연적으로 파생하고, 그것을 유지하기 위하여 필요하다고 인정되는 한도 내에 그쳐야 할 것이다. 따라서 수형자의 인권에 대한 제한은 일반적인 공권력행사의 경우와 마찬가지로 법률의 근거가 있는 경우에 한한다고 할 것이며, 수형자의 사회복귀를 위하여 필요한 조치라 하더라도 인권침해의 우려가 있는 경우에는 법률의 규정이 없는 한 이를 인정해서는 안 될 것이다.

제4절 금후의 과제

이상과 같은 문제 외에도 수형자의 법적 지위에 관한 문제로서 수형자의 처우에 대한 참가, 수형자에 대한 처우 청구권의 부여 수형자의 불복신청에 대한 구제제도 등의 문제가 있는데 수형자 처우는 어떤 지도나 훈련 등을 실시한다고 해도 결국 수형자가 이러한 처우를 단순히 수동적으로 받아들이는데 그친다면 그 목적은 잘 달성될 수 없을 것이다. 수형자 자신이 사회복귀에 대한 강한 의욕을 자각하고 자발적 노력을 쏟을 때 비로소 가능하다고 말할 수 있다. 이렇게 하면 수형자의 법적 지위의 확립은 수형자의 권리의무를 법적으로 명백히 하는 것으로 보다 잘 이루어질 것이며, 수형자의 권리의무를 법적으로 보다 명백히 할 수 있다. 수형자의 처우에 대한 적극적인 참가도 이에 따라 비로소 담보된다고 말할 수 있다. 그리고 현대의 형사 정책적 사고의 흐름이 수형자에게 할 수 있는 것만의 자유를 인정하려는 방향인 것으로 생각되는 때 현재와 같은 행형 제도 하에서 개선교육을 강조하는 것은 수형자에 대한 간섭을 강조하고 의무를 증대하여 수형자를 처우의 객체로서 취급하는 요인을 가지고 있는 것은 아닌가 하는 비판을 고려하면서, 교화개선형의 적극행형과 인권옹호형의 소극행형의 조화를 도모하고자 하는 관점에서 수형자의 법적 지위를 검토해보는 것은 그 나름대로 의의가 있다고 생각한다.

어떻든 수형자의 법적 지위에 관하여 고찰함에 있어서는 우리 형사정책에 종사하는 자는 수형자도 일반국민과 마찬가지로 모든 헌법상의 권리 및 자유를 향유할 수 있는 주체이며, 그러한 권리 및 자유를 제한하기 위해서는 ① 헌법적 요청, ② 자유형의 순화, ③ 교정목적 달성이라는 3가지 관점에서 고찰하여야 하며 최소 필요한의 것이라는 점에 유의하여야 할 것이다.

제3장 시설 내 처우제도

제1절 서 설

우리나라에서 시설 내 처우라 하면 교정시설과 보호시설에서의 처우를 말하는데, 시설로는 교도소 · 소년교도소, 구치소가 있고, 보호시설로는 치료감호소, 소년원, 소년분류조사원 등이 있다. 2010년 9월 현재 교정시설의 수는 본소 47개(교도소 35, 소년교도소 1, 구치소 11), 지소 3개가 있으며, 보호시설은 소년원 10개, 소년 분류심사원 1개, 청소년비행예방센터 6개, 치료감호소 1개소가 있다. 이하에서는 교정시설 내 처우에 있어서 가장 중요한 누진처우제도와 분류제도에 관하여 개관해보기로 한다.

제2절 누진처우제도

누진처우제도(progressive stage system)라 함은 자유형의 집행에 있어서 재판상 선고된 형기를 여러 단계로 나누어 집행하고, 일정한 교정성적을 올리는데 따라 수형자에 대하여 그 처우를 점차 완화해 나가는 처우방법을 말하며 행형누진제라고도 부른다.

이 제도는 누진계급에 따라 구금에 따른 강제를 완화하여 처우상의 특권과 자유를 증가시키고, 특히 1급 수형자에 대해서는 조기에 석방시킴으로써 수형자의 전도에 희망을 주고 그 자발적인 분발 노력을 촉진시켜 자력적 개선을 꾀하려는데 기본취지가 있다. 이 누진처우제도는 1840년 알렉산더 마코노키(Alexander Maconochie)가 영국의 유형지였던 오스트레일리아의 노포크(Norfalk)섬에서 실시하게 되었다. 오스트레일리아(호주)에서는 1791년 아서 · 필립(Arthur Philip)이 뉴사우스웰즈에서 가석방제도를 실시하였지만 식민지인들이 초창기의 조직적이지 못한 가석방제도에 강한 반대를 하게 되어 1822년에는 형기를 4기로 나눈 누진적제도가 만들어졌다. 이것이 누진처우제도의 시초로 보고 있는데, 마코노키는 오스트레일리아에서와 같은 이러한 형벌집행을 본받아 1840년부터 1844년까지의 사이에 형기의 제1단계를 형벌단계(Penal Stage), 제2단계를 사회화단계(Social Stage), 제3단계를 개별화단계(individualized stage)라고 하는 누진처우제도를 완성하였다. 1854년에는 월터 · 크로포톤(Walter F. Crofton)이 아일랜드의 감옥개량작업에 있어서 이른바 아일랜드제(Irish progressive system)라고 불리는 누진처우제도를 실시하게 되었다. 이 크로프톤의 아일랜드제는 최초 9개월은 엄정독거하고, 제2단계는 스파이크 섬의 감옥으로 이송하여 잡거구금하고 토목공사에 종사시켰으며, 제3단계로 완전개방시설인 라스크 및 스미스길 섬의 중간교도소에 이송해 농업 또는 공업에 종사케 하고 대폭적인 자유와 자치를 허용하였다. 아일랜드제의 성공은 미국의 행형에도 영향을 주었는데, 1870년 신시내티 선언은 누진처우제도의 채용을 제언하게 되었고, 이는 1876년 엘마이라제(엘마이라교정원)로 발전하였다. 또 1897년 영국의 보스탈제, 20세기에 들어와서는 미국의 토마스 모토오스본(Thomas Mott Osborne)의 수형자자치제, 제2차 세계대전 중 프랑스의 교도관 학교 등도 이러한 누진처우제도의 일환으로 발전한 것이라고 할 수 있다.

우리나라에서는 일제치하에서 점수제에 의한 조선행형누진처우규칙(1934년 11월)이 시행되었으나 1944년에는 행장심사규정으로 바뀌어 일종의 고사제로 대치되었고, 건국 후 필요성은 인정하면서도 시행되지 못하다가 교정누진처우규정의 제정(1969년 5월)으로 실시하기에 이르렀고 이를 다시 수형자분류처우규칙(1991. 3)으로 바뀌었다.

그 이듬해인 1992년 3월 법무부령제 361호로 일부개정이 있었는데, 개정의 주요골자는 첫째 수형자분류처우규칙의 적용이 제외되는 자 중 확신범에 대한 용어를 명확히 규정하였고(제2조 제5호 및 별표), 둘째, 징역형을 받고 복역 중인 행형성적이 우량한 제1급수형자의 경우 그 접견과 서신 발송횟수를 매월 2회 2통에서 매월 3회 3통으로 늘렸고(제46조, 제1호제2호), 셋째, 기율을 위반한 수형자에 대한 진급정지처분의 기준을 행형법 제46조 제2항의 규정에 맞도록 긴급정지처분의 기준 중 종전 1월간 진급정지사유에서는 상우의 정지 또는 취소당한 자의 경우를 삭제하고, 종전 2월간 진급정지사유에는 접견 · 서신 금지처분 받은 자의 경우를 새로이 추가하도록 하였다(제81조 1호, 2호).

그 후 1996년 1월 8일 법무부령 제421호로 일부개정을 하였는데, 개정 주요 내용은 첫째, 특정 강력범으로써 심성이 순화되지 아니한 자 등이 규칙적용 제외자들에 대하여 분류심사만은 실시할 수 있도록 함으로써 거실지정, 이송 등 기타 처우에 있어 이를 적절하게 활용할 수 있도록 하고(제2조), 수형자에 대한 분류처우제도를 실시함에 있어 환자에 한하여 분류심사를 유예하던 것을 피징벌자 등도 유예대상에 추가하고, 누진계급에 따라 차등급여하도록 하고 있는 특찬제도를 폐지하였다(제6조 및 51조). 둘째, 누진계급별로 차이를 두던 서신발송횟수에 대한 제한을 폐지하며 제1급 수형자에 대해 외부의 종교행사에 참석하거나 영화 등을 관람할 수 있도록 하는 규정을 신설하였다(제54조 및 제63조). 셋째, 수형자의 라디오와 텔레비전의 시청 횟수를 제1급 수형자의 경우에는 매월 4회 이내에서 수시로 시청할 수 있도록 늘리고 제3급 이하의 수형자에 대하여도 교화상 필요하다고 인정할 때에는 이를 시청할 수 있도록 하는 규정을 신설하였다(제55조).

그 후 행형법의 개정(1996.12.12 법률 제5175호)으로 교도소장 등이 가석방 심사 대상자를 선정하여 가석방심사위원회에 가석방심사를 신청하게 됨에 따라 1997년 1월 법무부령 제445호로 대상자 선정을 각 교도소 · 구치소 등에 설치된 분류처우회의에서 대상자를 선정하도록 하였다.

그러다가 행형법이 2008년 「형의집행 및 수용자처우에 관한 법률」(편의상 실무에서는 형집행법이라고 함)로 전면 개정됨에 따라 그 시행규칙에서 분류처우제도를 현 시대감각에 맞게 전면 재조정하여 오늘에 이르고 있다.

제3절 분류처우제도

분류처우란, 수형자가 사회복귀에 필요한 개별조건을 과학적 방법으로 찾아내어 적합한 구체적 처우지침의 입안, 평가 및 수정을 행하여가는 일련의 절차를 말한다. 이러한 계획적인 개별처우를 하기 위해서는 수형자를 그룹(group)으로 나누어야 하는데, 이는 수형자의 개선, 갱생 및 사회복귀를 촉진하는데 있다는 것은 두 말할 것도 없다.

여기서 말하는 수형자의 분류(classification of prisoners)는 범죄의 원인과 대책에 대한 과학적 인식을 토대로 하는 범죄인 분류와는 달리 수형자의 교정교화의 과학적이라는 관점에서 이루어지는 것임에 주목하여야 한다. 수형자 분류는 고전적 분류와 현대적 분류로 나눌 수 있는데 고전적 분류는 주로 구금의 구분, 수형자의 분리 처우의 구별 등을 내용으로 하는 일종의 복합적인 분류처우의 원칙을 적용하는 것이었지만 무엇보다 경험과 사념에 의한 형식적인 단체 처우적 분류제였던 것뿐만 아니라 분류의 목적도 수용질서의 유지와 악풍감염의 방지라고 하는 극히 소극적인 점에 그쳤으나 현대적 분류는 종래의 고전적인 분류의 기초관념이었던 연령, 범죄의 경중 등의 기준 이외에도 체질적인 차이, 심리학적 내지 감정적인 차이, 육체적 · 정신적인 건강의 차이, 직업적인 수련의 가능성 유무 및 개선가능성 유무 등 보다 과학적이고 적극적인 분류로 발전하게 되었다. 이러한 과학적 분류는 1907년 벨기에를 출발로 하여 1918년 미국의 뉴저지주의 렌튼 교도소에서 실시되었으며, 특히 뉴욕주의 싱싱 감옥에는 분류센터를 따로 두어 전문가에 의한 종합적인 분류를 시도한 바 있다.

우리나라는 교정시설마다 분류처우예비회의와 분류처우회의(통상 본회의라고 함)와 같은 분류전담기구를 두어 분류업무의 내실화를 기하는 한편, 보다 통일적이고 효율적인 시행을 위해 기존의 구치소인 서울 · 부산구치소나 안양 · 대구 · 광주 · 대전교도소를 분류전담소로 지정하여 특수수형자의 분류조사를 실시하고 있는데, 그 주요 역할은 다음과 같다. 즉 형 확정된 수형자 등 일정한 기준에 해당하는 수형자를 분류 전담소에 이송하여 분류심사를 실시하고 그 결과 개별처우지침을 수립, 해당처우시설로 이송한다. 뿐만 아니라 일반시설에 대한 분류업무의 지도를 행하여 분류업무를 보다 체계적이고 통일성을 유지할 뿐만 아니라 분류처우기법을 연구 개발하여 분류심사기량을 향상함은 물론 분류전담요원을 양성하는 역할을 담당하고 있다.

이상에서 보는 바와 같이 오늘날 우리나라의 행형은 수형자의 개선과 사회복귀에 그 목표를 두고 미국의 영향 하에 수형자의 분류심사제도의 확립을 중심으로 발전하고 있다. 그러나 이러한 수형자의 개선과 사회복귀를 위한 기법으로서의 분류처우제도에 있어서는 회의론 혹은 반대론이 없는 것은 아니다. 이것은 첫째, 분류처우제도는 불평등한 차별처우이며 사회복귀상 수형자의 개별처우라는 이름 아래 구금조건에 차이를 두고 교도소의 강압으로 수형자를 복역시키는 것으로서 누진처우제도보다 오히려 시설의 관리체제를 강화하고 있다. 둘째, 교정직원의 권위주의사상의 강화로 명령과 복종관계가 한층 강화된다는 것이다. 셋째, 분류처우제도는 하나의 제도로서 여기에 적합하게 법률, 명령, 규칙이 정비되지 않으면 안 된다는 것과 행형의 기본법인 형집행법과 수형자분류처우규칙을 바탕으로 정착된 처우체계를 따르는 교정직원과 수형자가 있다는 것, 수형자를 적대시하는 일반인의 의식과 감정이 있다는 것 등을 생각하지 않고 개선과 사회복귀사상만을 내세운다는 기능적 측면에서의 비판이 있다. 또한 우리나라의 분류제도의 발전을 위한 과제로서는 첫째, 교정처우의 기본이 되는 분류의 이념방법을 명령과 규칙에 맞추어 현행 행형법을 개정할 것, 둘째, 기존의 관리중심의 건물과 설비를 개축하거나 신축하여 각각 특색 있는 처우가 될 수 있도록 해야 한다는 것, 셋째, 분류처우를 발전적으로 세분화하기 위하여 노력할 것 등이다.

이와 같이 현재 우리나라의 수형자 처우의 기본적인 방향을 누진처우제도로부터 분류처우제도로 옮겨지고 있는 것이 사실이라고 하더라도 우리나라의 행형은 아직도 많은 문제점을 내포하고 있는 것이 사실이다. 우리나라의 장래의 수형자 처우의 방침이 분류제도 중심으로 확인하였다고 해도 거기에는 ① 분류처우제도를 주체로 해서 처우를 행하고 그 처우의 한 수단으로서 누진처우제도를 행하는 것인지, ② 누진처우를 분류제도의 일환으로 이해하고 누진적 분류를 추진하려고 하는 것인지, ③ 우선 어느 시설에 수용할 것인가를 분류하고 그 시설 내에서는 누진제도를 채택한다는 문제가 따른다.

제4장 중간(사회적) 처우제도

제1절 서 설

최근 세계의 형사정책의 추세는 시설 내 처우에서 사회 내 처우로 옮겨가고 있는 실정이며, 특히 미국에 있어서는 교정시설의 과밀수용, 시설 내 처우에 따른 폐해, 폐쇄시설에 있어서의 사회적응의 곤란성, 석방 후 사회구성원에 의한 스티그마(烙印化)의 문제점으로 될 수 있는 대로 사회 내에서 처우해야 한다는 주장이 제창되고 있다(小澤禧一, 1977 : 327~342). 또 범죄자 처우의 여러 방지대책을 분석하여 보면 최근의 시설 내 처우는 개방처우, 외부통근제도, 귀휴제의 도입으로 시설 내 처우는 사회 내 처우화하는 경향이 있다.

이와 같이 시설 내 처우에서 사회 내 처우로 변경하게 될 때 가장 주목받을 만한 것은 시설 내 처우와 사회 내 처우가 결합된 중간 처우형태라고 할 수 있다. 이 중간 처우제도는 본래 시설 내 처우와 사회 내 처우의 중간에 위치한 처우형태를 우리나라학자들은 사회적 처우제도라고 하기도 한다. 시설 내의 격리와 보안의 정도를 완화하여 일반사회와의 교류를 확대해 사회복귀를 용이하게 한다는 생각에서였다. 종전부터 시설 내 처우나 사회 내 처우라는 말은 각국의 법제도로 인해 많이 사용되고 있으며, 이는 사회적 처우(중간처우)도 그 예외는 아니라고 볼 수 있다. 그러나 일반적으로 주말구금 · 반 구금 · 석방 전 지도센터 등의 중간처우 제도가 최근 세계적 차원에서 주목을 받게 되었다는 것은 부정할 수 없는 사실이다.

우리나라에서도 귀휴제, 외부통근제, 가석방심사위원회와 급식관리위원회, 교화위원회, 종교위원회제도, 교정교화활동에 필요한 전문가의 초빙이나 위촉, 개방시설에 의한 개방처우 등 다양하게 실시되고 있다. 범죄자 처우추세가 사회 내 처우로 크게 옮겨가고 있는 오늘날 그 교량역할을 하고 있는 중간처우제도를 보다 깊이 연구 발전시켜 교정에 보다 기여할 수 있도록 하여야 할 것이다.

제2절 중간(사회적)처우제도의 연혁

중간처우제도라 함은 일반적으로 시설 내 처우와 사회 내 처우의 중간에 위치하는 처우형태를 총칭하는 것을 말한다. 역사적으로 19세기 중엽 가석방전의 첫 단계로 아일랜드에서 채용한 중간교도소(intermediate prison)가 이러한 제도의 선구적 역할을 했다. 이 아일랜드의 교도소는 1850년대에 다부린 시와 그 교외에 각 1개소, 코쿠하바에 2개소 등 모두 4개소가 설치되었는데, 50명을 수용하는 소규모시설로서 최상급자가 토목공사 등의 작업에 종사하고 석방 후에는 다부린 시내의 사기업에 고용되었다고 한다(新田健一, 1981 : 67~83). 그렇지만 이 아일랜드 등의 중간교도소의 경우는 누진처우단계(독거 → 잡거 → 중간시설 → 가석방)의 하나로서 이는 당시의 노동력부족을 해소할 목적으로 실시된 것이나 범죄자의 사회복귀를 목적으로 하는 현재의 중간처우제도와는 다소 다르다고 볼 수 있다.

미국의 중간시설에 관한 문헌은 18세기 초에도 발견되고 있으나 공식적으로 알려진 것은 1817년에 매사추세츠 주에서 범죄자를 위한 거주시설을 설립할 것을 제안한 것이 효시이다.

미국에서 최초로 중간처우시설을 운영하게 된 것은 1864년 보스탈 '여자출소자를 위한 임시보호소'이다. 그리고 미국의 이러한 중간시설은 '희망의 집'이라 불리게 되었다(新田健一, 85). 중간처우와 그 시설로서의 중간시설의 기원은 영국의 마코노키(A. Maconochie)가 노포크 섬에서 실시한 점수제(mark system)와 계급별단계처우제도(progressive stage system)를 발전시킨 크로프톤(W. F. Crofton)의 아일랜드제라고 할 수 있다. 가석방 전단계에 있는 수형자에 대하여 석방 후의 사회생활을 원활히 하기 위해서

구금을 완화하고, 자유사회에 보다 접근하려고 하는 이 제도가 현재의 근대적 의미의 중간 처우제도라고 불리는 미국의 하프웨이하우스(halfway house)나 영국의 호스텔(Hostel), 그리고 프랑스의 훼이어(foyer) 등이라고 볼 수 있다.

제3절 중간(사회적)처우제도의 형태

1. 서 설

시설 내 처우와 사회 내 처우의 중간에 위치하는 중간처우제도는 통상 다음 두 가지 형태로 분류된다. 아래 도표에서 본 바와 같이 시설 내 생활을 될 수 있는 대로 사회 내 생활에 접근하려는 것을 원칙으로 하는 것과 사회 내에서의 처우를 원칙으로 하는 것이 그것인데, 전자를 시설 내 처우를 기반을 두는 것이라고 한다면 후자는 사회 내 처우에 기반을 두는 것이라고 할 수 있다. 환언하면 시설 내 처우에 기반을 두는 중간처우제도는 시설 내 처우에 있어서 격리나 보안의 정도를 완화하고 일반사회와의 교류의 확대를 도모하려는 것으로, 예컨대 개방처우 귀휴제, 외부통근제도, 주말구금, 야간구금, 휴일구금, 반구금, 반자유제 등이 그 대표적인 것이다. 사회 내 처우에 기반을 두는 중간처우제도는 사회 내 처우에 일정한 기반을 두기위하여 교도소와는 달리 폭넓은 자유를 허용하는 중간처우시설을 두고 활용하게 하는 것으로 프로베이션 홈(probation home), 프로베이션 호스텔(probation hostel), 하프웨이하우스(halfway house), 사회 내 처우센터(community treatment center) 등이 있다.

이하에서는 시설 내 처우에 기반을 둔 중간처우 제도 중 개방처우, 외부통근제, 주말구금, 귀휴제 등과 사회 내 처우에 기반을 둔 하아프웨이하우스(halfway house), 사회 내 처우센터 등에 대하여 고찰해본다.

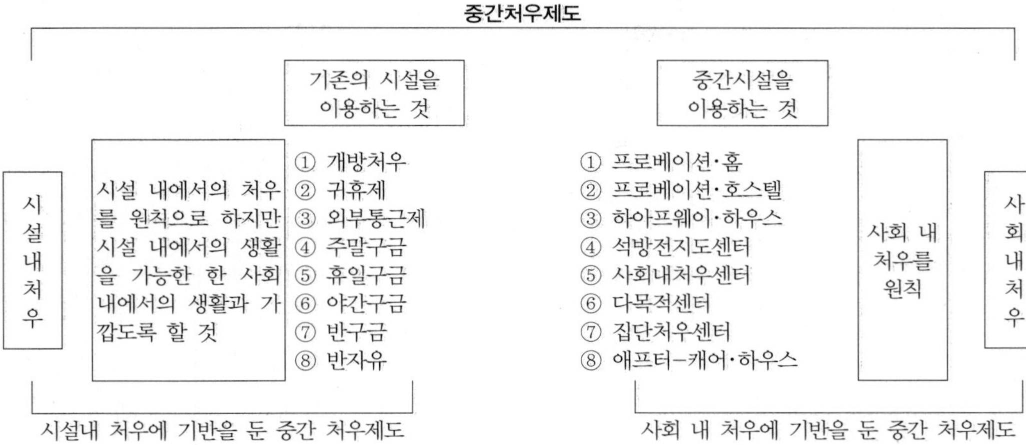

2. 개방적 처우

교정관련 국제준칙의 하나인 '개방시설에 관한 권고'(Recommendation on Open Penal and Correctional Institutions)에 따르면 개방적 시설이란 "도주에 대한 물적 또는 물리적인 예방장치, 즉 담장, 쇠창살, 자물쇠, 무장교도관, 기타 특별경비원과 같은 것 등이 없고 피수용자 자율심과 소속집단에 대한 책임감을 기초로 하는 제도"라고 규정하였다. 개방적 처우란, 이와 같은 개방적인 환경 하에서 행해지는 수형자의 처우를 의미하는 것으로 그 기초이념은 수형자의 자율심 및 책임감에 대한 신뢰에 있다고 할 것이다.

개방적 처우는 사회생활과 단절된 부자연한 구금환경 속에서 수형자가 받는 고통을 제거하여 줌으로써 교정의 인도화를 도모함은 물론 처우의 개별화를 철저히 실현함으로써 교정의 사회화를 실현하는데 중요한 형사정책적 의의가 있다. 수형자의 개선갱생에 있어서 뿐만이 아니라 건축비 및 운영경비도 줄일 수 있다는 장점도 있다. 이러한 관점에서 본다면 개방적 처우는 갈수록 형사정책적 의의가 더해가고 있다고 보겠다.

3. 외부통근제도

외부통근제도(Works Release)라 함은 교정시설에서 수용된 수형자에 대하여 무계호하에 교정시설 이외의 사업장에서 사회일반인의 근로자와 같은 임금조건 하에서 취업케 하도록 하고 야간과 휴일에는 시설 내에서 생활하게 하는 자유형집행의 한 방법을 말한다(김용준, 630).

외부통근제는 사법형 외부통근제와 행정형 외부통근제가 있는데, 전자는 단기수형자를 대상으로 법원이 형벌의 일종으로 유죄 확정자에게 외부 통근형을 선고하는 것으로 통근형이라고도 부른다. 후자는 형의 종류로서가 아니라 석방 전 교육, 사회복귀의 일환으로 시행되는 것으로 사법형과는 달리 주로 장기수형자에게 적용된다. 석방 전 사회복귀의 준비로서 교정시설로부터 계호 없이 직장에 출근시켜 일반사회와 접근된 일상생활을 영위하게 함으로써 점차적으로 사회적응능력을 쌓아가는 이 제도의 취지가 있다.

행정형 외부통근제는 프랑스나 이탈리아에서는 '반자유제'(semi libert)라 부르고, 기타 유럽제국에서는 '반구금제'(semidetention)라고 불리고 있다. 반자유와 반구금이 다른 점은 반자유는 장기형을 받은 수형자의 자유형집행의 마지막 단계에서 실시하는 점에서 형집행의 처음부터 실시하는 반구금과는 다르다고 보겠다. 또 영국에서는 수형자를 호스텔(hostel)이라고 부르는 시설에 수용하여 처우하는데 이것을 '호스탈제'(prison hostel scheme)라고 부른다.

미국에서는 워크 릴리스(Work release)라고 하는데, 미국에서 처음 실시한 것은 1906년 바몬드 주이고 최초로 입법화시킨 것은 위스콘신주의 후버법(Huber Law)이다. 그 후 이 프로그램은 미국 전체에서 실시하게 되었는데, 야간에만 구금한다고 하여 야간구금제라고도 하고 주간에는 석방한다고 하여 일일가석방(day parole)이라고 부르기도 한다.

외부통근제의 장점으로는 시설구금이 오래된 사람에게 사회와의 접촉기회를 증가하여 타율된 습성을 극복하고 자율적인 사회인으로 준비할 수 있다. 둘째, 석방 후에도 계속해서 극복할 수 있는 직업에 종사하면서 작업에 대한 애착심, 직장에서의 사회훈련과 새로운 기술을 습득할 수 있다. 셋째, 수형자의 일정한 직업에 취업한 의의를 체득시켜 규칙적인 근무태도를 양성할 수가 있다. 넷째, 외부통근자에게는 필요에 따라 주말귀휴, 가정방문 등이 허용되기 때문에 장기간 단절되었던 가족과의 관계를 회복할 수가 있다. 다섯째, 외부통근으로 작업수입을 얻게 하기 위하여 경제상의 책임 관념을 회복시키고 가족에 대한 경제적 책임을 질수가 있다. 여섯째, 수형자의 사기를 높이고 자신을 갖게 함으로써 심리적 효과를 높이고 사회복귀를 위한 자금을 저축하는 것을 가능하게 하는 등의 장점이 있다.

우리나라에서는 그동안 법적근거 없이, 외국에서 실시한 오비통근제와는 다소 다른 외부통근제를 실시해오다 1995년 행형법 제5차 개정 시에 그 법적근거(행형35②, ③)를 마련하였다. 현재 이 외부통근제는 앞으로 보다 확대 실시해야 할 것으로 보며 가능한 한 미국, 프랑스, 이탈리아 등에서 실시하고 있는 외부통학(study release)제도의 도입도 생각해 봄직하다.

4. 주말구금제도

주말구금(weekend imprisonment)이라 함은 새로운 형의 분할집행방법으로서 가정 및 직장생활에 지장이 없도록 토요일과 일요일을 통하여 형을 집행하는 것을 말한다.

이 제도는 1943년의 독일소년원법의 소년구금에서 그 기원을 찾아 볼 수 있다. 본래 단기자유형의 한 집행 형태로서 고안된 것인데, 이와 유사한 제도로 주말뿐만 아니라 휴일에도 집행하는 휴일구금, 주말 이외의 휴가 등을 이용해 계속적으로 1일 또는 수일간 구금하는 것을 계속구금이라고 한다. 1948년 형사사법에 의해 채용된 영국의 출두소에 출두도 이와 유사한 제도라고 할 수 있다.

주말구금은 단기자유형에 따른 악풍감염을 방지하고 교정시설의 수용에 따른 실직(失職)의 폐단을 방지하기 위하여 고안된 자유형의 집행 형태이다. 월요일부터 금요일까지는 가족과 함께 생활하면서 직장에 출근하고 주말에만 구금한다는데 특색이 있다. 즉 주말구금은 '자유형의 순화'라는 사상에 따라 자유형으로부터 재산형적 · 가족형적 요소를 제거하려고 하는 것으로 가능한 한 수형자의 일상생활을 파괴하지 않고 수형자를 처우하려고 하는데 그 의의가 있다.

최근에 와서는 단기자유형도 집행방법에 따라서는 효과를 거둘 수 있다는 생각에 따라 주말구금의 인식이 높아지고 있다. 그러나 이 제도는 구금시설의 수용인원이 주말에 격증하고 직원의 부담이 증대한다는 이유로 실무자들은 도입을 꺼릴 뿐만 아니라 집행장소가 수형자의 거주지나 직장에서 가까이 위치해야 한다는 것이 필요불가결한 전제조건이 되고 있어 현재는 프랑스, 벨기에 등의 일부 국가에서만 채용하고 있는 실정이다.

5. 귀휴제

귀휴제(furlough)는 일정한 사유와 조건 하에 기간과 행선지를 제한하며 수형자에게 외출·외박을 허가하는 제도를 말하며 형벌휴가제도 또는 외출·외박제라고도 한다. 구미제국의 거의 모든 나라가 채용하고 있고 현대행형의 이념에도 부합되는 제도라고 할 수 있다.

이 제도의 본래의 취지는 수형자의 교도소화(prisonization) 저지에 있다고 하나 실제로 여러 가지 목적이 있다. 그것은 첫째, 석방 후의 귀주·직업 등의 준비를 원활히 하는데 있고, 둘째, 사회적 연대의 유지 또는 재사회화의 촉진을 위해, 셋째, 특정작업의 취업자 및 모범적 규율 준수자에 대한 하나의 상우로서, 넷째, 부부간의 면회 등의 가족관계를 유지하기 위해서, 다섯째, 근친간의 사망 또는 중병 등의 경우 방문을 위하여, 여섯째, 일신상·작업상 또는 법률상의 긴급을 요할 경우에 중대한 불이익을 피하기 위하여 등이 있다.

귀휴제도의 장점으로는, 가족 간의 유대를 강화하고 지역사회의 연계를 통해 출소 후 생활을 준비할 수 있으며 귀휴제도의 활용을 통하여 가석방대상자를 선별하고 석방시기를 판단하는 자료를 수집할 수 있다. 문제점으로는 첫째, 형법상의 형벌개념에 반하고, 둘째, 도주나 기타 교정사고의 우려가 있고, 셋째, 현행 형사소송법상의 형 집행정지제도로도 충분하다는 비판이 있다.

6. 하아프웨이 하우스(halfway house)

1961년 미국의 시카고, 뉴욕 등에서 연방교도소 수형자를 위해서 석방 전 3, 4개월 동안 특별한 시설에 수용하여 외부 통근시켰던 석방 전 지도센터가 개방되었는데, 이것이 하아프웨이 하우스의 전신이다. 이 하아프웨이 하우스라고 하는 것은 그 명칭이 말해주듯이 교도소 구치소도 아닌 완전한 구금시설과 완전한 자유생활의 중간에 있는 생활의 장을 총칭하는 것이다. 통상 50명 이하의 범죄자를 수용하는 시설이다. 그 시설은 교도소 내의 특별한 구역을 설정하여 운영하는 것이 보통이나 교도소 밖의 독립시설을 설치하여 운영할 수도 있다. 또 이것은 영국에서 1953년에 실시했던 호스텔제도와 같은 것이다. 하아프웨이 하우스는 보통 2가지 역할을 하고 있는데, 그 하나는 프로베이션 대상자에 대한 교도소적 시설이며 다른 하나는 퍼롤(parole) 대상자에 대한 비교도소적 시설이다. 이런 의미에서 미국의 하아프웨이 하우스는 시설 그 자체의 내용에서 본다면 사회 내 처우에 기반을 둔 중간 처우제도라고 할 수 있다.

이 하아프웨이 하우스는 모텔이나 호텔을 사용하거나 시내의 거주지역 주택을 이용한 작은 기숙사와 같은 시설을 사용하며 주간에는 직장에 통근을 하고 야간이나 휴일에는 시설 내에서 자유롭게 활동하면서 자율적인 생활을 영위하도록 하고 있다. 교도소 내의 특별구역을 설정해 호스텔로 사용한다는 점에서 가석방전 외부통근제도 그 자체라고 볼 수 있으나 그것은 어디까지나 편의상의 것이며, 본래는 교도소 밖의 독립시설을 이용하는 것에 하아프웨이 하우스의 중간처우로서의 특징이 있다고 본다.

7. 사회 내 처우센터

사회 내 처우센터는 하아프웨이 하우스나 석방 전 지도센터와 유사하지만 여기에서는 수형자나 다른 프로베이션 중의 문제가 있는 자들을 구금 수용하는 시설로 볼 수 있으며 일반적으로는 그 시설의 목적과 운영에 따라 ① 석방 전 지도센터, ② 프로베이션 및 퍼롤·호스텔, ③ 다목적센터로 분류할 수 있다.

먼저 석방 전 지도센터는 수형자가 그 형기의 마지막 수년간을 거주하는 사회 내 시설을 말하는 것인데, 이것은 행형시설과 일반시민생활의 중간에 위치하고 수형자의 사회의 단계적 복귀에 기여하려고 하는 것이다.

다음으로 퍼롤·호스텔은 하아프웨이 하우스와 같은 것으로 우리나라의 갱생보호시설과 같은 기능을 갖는 것이라고 볼 수 있다. 미국에서는 가석방자와 보호 관찰자에 대해 보호관찰관의 감독을 받게 하는데, 프로베이션의 조건으로서 사회 내 처우센터의 시설수용을 요구하던지 이 센터의 처우프로그램의 처우를 받는 것을 조건으로 하는 것이다. 영국에서는 1년을 넘기지 않는 기간 내에 17세부터 21세까지의 청소년보호관찰대상자를 수용하는 것으로서 직업훈련의 시설을 갖고 있는 곳도 있다.

다목적센터는 그 이름과 같이 어떤 목적을 위해서 특별한 시설을 만드는 것이 재정상 불가능함으로 같은 종류의 목적에 봉사하기 위해서 만들어진 것이다. 일본의 柳本正春에 의하면 다목적센터는 ① 법원의 판단을 원조할 목적으로 비행소년의 관찰과 심리학적, 정신의학적 진단을 목적으로, ② 통상의 프로베이션에 적합하지 않다든지 또는 통상의 시설에서의 장기간의 처우프로그램을 필요로 하지 않는 비행소년을 수용하고 강도 높은 특별처우를 실시하기 위하여, ③ 보호관찰처분을 받고 있지만 좋은 반응을 보이지 못하거나 보호관찰처분을 받은 후 사회생활하기에는 다소 어려움이 있다고 생각되는 자의 처우를 위해서 이용되는 것이다.

아무튼 이러한 사회 내 처우센터는 하아프웨이 하우스의 통상의 시설구금과 일반시민생활과의 교량역할을 하는 것을 목적으로 하고 있으며, 앞으로 우리나라도 이러한 세계적 추세에 따라 사회 내 처우센터의 활용이 바람직하다고 본다.

제4절 결 어

이상과 같이 현대의 범죄자 처우의 추세는 '시설 내 처우'에서 '사회 내 처우'로 이행해가고 있다는 현실을 고려할 때 중간 처우의 형사정책상 중요성은 아무리 강조하여도 지나침이 없다고 생각한다. 최근에 와서는 형사정책의 중요성이 재인식되어 복지사상이 전면에 등장한 오늘날 중간 처우제도의 의의는 크다. 필자가 중간 처우제도를 크게 둘로 나누어 시설 내 처우에 기반을 두는 중간 처우제도와 사회 내 처우에 기반을 두는 중간 처우제도에 관한 검토를 해보는 것도 이러한 새로운 동향을 고려해 개념정리를 분명히 할 필요가 있어서이다.

이 중간 처우제도의 처우는 범죄자의 사회복귀를 목적으로 하는 개별처우를 하는 것이기 때문에 처우장소가 시설 내에 있던지 사회 내에 있던지 그 제도적 형식에 집착한다는 것은 무의미하다. 또한 단지 그때그때의 필요에 따라 처우형태를 달리하기 때문에 중간 처우의 개념을 고정화한다는 것은 다소 무리가 있지 않는가 하는 학자들도 있지만, 필자는 역시 양자를 구별해서 생각하는 것이 좋지 않나 생각한다. 왜냐하면 시설 내 처우에 기반을 둔 중간 처우제도는 시설 수용에 따른 범죄자라는 낙인(烙印)을 찍는 것을 줄이고 수형자의 사회복귀를 용이하게 하려는 의도에서 나온 것이기 때문이다. 또 전자의 시설 내 처우에 기반을 둔 중간 처우제도는 다시 그 시설 자체를 이용하여 사회화를 시도한 것(예컨대, 개방처우)과 ① 개방기법이나 형의 집행방법 활용하여 사회화를 시도한 것(예컨대 외부통근제도, 반자유, 반구금, 주말구금, 귀휴제 등)으로 나누는 것도 가능하다고 본다. 한편 사회 내 처우에 기반을 둔 중간 처우제도는 ② 프로베이션 형태에 속하는 것(예컨대, 하아프웨이 하우스, 석방 전 지도센터, 사회 내 처우센터 등)으로 나누는 것도 가능하다고 본다.

우리나라에서는 이러한 다양한 중간 처우를 실시하지 못할지라도 행형법에 이러한 근거 규정을 둔 것은 고무적인 일이라고 볼 수 있다. 예컨대, 외부 통근작업에 관한 근거규정은 행형법 제35조 2항 및 3항에 개방처우에 관한 근거 규정은 행형법 제44조2항에 규정되어 있다.

앞으로 범죄자 처우에 있어서 시설 내 처우→중간 처우→사회 내 처우를 어떻게 할 것인가는 더욱더 진지하게 연구개발 할 필요성이 있다고 본다.

제5장 사회 내 처우제도

제1절 서 설

사회 내 처우제도는 본래 시설 내 처우의 대체수단의 하나로 주장되고 있고 인도적인 형사정책의 제창, 인권보장사상을 바탕으로 한 수형자의 법적 지위의 확인, 사회재통합이론에 따른 범죄자의 재사회화, 사회복귀 행형의 실현, 라벨링 이론에 기본을 둔 낙인의 제거와 다이버전(diversion) 등의 불개입주의라는 형사정책적 목적에서였다고 할 수 있다. 그러나 사회 내 처우의 진정한 목표는 과밀수용을 해소하기 위한 방법으로 가장 경제적이고 유효한 수단이라는 점에 있다.

이하에서는 우선 전통적인 사회복귀를 표방하는 사회 내 처우제도에 대해서 논술하고 나서 최근 미국과 유럽에 있어서 새로운 사회 내 처우제도로서 각광을 받고 있는 '중간적 제재'(intermediate sanction)의 여러 방지대책에 대하여 알아보고자 한다.

제2절 전통적 사회 내 처우

1975년 이전의 사회 내 처우프로그램을 전통적 사회 내 처우제도라고 한다. 미국은 1841년의 존 · 오거스터스(John Augustus)에 의해 프로베이션을 실시한 이래 사회 내 처우의 긴 역사와 전통을 가지고 있는 나라라고 말할 수 있으나 사회 내 처우로서 관념시 되고 있는 전통적인 형태는 프로베이션(보호관찰), 퍼롤(가석방)이 있다. 전반적으로 보면 미국에서는 보호관찰과 가석방기관은 주(州)차원의 행정기관이 설치하는 것이 많고 County(군)차원의 사법기관에 속하는 것이 많다. 또 연방의 보호관찰은 연방법원의 사무국의 장이 행정상 감독책임을 지는 것으로 되어 있고 연방보호관찰은 판결 전 조사를 해 법원에 보고하고, 법원은 보호관찰에 붙여진 자를 감독하고 지도 · 원조 및 환경의 개선을 행하는 것 외에 가석방에 소속되어 있는 사람에 대해서, 사법장관(Attorney General)이 요구하는 직무를 행하는 것으로 되어있다. 이처럼 미국에 있어서 사회 내 처우의 대표적인 예로서 일반적으로 생각되어온 보호관찰 및 가석방은 연방, 주, 군(County)에 따라 그 기구가 다르고, 업무를 담당하는 기관도 이 독립된 기관도 있고, 통합된 기관도 있어 상당히 복잡한 양상을 띠고 있는 것에 주의하지 않으면 안 된다. 또 성인과 소년의 관할 기관이 다른 것도 있고 50개 주가 제각기 독자적 제도를 채용하고 있기 때문에 미국의 보호관찰과 가석방의 현상을 전체로서 파악하는 일은 지극히 곤란하다.

「형사사법통계연감」(Sourcebook of Criminal Justice Statistics)에 의하면, 연방의 프로베이션에 붙여진 자(판결에 의한 보호관찰 및 가석방에 의한 프로베이션 대상자)는 1975년에 가장 피크를 이루었는데, 그 당시 미국의 시설 내 처우대상자와 사회 내 처우대상자의 비율은 1대3의 비율로 되어 있는 것을 알 수 있다. 이것은 1973년 이후 미국의 사회 내 처우정책의 운영이 소극적인 것으로 된 것과 더불어 1976년의 캘리포니아 주의 부정기형제도의 폐지와 메인 주에 있어서 parole의 폐지가 대표적인 예로 급진적인 미국의 형사정책의 변천이 미국의 교정계에 큰 영향을 준 결과라고 말할 수 있다. 원래 미국은 과밀수용을 없애기 위하여 생각해 온 프로베이션과 더불어 같은 사회 내 처우의 방안이 1960년대에 사회복귀수단의 범죄자의 재사회화를 위한 가장 중요한 정책으로 해석되어 미국의 경우 도리어 가석방과 보호관찰에 있어서 불행한 결과를 초래했다고 말할 수 있다. 과밀수용을 완화하기위한 것으로 평가를 받았다고 생각되는 제도를 사회복귀사상을 낳은 것으로 간주되고 보호관찰과 가석방을 그 표적인 것으로 한 감조차 있다. 미국의 형사사법의 문제점이 그 재량의 여지가 너무 큰 것에 있고, 또 현대의 형사정책의 풍조가 범죄자의 인권옹호를 위한 그 취급의 평등 · 공정을 무엇보다도 우선적으로 고려하는 부정기형의 폐지가 제창되어, 선행보상제도의 도입이 고려되고, 가석방기준의 객관화가 주장된 것은 당연한 것이라고 말할 수 있다. 그러나 그렇다고 해서 우리들은 그 때문에 미국의 교정계가 과밀수용의 문제를 다시 떠안을 수밖에 없게 된 것을 잊어서는 안 된다. 왜냐하면 '법과 질서'의 요청은 필연적으로 교도소 수용을 강조하는 것은 당연한 일이기 때문이다.

이러한 모순을 해결하기 위하여 미국에서는 70년대 되어서 프로베이션을 개량한 사회 내 처우의 모든 방안이 제안되게 되었다. 즉 프로베이션 보조금제도, 혼합형(split sentences), 동의에 의한 프로베이션(consent probation), 조건부석방(conditional release), 형사사법절차상의 처우 등이 그 대표적인 것이다. 우선 프로베이션 보조금제도를 보면, 이것은 캘리포니아 주에서 실시되고 있는 것으로써 본 제도의 목적은 프로베이션 취소율의 증가를 초래하지 않고, 프로베이션의 적용을 확대하여 주(州)의 교정시설의 수용을 줄이는 데 있었다. 캘리포니아 주에 있어서는 1964년 이후 프로베이션 보조금제도의 실시에 의해 주의 교정시설에 수용되지 않은 청소년 및 성인의 수는 1977년까지 거의 5만 명에 달한 것이다.

혼합형은 선고형 가운데 처음으로 2개월이 아닌 6개월을 구치소(Jail)에서 보내고 그 뒤 3년 내지 5년간 프로베이션을 받는 것으로 되어 있고 프로베이션 제도의 일종의 변형이다. 최근 미국에서 이제도를 채택하고 있는 주는 35개주이고 이것은 미국의 법관들 사이에서 차차 호평을 받고 있는 형벌의 하나이다. 이 혼합형의 대상자는 경미한 사건의 범죄자가 아닌 통상의 구금형을 받아 주 또는 연방교도소에 수용되거나 곧바로 프로베이션 처분을 받는 중범죄자이다. 다시 말하면 혼합형의 선고에 의해 법관은 중범죄에 대해서도 비교적 단기의 구금형과 함께 프로베이션을 동시에 명령할 수 있는데, 이것이 혼합형의 이점이라고 할 수 있다. 물론 이 혼합형도 과밀수용의 문제를 해소하기 위한 한 방법으로 고안된 것이다.

이 혼합형은 쇼크 프로베이션(shock probation)이라고 한다. 그것은 혼합형의 목적 중의 하나가 일정기간의 구금에 의해서 범죄자를 처벌한 뒤 통상의 프로베이션에 의한 사회복귀의 운동을 진행하는 것에 있다. 법관의 입장에서 보면 이 혼합형의 이점은 순수한 구금형과 완전한 프로베이션을 보태 제3자의 선택을 가능하게 한 점이다. 즉 교도소에 수용할 정도는 아니고 그렇다고 해서 곧 보호관찰처분으로 하기는 사회방위상 불안한, 범죄자에 대해서는 혼합형이 가장 유효한 방법이라고 할 수 있다.

더욱이 동의에 의한 프로베이션이라고 하는 것은 재판의 정지(adjournment of case)와 조건부 석방과 같이 최근 미국의 사법기관이 빈번하게 사용하는 것인데 유죄판결을 내리지 않고 결정을 내는 판결방법이다. 결국 동의에 의한 프로베이션이라는 것은 간단히 말해 체포된 자가 유죄판결인가 혹은 스스로 유죄라고 인정하기 전에 프로베이션에 동의하는 것이다. 이 동의에 의한 프로베이션의 이점은 범죄자의 입장에서 본다면 일생동안 붙어 다니는 전과딱지를 붙이지 않고 끝내는 것이고 검찰관과 법원의 입장으로 본다면 범죄자가 유죄판결은 받지 않지만 결국 형을 복역하는 셈이다. 따라서 이 제도는 교섭의 결과에 의한 프로베이션의 판결이라고 말할 수 있다.

이 동의에 의한 프로베이션에 대해 뉴만(Donald Newman)은 형사피고인(이 경우 유죄판결을 받지 않았기 때문에 법 기술적으로는 범죄자가 아니다)이 절차에 동의하고, 일반 프로베이션 대상자와 같이 프로베이션의 조건과 준수사항을 지키고 지도에 따른다는 동의서에 서명하는 것으로 성립한다. 그리고 이 경우 해당 형사피고인은 프로베이션 오피셔(probation officer)로부터 지도를 받아 유죄 판결과 프로베이션을 받고 있는 다른 범죄자와 똑같은 조건에서 자기의 형을 복역하는 것이다. 그러나 프로베이션의 규칙과 준수사항에 위반한다든가, 행방을 감춘다든가 또 다른 범죄를 저지르는 경우도 실제로는 프로베이션의 판결을 받지 않았기 때문에 교도소에 수용되는 일은 사실상 없다. 그 경우 법원에 소환되어 원래의 범죄에 대하여 유죄판결을 받은 사람의 전과의 폐해를 줄이는 것이 목적이다.

법관은 통상 6개월 이상 사건의 심리를 정지하고 범죄자를 사회로 되돌려 보내지만 재판의 정지 중에 해당피고인이 다른 범죄를 저지르지 않으면 원래의 사건은 기각되어 전과가 따라다니는 것을 피할 수 있다. 이 제도는 보통 재범(再犯) 우려가 적은 젊은 범죄자를 대상으로 적용되고 있다. 또 조건부석방은 동의에 의한 프로베이션과 함께 기각판결을 예상한 재판의 정지와는 달리 범죄자는 유죄판결을 받지만 어느 정도 일정한 조건을 붙인 후 형을 면제시킨다. 동의에 의한 프로베이션과 함께 기각판결을 예상한 재판의 정지와는 달리, 범죄자는 유죄판결을 받지만 어느 정도 일정한 조건을 붙인 후 형을 면제시킨다.

마지막으로 형사사법절차 이외의 처우라는 것은 예를 들면, 범죄자 중에는 정신병으로 고생하는 사람도 있고 그 병이 범죄행동의 진짜 원인이 되는 경우도 있지만 그럴 경우 그를 교정시설에 수용한다든가 보호관찰에 붙이지 않고 정신병원에 입원시킨다든지 정신과의 외래진료를 하는 것에 의해 수형자로서 보다는 환자로서 치료하는 것을 선택하는 것이 되지만, 이와 같이 형사사법절차로부터 범죄자를 격리하고 일반치료시설에 옮기는 경우를 말하는 것이다.

이 형사사법절차 이외의 처우는 넓은 의미의 다이버전(diversion)에 포함되어지는 것으로 생각되지만, 이러한 시책이야말로 1975년까지의 미국의 장래의 형사정책을 노린 유용한 수단의 하나로서 생각되어졌던 것이다. 그러나 1976년 이후 형사사법 이외의 처우방법에 의한 커다란 기대는 완전히 사라져 버렸다고 말해도 좋을 것이다. 그 이유의 대부분은 뉴만이 말한 대로 미국경제의 변화에 있다고 말할 수 있다. 즉 뉴만은 다음과 같이 말하고 있다. 바로 2, 3년 전의 미국에 있어서는 형사사법 이외의 처우방법이야말로 미래를 점치는 파도라고 말하는 신앙이 퍼져 있었다. 체포로부터 교도소수용에 이르기까지 형사사법절차가 완전히 끝나면 인간은 사회에 잘 적응할 수 있다고 말하는 것보다는 반대로 어쩔 수 없는 인간이 될 수 있다. 하지만 형사사법 이외의 처우방법에 대한 커다란 기대는 사라졌다. 그 이유의 대부분은 미국경제의 변화에 있다. 형사사법 이외의 처우방법은 특별히 작은 그룹의 범죄자를 대상으로 의학·정신분석 또는 그 밖의 진단치료를 하므로 시설의 유지관리에 많은 경비를 필요로 한다. 소규모의 처우시설의 대부분은 민간의 독지단체에 의해 설립되어지거나 또는 기부나 세금에 의해 유지되고 있다. 지금의 대다수의 지역에 있어서 형사사법 이외의 처우에는 확실히 성공하고 있지만 엄청난 비율을 필요로 하기 때문에 많은 수용시설이 자금난과 지역의 지지를 잃어 폐지되고 있다(Newman·山口譯, 1979 : 43~45).

이러한 뉴만의 견해는 지금도 미국의 지배적인 견해의 하나라고 말할 수 있다. 그것은 어떻든 이러한 사회 내 처우의 여러 방법은 종래의 프로베이션의 연구결과이고, 그것들의 다수가 아직 실험단계에 있다고 할 수 있다. 게다가 처우의 대상으로 되고 있는 범죄자수도 그렇게 많은 것은 아니다. 그렇기 때문에 이에 대한 것들의 여러 방안이 과밀수용의 완화를 위한 수단으로서 어느 정도 유용한가는 앞으로의 발전과 그 독자적 전개에 기대할 수밖에 없는 것이 현실이다.

제3절 신사회 내 처우제도

1975년 이후의 사회 내 처우제도를 신사회 내 처우제도라고 한다. 1975년 이전에 사회 내 처우의 활성화를 위하여 노력했지만 만성적인 구금상태로부터 벗어날 수 없었지만 미국은 1973년의 오일쇼크의 영향을 받아 결국은 사회 내 처우는 유효성(Effectiveness of Correctional Treatment)에 있어, 마틴슨과 리프톤(Robert Martinson & Douglas Lipton)은 지금까지의 각종 사회복귀프로그램에 관해 행하여져왔던 평가연구 예를 전부 조사한 결과 거기서 취급되었던 처우가 '전부가 무효다'(nothing words)라고 결론지었다. 이 마틴슨 등의 연구는 현시점에서 본다면 많은 문제점도 있지만 당시의 교정계에서의 영향은 상당한 것이었다.

그 후 1975년 연방차원에 있어 의료모델로부터의 철퇴라는 정책전환은 당연한 것이지만 과밀수용을 점점 더 증가시켰다. 다시 말해, 의료모델로부터 공정모델로의 정책전환은 형벌목적을 개선교육으로부터 응보(retribution), 격리 또는 무해화(incapacitation)로 변경되었는데, 이러한 형벌 목적 아래에서의 형사정책의 입법에 있어 공통의 목표는 유죄판결을 받은 사람의 시설수용을 높여 형을 장기화하고, 복역 중에 석방되어 질 수 있는 가능성을 최소한으로 하는 것에 있었기 때문이다. 이것은 형사사법 정책담당자가 당연 예상하고 있다고 생각되어지지만 이러한 정책의 실시로 미국 교정시설은 지금까지 경험해보지 못한 정도의 과밀수용이라는 사태에 직면했다.

여기에 있어서 미국의 형사사법정책담당자는 어려움에 직면하게 되었다. 왜냐하면, 범죄가 증가하는 상황에서 범죄자에 대해 엄중한 사형을 요구하는 일반사회의 요청에 응할 경우에는 교정시설은 보다 한층 더 과밀수용이 되어질 것이고, 과밀수용을 해소하기 위해서 퍼롤(parole)제도 등을 활용해서 시설수용인원의 삭감을 꾀할 경우에는 위험한 범죄자를 사회에 방치하는 것이 되기 때문에 일반사회로부터 비난을 받을 것이다. 또 과밀수용을 해소하기위해서 시설을 증·신축하는 수단을 선택했을 경우에는 경비부담 때문에 일반사회로부터 비난을 면할 수 없게 된다. 왜냐하면 범죄로부터 방위되어진 안전한 사회를 실현하기 위해서는 필연적으로 시민에 대한 재정상의 부담을 요청하게 되기 때문이다.

이러한 사정을 배경으로 고안된 것이 프로베이션에 야간에 외출금지명령을 부가하거나, 프로베이션에 전자감시를 부가하는 것이다. 또 프로베이션에 피해변상명령을 부가하거나, 프로베이션에 가택구금을 부가하는 것도 있다. 이와 같은 것들은 프로베이션을 활용하면서 감시체제를 강화하는 '중간적 제재'(intermediate sanction) 등의 여러 방안이다.

이런 경우에 여러 방안은 1975년 이전의 사회 내 처우의 여러 방안에서 볼 수 있었던 것과 같이 똑같은 프로베이션에 연구결과를 덧붙인 것으로, 1975년 이전의 사회 내 처우의 여러 방안과 같이 범죄자의 개선갱생 사회복귀를 고려한 것이 아니고 오히려 프로베이션에 형벌적 색채를 부가한 것이라고 말하는 것이 나을 것이다. 따라서 1975년 이전의 사회 내 처우는 '행정우위의 사회 내 처우' 또는 '행정형 사회 내 처우'이었던 것에 반해, 1975년 이후의 사회 내 처우는 '사법우위의 사회 내 처우' 또는 '사법형 사회 내 처우'라고 말할 수 있다(小澤禧一, 外 1981).

아래에서는 이러한 새로운 '사법형 사회 내 처우' 중에서도 특히 전자감시, 가택구금, 피해자 · 가해자화해프로그램, 피해변상, 사회봉사명령에 관하여 간단히 언급하고자 한다.

1. 전자감시시스템(electronic monitoring system)

전자감시시스템이란, 프로베이션 대상자가 먼저 지정된 시간과 장소에 있나 없나를 확인하기 위하여 사용되어지는 원격감시시스템이다. 이 전자감시시스템은 어떤 경우에나 전화를 사용하지만, 그 방법에는 3가지 형이 있다. 먼저 첫 번째 형은 보호관찰관 자신이 프로베이션 대상자의 자택에 있는가, 없는가를 확인하는 방법이다. 두 번째 형은 컴퓨터가 자동적으로 프로베이션 대상자의 자택에 전화를 걸어서 음성 또는 전자신호에 의한 본인인가 아닌가를 식별하는 방법이다. 세 번째 형은 프로베이션의 대상자의 전화회선과 컴퓨터가 연결되어 있어 그 전화에 설치되어진 수신기에 무선신호를 송신하는 시스템으로 송신기를 프로베이션 대상자의 신체에 직접 설치하는 방법이다. 또 최근에는 TV화면을 이용해 본안을 확인하는 방법도 사용되어지고 있는 것 같지만 비용 면에서 비싸기 때문에 아직 실험단계에 있는 것 같다.

이 전자감시시스템은 1964년에 스위츠게벨(Rslph Schwitzgebel)이 최초로 고안해 정신병원 퇴원자 및 가석방(parole)에 붙여진 사람을 대상으로 행동 전달장치로 불리어지는 소형수신기를 휴대하게 해 그 행동을 감시, 통제하려는 것에서 시작되었다. 이 최초의 전자감시시스템은 매사추세츠주의 캠브리지와 보스턴에서 사용되었다. 전자감시의 실시와 함께 개발된 소형 수신기는 4분의 1마일의 송신기능을 가져 약 2마일의 수신기능을 가지고 있다. 그리고 소형 수신기로부터의 신호는 통상 30초단위로 행해져 대상자의 감시구역은 자택 내에 한정되지 않고, 대상자의 자택을 중심으로 약 5블록의 범위를 커버할 수 있는 것이다.

그렇지만 이 초기의 전자감시는 그렇게 많은 주목을 받는 데에는 성공하지 못했다. 전자감시가 급속한 진전을 이룬 것은 1970년 후반에 이르러부터이다. 특히, 1977년 뉴멕시코 주 지방법원 러브(Jack Love) 판사가 미국 코믹 잡지의 히로 '스파이더맨'에서 힌트를 얻어 컴퓨터기사 고스(Michael Goss)에게 제작하게 한 때부터라고 볼 수 있다.

이 전자감시시스템은 미국에서 사용이 차츰 증가추세에 있다. 하지만 여기에도 문제가 없었던 것은 아니다. 예컨대, 송신기를 발에 부착할 경우 바지를 입고 있는 남성에게는 외견상 아무문제도 없지만 드레스를 입은 여성은 곤란한 일이다. 또 송신기를 머리 및 손목에 설치한 경우 대상자가 컴퓨터관련 특수 업무에 종사하고 있을 경우 및 레저를 즐길 경우에는 지장이 있을 것으로 생각된다. 거기에다 전자감시의 원동력은 전력이지만 지진 등의 재해에 따라 전력의 공급이 정지되는 경우의 문제도 생각하지 않으면 안 될 것이다.

통상 송신기에는 배터리가 사용되고 수신기 및 컴퓨터에는 전력이 사용된다. 따라서 정전의 경우 등에는 일시적이지만 컴퓨터가 정지해서 프로베이션 대상자를 감시할 수 없는 경우가 발생하고, 또 수신기의 기능의 정지에 따른 프로베이션 대상자를 감시할 수 없는 경우가 발생한다. 또 수신기능의 정지에 따른 프로베이션 대상자가 신호를 보낼 수 없는 경우에도 일어날 수 있다.

현재 미국에서 1만 명 이상의 범죄자가 전자감시를 받고 있지만 이런 범죄자가 이상과 같은 여러 사정에 따라 감시할 수 없게 되는 사태를 생각하면 시민이 혼란(panic)상태에 빠질 수밖에 없다는 것은 불행한 일이다. 그리고 이러한 사정을 고려해서 전자감시시스템을 채택하는 것에 반대하는 의견도 나오고 있는 상태다. 또한 미국에서 전자감시에 적절한 대상자로서 미결구금자가 있다. 미국은 말할 것도 없이 영국 및 독일에서도 미결구금자를 수용하는 시설에 과밀수용을 해소하는 것은 시급한 문제이고 가능한 한 많은 피수용자를 전환(diversion)할 필요성에 직면하고 있다. 여기서 보통 보석의 경우 보석금은 지불하여야겠지만, 전자감시를 받을 조건으로 보석금 없이 보석을 허가

할 수도 있을 것이다.

여기에 전자감시의 적절한 대상자로서 주말구금자가 있다. 주말구금(week imprisonment)이란, 이미 앞에서 소개한데로 토요일과 일요일의 주말에 범죄자를 교도소 등에 수용하는 것을 의미하지만 미국의 경우 실무상 주말구금자는 토요일 오후 11시 59분에 수용해 다음날 오전 12시 1분에 석방하는 것으로 되어 있다. 이와 같은 주말구금에도 전자감시를 사용하고 있는데, 전자감시의 이용은 ① 시설수용을 겸한 주말구금보다도 경비가 들지 않는 점, ② 주말이라는 직원이 적은 제일 바쁜 시간에 직원의 경감을 가져올 수 있다는 점, ③ 주말구금자가 다른 수용자로부터 이용되어 피해를 받을 수 있다는 점(예컨대, 교도소외부와의 연락수단으로 이용되거나 약물 등을 가지고 들어 올수 있는 점 등)이 없을 수 있다는 점에서 효과가 있다고 말한다.

그 밖에 전자감시에 적절한 대상자로서는 외부통근자가 있다. 이 전자감시를 받는 외부통근(work release)제도에 있어서는 당초 수형자는 통상의 외부통근프로그램에 따라서 수주간 일하는데, 그동안 매일 아침시설에 출근해서 저녁에 다시 시설로 돌아가는 것을 말한다. 그리고 일정기간 경과 후 그들은 전자감시를 조건으로 석방된다. 물론 그들은 낮시간에는 일에 종사하고 외출금지시간에는 자택에 있어야 하는 준수사항이 결정된다. 만약 전자감시시스템에 따른 위반이 확인되어질 경우에는 그 사람은 시설에 다시 끌려와 외부통근의 특권을 잃게 된다.

또 미국에서는 소년 범죄자에 대해 전자감시시스템을 이용해 보자는 제안도 나오고 있다. 전자감시시스템은 범죄행위를 행할 시점에서 즉시 대응할 수 있는 것이기 때문에, 비행경력의 극히 초기단계에서 전자감시에 따른 외출금지를 단기간 실시하는 것은 극히 유효한 것이라고 판단된다. 하지만 상식적으로 보면 보호우선의 입장에 있는 소년 범죄자에게 전자감시를 사용하는 것은 아무리 미국인이지만 시기상조일 것이다.

그리고 또 의료면에서의 접근으로는 임신한 여자수형자에게 전자감시를 사용하는 것도 가능하다. 왜냐하면 그것은 해당 여자수형자의 위험성의 정도에 따르는 것이지만 임신 중의 여자수형자의 경우 및 인척의 집에 거주하는 것이 최선의 방법이 되는 경우가 많기 때문이다. 이밖에도 에이즈 등의 전염병이 걸린 범죄자, 정신병 및 저능한 범죄자 또는 신체장애가 있는 범죄자의 전환의 한 조건으로서 전자감시를 사용하는 것도 가능하다.

2. 재택구금(house arrest)

프로베이션 보다 무겁고 교도소 수용보다 엄격하지 않는 프로그램으로서 주목받는 것에 가택구금이 있다. 우리나라의 학자들 중에 가택구금(home arrest)이라는 명칭의 용어를 사용하는 학자도 있는데, 이 재택 프로그램은 반드시 '자택'이 아니더라도 임대 아파트나 호텔 등을 사용하는 경우도 있기 때문에 교정시설 외의 거주 장소란 의미에서는 재택구금이라고 하는 것이 맞지 않나 생각된다.

이 재택구금이란, 프로그램의 목적은 매우 명확하다. 다시 말해서 그 목적은 이 프로그램이 없다면 수감될 것으로 생각되는 범죄자 또는 보호관찰이나 가석방을 하는 것이 위험하다고 생각되는 범죄자를 자택에 있는 채로 그 행동의 자유를 제한한다는 것이다. 전형적으로는 자택구금을 당한 사람은 사전에 인가받는 특정의 행동, 예컨대 통근, 통학, 의료상 필요한 경우의 치료프로그램 및 금주회(禁酒會)에 참가, 교회 출석 등)을 제외한 자택에서 외출하는 것은 일체 금지된다. 그러나 이 프로그램을 붙여지는 결정을 어느 기관이 행하는가(가석방 보호관찰 등을 법원이 하느냐 행정기관이 하느냐와 같은 문제), 또 대상자의 감시 및 감독을 어떻게 실행하느냐는 제도적인 여러 가지 점에서 각주의 프로그램에 따라 천차만별이다.

재택구금에 대한 특징으로는 다음과 같은 것이 있다.

① 개별적 스케줄화 된 행동예정(일정한 시간대에는 확실히 특정의 장소에 있을 것 및 대상자 개인의 특성에 맞게 준수사항(알코올 음용의 금지 등)을 정하는 것
② 그것들을 실효성 있게 하기 위한 긴밀하고 지속적인 감시 그 감시는 많은 경우 전자감시 장치의 사용 및 보호관찰관의 불일정한 방문에 따라 행해진다. 24시간 감시받지 않는 시간은 없다.
③ 재범 및 준수사항위반이 있을 경우는 신속한 취소와 재수감 신청
④ 재범 및 준수사항의 위반이 있을 경우는 신속한 취소와 재수감 신청
⑤ 감시요금의 징수 등이 각주의 프로그램 중에 많이 볼 수 있는 공통사항이다.

재택구금의 대상자는 무거운 폭력범죄를 범한 사람은 제외되는 것이 일반적이다. 하지만 살인으로 유죄판결을 받은 사람도 구금을 인정받는 것도 있는 것 같지만 대상자의 심사는 이 프로그램 자체가 초기단계에 있는 점도 있어 꽤 신중하게 행해지고 있는 것 같다.

한편 재택구금을 지지하는 견해는 다음과 같다.

① 적어도 잠재적으로는, 다시 말해 이 프로그램이 어느 정도 양적 확대가 이루어지면 교도소에 수용하는 것에 비해 비용이 절약된다.
② 형사사법의 각 단계에서 또 각 제재와 병존해서 탄력적으로 운용할 수 있다.
③ 임신 중의 여자수형자 및 에이즈 환자 등의 특정한 필요성을 가진 수형자에게 유익하다.
④ 범죄자의 실직이나 가정의 붕괴라는 수감에 따른 사회적 손실을 방지할 수 있다.
⑤ 동시에 판결 받는 피해변상 및 사회봉사명령을 통해 피해자 및 지역사회와의 화해가 가능해 사회에서의 재결합이 용이하게 된다는 점 등을 들 수 있다.

이러한 견해에 반해 재택구금의 문제점으로 지적되는 것으로는 다음과 같은 것이 있다.

① 가정은 성역이라는 전통 및 프라이버시의 권리를 침해하는 위험이 있다.
② 형기가 장기화되는 경향이 있다. 교도소 생활 1일이 재택구금 3일로 환산되는 경우도 있다.
③ 보통 통상의 프로베이션의 대상이 되는 사람들조차 포함시켜 형사사법의 망이 확대되는 위험이 있다.
④ 감시요금의 징수를 조건으로 하는 경우에는 그 지불능력이 없는 사람들이 프로그램으로부터 제외되는 것에 따라 빈부에 따른 차별이라는 문제를 일으킬 수밖에 없다는 점이다.
⑤ 입법조치를 결하고 개시된 프로그램도 많아 이런 것들에 대해서는 법적인 정비에 따른 절차적인 공정을 꾀하는 것도 앞으로의 과제이다.

그런데 미국의 대부분의 재택프로그램에 있어서는 교도소 수용이 대부분으로 보다 위험이 적은 사람을 그대상자로 하려는 노력도 보이고 있다는 점도 공식적인 심사절차를 가지고 있는 프로그램도 있는 것에 대해서(예컨대, 뉴욕, 플로리다, 뉴저지 주) 단지 특정의 범죄(통상은 폭력범죄)에 따라 유죄가 되는 사람을 제외하고 있는 곳도 있다. 그렇지만 재택구금은 단독의 제도로서도 또 양형할 때 판결 받는 여러 조건의 일부로서 사용되는 것이 될 수 있어 탄력적인 시책이라는 점에서 그 이점이 있다고 할 수 있다. 재택구금을 다이버전으로 이용하는 경우에는 교정시설에 수용하지 않고, 또는 일시적인 교정시설의 수용 후 교정시설에서의 형기가 경과한 후(통상은 외부통근과 같음) 등과 같은 형태로 사용되어질 수도 있다.

3. 피해자 · 가해자 화해프로그램(Victim Offender Reconciliation Program ; VORP)

피해자 · 가해자 화해프로그램은 캐나다에서 그 기원을 찾을 수 있는 것으로 미국에서는 주로 수형자 커뮤니티 협력단(Prisoners and Community Together, Inc; PACT)과 메노파교회와의 협력에 따라 생겨난 것이다.

이 VORP는 분쟁해결의 수단과 피해변상을 연결한 간략한 절차이다. 즉 법원의 지시에 기본을 두고 이 프로그램의 참가에 동의한 피해자와 가해자는 직접면담을 행한다. 이 면담에서 피해사실과 상호의 감정이 청취되어 피해변상의 합의가 형성된다. 그때 훈련을 받은 자원봉사자(중재자)가 재삼자의 입장에서 면담에 참가해 당사자가 화해에 도달할 수 있게 조언하는 것이다.

최근 미국에서는 캔자스주의 윈치타, 오하이오주의 리마, 캘리포니아주의 프레즈노 · 카운티, 인디애나주의 바루페레이조 등 30개 이상의 VORP프로그램이 실시되고 있다. VORP는 피해자가 범죄피해를 받아 생긴 원한 고통, 노여움 등의 격한 감정을 직접 가해자에게 호소하는 기회를 얻을 수 있다. 즉 이것들은 피해수용성의 문제와도 관련해 중요한 점이지만, 피해자는 범죄피해를 받은 후 생각하고 고뇌하는 것 등의 여러 가지 의문에 대답 받을 수 있다는 점이다. 예컨대, 왜 자기가 피해자로 선택되었는가? 어떻게 집에 침입했는가? 개인적 원한이 있었는가? 자신을 감시하고 있었는가? 어떻게 하면 피해자가 되지 않을 수 있는가라고 하는 의문이다. 이렇게 해 피해감정을 토로해 의문점이 해소하는 것에 피해자가 진짜의 의미로서 가해자에 따른 가해변상프로그램에 참가할 수 있다.

또 VORP에 의해 피해자는 가해자의 입장을 이해할 수 있게 되고 동시에 피해를 입은 정신적 고통을 경감시킬 뿐만이 아니라 피해체험에 따라 생긴 무력감, 허탈감을 제거할 수 있다. 무엇보다도 피해자에게 가장 중요한 것은 자신의 속에 있는 피해체험을 언제까지 가지고 있는 것이 아니라, 사건 그 자체에 결정을 내는 것이 가능한 점이고, 이와 같이 범죄문제의 해결에 피해자가 적극적으로 참가할 수 있는 점이 VORP의 특색이라고 말한다.

한편, 가해자에게도 VORP에 참가하는 것에 의해, 가해자 자신도 자기의 개인적 책임을 충분히 자각할 수 있는 것이다. 즉 VORP을 통해, 가해자는 자기가 행한 범죄의 가혹한 결과를 덧붙여 그것이 피해자에게 어떤 지대한 영향을 불러들이는가를 알 수 있는 것이 된다. 거의 모든 범죄자는 머릿속에서 자신에게 사정이 좋은 이유를 붙여서 자신의 범죄를 정당화시키려고 하는 경향이 있다. 예컨대, 피해자는 피해를 용서받을 만한 사람이기 때문에 그 피해는 감수되어야 한다든가, 피해자가 자신을 한스럽게 하는 것은 역으로 원한이 있기 때문에 원한을 갖는 것은 자신이 아니라 경비보장회사일 거라는 등의 이유를 붙인다. 그런데 VORP 있어서 실제로는 해당피해자와 면담해보면 그와 같은 자기 멋대로의 이유는 도저히 통하지 않는다는 것을 알고 결과적으로 가해자 자신이 행한 범죄행위에 책임을 인정하고 피해의 변상과 그 금액의 결정에 가능한 한 성의를 가지고 참가하지 않으면 안 된다고 생각하게 된다. 그리고 만일 가해자가 그렇게 바라는 것에 비해 자신의 기분을 조금이라도 누려 뜨려 속죄의 생각을 갖고 자신의 행위를 후회, 개선시키는 것이 가능하다.

그런데 현재 미국에서 실시되고 있는 VORP는 주로 경미한 재산범을 중심으로 행해지고 있고 예외적으로 사법당국이나 당사자 측의 요청이 있으면 폭력범이라도 실시하고 있다. VORP는 특히 소년의 경우에 가장적절하다고 생각되어지지만, PACT사법연구소가 최근 행한 미국의 캐나다에 있어서 8개 VORP에 관한 조사결과는 VORP가 피해자 구제제도의 한 방법으로서도 효과적일 뿐만 아니라 교도소구금의 대체책으로서도 유효한 것으로 위치하고 있다.

4. 피해변상(restitution)

오늘날 미국에서 사용하고 있는 피해변상이라는 용어는 그 내용 및 대상에 상당한 폭이 있는 개념이지만, 여기서 말하는 피해변상이라는 것은 범죄피해를 입은 개인이나 조직체에 대하여 행하여지는 금전적 변상이고, 사회봉사명령같이 사회에 대하여 행하여지는 상징적인 변상과는 다른 것이다. 자신이 손해본 것보다도 오히려 새롭게 부과된 형사상의 제재로 느껴지는 것이 많게 된다.

그러나 그것도 어쨌든 여기까지 피해자가 충분하게 생각해보지 않았던 원인은 형사사법당국이 피해자에 대하여 무관심하다고 할 때만이 멈추지 않고, 원래 범죄는 국가에 대한 침해행위라는 논리가 형사사법시스템 내에 광범위하게 침투하여 있다는 점이기도 하다. 그래서 범죄는 국가가 아니라 피해자 개인에 대하여 행하여진 침해행위라고 하는 피해변상의 근저에 있다고 하는 생각은 정통한 것이라고 말할 수 있다. 그러나 피해변상 프로그램에 거의 참가하지 않고 있는 상황 아래서는 이런 피해변상의 이념을 충분하게 이행하는 것은 불능하다고 생각된다. 그래서 미국에서도 피해자와 가해자의 쌍방이 이 프로그램에 적극적으로 참가하고, 그 쌍방의 요구에 해당프로그램이 적절히 대처 할 수 있어야 한다는 요청이 나오고 있다.

5. 사회봉사명령(community service order)

1) 개 관

사회봉사명령은 유죄가 인정된 범죄자자 비행소년을 교정시설에 구금하는 대신에 정상적인 사회생활을 영위하면서 일정한 기간 내에 지정된 시간동안 무보수로 근로에 종사하도록 명하는 제도이다. 이 제도는 영국을 중심으로 최초로 논의되었는데, 과밀수용의 문제에 직면해 있던 영국에서 사회 내 처우를 확대하려는 방안의 하나로서 내무부에 '형벌제도에 대한 자문위원회'(the advisory council on penal system)를 설치하였다. 이 위원회는 1970년 '비구금형과 반구금형'(non custodial and semi · custodial penalties)이라는 보고서를 통하여 보호관찰보다 형벌의 성격이 강하면서 단기구금형을 대체할 수 있는 지역사회에서 전해지는 형벌(community penalty)로서 사회봉사명령제도의 도입을 제시하였다. 그 후 많은 논란 끝에 1972년 형사재판법을 통하여 받아들였고, 2년간 6개 지역에서 시험 운영되어 충분한 성과를 거둔 후 1977년 영국의 전역에서 실시하게 되었다.

그 후 이 제도의 긍정적 효과에 자극을 받아 30개국 이상이 이 제도를 채택하게 되었다. 사회봉사명령을 독립된 형벌로 인정하고 있는 나라는 영국, 프랑스, 포르투갈 등이며, 집행유예 등에 따른 보호관찰의 조건으로 인정하고 있는 나라는 우리나라를 비롯하여 독일, 룩셈부르크, 노르웨이 네덜란드 등이 있다.

2) 장점과 단점

(1) 장 점

① 자유형의 집행에 따른 낙인을 회피하고 사회 내 봉사작업을 통하여 범죄자의 사회복귀를 도모할 수 있다는 점

② 사회에 대한 봉사활동을 통하여 범죄자를 사회에 복귀시킴으로써 사회가 가지는 응보감정을 약화시키고, 범죄자 자신의 속죄의식 및 사회적 책임감을 고양시킨다는 점

③ 범죄자와 사회와의 연계를 강화하고 범죄자의 재사회화를 촉진할 수 있다는 점

④ 시설 내 처우는 물론 다른 사회 내 처우보다 경제적이라는 점

⑤ 현대와 같이 다원화된 사회에 있어서는 범죄의 형태나 원인, 개인이나 사회적 요인도 다양한 만큼 사회봉사명령을 독립된 형벌이나 처분으로 활용해 범죄자에 대한 개별화된 처우를 행함으로써 범죄를 예방, 감소시킬 수 있다는 점

⑥ 전과자라는 낙인을 찍어 평생 동안 짐이 되게 하는 일도 줄일 수 있을 것이라는 점 등이다.

(2) 단 점

① 일반적으로 통용되는 일관된 기준이 없다는 점

② 지역마다 각기 정책을 수립, 집행함으로써 사회봉사 명령이 통일성이 없이 이루어지고 있다는 점

③ 지역사회에 기반을 둔 처우는 유용성이 실증되지 않고 있다는 점

④ 이 제도의 주된 기능이라고 할 수 있는 단기자유형의 대체방안이라는 측면도 실제 운영에 있어서 제대로 발휘되지 못하다는 점

⑤ 대상자가 명령을 위반할 경우, 그 취소절차가 이루어져야 하는데, 지금까지 이러한 명령위반을 처리하는 기준이 확립되어 있지 않고 공정한 운용이 보장되어 있지 않다.

⑥ 법관도 명확한 기준이 없이 양형을 행하고 있으며, 작업시간의 산정기준이 불명확하다.

⑦ 사회봉사명령대상자 중에도 실업자 비율이 증가하고 있어 실업자를 사회봉사

명령대상자로 한 것은 형벌적인 의미가 상실되고, 실업자와 그렇지 않은 자 간의 직업부담에 큰 차이가 없고 불공평하다.

이 제도는 우리나라에서도 1989년 7월 1일 소년법 개정으로 채택된 이래 꾸준히 발전해 오고 있으며, 특히 1995년 12월 개정된 형법에 따라 1997년 1월 1일부터는 성인범까지 확대 실시하고 있다.

이상 구미(歐美)에서 사회 내 처우의 추이를 '전통적인 사회 내 처우제도', '행정형 사회 내 처우제도', '사법형 사회 내 처우제도'로의 변천과정을 살펴본 후 우리나라 제도에 없는 몇 가지를 소개하였다. 그리고 '중간적 제재'라고 불리어지고 있는 이들의 제도가 차츰 우리나라에서도 도입되지 않을까 생각한다. 그것은 이들의 여러 시책이 '사회 내 처우'라는 것보다도 '사회 내 제재'라는 뉘앙스를 필자에게 풍기기 때문이다. 그건 그렇고 이러한 새로운 사회 내 처우제도는 차츰 확대 발전될 것으로 전망된다.

6. 수강명령제도

수강명령(Attendance Center Order)이란, 법원이 유죄가 인정된 범죄인이나 비행소년을 교화개선하기 위하여 일정한 기간 내에 일정한 시간 동안 수강센터(attendance center)에 출석시켜 고된 육체적 훈련과 아울러 수공예 등 필요한 기술을 습득하도록 하는 제도로 창안되었다. 비행소년들로 하여금 단기간 동안 강한 충격(short-sharp-shock)을 받도록 하자는 취지에서 창안되었다. 이 제도는 주로 주말을 이용하여 비행소년들의 여가시간을 박탈함으로서 범죄의 기회를 감소시키는 한편 여가선용을 통한 건전한 여가생활의 습관을 익히도록 하는데 주목적이 있고, 이는 기본적으로 단기구금의 폐해를 방지하고자 도입된 제도이다. 그러나 우리나라에 도입된 수강명령은 본래의 모습과는 달리 영국의 주간학교(day center)와 같이 보호관찰소에 출석하거나 위탁된 교육 프로그램에 참가하는 형태로 바뀌었다고 할 수 있다.

현재 실시하고 있는 수강명령은 자체적인 교육 외에 서울적십자청소년복지관에서 운영 하고 있는 푸른 교실, 서울시립 동부아동상담소의 희망교실, 건강교실, 가톨릭센터 위탁교육, 부천의 상록교실 등의 청소년교육프로그램에 참가, 수강하도록 하는 방법을 택하고 있다. 여기서는 대상자들에 대한 심성검사, 심성개발, 전문가강의, 시청각교육, 대화의 시간, 집단상담, 역할극 출연, 놀이 및 등반, 개별상담, 부모상담 등의 다양한 프로그램이 활용되고 있다. 수강명령에 대하여는 그 대상을 사회봉사명령과 같이 16세 이상으로 제한하는 것에 대한 비판과 아울러 그 시간이 장기간으로 규정되어 있다는 점에 대한 비판이 타당성 있는 것으로 받아들여지고 있다.

제6편

각종범죄와 그 방지대책

제1장 소년비행

제1절 소년비행의 개념

‘소년비행’이라는 말은 ‘소년범죄’라는 말과 구별을 하여야 하는가, 그렇지 않은가에 대해서 다툼이 있다. 그러나 최근에는 동의어로 사용되며 별로 구별하지 않고 있다.

소년비행이란, 14세(형사책임 연령) 미만의 소년에 대한 범죄행위, 14세 미만의 소년에 대한 촉법행위(형벌의 저촉된 행위를 했지만 형사책임 연령에 달하지 않아 그 책임을 물을 수 없는 행위) 및 우범(보호자의 정당한 감독에 복종하지 않는 성벽, 불량교제 등) 그 자체로서는 범죄가 아니지만 범죄를 범할 우려가 있다고 인정되는 행장[1]이라는 3가지 행위 또는 행장을 총칭하는 개념이다. 즉 여기서 말하는 소년비행이라는 개념은 성인으로서의 인격형성기에 있는 소년에 대해서는 범죄행위뿐만이 아니고 우범에 대해서도 소년의 건전한 육성과 교정 · 보호를 위해서 국가가 사법적으로 개입할 필요가 있다고 하는 미국 소년사법의 ‘국친사상’(parents patriae)에 기초한 개념이다. 그러나 우리나라의 경우 범죄현상으로서 소년비행의 동향을 살필 경우, 그 자체로서는 범죄는 아닌 우범에 대해서는 범죄행위 및 촉법행위와는 구별할 필요가 있는 동시에 범죄행위와 촉법행위에 대해서는 이것을 통일적으로 부를 필요가 있을 것이다. 왜냐하면 범죄행위와 촉법행위는 형사책임 연령에 기초한 법적 구별이며 범죄구성요건에 해당하는 위법행위라는 점에서 공통적일 뿐만 아니라 범죄의 인지건수와 검거건수 및 검거인원과의 관계를 볼 경우에도 같은 맥락에서 볼 필요가 있기 때문이다. 그래서 본 절에 있

1) 행장(行狀)이라는 뜻은 몸가짐과 품행을 통틀어 이르는 말

어서는 소년비행이라는 개념을 우범소년을 제외한 범죄소년과 촉법소년을 대상으로 하는 문제행동으로서 파악해 두어야 하겠다.

제2절 소년비행의 추이

소년비행의 오늘날의 추이를 살펴보면 ① 조폭화 경향, ② 교통범죄의 격증, ③ 강간·외설 등의 성범죄의 증가, ④ 연소소년, 촉법소년의 증가로 인한 저연령화 경향, ⑤ 재학소년의 증가 등을 들 수 있다. 또 종전에는 비행소년이 어떤 종류의 자질, 신분, 계층, 지역 등의 특정한 조건 또는 병리성에 한하여 있던 것이 오늘날은 점점 일반화 표면화되고 있다고 볼 수 있다.

이밖에 고도성장과 도시화에 따른 문제점의 표면화, 일반적으로 말하는 인터넷의 발달과 가치의 다양화, 사회적 행동규범의 혼란, 지역사회의 해체의 촉진, 대도시생활에 대한 인간소외, 가정교육에 있어서의 모친우위(마마보이의 출현), 제요인을 배경으로 하는 소위 '놀이형 비행'이 격증하고 있다. 이런 상황의 범죄의 특색으로서는 ① 차량의 증가에 따른 업무상 중과실치사상의 증가, ② 차 관련 비행(차 절도, 차내 절도, 차 사용범죄)의 증가, ③ 학생집단 폭력사건의 빈발, ④ 무차별·공격적인 비행의 증가, ⑤ 상식적 이해를 초월한 소위 동기 없는 흉악범죄의 빈발, ⑥ 비행의 대도시에서 주변도시나 지방도시의 확산화 등을 들 수 있다.

지금까지의 고도경제성장이 끝나고 극심한 경제 불황에도 극히 높은 진학률로 학업으로부터 낙오자가 많아져 특히 소년비행이 많아지고 있다. 소년비행의 특색은 구체적으로 ① 비행의 일반화, ② 절도 등의 피해자를 의식하지 않는 경미한 범죄의 증가, ③ 약물남용의 증가, ④ 조폭비행의 증가, ⑤ 공범자비행의 증가, ⑥ 여행비행자의 증가, ⑦ 비행의 저연령화, ⑧ 가정 내 폭력이나 교내 폭력사건의 다발화 등의 특색을 들 수 있다.

제3절 소년비행의 요인

소년비행의 원인에 대해서는 학자들마다 상이한 원인을 들고 있으나, 여기서는 구미제국의 학자들이 제시한 요인들을 중심으로 살펴보면 다음과 같다.

① 풍부한 도시형 · 대중소비사회에 있어서 물질주의와 감상주의(약물 · 성 등), 비행기회의 확대(백화점, 슈퍼의 상품진열방식 등), ② 교육과 취직의 기회 불평등, 실업, 슬럼 등의 제문제, ③ 전통적 가치관 또는 이상상(국가, 가족에의 헌신, 정의근면 등)의 비공식적인 사회통제기능의 약화, ④ 소년의 신체적 성적발달의 가속과 정조적 발달의 퇴행(유아화 현상), 사회적 의식 그리고 자발성 미성숙, ⑤ 소년의 신체적 · 정신적 에네르기의 소모 · 승화시키는 건전한 놀이 스포츠 및 근로기회의 감소, ⑥ 가족공동체의 붕괴 또는 저락(이혼, 별거, 핵가족화 등), ⑦ 현대공업사회에 있어서 교육기간의 연장(고학력 사회)과 사회적 자립(노동 또는 취직)의 지연화, ⑧ 텔레비전 · 출판물 등의 매스미디어의 영향(특히 폭력의 찬미 또는 합리화), ⑨ 생활수준의 향상으로 인해 용돈을 과다하게 받아 억제, 근로, 근검절약 등의 가치가 잃어가고 있다. 물질적 욕망의 격증, 억제력의 감퇴, 가치관의 변화 등에서 오는 규범의식의 저하 등이 그것이다.

우리나라의 실정에 대해서 고찰해보면 소년자신에 관계가 있는 요인으로서 ① 소년 정신적 자립심의 결여, ② 소년의 좌절감의 팽배, ③ 소년상담자의 부재, ④ 자기중심성의 비대화, ⑤ 대인접촉의 멀어짐과 사회적 인간관계의 훈련의 상실 등을 고려할 필요가 있다.

또 가정의 요인으로서는 ① 핵가족화, 가족의 소규모화에 따라 가정의 전통적 제기능의 변화, ② 가정교육의 결여, ③ 모성적 기능의 과잉과 부성적 기능의 결함, ④ 부모의 자주성의 결여, ⑤ 부친의 권위의 실추 등의 제요인을 검토하는 것도 필요하다. 더 나아가 학교에 관계하는 요인으로서는 ① 입시위주의 교육, ② 내신성적과 학업성적 우선의 생각, ③ 학교의 맘모스화에 의한 교사의 단결력 결여, ④ 교사와 학생 간의 신뢰관계 부족, ⑤ 학생 상호간의 인간관계의 희박 등을 생각해 보는 것이 중요하다.

종전 우리나라의 소년비행은 구미에 비하면 꽤 낮은 수준이라고 한다. 그 원인으로서 민족적 · 문화적 동질성, 가족 · 지역사회 등 사회집단의 연대성 경제의 발전과 고용기회의 증대, 교육의 높은 수준과 기회 균등, 국민의 근면성과 상승지향, 전반적인 사회 안정성 등의 사회적·문화적 특질을 들고 있지만, 현대의 소년비행의 증가는 이러한 우리나라 고유의 특질이라고 불리고 있는 제요인도 현대의 사회변화와 같은 무엇인가 서서히 변화되어가는 것을 입증할 수 있다.

제4절 비행소년의 처리 절차

소년비행에 대한 형사정책적 대책에 대해서 논하기 전에 현행 소년법에 따른 비행소년의 처리절차에 대하여 알아보면 아래 [도표 1-1]과 같다. 소년범죄자에 대한 처리 절차는 성인범죄자의 처리절차와 약간의 차이를 보이고 있는데, 이는 소년의 경우에는 아직 인격적으로 미완성의 상태에 있고 성인범보다는 개선 가능성이 크므로 비록 범죄자라 하더라도 보호적 측면에서 처리함을 원칙으로 해야 하기 때문이라고 할 것이다.

[도표 1-1] 비행소년의 처리과정

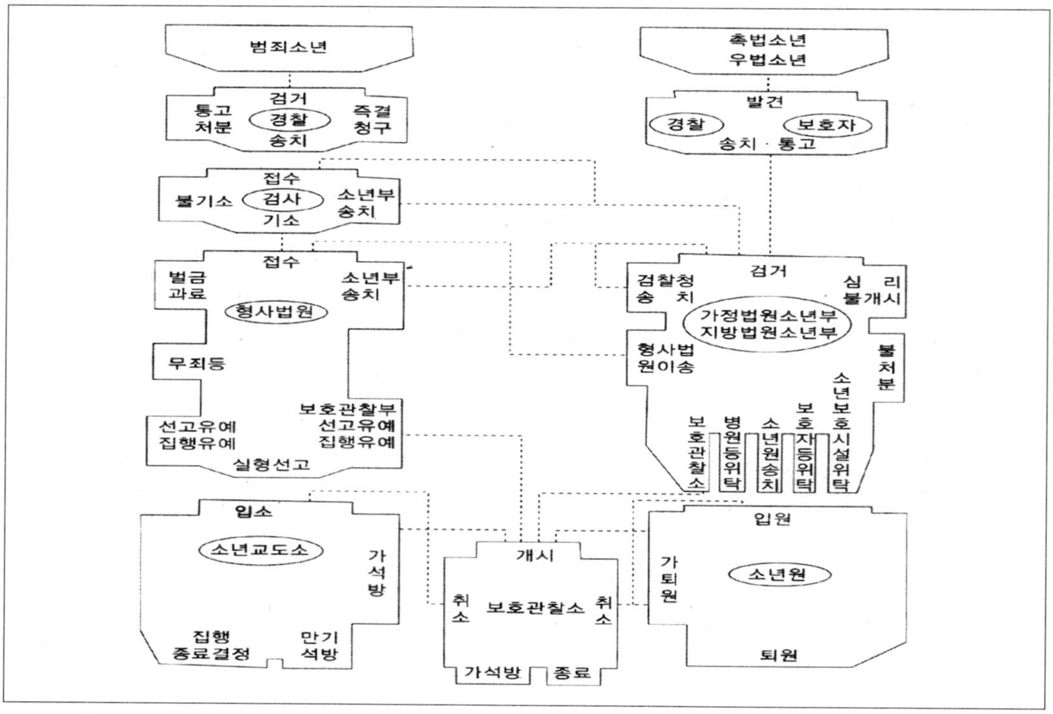

본래 소년범죄자라 함은 범죄소년(죄를 범한 14세 이상의 소년), 우범소년(장래 형벌법에 저촉되는 행위를 할 우려가 있는 12세 이상의 소년)을 포괄하는 의미이나, 현재 우범소년에 대한 처리 예는 거의 없는 실정이므로 여기서는 특별히 명시한 경우를 제외하고는 범죄소년과 촉법소년만을 지칭하여 사용하기로 한다.

범죄소년에 대한 경찰, 검찰 및 법원의 처리과정을 기본적으로 성인범죄자의 경우와 거의 동일하다. 다만, 검찰단계에서 검사는 소년의 행위가 벌금 이하의 형에 해당하는 범죄이거나 보호처분에 해당하는 사유가 있다고 인정되는 때에는 가정법원 소년부 또는 지방법원 소년부(이하 "소년법원"이라 표시한다)에 송치하여야 하고, 법원은 기소된 소년에 대하여 위와 같은 사유가 있으면 결정으로 사건을 소년법원에 이송하도록 되어 있는 점 등이 서로 상이하다. 또 기소된 소년 중 범행시 18세 미만의 소년에 대하여는 사형, 무기형의 완화, 징역, 금고에 관한 부정기형 등의 특칙이 소년법에 규정되어 있고, 보호관찰법은 소년에 대한 보호관찰부 선고유예 및 집행유예의 규정을 두고 있다. 촉법소년 또는 우범소년이 있을 때에는 경찰서장은 이를 직접 소년법원에 송치하여야 하고, 촉법소년, 우범소년 및 범죄소년을 발견한 보호자 또는 학교나 사회복지시설의 장은 이를 관할 소년법원에 통고할 수 있다.

검찰 및 일반형사법원으로부터 범죄소년을 송치받거나 경찰 등으로부터 촉법소년, 우범소년을 송치통고 받은 소년법원은 당해 소년에 대하여 조사를 실시하는데, 조사관에게 필요한 사항의 조사를 명할 수 있고, 소년분류심사원에 위탁하여 자질분류심사를 청구할 수도 있다. 조사 및 심리를 마친 후에는 검찰청 송치 형사법원 이송, 심리불개시, 불처분 등의 결정을 하거나 보호자 등에의 위탁, 단기보호관찰, 보호관찰, 소년보호시설에의 보호 위탁, 병원이나 치료소 위탁, 단기소년원 송치 및 소년원 송치 등의 처분을 하게 되고 16세 이상의 소년에 대하여는 보호관찰 및 단기보호관찰과 함께 사회봉사명령 및 수강명령을 할 수 있다. 그 밖에 보호관찰에 붙여지는 소년으로서는 보호관찰부 선고유예 · 집행유예의 판결을 받은 소년 및 소년원에서 가퇴원하거나 소년교도소 등 행형시설에서 가석방된 소년이 있다.

제5절 소년비행의 대책

소년비행의 대책은 소년사법 또는 형사정책의 문제뿐만이 아니라 국가적, 사회적인 문제이다. 전국민적인 대응이 필요불가결하다고 보고 다음 3단계의 대응책에 대하여 언급하고자 한다. 즉 제1차적 대응이란 가정, 학교, 고용, 사회보장, 레크리에이션, 매스미디어 등의 각 분에 있어서 소년비행방지를 위하여 양호한 사회적 · 경제적 문화적 환경의 정비에 있다. 제2차적 대응이란 비행화의 우려가 있는 소년에 대한 경찰 및 소년복지기관의 보도 · 원조에 의한 소년비행의 방지에 있다. 그리고 제3차적 대응이란 형사법의 적절 타당한 집행에 의한 검거 적정 · 유효한 소년사법의 운용과 시설 내 처우 및 사회 내 처우 등을 통하여 비행소년의 재사회화와 재범방지에 있다고 하고, 이 중 제1차적 대응이 소년비행방지에 결정적인 중요성을 갖고 있다고 한다.

기타 종합적인 대책으로서는 ① 국민의식의 고양, ② 건전한 가정의 건설, ③ 청소년의 심신단련, ④ 청소년단체의 육성지도의 강화, ⑤ 학교에 있어서 비행방지 대책의 촉진, ⑥ 불량문화대책의 촉진, ⑦ 비행소년 보호체제의 개선, ⑧ 요보호 아동대책의 강구, ⑨ 청소년대책에 관련 법률과 행정기구의 정비 등을 들 수 있다. 그러나 이것은 일반상식론적인 대책이라고 볼 수 있으며 소년비행대책의 근간은 가정이나 학교의 교육과 사회 환경의 개선이 아닐까 생각한다.

제2장 학교폭력

제1절 개 관

오늘날 학교폭력이 일상화 보편화·만연화되었음은 물론 일본사회의 병폐라고 볼 수 있는 이지매(いじめ)가 우리나라에서는 소위 왕따라는 용어로 뿌리내렸다. 따라서 왜 학교폭력은 일어나는가, 어떻게 하면 학교폭력은 없어질 수 있는가에 대하여 전문가뿐만 아니라 일반사회인의 관심이 집중되어있다고 하여도 과언이 아니다. 그러나 이러한 현상과는 달리 아직 학교폭력의 정의마저 확립되지 못하고 교내 폭력·학원 폭력 등 여러 가지로 사용되고 있다.

학교폭력이란, ① 교사에 대한 폭력사건, ② 학생 간의 폭력사건, ③ 집단 또는 집단의 위력을 배경으로 하여 학교 시설, 비품 등을 손괴하는 사건 등을 말한다. 이러한 정의를 참고로 해서 학교폭력의 태양을 분류하면 크게 학교 내와 학교 외로 나눌 수 있고, 학교 내의 것으로는 ① 교사에 대한 폭력, ② 학생 간의 폭력, ③ 학교시설이나 비품에 대한 폭력 등이 있고, 학교 외의 것으로는 ① 교사에 대한 폭력, ② 동일학교의 학생 간의 폭력, ③ 둘 혹은 그 이상의 학교 간의 학생 상호간에 의한 폭력 등으로 분류할 수 있다. 일반적으로는 학교폭력이란 학교 내에 있어서의 폭력사건을 말하며 폭력은 주로 학생 상호간 또는 교사에 대한 폭력을 말한다.

제2절 학교폭력의 실태

학교폭력의 실태에 대해서 우리나라 청소년예방재단에서 초·중·고등학교 4,073명을 대상으로 설문조사를 통하여 발표한, 2009년도 학교폭력 실태조사 보고서[2])를 중심으로 살펴보고자 한다.

1. 학교폭력 일반실태

학교폭력에 대한 인식도조사에서 빵셔틀은 55.1%, 괴롭힘 42%, 사이버폭력 41.7%, 성폭력 27.2%, 왕따는 16.9가 '학교폭력이 아니다 또는 모르겠다'로 응답하여 학생들이 어떤 것이 학교폭력인지에 대한 인식이 상당히 낮은 것으로 나타났다.

학교폭력의 심각성 인식에 대해서는 학교폭력에 대해서 심각하다고 생각하는 학생들이 32.8%로 심각하지 않다고 생각하는 학생들 21.0%보다 많으며, 내용별로는 신체폭행 24.2%, 집단따돌림 21.6%, 괴롭힘 17.8%, 금품갈취 14.1%, 언어폭력 7.9%, 위협이나 협박 4.1%, 성적인 추행 4.3% 빵셔틀 2.9% 등의 순서대로 심각하다고 생각하는 경향을 나타났다.

학교폭력에 대한 이유로는 장난 37.8%, 이유 없음 19.6%, 오해와 갈등 13.4% 등이며, 폭력서클의 존재유무에 대해서는 '없다'가 27.6%로 '있다' 14.4%로 보다 많은 분포를 보였으며, 그 외에 모르겠다가 57.9%로 나타났다.

학교폭력의 효과적인 대처 및 예방법으로는 학생들이 생각하는 학교폭력에 대한 효과적인 대처방법은 '부모님이나 선생님께 알린다'가 43.5%로 가장 많고, 다음은 '경찰서에 신고한다' 11.8%, '함께 싸운다'와 '학교폭력 관련전문기관에 상담한다'가 10.9%를 차지했다.

2) 청소년폭력예방재단, 2009년도 전국학교폭력 실태조사보고서, 123면에서부터 128면 참조

2. 학교폭력 피해실태

재학 중 학교폭력 피해경험을 묻는 질문에 대해 22%가 학교폭력 피해경험이 있는 것으로 응답하여 10명 중 2명은 학교폭력의 경험이 있는 것으로 나타났으며, 이들 중 63%는 초등학교 때 처음으로 학교폭력을 당한 것으로 나타났다. 최근 1년간 학교폭력 피해를 경험한 학생들이 10명 중 1명의 비율로 나타났으며, 피해기간에 있어서는 '하루~2주 미만' 등 단기간 피해가 55.2%로 가장 많았지만, '3개월 이상 피해'도 28.8%나 되었다.

피해를 당하는 장소는 학교 교실, 복도, 화장실 등 학교 내가 71.6%로 대다수를 차지하고 있으며, 피해를 당하는 시간 역시 쉬는 시간, 점심시간, 수업시간 등 학교 내가 64.6%로 대다수를 차지하고 있다. 피해유형으로는 맞았다가 가장 많았으며 욕설이나 모욕적인 말 등 언어폭행이 두 번째이며 돈이나 물건 갈취가 세 번째로 나타났다.

3. 학교폭력 가해실태

재학기간 동안의 학교폭력 가해경험을 묻는 질문에 대해 23%가 학교폭력 가해 경험이 있는 것으로 응답하여 10명 중 2명은 학교폭력이 가해경험이 있는 것으로 드러났으며, 이들 중 59%는 초등학교 때 처음으로 학교폭력을 가한 것으로 나타났다. 가해를 경험한 학생들 중에 1회성보다 2회성 이상이 과반수 이상인 53.5%로 나타났다.

피해를 주는 사람은 같은 학교의 학생의 비중이 86.7%로 압도적이었으며 가해 학생의 집단성과 관련해서는 혼자서 하는 것이 39.4%로 가장 많았으나 2~5명이 17.5%, 6명 이상도 13.9%나 되어 2명 이상인 경우가 60.5%로 높게 나타났다.

제3절 학교폭력의 특징

그간 학자들의 연구결과를 토대로 한 최근의 학교폭력의 특징을 살펴보면 다음과 같다.

① 학교폭력이 점차 흉악화되고 있다는 것을 알 수 있다. 교사나 학생을 구타할 때 흉기를 사용하는 경우가 많을 뿐더러 중·고교생이라고 생각할 수 없는 흉악한 사건도 보도되고 있다.

② 교내 폭력서클의 배후에는 졸업생 또는 지역 불량서클 등과 교외의 여러 폭력집단과 연계되어 그들의 지원을 받고 있다.

③ 학교폭력사건을 일으키는 학생은 학교수업을 불충실하게 받아 학교성적이 불량한 자, 즉 낙오자가 많을 뿐더러 학교방침에 순응하지 않고 그릇된 가치관을 가지고 있어 자기 자신을 외부에 나타나려는 성향이 강하다. 이것을 최근 과다한 입시경쟁도 이를 부추기는 한 요인이 된다.

④ 피해교사는 주로 학생지도에 열심인 교사가 많다는 것이다. 이 말은 일부 교사가 개개학생의 문제행동에 1:1로 대응하고 있다는 것을 입증하는 것이다. 예컨대 교장, 교감, 생활지도교사, 담임교사 등의 개선에 따른 일관된 지도가 이루어지지 못한다는 것이다.

⑤ 지역적으로 입시가 끝난 후 등에 한정적으로 있는 것이 아니고 연중 지속적으로 발생하고 있다.

제4절 학교폭력의 원인

이러한 학교폭력은 왜 일어나는 것일까? 이하에 있어서는 이를 규명하기 위해 사회적 배경, 학교에 있어서의 문제점, 가정에서의 문제점, 개인의 문제로 분류하여 간단히 그 원인을 고찰하고자 한다.

1. 사회적 배경

그간 우리 경제는 비약적 발전을 하는 한편 급격한 가치관의 변화를 가져온 게 사실이다. 민주화가 진행되는 과정에서 가족제도가 붕괴되고 부친의 권위가 떨어지고 전통이나 관습보다 합리성이나 공리성을 보다 존중하는 경향이 강했다.

특히 오늘날과 같은 고도 산업사회에서는 이러한 경향이 두드러지고 있다. 맞벌이 부부가 늘어감에 따라 자녀와 대화할 시간이 적어지고 핵가족화에서 한두 명의 자녀만을 둔 부모가 많아져 자녀에 대한 과보호, 과간섭을 가져오고 어린이교육 일변도라는 변칙적인 가족생활이 나타나기에 이른 것이다.

특히 경제공황에 따른 가족의 해체로 인한 여러 가지 문제점, 즉 부모의 가출, 이혼 등으로 학업지도를 제대로 하지 못할 뿐만 아니라, 진학포기 학업부적응으로 인한 소외와 좌절에 대한 새로운 대안으로써 일탈 또래집단에 가담하고, 어느 한 학우를 희생물로 하여 자신의 스트레스를 해소하기 위한 왕따현상의 출현 혹은 우리나라 사회구조에 있어서 빈부의 격차가 심하다는 것 등도 이와 무관한 것은 아니다. 국민의 상당수의 사람이 중산층이라는 의식을 갖게 되어 무엇보다 어린이들의 장래를 위해서는 대학에 진학시켜야 한다는 생각과 자녀들의 적성이나 지능 등을 고려하지 않고 전공이나 직업을 갖도록 강요하는 것도 생각 이상의 스트레스를 받게 하여 결과적으로 현실도피형 비행을 낳게 한다든지 중산층 학생들의 비행이 증가하는 결과를 초래하였다. 또 국민생활의 향상은 어린이들에게는 무엇이든 욕심나는 것은 얻을 수 있고 필요 없는 것은 버리게 된다는 '쓰다버린 시대'를 낳은 것이다. 또 고도산업사회의 삐뚤어진 면은 사회면에 있어서도 나타났다. 교통사고가 격증하고 공해문제가 중대한 사회문제가 되고 도시화의 물결은 농촌지역에까지 밀려오고 노동인구의 도시집중과 농촌의 이농현상은 전 사회차원으로서의 문제를 제기하기에 이르렀고 미혼모, 소년소녀가장 등이 많아져 오늘의 시대를 '불확실성의 시대' 또는 '불안의 시대'라고 부르기도 하게 되었다. 이러한 사회적 불안이 순간적인 행동이나 단락적인 행동을 낳고 비행에 대한 죄악감을 희박하게 하는 원동력이 되기도 한 것이다. 놀이형 비행이 횡행하고 무엇이 위법이고 무엇이 합법인가를 잘 모르게 되어 어린이들의 비행을 용이하게 하거나 정당화시키는 결과를 낳았다.

현재 교내 폭력사건을 일으키는 소년들 역시 이러한 시대에 탄생한 젊은이들인 것이다. 좌절감을 모르는 어린이들이 처음 만난 시련의 장이 학교라고 한다면 그리고 사회구조의 변화에 가장 민감한 것이 젊은이들이라는 것을 생각하면 교내 폭력사건은 일어날 수밖에 없다는 것이다. 어린이들은 또 지금까지 학교를 신성시하여 교내에 있어서는 상당히 거친 어린이들까지도 결코 폭행을 해서는 안 된다고 생각한 어린이들도 폭력행위를 교내에서 할 수밖에 없다는 사태까지도 되어버린 것이다. 지금까지 엄하다고 생각한 교사들까지도 그저 우왕좌왕 할 뿐이며 학생들은 학교야말로 가장 스트레스를 해소할 수 있는 곳이라고 생각한 것이다.

2. 학교에 있어서의 문제점

오늘날의 학교교육은 사회인으로 바랄 수 있는 인격형성을 위한 것이 아니고 입시나 취직을 하기 위한 수단으로서의 교육에 불과하다고 밖에 볼 수 없다. 물론 최근 교육개혁으로 이와 같은 병폐를 없애고 참교육을 하려는 노력이 없지는 않다. 그러나 진행 중인 교육개혁이 어느 정도 성공을 거둘지는 모르나 앞서 말한 진학을 위한 학업성적만을 중시하는 사태는 학업성적 불량자 바꾸어 말해 입시에 실패한다든지 직장을 갖지 못하는 낙오자를 낳게 되는 결과가 되어, 그들 낙오자들이 인격형성을 위한 것이 아니고 입시나 취직을 하기 위한 수단으로서의 교육에 불과하다고 밖에 볼 수 없다. 물론 최근 교육개혁으로 이와 같은 병폐를 없애고 참교육을 하려는 노력이 없지는 않다. 그러나 진행 중인 교육개혁이 어느 정도 성공을 거둘지는 모르나 앞서 말한 진학을 위한 학업성장을 갖지 못하는 낙오자를 낳게 되는 결과가 되어, 그들 낙오자들이 교내폭력을 낳는 예비군이 된 것이다. 이런 것은 교내폭력의 주체가 학업성적 하위자가 압도적으로 많다는 사실을 보더라도 명백하다.

그밖에도 교사와 아동·학생의 신뢰관계의 부족과 아동·학생 상호간의 인간관계가 좋지 않은 것이 교내폭력의 원인이 된다고 하는 것이다. 학생지도나 학교운영에 있어서의 교직원의 지도체제의 불일치가 교내폭력을 낳기 쉬운 환경을 제공하고 있다고 한다. 우리들은 학습제도나 생활지도가 철저하지 못하다는 사정을 고려하면서 어떻게 하면 학교가 공부할 수 있는 장소이며 놀기 좋은 장소가 될까 다시 한 번 곰곰이 생각할 필요가 있다고 할 수 있다.

3. 가정에 있어서의 문제점

오늘날 가족제도의 변천이 교내폭력의 원인이 되었다고 하는 것은 사회적 배경을 고찰할 때 지적한 바 있지만, 구체적으로는 급격히 진행된 핵가족화 등으로 가정생활의 변화나 양육상의 가치관의 다양화가 가정교육의 동요와 혼란을 가져왔으며 그것이 교내폭력의 원인이 되었다고 볼 수 있을 것이다. 또 자녀중심주의의 가정생활이 부모의 과보호, 과간섭을 낳고 어린이들이 자율심을 상실케 하는 것도 우리는 유의할 필요가 있다. ① 부모의 이혼, ② 부(모)의 가출, ③ 경제적으로는 안정되어 있지만 과보호하는 가정, ④ 교육을 모에 전적으로 맡기는 가정, ⑤ 어린이 교육에 자신을 상실한 가정, ⑥ 부의 부재, 특히 심리적인 부재가정 등이 교내폭력을 낳은 전형적인 가정이라고 볼 수 있어 확실히 부모의 신뢰감의 실추가 교내폭력의 원인이라고 할 수 있을 것이다.

4. 개인의 문제

이상과 같이 교내폭력의 원인에 대하여 언급하지만 뭐니뭐니해도 교내폭력을 야기하는 가장 중요한 원인은 본인 자신이라고 볼 수 있다. 일본의 堀久는 "교내폭력의 실태와 그 고찰"이라는 논문에서 교내폭력을 일으키는 학생들의 인격특성에 대해서 ① 학업목표가 불분명하고 막연한 진학지망의 경우가 많다. ② 학습의욕이 부족하고, 지능은 낮지 않지만 학력은 낮고, ③ 자기현시욕, 자기중심성이 강하고 마음대로 생활을 하며 규제에 대해서는 반발하고, ④ 감정의 동요가 심하고 정서불안정의 경향이 있다. ⑤ 책임감, 자성심, 억제력, 인내력 등이 부족하다. ⑥ 학교폭력 이전에 태학, 수업방해, 무단외박, 가출, 흡연, 조폭행위, 절도, 신나 남용 등의 문제행동을 하고 있다. ⑦ 여러 사람이 집단을 만들고 행동을 같이 한다. ⑧ 교외의 비행집단과 연계되어 있는 것이 많다. 이러한 개인적 특성을 열거하고 있는데, 이를 요약하면 생활에 대한 충족감의 부족과 협조성, 연대성의 결여, 학습의욕의 저하, 자주성과 인내성의 결여 등이 문제행동을 일으키는 학생들이 공통적인 인격특성을 갖는다고 볼 수 있다. 기타 매스컴의 영향이나 지역사회의 연대의 부족, 건전한 놀이시설의 부족 등도 학교폭력의 원인이 된다는 것을 잊어서는 안 될 것이다.

5. 학교폭력의 대응

학교폭력은 본래 학교폭력인 이상 먼저 학교에 있어서 만반의 대책을 강구할 필요가 있다는 것은 말할 필요도 없다. 그러나 학교에 있어서 학생의 폭력행위를 줄이기 위한 이렇다 할 뾰족한 대책이 있는 것도 아니다. 일반적으로 말해 교장, 교감, 직원회 등이 조직적인 일체감을 갖고 학생지도체제를 확립하는 것이 무엇보다도 긴요하다고 보는 것이다.

물론 근본적으로 ① 학생의 개성이나 능력에 상응한 교육의 추진과 수업의 충실을 도모할 것, ② 학교시설과 환경의 정비를 도모할 것, ③ 마음의 여유에 중점을 둔 교육을 행할 것, ④ 학생 개인의 이해폭을 넓히기 위한 교육상담활동을 활발히 할 것 등이 중요하다는 것은 말할 것도 없다. 또 교사 자신도 교육에 열성을 갖고 교사로서의 사명감을 갖는다는 것도 중요하다. 학교폭력의 배경이 되는 요인의 조기 발견과 어린이·학생의 적절한 지도를 실시하기 위해서도 교사 간의 생활지도를 위한 역할분담을 명확히 하고 초기예방에 노력하는 것이 중요할 것이다. 또 교내폭력의 예방책으로서는 학교와 가정이 여러 가지 기회를 통해 연대를 밀접하게 하고 지역사회 여러 기관과의 협력체제 하에서 교외지도활동을 강화하여야 한다고 생각한다.

1) 가정에 있어서의 대응

학교폭력의 대응에 있어서 가장 중요한 것이 가정에 있어서의 대응이라고 해도 과언이 아니다. 가정이야말로 학생에게 있어서 가장 안전한 장소이며 인격형성의 장소인 것이다. 어린이는 부모의 생활태도를 보고 배우는 것이 많다고 생각할 때 건강한 가정생활의 실천만이 가정교육의 기본이라고 할 수 있다.

현대와 같이 핵가족화된 가정생활에 있어서 부모와 자녀 간의 대화 활성화, 가정에 있어서 부권회복의 문제, 부모의 역할을 명확히 하고 자녀의 장래 목표에 대해서 자녀의 의견을 존중하는 것이 건전한 가정설계를 위해서는 중요한 요인이 될 것이다. 한마디로 가정은 자녀교육의 기본이며, 본거라는 것을 명확히 알고 가정의 갈 길, 그 자체를 다시금 생각해 볼 필요가 있는 것이다.

2) 지역에서의 대응

학교폭력 그 자체는 학교, 가정뿐만이 아니라 지역사회와도 깊은 관계가 있는 것이 사실이다. 그렇기 때문에 지역사회의 환경을 쟁점화하고 지역사회를 어린이 성장과 발달을 촉진하는 최적의 장소로 만드는 것이 학교폭력에의 유효한 대책의 하나라는 것은 말할 필요가 없다. 그렇기 때문에 지역사회에 있어서 각종 단체의 협력을 바라고 지역주민의 학교폭력에 대해 관심을 높이면서 공적기관과의 연락을 가지고 인접 학교와 연계하는 것 등이 필요함은 말할 것도 없다. 학교에 있어서 비행의 조기 발견이 학교폭력 예방의 중요한 수단이 되는 것은 분명하며, 지역사회로서의 홍보활동, 건전한 놀이장소 등의 제공 등은 유효한 비행대책들이라고 말할 수 있다.

3) 경찰에서의 대응

학교폭력의 범죄로서 이상 언급한 학교, 가정, 지역사회의 힘만으로는 어려운 것이며 마지막으로 경찰의 힘을 빌리지 않을 수 없다. 물론 교육상의 입장에서 경찰에서의 대응은 신중을 기해야 한다고 보며 경찰의 구체적인 대응책을 보면 ① 학교담당 경찰제를 재정비하고, ② 학교 주변에 정 · 사복 경찰관을 배치하며, ③ 전국 일제 검문검색을 보다 확대 실시한다. ④ 학교 주변에 방범초소를 확대 설치하고, ⑤ 학교주변 유해업소를 집중단속한다는 것이다. ⑥ 이외에 교내 폭력서클과 폭주족이나 졸업생의 지역불량서클 등 교외의 조직폭력배와의 연계를 단절하기 위해 교외서클의 해체를 철저히 하고, ⑦ 교내조폭이 모이기 쉬운 장소에 대한 가두보도를 강화한다. ⑧ 마지막으로 이 같은 폭력집단서클이나 폭력집단의 아지트를 해체 또는 폐쇄한다는 것 등을 들 수 있다.

제5절 결 어

결론적으로 학교폭력에 대한 대책에 대하여 요약 정리하여 몇 가지 언급하고자 한다. 먼저 어느 학생이나 학교가 즐거운 배움의 장이라는 인식을 심어주는 것이 중요하기 때문에 이를 위한 인성교육과 사회성 함양 등의 교육프로그램 개발에 주력하여야 한다고 본다. 둘째, 교사의 자질능력의 향상을 위해 학생지도주임에 대해 연수를 실시하여 학생들의 문제행동에 필요한 지식과 지도, 조언능력을 향상시켜야 할 것으로 본다. 셋째, 교육상담체제의 충실을 꾀하기 위해 전국 초 · 중 · 고등학교에 '스쿨 카운슬러'를 배치하고 초등학교 단계에서 조기 문제행동을 예방하기 위하여 '학생 및 학부형 상담원'을 배치함과 동시에 유관기관과의 연계를 추진하는 '학생지도추진 협력원' 제도를 만든다. 끝으로 학교 · 가정 · 지역 · 유관기관과의 연계를 위하여 국무총리 주관 하에 교육과학기술부, 경찰청 등이 협력하는 일원화된 지원시스템을 구축하는 것이 바람직하다고 본다.

제3장 여성범죄

제1절 문제의 소재

종래 여성범죄는 앞에서 살펴본 바와 같이 남성범죄와 비교해 수적으로 훨씬 적을 뿐만 아니라 남성범죄와는 다른 특색을 가지고 있다. 그러나 최근에 있어서 어머니가 그의 자녀를 살해하고 여자 은행원이 애인과 공모하여 거액을 횡령한 사건이라든지 유부녀의 매춘행위 등 다종다양한 여성에 의한 범죄가 매스컴에 보도되고 있다. 학자들의 연구보도에 따르면 여성범죄는 갈수록 늘어나고, 남성화·조폭화 하는 경향이 있어 양적으로 증가하고 질적으로 악화되고 있다고 한다. 이러한 현상은 여성의 사회진출이 증가할 뿐만이 아니라 여성의 지위향상에 따른 것이라고 할 수 있다. 그러면 우리나라에 있어서 여성범죄의 동향과 특질에 대하여 분석하고 여성범죄자 처우상의 문제점에 관하여 검토하기로 하겠다.

제2절 여성범죄의 실태분석

1. 여성범죄 발생상황

여성범죄의 최근의 실태는 나라마다 문화와 사회적 환경의 차이로 다소 다르게 나타날 수 있다고 보며, 우리나라의 경우를 중심으로 살펴보면, 우리나라 전체 범죄자 중 여성범죄자는 지난 10년간 약 15% 내외를 점유하여 왔다. 범죄유형별로는 재산범, 죄명별로는 사기가 가장 많은 비율을 차지하고 있으며 연령별로는 41세 이상 50세 이하, 교육정도는 고등학교 졸업 또는 중퇴자, 생활환경으로는 하류의 기혼자가 가장 많은 비율을 점하고 있다.

아래 <표 3-1>는 지난 10년간의 전체 여성범죄자 수와 여성비를 나타낸 것인데, 이를 토대로 분석해보면 1999년에 363,688명이던 여성범죄자수는 2008년에는 381,241명으로 증가하는 등 최근 10년간 약간씩의 증감 추세가 반복되고 있다. 그간의 증감을 보면 1999년 이후 전반적으로 증가하였으나, 2005년부터 감소세로 돌아섰다가 2007년부터는 다시 증가세를 보이고 있다.

1999년에는 전년대비 24,584명 7.2%가 증가하였는 바, 이는 IMF 관리체제 하의 경제난으로 인한 것으로 보이며, 2000년에는 전년대비 35,562명으로 9.8%가 감소하였으나 그 후에는 증가추세를 보여 2003년에도 전년대비 13,881명으로 4.0%가 증가하였고, 2004년도에도 전년대비 17,644인 5.0%가 증가하였다.

그러나 2005년에는 전년대비 65,440명인 17.5%, 2006년에는 7,077명으로 2.3% 각각 감소하였고, 2007년에는 전년대비 3,959명 1.3%, 2008년에는 75,916명인 24.9% 각 증가하였다. 여성범죄자가 전체여성인구 중에서 차지하는 비율을 보면 2008년의 경우 여성인구 10만명당 1,542.4명으로서 전년대비 21.8% 증가하였다.

<표 3-1> 여성범죄자 현황(1999~2008년)

구분 연도	전체	여성		
		인원	여성비(%)	인구비
1999	1,943,136	363,688	15.8%	1,570.4
2000	2,241,653	328,126	14.6%	1,405.8
2001	1,641,225	344,755	14.9%	1,466.1
2002	1,954,692	342,338	14.9%	1,477.4
2003	1,727,684	356,219	17.1%	1,498.6
2004	1,792,583	373,883	16.4%	1,566.1
2005	1,965,571	308,443	15.7%	1,288.0
2006	1,932,729	301,366	15.6%	1,254.1

구분 \ 연도	전체	여성		
		인원	여성비(%)	인구비
2007	1,989,862	305,325	15.3%	1,266.2
2008	2,472,897	381,241	15.4%	1,542.4

주 : 1. 범죄분석
2. 인구비는 여성인구 100,000명당 범죄자수

2. 여성범죄자 죄명별 인원

〈표 3-2〉는 지난 5년간의 여성범죄자의 주요 죄명별 발생 현황을 나타낸 것이다.

죄명별로 보면 2008년의 경우 형법범과 특별법범이 거의 절반씩 차지하고 있으며, 형법범 중에는 사기가 가장 많고, 그 다음으로 폭력행위 등 처벌에 관한 법률위반, 폭행, 상해, 절도의 순으로 나타나고 있다. 특별법범 중에는 도로교통법위반(음주운전), 교통사고처리특례법위반, 성매매법위반의 순으로 발생빈도가 높음을 알 수 있다.

연도별 발생 현황을 살펴보면, 폭력범과 성매매범의 비율이 점차 높아지고 있는 반면에, 간통은 점차로 감소하고 있는 것으로 나타나고 있다.

〈표 3-2〉 여성범죄자 주요 죄명별 발생현황(2004~2008년)

연도 \ 죄명	2004	2005	2006	2007	2008
형 법 범	**205,058**	**171,820**	**163,909**	**154,718**	**181,528**
절 도	9,091	8,709	10,414	11,967	13,928
사 기	101,109	72,834	68,350	56,237	55,259
폭 행	3,889	3,944	11,183	16,354	23,053
상 해	7,384	6,854	14,119	15,358	18,316
폭 처 법	46,759	43,727	21,221	18,637	26,082
간 통	4,059	3,451	3,262	2,870	2,200
도박·복표	6,603	5,426	5,554	5,024	6,800
특 별 법 범	**168,825**	**136,623**	**137,457**	**150,607**	**199,713**
교 특 법	33,145	30,095	29,989	30,070	31,127
도교법(음주)	40,226	29,113	25,327	31,592	41,225
성 매 매 법	5,955	4,693	6,483	7,781	8,150

연도 죄명	2004	2005	2006	2007	2008
식품위생법	11,630	8,425	6,381	6,657	7,348
음 비 게 법	9,144	6,692	6,957	401	62

주 : 1. 범죄분석
2. 성매매법은 「검찰연감」의 성매매알선등행위의처벌에관한법률위반, 성매매알선등행위의처벌에관한법률위반(청소년), 윤락행위등방지법위반, 윤락행위등방지법위반(청소년)을 포함

3. 여성범죄자의 연령별 분포

최근 5년간 여성범죄자의 연령별 분포는 아래 <표 3-3>과 같은데, 이를 참고로 하여 연령별 분포를 살펴보면 2008년의 경우 41세 이상 50세 이하가 111,053명으로 전체의 29.1%를 차지하여 가장 많은 인원을 점하고 있으며, 그 다음으로 30세 이상, 40세 이하가 22%, 20세 이상 30세 이하가 17.6%를 각 차지하고 있다.

<표 3-3> 여성범죄자 연령별 현황(2004~2008년)

연도 연령	2004	2005	2006	2007	2008
계	373,883	308,443	301,366	305,325	381,241
19세 이하	11,591	9,679	10,501	13,930	26,510
20~30세 (20세)	82,295 (4,965)	57,849 (3,210)	53,079 (2,990)	52,994 (2,977)	67,020 (4,128)
31~40세	94,866	76,628	71,143	69,718	83,745
41~50세	109,499	94,888	91,248	91,060	111,053
51~60세	35,412	34,065	36,827	39,170	51,377
61~70세	9,274	9,453	9,743	10,329	13,428
71세 이상	1,802	1,890	2,273	2,407	3,315
미상	29,144	23,991	26,552	25,717	24,793

주 : 범죄분석

제3절 여성범죄의 연구

여성범죄의 양적·질적 특징을 설명하는 방법에 관해서는 1903년의 롬브로조의 여성범죄자의 연구 이래 여성의 생물학적, 생리학적, 심리학적, 정신의학적, 사회학적 측면에서 많은 연구가 실시되었다. 그간의 연구결과를 요약하여 정리하면 다음과 같다.

① 여성범죄가 폭력을 수반하지 않는 범죄가 압도적으로 많고 여성의 신체적·생물학적 조건에 관련이 있다.

② 심리적, 생리적으로 여성은 범죄를 범할 때 능동적이 아니다.

③ 생리는 범죄의 직접원인으로써 단일한 근본문제는 아니고 병적 또는 이상한 정신적·신체적 상태와 결부되었을 때 범행을 하는 한 요소가 된다.

④ 살인이나 방화 등의 격정에 의한 범죄는 생리와의 관련성이 강하고, 특히 생리 직전부터 생리를 시작할 때까지의 범죄의 빈도가 높다.

⑤ 여성 범죄자의 반수 이상이 누범자 등이다. 일반적으로 지능이 낮고 정신박약이나 정신병질자가 많다.

⑥ 여성의 사회적 지위가 낮은 나라에서는 여성의 사회적 활동범위도 매우 낮기 때문에 범죄를 범할 기회도 적지만 여성의 사회적 지출이 많아짐에 따라 여성의 범죄도 증가한다.

⑦ 여성은 가정생활과 밀접한 자녀의 출산이나 양육 혹은 가사와 관련된 범죄를 범하기 쉽고 복잡한 인간관계의 결과로서 범죄를 범하는 일이 많다.

⑧ 남성의 경우는 미혼자의 범죄율이 기혼자보다 높은데 비하면 여성의 경우는 기혼자의 범죄율이 높다는 것 등이다.

이상과 같은 연구결과 외에 일본의 上屋眞一의 논문을 참고로 하여 여성의 범죄성 해명에 관한 연구를 4가지로 분류하여 이를 고찰하기로 한다.

1. 여성범죄의 양적 희소성을 부정하고 질적 특성을 강조하는 입장

릴(H. Leale), 그로스(H. Gross), 번바움(K. Birnbaum) 등이 이를 주장하였다.

이들은 여성범죄는 남성범죄에 비하면 통계상의 암수가 크고 통계수치가 부정확한 것을 지적함과 동시에 여성범죄와 남성범죄와의 차이를 부정 또는 경시하고, 여성범죄의 행위 형태 등의 질적인 차이를 강조하는 입장에 있다. 확실히 여성범죄는 남성범죄에 비하여 인지율 또는 검거율이 낮다. 경찰이나 사법기관에서도 관대하게 취급하고 있으며 특히 여성들에 의한 유인, 타락 그리고 매춘 등의 통계상의 암수가 크다는 것을 고려한다면 여성범죄와 남성범죄와의 수량적인 차이는 질적인 차이처럼 크지는 않다.

2. 여성범죄의 희소성을 생물학적 이유로서 설명하는 입장

프롤(L. Proal, 벨비(J. Belby), 쉐인필드(A. Scheinfeld), 롬브로조(C. Lombroso) 등이 이를 주장하였다. 예컨대, 롬브로조는 여성의 범죄성을 두개골의 눈의 특징과 같이 격세유전에 의한 개인에게 생기는 생래의 성벽이라고 해석하고 여성의 본성을 생리적 수동성, 환경에의 적응능력과 생존능력의 우월성, 비도덕성에 있다고 하고 여성범죄자의 특징은 남성적인데 있다고 하는 것이다. 이와 같이 롬브로조의 견해는 여성범죄의 희소성을 부정하는 견해를 취하고 있는데, 이를 지지하는 학자들은 여성범죄의 희소성을 여성의 육체적 · 생리적 · 감각적 특성 등을 생물학적 원인으로 설명하고 있다.

3. 여성범죄의 희소성을 사회적 조건에서 설명하는 입장

워커(E. Waker), 다로우(C. Darrow), 슈렌거(T. Sullenger), 라지노우비즈(L. Radinowicz) 등이 이 입장을 취하는데, 그들은 여성이 상대적으로 고도의 도덕성을 갖고 있다는 것을 부정하고 여성범죄가 적다는 것은 여성의 사회적 활동분야가 좁고 범죄를 범할 기회나 유혹이 적기 때문이라고 설명하고 있다. 특히 일부학자는 제1, 2차 세계대전 중에 교전국은 물론 중립국에 있어서도 여성범죄가 점차 증가한 것을 들어 전쟁 중에 여성이 남성 대신 직업일선에 나서고 사회적 활동범위가 넓어져 상대적으로 범죄를 범할 기회가 확대되어 여성범죄가 격증했다고 설명하고 있다.

4. 여성범죄의 희소성을 생물학적 요인 및 사회적 요인의 상호작용에 의해서라고 설명하는 입장

파이크(L. Pike), 타르노스키이(P. Tarnowsky), 후딕(J. Hudig), 포락(O. Pollak) 등이 이 입장을 취하는 사람들이다. 그들은 여성범죄의 양적 및 질적 특성을 생물학적 요인과 사회학적 요인의 상호작용에 의한 것이라고 설명하고 있다. 확실히 여성범죄의 양적 또는 질적 특징이 있는 측면은 여성의 생물학적 특징에 기초로 하는 것은 부정할 수 없을 것이다. 특히 폭력을 겸한 범죄에 대하여 여성범죄가 소수인 것은 여성의 육체적 조건이라는 것은 부정할 수 없을 것이다. 하지만 한편에 있어서 여성의 사회적 진출에 기한 범죄의 증가경향 등 사회적 요인을 무시하고 여성의 범죄성을 논할 수 없다는 것도 사실이다.

여기에 두 요인을 중시하고 생물학적 요인과 사회학적 요인의 상호작용이라는 측면에서 여성의 범죄성을 해명하려는 방법도 나오는 것이다. 어느 쪽이 더 정당한가 하는 평가는 여기서 내릴 수 없지만, 종합적인 관점에서 여성의 범죄성을 해명하려고 노력하고 여성범죄의 실태를 정확하게 파악함은 물론 그 특성에 관한 연구를 충실히 하는 것이 무엇보다 중요하다고 생각한다.

5. 여성수형자 처우와 그 문제점

여자수형자에게는 의료 및 모자보건 등 처우에 특별한 배려를 하고 있는데, 특히 임신 중에 있거나 출산 후 60일 이내의 산부는 모성보호와 건강유지를 위하여 특별한 배려를 하고 있다. 또한 여성수형자가 자신이 출산한 유아를 교정시설에서 양육할 것을 신청한 때에는 특별한 사유가 없으면 생후 18개월에 이르기까지 이를 허가하여야 한다.

청주여자교도소의 경우 여성수형자를 위한 학과교육, 생활지도교육, 교도작업, 직업훈련 등의 처우프로그램을 실시하고 있다. 그 내용을 보면 초·중·고 교육을 위한 학과교육, 분재·합창·사물놀이와 같은 레크리에이션 프로그램, 종교집회, 사회복지시설에의 봉사활동, 외부기업체에 출퇴근작업을 하는 외부통근제도, 한복·양장·제과제빵·미용·조리·기계자수 등의 직업훈련, 21세기 지식정보화사회에 대비한 컴퓨터 교육 등이 실시되고 있다.

학과교육은 여성수형자 중에서 학과교육이 필요한 자를 대상으로 4개 과정을 운영하고 있는데, 초등 기초반은 한글해독 및 문장능력이 없거나 기초수리능력이 없는 자에게 기초소양교육을, 초등과는 초등학교 중퇴정도 학력의 수형자를 대상으로 중학교 과정에 준하는 필수적인 과목과 기초직업훈련과목을, 고등과는 중학교 졸업정도 학력의 수형자를 대상으로 고등학교 과정에 준하는 필수적인 과목과 고급기능훈련에 필요한 과목을 각 교육하고 있다. 아래 〈표 3-4〉는 2007년과 2008년의 청주여자교도소 각 교육과정별 수료인원과 검정고시 합격인원을 나타낸 것이다.

〈표 3-4〉 여성수형자 학과교육 실적(2007~2008년)

구분 / 연도	학과교육					검정고시 합격			
	계	초등 기초반	초등과	중등과	고등과	계	중입	고입	고졸
2007	21	6	–	8	7	10	–	6	4
2008	31	–	19	5	7	4	–	2	2

주 : 청주여자교도소 통계

직업훈련의 경우 수형자의 출소 후 생활을 안정시켜 사회복귀 및 재범을 방지하기 위한 교육프로그램의 일환으로 직업훈련을 실시하는데, 청주여자교도소에서는 여성의 특성에 맞는 양장 · 한복 · 미용 · 조리, 기계자수 등의 직종을 중심으로 직업훈련을 실시한 결과 기능자격취득 합격률도 높게 나타나고 있다. 아래 〈표 3-5〉는 1999년부터 2008년까지의 매년도 말 청주여자교도소에 수용중인 수형자의 직업훈련 및 기능자격취득 인원현황을 나타낸 것이고, [도표 3-1]은 그 추이를 그래프로 나타낸 것이다.

〈표 3-5〉 여성수형자 직업훈련 실적(1999~2008년)

연도 / 구분	1999	2000	2001	2002	2003	2004	2005	2006	2007	2008
훈련인원	118	113	154	166	135	151	176	149	171	252
기능자격취득	109	104	116	127	96	133	148	111	139	217

주 : 청주여자교도소 통계

[도표 3-1] 여성수형자 직업훈련 변화추이(1999~2008년)

(단위 : 명)

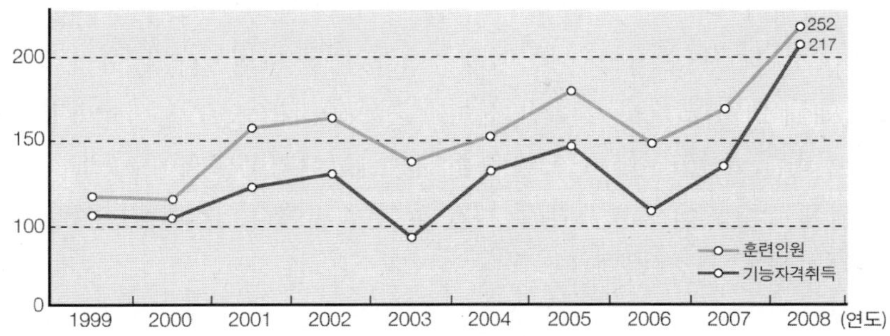

여자수형자의 경우 거의 절반이 여자수형자 전용시설인 청주여자교도소에 수용하고 나머지는 일선 각 교도소에 수용하여 처우하고 있는 실정이나, 여자미결수용자의 경우는 전국 구치소 및 교도소에 분산 수용하여 처우하고 있다.

여자수용시설에 있어서의 처우는 그 특성을 고려하여 정서의 안정성을 도모하고 가정생활에 관한 지식과 기술을 습득시키는 일, 교양과 취미를 몸에 배게 하는 것과 건강관리에 유의하는 것과 보호할 인수자와의 관계를 계속 잘 유지하는 것 등의 노력에 중점을 두어 처우하여야 할 것으로 본다.

수용시설에 대하여도 가정적인 분위기를 유지하도록 노력하여야 하는데, 특히 대동한 유아가 수용된 시설은 유아의 양육에 적합하도록 하여야 할 것이다. 또 여자수형자에 대한 직업훈련도 가사서비스, 미용, 봉제, 양재 등 보다 다양하게 실시여야 할 것으로 본다. 특히 최근에 있어서는 환각제 사범의 입소가 급격히 증가함에 따라 생활지도의 일환으로서 약물폐해방지를 위한 교육도 보다 활발히 행하여야 할 것으로 본다.

그런데 여자수형자의 처우에 대해서는 수형자의 수가 적은 것과 시설의 수가 적은 것 등이 겹쳐서 종종 문제가 제기되고 있다. 이러한 문제점으로 나타나는 것 중에 하나가 시설이 하나 밖에 없어 여자수형자는 대부분이 거주지에서 꽤 먼거리에 떨어진 장소에서 형의 집행을 받고 있다는 것이다. 이 점에 관해서는 한편으로 비교적 교류범위가 좁은 여성범죄자를 거주지의 주민과 갈라놓고 좁은 지역사회의 간섭이나 stigma를 피해서 사회복귀훈련을 실시할 수 있다는 장점도 있다고 말할 수 있지만, 그 반면에 가족과의 접촉이 용이하지 않다는 점과 시설의 직원이 수형자의 사회복귀를 준비하기 위하여 거주지인 지역사회와의 조정을 하는데 많은 어려움이 있다고 할 수 있다.

둘째로, 시설의 수가 적다는 것은 분류 처우상 문제가 따른다. 남자라면 시설에 따라 연령 · 형기의 장단 · 교정의 난이도 등으로 분류가 가능하지만, 여자의 경우에는 제대로 분류되지 못하고 있다는 문제, 즉 여자수형자의 경우 전체수가 적어 남자수형자와 같이 처우 분류급에 의해 각각 적합한 시설과 처우를 할 수 없고 시설마다 특수 · 전문화도 행하지 못하고 A급도 b급도 지역수형자도 금고수형자도 거주지에 가까운 시설이 아닌 동일시설에 수용되어 있다는데 문제가 있다는 것이다. 말하자면 악풍감염의 우려가 있다는 주된 이유 중 하나일 것이다.

셋째로, 시설의 수가 적다는 것은 오늘날의 행형이념인 개방처우나 사회 내 처우를 할 수 없다는 문제점이 있다는 것이다.

넷째로, 수형자의 수가 적다고 하는 것은 사회복귀를 위하여 직업훈련이나 교도작업의 종류 또는 작업 상여금에도 영향을 미칠 수 있다는 것이다. 이상과 같은 여러 문제점 외에 여자수형자의 문제점으로는 수형자가 임산부일 때에는 특별한 보호조치를 하고 있고 출산은 대부분 외부의 병원에서 행해지고 있다. 앞으로 유아에 대해서는 일반거실이 아닌 별도의 보육시설을 두어 양육을 하여야 할 것이다.

제4절 여자수형자 처우의 과제

우리나라의 여성범죄는 그간 10년간의 공식적인 통계 결과를 보면 15% 내외를 차지하고 있을 뿐만 아니라 갈수록 증가하고 있는 실정이다. 이러한 현상은 핵가족화와 산업화와 더불어 가정 중심의 전통적 여성의 역할은 점차 축소되고 여성들의 사회활동의 참여 폭이 넓어지는 것이 가장 큰 요인라고 보겠다. 이러한 여성범죄를 줄이기 위해서는 무엇보다 건강한 가정육성과 교육의 정상화가 필요하며 나아가서는 국민 전체를 통합할 수 있는 올바른 가치관을 확립하여 여성범죄의 발생소지를 줄여 나가는데 노력하는 한편, 일시적인 과오로 범죄를 범한 여성에 대하여는 그 범죄동기를 면밀하게 파악하여 과거의 잘못된 것을 바르게 고칠 수 있게 하고, 보호관계가 양호한 경우에는 가급적 시설 내 처우를 지양하고 보호관찰처분 등 사회 내 처우로의 정책전환이 필요하다고 본다. 아울러 여성범죄의 실태와 특징을 충분히 고려하여 여기에 걸 맞는 처우프로그램을 개발하여 운영하는 것이 바람직하다고 본다.

제4장 교통범죄

제1절 개 관

교통범죄란 육상, 해상, 항공의 각종 교통수단의 안전과 원활한 소통을 목적으로 하는 각종법규를 위반하는 교통질서 위반범죄와 그와 같은 교통수단의 운행에 있어서의 과실로 인하여 인적, 물적 피해를 야기하는 교통사고범죄를 총칭하는 것이라고 규정할 수 있다.

교통범죄는 크게 교통질서 위반범죄와 교통사고범죄로 구분할 수 있는데, 교통질서 위반범죄의 대표적인 것은 도로교통법이며, 교통사고범죄는 형법상의 업무상 과실치사상의 죄와 특별법상의 교통사고처리특례법이다. 이 중에서 1970년대 이후 자동차 증가로 인하여 교통범죄가 급격히 늘어나 더 이상 형법상 업무상 과실치사상죄로 대응할 수 없게 되자 특별법인 교통사고처리특례법을 제정하여 급증하는 교통사고에 대처하고자 하였다.

제2절 교통범죄에 대한 외국의 입법례

1. 미 국

미국은 주에 따라 다르겠으나 사망과 중대한 과실에 의한 상해의 경우에만 형법을 적용하여 처벌하고 경미한 사고의 경우에는 간이절차에 의하여 처리하고 있다.

캘리포니아 차량형법(Vehicle Code) 제23104조에 의하면 중과실 치상의 경우를 30일 이상 6월 이하의 구금 또는 100달러에서 500달러의 벌금에 처하거나, 병과할 수 있도록 하고 동법 제23101조, 제23106조에는 음주 등 안전운전이 어려운 상태에서의 과실치상의 경우 90일 이상 1년 이하의 구금 또는 250달러 이상 5,000달러 이하의 벌금에 처하도록 하고 있다.

미국은 사망의 경우에도 처음에는 중대한 과실이 요구되었으나 1921년 이후 미시시피간 주에 의한 획기적인 Negligent Homicide(과실치사)의 특별입법 이후에 '일반적 과실' 혹은 '통상의 과실'에 의한 치사사건도 처벌할 수 있게 강화되었다. 특히 음주운전 중의 치사사사건을 독립범죄유형으로 규정하였다. 그리고 상해사건의 경우에 관하여도 원래 보통법상으로는 과실에 의해 위해하는 개념이 없었고 자동차에 의한 상해사범은 무모운전(Reckless Driving)의 규정에 의하여 처벌되었다. 그러나 이러한 가벼운 벌칙을 가지고는 교통사범에 대한 대책으로 부적절하였고, 이러한 관점에서 법원은 1912년의 인디애나주의 루사 사건을 계기로 법정형이 한층 중한 폭행상해의 규정을 적용함에 이르렀다. 주에 따라서는 가중폭행상해의 규정을 적용하기도 한다.

요컨대, 미국의 교통범죄에 대한 형법규정에 대한 각 주의 일반적 특징은 과실규정의 표준이 얕고 처벌이 가벼운 것이 사실이다. 법원의 판례 등에 의하여 운전자의 처벌을 점점 강화시키는 방향으로 나가는 추세이다.

2. 프랑스

프랑스 형법은 과실치사와 과실치상을 규정하고 있다. "미숙련, 경솔, 부주의, 태만, 규칙 불준수로 인한 과실로 사람을 사망에 이르게 하거나 사망의 원인을 생기게 한 자는 3개월 이상 2년 이하의 구금 및 1,000프랑 이상 3,000프랑 이하의 벌금에 처한다."고 과실치사죄를 규정하고 있고, 제320조에 "미숙련 또는 부주의로 인하여 상해, 구타 또는 질병을 생기게 함으로써 3월 이상의 취업을 할 수 없게 한자는 15일 이상 1년 이하의 구금 또는 500프랑 이상 20,000프랑 이하의 벌금에 처하거나 이를 병용한다."고 하여 과실치상을 규정하고 있다.

프랑스 형법의 특징은 과실치사의 경우 3개월 이상의 중상해사건만 형사입건하고 3개월 미만의 치상사건은 위경죄 재판소에서 간이재판으로 처리하고 있다. 또한 과실에 의한 재물 손괴는 벌하지 않는다. 따라서 교통사고에 의한 과실범의 경우도 중상해나 사망의 경우만 형사재판을 받고 그 법정형이 비교적 가볍다.

3. 독 일

독일의 도로교통범죄는 일반적 과실에 의한 침해범과 고의범의 형태인 위험범의 두 가지 양상이 있다. 우선 일반적인 과실범에 대한 처벌규정에 해당하는 것으로는 교통사고에 의한 과실치사(형법 제122조)나 과실치상(동법 제230조)이 있다. 과실범의 처벌은 우리나라나 일본 등과 거의 대동소이하다. 다만 업무상과실 내지 중과실에 대한 규정을 두고 있지 않다. 따라서 자동차교통사고의 경우에 주로 업무상과실 내지 중과실을 적용하는 우리형법의 경우에 비하면 독일형법은 법원의 형벌재량을 넓게 부여하고 있다고 볼 수 있다. 그리고 과실에 의한 손괴는 처벌규정이 없으므로 교통사고에 의한 물적 피해는 벌하지 않고 있다. 그리고 독일 형법의 중요한 특징은 공공교통의 안전을 위하여 교통위해범죄에 대한 처벌규정을 가지고 있는 점에 있다. 이 범죄는 비록 현실적인 교통사고나 법익의 침해라는 결과를 가져오지 않았을지라도 안전운행을 위한 중요한 규칙의 위반으로 생명, 신체, 재산에 대한 위험을 야기한 경우에 과실치사와 동등한 형으로 벌하고 있다. 또한 이러한 도로교통위험은 고의범을 원칙으로 하고 과실범의 경우에는 경감하고 있다.

독일형법 제315조 도로교통의 위험화에 의하면 제1항의 도로교통에 있어서 ① 알코올이나 기타 흥분제 복용 또는 전신적 신체적 결함으로 인하여 승용물의 안전운행을 할 수 없는 상태에 있음에도 불구하고 승용물을 운전하거나, ② 중대한 교통위반을 하고 무분별하게 주행권을 무시하거나, ③ 횡단보도에서 잘못 운전하거나, ④ 전방시야가 불명한 위치, 교차로, 가로 합류된 철도횡단점에서 과속으로 운전하거나, ⑤ 전방시야가 불명한 위치에서 도로의 우측을 엄수하지 아니하거나, ⑥ 고속도로나 자동차 전용도로에서 회전 또는 뒤로 운전하거나 이를 시도하거나, ⑦ 교통안전상 필요함에도 불구하고 정지하지 아니하거나 정차하고 있는 승용물을 충분한 거리에서 표시하지 아니한 경우 등으로 인하거나, 상기 ①의 경우로 인하여(제1호제2호의 행위에 의하여) 타인의 신체나 생명 또는 중대한 가치가 있는 타인의 물건을 위태롭게 한 자는 5년 이하의 자유형 또는 벌금형에 처한다고 규정하고 있다. 동법 제2항에서는 제1항 제1호의 미수범을 벌하고 제3항은 과실로 제1항의 위험을 야기한 자를 2년 이하의 자유형 또는 벌금형으로 벌하고 있다. 그리고 제316조에는 알코올음료나 기타 흥분제의 복용으로 안전운전을 할 수 없는 상태에서 음주운전을 한 자가 제315조에 해당하지 않을 때, 1년 이하의 자유형 또는 벌금형으로 벌하고 있다.

요컨대, 독일형법은 공공교통의 안전이라는 관점에서 교통에 관한 구체적 위험행위를 세분화하여 고의범의 형태로 규정하고 그 형벌을 무겁게 부과하고 있다. 이처럼 교통위험범에 대한 엄한 처벌은 형법정책의 측면에서 볼 때 교통사고의 예방에 커다란 기여를 할 것으로 보인다.

4. 일 본

일본형법에 있어서 교통사고에 관한 처벌법규는 거의 전부가 형법 제21조이다. 이조문은 전단에서 업무상과실치사상죄를, 전단에서 중과실치사상죄를 규정하고 있다. 그 내용을 보면 "업무상 필요한 주의의 태만으로 인하여 사람을 사상에 이르게 한 자는 5년 이하의 징역이나 금고 또는 1000엔 이하의 벌금에 처한다. 중대한 과실로 인하여 사람을 사상에 이르게 한 자도 또한 같다."라고 되어 있다. 동 조문의 법정형에 있는 벌금액에 관하여는 경제사정의 변화에 따라 벌금 등 임시조치법에 의하여 당분간 그 액정형이 처음에는 3년 이하의 금고 또는 1,000엔 이하의 벌금으로 되어 있었지만 벌금으로 개정되었다. 이 개정은 교통사고의 격증에 동반하여 악질적인 가해자에 대처하는 것을 목적으로 행하여진 것이다. 종전에는 법정형이 벌금에서 금고까지였던 것이 징역까지로 규정되고 그 장기가 5년으로 인상되어 교통사고방지를 위한 엄한 형벌적 대책의 강화를 엿볼 수 있다.

일본형법에서는 물적 피해에 대한 과실범은 벌하지 않지만 도로교통법은 제8장에 벌칙을 두고 있다. 그 위반의 대부분이 행정단속상의 견지에서 벌칙의 대책으로 된 행위인 형식범이다. 그런데 도로교통법은 이러한 형식범 이외에 타인에 피해를 발생시킨 행위나 그 자체는 타인에 실지로 피해를 발생시키지 않아도 도의적 비난이 강한 행위를 벌하고 있다. 전자에 해당하는 것으로는 주취운전의 죄(형법 제117조의 2), 도주운전죄(제11조, 제117조3 제1호) 등을 들 수 있다. 악질적인 도로교통위반에 대한 엄한 처벌을 요구하는 일본의 국민 관념에 의하면 이런 죄는 형법범과 동등한 사회적 비난을 부여하는 것으로 볼 수 있다. 이것은 행정범 또는 법정범의 형법범 또는 자연범화라고 볼 수 있다. 그런데 물적 피해 교통사고나 음주 등의 운전에 대한 형벌을 규정하고 있지만 도로교통위반의 죄에 저촉되는 경우에는 즉결재판 절차에 의하여 처리하도록 하고 있다(교통사건즉결재판수속법 제2조). 일본에서의 이 교통사고에 의한 즉결심판은 도로교통법 제8조에 해당하는 경우에 한하고, 공개법정에서 구두주의에 의한 심리라는 점에서 통산의 약식절차와 다르다고 볼 수 있다.

제3절 교통범죄의 특징 및 관련법규

1. 교통범죄의 특징

교통범죄는 다른 범죄와 다른 몇 가지 특성을 지니고 있다. 이는 첫째로, 교통범죄는 반사회적 성향이 약한 과실범죄이다. 즉 범죄자의 고의에 의하여 발생한 사건이 아니라 과실에 의한 범죄라는 측면에서 절도와 강도, 폭행 같은 일반형법범죄와는 다르게 처리할 필요가 있다. 둘째로, 교통범죄는 일상생활에서 빈번하게 저질러지는 범죄이다. 따라서 교통범죄의 당사자는 일반시민 누구나 될 수 있다. 그러므로 교통범죄의 양형에서는 반사회적 측면이 약하다는 측면에서 신속하고 관대한 처벌을 통하여 사회에 복귀시켜 사회적 비용을 줄여야 할 것이 요구되고 있으며, 또한 이러한 처벌의 결과가 국민의 법의식에 직접적인 영향을 미친다는 점에서 무엇보다 공정하면서도 평등한 양형이 요청되고 있다.

제4절 교통범죄의 대책

교통범죄는 누구든지 범할 수 있다는 점에서 보편성을 갖고 수적으로 많이 일어나는 대량 범죄이며, 공공범, 위험범이라는 데 문제가 있다. 따라서 이에 대한 훌륭한 대책을 수립한다는 것은 매우 중요하고도 어려운 일이라고 본다. 교통범죄의 대책으로는 먼저 교통범죄는 비교적 죄질이 경미한 과실범이기 때문에 교통범죄에 대해서는 비범죄화 내지 비형벌화라는 방향이 일관되게 유지될 필요가 있다. 이러한 관점에서 현행 도로교통법 제9장에서 신설된 범칙행위 관한 처리의 특례 등은 바람직하다고 생각한다.

제5절 결 어

갈수록 차량이 증가하고 있으나 도로 및 교통시설 등의 교통 환경과 교통질서의 혼란 등으로 그 어느 나라보다 우리나라는 높은 교통사고율과 더불어 범죄율을 기록하고 있는 것이 사실이다. 이러한 높은 교통범죄율은 엄청난 인적·물적 피해를 낳고 있는 것이 사실이다. 그럼에도 불구하고 우리의 교통범죄대책은 교통의 유용성에 편중하여 물적 피해의 보상이라는 안일한 민사대책으로 형사정책이 후퇴하는 상황에 있다.

선진 외국의 경우에도 교통전쟁이라고 하는 교통범죄에 대한 격동의 시기를 거쳤고, 특히 우리와 비슷한 일본은 1960년대에 세계 제일의 교통범죄국가에 들기도 했다. 그러나 이러한 선진국들이 그동안 각고의 노력 끝에 교통사고율이 현저히 줄어들고 있다. 이들 국가의 교통범죄의 격증대책으로 교통범죄에 관한 형벌을 강화하고 있는 것이 현저히 눈에 뜨인다.

교통사고의 원인이 대부분 운전자의 부주의와 음주운전에 기인하고 있다는 현실을 감안 할 때 교통사고방지대책이 현실적으로 형벌예고에 의한 교통사고예방에 의존하지 않을 수 없다. 이리하여 교통사고로부터 개인의 신체, 생명, 재산의 보호라는 관점에서 형벌정책의 강화가 불가피한 상황에 있으나 우리나라 교통특례법은 교통사고로 인한 경우 중상자까지는 반의사불벌죄로 규정하여 사실상 거의 대부분의 교통사고 과실범이 형벌의 부담으로부터 벗어나고 있는 실정이다. 이러한 형벌정책의 경감은 자동차산업의 발달과 교통편익에 크게 기여하고 있음은 사실이다.

그러나 앞에서 언급한 것처럼 선진외국에서 교통범죄의 대책으로 형벌을 강화함으로서 교통사고와 교통범죄를 줄어들게 되었다는 현실을 감안할 때 형벌정책의 강화를 기틀로 한 입법론적 대책에 관심을 기울여야 할 것으로 본다.

끝으로, 교통범죄에 대한 보다 근본적이고 종합적인 대책을 위해서는 교통에 관련된 형사사법학자 및 실무자는 물론 이와 관련된 자동차산업 및 자동차보험업계의 담당자들의 유기적이고 총괄적인 상호협력이 이루어져야 할 것으로 본다.

제5장 스토커 범죄

제1절 서 설

스토커란 '몰래 접근하다', '미행하다'라는 뜻의 영어 'stalk'에서 유래된 말이다. 스토커는 본인이 일방적으로 관심 있는 상대를 병적으로 쫓아 다니는 사람으로, 그런 행위를 스토킹이라 한다. 스토커의 존재가 처음 알려지게 된 것은 린덴 그로스(Linden Gross)의 저서 「스토커 : 비뚤어진 사랑의 형태」(to have or to harm : the stories of stalker and their victims)가 번역되어, 각국에 스토커의 존재가 알려지게 되었다. 저서 속에 소개되어 있는 많은 사례와 같이, 스토커는 극단적으로 피해자의 생활에 현저한 영향과 피해를 준다고 한다. 즉 스토킹피해자는, 집과 공공장소, 직장에서 더 이상 자기가 자신의 생활을 컨트롤 할 수 없다고 느낄 정도로 일상적으로 괴롭힘을 당하는 것이다. 스토커가 수년간 또는 그이상의 기간에 걸쳐 피해자를 계속 괴롭힌다는 것도 잘 알려져 있다.

미국에서는 스토커 범죄가 주목 받게 되게 된 것은, 유명인을 겨냥한 케이스가 많이 일어나게 되었기 때문이다. 1980년 존 레논의 사살사건이 발단이 되었고, 1981년에는 존 힌클 리가 여배우 조디 포스터에게 관심을 끌려고 레이건 대통령 암살을 기도했다. 또한, 1982년에는 여배우 테레사 살다니가 스코틀랜드 출신의 부랑자에게 수차례나 칼에 찔리는 사건이 일어났다. 더욱이 1989년에 광신적인 팬이 텔레비전 드라마 [마이 시스터 샘]의 출연자였던 당시 21살인 레베카 셰퍼를 사살하였다. 또한 헤어진 전처와 그 남자 친구 살해사건으로 기소된 심슨(O. J. Simson)도 재판에서는 무죄로 되었지만, 그는 남편의 폭력을 참지 못해 헤어진 전처를 끈질기게 따라다니면서 협박전화를 계속한 스토커였던 것으로 알려졌다.

1990년에 켈리포니아주에서 미국 최초의 반스토킹법이 제정된 것은 레베카 셰퍼 사살사건이 계기가 된 것이다. 그 후 미국에서는 메인주를 제외한 모든 주에서 반스토킹법이 제정되었다. 이 반스토킹법은 주마다 다른 구성요건을 설정하고 있으나, 그 행위가 스토킹이 되는 요건으로써 고의성, 악의성, 추적 및 미행을 반복하는 것, 피해자를 괴롭히는 것 등이 규정되어 있다. 그러나 전화나 편지에 의한 협박행위, 제스처만으로도 괜찮다고 하는 주도 있다. 단지 1회의 행위만으로는 범죄가 되지 않고, 반복적으로 행하여지는 것이 필요하다. 또한 많은 주에서는 상대가 스토커라고 말하기 위해서는 특정한 행동패턴을 필요로 하며, 피해자가 생명과 신체 안전에 대해 상당한 불안과 공포를 느끼고 있는 것을 필요로 한다. 즉 스토커에 의한 강박행위와 피해자를 공포에 빠지게 하는 범죄 의도의 두 가지를 필요로 하고 있는 것이다.

캘리포니아주에서는 캘리포니아 형법전 제646.9조에 스토킹의 규정이 있는데, 형벌은 최고 1년의 구금형이나 1,000달러 이하의 벌금형이다. 법원에 의한 접근금지 명령이나 제지 명령을 위반한 경우에는 형벌이 가중되어 2년 이상 4년 이하의 구금형이 된다.

제2절 스토킹의 유형과 형태

1. 스토킹의 유형

스토킹은 새로운 범죄이므로 아직 통일된 분류방법은 없으나, 조지타운대학의 로버트 사이몬(Robert Simon)은 스토킹을 ① 거절 민감형, ② 인격 장애형, ③ 관계망상형, ④ 분열기질형의 4가지로 분류하고 있다.

1) 거절 민감형

거절 민감형이란, 상대에게 거절당하면 극도로 상처를 받기 쉽고, 연애관계에 있어서는 상대에게 완전히 의존하는 타입의 인간을 말한다. 이 타입의 인간이 스토킹을 시작하는 것은 아내나 여자 친구가 자기 곁을 떠났을 때이다. 이 타입의 스토커는 어린 시절에 부모와 사별했다든지, 부모로부터 학대를 받은 사람 중에 많다고 한다. 이 타입에 속한 사람은 어릴 적에 부모의 애정을 잃어버렸다는 괴로운 경험 때문에 이성 간에 평범한 관계를 맺을 수 없는 것이다. 또한 정신적으로 여성에게 의존하는 성격을 감추기 위해 과도하게 남성답게 처신하거나 여성에게 폭력을 휘두르는 경향이 있다. 애인한테 버림받거나 이혼을 하게 되면 어린 시절 마음의 상처가 오버랩되면서 스토킹행위로 나타나는 것이다.

2) 인격 장애형

인격 장애형이란, 거절 민감형과 같이 상대에게 거절당했거나 버림받은 것에 히스테릭하게 반응하는 것이 특징이다. 이 형의 사람은 감정변화가 격하고, 약간의 거절과 모욕에도 적의를 드러낸다. 대인관계에 있어서도 상대를 극단적으로 이상화하는데 그 이미지가 조금이라도 무너지면 단번에 증오로 변모하는데, 사실은 이 증오가 그들을 스토킹으로 몰아내는 요인이라고 생각할 수 있다. 이 형의 스토커는 마음속에 사랑과 증오라는 상반되는 감정이 동거하고 그 두 감정이 동시에 교차하는 특징이 있다. 이 형의 스토커는 사랑하고 있으면서도 상대방을 파멸로 몰고 가거나 때로는 살인까지 가는 경우가 그 때문이다.

3) 관계 망상형

상대가 자기를 좋아하고 있다고 일방적으로 믿음이 빠져버린 망상 장애의 한 종류로 이 형의 스토커로는 고독한 독신여성이 많다. 이 타입의 스토커의 특징은 '절대로 좋아할 것이다'라는 망상을 가지고 있는 점이다. 무엇이든지 자기가 좋은 쪽으로 생각해 행동하기 때문에 까다로운 존재이다.

4) 분열 기질형

분열 기질형이란, 망상에 따라 행동하는 스토커이며 그 행위는 사랑의 망상으로부터가 아니고 신으로부터 그렇게 명을 받았다거나 상대자가 상대가 자기괴로움의 원인이 되고 있는 상대를 말살할 수밖에 없다고 결심하여 그러한 행동을 하는 것이다. 그렇기 때문에 피해자는 왜 자기가 피해자로 택해졌는지 조차도 이해하지 못하는 경우가 많으나, 그것은 이 때문이다.

이상과 같이 4가지의 스토커로 나누어 생각할 수 있으나, 일반적으로 스토커가 취하는 수단에도 여러 가지 형태가 있다고 할 수 있다. 물론, 스토커는 통상 그 자체가 위법인 행위에 따라 피해자를 위협하는 경우가 많은 것은 지금에 와서 말할 필요도 없다. 예를 들면, 외설적인 전화를 건다든지, 거칠고 협박적인 말투를 사용한다든지, 폭력적 행위를 행하는 것 등은 그러한 예이다.

이러한 경우에는 그 효과의 시비는 제쳐놓고라도 기존법률을 사용해 스토커와 대결할 수 있을 것이다. 그렇지만 스토커는 공공연하게 피해자를 위협하는 것이 아니라, 표면적으로는 무해하며 일상적인 방법에 의해 행동하는 경우가 많다. 피해자의 뒤를 쫓는다든지, 꽃을 보낸다든지, 선물을 보낸다든지 하는 식의 확실하게 무해한 행동조차도 그것이 피해자의 의사와는 반대로 계속적으로 행하여지는 경우에는 협박수단으로 되는 것에 주의하지 않으면 안 된다. 그리고 실은 그것이야말로 스토커가 사용하는 상투적인 수단이기도 하며, 스토커 범죄의 명확한 특징의 하나이기도 한 것이다. 즉 스토킹은 그 행위의 성질이 어떻든 간에 일방적으로 계속되기 때문에 피해자에 따라서는 고통이며 협박적으로 되는 것이다.

피해자를 쫓아다니는 행위가 개시된 때에는 표면상은 비협박적인 방법이 취해지고 있다고 하여도 그 행동이 언제나 그대로 멈추어 있다고는 할 수 없다. 물론 쫓아다니는 행위만으로도 피해자에 따라서는 충분히 불안을 느끼게 하는 것이나, 많은 경우는 단순히 폐를 끼치는 행위 레벨에 멈추지 않고 스토커의 쫓아다니는 행동은 박차가 가해짐에 따라 그 방법도 협박적인 것으로 되는 것이 보통이다. 꽃다발을 보내는 행동이 화환을 보내는 행동으로 바뀌는 경우도 있다. 그리고 스토커의 행동이 제지되지 않은 채로 방치된 경우에는 그 행동은 폭력화 되어 간다.

이처럼 스토킹은 피해자의 전 생활에 영향을 주며 피해자를 들러 싼 많은 사람들에게 영향을 준다.

제3절 스토커의 특징과 심리

스토커들은 정신적 장애가 있는 사람들이라고 볼 수 있는데, 이들을 언뜻 보기에는 정상인과 전혀 다를 바가 없다. 그러나 자세히 살펴보면 대부분 대인관계에 큰 결함이 있는 것으로 나타난다. 스토커의 일반적인 주요 특징을 살펴보면 다음과 같다.

① 첫 만남에서 상대방의 이야기는 전혀 듣지 않고 자신의 말만한다.
② 다른 사람을 믿지 못해 방금했던 질문을 반복하며 상대방을 테스트하고 싶어 한다.
③ 갑자기 울음을 터트리는 등 튀는 행동으로 상대방의 반응을 관찰한다.
④ 친한 사이도 아닌데 비싼 선물, 특히 반지처럼 쉽게 눈에 띄어 자신의 소유물임을 확인할 수 있게 하는 선물을 하거나 프로포즈를 한다.
⑤ 편집광이자 전화광이다.
⑥ 대개 최신유행복을 입는 옷차림에 신경쓴다.
⑦ 의외로 능력 있는 사람이다.
⑧ 동료나 후배의 고충을 앞장서서 해결하고 윗사람들에 대한 배려도 각별해 주위 사람들로부터 인정받고 출세하는 경향이 많다.
⑨ '예' 또는 '아니오' 식의 흑백논리, 이분법적 사고를 갖고 있다.
⑩ 일단 화를 내면 자제심을 잃고 오래 지속된다.
⑪ 정보에 매우 민감해 교묘하게 주위사람 들로부터 정보를 입수하고 도청이나 쓰레기 뒤지기 등 극단적인 방법도 마다하지 않는다.

이러한 특징의 스토커들은 대부분은 정신적 질환이나 성격장애를 갖고 있다. 스토킹의 정신적 원인은 만성적이고 고립감, 상실감, 분노감, 질투심, 창피감 등으로 설명된다. 스토커들의 상당수는 현실적이든 망상적이든 간에 자신이 어떤 대상과 사랑을 하기로 운명 지어졌다는 자기애적 환상을 갖고 있으며 이런 환상이 그 대상으로부터 거절당하게 되면 심한 창피감이나 모욕감을 느껴 이를 극복하기 위해 상대방을 스토킹하게 된다. 거부당할 경우에는 어린 시절의 거부당한 상처가 되살아나 그 당시는 어쩔 수 없었던 무력함을 극복하기위해 상대방을 위협, 자기 의지대로 조정하려 한다.

그래서 상대방이 괴로움을 당하면 자신의 자기애적 환상이 실현된 것으로 보고 거부당하면 심한 분노감을 느껴 계속 스토킹을 하게 되는 것이다(배임호 외 4인 : 214~215).

1. 피해자 대응장치

우리의 경우 스토킹의 심각성이 크게 알려지지 않아 아직까지는 피해를 준 상대방보다 피해를 입은 당사자에게 더 가혹한 편이다. 행여 친한 친구에게 피해 입은 사실을 털어놓으면 "네가 유발한 것 아니냐", "인기 있어서 좋겠다", "나도 당해 봤으면 좋겠다" 등의 비난과 무관심 등 부정적인 반응이 대부분이다.

그러나 스토킹을 당한 사람들이 입는 피해는 심각하다. 피해자는 신체장애뿐만 아니라 불안, 공포, 악몽 등으로 심한 경우 사회생활의 기피 등의 증세를 보이는 것이 일반적이다. 이런 경우 정신과 치료를 받아야 한다. 따라서 이들을 위한 적절한 제도적 장치와 법적대응이 필요하다.

그동안 피해자를 귀찮게 따라다니며 괴롭히는 스토킹에 대해 적절하게 대피하게 할 만한 법이 없었다. 미국의 캘리포니아주가 처음으로 반스토킹법을 제정했고, 이것이 다른 주로 확산되어 지금은 미국의 대부분의 주가 스토킹을 범죄행위로 인식하고 이에 대처하는 법을 제정하고 있다. 그러나 반스토킹법이 '표현의 자유를 침해한다'는 이유를 들어 반대하는 입장도 있다. 그러나 우리나라를 비롯한 많은 나라에서 스토킹법이 제정되지 않아 효과적인 법적 대응을 하지 못할 뿐만 아니라 법이 있어도 스토커들은 법망을 교묘히 빠져나가면서 피해자들을 괴롭히고 있다. 이런 상태에서 스토킹은 날이 갈수록 지능화되어 있는 실정이다. 왜곡된 일방적 사랑이라는 스토킹의 피해를 방지하기 위해서는 반스토킹법이 제정되어야 한다고 본다.

2. 가해자에 대한 개입

피해자의 경우 미비한 법이기는 하지만 그에 대한 대응책이 마련되어 있지 않고 처벌만이 있을 뿐이다. 스토커 피해자도 보호받아야 할 대상이지만 스토커 역시 사회적으로 소외되지 않고 건전한 사회인으로서 살아갈 수 있도록 도와주어야 할 대상이다.

사회복지적 측면에서 볼 때 스토커는 대인관계 형성에 문제를 가지고 있고 정서적으로 고립된 생활을 하며 대체로 가족기능이 약화된 가정에서 자라난 경우가 많기 때문에 애정결핍으로 인한 사랑의 집착으로 이어지며 그것은 또다시 범죄를 낳게 된다.

이러한 스토커들을 대상으로 상담이나 그 유형에 걸맞는 프로그램을 개발하여야 할 것이다. 이들에게는 올바른 대인관계 형성을 위하여 자신과 타인에 대한 이해를 돕고 한 대상에 집착하는 태도를 버릴 수 있게 도와주어야 한다. 또한 정서적으로 소외된 생활을 하는 경우는 가족을 중심으로 한 가족치료가 이루어져야 할 것이다.

제4절 외국의 법제도

우선 첫 번째로, 영국 정부가 얻은 결론은 조사된 각국의 반스토킹법은 모두 계속적이며 비정상적일 정도의 해러스먼트가 일으킨 피의자의 공포를 인식하고 있으며, 이 문제에 심각하게(신중히) 대응하려 하고 있다는 것이다. 그러나 유감스럽게도 스토킹에 대한 각국의 공통된 어프로치는 보이지 않고 있다. 또한 각국의 실태를 정밀하게 조사한 결과, 영국 정부는 스토킹문제에 대한 포괄적인 대응이라는 점에서 말하면, 각국의 입법 예는 이미 모두 영국에 존재하고 있는 현행법 이상의 것은 아니며, 직접적으로 영국정부가 모범으로 삼을 만한 것은 아니다라고 결론짓고 있다.

두 번째로, 영국정부가 얻은 결론은 몇 개인가의 입법 예에서는 불법화기를 사용한 협박적인 폭력과 같이 영국에서는 이미 형사상의 범죄로 취급되고 있는 것과 같은 스토킹 행동만을 범죄화 하고 있으며, 말하자면 스토킹의 가장 심각한 행동만을 대처하고 있을 뿐이며, 영국정부에 참고는 되지 않고 있다. 또한 미국의 주정부가 가결한 많은 입법은 스토커가 피해자에 대해 실제로 협박을 행한 것을 요건으로 하고 있으나, 그렇다면 이점도 이미 영국형사법에서 커버하고 있다. 또한 미국 연방정부에 의해 제안되고 있는 '모범 반 스토킹법'(The Model Anti-Stalking Code)은 피해자에게 신체적 침해의 불안을 느끼게 하는 스토킹 행동만을 불법으로 하고 있으며 호주 퀸즈랜드주의 법률도 폭력이라는 불법행위로 협박하는 행동만을 범죄화 하려고 하는 것에 주의하지 않으면 안 된다라고 하는 것이다.

세 번째로, 영국정부가 얻은 결론은 외국의 입법 예에서 고의라는 점에 대해 거의 일치점이 없다는 것이다. 스토커 쪽의 고의라는 설명을 요구하고 있는 입법 예를 가지는 나라에서는 스토커를 유죄판결로 몰고 가는 것에 매우 곤란을 초래하고 있는 실정이다.

네 번째로, 영국정부가 의아하게 생각한 점은 조사된 많은 입법 예에서는 스토킹에 대한 민사상의 수단이 아무것도 취해지지 않고 있다는 것이다. 이 점은 영국의 현행법이 우위에 있는 것처럼 보여진다.

이상과 같은 영국정부의 평가가 바른지 어떤지는 제쳐두고, 일반적으로 스토킹이라고 부르는 행위는 스코틀랜드에서는 치안방해죄(Breach of the peace)라는 보통법상에서 범죄행위로 취급되고 있다. 즉 스코틀랜드에서는 예로부터 누군가를 위태롭게 하거나 위협, 당혹하게 하는 행위는 치안을 방해하는 것으로 취급되어 온 것이다.

영국에서는 대부분이 형사법상의 범죄는 제정법상의 범죄이며, 협의로 정의되고 있다. 제정법에 따라 정의되고 있거나 법원에 의해 판단되고 있는 범죄의 범위 내에 그 행위가 분류되는 경우에는 그 행위는 제정법 하에서 만이 기소될 수 있는 것이다. 따라서 영국정부는 스토킹행위를 치안 방해죄와 같이 보통법상의 범죄로써 해석하고 있는 스코틀랜드의 법원과 같이 광범위한 권한을 계승하고 있는 곳에서는 영국 형사법과 같은 제정법으로써 입법화 하는 것은 없을 것 같이 생각되어진다고 결론짓고 있다.

제5절 결 어

미국에서는 1990년 캘리포니아주를 시작으로 모든 주에서 스토커 처벌법을 적용하고, 영국은 1997년에 일본은 2000년부터 시행 중이다. 우리나라는 1999년 '스토킹처벌법안'이 국회에 상정되었다가 회기종료로 폐지된 후 2010년 12월 현재 '스토킹처벌 및 방지에 관한 법률안'이라는 명칭으로 국회법사위소위원회에 계류 중이다. 하루빨리 우리나라도 미국이나 영국에 버금가는 스토킹에 관한 법을 만들어 스토킹에 관한 피해를 최소화하여야 할 것으로 본다.

제6장 사이버 범죄

제1절 서 설

현대사회는 인터넷이란, 매개체로 인하여 점점 하나가 되고 있으며 지구 저편에서 일어나는 일을 인터넷을 통하여 쉽게 접할 수 있다. 이러한 쉽게 접할 수 있고 익명성을 무기로 한 인터넷을 역이용하여 범죄와 일탈 등 각종 비윤리적 행위문제로 심각한 도전에 직면해있다.

여기서 우리가 알고 넘어가야 할 것은 사이버 범죄와 일탈의 정의인데, 범죄는 한마디로 '규정된 법을 벗어난 행동'이고 일탈행동은 '사회규범에서 벗어나는 행동'이라고 정의할 수 있다. 사이버 범죄는 컴퓨터 범죄를 포함하여 사이버공간에서 행해지는 모든 범죄를 말한다. 과거 컴퓨터 범죄, 정보통신 범죄, 하이테크 범죄 등의 용어로 널리 사용되어 왔다. 그러나 이 3가지 범죄는 여기서 말하는 사이버 범죄와는 그 양상을 달리한다고 보겠다. 컴퓨터 범죄는 독립적인 컴퓨터시스템에서의 범죄라는 개념으로 인터넷이라는 사이버공간에서의 범죄를 지칭하는 용어로는 부적절하다고 보겠다. 정보통신 범죄 역시 컴퓨터 범죄와 유사한 외연을 갖는다는 점에서 동일한 문제점이 있다고 보겠다. 그리고 하이테크 범죄는 고도의 과학기술이나 첨단기술을 이용한 범죄현상을 의미하므로 사이버공간에서의 범죄만을 내포하는 것이 아니다(강동범, 2000 : 89).

최근에 파커(Parker)는 사이버 범죄를 "사이버 공간에 대한 특별한 지식을 사용한 범죄"라고 다소 모호하게 정의하였다. 사실 그는 사이버 범죄를 단지 사이버공간이라는 새로운 도구와 목표를 사용하는, 즉 새로운 환경 속에서 발생한다는 점만 제외하면 현실 세계에서 발생하는 범죄들과 본질적으로 다를 바 없는 것으로 보았다. 토마스(Thomas)와 로이터(Loater, 2000 : 3)는 사이버 범죄를 컴퓨터와 전 세계적인 전자 네트워크를 매개로 한 불법적이거나 불법적인 것으로 간주될 수 있는 행위 또는 활동으로 정의하였다. 따라서 사이버 범죄 또는 컴퓨터 범죄라는 말은 입법적으로나 학문적으로 아직 확정된 용어는 아니다(조준현, 2005 : 159). 이러한 사이버 범죄는 갈수록 급증하고 있다.

또한 무선인터넷이 일상화 되고 있으며, 서울을 비롯한 수도권에서는 와이브로 서비스가 상용화되는 등 유비쿼터스 환경이 본격화 되고 있다. 그러나 한편으로는 이러한 정보통신기술 발달을 이용한 해킹 악성코드 유포행위, 인터넷을 통한 청부살인, 장물·마약 거래행의 등 인터넷을 통한 범죄가 심각한 사회문제로 대두되고 있다.

제2절 사이버 범죄의 발생 현황

사이버 범죄는 2009년에 총 164,536건이 발생하여 그 중 147,069건을 검거하였다. 유형별로 살펴보면 불법복제 및 판매가 34,575건으로 가장 많고 인터넷 사기 31,814건을, 불법사이트 운영 31,101건, 해킹·바이러스 13,152건이 그 뒤를 이었다. 범죄 유형별 주요범죄 양상을 살펴보면 저작권법 위반행위가 불법복제 및 판매의 대다수를 이루었고, 인터넷 사기에서는 허위 쇼핑몰 개설, 대포폰·대포통장을 이용한 일대일 직거래 사기, 온라인게임 아이템 사기 등이 주류를 이루었으며, 해킹은 시스템 해킹과 전자우편 및 게임 계정 해킹이 대부분을 차지하였다.

사이버 범죄는 2000년 이후 2005년까지 지속적으로 증가하다가 2006년 소폭감소 후 다시 증가세를 보이고 있다. 특히, 2009년에는 불법사이트 운영이 크게 늘었는데, 이는 기존 사행성 게임장 단속을 피해 도박사이트 개설이 증가했기 때문이다. 이에 인터넷 사기·도박에 대해 기획수사를 실시하는 등 단속을 강화한 결과 사이버 범죄 건수가 크게 증가하였다.

〈표 6-1〉 유형별 사이버 범죄발생 · 검거현황

(단위 : 건)

연도 \ 유형		총계	사이버테러형범죄			일반사이버범죄						
			소계	해킹	바이러스	소계	통신사기 게임사기	명예훼손 성폭력등	개인 정보 침해	불법 사이트 운영	불법 복제 판매	기타
발생	'09년	164,536	16,601	16,558	43	147,935	41,644	8,640	4,516	29,589	36,768	26,778
	'08년	136,819	20,077	19,950	127	116,742	36,591	9,543	5,769	7,723	33,537	23,579
	'07년	88,847	17,671	17,593	78	71,176	31,685	10,028	4,214	5,229	8,866	11,154
	'06년	82,186	20,186	20,119	67	62,000	33,041	7,881	2,839	6,798	2,313	9,128
	'05년	88,731	21,389	21,336	53	67,342	42,675	6,642	3,759	1,836	1,257	11,173
검거	'09년	147,069	13,152	13,124	28	133,917	31,814	7,418	3,518	31,101	34,575	25,491
	'08년	122,227	16,953	16,854	99	105,274	29,290	8,690	5,129	8,056	32,084	22,025
	'07년	78,890	14,037	13,988	49	64,853	28,081	9,164	3,741	5,505	8,167	10,195
	'06년	70,545	15,979	15,934	45	54,566	26,711	7,109	2,327	7,322	2,284	8,813
	'05년	72,421	15,874	15,831	43	56,547	33,112	6,338	2,889	1,850	1,233	11,125

제3절 사이버 범죄의 특징

1. 비대면성

사이버공간은 컴퓨터를 이용하여 인터넷을 매개로하여 형성되는 생활공간으로서 불가시적이므로 현실세계와는 달리 행위자들이 자신의 얼굴을 드러내지 않고 행동한다는 특징을 가지고 있다. 따라서 그곳에서의 모든 범죄행위도 행위자가 전혀 모습을 드러내지 않는 상태에서 행하여진다. 사이버 범죄의 이러한 비대면성으로 인하여 범죄를 보다 과격하고 대담하게 행동하게 되어 얼굴을 맞대고 있으면 하기 어려운 행동을 하는 경우가 많다. 또한 이러한 비대면성은 책임의식의 결여로 이어져 피해자는 인터넷 사기의 형태로 이어지며 피해자는 가해자의 족적을 거의 알 수 없는 범인파악이 어렵게 되고 피해의식이나 공포감이 훨씬 커지게 된다.

2. 익명성

사이버공간의 대표적 특징이자 사이버 범죄의 이용수단의 익명성을 현실세계에서 자신의 신분이나 지위로부터 자유로워질 수 있기 때문에 자신들의 행동 및 감정을 덜 절제하게 된다. 뿐만 아니라 직설적인 표현과 욕설이나 폭언을 하는 경우가 발생할 수 있으며, 거짓정보의 유통, 자신과 관련 된 사실 정보의 왜곡, 상대에 대한 심한 비판과 적대적인 양상을 보이기도 한다. 둘째, 익명성을 들 수 있는데 사이버 공간에서는 익명성이 보장되기 때문에, 현실세계에서는 자신의 노출과 사회적 지위의 상실을 두려워하여 불법적 행동을 삼가하는 사람들조차도 사이버 공간속에서는 아무런 죄의식 없이 비윤리적 언행에 빠질 우려가 있다. 셋째, 전문성과 기술성을 들 수 있는데, 범죄와 일탈이 인터넷 기술이 조성하는 가상공간에서 이루어지기 때문에 자유자재로 컴퓨터를 조작하고 활용할 수 있어야 한다. 넷째, 시간적 공간적 무제약성을 들 수 있는데, 사이버 범죄는 시공간을 초월하여 언제 어느 때고 범죄를 저지를 수 있다. 다섯째, 빠른 전파성과 천문학적인 재산피해를 가져올 수 있는데, 컴퓨터를 활용할 수 있는 사람이면 전세계인 누구나 피해를 입을 수 있기 때문에 단기간에 많은 피해를 입을 수 있다. 여섯째, 죄의식이 희박하다고 볼 수 있는데, 앞에서 설명한 비대면성과 익명성 등으로 죄의식을 별로 느끼지 못한다.

제4절 사이버 범죄의 유형

사이버 범죄는 대규모 피해를 야기시키는 해킹, 바이러스 제작유포 등을 행하여지는 사이버테러와 과거 현실세계의 범죄가 단지 컴퓨터시스템을 이용하여 범해지는 형태의 일반 사이버 범죄로 나눌 수 있다.

1. 사이버공간 침입(Cyber-Trespass)

사이버공간 침입을 해커라는 말로 사용되기도 하는데, 해커는 사이버 범죄의 양면성을 그대로 반영하여 그저 자신의 지적능력을 자랑하거나 과시하기 위하여 해킹을 하는 경우도 있고, 정치적 동기 또는 범죄행위의 의도로 해킹을 하는 경우도 있다. 전자의 경우 큰 피해 없이 일과성에 불과한 경우가 많아 사실상 범죄화하기 어렵지만, 후자의 경우 심하면 정보전쟁이라고 할만한 정도에 이르기도 한다.

해커에 의하여 작전기밀을 해킹당한 미국공군이 이에 대처하기 위하여 정보전 부대를 창설하였으며, 영국은 컴퓨터 남용법(The Computer Misuse Act 1990)을 제정하였는데, 이 법은 해킹행위를 피해의 정도에 불구하고 무조건 범죄행위로 간주하였다.

1) 영(Young)이 분류한 해킹의 4가지 유형

① 이상주의자형

이상주의자형 해커란, 자신들의 행위로 취약한 보안망을 가지고 있는 컴퓨터 체계를 드러내는 역할을 하여 결국 컴퓨터 보안의식을 제고하는데 기여한다고 하면서 전혀 범죄의식을 갖지 못하는 유형을 말한다.

② 반항형

반항형은 기득권층에 대한 저항의식으로 일부러 피해를 입히려고 해킹을 하는 형을 말한다.

③ 스파이형

스파이형은 정치적 목적이나 도덕적 동기 또는 고도의 기술이나 정보를 습득하기 위해 사이버 공간에 침입하는 유형으로, 보안장치를 회피하기 위하여 아주 신중하게 침입하고 이탈하는 것이 특징이다.

④ 테러범형

테러범형은 앞에서 말한 스파이형과 비슷한 목적의 유형을 말하는 것으로 의도적으로 사이트에 들어가 자료를 파괴해버리는 해킹이다. 극단적인 형태로 나아가면 일종의 정보전쟁행위이다. 국가컴퓨터망에 침투하여 데이터에 손상을 입히는 것이므로 군사조직에서 이를 막기 위하여 반 정보탐지부대를 설치운영하게 된다. 해킹은 단위부대에 대한 침입보다는 사령부 내지 전략본부에 대한 침입의 형태로 이루어지는 경우가 많다. 테러라는 용어를 사용한 것은 전통적인 침략과 다른 모습이라는 의미의 비유적인 표현일 뿐이며, 그것이 의미하는 바는 총기를 들고 싸우는 국가 간 전쟁 못지않다.

비록 여러 가지로 새로운 행동양식을 표현할 수 있지만 태러범형의 해킹이 주는 충격은 엄청난 것이다. 사실 장갑차나 항공기의 컴퓨터가 제대로 작동하지 않는다면 수많은 사람들의 생명이 위험하게 될 수 있다.

2) 사이버절도(Cyber-Theft)

사이버절도란 사이버공간에서 이루어지는 절도를 말하는 것으로 사이버공간에서 통용되는 신용(cyber-credit), 현금(cyber-cash), 저작권(cyber-piracy)의 절도를 들 수 있는데 이를 좀 더 구체적으로 살펴보면 다음과 같다.

(1) 신용절도

신용절도란 인터넷 쇼핑몰에서 물건을 구입하면서 사기적 방법으로 신용제공을 받는 행위일체를 말한다. 대형 인터넷사업의 고객들에게 보안위험 등으로 계정이 일시 차단되었다고 통지하고, 새로 재등록을 하라고 하면서 링크를 통하여 들어간 웹페이지는 사업자의 인터넷 웹페이지와 거의 같아서 이를 모르고 속은 고객들이 신용카드번호, 개인인증번호, 사회보장번호, 생년월일을 입력하는데 이들 정보가 해킹당하는 것을 말한다. 신용카드를 사용하면서 타인을 기망하는 행위와는 구별해야 한다. 사이버절도는 구체적인 카드와 같은 것을 사용해서 기망행위를 하는 것이 아니라 특정인 명의의 카드의 숫자, 성명 그리고 유효일자를 변개하여 인터넷이라는 사이버공간에서 사용하는 것이며, 사이버공간에서 특정인의 동일성을 나타내는 내용을 도용하는 방식으로 피해를 입히는 것이다. 사이버신용절도는 대체로 예비 · 음모지와 행위지가 다른 것이 특징이다.

(2) 사이버 현금절도

사이버 현금절도란, 사용자가 점포가 설치된 곳에서 예치된 금융포인트를 로딩한 스마트카드에 신용(화폐)을 입력하여 화폐 대신에 사용하는데 스마트카드는 사이버 공간에서 현금처럼 사용되어 거래 결재수단으로 활용된다. 이와 같이 사이버공간에서 스스로 채워 넣은 화폐체제인 사이버현금을 절취하는 행위이다. 말하자면 타인의 스마카드를 무단 도용하여 이익을 취하는 행위이다. 만기가 다된 전화카드의 자기 띠의 기능통화도수를 컴퓨터를 사용하여 유효기간 이내로 변개하는 행위도 그 예이다.

인터넷에서는 보안장비를 갖추어 권한 있는 자만이 사이버 현금을 사용하도록 되어 실제의 현금소지보다도 더욱 안전할 수 있다. 거래가 편의성에 치우쳐 숫자만으로 동일성을 확인하면서 이루어지게 되면 자연히 사이버현금 절도의사를 지닌 자들의 표적이 될 가능성이 커진다.

(3) 사이버 저작권절도

사이버 저작권절도란, 사이버공간에서 사람들이 창작하거나 지적재산이나 가치를 절취하는 것을 말한다. 이러한 사이버 저작권절도는 인터넷이 활성화 되면서 점차 범죄가 증가하고 있는 실정이다. 인터넷이 활성화 되면서 이제 특정한 재물보다는 아이디어에 더 많은 가치가 부여된다. 각국은 사이버공간에서의 상표권, 저작권, 특허권 등에 관한 많은 법률이 제정되고 있으며, 특히 미국에서는 정보의 공개와 프라이버시의 관계에 관한 많은 법률이 제정되었다.

사이버공간에서 지적재산으로서 가치 있는 것의 예로 상표, 로고, 도메인 명칭, 캐릭터, 초상(퍼블리시티) 등이 있는데, 점차 배타적인 물권과 같은 권리로 인식되고 있다. 사이버공간은 이제 지적재산권의 다툼을 통하여 특정한 지적산물에 대한 배타적 지배를 다투는 그러한 영역이 되었다. 이러한 상황으로 인하여 결국 독점권의 범위와 한계를 논의하는 법규가 홍수를 이루었고, 지나치게 독점적 사용을 허용하는 규정도 있어서 비판이 일기도 한다.

3) 사이버 외설(Cyber-obscenity)

'외설'이란 일반적으로 '구체적인 유형화 또는 일시적인 추상화 등을 통하여 성적인 의미를 표현함으로써 정상인이 느끼는 즐거움보다는 당혹감이나 혐오감을 주는 일종의 사회악의 유형'으로 정의할 수 있다. 외설은 법률용어가 아니며 법에서는 이와 유사한 개념으로 '음란'이라는 용어를 사용한다. 음란이라는 용어는 독일어의 unzucht의 번역에서 비롯되었다.

음란의 개념에 관하여는 미국연방대법원이 밀러(Miller) 판결에서 내린 '그 시대의 평균인 기준'이라는 개념이 가장 많이 사용되고 있고, 우리 대법원의 입장도 이와 유사하다고 보는데, 즉 "지역사회의 평균인의 입장에서 건전한 사회통념에 비추어 봤을 때 그것이 공연히 성욕을 흥분 또는 자극시키고, 노골적인 성행위를 묘사하거나 기술함으로써, 보통인의 성적 수치심을 해하고 선량한 성적 도의 관념에 반하는 것으로서, 전체적으로 보아 예술적 가치가 결여되어 있으면 그것은 곧 음란물"이라는 것이다(김민호, 2). 이러한 음란의 개념은 시대의 변천에 따라 다를 수 있는데 "그 시대의 보통인, 즉 통상의 성인에게 성적 수치심을 갖게 하고 성적 도의관념에 반하는 것"이라고 정의할 수 있다. 이러한 음란의 인정여부는 각국이 정한 법률의 엄격한 기준에 따라 법원에 의하여 결정된다.

이러한 음란성의 개념에 관한 정의는 약 100여 년 전 영국의 법원에서 연유되었으며, 미국에서는 영국의 보통법을 받아들여 이에 관한 이론을 발전시켰으며, 현재는 수많은 판례를 통해 하나의 이론으로 확립되어 있는 실정이다.

각국이 정한 법률과 중요한 법원의 판례를 살펴보면, 미국은 1996년에 통신품위법(The Communication Decency Act 1996 47 USC 223)을 제정하였으며, 유럽도 1997년에 입법안을 발표하였는데, "오디오, 비디오 및 정보서비스에 있어서 미성년자의 보호와 인간존엄성보호를 위한 유럽위원회"는 녹서(Green Paper)를 발간하고 청소년이 포르노그라피 및 처벌되는 불법 외설적 행동을 나타내는 사이트에 접속하게 되는 상황을 분류하여 대처할 것을 권고하였다.

1957년 65세의 로스(Roth)가 장사를 목적으로 섹스잡지 및 도서를 우송했다는 혐의로 기소된 사건의 상고심에 대해 미국 연방대법원은 로스의 판결을 통하여 음란성기준을 제시했는데, 그것은 첫째, 전체로 보아 작품이나 자료의 지배적인 테마가 당대 지역사회의 평균적인 보통사람들에게 호색적인 흥미를 자극할 때 음란으로 판정한다. 둘째, 당대 지역사회(contemporary local community)의 기준을 명백히 침해하는 성적자극물이어야 한다. 셋째, 음란물로 판단되는 성적자극물은 보상할 만한 사회적인 가치가 전혀 없어야 한다.

1973년 마빈 밀러(M. Miller)가 남녀 성행위 장면이 묘사된 사진과 그림을 게재한 4종류의 섹스도서와 필림을 선전하는 광고책자를 한 음식점주인에게 발송하였는데, 이를 받아 본 음식점주인의 고발로 주 당국으로부터 처벌을 받자 캘리포니아 대법원에 상고한 사건이다. 이에 대법원은 세 가지 기준에 의거하여 음란죄를 적용했는데, 워렌(Waren) 대법관은 판결문에서 음란성기준을 다음과 같이 제시하였다.

첫째, 당대 지역사회의 기준에 비추어보아 사회의 평균적인 보통사람(the average person)들이 작품 전체의 내용을 보아서 음란하고 색욕적인 흥미를 자극하고 있는가 여부를 그 지역사회 기준으로 판단하여야 하며 배심원들이 그 지역사회에서 용인할 수 있는 윤리규범을 추정하여 결정하여야 한다는 것이다. 둘째, 문제의 작품이 적용 가능한 주법의 규정을 명백히 침해하고 성관계를 묘사하고 있는 가이다. 셋째, 문제의 작품내용이 전체적으로 보아 진정한 문화적, 예술적, 정치적, 과학적 가치가 있는가이다.

밀러의 판결은 로스(Roth) 판결에서 제시된 노골성(offensiveness)에 혐오감(repulsiveness)을 포함시켜 노골적인 것이라도 혐오감을 주지 않는다면 음란한 것이 아니라는 기준을 제시한 것에 큰 의미가 있다(Miller v california : 1973).

1977년에 뉴욕주는 '아동포르노법'을 제정하였는데, 이 법은 음란함을 불문하고 16세 미만 아동의 성적행위를 영상물로 제작, 판매하는 것을 범죄로 규정하였다. 뉴욕시의 서점주인 퍼버(Paul Ferber)가 금지된 성행위를 하였다는 이유로 뉴욕카운티 법원에서 재판을 받고 유죄로 인정되어, 7년의 징역형을 받았는데, 퍼버는 이에 대해 불복하여 뉴욕주 대법원에 상소하였다(New York v Ferber : 1982). 이에 미국 연방대법원은 로스(Roth)의 판결을 인용하면서 '음란은 헌법적으로 보호되는 언론 또는 표현의 자유의 영역 안에 있지 않다'고 판결하였다. 이러한 판결취지는 연방의회가 1842년부터 1956년까지 제정한 20개의 법률에도 반영되었다.

1980년대 미국에서는 '전화섹스' 즉 사전 녹음된 성적인 전화메시지를 사업적으로 활용하여 많은 돈을 벌었는데, 1988년 7월 1일, 미성년자를 사전 녹음된 성적인 전화메시지에 접근하는 것으로부터 보호하기 위하여, 의회는 연방통신법(the Federal Communication Act)에 대한 추가개정으로 전화품위법(the Telephone Decency Act)을 통과시켰는데, 이 개정법에서 연령을 불문하고 누구에게든지 외설적이거나 음란한 전화녹음을 제공하는 것을 법의 처벌 규정으로 금지시켰다.

주요 '전화섹스' 공급자인 세이블 통신회사(Sable Communications)는 연방통신위원회의 '전화섹스' 개정법의 실행 중지를 요구하며 미연방지방법원에 소를 제기하였다. 세이블(Sable)은 '전화섹스' 개정법이 수정헌법 제1조의 '자유로운 표현'의 권리를 침해하여 위헌이라고 주장하였다. 지방법원은 분할결정(Split decision)에서 '전화섹스' 개정법 중의 '음란' 조항은 합헌이나 '저속' 조항은 위헌이라고 판결하였다. 이에 대하여 연방통신위원회와 세이블회사는 모두 연방대법원에 상소하였다.

이에 대해 미국연방대법원은 밀러의 캘리포니아(Miller v California) 판결을 인용하면서 전화섹스개정법이 '지역사회의 보편적인 기준'요건에 저속되지 않는다고 판시하였다.

그 후 1996년 2월 8일, 미국의회는 「통신품위법」(Communication Decency Act)을 통과시켰고 대통령은 이에 서명하였다. 동법은 두 개의 조항에서 인터넷상의 '저속'(indecent)하거나 '명백히 공격적'(patently offensive)이라고 판단되는 모든 정보 및 영상에 대한 미성년자들의 접근을 금지하고 있었다. 이메일, 뉴스그룹, 대화방을 대상으로 하는 저속한 전달조항은 그 서비스의 이용자가 전화를 걸었거나 통신을 지적하였는가를 불문하고 인터넷 사용자가 18세 미만 자에게 저속하거나 노골적인 언급, 요청, 제의, 제안, 영상, 기타 통신을 보내지 못하도록 금지하였다.

'성인용' 웹사이트를 대상으로 도발적인 전시조항은 그러한 서비스 이용자가 전화를 걸었거나 통신을 시작하였는가를 불문하고, 맥락에 따라 동시대 지역사회의 보편적인 기준에서 보면 공공연히 도발적인 방법으로 성행위 및 배설행위나 그 기관을 묘사, 기술하는 언급, 요청, 제의, 권유, 영상, 기타 통신을 18세 미만자에게 보내는 것을 금지하고 있다.

미국시민자유연맹은 미국도서관협회 등과 결합하여, 제닛 르노(Janet Reno) 법무부장관은 미연방대법원에 판결의 번복을 바라며 상소하였다.

1996년 6월 11일, 연방지방법원은 인터넷은 정부의 간섭으로부터 가장 고도의 보호를 받아야함을 인정하며, 통신품위법의 본 조항들이 위헌이라고 판결하였다. 이에 제닛 르노(Janet Reno) 법무부장관은 미연방대법원에 판결의 번복을 바라며 상소하였다.

연방대법원은 통신품위법의 적용범위는 전적으로 유래가 없이 광범위한 것으로 보았다. 정의되지 않은 용어인 '저속한'(indecent) 또는 '명백히 공격적'(patently offensive)과 같은 단어는 중대한 교육적 또는 기타 가치를 가지는 수많은 양의 비포르노물인 것에 사용될 수 있다고 판시하였다. 결국 연방대법원은 통신품위법이 표현의 자유에 용인할 수 없는 과중한 부담을 지우며, 방어조치가 명백히 위헌무효인 조항을 구제할 '정밀한 고안'이 되지 못한다는 연방지방법원의 판결을 지지하였다.

4) 우리나라 사이버 외설의 법적대응

우리나라에서는 사이버 상에 유통되는 정보 가운데 이른바 불건전 정보로 분류되는 음란물은 형법과 전기통신기본법, 전기통신사업법 등에서 '미풍양속', '선량한 풍속' 등의 기준에 의해 규제되고 있는바, 음란이란 "성에 대한 노골적이고 상세한 표현의 정도와 그 수법, 성에 관한 표현이 전체에서 차지하는 비중 및 관련성, 간행물의 구성이나 전개 또는 예술성 · 학문성 등에 의한 성적자극의 완화정도, 이들의 관점으로부터 종합화여 그 세대의 건전한 사회통념에 비추어 그것이 공연히 성욕을 흥분 또는 자극시키고, 또한 보통 인의 정상적인 성적 수치심을 해하고, 선량한 성적 도의 관념에 반하는 것이라고 할 수 있는가의 여부"에 따라 결정되어야 한다. 그러나 이는 간행물 등 인쇄매체에 해당되는 기준일 뿐이고, 방송에 대해서는 음란이 아닌 '선정성' 여부에 따라 규제대상이 결정되고 있다. 선정성은 일종의 저속의 의미로 파악되는 바, 앞에서 설명한 바와 같이 음란(obscenity)과 저속(indecency)은 엄격히 구분할 필요가 있다.

음란은 헌법상 표현의 자유를 누릴 수 없는 금지영역의 성 표현물(hardcore pornography)인데, 이와 같은 예로는 어린이나 동물을 이용한 프로노그래피나 폭력적 포르노그래피 등을 들 수 있다. 저속이나 선정적인 표현은 관리영역의 성 표현물(softcore pornography)로서 이는 청소년의 접근이 문제 될 뿐이다. 즉 음란은 청소년의 정신적 표현을 침해할 위험이 크기 때문에 법적규제가 합리화되지만 저속은 청소년의 접근만 차단한다면 법적으로 문제가 없게 된다(김광호, 2003 : 34).

그런데 우리나라 형법은 음란이나 외설을 규제하는 불온통신의 범위가 지나치게 광범위하고 모호하게 되어 있어, 헌법상 표현의 자유의 범위에 속하는 이른바 '성적 표현물'까지 '미풍양속' 위반 등을 이유로 광범위하게 규제하고 있는 것이다. 이는 음란의 기준을 도덕으로 제한하고자하는 법이론(moral-based approach)을 상기시키는 바, 자유사회에 있어서 도덕가치의 선택은 개인적 문제일 뿐이므로 그것을 기준으로 삼아 표현의 자유를 제한할 수는 없는 것이다. 청소년보호법이 규정하고 있는 성적인 요구를 자극하는 선정적이거나 음란한 것이 청소년을 보호한다는 목적에서 일률적으로 금지되고 있으나, 이는 청소년의 접근을 막을 수 있는 일정한 진입장벽을 설치함으로써 문제해결을 도모해야 하는 것이지, 현행법과 같이 일방적이고도 단편적인 규제를 가하는 것은 위헌적인 규제방법이라고 할 수 있다.

제5절 사이버 범죄의 유형별 예방대책

1. 개인정보 침해에 대한 대책

① 공공장소에서는 개인의 신상정보와 관련된 이야기를 나누지 않으며, 휴대전화 등 다른 이가 도청할 수 있는 통신수단으로 개인의 신상정보와 관련된 이야기를 나누지 않는다.
② 채팅 기타 이메일로 개인의 신상정보와 관련된 것에 대한 글을 받거나 보내지 말아야 하며, 경품 혹은 사은품을 준다고 현혹하는 사이트의 광고에 혹하여 신상정보를 기재하거나 적어서 보내지 않는다.
③ 폰뱅킹 등 중요한 개인정보에 관하여 비밀번호를 자주 변경하며 비밀번호를 생일 등 찾아내기 쉬운 것으로 하지 않되 잊어버리지 않도록 아무렇게나 변경해서는 안 된다.
④ 인터넷으로 거래를 할 때에는 개인정보보호대책을 갖춘 업체와 거래한다.
⑤ 절대로 비밀번호나 신용카드 비밀번호 등을 누설하지 않는다.

2. 해킹 예방법

① 인터넷 방화벽 등을 설치하며 트로이목마 등 해킹 프로그램을 검색하여 치료하거나 제거한다.
② 컴퓨터에 중요한 문서가 있을 때에는 백업해 두거나 플로피 디스크 등 휴대용 저장장치에 옮겨놓고 휴대한다.
③ 인터넷 연결 시 아무사이트에서나 플러그인(각각의 사이트 접속프로그램) 등을 설치하지 않는다.
④ 이름이 없거나 이상한 이름의 이메일을 열어보지 않고 삭제한다.

3. 바이러스 예방법

① 다운로드 받은 프로그램을 바로 실행시키지 말고 바이러스 검사 후 실행하며, 중요 데이터는 백업하여 둔다.

② 백신프로그램을 설치하여 정기적으로 검사하고 항상 최신버전으로 업그레이드 한다.

4. 인터넷사기 예방법

① 직거래를 우선으로 하되 부득이한 경우 우편 등을 통해 거래하며, 인터넷으로 거래 시 게시물 작성자와 입금자의 이름이 같은지 확인한다.

② 의심이 가는 경우 상대방의 직장, 집, 휴대전화번호 및 주소를 확인하고, 시중 가격과 비교해서 말도 안 되게 저렴한 경우에는 일단 의심하고 구입을 뒤로 미루고 믿을 수 있는 사이트에서 구입한다.

5. 유해사이트 예방법

① 인터넷에서 성인 및 음란사이트의 접속을 막아주는 프로그램을 설치하고, 아이들이 인터넷을 할 때는 부모와 함께 하도록 한다.

② 유해사이트를 보았을 때는 바로 사이버수사대에 신고하고, 인터넷 익스플로러에서 개인정보 수준을 높음으로 해둔다.

6. 스팸메일 및 기타에 관한 예방법

인터넷메일 설정을 조절하여 보안등급을 정해두고, 기타 스팸메일은 개인정보 유출에 관련되는 경우가 많으므로 주의한다.

제6절 결 어

컴퓨터네트워크에서는 문서와 그림의 형식으로 모든 종류의 음란물이 유통될 수 있으며, 이는 네트워크상의 모든 참여자에게 해악을 미칠 수 있다. 그러나 음란물을 둘러싼 논쟁은 먼저 음란물이 무엇이냐 하는 문제에 직면하게 된다. 1995년 미국의 통신품위법(Communications Decency Act of 1995)에 의하면, 음란물은 "음란하고 외설적인 언급, 요청, 암시, 제안, 영상 등"으로 규정하고 있다. 그러나 이러한 음란물의 개념은 너무 모호하여 사이버공간에서의 자유로운 의견교환을 제약하고 결국에는 헌법상에 보장된 표현의 자유를 침해할 수 있다는 모순에 빠지게 된다.[3)]

다음은 사이버공간에서 음란물은 어떠한 의미를 가지는지의 여부가 문제로 된다. 왜냐하면 사이버공간에서의 음란물은 참여자가 우연히 만나게 되는 것이 아니고, 단지 목표한 특별한 프로그램에 접속하여 접근될 수 있다.

그러므로 이러한 경우에는 공연성이 없으므로 현실적으로는 참여자의 자율에 맡길 수 있는 것이다. 문제는 전자게시판이나 유즈넷에 게시된 음란물과 같이 그 공영성으로 인하여 미성년자의 보호라는 법익을 침해 할 가능성의 경우이다. 그러나 이러한 경우에는 사이버공간의 초 공간성적 특성과 국가적인 도덕기준의 상이함, 그리고 이를 실효성 있게 규율할 규제적 장치의 미비로 인하여 구체적인 규제가 어려운 실정이다. 끝으로, 음란물이 스케너에 의한 실물영상의 묘사가 아니라 단지 컴퓨터프로그램에 의한 창작물인 경우에 이러한 소프트웨어의 유통을 규제할 수 있는지의 문제가 생긴다. 이는 미성년자의 보호라는 법익이 음란물의 묘사를 위한 미성년자 학대를 예방하고 이러한 음란물로부터 격리하는데 있으므로 그 적용대상으로 파악하기 어렵다. 또한 예술의 도덕성 및 창작의 자유라는 관점에서 파악한다면 규제는 차선책에 불과하므로 양자가 조화를 이룰 수 있는 방안을 찾아야 할 필요가 있다. 사이버공간의 특성상 음란물과 관련 된 국내법상의 처벌규정을 국경과 시공간을 초월해 유통되는 인터넷에 적용할 수는 없으며, 사이버공간의 기본적인 특성이 자율적이고 자유롭다는 것이므로 그 어떤 매체에 비해서도 민주적인 자기통치(democratic self-government)가 가능하다. 따라서 규

3) 이에 대하여 앞에서 설명한 바와 같이 미국의 통신품위법에 대하여 미국 연방대법원은 연방헌법이 보장하는 표현의 자유를 위반하는 것이라고 판시하였다.

제보다는 지원과 활성화의 방식으로 입법이 이루어져야 하고, 규제는 법적 제재를 통한 일률적 규제가 아닌, 이용자와 사업자가 자율적으로 행하는 등급(rating), 선별(filtering), 차단(blocking) 등의 기술적 대안들을 통해 이루어져야 할 것이다.

제7장 사이버 폭력(cyber-violence)

제1절 서 설

사이버 폭력이란, 정보화의 역기능으로 파생된 신종 폭력으로서 컴퓨터 통신을 통해 인터넷상에서 상대방에게 물질적 정신적 피해를 주는 힘을 말하는 것으로 사이버 폭력의 정의는 학자마다 다소 다르게 정의하고 있는데, 조준연 교수는 자신이 저술한 범죄학에서(조준연, 2005 : 175) 사이버 폭력의 정의를 "사이버공간에서 타인에게 폭력적으로 받아들여지는 행동을 하는 것을 말한다."고 하였다. 이러한 사이버 폭력은 사이버공간에서 여러 가지 일탈현상과 함께 이루어지고 있는데, 이와 같은 것으로는 프라이버시 침해, 명예훼손, 온라인성 폭력, 각종 음란물의 유통, 해킹과 바이러스 유포, 스팸메일이나 메일폭탄, 인터넷도박이나 사기, 게임중독 등을 들 수 있다. 이 중에서 프라이버시 침해, 명예훼손, 온라인성 폭력 등은 채팅이나 게시물 등의 상호작용 속에서 나타나고 있다. 특히 대부분의 사이버 폭력이 언어폭력이라는 점과 정보통신부의 통계에 의하면 우리나라의 인터넷 사용자는 2010년 9월 현재 13,701만 명으로 그 인구가 기하급수적으로 증가하리라는 전망이다. 그런데 문제가 되는 것은 이러한 사이버공간에서 무분별하게 이루어지고 있는 사이버 폭력은 '인간성 파괴'라는 심각한 문제를 초래하고 있는 것이다.

제2절 사이버 폭력의 유형

1. 사이버 언어폭력

사이버 폭력이란, 홈페이지 게시판, e-mail, 대화방, 채팅을 통하여 이루어지는 대화내용 중에서 상스러운 욕설과 인격모독, 음담패설, 허위비방의 글을 올리는 행위를 말한다. 어떤 학자는 이러한 사이버 언어폭력을 사이버스토킹에서부터 증오하는 말이나 폭탄언어를 총칭하는 것(조준현, 175)이라 정의하고 있다.

2. 해 킹

해킹이란, 컴퓨터를 이용하여 타인의 정보시스템에 불법으로 침입하여 시스템을 파괴하는 행위를 말한다.

3. 통신언어 오용

통신언어 오용이란, 빠른 의사전달을 목적으로 축약이나 소리 나는 대로 문자를 표현하는 언어의 변형을 의미한다.

4. 개인정보의 오 · 남용

개인정보를 당사자의 허가 없이 유출하여 해당개인에게 피해를 가져오는 모든 행위이다.

5. 사이버성 폭력

사이버성 폭력이란, 정보통신 수단을 이용하여 불특정 다수, 혹은 특정인을 대상으로 성적인 괴롭힘을 가하는 모든 행위를 말하는 것으로 아직 확정된 개념이 아니며 다의적이고 논쟁적인 개념이라고 볼 수 있다.

6. 바이러스 유포

바이러스 유포란, 컴퓨터 프로그램이나 실행 가능한 부분을 변형하여 자기 자신의 변형을 복사하는 명령어들의 조합으로 사용자 몰래 실행되는 복사프로그램을 유포하는 행위를 말한다.

7. 저작권 침해

저작권 침해란, 저작물에 대하여 권리를 침해하거나 부정 발행 및 출처명시 위반 등으로 저작자의 재산권을 침해하는 행위이다.

8. 유해사이트 운영

유해사이트 운영이란, 전기통신사업법, 청소년보호법, 형벌, 미성년자보호법 등에 위배되는 사이트를 운영하여 청소년들의 정신적·신체적 건강을 해치는 범법행위를 말한다. 이밖에도 통신사기, 통신도박, 음란물 유통, 사이버 매춘, 통신 중독 등이 있다.

제3절 사이버 폭력의 원인

1. 익명성으로 인한 통제의 어려움

익명성이란, 자신의 신분이 들어나지 않는 특성을 말하는데, 컴퓨터 통신을 할 때 상대방은 나의 ID만 알고 있을 뿐 내가 누구인지를 전혀 모르기 때문에 마음대로 행동하기가 쉬워진다.

2. 가상세계와 현실세계를 구분할 수 있는 가치관 결여

통신상 연결된 상대방이 실제사람이라는 사실을 간혹 간과하게 되어 주고받는 메시지가 실제사람의 음성이라기보다는 단지 스크린상의 문자정보로 생각하게 된다.

3. 잘못된 행동에 대한 죄책감 결여

일부 청소년들은 자신의 잘못된 행동이 다른 사람에게는 마음의 큰 상처와 충격을 줄 수 있다는 것을 심각하게 인식하지 못하는 경향이 있다.

4. 고립된 개인주의 발생

타인과의 직접적인 만남이 이루어지지 않는 가운데 자신만의 공간 속에서 컴퓨터에 몰입하다보면 자신이 이익에만 관심을 가질 뿐 공익이나 공동체에 대해서는 점차 소홀해지기가 쉽다.

5. 인간의 존엄성을 무시하는 경향

정보화사회에서는 정보의 이용가치나 효율성에만 매달리게 되어 목적과 수단이 뒤바뀌는 비인간적이고 비윤리적인 문제들이 발생하게 된다.

6. 청소년을 보호할 수 있는 제도적 장치의 미흡

청소년을 대상으로 하는 음란정보의 유통행위에 대한 규제의 미흡과 인력부족으로 관리에 허점을 보이고 있다.

7. 정보통신 예절교육의 소홀

네트워크로 연결되는 가상공간에서 지켜야 할 예절인 '네티켓'에 대한 교육소홀로 정보화의 부작용을 최소화 하지 못했다.

8. 학부모의 정보화교육 부재

인터넷상의 유해정보로부터 자녀들을 보호하기 위한 학부모의 정보화교육이 실시되지 않아 가정에서의 대처능력을 갖추지 못했다.

제4절 사이버 폭력의 실태

1. 사이버 언어폭력

홈페이지 게시판이나 E-mail 등을 통하여 올라오는 몇 마디의 욕설, 성희롱, 비난 등에 여러 사람이 가세하여 지속적이고도 체계적으로 이루어짐으로써 개인이나 단체들에게 정신적 · 육체적 피해를 가져온다. 일단 네티즌들이 가세하여 주관적인 감정이 실린 의견은 결국 네티즌들의 감정을 자극하는 방향으로 작용하여, 거기에 즉각적으로, 반응하는 비어, 욕설, 비난 등이 겹치게 될 경우, 이미 개인 대 개인의 폭력상황을 넘어서 집단의 오해와 폭력으로 비화된다.

2. 해 킹

해킹의 사전적 의미는 "자신의 개인적인 즐거움을 위해 자신이 습득한 컴퓨터 기술을 사용하여 시스템에 접근하는 것"을 의미하기 때문에 범죄적인 행동으로 정의되지는 않으나, 정보시스템의 불법적인 침입, 파괴행위를 저지르는 범죄행위인 크래킹(cracking)이라는 용어와 같은 뜻으로 쓰이고 있다. 해킹은 매우 다양하나 주로 해킹프로그램을 이용하거나 시스템의 취약점을 이용한 것이 주류를 이루고 있다. 해킹의 유형으로는 ID 비밀번호 도용, 해킹프로그램 이용, 시스템 취약점 이용, 스팸, 메일폭탄, 기타시스템 오류 등을 들 수 있는데, 국내 최대 정보보안 기업인 안철수연구소는 2005년 상반기

악성코드/스파이웨어 동향을 분석하고, 3대 보안사고로 인터넷뱅킹 해킹사고, 국내 금융사기 피싱 첫 등장, 온라인 게임 계정탈취를 노린 해킹 등을 선정했다. 특히 인터넷뱅킹 해킹사고는 2002년에 발견된 트로이목마를 이용한 것이어서 최신 백신으로 진단/치료할 수 있었다는 점에서 사용자의 보안의식이 높아져야 한다는 것을 시사했다. 따라서 과거에는 단순히 자신의 컴퓨터 기술을 과시하기 위해 해킹하는 것이 해커들의 주목적이었으나, 최근 들어 해커들의 목적이 종전에 비해 파괴적인 방향으로 바뀌고 있어 심각한 사회문제가 되고 있는 실정이다.

3. 통신언어 오용

통신언어는 일상 언어와는 다른 나름대로의 문화를 형성하고 있다. 통신 이용자의 사용언어는 표준 표기법과 상당히 거리가 있는 표기법으로 기호형 약어(∴ 윙크함), 단어형 단어(비번 : 비밀번호), 은어형 약어(고딩 : 고등학생) 등이 주종을 이루고 있다.

4. 개인정보의 오 · 남용

ID와 비밀번호를 도용당하는 경우가 대부분인데, 잘 아는 사람에게 ID와 비밀번호를 빌려주거나 해킹당하여 뜻하지 않은 피해를 입게 된다. 얼마 전 중학생이 139개에 이르는 기업과 개인 ID 및 비밀번호를 도용하여 사용하다가 경찰에 적발된 경우가 있었는데, 이 학생은 해킹으로 얻은 ID와 비밀번호를 패스워드 게싱(guessing)의 방법으로 알아내 사용해 온 것으로 밝혀졌다.

5. 사이버 성폭력

사이버 성폭력은 사람들의 언동을 거칠게 만들고, 자신을 숨기면서 쾌락을 추구하는 비열한 인간으로 만들며 현실적응이 어려운 성 중독증 환자를 양산하고, 이는 실 · 공간에서 강간 등의 강력범죄를 발생시키는 요인이 되고 있다.

6. 바이러스 유포

컴퓨터 바이러스 유포는 불특정다수에 대한 무차별적인 테러행위이며, 컴퓨터 바이러스의 유포가 유행처럼 번지게 될 경우 전 국민뿐만 아니라 전 세계인에게 피해를 입게 하는 광범위성을 띠고 있다. 1999년에 악명을 떨쳤던 'CIH'라는 바이러스에 의해 약 30여 만 대의 PC가 피해를 입었으며, '러브바이러스'에 의해 입은 피해인구는 수백만이었고, 그 피해액은 약 70억 달러에 이르는 것으로 알려지고 있다.

7. 저작권 침해

'소프트웨어 재산권보호 위원회'의 발표에 따르면 1998년 한해 국내 PC에 의해 설치된 소프트웨어 중 67.4%가 불법복제물인 것으로 나타나 미국 27%, 일본 32%에 비해 두 배 가까운 수치를 기록하고 있어 최근의 PC통신과 인터넷 상용화 추세에 비추어 큰문제로 대두되고 있는 실정이다.

8. 유해사이트 운영

인터넷상에서 '자살사이트', '폭탄제조사이트', '강간게임' 등의 사회 미풍양속을 해치는 유해사이트들이 아무런 제약 없이 청소년들에게 노출되어 중학생 농약음독자살사건, 테니스공폭탄 제조, 와레즈 사이트 불법유통 등의 심각한 문제들이 연이어 발생하고 있다.

제5절 사이버 폭력의 예방과 대책

사이버 폭력을 예방하기위해서는 학생, 학교, 가정, 사회가 일체가 되어 합심 노력하여야 한다고 본다.

1. 학생이 해야 할 일

1) 사이버 폭력을 당하는 학생이 해야 할 일

사이버 폭력을 당하는 학생이 해야 할 일로는 범법행위에 대해서는 경찰청 사이버 범죄 신고센터 등 관계기관에 신고한다. 통신상에서 무례한 언행을 하는 사람은 통신 예절이 있음을 알려주고, 자신의 정보가 누군가에 의해 도용당하는 것이 의심되면 즉시 자신의 비밀번호와 ID를 변경한다. 입력된 자료들을 정기적으로 백업해 놓고 불법 복제된 소프트웨어는 바이러스 감염의 가능성이 높으므로 정품을 사용한다. 피해자가 되었을 경우, 당황하거나 흥분하여 감정적인 반응을 보이지 않도록 한다.

2) 사이버 폭력을 행하는 학생이 해야 할 일

비인간적이고 비윤리적인 행위를 많이 하면 할수록 그 피해는 모두 자신에게 고스란히 돌아온다는 것을 인식한다. 인터넷사회에도 법과규칙이 존재함을 깨달음은 물론, 사이버 세계가 결코 밀폐된 곳이 아님을 명심한다.

장난삼아 사이버 폭력을 행하면 중대한 문제를 일으킬 수 있음을 안다. 사이버 상에서 자신의 신분을 솔직하게 명확히 밝히는 예의를 갖춘다. 언제나 자신도 피해자가 될 수 있음을 자각하고 비난보다는 칭찬하는 생활 자세를 갖는다.

3) 주변 학생이 해야 할 일

대화실 등에서 사이버 폭력 가해자를 보면 당장 중지할 것을 요구하고 피해자를 도우며, 사이버 폭력을 행하는 사람의 ID나 대화명을 봐두었다가 사이버 폴리스나 해당 사이트의 관리자에게 고발 조치한다. 통신상에서 무례한 언행을 하는 사람은 일단 통신예절이 없는 사람이므로 통신에는 통신예절이 있음을 알려준다. 주변에 사이버 폭력 피해자가 발견되면 심리적으로 안정감을 되찾을 수 있도록 조력한다.

2. 학교에서 해야 할 일

1) 주의해야 할 학생의 행동

인터넷을 활용할 실습시간에 딴짓을 하거나 외진 곳의 좌석을 택하거나 수업시간 내내 모니터에 눈길이 가 있는 학생의 행동을 유의한다. 식사를 거르거나 학교 등교 및 중요한 일들을 자주 잊거나 친구를 사귀는 일에 서투른 행동 양식을 보인다. 숙제를 잘 해오지 않고 수업시간에 엎드려 자는 경우가 빈번하다.

2) 교사의 역할

통신사용 지침을 만들어 올바른 통신습관을 기를 수 있도록 교육하며, 학교 자체적으로 네티켓을 재정하여 교육하고 준수하도록 한다. 통신언어와 표준어법을 비교하는 학습지도를 실시한다. 비밀번호나 ID에 영문이나 한글, 숫자, 특수번호를 섞어 사용할 것을 권유한다. 개인정보와 오·남용은 개인의 프라이버시를 침해하는 중대한 범법행위임을 강조한다. 불법복제 소프트웨어를 사용하지 말고 정품을 사용하고 모범을 보인다. 가상공간의 바이러스 유포는 궁극적으로 자신에게 피해가 돌아간다는 것을 주지시킨다. 모니터링 요원제와 정보감시단 동아리를 조직하여 운영한다.

3. 사회에서 해야 할 일

건전한 정보문화 확산에 노력하고 사이버공간에서 철저하게 실명제가 실행되도록 하며, '사이버 폴리스' 제도를 만들어 언어폭력을 일삼는 자는 회원자격을 박탈하여 사이트를 이용할 수 없게 한다. 다양한 상황에 적합한 사이버 폭력 처벌규정을 만들어 가해자에 대한 엄중한 법적 처벌을 한다. 사업주의 책임강화와 사법기관의 대응을 강화하여 적극적으로 대처한다.

제6절 사이버 범죄의 향후 전망 및 대책

사이버 범죄의 양상은 갈수록 심각한 수준으로 치닫고 있다. 21세기 굴뚝산업보다 훨씬 규모가 커질 것으로 예상되는 사이버산업이 범죄에 무방비로 노출돼 있는 상태이다. 만일 사이버 범죄를 지금과 같이 방치할 경우 국가기간산업마저도 마비될 수도 있다며 정부의 대책 마련이 시급하다고 지적하고 있다.

경찰청 사이버대응센터에 따르면, 해킹사건은 2005년 올해인 10월 말까지 8,002건이 발생 지난해인 2004년도의 449건의 18배에 달했다. 명예훼손이나 불법사이트 개설 등을 포함, 인터넷에서 이루어진 사이버 범죄는 1997년 121건에 불과했으나 4년만에 200여배가 증가한 2만 5,000건에 달하고 있다. 또한, 서울지검이 적발한 아이러브스쿨 사이버테러사건은 특히 제휴업체를 공격했다는 점에서 사이버테러에 적과 아군이 따로 없다는 경각심을 던져 주었다. 사이버 범죄가 이미 해커들의 양심이나 정부의 대책에 맡길 수준을 넘어선 상황이다. 해킹을 이대로 방치했다가는 에너지-금융-통신 등 국가 기간산업이 한순간 송두리째 흔들릴 우려가 있는 만큼 정부가 경영자들에 대한 교육을 통해 자발적으로 전산망 보안에 투자하게 하거나 재정적인 지원을 해야 한다고 주문했다.

회사에 대한 불만을 해킹으로 분풀이해 타격을 가하는 도덕적 해이 현상도 심각한 수준이다. 지난 6월 서울경찰청에는 당시 코스닥상장 준비 중인 한 사이버교육 벤처기업직원이 회사에 불만을 품고 자사전산망을 해킹해 10건의 회사기밀을 무단 삭제한 혐의로 구속됐으며, 퇴사 후 동종업체를 개업하면서 전직장을 해킹해 15건의 신기술을 빼낸 30대가 구속되기도 했다. 또 지난 7월 취업준비생 27세 이모 씨가 모교대학 전산망에 침입해 자신의 성적을 조작한 뒤 입사원서를 제출했는가 하면, 대학생 24세 최모 씨는 증권사 전산망에 침투해 도용한 계좌로 허수주문 등 주가조작을 하다가 적발도기도 했다(세계일보 2001.12.08).

제8장 성폭력범죄

제1절 성폭력의 개념

성폭력은 강간, 윤간, 강도강간 뿐 아니라 성추행, 언어적 희롱, 음란전화, 성기노출, 어린이 성추행, 아내강간 등 상대방의 의사에 반하여 가하는 성적 행위로 모든 신체적, 언어적, 정신적 폭력을 포괄하는 광범위한 개념이다. '상대방의 의사에 반한다'라고 하는 것은 원치 않거나 거부하는 행위를 상대방에게 계속하거나 강요한다는 말이다. 따라서 상대방으로 하여금 막연한 불안감이나 공포감을 조성할 뿐만 아니라 그것으로 인한 행동제약을 유발시키는 것도 간접적인 성폭력이라 할 수 있다.

성폭력은 법적 개념뿐만 아니라 여성학적, 사회학적 개념을 포함하여 강간, 어린이 성추행, 음란전화, 성기노출, 성적희롱, 성적추행 등을 가리키는 것이 일반적이다. 그러나 이러한 성폭력범죄는 나라마다 법체계가 다르기 때문에 정확히 분류한다는 것은 어렵다고 보겠다. 예컨대, 우리나라에서는 동성애, 수간 등은 성범죄로 다루고 있지 않으나, 미국의 대부분의 주 형법은 이를 성범죄로 다루고 있다.

제2절 성폭력특별법의 개요

1. 의 의

성폭력특별법은 1994.1.5, "성폭력범죄를 예방하고 그 피해자를 보호하며, 성폭력범죄의 처벌 및 그 절차에 관한 특례를 규정함으로써 국민의 인권신장과 건강한 사회질서의 확립에 이바지함을 목적"(제1조)으로 제정되었다. 이 법은 1994년 4월부터 시행되었으며 1997.8.22, 1998.12.28 두 차례 개정되었다. 이 법의 구조는 총칙(제1장), 성폭력범죄의 처벌 및 절차에 관한 특례(제2장, 법무부 소관), 성폭력 피해상담소 등(제3장, 보건복지부 소관), 벌칙(제4장)의 총 4장과 부칙, 총 37개 조항으로 구성되어 있다.

이러한 성폭력특례법은 여성인권운동의 결실로 제정되어 성폭력이 국가가 적극 개입하여 예방하고 규제해야 할 사회적 범죄임을 분명히 하고, 특히 피해자의 인권보호를 중시하여 형사법의 특례를 마련한 점에서 그 입법 의의가 크다고 보겠다.

2. 국가와 지방자치단체의 책무

성폭력특별법은 국가와 지방자치단체에게 성폭력범죄를 예방하고 그 피해자를 보호하며 유해환경을 개선하기 위하여 필요한 법적·제도적 장치를 마련해야 하고 필요한 재원을 마련해야 할 의무와 소년을 건전하게 육성하기 위해 대통령령이 정하는 바에 따라 청소년에 대한 성교육 및 성폭력예방에 필요한 교육을 실시해야 할 의무를 부과하고 있다. 이에 따라 관계 중앙행정기관의 장 및 특별시장·광역시장 또는 도지사는 매년 청소년에 대한 성교육 및 성폭력예방에 필요한 교육에 관한 계획을 수립·시행하여야 한다.

3. 성폭력범죄의 유형과 처벌

성폭력특별법은 성폭력의 개념을 별도로 정하지 않고 성폭력범죄 유형을 크게 형법에 규정된 유형, 성폭력특별법에 의해 새롭게 규정된 유형, 이들 죄에 관해 다른 법률에서 가중처벌되는 유형의 세 가지를 포괄하여 구성하고 있다.

1) 형법상의 유형

▷제22장 성 풍속에 관한 죄 중 제242조(음행매개), 제243조(음화 등의 반포 등), 제244조(음화 등의 제조 등), 제245조(공연음란)의 죄, ▷제31장 약취와 유인의 죄 중 제288조(영리 등을 위한 약취, 유인, 매매 등), 제292조(약취, 유인, 매매된 자의 수수, 은닉), 제293조(상습범), 제294조(미수범)의 죄, ▷제32장 강간과 추행의 죄 중 제297조(강간), 제298조(강제추행), 제299조(준강간, 준강제추행), 제300조(미수범), 제301조(강간 등 상해 · 치상), 제301조의2(강간 등 살인 · 치사), 제302조(미성년자 등에 대한 간음), 제303조(업무상 위력 등에 의한 간음), 제305조(미성년자에 대한 간음 · 추행)의 죄, ▷제339조(강도강간)의 죄

2) 성폭력특별법상의 유형

▷특수강도강간 등(제5조), ▷특수강간 등(제6조), ▷친족관계에 의한 강간 등(제7조), ▷장애인에 대한 간음 등(제8조), ▷13세미만의 미성년자에 대한 강간, 강제추행 등(제8조의2), ▷강간 등 상해 · 치상(제9조), ▷강간 등 살인 · 치사(제10조), ▷업무상 위력 등에 의한 추행(제11조), ▷공중밀집장소에서의 추행(제13조), ▷통신매체이용음란(제14조), ▷카메라 등 이용촬영(제14조의2), ▷제5조 내지 제10조, 제14조의2의 범죄에 대한 미수범

3) 기타 유형

특정강력범죄의 처벌에 관한 특례법과 특정범죄가중처벌 등에 관한 법률에 의해 가중처벌되는 성폭력범죄

4. 성폭력 · 가정폭력 범죄의 신고와 고소

성폭력특별법은 친고죄를 제외한 성폭력범죄에 대하여는 누구든지 고소할 수 있도록 하고 있다. 18세 미만의 사람을 보호하거나 교육 또는 치료하는 시설의 책임자 및

관련 종사자는 자기의 보호 또는 감독을 받는 사람이 비 친고죄에 해당하는 제5조(특수강도강간 등), 제6조(특수강간 등), 제7조(친족관계에 의한 간음 등), 제8조(장애인에 대한 간음 등), 제9조(강간 등 상해·치상), 제10조(강간 등 살인·치사), 형법 제301조((강간 등 상해·치상), 제301조의2(강간 등 살인·치사)의 범죄의 피해자인 사실을 안 때에는 즉시 수사기관에 신고하여야 한다(제22조의3). 한편, 성폭력특별법은 형사소송법과 달라 가해자가 자기 또는 배우자의 직계존속이라도 고소할 수 있도록 하고, 고소할 수 있는 기간은 범인을 알게 된 날로부터 1년 이내로 하고 있다.

5. 성폭력범죄의 사법처리와 피해자 보호

성폭력특별법은 경찰의 역할에 관해 특별한 규정을 두지 않고 있으나, 경찰은 성폭력범죄의 신고, 고소가 있거나 자체의 인지로 수사하여 사건을 검찰에 송치한다. 검찰은 수사결과 성폭력범죄가 인정될 경우 형사법원에 정식재판 또는 약식명령을 청구한다. 그 외 검사는 불기소처분, 타관송치의 결정을 할 수 있다. 형사법원은 성폭력범죄에 대한 조사·심리를 거쳐 재판을 하여 실형, 집행유예, 선고유예, 무죄, 공소기각, 소년부 송치 등의 판결을 선고하게 된다. 법원이 성폭력범죄자에 대해 형의 선고나 집행을 유예할 때, 보호관찰, 사회봉사, 수강명령을 내릴 수 있다. 만 20세 미만의 소년범에 대해서는 반드시 보호관찰을 명하여야 한다. 그런데 성폭력특별법은 수사와 재판과정에서 피해자 및 증인의 인권을 보호하기 위해 다음과 같은 특별장치를 두고 있다.

검사는 경찰의 응급조치에도 불구하고 가정폭력범죄가 재발할 우려가 있다고 인정되는 경우 직권 또는 경찰의 신청에 의해 법원에 임시조치를 청구할 수 있다(제8조). 청구할 수 있는 임시조치는 ▷피해자 또는 가정구성원의 주거 또는 점유하는 방실로부터의 퇴거 등 격리(제1호), ▷피해자의 주거·직장 등에서 100미터 이내의 접근 금지(제2호)의 두 가지이다. 그런데 검사는 수사결과 사건의 성질·동기 및 결과, 행위자의 성행 등을 고려하여 보호처분에 처함이 상당하다고 인정되는 경우 가정보호사건으로 처리할 수 있다. 이 경우 검사는 피해자의 의사를 존중하여야 한다. 반면, 검사는 수사결과 가정보호사건으로 처리하기에는 적합하지 않다고 판단되며, 범죄의 객관적 혐의가 충분하고 소송조건을 구비하여 유죄판결을 받을 수 있다고 인정할 때에는 형사사건으로 처리할 수 있다. 가정폭력범죄가 형사사건으로 기소된 경우 형사법원이 재판한다.

반면, 가정보호사건으로 송치된 경우에는 행위자의 행위지, 거주지 또는 현재지를 관할하는 가정법원 또는 가정법원이 설치되지 아니한 경우에는 지방법원이 처리한다. 가정보호사건을 조사 · 심리한 법원은 보호처분을 하거나 불처분 결정을 내릴 수 있다. 법원이 가정보호사건을 조사 · 심리함에 있어서는 의학 · 심리학 · 사회학 · 사회복지학 기타 전문적인 지식을 활용하여 행위자 · 피해자 기타 가정구성원의 성행 · 경력 · 가정상황과 가정폭력범죄의 동기 · 원인 및 실태 등을 밝혀서 이 법의 목적을 달성할 수 있는 적정한 처분이 이루어지도록 노력하여야 한다. 판사는 조사 · 심리에 필요하다고 인정한 때에는 심리기일을 정하여 행위자 · 피해자 · 가정구성원 기타 참고인을 소환할 수 있고, 행위자가 정당한 이유 없이 소환에 응하지 아니하는 때에는 동행영장 또는 긴급동행영장을 발부할 수 있다. 법원은 가정보호사건에 대하여는 다른 쟁송에 우선하여 신속히 처리하여야 한다. 이 경우 처분의 결정은 특별한 사유가 없는 한 송치 받은 날로부터 3월 이내에 하여야 한다.

6. 피해자보호시설

성폭력특별법은 피해자들에 대해 상담과 법률구조, 일시보호, 성병검사 및 치료 등을 할 수 있는 성폭력피해상담소와 성폭력피해보호시설의 설치 · 운영과 전담의료기관의 지정에 관해 규정하고 있다. 이러한 상담소나 보호시설의 장이나 이를 보조하는 자 또는 그 직에 있었던 자로서 그 직무상 알게 된 비밀을 누설한 자는 위반시 처벌을 받게 된다. 이 경우 양벌규정이 적용된다. 그런데 벌칙에 대해 성폭력특별법은 2년 이하의 징역 또는 500만원 이하의 벌금을 규정하고 있다.

제3절 성폭력범죄 발생 현황 및 유형별 대처방안

1. 성폭력범죄 발생 현황

다음 [도표 8-1]과 같이 2006년부터 성폭력범죄는 계속하여 증가하였고, 특히 2008년

한 해 동안 성폭력범죄는 17,178건이 발생하여 전년 15,325건 대비 1,853건이나 증가하였다.

청소년들의 집단 성폭행이 발생하여 사회문제가 되는 등 성폭력 문제에 대한 국민들의 관심이 고조되었다. 이에 경찰은 성폭력에 대처하기위해 범죄다발 시간이 새벽 및 야간에 주택가, 골목길, 숙박업소에 대한 집중순찰을 실시하고 자치단체와 협조 우범지역을 중심으로 CCTV를 설치하는 한편, 성폭력 등 범죄예방교육 강화 등 예방 및 검거 활동을 전개하였다.

[도표 8-1] 성폭력범죄 발생 현황

(단위 : 건)

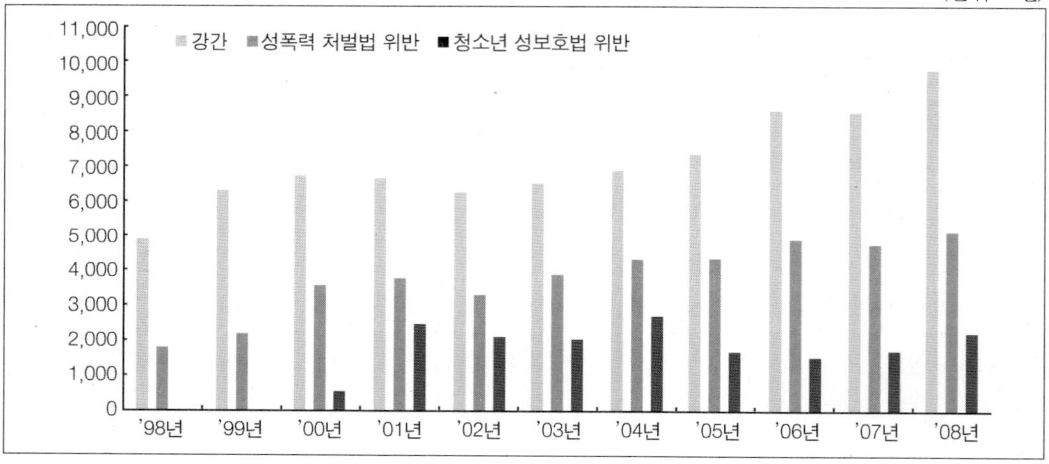

〈표 8-1〉 성폭력범죄 발생 현황

(단위 : 건)

구분 \ 연도별	'98년	'99년	'00년	'01년	'02년	'03년	'04년	'05년	'06년	'07년	'08년
계	7,846	8,565	11,069	13,204	11,587	12,511	14,089	13,446	15,326	15,325	17,178
강간	5,978	6,359	6,856	6,750	6,116	6,519	6,959	7,321	8,755	8,732	9,889
성폭력처벌법위반	1,868	2,206	3,607	3,893	3,334	3,913	4,264	4,282	4,955	4,858	5,143
청소년 성보호법	–	–	606	2,561	2,137	2,079	2,866	1,843	1,616	1,735	2,146

※ 1. 「청소년의성보호에관한법률」 위반 사건은 발효일인 '00년 7월 1일부터 가산한 수치임
2. 「성폭력범죄의처벌및피해자보호등에관한법률」 위반 사건은 발효일인 '94년 4월 1일부터 가산한 수치임
3. 강간사건에는 형법상 '강간과 추행의 죄'의 장에 규정된 범죄행위가 모두 포함됨

2. 유형별 대처방안

1) 성폭력의 유형

성폭력의 유형으로는 직장 내 성폭력, 모르는 사람에 의한 성폭력, 친족 성폭력, 통신매체에 의한 성폭력, 사이버 성폭력, 어린이 성폭력, 친족 성폭력 등이 있다.

2) 가해자 및 피해자의 특성

성폭력은 특수한 부류의 사람들에 의해 저질러지는 예외적인 형태가 아니라 극히 일상적인 조건에서 일어나는 것이다. 그렇기 때문에 개인으로서의 가해자 특성을 구분하는 것보다는 성폭력을 유발하는 사회·문화적 요인을 알아보는 것이 가해자를 알 수 있는 방법이다. 피해자는 손상된 상품이라는 자기열등감, 순결상실감, 성행위에 대한 책임과 피해사실 노출로 인한 가족 간의 불화에 대한 죄책감, 피해사실을 알린 후의 결과에 대한 두려움, 피해사실이 알려지는 것에 대한 두려움, 슬픔, 감정의 억제는 피해자를 위축시키고 만성피로, 두통 등의 육체적 고통으로 나타나기도 한다. 피해로 인하여 자신은 망가졌고 손상되었다는 느낌, 더 이상 가치가 없다는 좌절감은 낮은 자존감을 갖게 한다.

3) 대처방법

직장 내 성폭력은 남녀고용평등법과 남녀차별금지 및 구제에 관한 법률에 의하면, 직장 내 성희롱은 '직장관련 사람들, 직장상사, 동료, 계열사 직원들이 채용과정이나 근무기간 중에 상대방의 의사에 반하는 행위를 하는 성적인 언동'으로서 피해자들에게 성적 불쾌감과 모욕감을 주는 행위를 말한다.

(1) 행위 유형

육체적 행위로는 입맞춤이나 포옹, 껴안기 등의 신체접촉이나 가슴, 엉덩이 등 특정 신체 부위를 만지는 행위, 안마나 애무를 강요하는 행위 등이 있다. 언어적 행위로는 음란한 농담이나 음탕하고 상스러운 이야기, 외모에 대한 성적인 비유나 평가, 성적 사실관계를 묻거나 성적인 내용의 정보를 의도적으로 유포하는 행위, 성적 관계를 강요하거나 회유하는 행위, 회식자리 등에서 무리하게 옆에 앉혀 술을 따르도록 강요하는 행위 등이 있다.

시각적 행위로는 음란한 사진, 그림, 낙서, 음란출판물 등을 게시하거나 보여주는 행위(컴퓨터 통신이나 팩스 등을 이용하는 경우 포함), 직접 또는 팩스나 컴퓨터 등을 통해 음란한 편지, 사진, 그림을 보내는 행위 등 성과 관련 된 자신의 특정 신체부위를 고의적으로 노출하거나 만지는 행위 등이 있다.

성폭력을 중지시키는 최선의 방법은 재빨리 대응하는 것이다. 성폭력에 대한 침묵은 아무런 해결책도 되지 못한다. 침묵한다는 것은 자신을 동요시키게 되며 그 때문에 무엇인가 행동을 해보려고 하던 용기마저 없애버릴 위험성이 있다.

(2) 대처방법

먼저 문제행동에 대하여 이름을 붙인다. 예컨대, "당신이 지금 하고 있는 것은 성폭력입니다." 다음에는 상대방의 몸짓을 비판해야 하는데, 현재 치근덕거리는 행동을 당신이 어떻게 받아들이고 있는지를 그대로 말해야 한다. 예컨대 "당신의 그 말은 예의에 벗어났어요." "당신의 행동은 모욕적으로 느껴지는군요." 셋째는 가해자에게 어떻게 하면 좋겠는지 확실히 이야기를 해야하는데, 이 때 주의할 것은 상대방의 눈을 똑바로 쳐다보고 허리를 편 상태에서 당당하게 말한다. 예컨대 "나를 놀리지 마세요." "이러시면 곤란합니다."

① 성폭행범을 만나 위기에 처했을 때

성폭행범을 만나 위기에 처했을 때는 즉시 대항하고 저항해야 한다. 시간이 갈수록 불리해지고 범행이 시작되는 첫 번째 상황에서 행동한다. 미국 여성지 「레이디스 홈저널」에서는 여성들이 성폭행범을 만나 위기에 처했을 때 이같은 수칙을 반드시 지켜야 자신을 구할 수 있다고 제안했다. 내용을 요약하면 다음과 같다.

상대방이 접근해 오는 처음 몇 초가 가장 좋은 기회다. 무조건 달아나라. 좋지 않은 느낌이 들면 망설이지 말고 뛰는 것이 상책이다. 일단 그곳을 벗어나는 것이 중요하다. 그가 단순한 좀도둑이라 할지라도 마찬가지다.

자신의 느낌을 존중한다. 뭔가 불길하고 불편하다는 느낌이 들면 단호하게 그 상황을 벗어나라. 어떤 사람이 빤히 쳐다보거나 평소 알던 남자가 차에 태워달라고 부탁할 때 등 느낌이 좋지 않음에도 불구하고 대수롭지 않게 넘기다가 위기에 처하는 경우가 많다. 포기하지 말고 끝까지 저항한다 = 많은 피해자들은 이렇게 말한다. "시키는 대로 안하면 날 죽인다고 했어요. 어쩔 수가 없었다구요." 그러나 대개 복종하는 것은 저항하는 것보다 나쁜 결과를 가져온다. 소리를 지르고 팔다리를 버둥거리며 저항하면 범인들은 당황한다.

차에 타고 있을 경우엔 사고를 일으킨다. = 자신이 운전하고 있는 차일 경우에는 지체하지 말고 사고를 일으킨다. 자신이 운전자가 아닐 경우에도 핸들을 강제로 틀거나 운전자를 쳐서 사고를 나도록 해야 위기를 모면할 기회가 생긴다.

② 강간위기에 빠질 경우

강간위기에 빠질 경우 초기단계에서 "안돼"라고 크게 소리 지르고 주먹질을 하는 등 강력하게 저항하는 것이 가장 효과적이다. 대부분의 가해자는 여성이 소극적으로 저항하다가 결국 받아들일 것으로 생각하고 있기 때문이다. 그럼에도 범인이 거칠게 나오는 경우 폭행을 당할 우려가 있으므로 일단 복종하는 체하다가 적당한 순간을 노려 일격을 가하고 빠져 나가는 것이 현명하다. 때리는 신체부위는 눈이나 정강이 국부 등 일시적으로 무력하게 할 수 있는 곳이어야 한다. 약한 어린이들은 몸을 마구 긁거나 코를 후비고 트림을 하는 등 혐오스러운 행동으로 상대방의 욕망을 떨어뜨려 위기에서 빠져 나갈 수도 있다. 호각을 가지고 다니는 것도 한 방법이다.

한국형사정책연구원이 강간범들을 대상으로 효과적인 강간 예방법을 탐문한 결과 미행한다는 느낌이 확실한 경우 재빨리 상가음식점 등에 들어가거나 가장 가까운 주택의 창문을 부수는 것이 좋다고 한다. 남학생과 한 방에 있을 때는 문을 열어 두는 것이 좋고 의심나는 방문객이 찾아오면 마치 집안에 어른이 있는 것처럼 "아빠, 내가 나갈게"라는 식으로 크게 소리친다.

택시를 탈 때는 운전기사의 이름과 주민등록번호를 확인한 후 신원을 알고 있다는 사실을 은근히 내비친다. 엘리베이터 안에 낯선 남자가 있을 때는 가장 가까운 층에서 내린다.

한편 자녀나 학생이 심리적으로 큰 변화를 보일 경우 성폭행 여부를 신중히 확인하고 무조건 다그치기보다는 산부인과 등 전문이의 진료를 즉시 받도록 하는 게 현명하다.

③ **통신매체에 의한 성폭력**

전화, 편지, 컴퓨터통신을 이용하여 음란한 내용이나 성적 언어로 모욕감을 주거나 불쾌감을 주는 행위로써 가해자는 자신을 노출시키지 않고 자신이 원할 때 피해자를 골라 언제 어디서나 가능하기 때문에 피해자는 물리적인 피해는 아니지만 익명의 대상자에게 농간을 당하고, 언제 어떻게 당하지 몰라 초조하고 불안하여 일상생활에 지장을 받고 심리적으로 불안, 무기력, 수치심, 공포를 느끼고 동일인에게 반복적으로 오는 경우 그 피해가 심각해 정신분열에 이르기도 한다.

이러한 통신매체에 의한 성폭력 대처방법으로는 다음과 같다.

㉮ 재빨리 끊어버린다.
㉯ 남성에게 전화를 받게 한다.
㉰ 불필요한 오해를 받지 않게 가족에게 반드시 이야기하여 공동대처한다.
㉱ 전화번호, 주소, 이름 등을 알려주지 않는다.
㉲ 아이들이 받을 때를 대비하여 적절한 예비지식을 알려주고 성에 대한 수치심을 갖지 않도록 도와준다.
㉳ 전화번호를 바꾼다.
㉴ 전화번호부 기재를 삭제한다.
㉵ 괴전화 방지기를 이용한다.
㉶ 지속적인 경우 내용을 녹음하여 전화국에 신청하면 발신자추적을 할 수 있고, 범인을 유도하여 체포하는 방법도 있다. 성폭력특별법에 의한 처벌도 가능하다.

④ **사이버 성폭력의 유형**

사이버 성폭력이란, 원치 않는 성적인 언어, 외모와 성적 취향, 음담패설 등의 이미지를 사용함으로써 위협적, 적대적, 공개적인 통신환경을 조성하여 상대방의 통신환경을 저해하거나 현실공간에서의 피해를 유발한 경우를 말한다. 또한 명시적으로 성적인 접근이나 제안이 아니더라도 성적인 은유나 암시로 상대방으로 하여금 불쾌감을 느끼게 하는 경우도 사이버 성폭력이라 할 수 있다. 이러한 사이버 성폭력의 유형으로는 다음과 같은 것이 있다.

㉮ 대화실을 이용하여 성에 관한 원치 않는 대화 요청이나 성적인 메시지 전달
㉯ 전자우편을 통하여 성에 관한 원치 않는 전자우편이나 쪽지(memo) 발송
㉰ 게시판을 활용하여 성에 관한 개인의 사적인 자료를 게시판 등에 공개
㉱ 게시판에서 사이버 성폭력의 연장으로 게시판에서 상대방을 방해하는 행동, 즉 동료나 친구, 지인이나 상대방이 원치 않는 대화를 하는 것
㉲ 오프라인에서 사이버 성폭력의 연장으로 우편이나 전화 같은 오프라인에서의 접근을 시도하는 행동 등이다.

⑤ 사이버 성폭력 피해를 최소화하는 방법

첫째, 개인정보관리는 비밀번호를 선택할 때 다른 사람이 유추해 낼 수 있는 번호는 피하고, 정기적으로 바꾼다. 개인정보는 최소한의 것만 기입하거나 비공개로 한다. 둘째, 말을 걸어오는 상대방에 주의하여 한다. 누구에게나 친절할 필요가 없다. 즉 당신의 주의를 끌고자 하는 사람이더라도 원치 않는다면 반드시 그와 대화할 필요가 없다. 셋째, 원치 않는 메일에 답할 필요가 없으며, 대화에 불편함을 느꼈다면 과감하게 그만두어야 한다. 넷째, 통신에서 만난사람을 개인적으로 직접만나는 일은 신중을 기해야 하며 친구와 함께 나가거나 공적장소에서 만난다. 당신이 어디 가는지 주위사람들에게 알린다. 다섯째, 실명이나 주소, 전화번호, 사진 등을 보낼 때 주의한다. 가능한 낯선 사람에게 개인정보를 주지 않는다. 여섯째, 가해자는 자신감이 없고 우유부단하며, 기술이 부족한 초보자를 주대상자로 하기 때문에 컴퓨터 기술을 습득하여 발신자의 이메일을 원치 않을 경우 자동으로 삭제하도록 한다.

4) 피해자가 되지 않는 방법

피해자가 되지 않기 위해서는 평소 자신의 성 행동에 관한 지침을 정한다. 누구나 자신이 정한 지침에 따라 행동할 권리가 있다. 상대나 상황에 따라 이를 변경할 필요가 없으며 누구도 당신에게 원하지 않는 성 행동을 강요할 수는 없다.

따라서 원하지 않는 성적 접근 혹은 요구가 있으면 분명한 거부의사를 표시하고 항의 한다. 예컨대 “예”, “아니오” 등의 의사표시를 분명히 하고, 여전히 압력을 받고 있다

고 느끼거나 상배방의 행동이 불편하면 상대방에게 항의 하고 그 자리를 떠난다. 상대방은 침묵이나 무시, 약한 거부 등을 동의로 오해할 수도 있다.

특히 여성이 데이트 상대를 선택할 때 다음과 같은 남성을 피하는 것이 바람직하다.

① 당신을 평등하게 대하지 않고 무시하거나 모욕하고 모든 결정을 자기 마음대로 하는 남성
② 여성일반에 대해 부정적으로 말하는 남성, 당신의 행동과 교우관계, 생활 등을 지배하려는 남성
③ 상대방이 자신이나 다른 남성들에게 신체적 또는 언어적으로 공격적인 남성
④ 술을 지나치게 마시고 술을 마셨을 때 행동을 통제하지 못하는 남성

5) 결 어

성폭력 피해자가 되지 않기 위해서는 성을 무조건 감추려 하지 말고 공개적으로 토론을 할 수 있는 분위기를 만들어야 하고, 성을 표현하고 행동함에 있어 남성에게는 능동적이고 적극적인 것을 여성에게는 수동적이고 소극적인 것을 요구하는 불균등한 성 문화를 바꾸어야 한다. 남성의 성을 충동적이라는 통념에 근거해 남성의 성적 방종은 묵인하면서 여성의 성은 순결 이데올로기를 통해 억압하는 남녀불평등한 성문화를 변화시켜야 한다. 성을 인간적인 교류의 영역이 아니라 성적욕구 충족의 대상으로만 여겨 비인간화시키는 문화를 변화시켜야 한다.

3. 성폭력 관련 전문기관

성폭력 관련 피해는 수사기관에 신고하거나 각 지역에 있는 성폭력 관련 전문기관에 연락을 하면 심리상담, 의료, 법률 등 여러 가지 지원을 받을 수 있다.

성폭력 전문기관으로는 여성 긴급전화 1366, 해바라기 아동센터, 여성 학교폭력 피해자원스톱지원센터, 무료법률구조사업, 성폭력상담소, 성폭력 전담의료기관이 있다. 여성 긴급전화 1366은 가정폭력, 성폭력, 성매매 등 긴급한 구조, 보호 또는 상담을 원하는 여성 들이 언제든지 전화를 통해 상담을 받을 수 있도록 24시간 365일 운영되고 있다. 1366상담을 통해 상황에 적합한 전문적인 기관(여성폭력관련 상담기관, 보호시설,

경찰, 의료기관, 법률구조기관 등)을 연계하여 필요한 서비스를 받을 수 있다.

여성, 학교폭력 피해자 원스톱지원센터는 여성가족부, 경찰청, 의료기관(국공립병원 또는 종합병원)이 협력하여 성폭력, 가정폭력, 성매매, 학교폭력피해자에게 24시간 상담, 의료, 수사지원 서비스를 지원하고 있는데, 2009년 6월 현재 전국 시, 도에 16개소가 개소되어 있으며, 여성, 학교폭력피해자 원스톱지원센터는 의료기관 안에 설치되어 있고 24시간 경찰이 상주하여 있으므로 증거채취, 진술녹화, 위기상담 등을 지원받을 수 있다.

성폭력 전담의료기관은 성폭력피해자의 치료를 위한 전담의료기관으로 2009년 3월 현재 전국 312개소가 지정되어 있으며 성폭력 전담의료기관에서 성폭력피해자가 진료를 받을 경우 피해사실 확인절차를 생략하고 치료비를 지원받게 된다.

여성가족부 통계에 의하면, 성폭력상담소의 수는 2009년 현재 성폭력상담소는 199개소, 가정폭력상담소는 275개소, 가정폭력피해자보호시설은 62개, 성폭력피해자보호시설은 18개소가 설치 · 운영되고 있으며, 장애인 성폭력피해자를 위한 장애인 전문상담소 11개소 및 여성장애인 성폭력피해자보호시설 3개소를 설치 운영하고 있고 사이버 성폭력 예방사업도 추진하고 있다.

성폭력상담소에서는 성폭력 피해여성 및 가족을 위한 상담(개인, 집단, 방문상담 등) 의료(의료비지원) 법률구조지원(법률자문, 동행서비스 등), 형사고소 시 동행지원, 성폭력 예방교육, 보호시설 및 관련 기관에 연계 등 다양한 지원을 해주고 있으며 지역 내 다양한 연계망을 통해 성폭력 피해자 및 가족 들이 최적의 서비스를 받을 수 있도록 지원하고 있다.

제4절 성폭력관련법의 실효성과 인권보장 기능의 강화방안

1. 성폭력에 관한 현행법과 수사 · 재판절차의 개선

1) 성폭력범죄의 유형과 처벌에 관한 규정의 개정

(1) 친고죄의 폐지

성폭력범죄 중 친고죄에 해당되는 범죄에 대하여는 피해자 본인이 사법기관에게 가해자의 처벌을 요구하는 고소가 있지 않으면 수사가 개시되지 않는다. 현행 형법은 ▷제288조제1항, 제292조제1항 또는 제293조제2항의 각 죄 중 추행, 간음의 목적으로 약취, 유인, 수수 또는 은닉한 죄(제296조), ▷제297조(강간죄), ▷제298조(강제추행죄), ▷제299조(준강간 · 강제추행죄), ▷제300조(강간, 강제추행, 준강간, 준강제추행의 미수범), ▷제302조(미성년자와 심신미약자에 대한 간음과 추행죄), ▷제303조(업무상 위력등에 의한 간음죄), ▷제305조(13세미만의 부녀에 대한 간음, 13세 미만의 사람에 대한 추행죄)에 대해서는 친고죄로 하고 있다. 반면, 성폭력특별법(제15조)은 업무상 위력 등에 의한 추행, 공중밀집장소에서의 추행), 통신매체이용음란 등과 같이 비교적 경미한 범죄만을 친고죄로 하고 있다.

친고죄를 유지해야 한다는 입장은 정조관념이 강한 우리나라의 문화에서 범죄를 소추해서 성폭력을 당한 사실이 알려짐으로써 피해자가 입게 될 명예손상 등의 불이익을 방지하기 위한다는 이유를 제시하고 있다. 그러나 성폭력은 개인의 성적 자기결정권과 인간의 존엄을 침해하는 중대한 인권침해일 뿐 아니라 사회의 안전과 선량한 질서를 해치는 사회적 범죄로서 사회가 개입하여 그 예방과 규제 및 재발방지, 피해자보호대책을 마련해야 하는 점, 피해자가 수치심과 보복에의 두려움 등으로 고소하지 못하는 현실을 범죄자들이 악용하는 사태를 방지해야 하는 점, 수사기관이 범죄사실을 인지하거나 현장에서 범죄자를 체포하더라도 피해자가 고소하지 못하면 수사와 재판을 할 수 없는 점, 피해자의 보호는 고소에 관한 재량권을 부여하기 보다는 수사와 재판과정에서 피해자 신원이 노출되지 않도록 하는 수사와 재판방식의 고안, 비밀누설금지와 보도금지규정의 실효화 등을 통해 보호할 수 있다는 점에서 친고죄를 폐지하는 것이 타당하다고 판단된다. 다만, 피해자 본인이 극구 범죄자의 처벌을 원치 않는 경우에는 피해자의 의사를 존중하는 것이 필요하다는 관점에서 반의사불벌죄의 적용도 필요하다고 본다. 외국의 경우도 강간죄 및 강제추행죄 등을 친고죄로 하는 경우는 드물고 구미 각국에서는 이들 범죄를 친고죄로 규정한 예가 없다.

(2) 강간죄의 피해대상의 확대

현행 형법은 강간죄의 객체를 '부녀' 만으로 한정하고 있다. 여성으로 성전환수술을 한 자가 강간죄의 객체인 부녀에 해당하는가가 쟁점이 되었던 사건에서도 법원(대법원 1996.6.11 선고, 96도791 판결)은 여성전환수술자를 강간죄의 객체인 '부녀'에 해당하지 않는다고 보았다. 그것은 강간죄의 성립을 남자의 성기가 여자의 음부에 삽입해야 성립하는 것으로 보고 여성전환수술자는 완전히 생물학적으로 여성이 될 수 없고 임신하지도 못하기 때문이라고 본 것이다. 그러나 강간죄는 성적 행동에 대한 자기결정권을 침해한 범죄라는 점, 강제적인 성관계의 강요죄는 구강성교, 항문성교 등 다양한 방식에 의해 이루어진다는 점, 여성만을 강간죄의 보호대상으로 하여 온 배경에는 여성에게만 처녀성과 정조를 지켜야 하고 남성의 동정성과 정조의 상실에 대해서는 크게 문제시하지 않는 전통적 이중 성윤리통념이 반영되어 있다고 볼 수 있는 점 등을 고려할 때, 현행법이 여성에 대해서만 강간죄의 피해대상으로 하고 있는 것은 문제가 된다. 스웨덴, 독일 등에서는 강간죄의 대상을 남녀 모두로 하는 한편 강제로 인한 구강성교와 항문성교 등의 다양한 성교형태 모두를 강간에 포함하고 있다.

한편, 부부간의 강간죄 인정여부도 문제된다. 물론 결혼한 당사자는 성적 충실의무가 포함된 상호충실의무가 있다. 그러나 여기에 폭행, 협박에 의한 성관계의 수인의무까지 포함되는 것은 아니다. 강간죄의 본질은 폭력으로 성적 자유를 침해하는 것이며 그 폭력은 상대방의 의사를 완전히 무시하고 강제로 하는 것이다. 부부관계의 특수성이라는 것을 상대의 의사를 제압하고 폭력으로 성행위를 강요할 만한 특수관계에 있다고 보는 것은 가부장적 사고에 기초한 법해석이라 할 것이다. 따라서 적어도 법률상 부부의 경우라도 최소한 혼인관계가 파탄에 이르러 처가 남편에 대해 정교의사의 철회를 명확히 표현했거나 별거나 이혼준비를 하는 중이라면 법적으로 부부관계를 유지하고 있다 하더라도 강간죄가 성립된다고 보아야 할 것이다. 외국의 입법례 중에는 이탈리아, 영국, 독일, 스웨덴과 같이 부부간의 강간죄를 명시하고 있는 경우가 많다.

(3) 비동의 간음죄 신설

형법상 강간죄는 폭행 또는 협박을 요건으로 하고 있으며 이 폭행·협박은 강간의 경우 '상대방의 반항을 불가능하게 하거나 현저히 곤란하게 할 정도의 것'이어야 한다는 것이 통설과 판례의 입장이다. 이러한 현행 형법의 태도는 명백히 성관계를 원치 않는 의사표현을 한 경우에도 반항이 억압되는 정도가 아니라면 형법적으로 문제되지 않음으로써 반사회적 성폭력 중 상당부분이 법적으로 허용되어 버리는 결과를 초래하게 된다. 여기에 비동의 간음죄 신설이 요구된다. 비동의 간음죄는 항거곤란의 정도는 아니었지만 피해자의 동의 없이 간음·추행한 경우, 그리고 항거곤란을 입증하기는 어렵지만 동의가 없었음을 입증할 수 있는 경우, 저항의 외적 표시를 남길 여지가 없이 공포심에 짓눌려 당한 경우 등에도 가해자를 처벌할 수 있기 위한 것이다.

(4) 신뢰관계 있는 자에 의한 성폭력범죄에 대한 가중처벌

의사, 성직자, 교사, 복지시설의 직원 등 신뢰관계에 있는 자가 환자, 신도, 학생, 피보호자 등 자신의 보호 하에 있는 사람에 대해 강간하는 등의 행위를 하면, 가중 처벌하는 것이 필요하다. 이것은 의사, 성직자 등 신뢰와 권위가 있는 위치에 있는 사람에 의한 성폭력범죄는 피해자가 그 직업에 대한 신뢰로 인해 완전 무방비상태 또는 방어가 곤란한 상황을 이용하여 성적 범죄를 행하는 것으로서 그 해악성과 비난가능성이 더욱 높기 때문이다.

(5) 친족관계에 의한 성폭력범죄에 있어서의 친족관계범위 확대와 친권제한

「성폭력특별법」 1차 개정에서 친족의 범위를 '4촌 이내의 혈족과 2촌 이내의 인척'으로 개정함으로써 인척관계에 있는 의붓아버지의 범행도 처벌할 수 있게 되었다. 그러나 개정 후의 현행법에 의하더라도 가해자인 의붓아버지가 피해자의 친어머니와 혼인신고를 하지 않고 동거한 경우, 즉 법적으로 인척관계가 성립되지 않고 사실상 동거하는 경우에는 친족의 범위인 '4촌 이내의 혈족 또는 2촌 이내의 인척'이나 '사실상 관계에 의한 존속'에 해당하지 않는다는 법원의 해석이 나오고 있어 문제가 된다. 그러므로 친족의 범위에 "법률상의 친족이 아니라도 동거 계부모나 동거중인 사실상의 양부모"를 포함되도록 하는 것이 필요하다. 나아가 현행 「가정폭력처벌특례법」은 그러한 범위는 물론 동거하는 친족까지도 가정구성원으로 포함하고 있는 점을 고려하여 「성폭력특별법」상 친족의 범위를 적어도 동거하는 친족으로까지 확대하는 방안을 검토하는 것이 필요하다. 친족에 의한 성폭력범죄는 인륜과 가정을 파괴하는 폐해가 크기 때문이다. 한편, 성폭력범죄를 범행하거나 방조한 친권자의 친권박탈이나 제한을 입법론적으로 검토할 필요가 있다.

(6) 성희롱의 성폭력범죄화 및 가해자 처벌

현재 성희롱은 현행법상 남녀차별금지 및 구제에 관한 법률과 「남녀고용평등법」에 의해 남녀차별문제로서 금지되고 있을 뿐, 성폭력의 행위 유형의 일부로는 인정되지 않고 있다. 그리하여 공공기관이나 사용자가 성희롱 예방교육을 실시하고 가해자를 징계할 수 있을 뿐 가해자는 형사처벌되지 않는다. 그런데 성희롱은 남녀차별과 여성폭력이 복합된 중대한 인권침해라 할 수 있다. 그럼에도 현행법은 업무 · 고용 기타 관계 등에서 상사의 부하직원에 대한 강간과 추행을 처벌할 수 있는 규정(형법 제303조, 성폭력특별법 제11조(업무상 위력 등에 의한 추행))밖에 없다. 이러한 문제를 해소하기 위해서는 「성폭력특별법」 제11조에 성희롱을 포함하여 가해자를 처벌할 수 있도록 규정을 마련해야 할 필요가 있다. 이때 가해자가 상사가 아닌 부하직원이나 동료직원인 경우에도 처벌될 수 있도록 해야 된다.

2) 성폭력사건의 사법처리와 피해자보호제도의 개선

(1) 수사 및 재판의 방식의 개선

수사과정이나 재판과정에서 피해자들에 대한 제2차적 인권침해가 발생하거나 국가공권력에 의해 여성폭력이 묵인되거나 자행될 때, 이에 대한 예방과 특별한 규제가 필요하다. 특히 사법기관은 피해자의 출석횟수를 최소화하고 비디오중계를 통한 증인신문과 전문상담소나 수사기관에서 피해자의 최초의 진술을 녹화해 두거나 진술서 등 서면으로 대신하는 방법을 고려할 수 있다. 또한 공소유지에 불필요한 성 경험 등 사생활에 대한 질문의 자제와 저속한 용어의 사용을 금지하고, 미국의 「여성폭력방지법」과 같이 피해자의 행실과 성경험 등을 증거로 채택하지 않는 것이 필요하다. 형사절차에서 피해자의 참여를 실질적으로 보장하기 위해서는 피해자에게도 정보권을 보장해야 한다. 그리하여 피해자가 신청하면 사법기관이 형사절차의 각 단계별로 중요한 진행상황을 피해자에게 통지하도록 해야 한다. 피해자는 공판기일, 공소취하, 공소장 변경, 재판결과 등에 관한 정보를 받음으로써 절차의 진행상황을 파악하고 형사절차에 참여할 수 있는 적절한 기회와 방법을 모색할 수 있게 된다.

(2) 피해자와 신뢰관계 있는 자의 동석허용 확대

수사나 재판과정에서 피해자와 신뢰관계 있는 자의 동석을 허용하는 것은 성폭력범죄의 특수성을 고려하여 피해자의 심리적 · 정서적 지원과 인권보호를 위해 마련된 것이며 그 결과 수사나 재판을 원활하게 할 수 있다. 그러므로 현행법상 특정한 범죄의 경우로 제한하는 것을 모든 성폭력 범죄로 확대하는 것이 필요하다.

(3) 보호처분의 활용

현행 「성폭력특별법」은 범죄자에 대하여 처벌위주의 사법처리를 하고 보호관찰이나 사회봉사, 수강명령은 형의 선고가 유예되거나 집행이 유예되는 경우에만 부과되도록 되어 있다(제16조). 그런데 이러한 보호관찰, 사회봉사 · 수강명령 등에 대해 거는 기대는 ① 사회 내에서 자유로운 생활을 영위하면서 개별처우를 꾀하기 때문이 시설 내 처우보다는 상대적으로 재사회화에 효과적이라는 것과, ② 구금 환경의 문제점이라고 할 수 있는 사회로부터의 고립과 단절에서 오는 고통과 악영향을 해소할 수 있으며, ③ 직접적인 구금시설 유지 등의 책임전환을 통한 사법기관의 부담경감, 그리고 ④ 시설 내 처우보다 절감되는 운영경비 등을 들 수 있다. 그러므로 성폭력범죄자의 인권과 여성폭력에 대한 인식과 행동개선 및 재발방지를 효과적으로 도모하기 위해서는 이러한 보호처분의 적용을 확대해야 할 필요가 있다.

(4) 배상명령제도의 도입

현행 가정보호사건에만 인정되고 있는 배상명령제도를 성폭력범죄사건에도 적용되어야 한다. 성폭력으로 인한 물질적 · 정신적 손해에 대한 배상을 피해자가 청구하려면 불법행위로 인한 손해배상소송을 별도로 청구해야 하는 부담을 해소할 수 있기 때문이다.

3) 피해자보호시설의 기능 활성화와 지원확대

현행 「성폭력특별법」과 「가정폭력피해자보호법」은 공통적으로 상담소와 보호시설, 의료기관을 피해자보호시설로 하여 상담, 폭력사실의 신고 및 피해자에 대한 법률지원, 피해자의 일시보호, 치료보호 등의 업무를 담당하게 이를 국가 및 지방자치단체가 지원하게 하고 있다. 이러한 피해자보호시설의 존재와 기능 활성화는 여성폭력의 예방과 대책에 필수불가결하다.

4) 사법기관의 개선

(1) 남성편중인력구조개선

현재 경찰, 검사, 판사 등이 남성 위주로 구성되어 있다. 이와 같이 남성이 절대다수로 구성되어 있는 현재의 사법기관이 과연 폭력희생자의 절대다수를 차지하는 여성의 입장을 이해하고 여성폭력의 문제 해소를 위해 적극적인 사법서비스를 시행할 수 있을지 의문이 든다. 폭력을 당한 여성들이 사법기관에 접근하는 것을 용이하게 하고 그 피해사실을 솔직히 드러내고 적절한 조언과 사법서비스를 받을 수 있도록 하기 위해서는 현행 사법기관의 인적 구성의 문제를 개선하여야 한다. 따라서 여성폭력사건을 다루는 수사부서와 재판부에 여성을 가능한 많이 배치하도록 할 필요가 있다.

(2) 여성폭력전담부서의 설치

여성폭력문제에 대해 피해자들의 접근가능성을 높이고 사건을 전문적이고 중점적으로 수사하고 재판할 전담부서를 수사기관이나 법원에 설치하는 것을 검토할 필요가 있다. 또한 현재 가정법원은 서울지역에만 설치되어 있다. 따라서 지방에는 지방법원이 관할하도록 되어 있어 가정폭력문제의 특수성을 고려하여 마련된 특별한 사법서비스를 지방거주자들이 받지 못할 수 있다. 이러한 현실을 감안하여, 수사기관이나 법원에 여성폭력전담부서를 설치하거나 확대하고 피해자들이 대다수 여성인 점을 고려하여 가능한 여성을 많이 배치할 필요가 있다.

(3) 정확한 통계의 구축과 공포

북경여성행동강령과 많은 외국의 정책은 여성폭력철폐를 위한 주요한 전략으로서 여성폭력의 발생과 그 원인, 사법처리에 관한 통계를 국가기관이 작성, 공표하도록 하고 있다. 그런데 현재 우리나라 정부와 사법기관에서 여성폭력에 관한 정확하고 성별 분리된 통계가 제대로 공표되지 않고 있다. 여성폭력에 관한 입법, 사법, 행정적 대책을 마련하거나 이에 필요한 연구를 수행하기 위해서는 경찰, 검찰, 법원이 서로 협조하여 여성폭력에 관한 일관성 있고 정확한 통계의 작성, 공표가 필요하다.

5) 여성인권과 여성폭력관련법률의 체계적 교육강화

「성폭력특별법」과 「가정폭력관련법」의 시행의 주체는 국민, 정부, 사법기관(경찰, 검찰, 법원), 상담소 · 보호시설 · 의료기관(이하 '피해자보호시설')이다. 그러므로 국민들의 여성폭력문제와 여성인권에 대한 인식, 여성폭력사실의 신고와 사법기관과 피해자보호시설의 활용, 국가와 지방자치단체의 폭력예방과 피해자보호의 책무, 사법기관의 인권보호 관점에서의 사건처리, 피해자보호시설의 상담과 보호 · 치료가 상호 유기적으로 잘 연계되고 그 역할을 잘 해야 법의 실효성과 인권보장기능이 향상될 수 있을 것이다. 이를 실현하기 위해서는 무엇보다 이러한 법의 시행주체들에 대해 인권과 남녀평등의식, 「여성폭력관련법」에 대한 지속적이고 체계적인 교육과 법의 홍보가 반드시 필요하다.

6) 법의 시행평가와 폭력철폐운동을 위한 대중매체 · 시민단체의 연대활동

법의 실효성 있는 시행을 위해서는 민간시민단체가 주축이 되어 법의 시행에 관한 지속적인 감시와 평가가 이루어져야 하며, 정부와 사법기관에게 책무의 이행을 촉구하고, 입법기관에게 법의 개정을 지속적으로 촉구하는 것이 필요하다. 여성폭력철폐의 과제는 여성만을 위한 것이 아니고 우리사회를 민주적이고 평등하게 만들기 위한 사회변혁과제이므로 여성들만이 논의하고 추진하는 운동이 아니라 시민단체와 남성들과 협력하여 추진하는 것이 매우 필요하다. 또한 언론기관과 협조하여 사회인식과 환경을 추진력 있게 개선하고 여성폭력철폐운동을 전 국가적으로 확산시키는 것이 중요하다.

제9장 가정폭력범죄

제1절 의 의

가정폭력은 가정 내에서 이루어지는 폭력을 말하는 것으로 여기서 말하는 가정은 꼭 법률상의 가족관계 만을 말하는 것은 아니고 동거녀나 동거남 또는 내연관계에 있든 사실혼관계에 있든 모든 경우를 다 포함한다고 보겠다. 우리나라의 현행 「가정특례법」은 가정폭력을 "가정구성원 사이의 신체적, 정신적 또는 재산상의 피해를 수반하는 행위"로 정의하고(제2조1호), 가정구성원의 범위를 배우자와 부모-자녀 관계 중심으로만 구성하고 있다. 폭행은 남자 쪽이 여자 쪽에 대하여 폭행을 하는 경우가 보통이나 그 반대로 여자 쪽이 남자 쪽을 학대하거나 폭행하는 경우도 있다.

피해조사결과에 의하면, 여성들의 90%가 남성으로부터 폭력을 경험했다고 하며, 이러한 가정폭력 범죄는 대부분 신고되지 않고 있으며, 심지어 '부부싸움은 칼로 물 베기'라느니 '남의 사생활을 침해해서는 안 되느니' 등으로 범죄라고 생각조차 하지 않는 경우가 많다고 하는데, 이러한 경향은 인종이나 계층을 막론하고 일어난다고 한다.

여성의 4명 중 1명은 일생을 두고 가정폭력의 피해를 경험한다고 하며 여자가 살해되었다면 전혀 모르는 사람이 살해하는 경우보다 남편이나 남자친구가 살해했을 가능성이 더욱 크다고 하였다. 또 여성 피살자 10명 중 9명은 남자에 의해 살해되었다고 한다. 남편을 살해한 부인들을 보면 이미 수년간에 걸친 학대, 구타가 있은 후에 발생하는 살인사건이다(조준연, 2005 : 89).

제2절 피해자의 형태와 피해증상

가정폭력에서 이루어지는 피해자의 형태에 관하여 연구한 갤레스와 스테라우스(Gelles & Straus)는 남성과 여성의 폭력범죄 신고내용을 분석하고, 피해자들의 많은 경우가 애인 폭력의 피해였고, 남성과 여성 모두가 비슷한 정도로 폭력을 자행한다는 사실을 지적하였다. 이에 대하여 폭력은 남성과 여성이 평등하게 자행하는 행위이며 남녀평등은 이러한 점에서 실현되고 있다고 생각할 수 있지만, 갤스와 스트로스의 연구결과에 대하여 몇 가지 비판이 제기되었다.

첫째, 폭력이나 학대의 내용이 아주 다양한데 이를 고려하지 않았다.

둘째, 폭력의 원인이나 동기 등을 전혀 고려하지 않고, 무차별적으로 접근하였다.

셋째, 남성과 여성 다 같이 폭력이 이루어지지만 남자의 폭력인 경우가 더 심각하다고 볼 수 있는데, 가정폭력의 경우 공격자의 95%가 남성이었다.

병원응급실 기록에 따르면 중상을 입어 치료를 요하는 사례는 대부분 여성피해자이다. 여성폭력은 남성이 연약한 여성으로부터 폭행당했다는 부끄러움 때문에 신고하지 않아 암수로 남아 통계에 잡히지 않기도 한다.

우리나라의 여성가족부가 한국단기가족치료연구소에 의뢰해 전국 50개 보호시설을 대상으로 우편과 방문을 통해 실시한 '가정폭력 피해자의 보호시설실태조사'에서 밝혀진 바에 의하면, 보호시설에 입소한 가정폭력의 피해여성 가운데 85.4%는 일시적 쇼크, 가슴 두근거림 증상을 보호했으며 80.6%는 실망, 무력감, 의욕상실, 80.9%는 쉽게 놀람 증세를 보이고 있는 것으로 나타났으며, 두 명 중 한 명(52%)이 심한 자살충동을 느끼고 있었다.

미국의 경우도 가정폭력이 심각한 사회문제가 되고 있다. 부부나 동거인 또는 부모와 자식관계에서 발생하는 폭력이 위험수위에 있지만 감춰진 경우가 대부분이다.

미국의회전문지인 「CQ 리서치」 최신호는 미국에서 하루 평균 3명의 여성이 남편 또는 동거인에게 살해되고 수천 명이 상해를 입고 있다고 밝혔다. 남성 역시 가정폭력의 대상이 되고 있는 것은 물론이다. 그러나 대체로 여성피해자가 남성에 비해 5배 가량 많다고 이 전문지는 지적했다.

가정폭력 희생자가 가장 많은 연령대는 16~24세이다. 10대 자녀가 부모로부터 폭력적인 방법으로 폭행을 당하거나 이 연령대의 부부간 폭력행위 발생사례가 가장 많은 것으로 집계됐다. 미국에서 가정폭력의 범주로 간주하는 연인 사이의 폭력행위도 빈번하고 있는 것으로 나타났는데, CQ 리서치는 미국에서 연인 사이에 폭력행위를 경험하는 사람이 30%에 달한다고 밝혔다(Kuk@segye.com, 2006.2.).

제3절 가정폭력의 특성

1. 사적인 가족문제로 간과

그동안 가정폭력은 형사사법기관에서 사적인 가족문제로 여기어 대수롭지 않게 여겨 왔을 뿐만 아니라, 폭행신고를 받은 경찰이나 검찰, 법원 등에서 객관적이고 공정하게 다루지 않고 피해자의 품행, 태도, 생각 등이 가정폭력을 가져오는데 영향을 미친 것은 아닌지에 대한 선입견을 갖고 피해사실을 조사하는 경우가 많다. 또 피해자가 그렇게 하지 않았다면 내가 폭행을 하지 않았을 것이라는 식의 변명이 그동안 범죄자의 무죄 내지 형의 경감사유로 적용해왔다. 이렇게 피해자를 힐문하는 식의 피해조사가 다른 범죄와 다른 점이라고 볼 수 있다. 장기간에 걸친 학대가 작용하여 피해여성이 사망하거나 거꾸로 피해여성이 남성을 살해 할 경우 가정폭력의 경우 학대의 실상이 간과되기도 한다.

심손(O. J. Simpson) 살인사건에서 배심원이었던 벤다 모란(Benda Moran)이 심리 중 심손이 아내 브라운 심손(Nicole Simpson)을 살해한 것은 오랫동안 있어왔던 아내 학대와 관련이 있을지도 모르는데, 이를 심리하는 것은 시간낭비일 뿐이라고 지적한 것은 상징적이다.

2. 가정폭력범죄의 인식변화

종래에는 가정폭력의 가해자와 피해자에 대하여 이웃어른이나 친지 등의 중재나 성직자의 상담, 형사사법기관의 조정을 통하여 해결하려고 하였다. 그러나 이러한 해결방법은 시대의 변화에 따라 차츰 바뀌기 시작하였는데, 법원의 중요한 판례와 여성운동가들에 의하여 가정폭력문제를 범죄문제로 다루어 형사사법기관에서 취급하기 시작하였다. 가정폭력에 관하여 그녀도 맞을 짓을 하였다. 얼마든지 이혼 또는 사회도움을 받을 수도 있는데도 아무런 조치를 하지 않고 지내온 것을 보면 가정폭력은 가정의 일인데 제3자가 참견하는 것은 하나의 사생활의 침해로 보았다. 아내가 좀더 잘했으면 폭력이 중단될 수도 있었고 경찰이나 검찰에 아내가 신고를 하지 않거나 신고한 후에도 고소를 취하하지 않았으면 처벌할 수 있었는데 본인이 주저해서 그런 것이다. 자녀들을 위해서 어쩔 수 없이 살고 있는 경우를 폭력행위의 용인으로 이해해서는 안 되며, 장기간의 학대에서 적극적으로 대응하거나 폭력을 행사하면 사태가 더 나빠질 것이며 가출을 하려고 해도 붙들려서 죽거나 더 잔인하게 학대를 받을까 두려웠기 때문이라는 등의 인식을 갖고 있다.

가정폭력의 피해자인 아내들의 상당수는 본인이나 자녀들 때문에 어쩔 수 없이 참고 살며, 가해자인 남편을 처벌하는 것보다는 치료나 상담 등으로 교화·개선되기를 바란다.

오늘날 미국 대부분의 주에서는 가정폭력을 인지한 친척이나, 병원, 복지시설 장은 신고할 의무를 지니며 피해자 본인의 고소에 의해서가 아니라 검사의 직권으로 기소할 수 있도록 개정하여 가정폭력문제에 적극적으로 대처하고 있다(조준현, 91).

3. 가정폭력범죄의 피해자 특성

가정폭력의 역학구조상 폭력주기의 순환이 거듭 될수록 폭력의 수준(양상과 빈도)은 심하게 발전되고 보다 폐쇄적관계로 발전되는 한편, '희생자화 과정'(victimization process)을 가지게 되는 피해자 특성 때문에 심각한 가정폭력범죄는 오히려 공식기관에 노출될 가능성은 더 낮아진다. 설사 공식적으로 노출된다고 해도 일명 '스톡홀름 신드롬'이라는 여성피해자의 남성가해자에게 동조하거나 감싸는 행위가 적절한 법적 개입과 처리를 방해하는 경우도 발생한다. 형사법적 체계는 이와 같은 가정폭력의 역학구조와 특성을 고려한 효과적인 위기개입전략을 발전시켜야 한다. 형사법적 개입과정에서 고려해야만 하는 주요쟁점으로는 ① 갈등관계와 학대관계의 구별(부부싸움과 가정폭력의 차이), ② 표출적 폭력과 도구적 폭력의 구분, ③ 폭력관계의 폐쇄성, ④ 가정폭력의 중적 발생가능성(아내구타와 아동학대의 중복성) 등 폭력의 수준과 특성을 인식하여 접근할 필요가 있는 점이다. 폭력의 성격과 문제 위에 대한 구분 없이 모든 가정폭력을 단일하게 다루려는 시도는 위기개입이 아니라, 오히려 또 다른 위기상황을 초래할 수도 있다.

많은 실증적 연구결과를 종합해 볼 때, 법적개입이 직접적으로 폭력의 감소나 중지를 가져오는 것은 아니다. 재범의 위험이 줄어드는 것은 형사절차의 작동과 더불어 피해자가 자신의 관계를 종식시키기 위한 의지와 헌신(법률적 단계를 밟는 것까지 포함하여)이 함께 할 때만 비로소 가능하다고 본다.

제4절 「가정폭력관련법」의 주요내용과 개선점

1. 주요 내용

「가정폭력특례법」은 1997.12.13. "가정폭력범죄의 형사처벌 절차에 관한 특례를 정하고 가정폭력 범죄를 범한 자에 대하여 환경의 조정과 성행의 교정을 위한 보호처분을 행함으로써 가정폭력 범죄로 파괴된 가정의 평화와 안정을 회복하고 건강한 가정을 육성하는 것을 목적으로"(제1조) 제정되었다. 이 법은 제1장 총칙, 제2장 가정보호사건, 제3장 민사처리에 관한 특례(배상명령제도), 제4장 벌칙, 부칙, 총65개 조항으로 구성되었다. 이 법은 가정폭력범죄에 대해 형사처벌보다는 행위자의 교화 및 가정복귀에 중점을 두고 있다.

한편 「가정폭력피해자보호법」은 1997.12.31. "가정폭력을 예방하고 가정폭력의 피해자를 보호함으로써 건전한 가정을 육성할 목적으로"(제1조) 제정되었다. 이 법은 장으로 구분되어 있지 않고 정의(제2조), 국가와 지방자치단체의 책무(제3조, 제4조), 피해자보호시설(제5조 내지 18조), 권한의 위임(제19조), 벌칙(제20조), 제21조)과 과태료(제22조)의 22개 조항과 부칙으로 구성되어 있다.

가정폭력에 관한 이러한 두 법은 1998년 7월부터 동시에 시행되었는데, 그 후 1999.1.21. 「가정폭력특례법」이 개정되어 개정법은 1999.2.21부터 시행되고 있다.

「가정폭력피해자보호법」은 모든 개인이 가정에서 안전하고 건강한 삶을 누릴 수 있도록 건전한 가정과 가족제도를 유지 · 보호하기 위해 노력해야 할 의무(제3조)와 가정폭력의 예방과 방지를 위해 가정폭력에 관한 신고체제의 구축 및 운영, 연구와 실태조사, 교육 및 홍보, 관계법령의 정비 및 각종 정책 수립 및 시행 등을 하고 있으며, 「가정특례법」은 가정폭력을 "가정구성원 사이의 신체적 · 정신적 또는 재산상의 피해를 수반하는 행위"라고 정의하고(제1조1호), 사실상 혼인관계에 있는 자를 포함하여 배우자 또는 배우자 관계에 있었던 자, 사실상의 양친관계를 포함하여 자기 또는 배우자와 직계존비속관계에 있거나 있었던 자, 계부모와 자의 관계 또는 적모와 서자의 관계에 있거나 있었던 자, 계부모와 자의 관계 또는 적모와 서자의 관계에 있거나 있었던 자, 동거하는 친족관계에 있는 자를 가족구성원으로 하고 있다(제2조2호). 가정폭력범죄유형은 형법 제2편에 규정된 29가지의 범죄와 아동복지법위반(제18제2항2호)의 1가지 범죄(아동에게 구걸을 시키거나 아동을 이용하여 구걸하는 행위), 이들 죄의 상습범 등에 대하여 가중처벌하는 폭력행위 등 처벌에 관한 법률상의 죄(제2조1항 및 3항)에 해당하는 21가지로 구성하고 있다.

「가정특례법」은 가정폭력 범죄로 인하여 직접적으로 피해를 입은 피해자 이외에도 누구든지 가정폭력범죄의 신고를 할 수 있도록 하고 있으며(제4조1항), 경찰에 진행 중인 가정폭력범죄에 대하여 신고를 받으면 즉시 현장에 출동하여 폭력행위의 제지 및 범죄수사를 하여야 한다(제5조).

검사는 경찰의 응급조치에도 불구하고 가정폭력범죄가 재발할 우려가 있다고 인정되는 경우 직권 또는 경찰의 신청에 의해 법원에 임시조치를 청구할 수 있는데(제8조), 청구할 수 있는 임시조치는 피해자 또는 가정구성원의 주거 또는 점유하는 방실로부터의 격리(제1호), 피해자의 주거 직장 등에서 100미터 이내의 접근 금지(제2호)의 두 가지가 있다. 그런데 검사는 수사결과 사건의 성질 · 동기 및 결과, 행위자의 성행 등을 고려하여 보호처분에 처함이 상당하다고 인정되는 경우 가정보호사건으로 처리할 수 있다.

2. 현행 「가정폭력관련법」에 관한 개선점

1) 의 의

현행 「가정폭력특례법」은 가정폭력을 가정구성원 사이의 신체적 · 정신적 또는 재산상의 피해를 수반하는 행위로 정의하고(제2조1호), '가정구성원'의 범위를 배우자와 부모-자녀 관계 중심으로만 구성하고 있다. 그런데 '가정구성원'의 대상이 되는 것은 이 법에서 말하는 가정폭력의 피해자와 행위자, 즉 당사자가 된다는 것을 의미하고 이 법은 가정폭력의 행위자에 대해 성폭력의 경우와 달리 가중처벌하지 않고 가정의 정상적인 회복을 위해 보호처분 등에 의해 행위자의 교화와 재발방지에 초점을 두는 가정보호사건으로 처리하는 경로를 주로 규율하고 있다.

이러한 관점에서 보면, 현행법이 가족구성원에 '배우자관계에 있었던 자'를 포함시키고 있는데 대해 이미 이혼 등에 의해 법적으로 타인이며 동거하지도 않는 관계까지를 가정구성원으로 볼 필요가 없다는 견해(김병주: 1998)는 일리가 있다.

현행법은 친형제자매라도 동거하지 않으면 그들에 의한 폭력은 가정폭력으로 보지 않고 있는데 대해서는 재검토할 필요가 있다고 본다. 가정폭력의 특성이 피해자와 행위자가 자주 대면하고 그에 따라 가정폭력행위의 가능성이 크며 가족관계에서의 상호 신뢰를 크게 해친다고 하는데 있다고 볼 때, 친형제자매 간의 폭력은 설사 동거하지 않더라도 가정폭력의 범주에서 포함시킬 필요가 있다고 본다.

현행법은 '계부모와 자의 관계 또는 적모와 서자의 관계에 있거나 있었던 자'를 가정구성단원으로 하고 있는데, 1990년 1월 민법개정으로 인해 계모-자 관계와 적모-서자 관계가 법정혈족에서 폐지되고 '배우자의 직계혈족과 직계혈족의 배우자 사이'는 인척관계로 전환되었으므로 '계부모와 자의 관계 또는 적모와 서자의 관계에 있거나'로 표현을 대체할 필요가 있다고 본다.

2) 가정폭력피해자의 범위 확대

「가정폭력특례법」 제2조제5호는 가정폭력범죄의 피해자를 "가정폭력범죄로 인하여 직접적으로 피해를 입은 자"로 한정함으로써 응급조치, 임시조치, 보호처분결정에서 가정폭력으로 인해 실제로 정신적, 육체적, 물질적 피해를 입게 되는 가족들은 필요한 보호를 받지 못하는 결과가 발생하는 문제를 해소하기 위해 가정폭력피해자의 범위를 확대 할 필요가 있다.

3) 가정폭력사건의 사법처리와 피해자보호제도의 개선

현행법은 피해자의 고소가 있어야 공소를 제기할 수 있거나(형법 제308), 피해자의 명시한 의사에 반하여 공소를 제기할 수 없는 가정폭력범죄 등의 가정보호사건에 대하여 고소가 취소되거나 피해자가 처벌을 희망하지 아니하는 명시적인 의사표시를 한 때는 법원이 불처분 결정을 할 수 있도록 규정하고 있다(제37조1항1호). 이는 피해자의 의사를 특별히 존중하여 만든 법적 특례이긴 하지만, 보호처분은 범죄에 대한 처벌이 아닌 점, 제3자의 신고의무조항을 두고 있고, 객관적으로 응급조치 및 임시조치, 보호처분을 취할 수 있도록 한 점, 이러한 범죄의 행위자에 대해서도 재발을 방지할 조치가 필요하다는 점에서 불처분 결정을 할 것이 아니라 적절한 보호처분조치가 실시되어야 한다고 본다.

4) 피해자의 신뢰관계에 있는 자의 동석 허용

현행 「가정폭력특례법」에는 「성폭력특별법」과는 달리 피해자가 수사기관이나 조사를 받거나 재판과정에서 증인신문을 받을 때, 신뢰관계에 있는 자의 동석이 인정되지 않고 있다. 피해자의 신청이 있으면 상담소직원 등 피해자 외 신뢰관계에 있는 자의 동석을 허용할 필요가 있을 것이다. 특히 미성년자의 보호와 자유로운 진술을 위해서도 이 제도는 필요하다.

5) 수사기관의 적극적인 사건처리

가정폭력사건의 처리에 있어 현장에 출동하여 응급조치 등에 의해 사건을 사법기관 중 제일 먼저 해결하는 경찰의 역할은 매우 중요하다. 그런데 「가정폭력특례법」 시행 이후에도 여전히 경찰은 가정폭력 현장에 출동하는 것을 꺼려하고 실제 가정폭력범죄 수사에 관한 한 크게 개선된 점을 발견하기 어렵다는 지적들이 있다. 특히 법률상 아무런 근거도 없는 행위자에 대한 훈방조치는 특례법의 취지를 정면으로 훼손하는 것임에도 광범위하게 이루어지고 있어서 이에 대한 강력한 제재 등 내부 통제의 필요성도 절실하다는 지적이 있다. 임시조치의 유용성을 높이기 위해 경찰도 필요하다고 판단되면, 피해자의 동의를 받아 가해자를 피해자로부터 격리시키거나 접근을 금지시키는 임시조치를 일단 취하고 사후 검찰과 법원에 승인을 받을 수 있도록 하여야 할 것이다. 한편, 현행법상 임시조치위반에 대한 제재 규정이 마련되어야 할 것이다.

6) 가정폭력사건처리의 다양화

피해자가 행위자와 이혼하지 않은 상황에서 행위자가 지급하여야 할 벌금액이나 상담위탁, 치료위탁의 비용은 결국 피해자가 부담해야 된다. 피해자가 대부분이 저소득 계층인 현실을 고려해 볼 때, 이 문제는 간과해서는 안 될 문제이다. 또한 가정폭력사건을 형사사건으로 처리할 것인가 아니면 가정보호사건으로 처리할 것인가의 여부는 폭력의 정도와 행위자의 성행과 교화가능성, 가정회복의 가능성 기타 가정보호사건처리의 효과 등을 고려하여 결정해야 할 것이다. 또한 당사자가 이혼의사가 없거나 해당사건과 관련하여 이혼소송이 제기된 경우에는 형사사건으로 처리하고, 이혼이나 가정해체의사가 없는 경우에는 최대한 가정보호사건으로 송치하는 결정을 할 필요가 있다고 본다. 이를 위해 가정보호사건과 형사사건의 결정기준이 마련되어야 할 것이다.

7) 보호처분의 전문화와 실효성 강화

법원은 보호처분을 받는 대상자들이 대체로 무직이나 저임금의 노동에 종사하고 남성가정인 경우가 많다는 사실을 고려하여 보호처분의 기간이나 시간을 짧게 하여 보호처분의 대상자들의 생업에 지장이 없도록 배려하고 있는 경향이 있다. 그러나 그와 같이 보호처분이 형식적으로 이루어지면, 가정폭력이 재발될 가능성은 크고, 그렇게 되면, 피해자와 그 가족구성원은 법의 보호도 받지 못하고 폭력을 더욱 감수할 수밖에 없는 상황에 처하게 될 것이다. 이러한 상황은 이법이 지향하는 건전한 가정의 회복이 결코 아니며 사법기관에의 가정폭력의 신고와 처리에 대한 기대는 더욱 낮을 수밖에 없게 될 것이다. 그러므로 보호관찰, 사회봉사명령, 수강명령이나 보호처분제도의 실효성을 높이기 위해 성폭력범죄자나 가정폭력가해자가 이러한 처분을 받고나서 여성폭력문제와 여성인권에 대한 인식과 태도가 개선될 수 있도록 전문프로그램이 마련되어야 할 것이다.

8) 배상명령의 적용대상과 배상범위 문제

「가정폭력특례법」 제57조는 배상명령의 범위에 관하여 피해자 또는 가정구성원의 부임에 필요한 금전의 지급과 가정보호사건으로 인하여 발생한 '직접적인 물적 피해'

및 치료비 손해의 배상이라고 정하고 있다. 직접적인 물적 피해나 치료비는 들지 않았더라도 정시적인 피해를 입는 경우가 실제 사건에서 많을 것이라는 점에서 볼 때, 정상적인 손해에 대한 배상까지 범위에 포함하도록 입법론으로 고려하는 것이 타당할 것이다.

9) 비밀 누설금지와 보도금지에 관한 「성폭력특별법」과 「가정폭력특례법」의 법정형 조정

현행 「성폭력특별법」과 「가정폭력특례법」은 피해자의 보호를 위해 공통적으로 피해자의 신원 및 비밀의 누설 금지규정과 사건의 출판과 방송의 금지규정을 두고 있다. 그런데 두 법에서 그 요건과 위반에 대한 제재를 각기 달리하고 있어 적절한 조정이 필요하다.

10) 피해자 보호시설의 기능 활성화와 지원확대

현행 「성폭력특별법」과 「가정폭력피해자보호법」은 공통적으로 상담소와 보호시설, 의료기관을 피해자보호시설로 하여 상담, 폭력사실의 신고 및 피해자에 대한 법률지원, 피해자의 일시보호, 치료보호 등의 업무를 담당하게 하고, 이를 국가 및 지방자치단체가 지원하게 하고 있다. 이러한 피해자보호시설의 존재와 기능 활성화는 여성폭력의 예방과 대책에 필수 불가결하다.

3. 사법기관의 개선

1) 남성편중 인력구조 개선

현재 경찰 및 검찰이나 법원판사는 물론 변호사의 95% 이상이 남성위주로 인적구성이 되어 있어, 현재의 형사사법기간이 과연 폭력희생자의 절대다수를 차지하는 여성의 입장을 이해하고 여성폭력의 문제의 해소를 위해 적극적인 사법서비스를 시행할 수 있을지 의문이 든다. 폭력을 당한 여성들이 사법기관에 접근하는 것을 용이하게 하고 그 피해 사실을 솔직히 드러내고 적절한 조언과 사법서비스를 제대로 받을 수 있도록 하기위해서는 현행사법기관의 인적구성의 문제를 재검토하여야 한다고 본다. 그러기위해서는 현행 여성채용 목표제를 철저히 지킴과 동시에 사법고시까지 확대 적용할 필요가 있다고 본다. 또한 여성폭력사건을 다루는 수사부서와 재판부에 여성을 가능한 많이 배치할 필요가 있다고 본다.

2) 여성폭력전담부서의 설치

여성폭력문제에 대해 피해자들의 접근가능성을 높이고, 사건을 전문적이고, 중점적으로 수사하고 재판할 전담부서를 수사기관이나 법원에 설치하는 것을 검토 할 필요가 있다. 또한 현재 가정법원은 서울지역에만 설치되어 있다. 따라서 지방에는 지방법원이 관할하도록 되어 있어 가정폭력문제의 특수성과 전문성을 고려하여 마련된 특별한 사법서비스를 지방거주자들이 받지 못할 수 있다. 이러한 현실을 감안하여, 수사기관이나 법원에 여성폭력전담부서를 설치하거나 확대하고 피해자들이 대다수 여성인 점을 고려하여 가능한 여성을 많이 배치할 필요가 있다.

3) 정확한 통계와 공표

북경여성행동강령과 많은 외국의 정책은 여성폭력철폐를 위한 주요한 전략으로서 여성폭력의 발생과 그 원인, 사법처리에 관한 통계를 국가기관이 작성, 공포하도록 하고 있다. 그런데 현재 우리나라정부와 사법기관에서 여성폭력에 관한 정확하고 성별분리 된 통계가 제대로 공표되지 않고 있다. 여성폭력에 관한 입법, 사법, 행정적 대책을 마련하거나 이에 필요한 연구를 수행하기위해서는 경찰, 검찰, 법원이 서로 협조하여 여성폭력에 관한 일관성 있고 정확한 통계의 작성, 공표가 필요하다.

4. 여성인권과 여성폭력관련 법률의 체계적 교육 강화

「성폭력특별법」과 「가정폭력관련법」의 시행의 주체는 국민, 정부, 사법기관(경찰, 검찰, 법원), 상담소 · 보호시설 · 의료기관(이하 '피해자보호시설'이라 함)이다. 그러므로 국민들의 여성폭력문제와 여성인권에 대한 인식, 여성폭력사실의 신고와 사법기관과 피해자보호시설의 활용, 국가와 지방자치단체의 폭력예방과, 피해자보호의 책무, 사법기관의 인권보호관점에서의 사건처리, 피해자보호시설의 상담과 보호 · 치료가 상호 유기적으로 잘 연계되고 그 역할을 해야 법의 실효성과 인권보장기능이 형성될 수 있을 것이다. 이를 실현하기 위해서는 무엇보다 이러한 법의 시행주체들에 대해 인권과 남녀평등의식, 「여성폭력관련법」에 대한 지속적이고 체계적인 교육과 법의 홍보가 반드시 필요하다.

5. 법의 시행평가와 폭력 철폐운동을 위한 대중매체, 시민단체의 연대활동

법의 실효성 있는 시행을 위해서는 민간시민단체가 주축이 되어 법의 시행에 관한 지속적인 감시와 평가가 이루어져야 하며, 정부와 사법기관에게 책무와 이행을 촉구하고, 입법기관에게 법의 개정을 지속적으로 촉구하는 것이 필요하다. 여성폭력철폐의 과제는 여성만을 위한 것이 아니고 우리사회를 민주적이고 평등하게 만들기 위한 사회변혁과제이므로 여성들만이 논의하고 추진하는 운동이 아니라 시민단체의 남성들과 협력하여 추진하는 것이 매우 필요하다. 또한 언론기관과 협조하여 사회인식과 환경을 추진력 있게 개선하고 여성폭력철폐운동을 전국가적으로 확산시키는 것이 중요하다.

제10장 무동기(묻지마) 범죄

제1절 개 념

무동기 범죄란, 묻지마 범죄라고도 하는데 범죄자의 범죄동기와 목적이 불분명하며 범행대상자 또한 특정한 원한관계가 없는 불특정다수를 상대로 한 범죄를 말하는 것으로 이 무동기 범죄는 대부분이 극단적인 범죄인 살인으로까지 이어지고 있으며 갈수록 증가추세에 있어 사회적으로 큰 문제가 되고 있다.

제2절 무동기 범죄의 특징

무동기 범죄는 금품을 목적으로 하는 생계형 범죄가 아닌 사회전체에 대한 불만 등을 분출하는 표출형 범죄로(이윤호, 2004), 부작위로 범죄를 일으키기 때문에 누구나 피해자가 될 수 있으며 특히 여성, 노인, 아동 등 사회적으로 약자들의 피해가 속출하고 있다.

현대사회의 병폐인 개인만능주의와 인명경시풍조의 극단에서 발생하는 것으로 특히 심리적 극한상황에 몰린 범인들이 자제력을 잃은 상태에서 범죄를 저지른다. 특히 이러한 범죄는 사전예방이 어렵다. 왜냐하면 언제 어느 때 누가 어떻게 범죄를 저지를지 모르기 때문이다. 예컨대, 전동차를 기다리는 사람을 철로에 밀어 넣는다든지 갑자기 지나가는 행인을 흉기로 찌른다든지 하는 경우 등이다.

무동기 범죄의 피해자의 경우 살해당하거나 살해당하지 않았다하더라도 육체적, 정신적 피해로 인해 사회생활이 힘들다. 이러한 무동기 범죄는 대부분이 범인을 검거하지 못한 채 미제사건으로 남는 경우가 많으며 선진국에서 많이 나타나는 것으로 봐 물질문명의 발달에 따른 일종의 한 병폐라고 볼 수 있으며 향후 증가 할 것으로 전망된다.

제3절 범죄형태 및 발생 현황

1. 범죄형태

무동기 범죄는 범죄형태 또한 다양하게 나타나는데, 이 중 대부분이 사회에 대한 불만 표출 형태이다. 사례에 비추어보면 어떤 특별한 동기나 목적이 없는 연쇄살인, 피살, 피습, 방화, 폭약범죄, 독극물살포 등이 있다. 다른 범죄와는 다르게 뚜렷한 패턴을 가지지 않는 범죄라고 볼 수 있다.

무동기 범죄는 일반인들에게는 도저히 납득이 가지 않는 범죄행동을 자아내는 것으로 정신과 전문의의 말에 따르면 일반 사람의 경우에는 개인적, 그 외 여러 가지 이유로 사회에 적응을 제대로 못해 좌절을 겪으면서 자기 탓으로 여기는 반면 일부사람들의 경우 마치 다른 사람들 때문에 사회 환경 때문에 등 남 탓으로 여김으로서 공격성을 분출한다고 한다(신영철, 2004).

2. 범죄의 발생 현황

무동기 범죄는 무동기 범죄자의 현실비관이 사회 불만으로 이어지고 이 사회 불만은 급기야 무동기 범죄로 이어져 불특정 다수의 사람을 대상으로 살인이나 범죄 등 극단적인 방법을 통해 공격성을 나타낸다. 이러한 살인뿐만이 아니라 최근에는 경제난이 계속되면서 자신의 불만과 스트레스를 폭력으로 해소하려는 우발적 폭력도 증가하는 추세다. 2008년 들어 묻지마 범죄는 더욱 기승을 부렸는데, 2008년 3월에는 강원 양구군에서 30대 남성이 이유 없이 휘두른 흉기에 여고생이 숨진데 이어 22일 강원 동해시청에서 무고한 공무원 1명이 희생되는 등 곳곳에서 '묻지마 범죄'가 기승을 부렸다.

경찰청이 범죄동기별로 집계한 범죄발생 현황에 따르면 2007년 묻지마 범죄 발생 현황을 보면 우발적 범죄와 현실불만 범죄는 각각 38만 6,442명, 1만 2,470명으로, 2006년에 비해 9.9%, 10.5%나 늘어난 것으로 나타났다.

묻지마 범죄를 예방하기 위해서는 양극화 해소와 사회통합이라는 국가적 차원의 거시적이고 장기적인 노력과 더불어 범죄예방 및 체계적인 범죄자 관리시스템이 필요하다고 본다. 그러기 위해서는 독일, 미국 등 선진국에서처럼 재범 가능성이 있는 범죄자들을 대상으로 교육, 정신치료 등을 폭넓게 운용함은 물론 전문 교정복지사를 범죄자에 대해 복지제도와 연계해 범죄재발 프로그램을 개발 운용하여야 한다고 본다. 한국형사정책연구원이 발표한 자료에는 아무런 관계없이 타인을 살해한 비중을 보면 1970년대 13%이었던 것이 2000년대에는 23%로 무려 10%가 증가한 것으로 나타났으며, 최근에는 2003년부터 2008년까지 5년 동안 237% 묻지마 범죄가 증가했고, 앞으로도 증가할 것으로 전망하였다.

경찰에 따르면 최근 1~2년 사이 범죄가 선진국형인 무동기 범죄로 변하고 있지만 수사방식은 크게 개선되지 않아 한계에 봉착한 상황이라고 한다. 살인을 비롯한 강도, 강간, 절도, 폭력 등 5대 강력범죄는 무려 49만 7천 66건이 발생, 2002년 47만 5천 367건보다 4.6%가 증가했다. 이러한 강력범죄가 늘고 있지만 검거율은 그다지 높지 않고, 특히 무동기 범죄의 경우는 범죄 검거율이 지극히 낮은 실정이다. 실제로 경찰청이 2004년 행정자치위에 제시한 국정감사 자료에 다르면 지문감식 데이터베이스를 통한 검거건수는 2000년 2천 336건(24%), 2001년 2천 376건(39%)에 그쳤다.

검거율이 낮은 것은 범인들이 현장에 지문을 남기지 않거나 심지어 지문을 변형하는 등 지능범죄 성격까지 띠고 있어 무동기 살인을 저지르는 계획적인 무동기 범죄자들에게는 지문수사 방식이 무용지물이나 다름없다.

부유층과 여성을 연쇄 살해한 유영철도 현장에 자신의 지문을 남기지 않거나 유전자 감식까지 고려해 현장을 방화, 증거를 없애는 주도면밀함을 보였다.

이윤호 교수는 약물중독, 정신질환이 매년 늘고 빈부격차가 커지면서 상대적 박탈감을 느끼는 사람들이 이른바 무동기 범죄를 저지를 수 있다고 하였다. 곽대경 교수도 극단적 이기주의, 인명경시, 물질만능주의 등이 사회에 구조적으로 고착화되면 극단적인 묻지마 살인은 언제든지 터질 수 있다고 하였다.

3. 일본의 무동기 범죄사례

2003년 12월 15일, 일본 이바라키현에서 중학생(3학년, 남, 14세)이 철봉(건축자재용, 길이 60센티, 두께 1.8센티)으로 여동생(초등학교, 여, 12세)을 때려 의식은 있으나 두개골이 깨지는 중상을 입혔다. 동기는 [살인 방법에 관한 홈페이지]를 보고 누구라도 좋으니까 그대로 해보고 싶었다고 한다. 사건 당시 부모님은 외출 중이었고, 이 중학생은 비행 경력도 없었다(자료 : http://pine.zero.ad.jp/~zac81405/ibaraki.htm).

2005년 4월 21일 오오사카 공원에서 17세 소년이 유치원생(남, 4세)을 해머로 때려 중상을 입혔다. 당시 공원에는 유치원생의 엄마가 있었으나 엄마가 아기한테서 눈을 뗀 틈을 타서 범행을 저질렀다. 유치원생을 범행 대상으로 삼은 이유는 자기보다 힘이 약하기 때문이라고 한다. 이 소년의 범행 동기는 "인터넷에서 어린이의 불에 탄 시체 사진을 보고 대량살인을 생각했다."고 한다. 이 소년은 2년 전부터 해머나 칼과 같은 흉기를 사 모아 백 속에 넣어서 집에 감추어 놓았다고 한다. 또한 "길거리에서 누구라도 좋으니까 대량으로 살인을 하고 싶었다."라고 진술했다(자료 : http://d.hatena.ne.jp/kitano/20050424).

4. 우리나라의 무동기 범죄사례

1) 묻지마 연쇄살인사건

서울지역의 부유층 노인과 전화방 · 출장마사지 여성 등 모두 20명을 무차별적으로 살해한 유영철이 붙잡혀 전 국민을 충격과 공포로 몰아넣었다.

강력범죄의 일반적인 경향은 점차 지능화되고 흉포화 해가고 있다는 것이다. 유영철 사건은 직접적인 원한 관계가 없는 범행대상을 선택하고 잔인한 수법으로 저질렀다는 점에서 '묻지마 살인'으로 분류할 수 있다. 이번 사건은 부인과의 이혼, 경제적 곤란 등 열악한 환경에 둘러싸인 30대가 사회로부터 버림받았다는 사실에 분노하며, 그 억눌린 감정을 제3자에게 공격적으로 표출한 것이다. 그는 사회로부터 기회를 박탈당해 차별받고 있다고 확신한 뒤 더 이상 대화를 통한 문제해결은 어렵다고 판단한 것이다. 전과자라는 낙인 속에서 일자리를 찾고 주변의 인정을 받으며 건전한 인간으로 살아가기는 결코 쉽지 않았을 것이다. 다만 자신의 상황을 사회나 다른 사람의 탓으로 돌리고, 연쇄살인하며 많은 인명을 잃게 한 것은 어떠한 이유로도 정당화 될 수 없다.

유영철 사건을 요약한다면 "한 인간이 품고 있는 세상에 대한 잘못된 증오심이 연쇄살인이라는 극단적인 공격행위로 표출된 것"이라고 정의할 수 있다. 그러나 개인의 행동이 우리 사회의 여러 환경과 영향을 받는다는 사실을 인정한다면 우리가 반성하고 고칠 점도 적지 않다고 보며 바로 이것이 유사범죄의 재발을 방지하는 최소한의 출발점이라고도 생각한다(곽대경, 2004).

2) 묻지마 폭약범죄

2004년 6월 4일 강릉의 한 은행 남성이 위협을 한 뒤 사제폭탄을 터트리고 범인은 자살을 했다. 이 사고로 은행직원 8명은 중경상을 당했다. 2004년 10월 2일 반경 1~2킬로미터에 치명적인 파괴력을 보이는 21개의 다이너마이트로 청와대를 폭파하겠다는 범인이 검찰에 검거됐다. 경찰은 형장에서 21개의 다이너마이트를 압수했다.

이처럼 근래 들어 가공할 만한 파괴력을 가지면서 수많은 무고한 사람들에게 피해를 줄 수 있는 '묻지마 폭약범죄'가 늘면서 폭발물 관리에 비상이 걸렸다. KBS '추적60분'은 2일 방송한 '폭약을 안고 사는 도시'편을 통해 이같은 무방비로 노출된 우리사회의 폭발물 범죄와 부실한 폭발물 관리 실태를 집중 조명했다. '추적60분'이 이 날 방송한 제목처럼 우리는 폭약을 안고 사는 도시에 살고 있다.

근래에 들어 증가하고 있는 폭약범죄는 군대에서 고도의 훈련을 받는 군인이 설치할 수 있는 부비트랩에서부터 공사장에서 구할 수 있는 다이너마이트, 그리고 사제폭탄에 이르기까지 다양한 폭발물이 상용되고 있다.

지난해 전북 전주시 한 주택가에서 발생한 폭발물 범죄는 아직 체포되지 않는 범인이 화장실에 부비트랩을 설치해 폭약이 터지면서 김모씨 등이 부상을 입었다. 피해자 김모씨는 "화장실 문을 열자 폭약소리가 나면서 부상을 당했다."고 말했다.

문제는 날로 급증하고 있는 이러한 폭발물 범죄가 동기나 대상이 불분명한 '묻지마 범죄'라는데 문제의 심각성이 더하다. 이러한 묻지마 폭발물 불특정 다수를 대상으로 한데다 폭발물의 파괴력이 워낙 커 범죄가 발생하면 무수한 피해자를 낳을 수 있기 때문이다.

종로경찰서에 폭발물을 우송해 협박을 하다 체포된 이모씨는 "자신의 억울함을 여론에 호소하기위해 범행을 저질렀다."는 어처구니없는 범행동기를 밝혀 일반인 누구나 폭발물 범죄 피해에 노출될 수 있음을 경고했다(마이데일리, 2005).

3) 대구 농약요구르트사건

2004년 9월 19일 대구 달성공원과 두류공원의 벤치 등에 놓인 '농약요구르트'를 마신 뒤 복통과 구토 증세를 호소하며 1명이 숨지고 12명이 식중독 증세를 보이는 등 피해를 입은 사례가 지금까지 모두 7차례 13명이나 되는 것으로 드러났다.

문제는 사건의 대상물이 정해져 있는 것이 아니라 누구나가 대상이 된다는 것과 요구르트뿐만이 아니고 다른 식품류에도 같은 방법의 범죄가 행하여 질 때 방비할 대책이 없다는 것이다. 경찰은 수사본부를 설치하고 현상금 2천만 원까지 내걸었으나 뚜렷한 증거를 찾지 못해 결국 미제사건으로 해를 넘기고 말았다.

묻지마 범죄로 인하여 먹는 것도 다니는 것도 삼가하고 조심해야 할 지경이 되었으니 끔직하고 답답할 노릇이 아닐 수 없다. 이렇듯 뚜렷한 대상물이 없는 '아무나 죽고 다치라'는 식의 테러, 음식료에 독극물을 주입하는 등 묻지마 범죄 실태가 심각하다.

4) 지하철 묻지마 범죄

지하철을 무대로 일어나는 지하철 묻지마 범죄는 최근 들어 우리나라는 물론 세계적으로 유행처럼 번지고 있는 것이 현실이다.

2003년 2월 18일에 200여 명의 엄청난 사상자를 낸 '대구지하철 방화사건'을 비롯하여 2007년 12월 6일 발생한 '서울지하철 방화사건'처럼 불특정 다수를 겨냥한 반사회적 범죄는 물로 2006년 6월 지하철 4호선 회현역에서 40대 노숙자가 60대 노인을 아무 이유 없이 흉기로 찔러 숨지게 한 사건 등 여러 형태의 지하철 묻지마 범죄가 지속적으로 일어나고 있는 것이다.

외국의 경우를 보면, 일본은 1995년에 일어난 '지하철 사린사건'으로 지하철의 차량 내에서 맹독가스를 발산시켜 12명의 사망자와 다수의 부상자를 냈다. 이 사건은 광신적인 종교단체에 의한 화학물질을 사용한 무차별 테러로 온 세상에 충격을 주었다.

캐나다 토론토에서는 토론토 교통위원회(TTC) 지하철에서 '묻지마' 범죄가 잇따라 일어났다.

2008년 들어 토론토교통위원회(TTC) 지하철에서 '묻지마'식 엽기사건이 잇따라 발생하고 있는데, 2008년 1월 22일엔 오스굿 지하철역에서 총격사건이 발생, 20대 남성이 복부 등에 총상을 입었으며, 2월 12일엔 윌슨 지하철에서 29세 여성 승객이 칼에 찔리는 변을 당했으며, 6월 28일엔 다운타운 던가스 웨스트 지하철역에서 아침 6시쯤 전철을 기다리던 한 남성 승객이 괴한에 떠밀려 철로 위로 떨어뜨린 묻지마 범죄가 일어났다. 또 3월 31일 오후 다운타운 뮤지엄 지하철역 플랫폼에서 57세 여성이 30세 남성으로부터 폭행을 당해 머리에 중상을 입히는 묻지마 범죄가 발생했다(해피코리아뉴스, 토론토중앙 리포터, 2009.4.3).

제4절 무동기 범죄의 대응상 문제점

1. 사전예방의 어려움

실질적으로 범죄의 유형이 다른 범죄와는 달리 언제, 어디서, 누가, 어떻게 왜 범죄를 일으키는지에 대한 사전조사부터 체계적으로 이루어지고 있지 못한 상황에서 사전예방을 한다는 것은 그 자체에 어려움이 따른다. 또한 범죄대상도 광범위하기 때문에 여러모로 예방대책을 세우는 데 어려움이 있다.

2. 범인검거율의 저조

2004년 5월 신대방동 여대생 살인사건의 피해자는 사망 직전 "모르는 사람이 찔렀다."는 말을 건넸다. 같은 해 8월 미아 4동과 9동에서 10분 간격으로 일어난 심야 부녀자 피습사건의 피해자들 역시 "갑자기 뒤에서 아무 말 없이 찔렀다."고 진술했다. 4월에 일어난 고척2동 여대생 피살사건은 범인이 피해자의 집 현관 앞에서 기다렸고 피해품이 없는 것으로 미뤄 원한에 의한 면식범 소행으로 추정했으나 주변인 성과가 없었다. 대부분 피해자를 흉기로 난자했다. 잔인한 범죄는 원한이 개입된 것이라는 상식도 뒤엎었다. 30년 경력의 한 형사는 "용의자가 주변인을 벗어나면 동종전과자에서 사회 불만자, 여성 혐오자까지 수사대상이 거의 무한대로 넓어진다."면서 "범행동기조차 뚜렷하지 않아 범인검거는 더욱 힘들다."고 털어놨다.

대낮에 사람들의 출입이 잦은 상가에서 흉기를 휘두르고, 범행현장에 불을 지르는 등 범죄의 흉포화 지능화 성향도 짙었다. 지난 8일 오후 1시쯤 석천동 상가에서 발생한 연쇄피살사건은 피해자가 종업원으로 일하고 있는 비디오방 안에 손님이 있는데도 성인남성 2명을 여러 차례 흉기로 찌른 뒤 유유히 사라지는 대담함으로 시민들을 경악케 했다.

3. 모방범죄 확산우려

모방범죄 우려도 커지고 있다. 2006년 서대문구 홍제동 다세대주택에서 숨진 채 발견된 50대 여성은 머리를 둔기로 수차례 맞아 함몰된 상처가 있었다. 같은 해 광진구 중곡동에서 50대 건물주를 살해한 세입자 역시 둔기로 피해자의 머리를 수차례 때렸다. 모두 유형철 사건에서 수법을 착안했을 가능성이 있다. 2006년 10월 금천구 독산4동에서는 40대 중국동포 여성의 토막 난 시체가 여행용 가방에 든 채로 발견되기도 하였다.

이에 대해 표창원 교수는 "독재정치나 경제적 궁핍 등 국민을 위협하는 대형이슈가 사라지면서 개인의 범죄피해에 대한 사회적 관심은 커지고 있지만, 최근범죄는 현장에서 과학적인 증거를 잡지 않는 이상 용의자를 특정하기 조차 힘들다."면서 "웰빙 등 삶의 질에 대한 관심이 높아지고 있는 상황에서 살인을 저지르고도 잡히지 않는 '괴물'의 존재는 새로운 위협적 요소로 자리잡고 있다."고 말했다.

4. 미제사건의 과다

경찰의 전통적인 수사기법으로는 불특정 다수를 사회적 범죄에 능동적으로 대처하기 힘들다. 그래서 대부분 미제사건으로 남는다. 종래의 '인해전술식 탐문수사'의 한계성을 지적하였다. 불특정다수를 상대로 한 연쇄살인사건은 누가, 언제, 어느 때 피해자가 될지 모르는 무동기 범죄는 범정부, 범사회적 대책마련이 시급하다고 보겠다.

묻지마 범죄의 주요원인으로는 이혼과 재혼실패 등 개인적 불행, 익명성 증가 등 사회구조의 변화, 상대적 소외감과 박탈감 등 개인적사정과 사회적 배경 등을 '묻지마' 살인사건의 복합적인 이유라고 볼 수 있는 바 이에 걸맞는 처방을 주문했다.

김시억 교수는 "유씨의 경우 범죄 전과가 많은데도 살인전과가 없었으나 출소 후 연쇄살인만을 한 것으로 미뤄 이혼과 청혼 거절 등 최근의 경험들이 개인적으로 큰 스트레스로 작용했고 이 때문에 극악 범죄를 저지른 것 같다."고 개인에 초점을 맞추어 분석했다. 이어서 김교수는 유씨의 범행동기를 전과 등으로 가족이나 친구들로부터도 인정받지 못할 때 의지가 됐던 아내로부터 버림받은 것이 큰 충격이 됐고, 재차 청혼마저 거부당하자 극단적 범행에 나선 듯했다고 말했다.

반면 곽대경 교수는 "동기가 불명확한 이른바 '무동기 살인'이 최근 증가하는 것은 사회가 다원화 되고 익명성이 증가하는 등 사회의 구조변화와 관련이 깊다."고 진단했다. 곽교수는 "압축적 경제성장, 전통적 가치관의 붕괴 등 급속한 사회변화 속에서는 적응을 못해 소외되고 상대적 박탈감을 느끼는 사람들이 생기기 마련"이라며 유씨 역시 소외감 속에 불우한 처지와 비관적 장래의 책임을 자기능력이나 노력의 부족보다 세상 탓으로 돌리면서 공격적인 행동을 표출한 것이라고 말했다.

이용혁 교수는 "경찰, 검찰, 법원, 교도소 등으로 구성된 형사사법체계의 한계성을 극명히 드러내 보여준 사건"이라며 "범죄인을 개성, 교화하는 교도소의 교정프로그램이 전혀 기능을 발휘하지 못했다는 뜻"이라고 교정행정의 문제점을 지적하였다. 이교수는 "이처럼 위험한 사람을 금세 사회로 내보낸 검찰, 법원 등도 문제가 있었던 셈"이라며 "경찰 역시 과학적, 체계적 수사보다 인해 전술식 탐문수사에 의존하는 한계를 여전히 드러냈다."고 비판했다.

이교수는 이에 따라 "범죄의 원인인 경제적 공황, 빈곤, 실업, 계층 간 편중 등을 그대로 놔둔 채 범죄를 예방하거나 방지하려고 하는 것은 어려운 일"이라며 유관기관과 함께 범정부적, 범사회적 대책을 마련하여야 한다고 요구했다.

5. 지하철 무동기 범죄의 무방비

위에서 본 사례와 같이 다른 공공장소뿐만이 아니라 지하철에서 무동기 범죄가 상당히 많이 일어난 것으로 나타났다. 지하철에서 노숙하는 사람들을 통제하는 것은 인권에 있어 범죄자로 취급하는 것이라 해서 지하철은 그야말로 두려움의 대상이 되고 있으며 전동차가 들어와 서기전에는 안심할 수 없이 경계를 해야 하는 등 어떻게 보면 무동기 범죄의 무방비나 다름없다고 보겠다.

제5절 무동기 범죄의 대책

1. 예 방

무슨 범죄든 최선의 대책은 예방이라고 할 수 있는데, 특히 무동기 범죄의 경우는 예방이 최선의 대책이라고 할 수 있다. 앞에서도 살펴보았지만 무동기 범죄의 가장 큰 원인 중 하나가 사회적 소외와 이에 따른 좌절 및 증오감이라고 할 수 있다. 갈수록 빈익빈 부익부 현상이 두드러지고 상대적 박탈감이 증대되면서 범죄 가능성은 그만큼 커질 수밖에 없는 것이다. 개인적 불행의 원인을 사회에 모두 돌릴 수는 없지만 개인적인 불행을 최소화 할 수 있는 사회적 안전망을 확충할 수 있는 제도적 개선을 이루는 것이 무동기 범죄를 방지하는 지름길이라고 본다. 무동기 범죄는 모든 시민을 대상으로 할 수 있으며, 특히 사회적 약자를 겨냥할 가능성이 높기 때문에 약자 보호라는 측면에서 정부는 물론 시민사회에서도 이에 대한 제도적인 대책을 적극 모색하고 제도권 내에서 사회에 소외된 자들을 수용할 수 있는 다양한 프로그램을 마련하는 등 실질적인 도움을 줄 수 있는 프로그램을 마련하는 방안을 강구해야 할 것이다.

2. 시민의 제보 및 신고의식 강화

범죄자의 검거율을 높이기 위해서는 무엇보다도 시민의 제보가 중요하다고 본다. 미국의 경우 무동기 연쇄살인의 80% 이상이 시민들의 제보나 신고에 의해 검거된다고 한다. 곧 시민들의 관심과 신고정신만이 무동기 범죄의 검거율을 높여 범죄방지를 하는 지름길이라고 본다.

3. 가치관의 새로운 정립

무동기 범죄가 주는 가장 큰 충격은 인명경시 풍조다. 사람의 생명을 대체 어떻게 생각하기에 이렇게 연쇄적으로 살인을 저지를 수 있다는 말인가. 주위를 둘러보면 생명을 경시하는 문화가 만연해 있다. 경우에 따라서는 범죄를 은근히 부추기는 문화 또한 없지 않은 게 우리의 현실이다. 문화가 이러하니 생명을 경시하게 되며, 충격적인 범죄가 빈번해진다. 과거 개발시대의 문화로 물론 돌아갈 수는 없을 것이다. 하지만 복합사회에 걸맞은 생명존중사상을 새롭게 확립하지 않으면 이런 유형의 범죄는 언제든지 다시 발생할 수 있다.

4. 경찰업무의 혁신

무동기 범죄는 전통적인 수사기법을 더욱 과학화해야 하며 범죄학, 심리학, 사회학 등의 도움을 받아 종합적인 수사방법을 강구해야 한다. 특히 초동수사에 있어 위의 종합적인 수사를 통해 초동수사능력을 강화시켜야 한다. 또한 첨단과학 장비, 선진수사기법을 활용하는 것도 좋은 대응책이 될 수 있는데, 그 한 가지 방법으로 범인상 추정(Criminal Profiling)의 도입도 필요하다고 보겠다.

무동기 범죄는 인적 · 물적 탐문수사를 통해 범인을 추적해나가는 연쇄 고리가 현장에서부터 끊어져 있기 때문에 전통적인 수사기법으로는 손 쓸 도리가 없는 것이 특징이다. 경찰도 지금까지의 주먹구구식 수사의 한계점을 인식, 이에 대한 대안으로 미국 · 유럽 등에서 실용화되어 있는 범인상 추정(Criminal Profiling) 도입을 추진하고 있다.

범인상 추정이란, 아무런 단서 없이 범죄현장 조사 · 감식을 통해 범인의 프로필을 추적해 용의자를 압축, 범인검거에 조력하는 최첨단 수사기법이다.

경찰청은 사회가 다양화되고 복잡해진데다 범죄를 소재로 한 영화가 · 인터넷 콘텐츠의 범람으로 엽기적이고 이상 범죄가 증가한다고 보고 이에 대응하기 위해 이달 초부터 본청과 각 지방청에 범죄 분석 팀을 설치, 운영하고 있다. 경찰청 관계자는 "낙후된 과거 수사기법에만 의지해서는 미해결 사건만 쌓일 따름"이라며 "우리나라도 이러한 유형의 범죄를 전통적으로 연구하고 수사할 수 있는 프로 파일러를 양성할 단계에 와있다."고 밝혔다.

경찰관계자는 "크리미널 프로파일링의 경우 방대한 범죄관련 데이터베이스(DB)의 축적이 성공의 관건이라고 할 때 단기적으로 효과를 기대할 순 없다."며 "미국이나 유렵처럼 수십 년 축적된 자료를 활용할 시점이 돼야 비로소 제역량을 발휘할 수 있을 것"이라고 밝혔다.

5. 전 지하철에 안전시설물 스크린도어 설치

지하철 승강장 추락사고를 방지할 수 있는 폐쇄형 스크린도어(Platform Screen Door)가 일부 지하철에 설치하고 있는데, 이것을 전 지하철에 설치하여야 한다고 본다.

폐쇄형 스크린도어는 선로와 승강장 사이에 벽처럼 설치돼 평시에는 닫혀 있다가 전동차가 정차하면 전동차 출입문과 동시에 개폐되는 시설이다. 국내에서는 지난 4개월 개통된 광주지하철 일부 역에 처음 설치된 이래 서울 등 대부분의 지하철에 스크린도어가 설치되고 있는 것은 매우 바람직하다고 보겠다. 폐쇄형 스크린도어가 설치되면 우발적으로 충동을 일으켜 뒤에서 사람을 밀어버리는 무동기 범죄를 예방할 수 있을 뿐만 아니라 안전사고와 함께 전동차 소음 및 먼지가 줄어들고 냉난방 효율도 높아지는 등 여러 가지 이점이 있을 것으로 판단된다.

6. 사회적 부조리 예방

대구의 '농약요구르트' 사건이 특정음료회사를 겨냥한 위해일 수도 있다는 전제 하에 일반 국민들이 손쉽게 접하는 식품류 제조회사인 해태제과에 대한 이야기이다.

해태제과에는 지난 2001년도의 해태제과의 처리과정을 납득하지 못하는 소외계층인, 즉 구 해태제과 주주들이 전국적으로 2만 여명이 존재하고 있다. 이들이 요구하는 것은 2001년이 진행되었던 해태제과 처리과정과 법정처리과정에 있어서의 투명성과 공정성이다.

매각과정과 법정관리과정에 있어서 공개적이 아닌 밀실에 있어서의 진행과정을 투명하게 공개하여 자신들이 가지고 있는 의혹을 해소시켜달라는 요구를 하고 있는지에 관한 것이다.

이들은 이미 주채권은행인 조흥은행 앞에서 장기간 장외 집회를 한 바도 있고, 단식 농성도, 해태제과 천안공장에 폭발물이 설치되었다는 전화협박을 한 적도, 해태제과 식품 천안공장에 설치되었다는 전화협박을 한 적도 해태제과 대표이사실에서 한 주주가 음독자살을 하려고 한 일도 있었다. 어찌보면 이들이 품고 있는 의혹은 우리사회에 만연해 있는 부조리일 수도 있다. 이러한 사회각계각층의 부조리는 결국 묻지마 범죄로 이어질 수도 있다. 따라서 사회 부조리를 척결하는 것이 무동기 범죄를 예방하는 길이라고 본다.

제6절 결 어

무동기 범죄야말로 언제, 어느 때 누가 피해자가 될 수 있는지를 알 수 없는 사회의 큰 해악 중에 하나인데도 평소에는 무관심하고 있다가 충격적인 큰 사건이 터질 때만 반짝 신경 쓰고 관심을 보이다가 세월이 좀 흘러 잠잠해지면 언제 그런 일이 있었나 싶을 정도로 시회인식과 사람들의 관심은 멀어지고 만다.

무동기 범죄의 대표적인 사례는 대구지하철 방화와 유영철 연쇄살인사건을 들 수 있다. 사건당시는 지하철에 안전시설을 세우느니 지하철 범죄의 예방에 큰 전환점을 맞이해야 하느니 하며 그럴듯한 계획을 세웠으나 지금 그런 계획들은 제대로 이행이 안되고 자꾸만 뒷전으로 밀리고 마는 것이 사실이다.

무동기 범죄의 방지대책은 지속적인 사회적 관심을 가질 뿐만이 아니라 범죄에 대한 예방대책을 수립한 후 형사사법 분야를 비롯한 유관기관들이 적극적인 상호협력 하에 지속적으로 추진해나갈 때 무동기 범죄의 발생률을 줄이는 결과를 가져오게 될 것이다.

제11장 사회 환경과 범죄

제1절 서 설

환경이란, 개체를 둘러싸고 있는 사회적, 문화적, 자연적 제반상황 여건을 가리킨다. 이러한 환경여건은 사람들의 인격형성에 영향을 미침과 동시에 그의 현실적인 행위의 실행여부에도 직접간접으로 영향을 미친다.

환경은 크게 나누어 자연환경과 사회 환경[4]으로 나뉘며 환경적 범죄 원인이란, 이러한 사회적 자연적 제반환경 가운데서 범죄의 발생 또는 범죄인 성격의 형성에 직접, 간접적으로 상당한 영향을 미치는 요인들을 가리킨다. 이러한 환경을 이해함에 있어서는 행위환경, 즉 행위 형성적 환경의 면, 다시 말하면 행위의 발생여부에 영향을 미치는 요인으로서의 환경의 면과 인격 환경, 즉 인격의 올바른 또는 환경의 형성에 영향을 미치는 요인으로서의 환경의 면을 다 같이 분석하여야 한다.

4) 환경과 범죄의 관계를 제대로 이해하기 위하여는 문화라는 개념을 제대로 이해하여야 한다고 본다. 왜냐하면 문화라는 개념자체가 원래 다의적이고 애매하기 때문에 이 개념의 내용을 확정하는 일이 선행되어야 할 것이다.

제2절 야기의 문제(Auslösungs problem)와 발육의 문제(Entwicklung prblem)

범죄 원인을 규명하는데 있어서는 야기의 문제와 발육의 문제라는 2가지 관점에서 파악되어야 하는데, 여기서 야기의 문제란 범죄행위의 발생에 있어서 개체의 소질(인격특징과 개체를 둘러싼 환경, 즉 행위환경)의 어느 쪽이 얼마만큼 더 중요한 역할을 하는가를 분석하는 문제로서 행위발생 당시의 인격 및 환경여건이 고찰의 대상이 된다(신진규, 1995 : 269~270). 이에 대하여 발육의 문제는 범죄행위의 발생 이전에 있어서 범죄행위를 하게끔 된 사람의 법인성 인격 특징의 형성과정에 있어 그의 선천적(유전적) 소질조건과 성장기의 환경 조건 중 어느 쪽이 얼마만큼 더 중요한 역할을 하는가를 분석하는 문제로서, 이 경우의 환경은 바로 인격 환경으로 문제시 되는 것이다.

제3절 자연환경과 범죄

1. 서 설

자연환경이란, 인위적 가공이 없이 자연상태 그래도 우리에게 직접 또는 간접적으로 영향을 주는 제반환경, 즉 천후적, 기후적, 지세, 경관 등을 말한다. 이러한 자연환경은 사람들의 의식구조, 정신심리상태 및 행위 양식에 직접적 또는 간접적으로 상당한 영향을 미친다는 것은 여러 학자들에 의하여 지적되어 왔다. 자연환경의 인간심리 및 성격, 행위, 사회제도 등에 미치는 영향에 관해서 연구하는 학문(심리학의 1분야)을 풍토심리학(Geopsychologie)이라 한다(신진규, 앞의 책, 408).

제4절 계절과 범죄

1. 의 의

춘하추동의 사계절과 범죄와의 관계에 관한 고찰은 범죄학상 가장 널리 행해져 왔는데, 퀘스너는 계절과 범죄에서 아샤펜부르크는 전쟁과 범죄에서 상해, 폭행, 모욕, 손괴, 살인과 같은 조폭범은 5월에 상승하여 7~8월에 최고위를 나타내며, 그 후에는 하강하기 시작하여 12~1월에 최저를 기록한다고 말했다.

2. 한국형사정책연구원의 발표자료(한국형사정책연구원, 1994)

우리나라 한국형사정책연구원에서 발표한 범죄 발생의 추세분석에 의하면 일반적으로 전체 범죄는 가을이 가장 높은 발생 양상을 보이고, 겨울이 가장 낮은 양상을 보인다. 그러나 구체적인 범죄유형에 따른 계절별 범죄발생 양상은 다양하게 나타났다. 예컨대, 강간범죄는 여름철에 강도 범죄는 겨울과 봄에 많이 발생하는 것으로 나타났는데 여름철에 강간범죄가 높은 이유는 기후와 기상조건이 좋아 노출이 심한 옷차림 등의 강간범죄 유발요인이 증가하는 것에도 이유가 있겠지만, 봄부터 증가하는 성적활동의 증대에 따른 현상으로 풀이 된다. 그리고 겨울과 봄에 강도죄가 많은 것은 연말연시의 사회분위기에 편승한 유흥비 등을 마련하기 위한 청소년범죄가 많이 늘어났기 때문으로 보인다.

제5절 요일과 범죄

다음은 요일별로 범죄발생의 차이가 있는지 살펴보았다. 요일은 사회적 약속으로서 우리의 생활양식에 큰 영향을 준다고 할 수 있다. 특히 현대 산업사회에서 토요일과 일요일의 휴식은 우리의 일상생활에 중요한 역할을 한다.

이러한 때에는 심리적으로 이완되고, 여행을 하거나 음주를 하는 경우가 다른 요일에 비해 많을 것이 예상된다. 그러나 예상과는 달리 종래 유럽의 연구에서 토, 일, 월 3일 간에 상해가 특히 많이 발생하였다는 사실이 발견되었지만, 우리나라의 경우는 강간범죄를 제외하고는 요일별로 주목할 만한 범죄발생의 차이를 찾아보기 어렵다.

제12장 경제적 환경과 범죄

제1절 의 의

경제와 범죄가 밀접한 관계가 있다는 것은 이미 그리스의 크세노폰이나 플라톤과 같은 고대의 학자들도 논한 바 있으나, 근대에 들어와서는 프랑스의 리용학파(환경학파)의 라카사뉴가 환경, 특히 사회적, 경제적 영향을 중시하였고, 그 후 범죄의 사회경제적 원인에 대하여 많은 학자들의 연구가 있었다.

그 중 네덜란드의 반칸(Van Kan)과 봉거(W. A. Bonger)에 의하여 연구, 저술된 범죄의 경제적 원인과 범죄와 경제상황 등에 자세히 서술되었다(W. A., Bonger, 1916). 특히 반칸(Van Kan)은 마르크스주의의 경제 유물론적 입장에서 자본주의 사회를 범죄의 온상으로 생각하였고, 빈곤의 범죄결정력을 중시하여 범죄에 대한 경제적조건의 의의를 절대적인 것으로 평가하였다. 봉거는 사회주의 학파에 속하는 바, 자본주의제도 자체의 변혁만이 범죄성의 소멸을 뜻한다고 하고 있다(Bonger, 1916).

제2절 경제발전과 범죄성

경제발전과 범죄성과의 관계를 알아보기 위해 몇몇 학자의 연구결과에 대하여 살펴보기로 한다.

1. 엑스너(Exner)의 연구(Exner, 1949)

엑스너는 19세기 독일에 있어서의 경제발전의 특징은 농업경제로부터 공업경제로의 이행이며 고도자본주의 경제의 발전이라고 하였다. 그리고 이러한 경제발전의 사회, 정치에 준 변화가 범죄성에 미친 영향은 크다고 하여 다음과 같은 예를 들고 있다.

그것은 첫째로, 자급자족경제로부터 상품경제에로의 이행에 따르는 화폐 획득을 위한 노력이 인간행동의 주요한 과제로 되었고, 둘째로, 전 인구수의 증가 및 생활권의 중심인 도시로의 인구집중, 이윤추구 극대화를 위한 기업의 치열한 경쟁과 경제생활의 불안정, 판매시장의 확대를 위한 교통기관의 발달, 빈부차이에 따른 노동계층의 형성 및 이와 관련된 계층갈등의 심화, 대량실업, 교환제도와 기업형태의 발전에 따른 기업가 및 사용인의 새로운 범죄형태, 계급대립으로 인한 정치적 범죄 등 종래의 봉건사회에서는 생각도 못하였던 범죄성의 변모를 가져오게 하였다.

사실 엑스너가 정밀하게 독일사회의 이행을 분석하여 범죄성과 관계를 지적한 바와 같이 한 국민경제의 구조적인 상태와 그의 변화는 범죄성에 심대한 영향을 주는 것이다.

2. 일본의 小野(오노)의 연구

일본의 소야 박사는 1882년(명치15년)부터 1940년까지 60년간의 형사통계에 의거하여 일본의 경제발전에 따른 범죄현상의 연구결과를 다음과 같이 발표하였다.

① 일본의 범죄도 독일의 경우와 같이 일반범죄율은 점차 감소하였다.
② 가장 대표적인 범죄인 절도는 한층 현저히 감소하고 있다.
③ 강도도 절도와 같이 감소하였다.
④ 문서위조도 현저하게 감소일로에 있는 점이 독일의 경우와 다르다.
⑤ 특별법 범은 경제발전에 따라 점증하고 있다.
⑥ 1892년부터 1896년 사이 모든 범죄가 절정에 있는 것은 마침 그때가 경제적 전환기에 해당하기 때문이다.
⑦ 도박죄는 경기의 상승과 병행하여 증가하고 있다.

이상에서 일본의 경우가 독일의 경우와 대체로 비슷한 결론이 나왔는데, 이 두 조사연구에는 후진국의 경제발전기의 범죄동향의 대표적 유형으로 많은 참고가 되고 있다.

제3절 경제 변동과 범죄

경제 변동이란, 앞에서 말한 경제발전과정에서 경제구조의 여러 경제조건이 변동하는 현상을 말하는데, 이들 경제조건 중 주요하고 대표적인 것은 물가, 소득, 경기 및 화폐가치 등이다.

1. 물가(가격) 변동과 범죄

물가는 국민들의 경제생활과 밀접한 관계가 있고 그 변동은 커다란 영향력을 미친다.

2. 독일인 마이어(G. V. Mayer)의 연구

마이어는 최초로 곡물가격곡선과 절도곡선의 상관관계를 증명한 사람으로 그는 1835년부터 1861년 사이에 독일의 바이에른 지방의 라이 麥(보리)가격과 재산범죄(특히 절도)와의 사이에 명백한 상관관계가 존재하는 것을 증명하였다. 그리하여 위 연구기간에 곡물가격 6페니히 상승할 때마다 이 지방의 인구 10만 명에 대하여 한사람의 절도가 증가하고, 그 반대로 6페니히 하락함에 따라 한 사람의 절도가 감소한다는 유명한 명제를 발표하였다.

3. 독일인 엑스너(Exner)의 연구

마이어연구 이후 엑스너는 1926년부터 1929년 사이에 주식이었던 라이보리가격이 폭등하였음에도 불구하고 절도의 수는 오히려 격감하고 있음을 밝혀냈다. 즉 각국에서 자본주의 경제가 확립되면서 소득상태가 일반적으로 개선, 향상됨으로써 곡물가격의 변동이 모두 빈곤과 절도를 필연적으로 수반하지는 않기 때문이라고 할 수 있다.

4. 결 론

결국 절도곡선의 곡물가격곡선에 대한 의존성이란 법칙도 생계비중에 차지하는 식량비의 비중이 일정단계 이상이라는 개인적 · 일반적 경제사정을 전제로 할 때에만 타당성을 가진다는 점을 유의하여야 한다. 따라서 절도범 이외의 범죄와 곡물가격(식료품가격)과의 관계는 별로 관계가 없다고 보겠다.

제4절 소득변동과 범죄

1. 서 설

일반적으로 "물가와 재산범죄(특히 절도)는 정비례하고 소득과 재산범죄는 반비례한다."고 일컬어지고 있다. 소득 중 임금소득의 변동은 범죄와 관계가 있다는 것이 실증되고 있다. 그 이유는 임금소득은 가족의 생계와 밀접한 관계가 있기 때문이다. 생계가 위협 당하게 되면 범죄성에 영향을 미치는 것이다. 여기서 문제되는 것은 임금소득으로 생활해 나가는 근로자 계급인데, 소득은 단순히 명목임금이 아니고 실질임금인 것이다.

2. 실질임금과 재산범(특히 절도범)과의 관계에 관한 연구

1) 렌거(E. Renger)의 조사 연구

독일의 렌거는 비교적 소규모이고 동질적인 작센공업지대의 광산근로자를 대상으로 하여 1882~1912년까지의 30년간, 그들의 실질임금과 절도와의 상관관계를 조사연구 하였다. 그 결과 일정한 기간 동안은 매년 실질임금의 상승에 따라 절도가 감소하고, 반대로 실질임금이 하락하면 절도가 증가하는 완전한 상관관계(의존성)가 인정되었으나 그 후는 양자의 관계는 불규칙적으로 되고 그 의존성을 인정할 수 없게 되었다.

렌거는 그 이유로서 1900년경부터 임금이 현저하게 상승되어 광산노동자의 생활수준이 많이 향상되었으므로 생활에 약간의 여유가 생겨서 약간의 임금의 저하는 그들의 생활을 위협하지 않기 때문이라고 하고 있다.

2) 엑스너의 조사연구

엑스너는 1925~1933년까지 8년간에 걸친 절도죄와 바이에른의 광산 근로자의 실질임금과의 상관성을 조사연구한 바에 의하면 1925~1928년의 3년간은 양자의 상관관계(의존성)가 인정되었으나 1929~1930년의 2년간은 임금의 상승에 따라 절도도 증가하는 평행관계가 인정되었으며, 그 후 32년부터 다시 상관관계가 인정되었다. 이에 대하여 엑스너는 1929~1930년의 두해에는 임금이 상승하였는데도 불구하고 절도가 증가하였던 것은 그 당시 대량의 실업현상이 있었기 때문이라고 설명하였다.

3) 결 어

이상의 두 대표적 연구에 의하여 실질임금소득과 절도죄와의 관계는 상호의존적이라고 볼 수 있으나, 그것은 어떤 다른 사회적, 경제적 조건 예컨대, 생활의 여유를 주는 저축이나 실업, 공포 등의 영향을 받지 않는 경우에 한하여 인정되는 것임을 알 수 있게 되었던 것이다.

3. 경기변동과 범죄

자본주의 경제는 내재적 제모순으로 인하여 경기순환, 즉 호경기 불황기를 반복하는데 이러한 경기순환은 국민생활에 커다란 영향을 준다. 즉 불황기에는 실업자가 증가하고 임금이 삭감되고 임금이 체불되는 현상이 겹쳐 생활의 위협을 받아 재산범이 증가하는 것이 상례이다.

1) 학자들의 연구

(1) 엑스너의 연구(Exner, ibid., 65)

엑스너는 경기변동과 절도와의 상관관계를 조사한 바 1883~1913년까지 30년간 일반적으로 절도는 점차 감소하는 경향을 보였는데, 경기불황기에는 하강운동이 중단되어 일단 상승하였다가 경기호경기에 들어가 다시 하강하는데, 이러한 운동이 주기적으로 전개되는 것이 인정된다고 하였다.

(2) 서덜랜드의 연구(E. H. Sutherland, ibid., 58)

서덜랜드의 연구에 의하면, 중대범죄는 불황기에 상승하고 호경기에 저하한다고 하였으며, 둘째, 범죄율은 불황기에 상승하고 호경기에 저하한다고 하였다. 셋째, 범죄율은 불황기에 그리 증가하지 않는다. 넷째, 폭력을 수반하는 재산범죄는 불황기에 증가하는 경향을 나타내나, 절도와 같은 폭력을 수반하지 않는 재산범죄는 매우 경미하고 불규칙적으로만 증가한다. 그러나 일부 연구에 따르면, 알코올 중독은 호경기에 증가하는 경향을 나타내지만, 다른 연구에서는 현저한 변화가 인정되지 않는다. 다섯째, 대인범죄는 경기변동과는 규칙적 관계가 나타나지 않는다. 여섯째, 소년범죄는 호경기 때에는 증가하고 불경기 때에는 감소하는 경향이 있다고 하였다. 이러한 조사결과 그는 범죄와 경제적 상태와의 관계를 긍정하는 것이 불가능하다고 하였다.

2) 경기변동에 대한 간접적 증명

재산범죄에 대한 경기변동의 영향력을 간접적으로 증명하는 것으로 종래 다음과 같은 사례를 들고 있다. 먼저 경기변동과 성별 절도수를 비교하면 경기 불황기에는 남성의 경우가 여성보다 증가율이 높으며, 다음으로 경기불황기에는 기혼자가 미혼자보다 절도율이 높은데, 이것은 경기불황기에 고액의 임금을 받는 숙련근로자들이 많은 남성의 경우에 실업의 위기가 많아 직접적인 생활압박을 받게 되고, 기혼자의 경우도 생활에 대한 부담이 미혼자보다 크기 때문이라고 설명되고 있다.

3) 재산범죄 중 특이성을 보이는 범죄

재산범죄 중 특이성을 보이는 범죄는 사기, 횡령, 배임죄이다. 즉 연령과 직종별로 경기변동의 영향을 보면 두 개의 집단이 상반된 반응을 나타내고 있다고 한다. 경기호황기에는 종업원과 젊은 층의 사기, 횡령, 배임죄가 증가하는데 반하여, 불황기에는 사업주 또는 고연령층에 이러한 범죄가 증가한다고 한다. 그것은 호황기에 있어서의 상거래의 확대가 종업원과 젊은 연령층에 많은 범죄의 기회를 제공하는데 반하여, 불황기에 있어서의 거래와 축소는 그 기회를 그들로부터 박탈하는 반면, 기업주의 고연령층은 기업의 위기를 모면하기 위하여 유가증권위조 동 행사 등의 범죄에로 나아가기 때문이라고 설명된다.

제5절 화폐가치의 변동과 범죄

1. 의 의

물가의 등귀는 다른 한편에서 화폐가치의 상대적인 저하(低下)를 의미하며, 이에 대한 예로는 제1차 세계대전 후의 독일의 인플레, 제2차 세계대전 후의 일본의 인플레, 6·25전쟁 후의 한국의 인플레 등은 국민경제를 기본적으로 동요하게 하고 범죄성에 현저한 영향을 주었던 것이다. 이와 같은 화폐가치의 급격한 변동기에는 재산범죄, 특히 장물취득 절도 등이 현저한 증가를 나타내고 풍속범죄 대인범죄 등은 저하한다고 한다. 그리고 인플레의 경우는 금전적 범죄보다 물건 자체에 대한 범죄가 증가하고 디플레의 경우에는 금전에 대한 범죄가 증가하는 경향이 있다고 한다.

2. 화폐가치의 변동과 범죄에 관한 연구

1) 엑스너의 연구(F. Exner, ibid., 257)

엑스너의 조사연구에 의하면, 제1차 세계대전 후 독일에서는 격심한 인플레로 경제가 파탄지경에 이르렀고, 1923년에는 그 절정에 이르렀는데 이에 따라 범죄도 격증하였다. 그리고 범죄 양상에도 커다란 변화가 있었다. 즉 인신범죄는 전쟁 전을 기준으로 하면 반감하였으나 재산범은 2배 반, 직무범은 2배로 증가하였다. 보다 자세히 살펴보면 인신범 중 풍속범, 신체상해범, 협박범은 감소하였으나 낙태범은 배로 증가하였고 공무원에 대한 폭행범은 현저히 증가하였다.

2) 서덜랜드의 조사연구(E. H. Sutherland, ibid., 159)

미국이나 영국의 경우는 독일의 경우와는 양상이 많이 다르다. 서덜랜드의 경기변동과 범죄의 상관관계에 대한 조사연구에서 첫째, 중대범죄의 경우 불경기 때에는 증가하고 호경기 때에는 감소하는 경향이 있으며, 둘째, 전체 범죄율에 있어서도 불경기 때에 현저히 증가하지 않았다. 셋째, 재산범죄는 불경기에 폭력을 쓰는 유형에 있어서는 증가하지만, 폭력을 쓰지 않는 유형에 있어서는 약간의 증가 또는 불규칙적인 경향만 보였으며, 넷째, 대인범죄는 경기변동과 관계가 없는 것 같다고 하였으며, 다섯째, 소년범죄는 호경기 때에는 증가하고 불경기 때에는 감소하는 경향이 있다고 하였다.

3) 결 어

이상으로 경기의 변동과 범죄와의 관계를 고찰해 보았는데, 일반적·개괄적으로는 그 상관관계가 인정되지만, 어떤 법칙적인 의존성은 단정하기가 어려우며 각 죄종별로 논할 수밖에 없다. 그것은 선진국과 후진국의 차이 또는 경제적 조건의 차이에 따라 범죄에 미치는 영향이 다르기 때문이다. 대체적으로 말할 수 있는 것은 곤궁범일수록 경기변동과의 상관율이 높고, 비곤궁범의 경우에는 그 상관율이 각양각색이다. 선진국과 경제수준(생활수준)이 높은 곳에서는 일시적 경기변동이 범죄에 큰 영향을 주지 않으나, 저개발 후진국에서는 경기변동이 범죄에 커다란 영향력을 준다는 것이다. 또한 동일한 후진국일지라도 경제구조나 인구, 자원 또는 교육수준 및 소득격차의 차이에 따라 경기변동과 범죄의 상관율은 차이가 있을 수 있는 것이다.

제13장 화이트칼라 범죄

제1절 개 념

화이트칼라 범죄[5])를 처음으로 전면에 내세운 서덜랜드에 따르면, 화이트칼라 범죄란 정치, 경제적으로 명망이 높은 사회적 지위에 있는 사람들이 직업상 범하는 범죄를 말한다(김용준, 1999 : 157).

이러한 화이트칼라 범죄에 대조되는 개념을 Blue Collor Crime 또는 No Color Crime이라고 한다. 여기서 White Color(흰색), 즉 순백색 와이셔츠의 깨끗한 칼라는 의복이 더럽지 아니한 높은 지위의 사람을 뜻하고, 의복이 더러운 육체노동자 등과 같이 사회 하층계급에 속하는 사람들과 대조시키고 있다. 이 말은 사회적 지위가 낮은 사람들은 대개 활동의 편의상 청바지 등을 많이 착용하는데서 연유되었다고 한다.

화이트칼라 범죄는 오늘날에는 초창기 서덜랜드의 정의보다는 그 의미를 확대 해석하여 화이트칼라 범죄의 개념과 적용범위를 넓게 보는 경향이 있다.

서덜랜드의 화이트칼라 범죄에 대한 정의는 오늘날에도 설득력이 있다고 보겠으나 폭력적 화이트칼라 범죄에 대해서는 관심을 기울이지 못하여 이에 대한 비판을 받고 있다.

5) 화이트칼라 범죄(White Color Crime)라는 개념은 1939년 서덜랜드(Edwin H. Sutherland)에 의해 미국사회학회 50주년 기초연설에서 처음 사용하였다.

제2절 서덜랜드의 화이트칼라 범죄 개념에 대한 비판

서덜랜드가 화이트칼라 범죄를 정의할 당시의 개념은 첫째, 범죄자에 대한 요건으로서 상류계층에 속하는 자일 것, 둘째, 범죄에 대한 요건으로서 이러한 자가 직업 활동의 과정에서 행하는 범죄일 것 등으로 한계를 짓고 있다. 서덜랜드의 정의에 대하여 세 가지 측면에서 비판이 있다(John E. Conklin, 1977 : 9~12).

첫째, 법적으로 범죄가 아닌 활동을 범죄에 포함시킨다는 것

둘째, 범죄자의 사회적 지위가 범죄의 정의에 적합하지 않다는 것

셋째, 직업활동의 과정에서 행하는 범죄에 대한 것으로서 직업활동 외에 행해지는 범죄의 제외에 대한 것 등이다.

서덜랜드의 정의에 대한 비판들은 타당치 않다.

첫째의 비판에 대하여 범죄의 개념을 형식적으로 파악할 경우에는 화이트칼라 범죄의 정의는 적절치 않다고 할 수 있으나, 실질적인 범죄의 개념으로 이해할 경우에는 비판의 논리로서의 힘은 약해진다. 범죄학 내지 형사정책적인 연구에서 범죄의 개념을 실정법, 즉 형법상의 범죄로 국한할 필요는 없기 때문이다. 범죄를 실질적으로 이해할 때 그 기준은 절대적인 것이 아니며 반사회적 행위 내지는 일탈행위도 형사정책상 범죄의 연구 대상이 될 수 있다.

둘째의 비판 경우에는 사회적 지위를 어떠한 기준에 의하여 평가하는가 하는 문제인데, 이 경우에는 사회적 기준의 구체적 기준을 정함으로써 해결될 수 있는 문제라고 할 수 있다.

셋째의 비판 입장에 대하여는 직업 활동의 한계를 제외시킬 경우 화이트칼라 범죄가 확대되어 연구범위가 무한대로 확대될 가능성이 있기 때문에 부적절한 비판이라고 하겠다.

제3절 화이트칼라 범죄의 특성

1) 범죄인의 전문성과 복잡성

직업상의 전문지식이나 조직체계를 이용하므로 일반인들은 그러한 행위를 범죄로 인식하기 어려우며, 범죄자가 범죄에 이용하는 지식은 대개 전문성이 강한 것으로 과학적이거나 공학적이거나 법률적인 것이다. 또한 화이트칼라 범죄는 고용주나 고급관리자가 관련되어 있고 사건이 짧은 시간동안 발생한 것이 아니라 수년 동안 지속되어 온 경우가 많다.

2) 범죄의 전문성과 은폐성

화이트칼라 범죄는 고도의 전문성과 은폐성을 갖는다. 살인이나 폭행 또는 상해의 경우에는 타인에 의하여 범죄의 발생이 쉽게 발견할 수 있음에 반하여 뇌물수수나 횡령 등은 직접적인 관련자가 아닌 경우 그 발생여부조차 알기 힘들다. 발생형태 또한 범죄인과 피해자간의 긴밀한 연결 관계에 관하여 이루어지고 실정법상의 허점을 이용하는 경우가 있어 외부적으로 범죄라고 하기 힘든 경우도 있다. 또한 피해는 존재하는데 처벌근거가 없는 경우도 발생한다. 특히 새로운 신종범죄의 경우에 있어서 법률적 대책이 미비된 경우에는 그 피해는 더욱 가중된다. 이러한 범죄의 전문성으로 인하여 법집행기관에 의해 범죄로 인지되고 기소되어도 유죄의 인정이 확정되기 전까지는 범죄로 인정하기 곤란한 경우도 있다.

3) 피해파악의 곤란성

화이트칼라 범죄는 불특정의 다수인을 대상으로 하거나 은폐되어 행해지기 때문에 피해자조차도 자신의 피해를 인식하지 못하거나 피해사실을 부인하는 경우가 발생한다. 예컨대, 탈세의 경우는 전자에 해당되며 뇌물수수의 경우에는 후자의 경우라고 할 수 있다. 화이트칼라 범죄에서의 피해자는 정부나 기업과 같은 추상적인 실체이거나 단지 사소한 피해를 입은 다수의 사람이 된다. 일찍이 서덜랜드는 대개의 화이트칼라 범죄가 개인피해자에게는 단지 사소한 손실을 가져오지만 해당범죄자에게는 막대한 이익을 가져온다는 점에 주목하여 화이트칼라의 파급효과를 지적하였다.

4) 처벌의 곤란성

화이트칼라 범죄는 처벌하기도 곤란하여 비록 기소된다고 하더라도 엄하게 처벌받지 않는 경향을 보인다. 화이트칼라 범죄자 중에서 아주 소수에게만 실형이 선고되며 대부분의 사람들은 집행유예를 선고받거나 아주 적은 액수의 벌금만을 선고받는다. 화이트칼라 범죄자는 그가 특정 범죄를 저지르고자 의도하지도 않았고, 어떤 경우이든 직접적인 책임이 없다고 주장함으로써 정말로 그가 범죄자가 아닌 것처럼 처리된다.

제4절 화이트칼라 범죄의 유형

화이트칼라 범죄의 유형은 크게 공무원에 의한 범죄와 사인에 의한 범죄로 나눌 수 있는데, 이러한 기준은 범죄인의 직업에 따라 각각의 특징을 지니고 있고 범죄의 대부분은 이러한 직업의 특성을 갖추기 때문이다.

1) 공무원에 의한 범죄

공무원의 직무상의 활동은 일반인의 활동과 다르다. 이들의 활동은 개인적인 사생활에서부터 국가정책의 결정까지 광범위하고 다양한 사회생활의 모든 부분과 관련을 맺고 있으며, 사회를 통제하고 운영해 나간다. 이러한 활동이 범죄행위로 나타날 때 그 심각성은 매우 크다. 이들에 대한 범죄에 대한 연구가 갖는 가장 큰 난점은 이들이 행한 범죄의 조사가 매우 제한을 받게 되는 것이다. 이들의 일부는 법을 집행할 뿐만이 아니라 권한 또한 막대하여 범죄행위에 대한 법의 집행을 통제할 수 있는 힘도 소유하고 있기 때문이다. 따라서 이들에 대한 범죄의 연구는 거의 없었다고 할 수 있으며 간혹 있다고 하여도 서덜랜드가 말한 상류계층에 대한 부분에 직접적으로 관련되는 경우는 매우 드물었다.

2) 사인에 의한 범죄

사인에 의한 범죄는 첫째, 개인이나 개인이 소속한 집단의 이익을 위하여 공무원과 일정한 관계에서 행하는 범죄와, 둘째, 국가기관이나 공공기관과의 관계없이 행하는 범죄로 구분할 수 있다.

이 중 첫째 유형의 범죄는 국가기관이 행하는 각종 업무, 특히 인, 허가의 행정적인 결정에서 타경쟁자의 배척을 위한 특혜 관련사건이라고 할 수 있으며, 이러한 형태이외에도 작은 규모의 공사나 입찰에서 관련 공무원과 유형, 무형의 관련을 맺고 행하는 범죄도 있다.

둘째 유형은 사인이 자신의 이익을 위하여 범죄행위를 행하는 경우로서 각종 환경오염물질의 불법배출이나 상표도용, 불량식품의 판매, 유독한 약품의 생산과 판매 등에서부터 첨단기법을 이용하는 컴퓨터 범죄까지 다양한 형태의 범죄가 이에 해당한다.

제5절 화이트칼라 범죄에 대한 대책

화이트칼라 범죄에 대한 대책으로 먼저 사회의 구조적인 변화를 도모하여 이 범죄에 대한 일반인의 인식의 변화를 위해 화이트칼라 범죄의 사회적 해악과 폐해에 대한 교육과 홍보를 강화해야 하겠다.

다음으로 공무원의 화이트칼라 범죄에 대한 대책과 사인에 의한 화이트칼라 범죄에 대한 대책으로 나누되, 전자에 대한 대책으로는 공무원의 업무통제, 감찰기구의 구성, 공무원의 투명성 확보 등을 들 수 있으며, 후자의 대책으로는 처벌의 적정성확보, 전문적인 수사기구의 편성 등을 들 수 있다. 셋째, 법률의 정비를 통한 화이트칼라 계층에 대한 행동의 억제요인을 제공해야 할 것이다.

제14장 가정과 범죄

제1절 서 설

가정은 사람이 태어나면서부터 최초로 가지는 인간관계이며 맨 처음으로 경험하는 사회 환경이고 가장 기초적이자 기본적인 사회단체이다. 가정은 또 한 사람이 성장한 뒤에도 생활의 안식처로 기능하는 사회구성원의 한 기본단위이다. 가정은 가족과는 다른 개념으로 가족(family)이라고 하는 경우에는 주로 부부 및 그 자녀의 인간관계를 중심으로 하는 사회집단 그 자체를 가리키나, 가정(home)이라고 하는 경우에는 다시 그 집단의 사실상의 구성요소로서의 주거 기타 경제적 · 문화적 인자도 포함시키는 것이 일반적이다.

가정은 첫째로, 사람이 아동기, 소년기의 성장과정에서 생활의 보호를 받는 가운데 인격형성과 정서발전에 크게 영향을 받는 기능을 하는데 가정환경을 "성장환경으로서의 가정환경"이라 부를 수 있다. 둘째로, 가정은 사람이 성인이 활동을 함에 있어서 그 활동의 근거지로 또는 심신의 휴식처로서 기능한다. 이 경우의 가정환경을 생활의 안식처로서의 가정환경이라 할 수 있다. 이러한 기능들이 잘 수행되면 그 사회는 보다 평온하겠지만 그렇지 않을 경우 불량자, 비행자, 범죄자의 수가 늘어날 것은 명약관화한 일이다.

제2절 비정상 가정

1. 결손 가정

결손 가정이란, 양친 또는 그 어느 한쪽이 없는 가정을 말한다. 그 원인은 이혼, 사망, 별거, 장기부재 등 여러 가지가 있다. 그러나 양친이 다 존재한다 하더라도 양친의 불화 갈등 방임 및 가정의 부도덕 등으로 인하여 가정의 본질적 기능인 생활보장과 자녀양육이 결여되어 있는 기능적 결손 가정과 이와 반대로 형태적으로는 결손 가정이라고 하더라도 기능적으로는 안정가정일 경우도 있다.

2. 결손 가정에 관한 연구

1) 맨골드(Mangold)의 연구

결손 가정에 대한 최초의 연구로 사회복지적인 측면에서 결손 가정과 비행 간의 관계에 대한 연구를 하였고, 여기서 결손 가정을 비행의 가장 중요한 원인으로 제시하였다.

2) 글룩(Gleuck)의 연구(Sutherland, ibid, 77~82)

글룩은 500명의 비행소년과 500명의 일반소년을 비교한 결과 비행소년은 60.4%가 결손 가정출신인데 반하여, 일반소년은 30.4%만이 결손 가정출신으로 나타나 결손 가정이 비행의 주요한 원인이라고 결론지었다.

3) 글룩의 연구에 대한 재분석

1970년 로젠은 1932~1968년까지의 재분석을 시도하였다. 그 결과 거의 모든 연구에서 관계가 없거나 있다고 하여도 극히 미미한 수준의 관계만 발견된 것으로 결론지었다. 이러한 입장은 최근의 연구까지 이어지고 있다. 한편 결손 가정과 비행 간의 관계를 보다 구체적인 측면에서 조명한 연구결과를 살펴보면, 결손 가정이 비행과 전혀 관계가 없다는 결론을 내리기 어렵다.

4) 기타의 연구

1964년 스템과 토보이는 결손 가정이 남아보다는 여아에 미치는 영향이 크다고 보고 하고 있으며, 모하나도 유사한 결론을 제시하였다. 또 1975년 데츠만과 스카압티는 비행의 종류에 따라 결손 가정과 관계가 없는 경우도 있다는 연구결과를 발표하였으나, 1977년 렌킨은 가출을 제외한 어떠한 유형의 비행도 결손 가정의 유형을 구별하여 이혼으로 인한 결손 가정은 비행과 연관되어 있으나 사망으로 인한 결손 가정과는 관계는 없다고 주장하였으나(Joseph h. Rankin, 1983 : 465), 1987년 세른코비와 지오단도는 어떠한 유형과 관계없다는 반론을 제시하였다 이와 같이 외국의 경우에는 비행 간의 관계는 뚜렷한 결론을 내리기에는 무리가 따른다고 볼 수 있으며 관계가 없는 방향으로 연구가 진행되고 있다고 보면 될 것이다.

3. 부도덕 가정(immoral)

1) 의 의

부도덕 가정이란, 반드시 범죄자가 아니더라도 어떠한 의미에서 사회적 부적응자가 가족의 구성원으로 되어 있는 경우를 말한다. 가정은 형태적으로는 아무런 결함이 없으나 가정이 가지는 기능이 현저하게 손상되어 있다는 점에서 일종의 기능적 결손 가정이라 할 수 있다.

2) 학자들의 연구결과

학자들의 연구결과를 보면, 영국의 버어트는 그의 연구결과를 기초로 하여 비행소년의 가정은 무비행소년의 가정보다 부도덕성과 범죄기록을 가진 경우가 5배나 많다고 하였으며, 글룩부처도 성인교도소 출소자 500명과 여성범죄자 500명 및 소년비행자 1,000명에 대한 연구에서 부도덕가정의 출신자가 각각 84.8%, 80.7%, 86.7%나 되었다고 주장하였다.

3) 갈등가정

(1) 의 의

갈등가정이란, 가족 간 특히 양친 간에 심리적 갈등이 있어 가족의 인화가 결여된 가정을 말한다. 가족원 간에 감정, 이해관계, 가치관 등에 갈등에 있어서 불화목을 느끼게 하는 가정이다. 갈등가정의 가족원들은 가정 안에서 시간을 보내기보다 바깥에서 지내기를 즐기게 되고 심해지면 가출로 나타나게 된다.

(2) 갈등현상의 원인에 대한 학자들의 견해

갈등현상 원인에 대한 학자들의 견해를 정리해보면 첫째, 세대 간의 가치관 차이와 가족원, 특히 부모 간에 교양, 지성, 성격, 소망, 인생관 등의 차이를 들었으며, 둘째, 가정의 주도권 다툼 또는 이해관계의 대립, 혈연관계 없는 자가 개입해온 경우와 부모의 일방이 혼외의 성관계를 맺는 경우를 들었으며, 셋째, 근친자의 동거로 가족관계가 복잡해진 경우와 가족 중 정신적 · 신체적 결함자 또는 불명예자의 존재, 과밀거주, 가족 간의 종교적 차이와 빈곤 그리고 모(母)의 옥외활동 등을 들었다.

4) 시설가정

(1) 의 의

정신적 불안정이란, 고아원 기타 아동양육시설이 가정의 역할을 하는 경우를 말한다. 이와 같은 시설에서 성장한 어린이는 정상적 가정에서 자라난 아이처럼 진정한 애정관계를 느낄 수가 없기 때문에 반항적 거절적 심리 또는 타인의견 무시태도를 가지기 쉽고 안정감을 느끼지 못하여 반사회적 행동에 빠지기 쉽고 범죄성 또는 비행성에 친근하게 된다.

(2) 연구결과

미국의 한 연구결과에 따르면 비행소년집단의 13.3%가 과거에 한때 시설가정에서 생활한 것이 있는데 반해, 일반학교에서 무작위로 추출한 학생집단 중에서는 1.8%만이 그러한 경력을 갖고 있었다고 한다.

제3절 가정의 구조적 요인과 비행

1) 개 념

가정의 사회경제적 지위와 비행은 가난과 범죄와의 관계에 대한 해답을 얻으려는 시도와 더불어 지금까지 많은 연구결과에서 일관성을 찾기는 힘들다. 공식통계를 보면 대부분의 범죄자는 물론이고 비행소년 역시 하층에 밀집된 것으로 나타났으나 학술적인 연구결과는 다르다. 네이와 그 동료들은 자기보고식 비행척도를 사용하여 연구한 결과 계층과 비행 간의 상관성이 없거나 있다고 하여도 미미하다는 결과를 제시하였다(F. Ivan Nye, 1958 : 79~80).

그간의 연구결과를 요약하면, 공식통계에 의한 연구는 비교적 사회경제적 지위에 비행 간의 관계를 뒷받침하는 반면, 자기보고식 결과는 관계가 매우 미약하다는 결과를 보여주기는 하나 아직 결론을 내리기는 힘들 것 같다.

2) 핵가족제도의 비행

현대의 핵가족은 지나치게 자녀 중심적이 되어 방관적인 부모나 익애적인 부모가 많아 자녀를 제대로 훈육하지 않아 버릇이 없는 청소년이 많아지고 부모가 바쁘다보니 자녀를 제대로 감독하지 못하여 비행으로 빠져들게 한다는 것이다. 핵가족화로 야기된 이러한 문제들은 대가족제도의 약화가 원인이라고 볼 수 있어 대가족이 다시 강화되어야 한다는 주장이 많아졌다.

3) 가족의 기능적 요인과 비행

가족의 기능적요인과 비행 간의 관계는 다양한 측면에서 연구되어왔다. 부모-자녀와의 관계에 초점을 맞추어 부모-자녀 간의 애착, 존경, 영향 등 내적인 측면을 강조하기도하고 양육태도, 훈육방식, 감독 등 직접적인 통제를 강조하기도 한다. 이와 같이 가족의 기능적 요인은 크게 두 가지로 나누어질 수 있는데, 첫 번째 가족의 일반적인 기능으로서 주로 부모-자녀 간의 일반적인 관계에 관심을 두고 있는 부분이며, 두 번째 중요한 측면은 부모의 전반적인 양육태도와 감독이다. 부모의 양육태도와 비행 간의 관계에 대한 연구를 보면 지나치게 억압적인 가정과 방임적 혹은 과잉보호적인 가정에서 비행소년이 많다는 것이다. 이와 더불어 부모의 감독과 통제 역시 비행과 상당히 연관되어 있음을 많은 연구들이 보여주고 있다.

제15장 매스컴과 범죄

제1절 개 념

현대를 매스컴의 시대 또는 정보화시대라고 부를 만큼 신문, 방송, TV, 영화 대중음악, 잡지, 오락게임을 위한 컴퓨터 등의 대중매체에 엄청난 영향을 받고 있다. 이러한 매스컴의 여러 수단은 적극적으로 사회구성원에게 기여하는 순기능적인 면이 있는가 하면, 이와는 반대로 직접, 간접으로 범죄에 영향을 주어 오히려 범죄를 촉진시키는 역기능적인 견해가 있는데 이를 요약정리하면 다음과 같다.

제2절 매스컴의 순기능 면과 범죄

① 매스컴은 값싸게 대량의 생활상의 정보와 지식을 많은 사람에게 전달함으로써 그 사회경제생활에 낙오되지 않고 건전한 사회생활을 할 수 있도록 함으로써 범죄방지를 할 수 있다. 법률 및 상식에 관한 신속한 정보입수의 무지로 인한 범죄예방

② 매스컴은 현대의 복잡한 사회에서는 문화, 가치관의 해체성 및 모순갈등성이 극심하여 사회구성원 상호간의 이해심이 결여되고, 이로 인한 충돌의 가능성이

있는데, 매스컴은 사회 각 분야사람들의 입장을 널리 전달함으로써 이러한 문제점을 해소시켜 범죄, 비행 등을 예방할 수 있다.

③ 매스컴은 반사회적인 범죄나 비행행위를 자행한 사람의 명단과 비행사실을 널리 일반인에게 공개함으로써 사회적 징벌이 가해지게끔 하여 다른 유사행동의 방지에 기여한다. 특히 잘 알려진 사회 저명인사들의 범죄억제에 기여

④ 매스컴은 소위 말하는 특종사건 등을 보도함으로써 사람들의 마음속에 존재하는 본능적인 범죄행동을 억제, 상쇄하는 데 기여한다는 것이다.

제3절 매스컴의 역기능과 범죄

1. 의 의

매스컴은 또 범죄와 비행의 발생과 발전에 기여하는 여러 가지 역기능적인 면이 있는데, 이에 대한 이론으로 단기효과이론과 장기효과 또는 간접효과 이론이 있다. 먼저 단기효과이론은 캇츠버코비츠, 윌슨 등이 주장하였는데, 그들에 따르면 매스컴은 폭력을 위장하여 묘사, 표출함으로써 시청자의 모방충동을 일으키고, 범죄의 수법이나 과정 등을 시사해주며, 폭력을 우상화 또는 영웅화(예컨대, 대도 조세형, 신창원사건 등)하여 미화시킴으로써 직접범죄를 일으키는 요인이 된다.

다음으로 장기효과(간접효과)이론인데, 이는 현재 통설적 견해로, 두 가지로 나누어 볼 수 있다. 하나는 매스컴과 범죄와의 관계를 태도, 성향 내지 감수성의 문제로 보아 매스컴은 취미생활의 변화를 조장하고 건전한 정신발달을 저해한다. 두 번째는 매스컴, 특히 TV의 누적적 효과를 강조하는 입장에서는 폭력 등 묘사에 따라 인상이 누적적으로 쌓임에 따라 이에 대한 배출구를 필요로 하게 된다고 하여 잠재적 폭력으로 매스미디어의 성격을 인정하고 있다.

2. 학자들의 주장 요약

① 매스컴은 범죄 실행의 장면을 너무 적나라하게 묘사함으로써 거기서 범죄수법을 배워서 새로운 범죄행위를 자행케 한다는 것이다.

② 매스컴은 흔히 범죄자들의 딱한 처지를 동정하면서 그를 단속하는 사법기관의 활동에 대해서는 비판적이며 범죄자로 하여금 범죄행위를 반복하게 한다.

③ 범죄자 중에는 자신의 범행사실을 크게 보도함으로써 그들 범죄사회에서의 명예와 지위를 확보하기를 바라는 자로 인하여 범죄가 일어날 수 있다.

④ 매스컴은 다른 사람들의 화려하고 사치스런 생활양식을 공개함으로써 이를 보는 사람들에게 위화감을 조성 불만계층의 범죄성을 조장할 수 있다.

⑤ 매스컴 중 안방을 차지하는 TV는 가족원 상호간의 대화마저 단절시키고 이로 인해 가족원 상호간의 연대의식이 와해되는 반면, 개인주의 고립주의가 증대되어 범죄나 비행에 빠지기 쉽다.

⑥ 매스컴은 회사 간 보도경쟁이 지나친 나머지 언론재판 또는 여론재판(예컨대, 오늘날의 한국사회)을 유도하여 형사사법을 방해하며, 시청자들을 지나치게 범죄에 노출시킴으로써 범죄에 무관심하게 하고 때로는 공포에 떨게 하여 법집행과 범죄예방을 어렵게 한다.

제4절 매스컴에 대한 대책

매스컴에 대한 대책으로는 법적 규제, 지역사회활동에 의한 정화 등도 중요하나, 근본적으로는 매스컴에 종사하는 사람들이 자율적으로 청소년의 보호라는 관점에서 매스컴에 의한 정보전달에 신중을 기하는 일이 선행되어야 할 것이다. 이외에 가정에서도 소위 정보공해에 오염되지 않도록 TV시청, 라디오청취, 저질비디오나 전자오락 등에 빠지지 않도록 지도, 감독이 철저히 이루어져야 할 것이다.

제16장 정치적 범죄

제1절 의 의

정치적 범죄는 그 동기가 정치적이거나 정치적 지위와 권한을 이용하여 정치적 권위에 저항하거나 도전하는 행위라고 볼 수 있는데, 이를 크게 나누어 정부에 의한 범죄행위와 정부에 대한 범죄행위로 양분할 수 있다. 먼저 정부에 의한 범죄는 정부가 기본적인 제도적, 사회적 가치를 위반했을 때 가능한 것으로 이해되고 있다. 이와 같은 범죄는 대체로 정치권력에 대한 반대자나 테러리스트에 대한 정부의 과잉반응, 정치적 부패, 그리고 개인적 이득을 위한 공직자의 정치적 범죄 등이 있다. 반면에 정부에 대한 범죄는 대체로 정부에 대한 저항운동이나 테러행위가 그 대상이 되고 있다.

제2절 정치적 범죄개념에 대한 학자들의 견해

인그라함은 정치적 질서를 겪고 있는 사람이나 원리에 대한 충성의 배반을 포함하는 것으로 보이는 행위, 그리고 정치적 권위에 대한 도전과 방해를 포함하는 것으로 보이는 행위라고 하였고, 반덴하아그(Vanden Haag)는 권력을 얻기 위해서, 그리고 권위를 집행하기 위해서 이용되는 법률행위라고 하였으며, 로벅과 웨버는 단순히 정부에 의한 범죄와 정부에 대한 범죄로 크게 나누었고, 하스켈과 아블론스키는 권력 내부의 정치적 범죄로 대별하였다(Erne Van den Hagg, 1972; J. Roebuck and S. Weber, 1978).

제3절 정치범죄를 범하는 목적과 특징

정부에 의한 정치적 범죄를 범하는 목적은 고식적 시혜를 얻기 위한 뇌물수수 등 돈으로 기타 재정적 이득을 취한다거나 체제도전에 의한 정치권력을 유지하기 위하여 정부나 공직자가 자신의 지위와 권한을 과시하기위한 것 등이었다. 정치적 범죄의 특성은 범죄를 다양한 방법을 통하여 중화시키는데 있는데, 이를 살펴보면 다음과 같다.

① 현실적으로 분명한 사실임에도 불구하고 그런 사실이 있는지조차 모른다고 딱 잡아떼거나 일부 특정행위에 대하여 개입되었다는 사실을 시인은 하되 불법적인 범죄행위는 아니었다고 한다.

② 범죄자체를 무시하는 것으로 만약공직자 개인에 의해서 이루어진 것이라면 언론과의 접촉을 차단하거나 아무런 대응도 하지 않는데, 이러한 개인적 범행에 대해서 정부가 관련기관이나 단체 등으로부터 어떠한 요구를 취하도록 요구받을 때는 정부가 개입을 할 만한 근거가 없다는 식으로 발뺌을 하기에 급급하다.

③ 비난자를 비난하는 경우인데, 소송을 하면 패소할 것이 뻔하다는 것을 알면서도 범행을 폭로한 사람이나 언론에 대해서 명예훼손 등의 명목으로 소송을 제기하는데, 이렇게 함으로써 시민의 관심을 다른 곳으로 돌리고 자신의 범행을 희석시킨다.

④ 강력한 조치를 취하라는 특정한 범죄에 대해서는 철저한 수사를 약속하기도 하지만, 뒤에서는 사실상 수사를 행하지 않고 얼버무리려고 한다.

끝으로, 지금까지 제시한 여러 가지 방법을 적용하기 곤란한 경우에는 어쩔 수 없이 잘못을 시인하기도 하나 그런 행위는 국가보안 등의 국익을 위하여 어쩔 수 없었다고 변명한다.

제17장 지리적 환경과 범죄

제1절 의 의

인간은 그가 거주하는 지리적 환경에 의해 많은 영향을 받게 되고 범죄도 일정한 지역적 특성을 나타내게 되는데, 이러한 범죄의 지리적 분포에 대하여는 몇 가지 연구방법이 있는데, 그것은 통상 도시와 농촌의 범죄에 대한 문제를 중심으로 하여 지역별 범죄성의 문제, 비행지역의 문제 등에 관한 연구로 그것을 구분하고 있다.

제2절 지역별 범죄성

지역별 범죄성에 관한 문제는 크게 두 가지로 나눌 수 있는데, 그 하나는 한 국가 내의 범죄성에 대한 것이고, 다른 하나는 각 국가별 범죄성에 대한 것이다. 국가별 범죄성에 관한 문제는 국가별로 법률제도가 다르기 때문에 범죄 개념에 차이가 있고, 더욱이 경찰, 검찰 및 재판의 태도나 능력, 방침에 따라 차이가 있으므로 국가 간의 범죄를 비교한다는 것은 매우 어려운 일이다.

제3절 학자들의 연구

1. 일본의 高僑正己(다까시) 교수의 연구(高橋正己, 1954 : 92~93)

일본의 高僑正己(다까시) 교수는 지역별 범죄성을 연구할 때는 범죄개념의 법적 차이가 가장 적은 죄명을 선택하고 표현범과 실제범의 차이가 가장적은 범죄를 선택하며, 통계가 가장 잘된 국가를 뽑아 장기적으로 비교함으로써 어느 정도 결과를 얻어낼 수 있다고 하면서 이러한 범죄의 조건에 맞는 범죄로는 중상해, 살인, 강도를 들고 있다.

2. 한 국가 내의 지역별 범죄성에 관한 연구

한 국가 내 지역별 범죄성에 관한 연구는 사회학적 범죄이론이 발달하기 시작한 초기부터 많은 연구가 행해졌다. 예컨대, 케틀레는 인신범죄는 따뜻한 지방에, 재산범죄는 추운지방에서 상대적으로 많이 발생한다고 하여 이른바 범죄의 기온법칙을 주장한 바 있고, 프랑스의 게리도 1825~1830년에 걸친 조사연구에서 프랑스의 북부에서는 인신범죄를 100으로 하면 재산범죄는 181.5%의 수를 나타내고, 남부에서는 인신범죄 100에 대하여 재산범죄는 48.8%에 불과하다고 하여 케틀레의 주장을 따른 바 있다(A. Quetelet, 1836; A. M. Guerry, 1838).

3. 결 어

그러나 인간이 지리적 환경에 많은 영향을 받고 있다고 하더라도 그 행동양식은 개인마다 다르고 다른 환경적 요인에 의하여 많은 영향을 받은 것이므로 범죄의 지역차를 단순히 지리적 조건에만 한정하는 것은 타당하다고 볼 수 없다.

제4절 도시와 농촌의 범죄

1. 의 의

범죄를 도시의 범죄와 농촌의 범죄로 나누어 분석해 볼 때, 양에 있어서나 질에 있어서 현저한 차이가 있음을 알 수 있는데, 이를 살펴보면 다음과 같다.

2. 범죄의 양

먼저 범죄의 양에 있어서는 농촌과 도시를 비교해보면, 농촌의 범죄율보다 도시의 범죄율이 훨씬 높고, 그 종류도 다양하여 도시에서는 거의 모든 종류의 범죄가 범하여진다. 이렇게 볼 때 도시는 범죄의 온상이 되고 있다.

3. 범죄의 온상이 되고 있는 이유

① 생활의 불안정
② 인구구성의 변천(주민의 이질성 및 심한 이동성)
③ 생존경쟁의 격심
④ 인구의 집중
⑤ 재산의 집중
⑥ 욕망자극과 유혹의 증가
⑦ 도주와 증거인멸의 용이
⑧ 근린 간의 협동정신의 박약(신고정신희박)
⑨ 소비, 오락시설 등 불건전한 오락의 집중 등을 들 수 있다.

4. 최근의 변화

그러나 최근에는 매스컴, 교통기관의 발달로 도시와 농촌 간의 지역차가 점차 줄어들고 범죄성의 차이도 아직 본질적인 차이점은 그대로 남아있다고는 하나 점차 희박해지고 있는 실정이다. 이러한 관점에서 최근에는 지역개발에 따른 신흥지역의 도시화에 따른 범죄가 주된 연구과제가 되고 있다.

5. 범죄의 질

다음 도시와 농촌범죄의 질을 비교해보면 일반적으로 재산범죄, 풍속범죄는 도시의 범죄이고 조폭범죄는 농촌의 범죄라고 한다. 농촌사람들은 주로 농림업과 수산업을 자연적환경하에 영위하므로 생활양식이 전통적이고 완고하나 진실성이 있으며 도의심이 강하다. 따라서 농촌에서는 본능적이고 충동적 행위가 많게 되어 강간, 폭행과 상해, 살인방화 등의 조폭 범죄가 많게 된다는 것이다. 이에 반하여, 도시에는 경제거래가 불가결의 생활조건이므로 각종의 위조, 사기, 횡령, 배임 등의 지능적 기술적인 범죄, 공갈, 장물죄, 등의 직업적 범죄가 많고, 또한 주택난, 성적 해방분위기 등으로 인한 성적 자극이 강하기 때문에 성적 풍속범죄가 많다.

제5절 도시화와 범죄

1. 의 의

도시화라는 말은 도시의 팽창, 교통수단의 발달, 매스미디어의 보급 등을 조건으로 하여 근대기술이 초래한 사회의 구조적 변화 가운데 하나인데, 이는 일반적으로 지역의 도시화와 개인의 도시화로 나누어 볼 수 있다. 지역의 도시화란 도시가 지역적으로 확대되어 주변지역을 그 권내로 흡수해 나가는 일련의 과정을 말하고, 개인의 도시화란 도시나 농촌 어디에 거주하든 생활자체가 도시화 되는 것을 말한다.

2. 범죄의 도시화에 관한 학자들의 연구

1) 마에타(前田, 1970)

일본의 前田信二朗(마에타) 교수는 도시집중의 법칙, 도시방사의 법칙, 지역교류의 법칙이라는 세 가지 법칙을 주장한 바 있는데(前田信二朗, 1970), 첫째, 도시집중의 법칙이란 범죄의 도시집중은 인구의 사회증가에 따르면 인구의 도시 집중률보다 높고, 범죄발생의 증감은 그곳의 산업예비군의 증감에 정비례하는 것을 말한다. 둘째, 도시방사의 법칙은 범죄의 도시화는 도시에서 범죄 과포화 현상에 이르고, 도시에서의 인구증가 및 경제발전에 수반하여 도시지역 밖으로 향하여 그 발생률을 증대시키고 자연법은 정체되고 잠재화하는데 반하여, 법정법과 소년비행 및 사회적 병리현상은 유동하면서 증가한다는 것이다. 셋째, 지역교류의 법칙이란 범죄가 도시집중과 지역적 정착을 할 뿐만 아니라 경제적, 인구적 교류에 따라 항상 도시와 농촌 양 지역의 피해율을 높이고 회복률을 감소시키게 된다는 것이다.

2) 미국의 버제스(Ernest W. Burges)의 연구(E. W. Bergess, 1928)

버제스는 미국 시카고시의 사회구조를 분석하고 다섯 개의 성층으로 구성되었음을 밝혀내고 대도시의 성층이론을 처음으로 발표하였는데, 이것이 그의 유명한 동심원이론(Theory of concentric circle)이다. 이를 좀더 구체적으로 살펴보면 현대의 대도시 사회는 사회적 의미에서 몇 개의 띠 모양의 성층으로 이루어지고 그 각 성층에서는 도시화에서의 범인성 특징들이 서로 다르게 구성되어 있고, 이에 따라 범죄 발생률이나 죄종에 있어서 상당한 차이를 나타내리라고 본다. 대체로 도시의 중심부에서 멀어질수록 범인성 특징의 정도가 낮고 그에 따라 범죄문제도 점차 감소하는 경향을 보이게 된다고 한다.

[도표 17-1] 「버제스」에 의한 시가코시의 성층의 구분

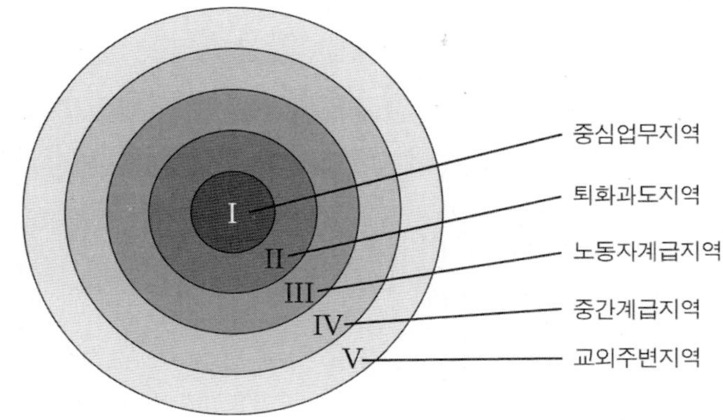

성층은 위 [도표 17-1]과 같이 I, II, III, IV, V로 나누는데, 지대 I은 중심업무지역이다. 이것은 도시의 중심부에 위치하는 상공업 기타 각종업무의 중심적 업무지역을 가리키고 지대 II는 퇴화과도지역으로 이 지역은 도시의 확대발전의 결과 많은 중심부 사람들이 공기 맑고 넓은 교외지역으로 옮겨감에 따라 퇴화과정을 걷게 된 지역으로, 이곳에는 구식건물이 그대로 남아 있고 불결, 불량한 조건들이 산재하여 이른 바 빈민가(Slum area)를 형성한다. 술집 매음가가 성행하고 각종 실패자가 범람한다. 대개 중심업무지역 주변에 띠 모양으로 산재한다. 범죄학상 가장 문제시 되는 지역이다. 지대 III은 근로자 계층지대(Working Class)로 이곳은 2, 3세대가 한 건물 안에서 공동거주하는 예가 많고 저소득의 근로자들이 많이 거주하는 곳을 말한다. 지대 IV는 교외주변지역(Suburs and urban Fringe)으로 이는 도시의 주변지대를 말하는 바 정기통근지역이라고도 한다.

3. 쇼우(Shaw)와 멕케이(Makay)의 각 성층별 범죄양상의 차이에 관한 연구 (Clifford R. Shaw and Henry D. Mckay, 1969)

쇼우와 멕케이는 버제스가 나눈 5개 성층에 따라 소년비행 및 기타 여러 가지 사회문제사상의 발생상황을 인구 10만 명 단위로 환산해서 분석한 결과 중심부로부터 멀어짐에 따라 거의 규칙적으로 감소하는 사실을 발견했다. 그들은 이러한 원심적(방사적) 점감경향을 다른 수개도시에 대한 연구에서도 비슷하게 발견할 수 있었다고 하는데, 각 성층에 따라 범인성 요인도 점차 감소하는 경향을 나타내는 것이다. 쇼우와 멕케이

는 이러한 현상은 도시화의 한 특징인 사회해체(social disorganization)의 정도와 반비례한다는 것이다.

4. 일반적인 도시화의 특징

일반적인 도시화의 특징으로는 인구의 밀집에 의한 거래관계의 증대 및 복잡화, 대량적 거래체제의 발달, 이동성의 증대와 근린관계의 해체, 가치관, 윤리의식의 갈등의 극심, 형식, 외관주의 발달과 몰 인격화, 개인주의의 발달, 빈민지역의 형성 등을 들 수 있는데, 이러한 요인들이 범죄의 억제작용을 하는 지역사회의 조직화(Community organization), 즉 지역사회 자체가 가지는 범죄통제기능을 저해하여 결국 범죄, 비행을 증가시킨다고 할 수 있다. 최근에는 도시주변의 범죄 발생률이 꾸준히 증가되고 있는 일반적인 경향은 이러한 도시화의 결과라고 생각되며 도시와 농촌 간의 죄종별 차이가 점차 적어지고 있는 것도 이러한 관점에서 이해되어야 할 것이다.

5. 도시화에 따른 범죄대책

도시화에 따른 범죄대책으로는 첫째, 원인적 측면에서 사회상황이나 조건을 개선해야 하며, 이를 위해 범죄나 비행이 다발하는 지역을 파악하고, 그 지역이 가지는 사회병리적 요소를 개선하기 위한 정책이 개발되어야 하고, 둘째, 지역사회가 가지는 범죄통제 기능이 원활히 움직일 수 있도록 상황이나 조건을 개선할 필요가 있다. 따라서 도시정책에 있어서도 사회방위의 관점을 고려한 여러 시책들이 포함되어야 한다.

제6절 비행지역과 범죄

1. 비행지역의 개념

도시의 비행지역(delinquency areas)이란, 범죄자나 비행소년들이 밀집 거주하는 지역을 말하는 것으로 이에는 두 가지 의미를 가지는데, 하나는 비행자 다발지역이라는 의미이고 다른 하나는 비행다발지역이라는 의미이다. 이러한 표현은 미국의 사회학자 쇼우(C. Shaw)에 의하여 처음 사용되었으며, 그 이후 많은 학자들이 이 문제에 관심을 가지게 되었고, 통상 근린관계의 문제라고도 한다. 비행지역은 도시주변부에 많고 범죄인 또는 비행소년의 생활환경, 인격의 특수성을 잘 나타내주는 지역으로서 이는 범죄가 많이 발생하는 도시중심부의 번화가와는 구별되는 지역개념이다.

쇼우(C. Shaw)는 소년범죄 연구에 있어서는 범죄는 도시의 중심부를 둘러싼 대상의 지역, 즉 상공업지대의 주변인 슬럼(빈민가) 지역에 가장 많다고 설명하였다(Shaw, C. R. 1929).

2. 범죄의 생태학적 연구

거주지역과 범죄에 관한 특수생태학적 연구가 본격화 한 것은 1920년부터 미국에서의 일이다. 생물학에서 쓰이던 동식물의 생태학적 연구방법이 사회문제 연구에 도입되어 사회의 생태학적 연구방법이 개발됨에 따라 몇몇 사회학자들이 범죄자 및 비행자의 지역적 분포를 생태학적으로 연구하기에 이르렀다.

3. 쇼우의 비행자들의 주거지역 특성에 관한 비교 연구(Shaw, C. R. Ibid., 26~31)

① 비행의 발생률은 도시에도 근린환경이 다름에 따라 크게 차이가 있다.

② 비행률은 일반적으로 시의 중심부에 가까운 곳에 있는 가옥지역에서 가장 높고 중심부에서 멀어질수록 감소하다가 도시주변에 있는 공업 또는 상업지역에 이르면 다시 비행 발생률이 증가하고 거기서 멀어질수록 감소한다.

③ 무단결석의 비율이 높은 지구에서는 소년법원 최급사건 및 유치장 구금자 등 불량요소의 발생률도 높고 남성비행자가 많은 지역에서는 여성비행자도 많다.

④ 비행자율이 높은 지역에서는 그 지역의 인종, 민족의 구성요소 및 구성상태가 크게 변화한 후에 있어서도 계속 높은 비율로 나타났다.

⑤ 독일인 또는 폴란드인 이라는 특정한 민족집단의 비행률은 그 민족의 구성비율과는 관계 없이 그 지역의 전체 비행률과 비슷한 경향을 나타내었다.

4. 결 어

범죄의 생태학적 연구에 있어서는 범죄 내지 비행이 개체의 소질에 기인하기보다는 거주지역의 환경조건에 의해 크게 좌우된다고 보는 점이 특징이다. 이 이론은 문화전달이론이라고 부르며 미국범죄학에 크게 영향을 미쳐왔다. 쇼우는 비행지역의 특징을 여러 가지로 분석하고, 비행성의 지역적 형성원리를 더욱 명확히 밝히는 작업을 행함으로써 지역사회의 정화 및 개선을 통한 소년비행의 예방과 선도책 개발에 크게 공헌하게 되었다.

제7절 비행지역의 유형과 특징

비행지역은 여러 가지 유형으로 존재한다. 태프트(R. Taft)는 아래와 같이 비행지역을 7가지 유형으로 나누었다.

① **단순한 빈곤지구** : 이 지역은 단지 가난하기는 하지만 가족관계는 대체로 정상적이다. 주민의 대부분은 비행 자가 아니고 소규모의 절도행위가 행하여진다.

② **슬럼지역(빈민가)** : 지역은 빈곤이 여러 가지의 다른 요인과 결합되어 빈곤상태가 더욱 복잡한 지역이다.

③ **간격지역** : 이 지역은 슬럼지역의 개념과 대소동이하다. 이 지역은 철로변 지역으로 깽들의 싸움터가 되기도 한다.

④ **셋방살이지구** : 이 지역은 특히 비인격적 관계를 특징으로 하는데, 대개 슬럼가와 중복되나 생활여건은 나은 경우도 있다. 이들은 타인에 대하여 전혀 무관심하며, 범죄자가 많고 자녀는 적어 고독한 편이다.

⑤ **고립지역** : 유태인 또는 중국인 등 단일한 소수민족이 사는 지역으로, 주민 간의 동질성과 집단적 통제가 잘 이루어져 범죄율이 낮은 곳도 있으나, 역시 범죄성이 배양되기 쉬운 곳이다.

⑥ **환란지역** : 대개는 슬럼지역과 일치하는 경우가 많으나 반드시 그렇지는 않다.

이 지역에는 경찰이 묵인하는 도박과 매음이 행하여진다. 이곳은 각 지역으로부터 범죄 위험 자를 이끌어 들이는 것이 특징이다. 그러므로 그와 가까운 곳에 사는 아동들도 나쁜 영향을 받게 된다.

⑦ **특수촌락지역** : 범죄자들이나 도시의 낙오자들이 은신하기도 하며 퇴폐성이 심하고 쇠퇴해가는 기역이다. 인구가 감소하고 세입이 적어 그 지역의 공공사업에 충당하기도 부족하며, 그 지역을 개선해보겠다는 의욕적인 지도자도 없다.

제8절 비행지역의 실태 및 비행집중의 이유

1. 비행지역의 실태

비행지역은 여러 유형이 결합되어 있기 때문에 각각의 특수유형을 논하는 것보다 차라리 결합된 비행지역을 슬럼지역(또는 빈민가지역)으로 보고, 이 슬럼지역의 일반적 실태 및 그 특징을 논하는 것이 필요하다고 본다. 슬럼지역의 실태는 일반적으로 노후가옥지역이며 경제소득이 낮고 도덕 황폐지역이다. 이를 좀더 구체적으로 살펴보면 다음과 같다.

① 외부적 특징으로는 가옥이나 아파트가 낡았는데 재건축이 이루어지지 않은 곳이 많고, 환경오염이 심한 점과 주민의 대부분이 미숙련노동자나 저소득취업자로서 도시중심부의 생활에도 적응되지 않고 농촌의 생활에도 적응되지 않는 사람들이라는 점 등을 들 수 있다. 특히 농어촌을 비롯한 다른 지방출신의 이주자가 많다.

② 이 지역주민의 직업적 특징으로는 무직, 날품팔이, 근로노동자, 부업종사자, 노점상 등이 많고 접대부, 윤락여성, 소년절도범, 장물범 등이 상주하고 있다.

③ 범죄성의 특징을 보면 절도를 비롯한 재산범, 폭력범이 많고, 주로 곤궁적 상습범의 형태를 나타낸다. 특히 그들이 가지는 경제적, 사회적, 심리적 불만과 갈등 열등의식은 배타적 반항적 행동을 유발하는 사회 심리적 특징이 된다는 점도 고려해야 한다.

2. 비행자 집중의 이유

도시의 상업 또는 공업의 중심부근에 비행자가 집중하는 것에 대하여 서덜랜드는 두 가지로 설명하고 있다.

① 근린관계에 있어서 사회적 해체로 볼 수 있다고 한다. 태프트에 의하면, 이들은 이 지역을 벗어나기를 싫어하며 바깥세상에서 성공을 꿈꾸는 자는 주민들로부터 이단자로 취급된다고 하였다.

② 정신의학자들의 설명에 의하면 비행률이 높은 지역은 집세가 저렴한 지역이고, 집세지불능력이 없는 사람끼리 모이기 때문에 의학자들은 고립화되는 선택적 이주라고 설명하고 있다. 어떤 특정한 시기에 비행률이 높은 지역에 거주하는 주민으로는 세 가지 유형이 있는데, 최근 다른 지역에서 이주해 온 자, 예부터 거주해 오고 있는 잔류거주자, 좋은 환경에서 살다가 영락(零落)하여 값싼 셋집으로 옮겨오지 않을 수 없었던 자 등이 그것이다.

제9절 비행지역의 대책

도시의 비행지역의 대책으로는 첫째, 이 지역 주민들에게 외부문화의 접촉을 하게 하여 항상 의욕을 북돋아주고, 둘째, 사회복지시설의 확대와 실업자의 근절 등 일반사회정책사업을 실시하여야 한다. 또 지역사회 예방대책으로서는 앞에서 설명한 바와 같은 시카고지역 계획을 들 수 있는데, 우리나라에서도 지방자치시대를 맞이하여 그 도시에 알맞도록 이와 같은 계획이 지속적으로 추진되어야 할 것이다.

제18장 연령과 범죄

제1절 연령단계와 범죄

인격의 발달은 일정한 단계에 이를 때까지 연령단계에 대응한다. 14~24세까지는 심한 외적 사정의 확대와 비약의 연속이나 그 이후는 급격한 변화가 드물다. 사춘기의 범죄성은 외적 사정과 내적 사정의 복잡한 사정에 기인하고 있다. 범죄가 가장 높은 연령대는 20~25세의 청소년기이고, 질적으로는 18~25세의 연령대에 살인, 상해, 폭행 등의 폭력범이 많은데, 이것은 왕성한 체격이 반영된 것이다. 재산범죄의 경우 절도, 강도는 청소년층의 비중이 큰데 비해 사기, 횡령은 고연령층에 비중이 크다. 성적 범죄의 경우 강간은 저연령층에, 추행은 고연령층에 많은 것으로 나타났다. 우리나라 경찰청의 2003년 범죄분석에 의하면 30대가 30.6%로 가장 많고 40대 27.6%, 20대 23.4%, 50대 9.3%, 10대 5.1%의 순이었다.

다음 〈표 18-1〉은 1999~2008년까지의 수용인원 중 수형자의 연령별 분포를 나타낸 것인데, 1999~2008년까지 10년간 추세를 살펴보면 25세 이상~50세 미만이 전체의 70% 이상에 이를 정도로 다수를 차지하고 있으며, 세부적으로 보면 30대가 2001년 12,434명, 2005년 10,423명, 2006년에는 9,262명으로 각각 전체의 32.3%, 32.6%, 30.7%로 다수를 점하고 있었으나 2007년에 들어서는 40대가 9,849명으로 9,348명인 30대보다 많아졌고, 2008년에는 그 격차가 더 벌어졌다. 그리고 50대와 60대 수형자로 늘어나는 등 수형자 연령이 고령화 되어가는 추세이다.

〈표 18-1〉 수형자 연령별 인원(1999~2008년)

연령 \ 연도	1999	2000	2001	2002	2003	2004	2005	2006	2007	2008
계	38,737	38,224	38,521	37,646	37,692	35,627	32,969	30,145	31,478	32,197
16세 미만	10	2	20	3	4	2	0	1	1	5
18세 미만	208	143	95	70	66	32	29	22	36	60
20세 미만	1,143	901	773	541	525	324	201	156	214	228
25세 미만	7,092	7,007	6,348	5,568	5,515	4,637	3,770	3,086	2,519	2,189
25세 이상	6,495	6,169	6,176	5,971	5,845	4,868	4,376	3,877	3,867	3,898
30세 이상	12,290	12,353	12,434	12,217	11,987	11,581	10,423	9,262	9,348	8,998
40세 이상	8,125	8,246	9,146	9,416	9,755	9,909	9,471	9,045	9,849	10,381
50세 이상	2,688	2,667	2,699	2,982	3,088	3,339	3,667	3,653	4,375	5,032
60세 이상	686	736	830	878	907	935	1,032	1,043	1,269	1,406

주 : 1. 법무부 교정본부 통계
　　2. 피보호 감호자 및 노역장 유치자 포함

제2절 학자들의 연구

1. 서덜랜드(Sutherland)의 연구(Sutherland, op. cit, 235~243)

서덜랜드의 연구에 의하면, 최고범죄 연령층의 경우 나라마다 약간 다르게 나타나는데, 영국은 남성은 12~13세 때 여성은 16~17세 때, 미국은 남여가 모두 18~24세 때이고, 절도는 15~19세 때가 최고이고, 살인, 횡령은 25세 이상에서 최고범죄 연령층이 형성된다. 최고 비행연령은 비행 발생률이 높은 지역일수록 연령이 낮고, 범죄 발생률은 최고범죄연령에서 나이가 많아질수록 꾸준히 감소된다. 또 초범의 연령이 낮을수록 재범의 가능성이 크고 그 기간도 짧다. 청소년비행은 성인범죄로 연결되는 경우가 많으나 반드시 그렇게 되는 것은 아닌 것으로 나타났다.

2. 吉益(요시마스)의 연구

1) 사춘기

사춘기를 협의로는 16~22세로 보는 반면, 광의로는 17~23세의 연령대로 보는데, 이때는 이성에 대한 동경이 그 특징이다. 소아기의 단조한 생활방식에서 성인의 복잡한 생활방식으로 이행되는 시기로서 범죄심리학상 가장 위험한 시기이다.

2) 갱년기

갱년기는 45세부터 10년간의 기간을 말하며, 체력의 점차적인 노쇠화 정신적 능력과 체력의 불균형이 나타난다. 여성은 45~50세(폐경기에 해당)를 정점으로 한다. 남성은 40~60세의 기간 중 가볍게 심리적 장애를 경험한다. 여성은 특히 이 기간 중 흥분성, 감정자극성 등을 느껴 범죄성과 연결되기 쉽다.

3) 퇴행기

퇴행기는 55~65세의 연령기 남성보다 여성 쪽에 위험성이 더 있다.

4) 노년기

노년기는 65세 이후의 연령기로 기억력 감퇴와 함께 신체 각 부위의 노쇠화 현상이 커지고 관심은 사회에서 가정으로 마지막에는 자기 자신에게만 집중된다. 이때 노인들은 약함에 대한 의식에서 불안감을 느끼고 쉽게 격노하는 경향이 있으나 범죄와는 소극적으로 관계할 뿐이다.

3. 사춘기 청소년의 심리적 특징

익스너(Exner)는 사춘기의 심리적 특징으로 공상적인 체험욕, 과대한 충격, 자기 현시욕, 자아고양, 자주적 결정감, 권력과 강제에의 반항, 내적불안, 오만과 혈기 그리고 기분 이변성, 성욕 분방성 등을 들었다.

4. 청소년범죄 현상의 특징

조폭성, 단조하고 사전 모의 없고 융통성, 공범성(다수작당) 등이 현저하다. 최근 저연령화 현상과 죄책감 결여성 등이 나타나고 있다.

제19장 교우관계와 범죄

제1절 서 설

우리인간 관계에 있어서 가장 중요한 것 중 하나가 교우관계라고 볼 수 있는데, 특히 사춘기에 있는 소년에 있어서는 그 영향이 대단히 크다고 보겠다. 즉 학교의 학업성적도 좋고 품행이 단정한 소년과 건전한 교우관계를 맺는다면 그 생활 역시 발전적이고 희망적일 수 있지만 그렇지 않고 학업을 태만히 한다든지, 불량한 소년과 불건전한 교우관계를 맺는다면 직·간접으로 그 영향을 받아 학교의 학업을 태만히 함은 물론 가출을 한다든지 급기야는 범죄집단에 뛰어들어 범죄행위까지 할 수 있을 것이다.

제2절 글룩부처의 교우생활상의 특징에 관한 분석

첫째, 소년들은 뚜렷한 반사회적 목적 하에서 조직되고 특수한 리더십을 발휘하는 자가 있는 비행집단조직, 즉 이른바 갱(gang)에 소속되어 교우생활을 하는 경우가 절반 이상을 점유하고 있음에 반해 무 비행소년들의 경우에는 그러한 예가 거의 없고 보통의 친구들과 어울려 교우생활을 하였다. 둘째, 비행소년들은 그 교우대상자 중에 비행소년들을 포함하는 경우가 거의 전부(98.4%)가 되는데 비해, 무 비행소년의 경우에는

7.4% 뿐이었다. 셋째, 비행소년들은 그 교우대상자를 주로 자기보다 연상의 사람을 선택하는 경향임에 반해(44.6%), 무 비행소년의 경우에는 동년배들로 주로 구성시키고 있다. 넷째, 비행소년들 중에는 소녀를 교우대상으로 하는 경우가 무 비행소년들보다 더 많은 바 이것은 그들의 성적 조숙을 의미할 수 있다. 동 조사대상자 500명 중에는 19.4%가 무 비행소년 500명 중에는 겨우 1.8%가 이성경험을 가졌다는 사실과 관련시켜 생각할 때 이는 더욱 주목할 만하다.

제3절 비행소년들이 불량한 교우관계를 맺는 두 가지 학설

첫째, 그들이 이전부터 비행선을 지니고 있었기 때문에 그 부류와 어울리다보니 그렇게 됐다는 것으로, 말하자면 불량교우는 그 자체가 비행성의 징표로서의 의미를 갖는다는 것이다. 둘째, 이러한 불량교우의 관계를 갖는 관계로 그들이 불량화 되고 비행행위를 하게 되었다는 것으로, 이 경우에는 불량교우가 비행화를 촉진할 것으로 해석된다. 이 두 가지 중 글륙부처가 취한 입장은 전자이다.

제4절 일탈화 과정과 비행집단의 형성

처음에는 그들 각자가 품은 욕구불만, 특히 사회의 공식태도에 대한 불만감 내지 저항감에서 시작하여 일탈감을 느끼다가 비슷한 사람들끼리 우연히 만나 대화를 나누게 되는데 이것이 집단화 1차적 과정이다. 이때부터 이들은 새로운 자기들만의 세계를 형성하고, 자기들끼리 공동으로 문제를 해결하는 방법에 관해 서로 알게 모르게 대화를 계속해 나간다.[6)]

이와 같은 일탈화 과정은 사회인들이 그들에게 취하는 억압적 태도에 의하여 더욱

6) 무언의 대화를 자기들끼리 나누는 것을 알버트코헨은 이를 제스처 대화(Conversation of gestures)라고 하였음

조장된다. 악의 극화(dramatization of evil), 다시 말하면 그들이 취하려는 일탈적 행동(악)을 비난하는 제 규정이 의식되므로 해서 그들은 그들끼리의 새로운 가치관이 싹트게 되고 외부세계를 적대시하게 되는데 이것이 집단화되는 2차적 과정이다.

이와 같이 비행집단이 어느 정도 확고히 되면 그들의 특수한방향이 결정되는데, 이 특수한 행동방향의 결정은 그 지역의 특수조건에 의하여 영향을 받는다. 즉 그들이 처해있는 사회의 가치관과 문화의 특성에 의해 영향 받는 것이다. 이것이 클로와드(Cloward와 오오린Ohlin)의 기회구조이론에서 강조되는 것이다(Cloward, R. A. and L. E. Ohlin, 1950).

1. 비행집단이 범죄, 비행문제를 가중시키는 과정

① 비행집단은 그 소속 소년들로 하여금 사회와 사회의 여러 통제기관에 대한 갈등적 태도를 기르게 한다.
② 비행집단은 비행행위과정에서 흔히 보이는 파괴성의 행동방식을 가르친다.
③ 비행집단은 범행수법을 가르친다. 여기에는 물론 범행수법 그 자체와 그 전후의 법망기피방법까지를 포함한다.
④ 비행집단은 초심자와 상습범의 접촉기회를 제공하기도 한다.
⑤ 비행집단은 범죄 집단들 상호간의 접촉기회를 제공하기도 한다.
⑥ 비행집단은 장물애비 등 절취 후의 소비처를 알선한다.
⑦ 비행집단은 교정시설출소자들을 환영함으로써 범죄의 계속을 돕는다.
⑧ 비행집단은 소속원의 범죄행위를 조직적으로 자극한다. 서로 망을 보아준다든가 하는 것이 그것이다.
⑨ 비행집단 소년 범죄자를 직업적인 성인범죄자로 키우는 역할을 한다.

제20장 군집현상과 범죄

제1절 서 설

군집현상이란, 상당수의 사람들이 모여 무리(crowd)를 형성하는 경우를 말하는 것으로 이러한 군집현상 아래서는 구성원 상호간에 공개적 또는 묵시적으로 특수한 심리현상이 교환되어 각 개인의 의사가 어느 한 방향으로 결집되는 현상을 보이게 되는데, 그 중에 어떤 것은 비행이나 범죄성과 긴밀한 관계를 갖게 된다. 이 경우의 심리적 특징을 군중심리하고 하는데, 이 군중심리에 가담한 사람들은 평소의 인격특징과는 관계없이 특이한 행동까지 하게 된다.

제2절 군집현상의 유형

1. 회중(audience)

회중이란, 다른 사람으로부터 어떤 지시를 받거나 그가 제시하는 사상의 관심 때문에 일시적으로 다수인이 모이는 것을 말하는 것으로 이는 다시 우연적 회중과 의도적 회중으로 나뉘는데, 우연적 회중이란 교통사고가 발생했을 때 그 사고현장으로 다수인이 운집하는 경우와 같은 것을 말하며 의도적 회중이란 음악회나 강연회를 찾아 모여

드는 것과 같은 경우를 말한다. 이를 그 성격에 따라 오락적 회중과 탐지적 회중으로 나누기도 하며 또 수동적 군집현상이라고 한다.

2. 난중(mob)

난중이란, 어떤 대상에 대하여 어떤 행위를 하려는 마음에서 집합하는 경우를 말하는 것으로 이를 적극적 군집현상이라고도 한다. 난중은 다시 그 성격에 따라 다음 네 가지로 나눈다.

1) 공격적 난중

공격적 난중이란, 다른 것을 해치거나 해할 목적에서 군집 현상을 이루고 그러한 행동을 기도하는 경우로 린치, 테러, 폭동의 세가지형태가 있다. 여기서 린치란 극소수의 개인에 대하여 군집이 무법적인 공격적 행위를 자행하는 경우로 사법기관의 활동구역이 먼 곳에서 일어나는 경우를 말하고, 테러란 공격의 대상이 적은 숫자가 아니고, 상당히 많은 경우를 가리킨다. 말하자면 대량 린치를 말하는 것으로 상대정당의 특정인 및 그 주변을 향해 공격하는 경우가 여기에 해당된다. 폭동이란 두 개의 갈등적인 난중 사이에서 일방이 타방을 공격할 때 일어나는 현상이다.

2) 도피적 난중

도피적 난중이란, 예기치 못한 돌발적인 위험에 대한 공포심에서 그 주변으로부터 도피하려는 심리에서 군집현상을 일으키는 경우로 가령 영화관람 중 화재의 경보가 나갔을 때 나타나는 것이 여기에 해당된다.

3) 획득적 난중

획득적 난중이란, 어떤 이익적인 물적 대상을 향하여 일시에 다수인이 쇄도하는 경우로, 가령 은행이 파산의 위기에 놓였다 할 때 저금을 빼내기 위해 운집한다든가, 쌀 부족 시 쌀가게를 향해 운집하는 것 또 열차의 좌석획득을 위해 개찰구를 빠져나온 사람들이 달려갈 때 보이는 것 등이 여기에 해당된다.

4) 표출적 난중

이것은 주연, 축제 시 황홀상태에서 감정의 동작적 표출의 결과 일어나는 난중현상으로 이 경우는 공격이나 도피, 회피 등의 특수한 목표가 있는 것이 아니고 그 감정표출의 동작 그 자체가 목표가 된다. 이러한 난중은 처음부터 그 방향으로 나타나는 예도 있으나 처음에는 단순한 중으로 모였다가 어떤 원인으로 갑자기 난중으로 되는 경우도 있다. 범죄성과 관계있는 것은 이 난중의 경우인데, 군중심리가 주로 문제시 되는 것도 이 경우이다.

제3절 군중심리의 특징

군중심리의 특징에 관해서는 학설이 분분한데, 이를 요약정리하면 크게 셋으로 나눌 수 있는데, 이는 정신적 단일성, 감정성과 비합리성, 무책임성과 무절제성 등이다.

1. 정신적 단일성

군집의 구성원은 처음에는 개별적 의사로 공동관심사에 관한 의견을 교환하지만 심리적 상호영향의 도수가 증대되면 개체의 역할은 거의 사라지고 군집이 리더(지도자)가 이끄는 대로의 단일정신으로 집합하는 경향을 보인다. 이 경우의 단일정신은 개체를 초월하는 하나의 독립정신으로 작용하는데, 이를 르봉(LeBon)은 군집의 정신적 단일성의 법칙이라 불렀다. 이 경우 이미 정신적 단일화(동질화)가 상당히 이루어진 곳에 개체가 참가하면 그는 더 쉽게 이러한 단일정신에 휘말려들게 된다(G. Le Bon, 1903).

2. 감정성과 비합리성

군중심리가 일단 단일성(동질성)의 특징을 띠게 되면 그곳에서 각개인의 사고방식은 고차원적인 이성적 사고에 법칙을 떠나서 수단계 내려간 저급한 감정의 법칙에 따라 작용하고 좌우되기 일쑤이다. 이 때 그들은 다른 사람들의 암시에 민감하고(피암시성의 항진), 무비판적 충동적으로 행동하며(충동성, 경동성), 잔인하고 즉흥적인 행동도 쉽게 하며 원시적 영웅주의자로 행동하게 된다. 또 극도로 배타적이고 편집광적인 특성을 나타내며 어린아이들처럼 무분별한 행동을 하기 쉽다. 이 경우 군중의 지능은 일반개인의 지능보다 낮게 평가된다. 여기서 나타나는 현상이 단락반응의 현상이다. 단락반응이란 어떤 충동이 의식될 때 그 가부에 관한 깊은 사려 없이 곧 행동을 취하게 되는 경우를 단락반응이라 하는데, 군중심리에는 그러한 반응이 보인다는 것이다. 이를 가리켜 군중은 최단거리의 법칙에 따라 행동한다고 표현한다.

3. 무책임성과 무절제성

군중심리 속의 각 개인의 마음은 무책임성과 무절제성의 지배를 갖는다. 그는 자기의 과격한 범죄적 충동에 따라 행동함에 있어 자제심을 거의 느끼지 못하거나 그 자제력의 기능을 별반의식하지 못하게 되고 무책임하게 행동하고자 한다. 이것은 군중 속에 파묻힌 자기의 행동이 아무에게도 의식되지 않는다는 생각(무명성 의식), 또 군중전체는 처벌받을 수 없고, 그 주모자나 지도자 정도만 처벌받는데 그칠 것이며 자기는 처벌을 면제 받을 것이라는 기대감 그리고 군중의 강세에 편승한 내심의 우월감, 거기서 느끼는 어떤 정당성 등에 기인하는 것으로 생각된다. 군중심리의 폭발은 언제나 가능한 것이 아니고 평소에는 잠재해 있다가 그들의 관심의 대상이 된 사람들로부터 착취나 압박이 가중될 때 폭발하는 것으로 군집현상이 정치성을 띌 때 더욱 위험하다. 그리고 이러한 군집현상 또는 군중심리의 현상이 지배하는 곳에서도 모든 사람들이 동일하게 피 암시성과 범죄적 충동을 나타내는 것은 아니다. 예컨대, 남자보다 여자들이, 지능이 우수한 사람보다 열등한 사람들이 더 강한 피암시성을 나타낸다. 그리고 인격 또는 성격 내면에 잠재적으로 범죄성을 더 많이 지닌 사람이 더 잘 범죄적 충동의 반응을 보인다고 하는데, 이것은 한마디로 범죄예비군들이 군중심리 하에서 더 쉽게 범죄자로 등장하게 된다는 것이다.

제4절 군집지도자와 그 성격

군집지도자란, 군집 특히 난 중화 된 군집의 앞에서 그 정시적 단일성을 지도하는 위치에 있는 자를 말하는 것으로 이들은 일반인과는 다른 특이한 성격과 소질을 갖는 경우가 많다고 한다. 그들은 대개 지능이 우수하다기보다 사람들의 욕동 감정면에 자극을 주는 기술에 능한 사람들이라고 볼 수 있는데, 이는 특히 군집이 범죄적 공격성을 띨 때 그러하다고 한다. 대개 혁명 초기에는 대 이론가 또는 사상가가 전면에서 진두지휘함으로써 혁명의 기운을 감돌게 하지만, 일단 행동단계에 들어갈 때에는 그들은 후퇴하고 다분히 병질적인 투사들이 앞장서게 되며, 여기서 그들의 병리적 성격 특징이 유감없이 발휘되게 된다. 그러나 이들은 혁명이 끝나면 새로운 정상사회에 적응하지 못하고 물러서게 된다.

제5절 군집지도자의 성격에 관한 연구

군집지도자의 성격에 관한 연구로는 프랑스혁명 당시 파괴의 광기를 유감없이 발휘한 혁명지도자들의 정신병학적 연구에서 그 지도자들의 다수가 후에 정신병자로 진단됐다는 것이다. 또 바이에른 혁명 시 비교적 적극적으로 역할을 한 66명이 뮌헨대학 정신의학 임상실에서 정신감정을 받았을 때 단한사람도 정신병학적으로 이상이 없다고 진단된 예는 없었다고 하며, 그 중 15명은 중증자로 배덕성병질자, 히스테리성격자, 배신성병질자, 순환병질자의 4군으로 나뉘었다 한다. 일단 군집화된 다수인이 이러한 병질적 인격자에 의하여 지도되기 시작하면 그 위험도는 가중되기 마련이다.

제6절 군집현상과 그 대책

오늘날과 같은 복잡한 현대사회의 도시화와 인구의 밀집현상, 그리고 교통 통신수단과 언론매체의 발달로 주변사람들끼리의 집합이 용이하고 헌법상 집회결사의 자유가 보장되고, 집단이기주의의 발달로 그 군집화의 가능성이 매우 농후하다. 특히 우리나라와 같은 남북 간 이념적 갈등과 진보와 보수로 나뉘어 극한 대립양상을 보이고 있는 상황에서는 이에 대한 방지대책이 시급하다고 본다. 따라서 이를 위한 관계 법률의 개정보완(예컨대, 국보법)과 더불어 군집지도자는 물론 군중심리에 편승하기 쉬운 자들을 대상으로 한 특별교육 또한 필요하다고 본다.

제21장 조직범죄

제1절 개 념

조직범죄에 대해서는 법집행기관과 학자들에 따라 그 정의가 다양하게 내려지고 있다. 법집행기관의 정의 중 가장 많이 인용되는 것으로 미국의 '법집행과 사법행정에 관한 대통령위원회'(President's Commission on Law Enforcement and Administration of Justice)의 정의인데, 이 위원회는 1967년의 조직범죄에 대한 특별보고서에서 조직범죄를 "미국국민과 정보의 통제된 밖에서 활동하려는 사회"라고 정의하였고, 또 '형사사법 기준 및 목표에 관한 국가자문위원회'(National Advisory on Criminal Justice Standard AND Goals)는 "조직범죄는 강탈행위에 관여하고 적절한 경우에는 복잡하게 얽힌 금융조작에도 개입함으로써 불법적 이익과 권력을 추구하기 위하여 형법을 위반하는 활동을 주로 하는 사람들의 집단"이라고 정의하고 있다(Francis A. Ianni and Elizabeth Reuss-Ianni, 1983 : 5~6). 이와는 달리 범죄학자들은 좀더 구체적인 사항으로 조직범죄의 개념에 접근하여 왔다.

아바딘스키(Abadinsky)는 "조직범죄는 불법 및 합법적 활동에 참여함으로써 이득 및 권력을 확보할 목적으로 위계적 근거로 조직되어 적어도 3개 이상의 지위(Levels Ranks)와 긴밀한 상호작용하는 여러 사람을 포함하는 사업"이라고 정의하였고, 본(Robrt C. Bonn)은 "사람 이상의 범죄자가 불법적인 행위를 할 목적으로 서로 공모하여 그런 상태로 계속 존속하는 범죄를 말한다."라고 정의하고 있는 바, 위와 같이 법집행기관과

학자들의 조직범죄에 관한 정의를 종합하여 볼 때, 조직범죄란 한 사람 이상의 범죄자가 불법적인 행위를 할 목적으로 서로 공모하며 그런 상태로 계속 존속하는 범죄를 말한다고 볼 수 있다.

제2절 조직범죄의 원인

조직범죄의 원인은 크게 두 가지 측면에서 생각해 볼 수 있다. 먼저, 생각해 볼 수 있는 것은 외래적 음모이론(alien-conspiracy theory)으로 이는 정부 등 국가기관에서 보는 공식적 입장의 시각으로 "조직범죄란 Siciclian_Italian의 산물로서 마피아에 의해 미국으로 돌아오게 되었다."는 주장이다(이윤호, 앞의 책, 103). 그러나 대부분의 사회학자들은 조직범죄가 미국사회의 산물이지 결코 외부로부터 유입된 것이 아니라고 반박한 것이다. 그 중 가장 보편적인 것이 바로 벨 (D. Bell)의 "이동성이라는 이상한 사다리(a queer ladder of mobility)"라는 것으로 벨은 조직범죄를 도심 노후지역의 이민자 등 가난하지만 야망 있는 사람들의 생활방식으로 간주하였다(Daniel Bell, 1962 : 126~149). 그는 조직범죄가 가난하지만 야심적인 사람들에게 성공을 이룰 수 있게 해주는 긍정적 기능을 하기 때문에 존재한다고 이해하였다. 이는 범죄란 역기능뿐만이 아니라 순기능적 역할도 가지고 있다고 보았다. 이 벨뿐만이 아니라 많은 사회학자들도 조직범죄가 다양한 하류계층 인종집단에게 American dream을 실현시킬 수 있는 기회를 제공하고 있다고 하였다. 예컨대, 이안이(Ianni)는 "조직범죄가 사회경제적 이동성을 위한 쉽고도 빠른 길을 제공했다."고 하였으며(Francis A. Ianni, 1976 : 117~118), 벨도 조직범죄 자가 전적으로 하류계층 출신자들만이 아니라는 것에 다소 비판은 받았지만 그는 미국사회에서 사회적 이동성의 사다리를 오르기 위해 폭력에 호소하는 것이 결코 새로운 것은 못된다고 하였다. 블록(Block)은 조작범죄를 기존의 미국체계(American system)를 반영하는 느슨하게 구조화된 사회체계로 설명하려 했다. 즉 사회체계로 간주하여 조작범죄가 외래-음모설 또는 유입설이 아닌 내생설로 조작범죄를 설명하고자 하였다. 그에 따르면 조직범죄의 "사회체계는 전문적 범죄자, 정치인, 법집행자 그리고 다양한 기업인을 묶어주는 관계성으로 구성"되는 반면, 조직범죄의 사회체계는 경쟁집단 간의 끝없는 세력투쟁으로 인하여 때로는 혼돈스럽다. 그는 전문적 범죄인의 세계를 정치적 경제에 의해 형성화된 것으로 간주하였다.

즉 조직범죄는 유럽전통을 수행하는 소수민족에 의해 지배되는 것으로서 견고하게 짜여진 통합된 카르텔이 아니라 사회세력에 의해 형성된 준 경제적 기업으로 이해한다. 따라서 그는 조직범죄는 범죄인과 손잡은 재계지도자, 정치인 그리고 노조지도자에 의해서 지배되는 것을 간주한다(Aalan Block, 1983 : 9~11).

요약하여, 외부에서 유입되었다는 통설적인 외래적 음모설이던 미국사회 자체 내에서 자연발생하였다는 내생설이던 한 가지 분명한 것은 다양한 대부분의 하류계층의 인종집단이, 실업가, 정치인, 노조자도자 등의 지배 하에 자신의 신분상승이나 경제적 이득을 취하기 위하여 이루어진 집단이라고 말할 수 있다.

제3절 조직범죄의 특성과 유형

1. 조직범죄의 특성

법집행기관이나 학자들의 조직범죄의 속성으로 확인되는 특성들로는 여러 가지가 있는데, 이 중 중요한 몇몇 학자들이 제시한 특성을 살펴보고자 한다.

1) 아바딘스키(Abadinsky)의 8가지 특성(H. Abadinsky, 1990 : 3~7)

① **조직범죄의 비 이념성** : 조직범죄집단은 정치적인 목적을 지니지 않으며 이데올로기적 이해관계로 움직이지 않으며, 목표는 오로지 돈과 권력이다.

② **조직범죄집단의 위계성** : 어느 조직범죄집단이나 3개 이상의 영구적 지위가 있는 수직적 권력구조를 가지며 지위에 따른 권위가 있으며, 이는 누가 그 지위를 맡는가에 관계없이 그 지위에 고유한 것이다.

③ **조직범죄집단의 제한성과 배타성** : 조직범죄집단 구성원이 되는 데에는 많은 제약이 가해지며 후견인(흔히 조직 내의 상위구성원 등)에 의해 추진되어 행동으로서 구성원이 될 수 있는 자격을 증명해야 한다.

④ **조직범죄집단의 영속성** : 개개구성원의 일생을 넘어서서 오랫동안 지속되는 집단이며 이는 모든 활동의 중요한 바탕이 된다.

⑤ **불법적 폭력과 뇌물의 사용** : 조직범죄집단에서의 폭력은 목표를 수행하는 데에 중요한 요소이며, 그의 활동과 구성원의 보호를 위해 뇌물을 사용하며 이는 윤리적 고려보다 실질적인 고려에 의해 규제된다.

⑥ **전문화와 분업화** : 주어진 임무에 따라 전문가가 동원되며 또 철저하게 분업에 의해 이루어진다. 예컨대, 대외적 접촉전담 및 뇌물담당자, 돈세탁전담자, 살인전문가 등과 같은 경우를 말한다.

⑦ **조직범죄집단의 독점성** : 조직범죄집단은 경쟁을 싫어하며 특정지역이나 사업분야, 혹은 이 두 가지 모두에 대해 해게모니를 잡으려 한다. 이러한 독점은 이득을 증대시키는 한 방법이며 폭력이나 폭력의 위협, 혹은 정부관리와의 부패관계로서 유지된다.

⑧ **규칙과 규제에 의한 통제** : 조직범죄집단은 다른 합법적 조직들과 같이 구성원이 따를 것이 요구되는 규칙과 규제를 가지고 있다. 그리고 집단에 따라 이러한 특성을 모두 혹은 일부 지니고 있다.

2) 深山健男의 5가지 특성(藤本哲也, 1996 : 379)

① 대립항쟁사건의 증가

② 권총소지의 일상화

③ 조직폭력범죄의 지능화

④ 특수지능 폭력사범의 존재

⑤ 조직폭력범죄의 국제화 등을 들고 있다.

3) 林則淸의 5가지 특성(앞의 책, 같은 쪽)

① 조직폭력조직기질의 변화(타산적이 됐다)와 조직통제력의 저하

② 폭력조직의 끄나풀 관념의 희박화와 유동화

③ 폭력조직이 그 자금원 활동의 대상이나 폭을 일반경제활동까지 뻗치고 나아가 시민의 일상생활에까지 넓히고 있다는 것

④ 폭력조직의 총기소지의 일상화

⑤ 철저한 공리주의가 지배하는 직업적 이욕범죄자집단이라는 점에 구하고 있다.

이밖에 피해자조사로부터 얻은 조직폭력범죄의 특색으로서는 ⓐ 조직폭력범죄에는 복수의 구성원에 의해 행하고 있는 집단범죄가 많다. ⓑ 동일한 피해자에 대한 계속적이고 지속적인 범죄가 많다. ⓒ 피해자의 약점이 있어 피해사실을 신고하지 못한다는 것을 이용하는 범죄가 많고 이 경우에는 계속적·반복적 형태를 취하기 쉽다. ⓓ 청소년불량집단은 피해자에게 피해를 입히지 않아도 이것을 가해의 대상으로 하는 무차별적 범행을 하는 경향이 있다. ⓔ 제3자의 제보가 사건인지의 단서로 되는 경우가 적지 않고 피해자 자신의 제보가 인지의 단서가 되는 경우가 많다. ⓕ 피해자, 피해관계자, 제3자의 협력이 검거의 단서가 되는 경우가 적지 않다(藤本哲也, 前揭書, 418).

이러한 조직범죄의 특색 외에도 조직폭력집단의 성격에 관해서 일본의 星野周弘은 ⓐ 조직폭력집단은 범죄의 권력을 가진 구성원으로 된 집단이다. ⓑ 폭력집단은 그 구성원의 반수가 적어도 1년에 한 번은 범죄를 행한다. 말하자면 전원이 2년에 한 번은 범죄를 행하는 집단이다. ⓒ 폭력집단에 있어서는 조직원으로 경력을 쌓을수록 범죄를 계속하고 조직 내에서의 지위도 상승한다. ⓓ 조직폭력조직은 우리나라의 범죄나 범죄자의 주요한 발생원, 공급원으로서의 성격을 이어가고 있다. ⓔ 현대의 폭력조직은 비합법적 행위에 대한 영리활동을 목적으로 하는 집단으로 되어 있다. ⓕ 현대의 폭력단은 점차 광역화 되어가고 있다는 특징을 들 수 있다.

이상의 내용을 요약하여 말하면, 조직폭력단의 특색은 그것이 직업적 범죄집단이라는 데 있으며, 조직폭력단 범죄의 특성은 그것이 자금원 범죄라고 하는데 있다는 것이다.

2. 조직범죄의 유형

조직범죄의 유형은 국가나 사회학자에 따라 상이한 유형들이 정도의 차이를 두고 다양하게 존재하고 있는 바, 이 중 대표적이라 할 수 있는 몇몇 학자들이 분류한 조직범죄의 유형을 소개하고자 한다.

1) 알비니(Albini)의 4가지 유형

① **정치사회적 조직범죄**(Political Social Organized Crime)

이는 주로 정치적 범죄활동을 일컫는데, 이에는 단순히 게릴라나 테러리스트 집단, 그리고 과격한 사회운동집단들이 속하는데, PLO(Palestine Liberation Organization)가 좋은 예이다.

② **금전추구위주의 약탈적 조직범죄**(Mercenary Predatorg Organized Crime)

이는 직접적인 개인적 이득을 노린 집단범죄인데, 청소년 갱이나 성인 갱집단들에 의한 절도, 강도 등이 이에 속한다.

③ **집단내부지향의 조직범죄**(In-Growp Oriented Crime)

집단내부지향의 조직범죄는 심리적 만족을 주된 목적으로 하는 폭주족 갱이나 청소년 갱들이 좋은 예인데, 이들은 최근에 마약분배 및 판매, 매춘, 강탈, 뇌물공여, 살인, 음란물배포 등의 활동에 점점 많이 관여하고 있다. 거의 '준조직범죄'(Semiorganized Crime)를 저지르고 있다고 볼 수 있다.

④ **신디케이트범죄**(Syndicate Crime)

이 범죄는 대부분의 사람들이 조직범죄를 논할 때 가장 흔히 떠올리는 범죄이다. 조직으로서 대중의 수요가 큰 불법서비스를 제공하며 정치적 부패 등을 통한 보호 및 면책을 확보하는 등 전형적인 조직범죄 유형이다.

2) 알바네세(Albanese)의 3가지 유형

(1) 불법적 서비스의 제공(Provision of Illicit Services)

불법적 서비스의 제공에 해당하는 범죄로서 고리대금업, 매춘, 숫자도박(numbers gambling : 불법복권)을 들고 있다.

(2) 불법적 재화의 공급(Provision of Illicit Goods)

불법적 재화의 공급에는 마약판매 및 분배, 장물매매, 음모성범죄(Crime of Conspiracy) 성격을 띠고(개인이 아닌) 조직차원에서 행해지는 지속적 고리대금업과 매춘사업을 포함하였다.

(3) 합법적 비즈니스에의 침투(Infiltration of Legitimate Business)

합법적 비즈니스에의 침투로서는 노조관련 이득 갈취행위, 쓰레기처리업체나 자판기회사의 불법인수 강탈(extortion) 등이 있다. 일부학자들은 소규모 갱으로부터 거대한 신디케이트까지의 연속선상에서 조직범죄의 발전을 제시한다. 즉 '조직범죄의 고전적 패턴'으로서 단순한 형태가 아닌 전략적 · 전술적 범죄(예컨대, 뇌물공여, 강탈, 폭행 등)로부터 '불법적 비즈니스'와 점차적 이행을 묘사한다.

전략적 · 전술적 범죄(예컨대, 뇌물공여, 강탈, 폭행 등)로부터 '불법 비즈니스와 활동단계를 거쳐 합법적 비즈니스', 이어서 '거대한 비즈니스'로의 점차적 이행을 묘사한다. 전략적 · 전술적 범죄유형으로서는 장기간에 걸쳐 행해지며 흔히 전략적 수단으로서 행해지는 성격의 방화, 폭행, 강탈, 살인, 갈취, 뇌물, 공무원 매수 등을 들고 있다. 다음의 불법적 비즈니스와 활동에는 숫자 조작에 의한 복권, 스포츠내기 및 도박조직, 이와 관련된 고리대금업, 노조관련 이득갈취, 마약 불법거래, 매춘업, 포르노그래피, 장물거래, 비디오테이프 · 필림 · 레코드 등의 표절 및 저작권 침해, 불법유통 그 외에 자동차거래, 제과업, 섬유업, 건설업, 호텔업, 자판기, 트럭운수업, 바(bars)와 레스토랑업 등을 둘러싼 조직범죄활동 등이 포함된다. 다음 소규모 사업에서 성공하게 되면 대규모사업에 침투하여 금융업, 건설업, 유흥업, 보험업, 부동산업 등에 영향력을 끼치거나 직접 관여하게 된다는 것이다. 결국 이렇게 하여 최종단계에 남게 되는 것은 정부(government)이며 정부까지도 각종수단과 방법을 동원하여 활용하게 된다는 것이다.

위에서 살펴본 바와 같이 조직범죄집단은 그들의 목표를 달성하기 위해서는 분야나 활동의 종류에 관계없이 침투하게 된다는 것이다.

제4절 조직범죄의 동향

1) 국제적 추세

조직범죄 분야의 국제화는 특히 불법적인 국제마약거래 분야에서 현저하게 나타나고 있는데, 이러한 조직범죄집단을 고도의 효율성과 이윤을 추구하는 현대의 기업경영기술을 채택하여 전반적인 조직범죄의 네트워크의 효율성을 크게 향상시켜 이들의 발달유형과 영향력은 이제 각 개별국가의 통제능력을 넘어서게까지 되었다.

이제 조직범죄집단의 국제적 활동에는 불법적 마약거래를 위시하여 다양한 목적을 위한 인신매매 다양한 물품의 대규모 위조, 불법적 통화조직, 대규모 해상보험사기, 밀수 등이 포함되고 있으며 계속 새로운 유형이 증가될 것으로 예상되고 있다. 그러면 각국의 조직범죄에 관한 동향을 알아보고자 한다. 미국의 조직범죄는 협박, 공갈과 같은 불법적인 수단으로서의 갱 활동에 그것을 체계화하였다. 그리고 제1차 세계대전의 10년간에 걸쳐 조직범죄는 약탈적 범죄로 발전하여 합법적, 비합법적 사업을 경영하였으며 어떤 지역에서는 독점적인 합법적 사업으로 그 체질을 전환하였다.

그 대표적인 예로서는 알카포네(Al Capone) 조직 등의 조직범죄가 있으며 근년에는 마피아가 그 예라 하겠다. 마피아 가족은 미국 내 24개 가족이 존재하며 뉴욕에는 5개 가족이 존재한다.

미국 내 마피아는 주로 절도, 장물, 사기, 증권의 매매, 고리대금, 주거침입, 자동차절도, 매춘, 마약, 도박, 노조공갈취재 등의 불법적인 행위와 기업경영과 호텔이나 제빵업 등 합법적 사업도 경영한다. 조직범죄대책특별위원회(1976년)에 의하면, 마피아가 움직이는 지하경제는 1년에 최소한 500~700억 달러에 이른다고 보고 있다.

일본의 경우는 1988년 현재 3,201개 조직폭력단 단체가 있고 조직원은 86,287명이 있다. 그 중 광역폭력단은 2,872개가 있고 조직원이 71,056명이 있다. 특히 대규모 조직폭력단(광역폭력단 중 조직원이 많은 상위 3개 조직)에 속하는 폭력단은 1,294개 단체에 31,107명의 조직원을 가지고 있다.

광역폭력조직 및 대규모 조직폭력조직에 속하는 폭력조직이 전체에서 점하는 비율은 단체수로는 각각 89.7%, 40.4% 조직원수로는 각각 82.3%, 36.1%이며, 전에 비하여 광역폭력단 조직원의 비율은 변하지 않고 있다. 기타비율은 조금 상승하였으며 현재의 폭력단은 광역폭력단과 대규모 조직폭력단에 의한 현저한 독점화 현상으로 나아가고 있다. 인터폴에 의하면 이탈리아계 마피아 2만2천명, 새롭게 급부상하고 있는 중국계의 삼합회(Chinese Triad Society) 10만 명, 그리고 일본의 야쿠자 8만 명 등의 3대 조직이 지구촌을 크게 위협하고 있다고 한다.

2) 우리나라의 추세

우리나라에서는 조직범죄라는 용어가 흔히 '조직폭력', '폭력조직'이라는 용어들과 혼용되고 있다. 이는 우리나라에 별다른 뚜렷한 조직범죄 유형이 없고 그나마 폭력조직이 비교적 다른 범죄에 비해 조직화된(Organized) 집단의 성격을 많이 지니고 있기 때문인 것으로 보인다. 우리나라에서는 1960년대 후반을 전후하여 '폭력조직', '조직폭력' 도 '조직폭력배'라는 용어들이 사용되기 시작하였는데, 그 이전에는 흔히 '깡패', '불량배', '폭력배'들로 불렀다. 법무부가 국회에 제출한 국정감사 자료에 따르면, 2008년 10월 현재 검찰이 관리하고 있는 국내 조직폭력단은 모두 487개파로 산하조직원은 모두 1만 1,886명이며, 지역별로는 부산이 1,833명으로 1위를 차지한 것으로 집계되었으며 뒤를 이어 수원이 서울, 광주 등을 제치고 2위를 차지한다.

제5절 조직폭력단의 구성

각각의 조직폭력조직에는 수령이 있으며 그 밑에 간부, 단원 및 정식구성원으로 인정되지 못한 견습자 내지는 보조자가 있다. 수령은 옛날에는 일반적으로 두목이라고 불리는 수가 많았다. 간부들은 그대로 대간부, 간부 등으로 부르며, 기타 보좌 등으로 부른다. 또 옛날 도박단에서는 전주, 대전주 등은 간부의 호칭이다. 그런데 일본의 야쿠자의 경우 수령을 친분(親分)이라고 불렀던 것은 그 조직이 가족을 모방한 형태를 취한 것에 기인한 것이며 이런 형태가 그들의 특징이기도 하다. 이와 같은 조직 내의 신분호칭과는 별도로 폭력조직에서는 그 조직 · 가입 시 가족에서 모방한 의제혈연관계를 맺는다. 즉 수령이 친분(오야붕)이며 조직 내의 자는 이 친분에 대하여 子分(부하) 또는 兄弟分으로서의 혈연관계를 맺는다. 이 관계에 의하여 조직 내의 인간관계를 나타내는 경우는 친분 밑에 장래 일가를 승계할 실자분이 있고 그 외 자분이 있다.

또 친분이 은퇴하고 실자분이 일가를 승계한 경우 친분과 형제분이었던 자는 신친분(新親分)으로서 숙부에 해당한다. 또 이 의제혈연관계가 극히 고정화되어 있고, 또 그 관계로 친분의 무리를 강행하고 있는 이상 두목과 부하 또는 형제관계를 하부에서 2개 이상 갖는 일은 극히 적다. 이 일가로부터 추방될 때에는 이 혈연관계의 파기가 선고되며 그것을 보통 파문이라고 한다. 이 조직단체가 보다 큰 단체에 들어갈 경우도 마찬가지로 단체수령이 상위단체의 부하 등으로서의 혈연을 맺는다. 또 소속일가로부터 독립을 허가받는 경우를 분가라고 한다. 기타 단체 간에서 대등한 우의관계를 맺을 경우는 수령 또는 간부사이에서 5分(半)의 兄弟分으로서의 혈연을 맺는다. 이와 같이 하여 폭력조직은 가족의 형태를 모방한 의제혈연관계에 의하여 고정적인 종과 횡의 관계를 만든다.

마피아의 경우 그 호칭에서 보면 그 단체를 Family라고 부르는 것은 공통이며, 이들 조직은 조직, 기능, 권위가 사회조직과 아주 유사하다. 각계의 마피아 가족은 한 사람의 전권이 Capo라 불리는 보스(boss)에 의하여 지배된다. 그는 조직 내에서 살아있는 신으로 존재한다. Capo의 밑에 보좌하는 회사의 부사장격인 Sotto Capo가 있고, 그들은 하위조직과 Capo와의 사이에서 중개역할을 한다. 그리고 회사의 고문에 해당하는 Consigliere가 있다. 중간 관리급에는 회사의 영업부장에 해당하는 Capo Regime이 있다. 그는 업무를 집행하지는 않지만 보스와 하위간부와의 사이에 대내외적 접촉과 갈등을 해결한다. Capo Regime은 병사(Soldati)나 급사에 해당하는 하위구성원들이 실제업무를 담당한다. 이와 같이 고정화된 위계 서열적 신분구조가 이 조직폭력조직의 특징이다. 이렇게 볼 때 조직범죄집단의 구성은 비행집단과는 다르다고 하겠다.

제6절 조직폭력의 문화

청소년 비행집단 등 어느 집단이나 그 집단이 오래 지속 될 때는 그 나름대로 부문화(Subculture)가 생기기 마련인데, 일찍이 사회학자인 클로와드(R. A. Cloward)와 오오린(L. E. Ohline)은 조직범죄집단 문화의 특수성을, 분화적 기회구조이론과 관련하여 범죄적 부문화, 갈등적 부문화, 퇴행적 부문화라고 주장하고 있다(R. A. Cloward and L. E. Ohlin, 1960 : 143~145).

일본의 조직폭력, 특히 전통적인 '노름 군 · 자리 터' 잡이의 집단은 그들에게 특유한 독자적인 집단문화를 형성하고 있다. 그것은 손가락 자르기, 문신(Tatto), 특유한 인사방법, 입단, 기타 의제혈연관계를 맺을 때 행해지는 의식, 은어, 조원에 과하는 임무 등이다. 이와 같은 것들은 현재 거의 간소화 내지 쇠퇴하고 있지만 폭력집단이라는 특수한 범죄조직의 유지와 밀접하게 관계하여 그 유지기능의 일부를 가지고 있을 것이다. 그것은 모든 문화와 같이 그 구성원이 가져야 할 가치관을 공통화시키는 작용이기도 한다.

이러한 모든 것을 통하여 나타나는 가치관이나 그 작용은 다음과 같이 생각된다. 우선 이들 집단이 범죄조직인 이상 외부와의 교섭을 극히 제한하고 있다. 그 제한수단 또는 외부와의 차단으로써 특수한 은어가 나오게 된다. 또 인의(仁義)라는 그들의 첫 대면 인사방법 등도 당연히 그들끼리만 통하는 형태일 것이다(이상현, 297). 또 의제혈연이라고 표시한 것은 제1차 집단에 가까운 역할을 갖게 하는 것이지만, 제1차 집단의 특징인 친근성은 있어도 그들의 생리에 맞지 않는 조직이라는 것으로 생각된다. 그것을 집단정신으로서의 퇴행성을 나타내는 것이라는 견해도 성립된다.

이와 같은 견해의 일환으로 손가락 자르기, 문신(Tattoo)의 문화를 볼 수 있다. 즉 이와 같은 자해적 행위는 본래 원시적 사회에서 볼 수 있는 것처럼 정신과 육체의 불가분을 믿고 스스로 성실, 사죄 등의 정신증표(情神證票)를 잘라낸 손가락에 넣어 상대에게 제공하는 것으로 보여진다. 또 문신은 협기나 위협 때문에 한 것이 많지만 청원조각(請願調刻) 등으로 불리는 것처럼 자기정신을 육체에 품게 하여 확인하는 것이다. 그리고 이와 같은 문화가 원시적 · 주물적(呪物的) 의식이라는 것은 당연한 것이고 그것을 또 정신의 퇴행성이라고 볼 수 있다. 이것은 폭력단원이 나타내는 가치관에서도 추정된다. 그들의 가치관으로서는 사나이가 되는 것, 의리의 강조, 인내력의 지향, 사소한 일로 고민하지 않는 것, 감정적 판단을 중요시하는 것들의 여러 가지로 전해지고 있다. 친분(오야봉), 小分(꼬봉)의 상하관계는 절대적으로 지켜야하며, 조직 내의 서열에 자의적으로 도전하는 것은 용납지 않는다. 또 상호간의 부조는 그 구성원이 투옥되거나 사망하였을 경우에 남은 유족에까지도 행하여진다(井出英雅, 1969 : 15). 특히 마피아 조직

세계에서 나타나는 5개의 오메르타(Omerta)의 수칙은 다른 직업적인 범죄에 있어서와 같이 어떠한 힘을 가지고 있다.

이상과 같은 조직범죄의 정확한 하위문화라고 하는 것은 약간의 정도의 차이는 있을지라도 이와 같은 가치관의 평가와 그 역할 등은 어쨌든 간에 전체적으로 육체적 의존성과 정신적 퇴행성 및 감성의 강조라고 하는 사실은 재론할 여지가 없다고 본다(이상현, 같은 책, 298~298).

제7절 조직범죄에 대한 대책

그러면 이상에서 말한 조직범죄를 근절하기 위해서는 어떠한 시책을 강구할 것인가. 장기적 그리고 근본적 대책으로서는 이와 같은 범죄를 발생하기 쉬운 사회 환경을 제거하고 폭력조직을 구성하는 자의 교정에 최선을 다하고 나아가 폭력예비군이라고 볼 수 있는 자를 일소하는 것이 필요할 것이다. 그러나 당면해야 할 대책으로서는 폭력단의 존립기반이 되는 人(구성원), 金(자금원), 물(무기)에 대해 철저히 단속해서 조직에 실질적인 타격을 줌으로써 그의 와해를 도모한다는 직접적 제압작전과 폭력단의 존재를 인정하고 있는 사회기반을 붕괴시켜 사회로부터 고립되게 하고, 관계기관과 단체 등이 연대해서 폭력단을 사회에서 몰아내는 고립화정책을 병행해서 추진시키는 것이 필요하다. 그러기 위하여 조직폭력단 단속을 위한 법제도의 정비를 하는 것은 매우 유효한 대책의 하나라고 할 수 있다.

먼저 직접적 제압작전은 폭력단 구성원에 대하는 것으로서 철저한 검거단속과 교도소수용에 따른 격리를 생각할 수 있는데 이렇게 하면, 수령, 간부 등 조직의 중추에 있는 구성원의 격리는 폭력조직으로서의 통제력과 일체성을 잃게 됨으로 폭력조직의 단속을 하기 위해서는 가장 유효하다고 본다. 물론 경찰력의 엄정한 행사가 폭력조직 박멸의 유력한 수단이라는 것은 더 말할 필요도 없다.

제22장 정신심리상태와 범죄

제1절 정신병과 범죄

정신병(Psychosis mental illiness)이란, 정신기능에 이상이 있는 경우로서 정상적인 사회생활을 할 수 없는 경우를 가리키는데 그 정의, 구별, 원인, 등에 있어 학설이 구구하다. 광의로는 정신박약, 정신병질(성격이상), 정신신경증까지 포함된다. 정신병의 주요 특징은 현실과 환상을 구별하는데 있어서 극단적인 어려움을 겪게 되어 현실과의 접촉을 상실하는 것인데, 이러한 개념적 왜곡과 오해를 환각(hallucination)이라 하고, 타인에게 지지받지 못하는 신념, 요구 그리고 불평을 망상(delusion)이라고 한다(김용준, 419).

정신병에는 정신계통의 장애가 의학적으로 확인된 것, 예컨대, 노년성 치매(치매), 매독에 의한 진행마비, 간질, 중독성 정신병 등과 환경적 조건이 중요한 역할을 하는 정신병(기능적 정신병)이 있다. 후자는 다시 정서장애와 정신분열증(Schizophernia)으로 나누어진다. 이 중 가장 많이 나타나는 것이 정신분열증, 조울증, 간질 등이며 이를 3대 정신병이라고도 한다. 이 중 정신분열증이 범죄자 중에 가장 많이 나타나는데 피해망상, 환각 등의 증상으로 살인, 방화 등을 하는 경우가 많고, 조울증이나 간질 등은 범죄와의 관련성이 적고 간질의 경우 두려움 없이 몽롱한 살인, 상해, 방화 등 흉악범죄를 저지르는 수가 있는데, 이때에는 범행 시에 기억에 장애가 있는 경우가 많다(정영석, 앞의 책 94).

범죄는 원래 일반인의 행동으로서 기대되는 통상의 한도를 현저히 일탈한 것이라고 할 수 있으므로 정신기능의 이상성과 관련이 있다는 예상이 용이하지만, 실제로 일반인 중 정신병자가 차지하는 비율보다 범죄인 중의 비율이 낮게 나타나고 있으므로 정신기능의 이상성과 관련이 있다는 예상이 용이하지만, 실제로 일반인 중 정신병자가 차지하는 비율보다 범죄인 중의 비율이 낮게 나타나고 있으므로 범죄와 정신병의 밀접한 연관성을 인정하기는 곤란하다 할 것이다.

제2절 정신분열증(Schizophrenial)과 범죄

정신분열증이란, 감정의 둔화, 외계와의 융화성 상실 등으로 특징지어지는 정신병으로 정신병인구 중에서 가장 높은 비율인 약 70% 이상을 차지하고 동시에 범죄자 중에서도 가장 높은 출현율을 나타내고 있다. 이들은 외계와의 융화가 거의 상실된 채 자기자신의 어떤 특수한 관념이나 생각에 집착해서 소일하기 일쑤인데, 이것을 자폐증(自閉症)이라 부른다. 정신분열증의 유형은 보통 다음 네 가지 유형으로 나누인다.

1. 단순형

무기력 · 무관심상태에서 할일 없이 소일하거나 방황하다가 부랑자나 창녀로 발견되는 경우가 많으나 큰 범죄는 범하지 않는다.

2. 파과형(破瓜型)

이 형은 사춘기중 비교적 일찍이 시작하며 자기가 위대한 인물이 된 것 같은 환상에 빠져 자신의 현실여건을 무시한 채 소일하다 간혹, 살상 등 중대범죄를 범한다.

3. 긴장형

자신의 의지는 파괴된 채 기능하지 않고 다른 사람은 지시나 명령에 추종만하는 분열증환자로 일정한 동작을 명하면 그것을 계속 반복하기만 한다. 예컨대, 손을 들고 있으라고 하면 하루 종일 그 상태대로 서 있다. 이 증세 아래서는 범죄보다 자살의 위험이 있다.

4. 망상형(Paranoid Schizophrenia)

이 증세는 범죄와의 관계에서 가장 문제시 되는 것으로 중년기 등 비교적 늦게 발병하며 피해망상이나 과대망상에 빠져 생활하는 것이 특징이다. 이러한 정신분열증은 세장형의 체격자에게 잘 걸리고 투사형이 그 다음이며, 평소 성격이 내향성을 띠고 과민한 성격자에게서 잘 발생한다. 그리고 지금까지의 통설은 심인성(心因性)으로 보고 있는데 소아(小兒) 때의 정서생활상의 장애 때문에 주로 발병하는데, 학자 중에는 가계의 유전성(소질의 유전)을 강조하기도 한다. 이 증세는 발병초기에 치료하면 쉽게 완치되나 시간이 경과함에 따라 치료가 어려워진다.

제3절 망상증(Paranoia)과 범죄

망상증은 일명 편집증(偏執症)이라고도 하는데, 이는 망상형 정신분열증자의 경우처럼 어떤 한 가지 고정된 망상 속에 빠져 그 망상을 중심으로 모든 의식구조를 이끌어가나 좁은 의미의 정신병상태(의식, 혼탁, 환상 등)에 있는 것은 아닌 경우를 말한다. 망상형 정신분열증과 다른 점은 단지 특정문제에 전 정신을 집중하는 경향 때문에 사물에 대한 객관적인 가치판단을 하지 못할 뿐 일반적인 사고작용이나 추리능력에는 본질적인 지장이 없기 때문에 일상사회생활에는 별로 지장 없이 생활한다는 것이다. 이러한 망상증환자들은 다만 특수망상 또는 과대망상에 빠져있고 그것을 반복 계속하다가 갑자기 공격적인 범죄행위를 자행한다.

망상증은 중대범죄사건을 일으킬 때까지는 오랫동안 그 증상이 나타나지 않다가 점차 심해지면 주위 사람들과 사소한 문제 때문에 갈등을 일으키는 등 말썽을 부리다가 갑자기 이상행동으로 발전하게 되어 범죄학상 매우 위험시되고 있다. 이러한 망상증은 정신분열증의 일반적 발병 연령보다 10년쯤 늦게 나타나기 때문에 20대 후반에서 나타나는 율이 높다. 그리고 대개 겁이 많고 긴장감이 심하며, 자기중심적 사고방식에 쉽게 빠지는 사람들에게 그 발병률이 높고, 남자보다는 여자 쪽에 그 발병률이 높다.

임상의학자들은 이러한 망상적 반응에 대해서 망상적 정신분열증, 망상상태, 망상증 그리고 인성장애 등의 다양한 이름으로 진단을 내리는 등 많은 관심을 갖는데 비해 앞서 말한 바와 같이 범죄학상 중요한데도 범죄학자들에 의한 연구결과는 아직 많이 나오지 않고 있다.

제4절 조울병과 범죄

조울병(Manic-depressove Psychosis)은 병적인 조상태(mania)와 병적인 우울상태가 일정한 간격을 두고 반복되는[7] 정신병이다. 이러한 조 또는 우울상태에서 그들은 인식 및 판단력에 심대한 장애를 일으키고 어떤 환상, 환각 또는 망상에 빠져 이상행동을 자행한다. 특히 그 조 상태에서는 극단적인 기분상쾌 · 행위의 촉박감을 느끼고 자극에 민감하며 격노성 · 투쟁성을 나타내게 됨으로써 대인범죄(對人犯罪)를 흔히 범하게 된다. 이에 비해 울 상태에서는 주의산만 사고고정 등의 특징이 있는데, 이 울 상태는 중년기, 즉 갱년기의 남녀에게 흔히 발견되는 이른바 '내전적 우울증'(Involution melancholia) 또는 '갱년기성 우울증'과 유사한데, 중년기 남녀는 이 증상 때문에 흔히 자살, 가족살 또는 타인살인 행위를 자행한다. 이 조울병은 비만형 체격자와 친근성이 더 있고 청년기에 흔히 시작되며, 역시 감당하기 어려운 외적 조건 또는 정서적 갈등에 기인하는 경우가 많은데, 가계(家系)의 유전적 조건에 의하여 더욱 쉽게 발병한다.

7) 조 상태와 울 상태의 주기는 며칠, 몇 달, 몇 년 등 일정하지 않고 때로는 주기가 반복되지 않고 한쪽으로만 치우치기도 한다.

제5절 간질(Epilepsy)과 범죄

간질은 보통 뇌기관의 기질적 장애로 인하여 생긴다고 본다. 다만, 그 장애는 선천적인 경우와 후천적인 경우가 있는 바, 전자의 경우를 진성간질 또는 특발성 간질이라 하고 후자의 경우를 증후성 간질이라 한다. 이러한 간질은 일정한 주기를 두고 발병(발작)하며, 그 발작의 형태에 따라 다음 네 가지 유형으로 나누어진다(김용준, 423).

1. 대발작

발작 전 얼마간 불쾌, 고심, 두통 등 전구(前驅) 증세를 갖다가 갑자기 외마디 소리를 지르며 졸도하고 전신적인 경련을 일으키는 경우이다. 그 자체로는 타인을 해치는 범죄행위를 일으키는 예가 거의 없다.

2. 소발작

길을 걷거나 일상 업무를 하다가 갑자기 수초 간 의식을 잃어 걸음을 멈추거나 말을 중단하거나 가지고 있던 펜대를 놓치거나 한다. 자동차운전자 중에 그러한 발작이 있으면 사고발생의 원인이 됨은 물론 이 때문에 자동차운전 중에 일어나는 발작은 곧 사고로 이어진다. 따라서 간질이 교통사고의 중요원인으로 자주 거론되어 운전자의 적성검사에서 이 부분이 중요시된다.

3. 잭슨형

잭슨형이란, 일시 사지(四肢)의 일부에 경련을 일으키는 정도에 그치는 것이다.

4. 정신운동성 발작

예고 없이 갑자기 수 시간 또는 수일간 의식의 혼탁상태에 빠져 사람과 시간 · 장소에 대한 판별력을 상실하거나 심한 불안상태에 빠지고, 때로는 극도로 흥분해서 공격적인 행동을 취하게 되는 경우를 가리킨다. 이 때 어떤 환각 또는 망상에 지배되는 것이 보통이다. 간질환자는 평소에 여러 가지 이상증세, 즉 건망증, 판단력상실, 환각, 망상, 불안감, 기분변조 등을 나타내고, 그것이 어떤 발작의 순간에 이르면 갑자기 더욱 악화되어 특이행동을 자행하는데, 이러한 발작증의 무의식행위에 의한 문제를 일으키는 것 외에 지속적인 의지박약으로 인하여 부랑, 걸식, 매춘 등에 빠지는 수가 있다. 또 간질이 어릴 때부터 시작된 경우에는 주위 사람들로부터 냉대 내지 멸시에 대한 심리적 열등감에서 폭발적 흥분, 고집불통, 너무 꼼꼼한 것 등, 이른바 '간질성 인격'을 형성하여 각종문제를 일으키게 된다. 물론 이 중에서 대표적인 경우는 폭발적 흥분성의 경우이며, 보통 이를 간질성 인격이라 한다. 그러므로 간질병자에 대하여는 의학적인 치료 외에 심리치료를 통한 인격의 왜곡화방지를 중요시하지 않으면 안 된다.

간질환자는 특수한 이상뇌파를 나타낸다고 보기 때문에 그 진단에 뇌파측정기가 이용된다. 영국의 군(Gunn)은 간질과 범죄와의 연관에 대해 연구를 많이 한 사람인데 그가 발표한 간질과 범죄와의 관계는 다음과 같다.

① 범행은 발작의 직접적인 결과인 혼돈상태에서 일어날 수도 있으나 이것은 매우 드문 경우이다.

② 범행과 발작은 동시 발생적일 수도 있으나 이 경우도 매우 드물다.

③ 간질로 인한 뇌손상이 인격장애를 일으켜서 반사회적 행동을 일으키게 할 수 있다.

④ 환자는 질병으로 인하여 생활에서 겪는 어려움의 결과로 강한 반사회적 태도를 지속적으로 가질 수 있다.

⑤ 성장초기의 박탈된 환경이 반사회적 태도를 갖게 만들 뿐 아니라 간질을 얻기 쉬운 상황에 노출시킬 가능성을 높인다.

⑥ 반사회적 인격장애는 그들 자신을 위험한 상황에 더 잘 노출시키며 그리하여 간질을 일으키게 하는 두부손상을 정상인보다 더 많이 당할 수 있다.

제6절 정신병 범죄자에 대한 대책

이상 고찰한 바와 같이 각종 정신병자 중에는 살상·폭행·강간 등 중대범죄를 저지르는 사람이 있고, 그것은 자칫하면 반복된 위험이 있기 때문에 이들에 대한 특별대책이 요구된다. 이들에 대한 대책으로는 먼저 사회 내에서 그 병의 진행 중에 있는 사람을 조기에 발견하여 치료·선도하는 조치가 고려되어야 하고, 이미 범죄행위를 자행한 사람 중에 그러한 예가 더 많이 발견될 수 있기 때문에 수사·재판·교정과정에서 그들에 대한 진단을 정확히 해서 계속적인 악화를 방지하도록 함이 요구된다. 그러기 위해서는 이에 관련된 업무에 종사하는 각 요원들에 대한 정신병관계의 지식의 보급이 요구되고 전문가의 참여 기회를 넓혀야 하는데, 이는 흔히 수사·재판·교정의 실무자들은 그 병증에 대한 판단능력의 부족으로 아주 뚜렷한 환자 외에는 그냥 스쳐 지나가게 함으로써 재범화를 조장하는 경우가 많기 때문이다. 교정시설의 수용자 중에는 정신병환자를 적지 않게 발견함은 그 이전의 처우과정에서 진단이 제대로 이루어지지 않았음을 입증하는 것이다.

제23장 정신신경증과 범죄

제1절 개 념

정신신경증(Psychoneuroses)이란, 뇌나 기타기관에 어떤 병리적 장애가 발생함으로써 생겨나는 것이 아니고 심리적 장애 때문에 정신생활이나 신체생활에 장애를 초래하는 것을 말한다. 그러나 이것이 현실과 차단된 상태에서의 환상, 망상, 환각, 의식장애 등이 없고 정상적인 지각작용과 사고가 가능하다는 점에서 정신병과는 구별된다. 따라서 단순한 성격장애로 여겨질 수도 있으나 그 원인이 기질적이지 않고 심인적인 생활상의 장애까지도 초래한다는 점에서 성격장애와는 구별되고 있다. 이러한 정신신경증은 내심의 욕구를 과도하게 억제하는 데에서 초래되는 것으로서 범죄와 같은 반사회적인 행위와는 직접적인 관계가 없는 것으로 여겨질 수 있다. 그러나 그 정도가 심할 경우에는 각종 정신병적 징후를 나타내고 급기야는 범죄에 빠지는 수도 있다. 이러한 정신신경증은 강박신경증(Obessive-compulsive neuroses), 불안신경증(anxiety neuroses), 히스테리, 신경쇠약 등 그 종류가 다양한데, 이 중 범죄와 가장 많이 논의되고 있는 것 몇 가지를 그 각각의 내용과 범죄성과의 관계를 나누어 고찰하고자 한다.

제2절 강박신경증과 범죄

강박신경증(Obessive-compulsive neuroses)이란, 이성적으로는 불합리한 것으로 판단하여 생각하지 않으려고 하지만 떨쳐버리지 못하는 관념이나 감정 때문에 괴로워하며, 그 때문에 일정한 행동을 반복해서 하게 되고, 그 관념 또는 감정을 떨어버리고 그런 행동을 반복하지 않으려하면 할수록 더욱 심하게 긴박감과 불안감에 휩싸이게 되어 견딜 수 없는 정신적 장애이다. 이러한 강박신경증은 개인적 곤란으로 그치기 쉬우나 경우에 따라서는 반복되는 행위가 반사회적 범죄행위가 될 수도 있다. 즉 억압된 성적 충동이나 기억 때문에 성도착자들의 성범죄가 유발되기도 하고, 성욕 등 내적 긴장감이나 불안감의 상징적 발산방법으로 방화하는 방화광이나 절취벽자가 있을 수도 있다. 일반적으로 이들의 행동은 성욕 등 내적 불만상태와 긴장감을 해소시키려는 강박적 충동 때문인 것으로 설명되고 있다.

제3절 불안신경증과 범죄

불안신경증(Anxiety neurosis)이란, 심한 불안감에 사로잡혀 여러 가지 정신신체상의 장애를 느끼는 경우로서, 보통 불안신경증과 범죄의 관련성은 죄책감 콤플렉스를 중심으로 논의되고 잇다. 즉 오이디푸스 콤플렉스(Oedipus complex) 또는 엘렉트라 콤플렉스(Electra complex)를 적절하게 처리하지 못해서 야기되는 죄책감 때문에 불안감을 느끼게 되고 그 불안감을 해소할 수 있는 적절한 방법이 주어지지 않을 때 범죄행위로서 자신의 불안감과 죄책감을 해소하게 된다는 것이다. 그러므로 그들은 '처벌받고자 하는 충동'(the urge to be punished)에서 범죄행위를 하게 되는 것으로서, 이들을 '죄책감에서의 범죄자'(the criminal out of the sense of guilt)라 부른다. 프로이드(S. Fread)의 정신분석학파에서는 전통적으로 이 죄책감에서의 범죄자 또는 처벌을 받고자 하는 충동에서의 범죄자를 특히 강조하였는데, 이러한 범죄자의 경우에는 범행 전부터 죄책감을 갖게 되는 것으로 범행 후 처벌을 받을 때만 일시적으로 해방감을 느끼나 그것은 일시적인 효과에 그칠 뿐 또다시 죄책감의 가중과 함께 형벌을 갈망하게 됨으로써 범죄행위를 반복하게 되는 것이므로, 그 심층심리 구조의 근본적인 개선 없이는 재범을 방지할 수 없다는 것이다.

그러나 범죄자 중의 얼마가 이러한 정신장애로 범죄행위를 자행하는 것인지와 그러한 정신장애가 반드시 정신분석학적 소견에 의해서만 설명될 수 있는 것인가에 대한 답이 분명하지 않으며, 이는 엄격히 말해서 정신분석학파의 여러 가지 학설은 아직 하나의 가설에 지나지 않으며 명확히 논증된 것이라 말할 수 없다. 따라서 앞으로 더욱 더 연구한 뒤 일반화 할 일이다.

제24장 성격장애 (Personality disorder)와 범죄

제1절 개 념

성격장애란, 일반적으로 성격에 장애가 있는 경우를 말하며, 이것은 신경증적 장애를 포함한 광범위한 개념으로서 자극과 반응의 부조화, 기능적 협동의 결여 등의 증상을 나타낸다. 즉 성격장애는 불안의 내적 감정을 다루는 행위가 아니라 "다른 사람의 비용과 비윤리적인 방법으로 자신의 욕구를 충족시키는 행위"로 간주되고 있다.

성격장애는 미성숙한 성장의 결과이며, 그들의 행동은 어린이 같고 충동적이고 이기적이며 무의식적으로 돌발하는 특징을 갖는다. 성격장애가 있는 사람은 다른 사람을 난처하게 만들며, 자신의 잘못이나 문제행위를 인식하지 못하기 때문에 죄의식을 갖지 않는다. 그리고 이러한 광범위하게 정의되는 성격장애 가운데 가장 전형적인 것이 정신병질(Psychopathy)이라 한다(이윤호, 앞의 책, 161). 이러한 정신병질자는 일반적으로 선천적인 유전소질과 후천적인 성장환경(경험)의 잘못이라는 복합작용에 의하여 형성되는 것으로 보아야 할 것이며 거기에는 각양각색의 여러 가지 유형이 있다.

정신병질자를 어떻게 분류하는가에 대하여는 이미 1896년에 크레펠린(E. Kraepelin)이 ① 흥분인(Erregbare), ② 의지부정인(Haltlose), ③ 욕동인(Triebmensch), ④ 기교인(Verschrobene), ⑤ 허언과 기만인(공상허언자 : Schwinder), ⑥ 반사회인(사회의 적 : Gesellschaftsfeinde), ⑦ 호쟁인(Streisuchtige) 등으로 나눈 이래 여러 가지 분류방법이 제시되어 왔으며, 슈나이더(1923년), 로오덴(1927년), 젤리히(1951년), 서덜랜드(1924년) 등의 분류가 대표적이라고 할 수 있다(E. Kraepelin, 1896).

그러나 오늘날 정신의학이나 범죄학에서 가장 많이 사용되는 방법은 슈나이더에 의한 것이라고 할 수 있으며, 그는 정신병질을 편기성의 특징에 따라 발양성(hyperthymisch), 우울성(depressiv), 의지박약성(wilenslos), 무정성(gemutlos), 폭발성(explosiv), 기분이변성(stimmungslabil), 자신결핍성(selbstunsicher), 광신성(fanatisch), 과장성(geltungs), 무력성(asthenisch)의 10개 유형으로 구분한다(K. Schneider, 1976). 그러나 이러한 유형 모두가 범죄와 관계가 있는 것은 아니고 사회를 괴롭히는 이상성격만이 범죄학의 관심대상으로 될 수 있다는 것이다. 이상의 제유형 가운데 오늘날 가장지지를 받고 있는 '슈나이더'(K. Schueider)의 10개 유형과 성적 정신병질자에 대한 각각의 특징과 범죄성과의 관계를 나누어 살펴보고자 한다.

제2절 슈나이더가 제시한 정신병질자와 범죄

1. 발양성(hyperthymisch) 정신병질자

발양성 정신병질자는 자기 자신의 능력과 운명에 대하여 과도하게 낙천적이며, 이로 인해 경솔하고 불안정적인 면을 갖는 성격자이다. 이들은 다혈질적이고 활동적이어서 어디서나 떠들고 야단법석을 벌이며 실현가능성이 없는 약속을 남발함으로서 상습사기범이 되기 쉽다. 무전취식자로 돌아다니기도 하며, 이 때 자동차 같은 것을 닥치는 대로 훔쳐 돌아다닌다. 무반성적이고 순간적인 충동에 따라 움직이며, 누구와도 쉽게 흉금을 털어놓고 이야기를 나누다가 범죄의 유혹에 쉽게 빠지기도 한다. 범죄자 특히 상습누범자 중에 상당수 있는 것으로 본다.

2. 우울성(depressiv) 정신병질자

우울성 유형의 정신병질자는 염세적 또는 회의적 인생관을 갖고 항상 우울하게 지내며 자책적이다. 그들은 항상 최악의 사태를 생각하고 과거를 후회하며 장래를 걱정하는 일로 소일한다. 이들은 적극적으로 범죄에 가담하지 않는 편이고 자살에 빠진다. 그러나 어떤 강박관념으로 살상과 성범죄를 자행하는 경우가 간혹 있다.

3. 자신결핍성(Selbstunsicher) 정신병질자

자신결핍성(감상성) 유형의 정신병질자는 자기 자신이 부족하다는 것을 의식하나, 자기의 자존심 때문에 이를 솔직하게 인정하지 않는다는 복잡한 심정의 소유자이다. 주위의 사정에 대하여 과민 또는 강박신경증을 일으키는 소질의 사람이다. 일반재산범인에게는 그리 많지 않다. 경우에 따라서는 살인, 상해, 성범죄 등을 행하는 경우가 있다. 이 형은 우울성 무기력성과 같이 원래 범죄성과는 그다지 깊은 관련이 없다.

4. 광신성(Fanatisch) 정신병질자

광신성 정신병질자는 열광성 정신병자라고도 하는데, 이는 어떤 가치 관념에 열중하여 그것을 외부에 대해 적극적으로 선전 · 주장하고 그 소신에 따라서만 행동하는 강한 성격의 소유자이다. 정의감에 따라 소송을 즐기고 수형자가 되어서도 '호소광'으로 말썽을 일으킨다. 종교적 광신자나 정치적 확신범 중에 그러한 예가 많을 것으로 본다. 그러나 가끔 상습범죄자 중에서도 보인다고 한다.

5. 과장성(GeltungSbedurftig) 유형의 정신병질자

과장성 유형의 정신병질자는 자기현시욕성 유형의 정신병질자라고도 하는데 자기를 사물의 중심으로 생각하는 등 자기를 실제 이상으로 높이 인식하는 성격자이다. 다른 사람의 관심을 끌기 위하여 공상성 허언을 일삼고 있기 때문에 고급사기꾼이 되기 쉽다. 예컨대, 자기를 고위층이라고 속여 사기행각을 일삼는 사람들 중에 이런 유형의 사람이 많다. 이들은 그 욕구가 좌절되면 흔히 신체적 질환으로 도피하는 '히스테리'성 반응을 나타내어 주변 사람을 놀라게 한다. 이는 특히 구금된 수형자 중에서 흔히 보게 된다고 하며 일종의 꾀병을 부린다.

6. 기분이변성(Stimmungslabil) 유형의 정신병질자

이 유형의 소유자는 기분의 동요가 심하고 예측할 수 없다. 그 결과 때로는 방랑하고 폭음하고 낭비를 일삼는다. 이들의 범죄에는 방화가 있고 다음 상해의 죄를 범하기 쉽다. '크레페린'이 말하는 '욕동인'(Triebmensch)이 여기에 해당되며 욕동(浴童)에 따라 우왕좌왕을 잘하기 때문에 폭발성 병질자와 함께 간질병기질이 의심된다.

7. 무정성 유형의 정신병질자

이 유형의 정신병질자는 정서결핍성(情緒缺乏性) 유형의 정신병질자라고도 하는데, 이들은 인간의 특유한 고등감정인 다른 사람에 대한 동정심이나 연민의 정이 박약하고 수치심, 명예심, 공동의식, 양심의 가책 등이 결핍되어 방자하게 행동한다. 즉 자기의 목적을 달성하기 위해서는 쌀쌀하고 잔인하게 이를 추진하며, 이 때 죄책감을 느낄 줄 모른다. 한편 복수심이 강하고 완고하며 교활하다. 이들을 일컬어 '배덕광'(Moral insanity) 또는 '도덕적 백치 또는 도덕적 박약자'(Moral imbecile)라고도 하는데, 영미에서는 정신병질자라 하는 경우에는 주로 이 배덕광병질인을 가리킨다. 범죄학상 가장 주목할 만한 것은 역시 이 유형의 사람들로 이들에게 있어서는 '양심'(良心)이라는 것이 없을 뿐더러, 자기반성 능력이나 죄책감이 없어 옆에서 자기의 잘못을 지적해도 그것을 이해할 줄 모르고 끝까지 변명한다. 이들은 폭력범죄인 풍속범죄인 원시적 또는 교활한 재산범죄인 중에 이러한 타입이 발견되며 직업범죄인과 상습누범자 중에서 높은 비율로 나타난다. '슈툼플'(Stumpfl)의 보고에 의하면, 195인의 누범범죄인 중 48%가 무정성이며 초범자 중에는 2.4%밖에는 없다고 하였다.

결국 이들은 범죄자의 전형을 이루는 자들로서 '롬브로조'의 생래성 범죄인설이나 최근의 XYY범죄인설, 뇌손상 범죄인설 등 범죄학상의 주요 이론은 이런 자들에게 잘 적용된다 하겠다.

8. 의지박약성(Willenslos) 유형의 정신병질자

이 유형에 속하는 사람들은 저항력이 약하고 지도에도 잘 복종하여 유혹에도 잘 빠진다. 이러한 사람은 정상인 중의 정신박약자(Feeble mindedness)와 제일 가까운 사람이다. 대부분이 상태범죄인은 이러한 집단에 속하는 것이다. 이들은 대개 지능이 낮은 편인데, 좋은 환경 속에서는 별문제 없이 생활하나 나쁜 환경 아래서는 범죄의 유혹에 쉽게 빠지게 되고 범죄에 한 번 빠져들면 헤어나지를 못한다. 역시 상습누범자 중에 많은데 '슈툼풀'(Stumpfl)의 보고에 의하면 누범범죄인의 58%가 이 유형에 속하고 초범자에 있어서는 3%밖에 되지 않는다고 한다.

9. 폭발성(Explosiv) 유형의 정신병질자

이들은 '병적 흥분자'라고도 하는데, 사소한 자극에 대하여 병적으로 과도하게 격렬한 반응을 일으키고, 앞뒤 가리지 않고 닥치는 대로 던지고 때리고 폭언하기를 주저하지 않는다. 이 때 타인을 향해 공격하는 것 외에 자상행위(自傷行爲)를 할 수도 있다. 이러한 경향은 알코올 음용 후에 더욱 잘 나타난다. 따라서 이들은 살상·폭행 그리고 모욕·손괴 등의 범죄행위를 쉽게 저지르게 된다. 이들은 뇌파검사에서 간질성 기질을 나타내는 경우가 많다. '슈툼풀'(Stumpfl)의 보고에 의하면 누범 범죄인 중 14%가 여기에 속한다고 한다.

10. 무력성(Asthenisch) 유형의 정신병질자

이 유형에 속하는 사람들은 심신의 부조화상태를 늘 호소하면서 관심을 자기에게만 돌리고 동정을 바라는 성격의 소유자이다. 인격감의 상실에 빠져 번민하기도하며 신경질적이나 범죄와는 깊은 관련이 없다.

제3절 성적 정신병질(성욕 도착자)

1. 개 념

성적 정신병질자란 인간의 기본적 욕구의 하나인 성욕면에 특이한 편기성을 지니는 경우를 가리킨다. 보통 '성도착자' 또는 '변태성욕자'(Sexual Pervert) 등으로 불리우는 것이 여기에 해당한다(신진규, 앞의 책, 246). 이러한 성적 병질자 또는 성욕도착자의 발생원인에 대해서는 성선의 분비기능장애에 원인을 찾는 입장과 성장기에 정서관계의 장애에서 원인을 찾는 입장의 대립이 있다. 어떻든 성욕의 도착은 인격의 기본구조에 심대한 영향을 미쳐 사회생활상 여러 가지 이상행동을 유발하는 외에 각종 성범죄, 기타 관련범죄의 발생에 직접 간접적으로 기여한다고 본다.

성욕의 도착은 크게 두 유형으로 양분된다. 그 하나는 성욕의 대상물에 대해 도착을 일으키는 경우로 동성애자 등의 경우가 여기에 해당한다. 다른 하나는 성욕충족방법으로서의 성행위에 있어서 도착 내지 변태성을 나타내는 경우이다. 가학증성욕자가 그 대표적인 예이다. 아래서는 이 두 유형과 범죄와의 관련성에 대하여 보다 구체적으로 살펴보고자 한다.

1) 성 대상 도착

성 대상 도착은 동성애(homo sexuality), 기아병(pedophilia), 노인애(grontophilia), 시체애(ncrophilia), 수애(bestiality) 복장도착(transvestitism) 근친애(incest) 등이 있는데, 이를 나누어 고찰하면 다음과 같다.

먼저 동성애는 다시 완전동성애자 정신적 양성자, 기회적 동성애자 등으로 나뉘는데 완전동성애자란 동성만이 성욕의 대상이 되고 이성은 혐오의 대상이 되는 것을 말하며, 정신적 양성자란 동성이나 이성이나 다 같이 성욕의 대상이 되는 자를 말하고, 기회적 동성애자란 이성을 구할 수 없는 특수한 상황, 예컨대, 교도소, 병영, 사원 등에서 대용적으로 일시 동성을 성 대상으로 하나, 보통상황으로 돌아오면 다시 정상으로 되는 자를 말한다. 동성애 행위 중 다른 남성의 항문을 이용하는 행위를 계간이라 하는데, 우리나라에서는 군형법에서만 이를 처벌할 뿐 일반형법에서는 처벌의 대상으로 하지 않는다. 둘째, 기아병(Pedophilia)인데 이는 아동을 성 대상으로 해서 그 신체를 애무한다든가 포옹한다든가 입을 맞추는 등의 특별한 충동을 느끼는 경우로 유아유괴의 범죄를 자행할 위험이 있다. 셋째, 노인애(愛, Gerontophilia)로 이는 젊은 이성(異性)에는 끌리지 않고 노인에 대해서만 성욕을 느끼는 경우이다. 넷째, 시체애(necrophilia)로 이는 시체를 성적 대상으로 하는 경우로 시간을 위하여 시체를 고가로 매입하거나 또는 분묘를 발굴하는 범죄를 감행하기도 한다. 다섯째, 수애(獸愛, Bestiality)이다. 짐승류를 성행위의 대상으로 하는 경우로, 개, 말, 송아지, 양, 염소 등이 그 대상이 되고 여성의 경우로는 주로 개와 고양이가 그 대상이 된다. 여섯째는 복장도착(Transvestitism)으로 이는 이성의 복장을 입거나 화장을 하는 등에서 성적쾌감을 느끼는 경우로 남성에 많다.

마지막으로, 근친애(Incest)를 들 수 있는데 친생자, 형제자매 친부모 등 근친 간에 성욕을 느끼는 경우로 폐쇄적인 사회 · 가정에서 흔히 보며, 알코올중독자 중에 예가 많다고 한다. 이들 사이의 이른바 '근친상간행위'를 서양에서는 처벌하는 예가 많으나, 우리나라에서는 처벌하지 않는다. 그러나 유전학상으로는 근친 간의 경우 열성유전소질의 출현율이 높기 때문에 문제시된다.

2) 성 행위 도착

성 행위 도착의 경우로는 노출증, 절시증, 가학증, 피학증 또는 자학증, 색마, 배물성욕 등을 들 수 있는데 이를 차례로 살펴보면 다음과 같다(신진규, 247).

먼저 노출증(Exhibitionism)이란, 공중 특히 이성의 면전에서 성기부분의 노출로 성적쾌감을 느끼는 경우로 남성, 특히 중년 이상의 남성에 많다. 여성의 경우는 성기보다 전신을 노출하는 경우가 많다. 이러한 성기노출행위는 형법상 공연음란죄를 구성하여 처벌된다. 둘째, 절시증(Voyeurism)은 노출증과 반대되는 경우로 다른 사람의 성기나 알몸을 보는 행위에서 만족을 구하는 것이다. 일반적으로 이 때 자위행위를 수반하는 것이다. 일반적으로 이 때 자위행위를 수반하는 것 외에 강간에 이를 수 있어 위험하며 특히 남성중에 많다. 셋째, 가학증(Sadism)은 보통의 성행위로 만족할 수 없고 이성을 학대하여 고통을 줌으로써만 만족을 느끼게 되는 편기성욕자의 경우이다. 역시 남성에게 많으며 모든 남성은 다소간 가학증적 경향을 갖고 있다고 본다. 그러나 그 정도가 심한경우에 문제로 되는데, 그 가학방법은 채찍으로 때리거나 깨무는 외에 손발을 결박하고 자상(刺傷)을 일으켜 피를 흘리게 하는 등 여러 가지 이다. 그것이 심하여 상해에까지 이를 수도 있는데, 이 경우를 '음락살인'(Iustmord)이라 부른다. 이런 사람들은 평소에 온화하고 억제심을 잘 나타내나 성생활에 이르러서는 폭발적으로 특이한 가학증을 나타내는 경우가 많고 반복의 우려가 있으므로 위험하다. 넷째, 피학대증 또는 자학증(masochism)이라는 것은 정반대로 이성으로부터 신체적 · 정신적으로 고통을 당함으로서 성적 쾌감을 증진시킬 수 있는 편기성욕자의 경우이다. 역시 여성에게 많으나 남성에게도 있을 수 있다. 이들은 이성으로부터 고통을 받기위해 끌, 채찍 등을 스스로 준비해 높기도 하고, 그러한 가학행위를 계속 요구함으로써 상대방을 가학증자로 만들고, 심한 경우에는 자기의 신체를 자상케 하고 결국에 가서는 죽음에까지 이르게 된다. 이 경우에는 피해자 자신의 살상(殺傷)의 결과를 자초한 것이 되며 이러한 자학증(自虐症)은 흔히 어떤 죄책감에서 비롯된다고 보나 여성들의 일반적인 수동적 심리와 관계 깊은 것으로 생각된다. 다섯째, 색마로 이는 남성색마(Satyriasis)와 여성색마(Nymphomania)로 나누며 이들은 시간과 정력의 대부분을 성교 성욕충족에 소비하는 사람으로 갖가지 문제를 일으킬 것은 명백하다. 그 발생 원인으로 성호르몬 분비의 과다를 말하기도 하나 남성색마의 경우 실제로는 성불능자인 경우도 있다. 이때에는 자기의 열등감을 극복하기 위한 공격적 행위로 이렇게 한다는 해석도 있어 반드시 그 원인이 일정하지 않다. 끝으로 배물성욕(Fetishism)인데, 이것은 성대상과 성행위의 양면의 이상을 포함하는 것으로 이성의 신체의 일부나 복장의 일부를 수집하여 그것을 보거나 만지거나 하는 행위로써 성적 쾌감을 추구하는 경우이다.

제25장 상습범죄

제1절 개 념

상습범은 '누범'과 구별되는 개념으로서 상습범이 일정한 행위를 반복하는 습성이 있음으로써 성립하는 범죄임에 반하여 누범은 범죄의 반복을 요건으로 하지만 반드시 상습성을 필요로 하는 것은 아니다. 즉 누범은 범행의 횟수를 기초로 하여 규정되는 개념이고 상습범은 상습성이라고 하는 범죄의 반복적 습벽을 기초로 하는 개념이다. 따라서 상습범은 범죄학적 심리학적 개념이라 할 수 있고, 누범은 법률학적·통계학적 개념이라 할 수 있다. 사실 누범 중에는 상습범이 많겠지만 이른바 상습과 누범 양자가 항상 일치하는 것은 아니다. 누범 가운데는 범죄의 상습성이 없이 우발적으로 범행을 반복하는 경우가 있을 수 있고, 또 단 한 번의 범행에서 범죄의 반복적 성향이 인정되는 상습범이 있을 수 있다.

제2절 누범과 상습범

19세기 후반 이후 누범문제는 범죄학과 형사정책에 있어서 가장 중요한 과제였으며 당시 상습범 대책은 누범대책의 일환으로 논하여 왔다. 범죄학에 있어서는 특히 범죄자에 관한 생물학적 · 정신병학적 접근에 의한 실증적인 연구성과로서 범죄자의 분류가 유형학에서 제시된 누범자에 대한 연구가 범죄자 처우의 이론과 실무를 발전시키는 계기가 되었다. 누범문제는 또 형법이론에 있어서 객관주의와 주관주의의 논쟁을 불러일으키고 형사정책에 있어서는 입법정책으로서 일원주의와 이원주의의 대립을 초래하였다(김용준, 앞의 책, 439).

더구나 누범문제는 19세기의 말엽 이래 국제회의에서 여러 번 거론되어 왔는데, 누범과 상습범의 문제를 구별하여 논하게 된 것은 마이어(M. E. Mayer)의 주장에 따른 것이라고 말할 수 있다. 하지만 이 양자의 구별은 솔직히 말해 반드시 명확한 것은 아니다. 우리나라에는 일반적으로 누범은 법률상, 즉 형법상의 개념이며, 상습범은 범죄학상의 개념으로 해석되고 있다. 예컨대, 현행형법상으로는 상습도박죄(제246조 2항)의 규정도 있기 때문에 이 구별은 반드시 정확한 것은 아니다. 누범과 상습범의 구별은 누범은 어찌되었던 상습범은 형법적으로나 범죄학적으로 아직 일정하지 않기 때문에 상당한 어려움이 있다고 할 수 있다. 또 누범이라는 것은 범죄학적으로는 범죄를 반복하는 것을 의미하지만 형법학적으로는 법률상 형을 가중해야 할 원인이 되는 범죄의 누행을 지적하는 것이라고 한다. 그러나 이 정의에서도 범죄학에 있어서는 여기까지 누범에 관한 통일적 정의를 발전시킬 수 없다고 하는 것처럼 누범개념에 관해서는 다양한 학설이 있으며 형법적 누범이라고 하는 경우에도 누범가중의 요건이 각국마다 다르다고 생각하면 그 이해의 방식에는 반드시 통일적이라고 생각되지 않는다. 이 점에 관하여 일본의 森下忠은 형법상의 누범과 범죄학상의 누범관계를 대략 다음과 같이 설명하고 있다(森下忠, 1989).

범죄학적으로 보면 누범이라는 것은 한 번 죄를 범한 자가 다시 죄를 범한 자를 말한다. 따라서 누범자라는 것은 재차 죄를 범한 자를 지칭한다. 이 경우 최초의 범죄로부터 다음 범죄까지의 기간(소위 재범기간)이 얼마인가를 묻지 않으며 또 초범의 범죄와 재범의 범죄에 대하여 어떠한 형의 언도가 있었는가를 묻지 아니한다. 이것에 대해 형법상의 누범이라는 것은 범죄학상의 누범 중에서 형법상의 소정의 요건에 따라 일정한 것을 결한 것을 지칭한다. 형법은 이에 대하여 누범가중이라고 하는 법 효과를 부여하고 있는 것이다. 그러면 누범과 상습범은 같은 개념의 의미라는 것인가 아니면 다른 의미내용도 가지고 있는 것인가에 대한 의문이 있다.

일반적으로 상습범이라는 것은 상습으로 일정한 범죄를 반복 누행하는 자로서 그것이 동종범죄의 상습적인 습벽내지 경향에 기인하는 것이라고 하겠다. 그러나 독일이나 프랑스의 예를 보면 이원주의에 기하여 상습범처우의 제도적 지주로서의 보안처분도 우리나라에 있어서 상습상해나 상습절도와 마찬가지로 반드시 동종범죄의 상습성을 요건으로 하는 것은 아니다. 그렇다면 엑스너(F. Exner)가 말한 바와 같이 누범을 이미 한 번 유죄판결을 받은 자가 다시 범죄행위에 의해 처벌된 경우라고 해석하여 그 이유를 새로운 범죄행위와 이전의 범죄행위가 법률상 또는 심리상의 관련에 있어서도 동종인가 아닌가를 묻지 않고 범죄행위의 결과(형벌(刑罰))를 자기의 신체에 따라 체험한 자는 새로운 범죄를 결의한 경우에 그 체험을 하지 않은 자와는 내부적으로 다른 상태이며 이러한 방식으로 누범을 해석하는 입장에 서면 누범도 상습범도, 범죄학적으로는 특히 구별할 실익은 없고, 다만 법률상의 효과로서 누범자 중 또는 상습범에 대하여 중한 법정형이라고 하는 것에만 의미를 가질 뿐이라고 할 수 있다. 하지만 이점에 관하여 일본의 前田信二郎은 누범과 상습범을 구별하는 입장에서 다음과 같이 서술하고 있다(前田信二朗, 1976 : 25~26).

누범가 중의 근거는 형을 받았다는 것에 관계없이 징계되지 않았다는 것, 즉 죄를 범했다고 하는 행위주의적인 점에서 구하면 고전적 누범의 요건은 형의 집행종료를 필요로 하는 것이 된다. 이에 대하여 상습범이라고 하는 행위주의적 관점에 서서 근대적 누범을 규정하면 그 요건은 형의 집행을 마친 것까지를 요하지 않고 확정판결만 있으면 좋다고 하게 된다. 누범과 상습범인은 실제 면에서는 대체로 일치하지만 개념적으로는 일단 엄격히 구별할 필요가 있다. 예컨대, 오랜 세월동안 범죄를 범했지만 한 번도 발각되지 않았기 때문에 지금까지 처벌되지 않은 자는 상습범이지만 현행 형법상의 누범은 아니다. 확실히 범죄학상의 상습범이라고 하는 개념의 핵심은 범죄의 반복 누행성, 즉 상습성이라고 생각되며 이 경우의 상습성이란 행위의 속성이 아니고 행위자의 속성이라고 해석되어야 한다고 생각된다. 이렇게 하면 범죄학상의 상습범은 형법상의 누범과 반드시 일치하지 않고 또 일치할 필요도 없게 된다. 결국 소매치기 상습범도 처음 체포되고 처음 형의 언도를 받으면 초범이 되며 형법상의 누범이 되는 것은 아니다.

하지만 견해에 따라서는 '범죄학상의 누범'을 '상습범'이라고 말을 바꾼 것에 지나지 않고, 누범과 상습범과 구별할 필요성은 설명되고 있지만 양자를 구별하기 위한 기준은 아직 명확하다고 말할 수 없다. 본래 범죄를 누적적 혹은 반복하여 범하는 것이라는 의미에서, 누범과 상습범은 밀접한 관계에 있다. 그리고 많은 실제문제로서 상습범은 누범 중 특히 사회적 위험성이 높은 자로, 이 양자의 상위점은 누범이 범죄의 반복 · 누행이라고 하는 형식적 기준에 의한 행위개념임에 대해 상습범은 반복된 범죄행위에 징표 되는 행위자 인격에 주목한 행위자 개념이라고 해석될 수 있다. 예컨대, "누범에는 전형의 체험의 무시에 의한 체험의 증대라고 하는 의미가 중점적으로 포함되고 있지만 상습범은 어떤 종류의 습벽을 가지고 있다고 하는 행위자의 위험적 성격 그 자체에 착안한 개념인 것이다. 누범에는 범죄를 우발적으로 반복하는 경우가 많지만 상습범을 습벽(習癖)의 발현으로서 지속적으로 이루어지는 경우"라고 하는 주장도 같은 취지에서 나온 것이라 생각한다. 이상에서 서술한 바와 같이 상습범과 누범의 문제를 명확히 구별하여 논한다는 것은 어려운 과제 중의 하나가 아닌가 생각한다.

제3절 우리나라에 있어서 누범의 실태

다음 〈표 25-1〉은 1999년부터 2008년까지의 수형자의 입소 경력별 분포현황을 나타낸 것이고, [도표 25-1]은 수형자 입소 경력별 변화추이를 나타낸 것이다. 〈표 25-1〉을 토대로 입소경력별 분포현황을 분석해보면 수형자 중 교정시설에 처음 입소한 자의 수는 1999년에 19,044명으로 가장 많았고, 1회 이상 입소경력이 있는 자는 1999년부터 2003년까지는 소폭 증가하다가 2004년 이후 감소추세에 있는 것으로 나타났는데 그동안 우리나라의 교정 처우가 수형자의 재범방지에 성과를 거둔 것으로 여겨지며 다만 4회 이상 입소경력이 있는 자가 2001년에 4,936명으로 12.8%를 차지하다가 2006년에는 15.0%로 증가한 후 2007년부터는 17.2%로 17%대를 유지하는 것으로 보아 4회 이상 전과경력이 많은 자에 대한 교정교화 프로그램을 개발하여 누범방지에 지속적인 노력이 필요하다고 보겠다.

[도표 25-1] 수형자 형명별 인원 구성비(2008년)

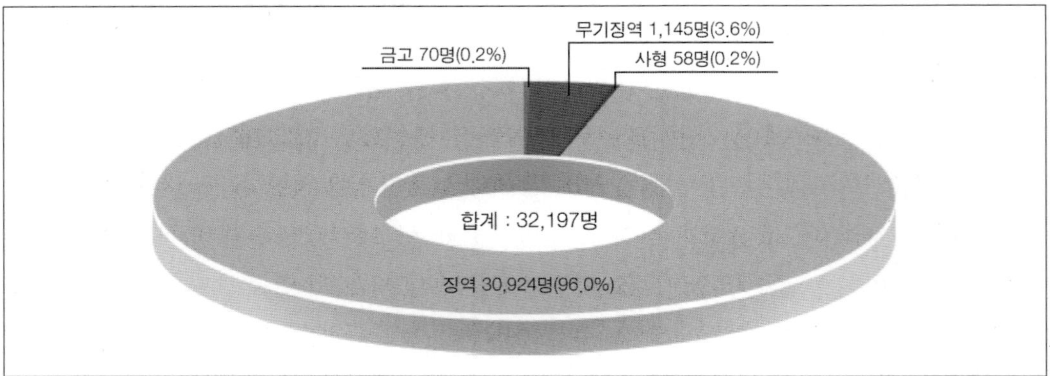

〈표 25-1〉 수형자의 입소경력별 인원(1999~2008년)

입소경력 \ 연도		1999	2000	2001	2002	2003	2004	2005	2006	2007	2008
계		38,737 (100)	38,224 (100)	38,521 (100)	37,646 (100)	37,692 (100)	35,627 (100)	32,969 (100)	30,145 (100)	31,478 (100)	32,197 (100)
무경력자		19,044 (49.2)	17,488 (45.8)	17,520 (45.5)	16,790 (44.6)	16,361 (43.4)	16,603 (46.6)	15,630 (47.4)	14,643 (48.6)	15,018 (47.7)	15,304 (47.5)
징역	소계	19,693 (50.8)	20,736 (54.2)	21,001 (54.5)	20,856 (55.4)	21,331 (56.6)	19,024 (53.4)	17,339 (52.6)	15,502 (51.4)	16,460 (52.3)	16,893 (52.5)
	1회	9,361 (24.1)	9,919 (25.8)	9,681 (25.1)	9,234 (24.5)	9,670 (25.7)	8,177 (23.0)	7,103 (21.5)	5,984 (19.9)	5,949 (18.9)	6,176 (19.2)
	2회	3,495 (9.0)	3,886 (10.2)	3,993 (10.4)	3,933 (10.5)	3,987 (10.6)	3,783 (10.6)	3,380 (10.3)	2,976 (9.9)	2,977 (9.5)	3,034 (9.4)
	3회	2,179 (5.6)	2,243 (5.9)	2,395 (6.2)	2,426 (6.4)	2,419 (6.4)	2,437 (6.8)	2,181 (6.6)	2,009 (6.6)	2,134 (6.8)	2,203 (6.9)
	4회 이상	4,658 (12.1)	4,688 (12.3)	4,936 (12.8)	5,263 (14.0)	5,255 (13.9)	4,627 (13.0)	4,675 (14.2)	4,533 (15.0)	5,402 (17.2)	5,480 (17.0)

주 : 1. 법무부 교정본부 통계
2. 피보호감호자 및 노역장유치자 포함
3. ( ) 안은 분포백분율

[도표 25-2] 수형자 입소경력별 변화추이(1999~2008년)

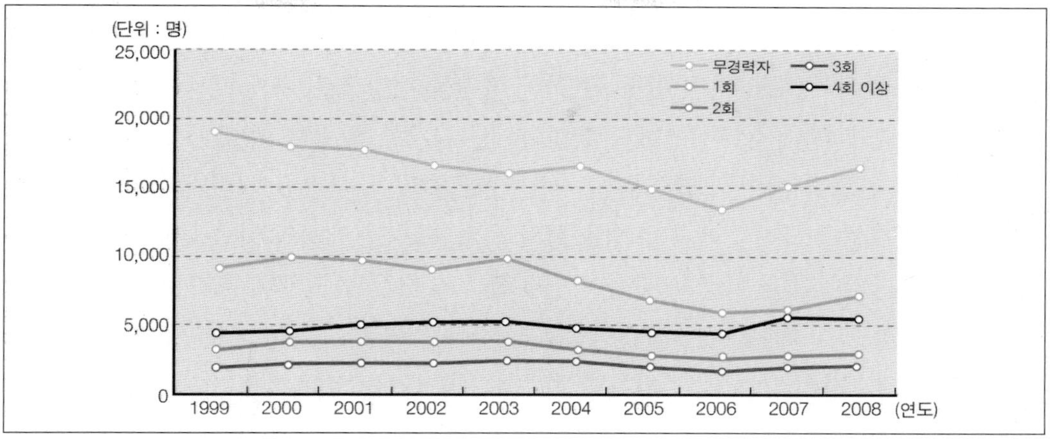

제4절 상습범(누범) 대책

지금까지의 상습범(누범) 대책의 입법예로는 크게 7가지로 유형화할 수 있다(藤本哲也, 前揭書, 435~438).

① 부정기형만을 과하는 것(일본의 개정형법 초안)
② 정기(가중)형만을 과하는 것(영국의 1967년 형사재판법)
③ 정기형에 정기의 예방 구금을 병과한다(영국의 1908년 범죄예방법).
④ 정기형에 부정기형의 보안구금을 병과한다(독일형법).
⑤ 형벌과 사회치료처분을 병과해 언도하고 집행할 때 사회치료처분과 형벌의 대체성을 인정한다(독일형법).
⑥ 형벌에 대신해서 정기의 예방구금, 교정교육을 과한다(영국의 1948년 형사재판법).
⑦ 형벌에 대신해서 부정기의 보안구금을 과한다(스위스형법).

①, ②는 형벌 일원주의인데 ③이하는 형벌과 보안처분의 이원주의이다. 또 특히 ③, ④는 병과주의, 누적주의 ⑤는 대체주의 ⑥, ⑦은 택일주의라고도 한다.

우리나라의 형행형법이 채용하고 있는 정기가중형에 대해서는 이전부터 비판되고 있다. 이론적 관점에서는 얼마나 상습범(누범)의 가중책임을 정당화 하느냐가 문제로 되어 있다. 또 형사정책적인 관점에서 특별한 조치를 강구하지 않는 것은 소극적인 것이 아니냐는 것이 문제로 되어 있다. 이러한 비판을 배경으로 해서 일본의 개정 형법초안은 상습누범에 대해서 부정기형으로 대처하는 자세로 일관하고 있다. 그러나 부정기형은 책임의 한도를 넘어 보안형적 성격을 가지고 있어 책임주의에 반하고, 우리나라의 소년부정기형이나 미국의 부정기형 성격을 가지고 있어 채임주의에 반하고, 우리나라의 소년부정기형이나 미국의 부정기형의 실시 상태를 봐도 처우효과는 크게 기대할 수 없다. 보안구금 · 예방구금 · 상습범죄자의 개선보다는 보안을 목적으로 한 격리처분이 있다. 인권보장의 면에서 문제가 있다. 더욱이 사회치료처분에 대해서도 범죄자의 위험성 예측과 치료방법이 확립되어 있지 않은 현 단계에서는 그 도입에 신중을 기하여야 할 것으로 본다. 또 독일의 신 형법에 도입한 사회치료처분은 1984년에 폐지되었다.

이상과 같이 상습범(누범)대책의 개선책은 지금 이 시점에서 많은 문제점을 내포하고 있다. 그 때문에 이와 같은 새로운 제도에 중대한 문제점이 남아 있다고 본다면 결국 당면과제는 현행제도 하에서의 개혁을 하지 않으면 안 된다는 것이 될 것이다. 즉 그것은 행형체제의 개혁 · 가석방의 탄력적 운용, 사회 내 처우를 보다 확대하는 길이라고 본다.

제26장 외국인범죄

제1절 개 관

외국인범죄라 함은 넓게는 외국인이 국내에서 저지르는 각종 범죄와 외국에서 자국민의 이익을 침해하는 범죄를 지칭하는 개념이다. 외국인 범죄가 급격히 증가하게 된 것은 86아시안게임, 88올림픽, 2002 월드컵 등 대규모 국제경기를 유치함으로써 외국인의 유입이 급증하였으며, 우리나라의 경제력신장에 따라 1990년대 이후 3D업종의 노동력 부족현상이 발생하게 되었으며, 이를 매우기 위해 주로 경제적으로 어려운 아시아 출신 외국인들이 일자리를 찾기 위하여 우리나라에 몰려들어옴에 따라 외국인의 입국 및 체류가 급증하기 시작하였다.

1960년도에 8,675명에 지나지 않던 외국인 입국자 수는 2008년도에 6,823,812명으로 787배나 증가하였고, 2007년 8월 100만 명을 넘어선 국내체류 외국인 수는 2008년에는 1,158,866명에 이르게 되었다. 특히 우리사회의 급격한 저출산과 고령화 사회의 가속화 3D업종의 기피현상으로 인하여 산업현장의 인력난은 물론 농어촌지역의 배우자 난까지 겹치게 되면서, 외국인 체류 유형이 근로목적 취업자, 외국인 국적동포의 귀환, 결혼이민자, 난민신청자 등으로 다양해지면서 국적 취득 또는 영주를 원하는 정주외국인이 증가하고 있다. 한편 3D업종의 단순노무직에 취업한 외국인 근로자들 및 20만 명이 넘는 불법체류 외국인들의 열악한 근로조건과 생활환경으로 인해 범죄가 급증하게 되었으며, 이와 같은 우리나라의 급격한 변화에 따른 국내체류 외국인의 문제는 우리사회 전체가 안고 가야 할 중요한 과제 중의 하나라고 볼 수 있다. 따라서 체계적인 외국인 정책의 수립과 외국인 범죄방지대책의 시행이 절실하다고 보겠다.

제2절 외국인범죄 실태

1. 외국인범죄의 최근 추세

2009년도 법무연수원이 펴낸 범죄백서를 통한 외국인 범죄의 추세를 분석해 보면 외국인 범죄자 중 미국인의 비중이 낮아지고 중국 · 몽골 · 베트남 · 태국 등 외국인 근로자 주요 송출국가의 비중이 높아지고 있으며 외국인의 범죄가 점차 지능화 · 조직화 되고 있다는 점을 들 수 있다. 또한 외국인 밀집 거주지역에서의 외국인 범죄가 증가하고 있다는 점 등을 알 수 있다.

2. 외국인범죄의 급증

아래 〈표 26-1〉를 통하여 나탄 바에 의하면, 내외국인을 포함한 전체 범죄자수는2003년의 2441,267명에서 2008년도의 2736,064명으로 12.1%가 늘어난 반면, 외국인 범죄자수는 2003년도에 9,338명에서 2008년도 34,108명으로 3.7배가 증가한 것으로 나타나고 있어 내국인 범죄자 수에 비해 외국인 범죄자 수가 급증하였음을 알 수 있다. 한편, 외국인 범죄가 전체 범죄에서 차지하는 비율은 아직 1.2% 조금 넘는 수준이나 그 비율은 2003년의 0.38%에서 2008년의 1.25%로 3.3% 가량 증가하였음을 알 수 있다.

〈표 26-1〉 외국인범죄율 연도별 추이

(단위 : 명, %)

청별	연도별	2003	2004	2005	2006	2007	2008
전국청	전체 범죄	2,441,267	2,606,718	2,384,613	2,401,537	2,548,010	2,736,064
	외국인 범죄	9,338	12,821	13,584	17,397	23,351	34,108
	비율	0.38	0.49	0.57	0.72	0.92	1.25

3. 미국인 비중의 하향과 중국인 등의 비중상승

아래 〈표 26-2〉는 외국인 범죄자의 국적별현황을 나타낸 것인데, 이를 통하여 분석해 보면 2008년에 접수된 외국인 범죄자 가운데 중국인이 20,435명으로 59.9%를 차지하고 있다. 그 뒤를 이어 몽골인 2,124명(6.2%), 미국인 1,831명(5.4%)을 차지하고 있고 이어서 태국, 베트남, 필리핀의 순이다. 2003년도의 경우 외국인범죄자수가 중국, 미국, 몽골, 일본, 베트남, 필리핀, 인도네시아, 태국의 순위였던 것과 비교하면 몽골, 태국, 베트남 국적의 범죄자수가 급증하였음을 알 수 있다. 특히 중국인 범죄자수는 2003년도 3,796명에서 2008년도 20,435명으로 5.4배가 증가하였을 뿐만 아니라 전체외국인 범죄에서 차지하는 비율도 2003년도의 40.7%에서 2008년도 59.9%까지 대체로 지속적인 상승추세를 보이고 있는 점이 눈에 띈다.

미국인에 의한 범죄는 1986년도에 1,535명(73.4%), 1990년도에 1,425명(63.3%), 2000년도에 1,048명(20.4%)으로 계속해서 점유율이 낮아져 왔는데, 이러한 추세는 2003년도 13.7%에서 점점 낮아져 2008년도에는 5.4%까지 낮아졌다. 이러한 현상은 외국인범죄의 중점이 과거 미군에 의한 한미행협사건에서 외국인 근로자 다수 송출국가의 국적지를 중심으로 한 일반외국인 범죄로 옮아가고 있음을 알 수 있다.

〈표 26-2〉 외국인범죄 국적별 현황(전국)

국적별 연도	계	중국	미국	몽골	필리핀	베트남	태국	인도네시아	일본	기타
2008	34,108	20,435 (59.9)	1,831 (5.4)	2,124 (6.2)	643 (1.9)	1,653 (4.8)	1,822 (5.3)	270 (0.8)	402 (1.2)	4,928 (14.4)
2007	23,351	12,791 (54.8)	1,553 (6.7)	1,507 (6.5)	547 (2.3)	942 (4.0)	775 (3.3)	221 (0.9)	432 (1.9)	–
2006	17,379	10,684 (61.5)	1,342 (7.7)	951 (5.5)	229 (1.3)	483 (2.8)	217 (1.2)	208 (1.2)	350 (2.0)	–
2005	13,584	7,040 (51.8)	1,332 (9.8)	696 (5.1)	249 (1.8)	388 (2.9)	190 (1.4)	154 (1.1)	373 (2.7)	–
2004	12,821	5,724 (44.6)	1,395 (10.9)	609 (4.8)	323 (2.5)	377 (2.9)	275 (2.1)	188 (1.5)	377 (2.9)	–
2003	9,338	3,796 (40.7)	1,278 (13.7)	465 (5.0)	179 (1.9)	277 (3.0)	161 (1.7)	166 (1.8)	381 (4.1)	–

※ ( )안은 %임

4. 외국인 범죄의 지능화 · 조직화

2003년부터 2008년까지 6년간 외국인 범죄의 죄명별 발생추이를 살펴보면 아래 〈표 26-3〉 및 [도표 26-1]과 같다. 위 기간 중 전체 외국인 범죄자 수는 265.3% 증가하였는데, 가장 증가율이 높은 죄명은 공전자등본불실기재죄였고, 이어서 외국환거래법위반, 출입국관리법위반, 사기, 성매매알선행위 등의 처벌에 관한 법률위반이었다. 반면, 교통 · 도교 · 성폭력, 살인 등 범죄는 외국인 범죄의 평균 증가율보다 낮았다. 외국인의 경우 도로법위반이나 근로기준법위반, 자동차관리법위반 등 내국인에게 많은 범죄에 비하여 공전자등본불실기재, 문서위 · 변조, 외국환관리법위반, 출입국관리법위반 등의 범죄가 많은 것으로 나타난 것으로 보아 외국인의 범죄가 갈수록 지능화 · 조직화되고 있다는 것을 알 수 있다.

〈표 26-3〉 외국인범죄 죄명별 현황

죄명 / 연도	계	교통	폭력	공전자	사기	위·변조	절도	외국환	출입국	마약	배타적	성폭력	성매매	강도	살인	기타
2008	34,108 (100)	7,059 (20.7)	5,622 (16.5)	3,621 (10.6)	3,406 (9.9)	2,309 (6.8)	1,630 (4.8)	1,557 (4.6)	881 (2.6)	974 (2.9)	507 (1.5)	223 (0.7)	307 (0.9)	153 (0.4)	67 (0.2)	5,792 (16.9)
2007	23,351 (100)	4,255 (18.2)	4,036 (17.3)	3,345 (14.3)	2,695 (11.5)	1,133 (4.9)	1,432 (6:1)	695 (3.0)	522 (2.2)	349 (1.5)	663 (2.8)	236 (1.0)	159 (0.7)	114 (0.5)	61 (0.3)	3,656 (15.7)
2006	17,397 (100)	2,367 (13.6)	2,849 (16.4)	2,022 (11.6)	872 (5.0)	3,937 (22.6)	1,162 (6.7)	484 (2.8)	361 (2.1)	115 (0.7)	593 (3.4)	138 (0.8)	110 (0.6)	108 (0.6)	47 (0.3)	2,232 (12.8)
2005	13,584 (100)	2,319 (17.1)	2,354 (17.3)	2,324 (17.1)	668 (4.9)	863 (6.4)	952 (7.0)	663 (4.9)	243 (1.8)	222 (1.6)	851 (6.3)	193 (1.4)	55 (0.4)	113 (0.8)	51 (0.4)	1,713 (12.6)
2004	12,821 (100)	2,818 (22.0)	2,826 (22.0)	903 (7.0)	652 (5.1)	820 (6.4)	885 (6.9)	482 (3.8)	378 (2.9)	405 (3.2)	620 (4.8)	119 (0.9)	38 (0.3)	131 (1.0)	60 (0.5)	1,684 (16.8)
2003	9,338 (100)	1,800 (19.3)	2,477 (26.5)	327 (3.5)	531 (5.7)	566 (6.1)	773 (8.3)	413 (4.4)	86 (0.9)	376 (4.0)	208 (2.2)	118 (1.3)	0	153 (1.6)	37 (0.4)	1,473 (15.8)

※ ( )안은 %임

[도표 26-1] 외국인범죄 죄명별 증가율 비교

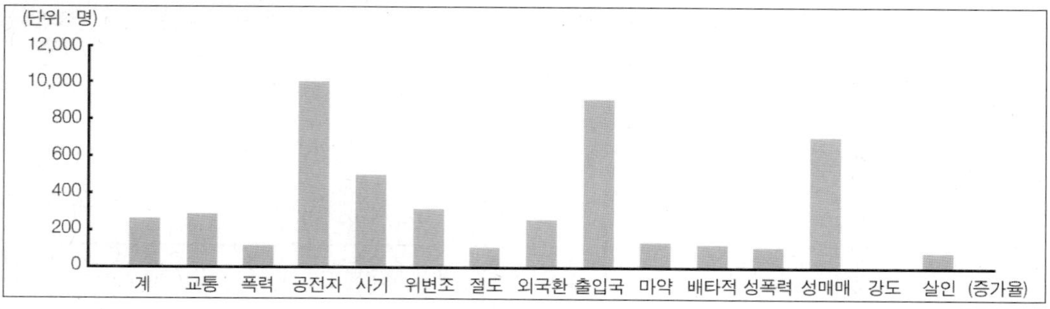

제3절 외국인 범죄의 발생원인

1. 인구수에 따른 요인

1) 국내유입 외국인의 증가

아래 〈표 26-4〉에서 보는 바와 같이 1988년부터 2008년까지 20년간 외국인 입국자 수는 2001년과 2003년을 제외하고는 꾸준한 증가추세를 보이고 있으며, 1988~2008년까지 3.1배 정도 증가한 것으로 나타나고 있다. 이에 비해 외국인 범죄자수는 1988~1995년까지는 대체로 정체 상태로 머물러 있었는데, 1996년부터 1988년 수준을 상회하기 시작하여 한해도 빠짐없이 계속 증가추세를 보이다가 2008년에 이르러서는 1988년에 비해 13.5배 증가하였음을 보여주고 있다. 결국 1996년 이후 외국인 입국자수의 증가가 외국인 범죄의 증가에 대한 하나의 원인이 됨은 사실이나 외국인 입국자수의 증가만으로 설명하기 어려운 기타요인에 의해 외국인 범죄가 급증하고 있음을 보여주고 있는데, 이것이 큰 문제라고 할 수 있다.

〈표 26-4〉 외국인 입국자수와 외국인범죄자수의 변화 추이(2)(1995~2008년)

연도	외국인 입국자		외국인 범죄자	
	입국자수(명)	1988년 기준 증가율(%)	범죄자수(명)	1988년 기준 증가율(%)
1995	3,564,539	164.1	2,346	92.7
1996	3,564,966	164.1	2,746	108.5
1997	3,780,990	174.0	2,982	117.8
1998	4,109,997	189.2	3,645	144.0
1999	4,530,401	208.5	4,597	181.6
2000	5,212,729	240.0	5,134	202.8
2001	5,027,951	234.4	6,788	268.1
2002	5,204,670	239.6	8,046	317.8
2003	4,657,595	214.4	9,338	368.8
2004	5,750,545	264.7	12,821	506.4
2005	6,008,527	276.6	13,584	536.5

연도	외국인 입국자		외국인 범죄자	
	입국자수 (명)	1988년 기준 증가율(%)	범죄자수 (명)	1988년 기준 증가율(%)
2006	6,241,256	287.3	17,397	687.1
2007	6,425,257	295.8	23,351	922.2
2008	6,823,812	314.1	34,108	1,347.1

2) 국내 장기체류 외국인의 증가

국내에서 발생하는 외국인 범죄는 외국인 입국자수의 증가에 의한 영향보다 국내에서 일정기간(91일) 이상 체류하는 외국인수의 증가와 좀 더 깊은 연관이 있는 것으로 보인다. 다음 〈표 26-5〉를 보면 외국인 체류자수는 1998년에 308,339명에서 2008년의 1,158,866명까지 375.8%가 증가하였다. 같은 기간 중 외국인 입국자수가 4,109,997명에서 6,823,812명까지 166.0%가 증가하였던 것과 비교해보면 외국인 체류자수의 증가율이 훨씬 높았음을 알 수 있다.

한편 같은 기간 중 등록 외국인 수는 147,914명에서 854,007명으로 577.4%가 증가하였는데 이는 국내에서 91일 이상 장기체류하고 있는 외국인수가 증가하고 있을 뿐만 아니라 국내 입국 외국인 중 장기체류외국인이 차지하는 비율 역시 크게 증가하고 있음을 나타낸다. 한편, 위 기간 중 외국인 범죄자수는 1998년도의 3,645명에서 2008년도의 34,108명으로 935.7%가 증가하였는데, 그 증가율 추이를 보면 외국인 범죄자수의 증가추세는 등록외국인수의 증가추세와 상관관계가 있음을 알 수 있다. 실제로 2008년도 기준 입국외국인수는 1998년에 비해 166.0%가 증가하였고, 체류외국인수는 1,158,866명으로서 375.8%가 증가하였는데, 등록외국인수는 854,007명으로서 577.4% 증가하였으며, 2008년도 외국인 범죄자수가 34,108명, 증가율 935.7%로 모두 증가하고 있음을 알 수 있다.

〈표 26-5〉 외국인 체류자수와 외국인 범죄자수의 변화 추이

연도	외국인 체류자		등록외국인 체류자		외국인 범죄자	
	체류자 수 (명)	1998년 기준 증가율(%)	등록자 수 (명)	1998년 기준 증가율(%)	범죄자 수 (명)	1998년 기준 증가율(%)
1998	308,339	100.0	147,914	100.0	3,645	100.0
1999	381,116	123.6	168,950	114.2	4,597	126.1
2000	491,324	159.3	210,249	142.1	5,134	140.9
2001	566,835	183.8	229,648	155.3	6,788	186.2
2002	629,006	204.0	252,457	170.7	8,046	220.7
2003	678,687	220.1	437,954	296.1	9,338	256.2
2004	750,873	243.5	468,875	317.0	12,821	351.7
2005	747,467	242.4	485,144	328.0	13,584	372.7
2006	910,149	295.2	631,219	426.7	17,397	477.3
2007	1,066,273	345.8	765,746	517.7	23,351	640.6
2008	1,158,866	375.8	854,007	577.4	34,108	935.7

2. 심리적 · 사회적 요인

1) 체류기회에 대한 욕망

외국인의 출입국 및 체류자격에 관련된 범죄는 대부분 국내 체류기회 자격를 획득하기 위한 욕망에서 비롯된 범죄자들이다. 출입국관리법위반사범은 물론, 위장결혼이나 허위초청 등 불법으로 입국하는 외국인들과 국내 체류 중에도 단속을 피하기 위해 외국인 등록증이나 여권을 위조하는 외국인들의 범죄 동기는 체류기회에 대한 욕망에서 비롯되었다고 할 수 있다. 이러한 국내 체류기회에 대한 과도한 집착은 불법체류자 단속에 대한 공무집행방해 등 폭력적인 대응이나 주요살인 죄의 사례에서 보듯 연인관계인 상대방에 대한 배신감을 평균 이상으로 증폭시키고 있는 대에서도 알아볼 수 있다.

2) 경제적 빈곤

외국인들의 경우 국내인들과는 달리 여러 가지로 열악한 환경에 놓여있을 뿐만 아니라 취업한 근로자라 하더라도 국내 입국을 위하여 소요한 입국 비용의 변제, 고국에 있

는 가족들에 대한 송금, 귀국할 때 벌어놓은 임금을 가져가야한다는 부담 때문에 국내에서의 최소한의 생계유지가 가능한 정도의 소비만 할 수밖에 없어 실제생활은 빈곤선 이하인 경우가 대부분이다. 더욱이 불법체류자거나 건강상의 이유 등으로 실직상태에 있는 외국인의 경우 생계유지조차 위협받는 경우가 대부분이다. 이러한 상황에 처해지면 범죄를 통해서라도 손쉽게 돈을 벌고자 하는 유혹에 빠지기 쉬워 외국인들의 범행의 원인이 되기도 한다.

3) 문화적 차이와 준법의식의 부족

동남아시아나 중국, 몽골 등지에서 입국한 외국인들 중 상당수는 자기고국에서 했던 것처럼 운전면허 없이 자동차나 오토바이를 운전하는 것을 대수롭지 않게 생각하는 경향이 많다. 태국인 출신 외국인들은 국내에서 향정신성 의약품으로 분류되어 있는 '야바'를 공동체 내부에서 거리낌 없이 돌려 피우기도 한다. 중국인 근로자들은 도박행위에 대해 위법임을 모르고 생활하고 있는 경우도 허다한데, 이러한 문제는 법집행이나 준법의식, 문화 환경의 차이에서 비롯된 것임을 알 수 있다.

4) 차별에 대한 반발

언론에서도 종종 외국인에 대한 차별행위가 보도되는 바와 같이 코리안드림의 열망을 품고 입국하여 국내인들이 기피하는 3D업종의 저임금, 단순노동에 종사하고 있는 외국인 근로자들이 고국과는 이질적인 한국사회에 적응하는 과정에서 소외감과 피해의식, 차별대우에 대한 분노와 좌절의 상처 없이 지내기는 어려운 일인지도 모른다.

내국인과의 다양한 갈등상황, 외국인이라는 소수자로서 느끼는 피해의식, 차별에 대한 반발의 감정은 무시당했다고 느끼는 순간 폭발적으로 외면화하여 각종 범죄로 이어질 수 있는 것이다.

제4절 불법체류자와 외국인범죄 관련성

1. 개 념

우리 「출입국관리법」은 체류외국인을 체류기간 91일 이상의 장기체류자와 90일 이하의 단기체류자로 분류하고, 장기체류자는 입국한날로부터 90일 이내에 그의 체류지를 관할하는 출입국관리사무소 또는 출장소에 등록하도록 되어 있으며, 장단기를 포함하여 국내에 체류하는 외국인은 그 당해 체류자격 내에서만 적법하게 활동할 수 있다. 이러한 「출입국관리법」이 정하는 체류자격을 위반한 외국인 모두를 포괄하는 용어로 통상 '불법체류외국인' 또는 '불법체류자'라는 용어를 사용하고 있다.

2. 불법체류자의 범죄 관련성

다음 〈표 26-6〉에서 보는 바와 같이 외국인 범죄자는 1998년에 비해 10년 후인 2008년에는 935.7%가 증가하였으나 불법체류자수는 같은 기간 중 201.4%가 증가하였다. 특히 불법체류자수는 2000년도에 205,205명으로서 1998년도의 두 배가 넘은 이후 대체로 정체상태를 보이고 있는데 반해, 외국인 범죄자수는 계속해서 증가추세를 보이고 있어 불법체류자수 변화추이와 외국인 범죄자변화추이가 별로 연관성이 없음을 보여주었다. 특히 2002년도에 비해 2003년도의 불법체류자수는 절반가량으로 줄었으나 그 기간 중 외국인 범죄자수는 오히려 16.1%가 증가하였다. 이에 비추어 볼 때 외국인 범죄자수는 국내 체류 및 장기체류 외국인수와 밀접한 관계가 있으나 불법체류자의 증감과는 크게 관계가 없음을 알 수 있다.

그러나 불법체류외국인들은 열악한 생활환경과 문화적 차이로 인해 범죄피해를 당할 수 있는 범죄피해 취약집단이라는 것을 부인할 수는 없다. 불법체류자라는 신분은 노동현장에서 부당한 대우를 받는 등 다양한 인권침해를 경험하게 되며 그러한 인권침해는 폭력범죄를 유발하는 요인으로 작용하기도 한다. 임금체불에 항의하는 폭력이나 협박사건 등은 대표적인 사례라고 볼 수 있다. 또한 불법체류자라는 불법적인 상황은 국가공권력에 의해 언제든지 체포될 위험성을 내포하고 있어 불법체류자들은 불안 심리와 공포감이 항상화된 가운데 살아감으로 인해 감정적인 문제를 합리적으로 해결하지 못하고 폭력적인 범죄에 이를 수 있다.

〈표 26-6〉 불법체류자수와 외국인범죄자수의 변화 추이

연도	불법체류자		외국인 범죄자	
	불법체류자수 (명)	1998년 기준 증가율(%)	범죄자수 (명)	1998년 기준 증가율(%)
1998	99,537	100.0	3,645	100.0
1999	151,986	152.7	4,597	126.1
2000	205,205	206.2	5,134	140.9
2001	272,626	273.9	6,788	186.2
2002	308,165	309.6	8,046	220.7
2003	154,342	155.1	9,338	256.2
2004	209,841	210.8	12,821	351.7
2005	204,254	205.2	13,584	372.7
2006	211,988	213.0	17,397	477.3
2007	223,464	224.5	23,351	640.6
2008	200,489	201.4	34,108	935.7

제5절 외국인 범죄의 대응방안

1. 외국인범죄 유발요인 억제방안

1) 불법체류자관리 강화

2004년 고용허가제 도입 후 3년의 고용가능기간이 지나고 있는 현재 고용허가제로 입국한 외국인의 불법체류가 늘고 있는 점에 유의하여야 할 것이다. 고용허가제 시행을 통해 불법취업자에 대한 단속과 합법취업의 유인을 제공할 수 있는 환경을 만들어 놓았다는 점은 긍정적으로 평가할 수 있으나, 아직도 고용허가제 이외의 다른 요인에 의한 불법체류자가 2008년 말 현재 200,489명이나 존재하고 있다는 사실은 불법체류 및

불법 근절을 위한 정부의 노력이 미흡하였음을 알 수 있다. 앞에서 언급한 바와 같이 불법체류 자체는 외국인범죄의 양적 증가의 원인이 되었다고 볼 수 없으나 불법체류는 국내노동시장을 왜곡시키고 정책의 실효성을 저하시켜 국가·사회적 문제를 야기할 뿐만 아니라 불법체류자의 불안정한 지위는 강력범죄를 저지를 수 있는 심리적·사회적 토대가 되고, 역으로 불법체류자의 신분을 악용한 범죄피해의 대상이 될 수 있다는 점에서 불법체류의 예방 및 불법체류자 감소를 위한 대책은 시급하다고 볼 수 있다.

(1) 신규유입 불법체류자 억제

① 위장결혼입국자 등에 대한 입국심사 강화

불법체류자 억제를 위해서 무엇보다 중요한 것은 불법체류자가 될 수 있는 외국인의 입국을 사전에 차단하는 것이라고 볼 수 있는데, 이를 위해 불법체류할 가능성이 높은 외국인을 상대로 하는 인터뷰기법을 개발하고, 허위초청자에 대한 추적조사와 처벌강화로 불법입국 알선브로커의 개입을 차단하는 것이 중요하다고 보겠다. 위장결혼의 수단을 통한 불법입국을 억제하기 위해서는 초청자와 알선업체에 대한 심사·관리를 강화하고 외국인 배우자에 대해서도 신원조회를 강화할 필요가 있다. 국제결혼을 알선하는 업체들에 대해서는 허가제로 영업을 하게하고 위법행위 시 허가취소 등 강력한 제재를 할 필요가 있다.

② 이민연락관 파견

불법체류 다발국가인 태국, 방글라데시, 홍콩 등지의 거점공항에 이민연락관을 상주시켜 현지 출입국 당국이나 경찰, 항공사 직원등과 상시 교류를 통한 불법입국기도에 사전정보를 입수, 불법체류를 목적으로 입국하는 외국인의 입국을 사전 차단하여야 할 것으로 본다.

③ 사증면제협정 정지 및 고용허가제 쿼터 연계

불법체류 다발국가와 한시적으로 사전면제협정을 정지할 필요가 있다. 우리나라의 사증면제 협정을 맺은 방글라데시, 태국 등 주요 불법체류 다발국가의 국민들의 불법체류율이 일정 수준 이하로 떨어질 때까지 한시적으로 사증면제협정을 정지하여 불법체외국인을 많이 송출하는 국가에 대한 사전억제조치가 필요하다. 또한 국가별 불법체류 외국인 형황에 따라서 고용허가제 쿼터를 조정하여 불법체류 외국인을 다수 송출하는 국가에서 해당국의 권력을 행사하여 자발적으로 자국민의 불법이민 출국을 줄이도록 인센티브를 부여할 필요가 있다.

2) 관리체제의 강화

① 단기체류자 지문등록과 체류자격 중간심사제도 마련

외국인 등록제도는 90일 이상 체류하는 외국인에게만 해당되고 그보다 짧은 기간 동안 체류하는 외국인에 대해서는 등록의무가 없다. 그러나 불법체류 및 외국인범죄와 관련하여 더욱 문제되는 것은 관광 등 목적으로 입국하여 불법체류하는 경우이다. 따라서 단기체류자에 대해서도 지문 등록제도를 신설하고 체류목적 및 체류장소에 대한 관리를 강화하는 등 보완조치를 할 필요가 있다. 또한 체류외국인을 상시 통제하기 위해서는 일정한 주기로 외국인 체류자격을 중간 심사할 수 있는 제도를 마련하여 체류자격의 활동을 억제하여야 한다고 본다.

② 고용허가제 · 방문취업제 근로자 관리

고용허가제, 방문 취업제에 의한 합법적인 체류자들이 불법체류자로 전락하는 것을 방지하기 위하여 외국인 고용사업체 등에 대한 정부합동계도를 정기적으로 실시하고 장기체류자의 체류기간 만료예고 등 정기적인 계도활동을 하여야 할 것으로 본다. 체류기간이 만료되는 합법화된 외국인 근로자들이 체류기간 내 자진귀국을 유도하기 위하여 자진출국자에게는 외국인 구직자 명부에 우선적으로 포함시키고 현재 근무 중인 사업장에 재취업이 가능하도록 최대한 배려하며 재입국 유예기간도 단축시키고 체류기간 내 외국인 근로자를 자진 출국시킨 사업주에게는 사업장 규모에 따라 정해진 외국인 고용허용인원과 상관없이 출국시킨 인원만큼 고용할 수 있도록 지원해주는 정책 등을 실시하여야 할 것이다.

③ 외국인 유학생 관리 및 외국인 동향조사

외국인 유학생이 유학목적으로 입국하여 사실은 불법취업을 하거나 불법체류자로 전략하여 범죄에 관련되는 사례가 많기 때문에 입국 전 학비와 생활비 조달능력 등을 명확히 확인하는 등 엄격한 입국조사를 실시하고, 입국 후 소장기간 동안 출입국관련 법령, 불법체류예방 등에 대한 교육을 실시하며, 등록, 출석, 입국 목적 외 활동여부 점검 등 체류관리를 철저히 하여야 한다.

「출입국관리법」 제81조는 출입국관리공무원 및 관계기관소속공무원은 외국인이 「출입국관리법」에 따라 적법하게 체류하고 있는지 엽부를 조사하기위하여 외국인, 외국인을 고용한 자, 그 외국인의 소속단체 또는 그 외국인이 근무하는 업소의 대표자와 그 외국인을 숙박시킨 자를 방문하여 질문을 하거나 기타 필요한 자료의 제출을 요구할 수 있도록 규정되어 있고, 같은 법 시행령 제92조의2는 이와 같은 동향조사를 할 권한이 있는 공무원으로서 노동부소속공무원, 경찰공무원, 법무부소속공무원으로 중앙행정기관장이 지정 또는 필요하다고 인정하는 자와 산업연수생의 보호·관리업무를 담당하는 중소기업청소속공무원 등으로 규정하고 있다. 다만, 외국인 동향조사는 자칫 일반외국인을 범법자로 취급한다는 비판과 외국인 소속 국가와의 관계상 문제의 소지가 있으므로 국가별 특성이나 출입국사범단속·처분에 대한 전문성을 갖고 있는 출입국관리공무원을 중심으로 적절한 외국인 동향조사를 실시함으로써 외국인 범죄예방의 실효를 거두어야 할 것으로 본다.

3) 불법체류자 단속 인프라 구축

(1) 조직적이고 체계적인 단속

불법체류외국인 단속은 2004. 7.부터 본격적으로 실시하고 있는데, 지금까지 불법체류자의 단속이 별로 실효를 거두지 못하고 있는 것은 단속하고 있는 인력의 전문성부족 등으로 조직적이고 체계적인 조사를 못하여 불법입국, 불법취업을 알선하거나 허위초청, 위장결혼 알선을 일삼는 브로커에 대한 조사가 제대로 이루어지지 못한 것이 가장 큰 원인라고 보겠다. 지금까지는 단속을 출입국관리공무원 및 검찰이나 경찰 등으로 이루어져 보다 조직적이고 체계적인 단속을 하지 못하고 있는 것이 사실이다. 따라서 단속기관을 어느 한 기관으로 일원화하여 충분한 인력의 확보와 전문성을 함양하는 등 조직적이고 체계적인 조사와 단속이 이루어져야 한다고 본다.

(2) 불법체류 외국인 자진출국 유도

불법체류 외국인이 현재 20만 여명을 초과하고 있는데 이들을 일일이 적발하여 출국시키는 것은 어려운 일이다. 따라서 이들 불법체류자 들이 자진하여 출국할 수 있도록 하는 것이 중요하다고 보겠다. 사실 2005년과 2006년에 시행된 중국동포에 대한 자진귀국프로그램에서 큰 운영성과를 거둔 바 있다.[8)]

자진출국의 가장 어려운 걸림돌은 우리나라에서 단순노동분야에서 불법취업 중인 외국인들은 자국으로 돌아가도 마땅한 일자리를 찾기 힘든 경우가 많고 경제력부족 등으로 자국에서의 자립이 어려운 경우가 많은 것이 라고 볼 수 있다. 따라서 이들을 포함하여 외국인근로자들에 대한 기술교육, 창업교육 등을 지원하여 본국에 귀국하여 정착할 수 있도록 하는 프로그램을 운영함으로써 자진출국의 계기를 마련 할 필요가 있다고 본다.

(3) 불법고용 동기근절

① 기능인력에 대한 적정한 수급조절

불법체류 외국인을 사용하게 되는 가장 큰 이유 중 하나는 영세 중소업체의 단순 기능 인력에 대한 수요는 많은데, 내국인 인력공급이 부족하고 합법적인 외국인 고용도 여의치 않기 때문이다. 따라서 현재 실시되고 있는 고용허가제 외국인력 사용자에 대하여 신규 또는 변경되는 인력의 신속, 적정한 공급으로 불법체류 외국인 고용요인을 시전 차단하는 것이 필요하고, 기능인력의 수급곤란과 산업경쟁력 강화를 이유로 외국인 숙련 노무인력의 장기고용을 바라고 있는 산업계의 요구를 수용하여 외국인 숙련 기능 인력의 장기체류를 허용하는 방안을 검토할 필요가 있다. 다만 이들의 집단거주로 인한 슬럼화, 2세 교육과 사회부적용 그리고 가족동반으로 인한 사실상 상주를 허용하게 됨에 따라 여러 가지 사회복지비용의 증가현상 등의 요인에 대한 정책적 대응도 마련하여야 할 것이다.

---

8) 1차로 2005. 3. 15.부터 같은 해 8. 31까지 중국동포 등에 대하여 재입국 및 재입국 후 3년간 국내체류를 보장하는 것을 주요 내용으로 시행한 결과 동포 58,010명의 자진 출국을 유도하였으며, 2차로 2006년도에는 25,517명의 자진출국을 유도하였다.

② **고용주에 대한 계도와 처벌강화**

불법체류외국인을 저임금으로 고용하고자 하는 고용주가 있는 한 불법체류문제를 해결하는 것은 어렵다. 그러나 먼저 고용주에 대한 홍보 및 정보제공의 미흡 또는 업체의 불법고용에 대한 이해부족에 대한 것을 유관기관의 간담회나 설명회를 통하여 변경되는 고용정책이나 새로운 정책에 대한 정보를 제공함으로써 합법적으로 외국인을 고용하도록 계도할 필요가 있다고 본다. 또한 외국인고용업체의 정기방문, 점검을 실시하여 노동자에 대한 인권침해, 노동력착취 등 불법체류요인을 사전에 차단할 필요가 있다. 다음은 불법고용주가 불법체류외국인을 사용하면서 얻을 수 있는 경제적 이득보다 오히려 불법체류외국인을 사용하면서 처벌받는 경제적 손실이 더욱 크다는 사실을 인식시킬 수 있도록 불법고용주를 엄정하게 처벌할 필요가 있다. 나아가 불법고용주에 대하여는 단순한 통고처분이나 벌금에 그치지 말고 외국인 고용시에 불이익을 주는 등, 행정처벌과 병행하여 효과적인 단속이 필요하다고 본다.

2. 외국인 인권침해 고용주의 엄벌

불법체류 외국인은 이미 스스로 실정법을 위반하여 체류하거나 불법취업을 하고 있는 상태이기 때문에 사법당국에 노출될 행동을 기피하게 되고 가급적 갈등이나 마찰을 일으키지 않으려 하기 때문에 합법적인 체류자에 비해 범죄를 저지를 가능성은 낮다고 볼 수 있다. 그러나 불법체류 외국인에 대해서는 고용주가 이들의 열악한 경제적 상황, 신분상의 불안정성을 이용하여 임금체불, 강제노동, 폭행 · 감금 · 모욕, 성폭력 · 성희롱과 같은 인권침해가 발생할 수 있으며, 이로 인하여 불법체류 외국인은 이러한 상황에 대응해 절도, 강도와 같은 범죄를 저지를 가능성이 있다. 이는 마찬가지로 일반외국인의 경우도 직장에서의 차별대우, 모욕감에 반발하여 범죄를 저지를 가능성이 큰 바 외국인의 범죄를 예방, 억제하기 위해서는 외국인들이 인권침해가 되지 않도록 여러 형태로 인권을 침해하는 고용주에 대해서는 엄벌할 필요가 있다고 본다.

1) 외국인 전담 법률구조기구 설치

불법체류외국인은 불법체류라는 외국인은 불법체류라는 신분상 약점 때문에 범죄나 인권침해행위로 인해 정신적, 신체적 고통을 당하거나 금전적 손해를 볼 경우에 강제출국을 우려한 나머지 관계기관에 신고하는 것이 불가능한 처지이므로 더욱 범죄라는 수렁에 빠져들기 쉽다. 따라서 불법체류→불법취업→임금체불→초과노동→차별 등 인권침해→범죄행위→도피라는 악순환의 고리가 생긴다. 이를 해결하기 위해서는 불법체류자들을 포함한 외국인의 권리침해에 대한 법률구조제도가 운영되어야 한다.

현재 외국인에 대한 법률구조는 대한법률구조공단과 서울지방변호사가 운영하는 외국인 노동자무료법률사무소 및 한국범죄방지사협회 등 민간단체를 통하여 이루어지고 있다. 그러나 보다 전문적이고 상시적인 법률구조를 제공할 공식적인 법률구조기구의 설치가 필요하다고 본다. 이러한 기구를 통해 침해된 권리가 신속히 회복되고 법적구조와 지원을 받을 수 있을 때 외국인 범죄가 발생할 토양이 사라지게 될 것이다.

2) 고용허가제 개선 및 외국인 지원 대책 마련

외국인근로자 도입업종과 규모를 지나치게 제한하게 되면 인력수급의 불균형으로 인해 불법체류자 및 불법취업이 증가하게 되며 이를 과도하게 확대하게 되면 국내산업의 경쟁력을 약화시키고 내국인의 일자리를 잠식하게 된다. 따라서 외국인력의 도입규모를 적정하게 유지하면서 국내산업의 구조조정을 저해하지 않도록 외국인의 고용허가를 경쟁력은 있으나 인력난을 겪고 있는 일정규모 이상의 기업 등 일정요건을 갖춘 기업에 대해서만 해주는 방안을 검토할 필요가 있다. 따라서 고용허가 기업에 대해서는 '기업구조조정계획서'를 제출하게 하여, 이를 정기적으로 점검하는 한편 고용부담금의 재원과 중소기업구조조정지원 등을 활용하여 중소기업 스스로 경쟁력 강화를 위해 노력하여 내국인도 기꺼이 가고 싶어 하는 일자리를 만들어 가도록 유도하는 것이 필요하다.

또한 2007. 3. 4.부터 시행하고 있는 방문 취업제는 현재 특례고용허가를 받은 업체에 취업하도록 되어 있으나, 입국 전에 한국에서의 고용 및 취업에 대한 충분한 정보 없이 무작정 입국하려는 외국인이 있어 송출과정에서의 부조리나 사기 등의 피해를 입는 등 문제가 많이 발생할 수 있다.

따라서 현행 「외국인 근로자의 고용 등에 관한 법률」을 개정해서 입국 전 무연고 동포들에 대해 취업의 필요한 교육을 받고 취업정보를 제공받아 입국 전에 근로계약이 이루어지게 하고, 입국 후에는 취업교육을 받고 바로 취업을 하도록 함으로서 무작정 입국한 무연고 동포들이 한국사회의 새로운 노숙자 등으로 전락하여 많은 사회문제를 야기하는 것을 방지하여야 한다.

외국인 근로자들은 국내인에 비하여 여러 가지 열악한 환경에서 생활하는 사람들이기 때문에 한국에서 취업하는 기간에 불편함이 최소화 되도록 다양한 서비스를 강구할 필요가 있다. 이러한 차원에서 외국인 밀접지역을 중심으로 '외국인 근로자 종합지원센터'를 설립하여 외국인 근로자를 위한 통역서비스와 고충처리시스템을 구축하고 한국문화 적응을 지원하기 위한 프로그램 운영이 필요하다고 본다.

3) 성공적인 다문화주의의 수용

이주민을 사회에 수용, 통합하는데 있어 세계 각국이 접근하는 모델은 크게 차별적 포섭/배제모델, 동화모델, 다문화주의 모델로 나누어 볼 수 있다. 이 중 차별적 포섭/배제모델은 특정한 이주민 집단에 대해서는 자국민과 같은, 또는 그에 준하는 공식적인 권한을 인정하지만 또 다른 집단에 대해서는 각종 권한을 부인하는 이중적 접근을 취하는 모델을 말한다. 우리나라를 비롯한 호주, 일본 등이 다문화주의 모델을 취하고 있다.

동화주의 모델에서는 이민을 비교적 쉽게 받아들이고 각종 권한을 부여하는 데에도 개방적이다. 그러나 이주민들은 새로운 국가에서의 권한을 취득함과 동시에 바로 자국민과 같은 존재로 공적으로 그 나라 언어를 사용해야하며 그 문화를 받아들여야 한다.

반면 다문화주의 모델은 문화적 혼성성과 다양성 자체를 사회구성의 기본원리로 채용하고 다양성이 공존하는 가운데 집단 간 상호존중의 질서가 자리잡도록 하는데 정책의 목표가 있다. 이 모델에서는 이민자들에게 굳이 출신문화를 탈피하여 새로운 문화에 동화되도록 요구하지 않으며 출신문화를 유지할 수 있도록 지원하고 다양한 문화적 배경을 지닌 주체들이 정치, 경제, 사회, 문화 등 각 분야에서 함께 활동하면서 상호 교류를 원활히 할 수 있는 방안을 강구하는데 주력하고 있다.

선진국 사례들의 경험을 통하여 얻어진 결론은 다문화 정책은 정교하고 통합적이고 국가 주도적으로 입안되는 적극적인 이민정책뿐만 아니라 지역사회에서 이민자들이 통합을 이루는데 실질적인 효과를 거둘 수 있는 다양한 정착서비스 프로그램 및 사회복지프로그램을 필요로 한다는 점이다. 그러나 우리의 경우 공식적으로 다문화주의를 채택하고 강력한 정책의지를 보이고 있으나 이주민들이 한국사회에서 겪는 제반 제도적 차별과 경제적, 문화적 주변화를 시정할 만한 차별철폐정책을 펴지 못하고 있다.

따라서 한국사회로의 일방적 동화가 아닌 이주자들의 문화적 역동성을 옹호하면서 한국지역사회에 통합하려는 보다 선진적인 통합프로그램이 개발되어야 한다고 본다.

제6절 결 론

결론적으로 외국인 범죄 대응방안으로는 외국인범죄를 예방, 억제하기 위한 범죄유발요인의 제거라고 볼 수 있다. 그러기 위해서는 외국인 체류자들을 사회구성원으로 받아들이는 시민사회의 성숙된 시각과 공존의 노력, 외국인 체류자들이 한국문화를 좀 더 잘 이해할 수 있도록 교육하고 지원함으로써 외국인범죄의 발생 소지를 제거하고 미래사회의 발전을 준비해 가야 할 필요가 있다.

외국인 체류자가 증가하고 있는 전국 모든 지역에서 외국문화와의 충돌, 외국인 범죄의 증가, 외국인 거주지역의 슬럼화 우려로 인한 위험요인과 선진적 다문화 사회로의 진입이라는 성공요인이 어떻게 발현되느냐에 따라 우리사회의 미래 발전방향이 규정될 것으로 본다.

제7편

범죄학의 기타 쟁점

제1장_ 범죄피해자와 피해자학
제2장_ 범죄피해자 보상제도
제3장_ 범죄예측론

제1장 범죄피해자와 피해자학

제1절 서 설

종래 국가권력으로부터 인권의 침해가 심하였던 시대에는 피해자보다 가해자에게 초점을 두거나 가해자 지향적(offender oriented)인 측면에서 범좌자 처우가 이루어져 왔으나 1215년 마그나카르타(대헌장), 1776년 미국독립선언, 1789년 프랑스혁명의 인권선언 등을 거쳐 유엔이 1948년 세계인권선언을 채택한 이후 크게 인권이 신장됨으로써 범죄자인권, 즉 가해자인권은 크게 향상되었으나 범죄가 날로 흉포화 · 집단화 · 기동화 되고 있어 범죄로부터 많은 피해를 입는 가해자들의 인권은 보잘 것 없는 것이 사실이다. 많은 연구결과 비교적 중한 다수의 범죄피해자가 자신의 피해를 사법당국에 신고조차 하지 않고 오히려 신고하기를 꺼려하고 있는 실정이다. 학문적으로도 피해자학이라는 말이 벤자민 멘델 존(B. Mendelsohn)에 의하여 최초로 사용된 것은 1956년으로 그 학문적 역사도 일천하기 짝이 없다(B. Mendelsohn, 1956 : 25~36).

1960년대에 들어서서 뉴질랜드를 시초로 하여 선진 여러 나라에서 피해자 보상제도가 잇달아 생기고, 1970년대에는 국제피해자학 심포지엄이 3년마다 개최되기에 이르렀다. 그리고 1980년대에는 피해자가 형사절차과정에서 입게 되는 제2차 피해자와의 문제가 표면화됨에 따라 피해자의 보호 · 법적지위 · 권고라고 하는 문제가 국제적인 관심을 불러일으키고 있다. 피해자학의 관심은 초기에는 범죄발생에 기여하는 피해자의 작용, 즉 범죄발생에 있어서 범죄자와 피해자의 상호작용을 탐구하는 데 있었다. 그러나 이후의 피해자학은 형사절차에서 피해자의 권리와 안전을 적극적으로 보호하려는데 관심을 가졌고, 최근에는 범죄피해자를 위해 국가가 공적으로 그 피해를 구제할 뿐더러 피해자를 돕기 위한 민간단체도 차츰 늘어나고 있는 실정이다.

제2절 범죄자의 분류와 범죄 유형

1. 범죄피해자의 분류

범죄피해자는 크게 직접적 피해자와 간접피해자로 나눌 수 있다. 직접피해자는 직접적으로 범죄행위에 의해 침해를 받아 해악적인 결과를 입는 자인 반면에 간접피해자는 고통과 손실을 겪으나 직접적으로 범죄와 관련되거나 해를 당하지 않는 자를 말하는데 이를 보다 자세히 설명하면 다음과 같다.

1) 직접적인 범죄피해자

직접적인 범죄피해자란, 범죄로 인하여 신체나 재산상의 피해를 직접 경험한 사람을 말한다. 범죄피해통계와 그 대상자에 대하여 알아보자.

범죄피해조사상 나타난 범죄가 양적인 면에서 공식통계표상의 범죄에 비해 상당히 높게 나타난다는 공통점을 가지고 있다. 미국의 통계에 의하면 범죄피해조사결과 살인범죄를 제외하고는 범죄피해조사결과 공식통계가 실제 범죄피해를 무려 300~500%나 과소평가하고 있다는 연구보고까지 나오고 있는 실정이다(R. Elias, 1986 : 35). 영국의 피해조사에 따르면, 자동차절도는 차량이용이 많은 사람이나 연립주택과 같은 주거 밀집 지역의 주민이 그 대상이 될 가능성이 더 많고, 폭행의 경우는 남자 30세 이하, 독신 그리고 만취자일수록 피해가능성이 높으며, 강 · 절도는 남성에 비해 여성이 피해확률이 월등히 높은 것으로 나타났다(이윤호, 앞의 책, 359). 그간의 학자들의 범죄피해조사를 분석해보면 주거지역, 성별 그리고 연령이 범죄피해의 위험성을 결정하는 주요한 변수로 나타났다.

2) 간접적 범죄피해자

간접적 범죄피해자란, 고통과 손실은 겪으나 직접적으로 범죄에 관련되거나 해를 당하지 않는 자를 말하는 것이나, 간접적 피해인 범죄는 거의 모든 사람들에게 심리적 불안과 공포를 준다는 점에서 그 피해의 범위와 정도가 직접적 피해에 비해 오히려 더 심각하게 보고 있다(Frank. K. & Michael. B, 1973 : 395~402).

2. 학자들의 분류

1) 멘델존(Mendelsohn)의 분류

멘델존(Mendelsohn)은 범죄에 대한 피해자의 유책성의 정도를 기준으로 하여 피해자를 네 가지 유형으로 나누고 있다.

① 이상적인 피해자로서는 완전히 무책임(無責任)한 피해자를 들 수 있는데, 이에 대한 예로는 영아살해죄의 영아, 약취, 유인된 유아 등을 들 수 있다.

② 유책성이 적은 피해자 예컨대, 무지로 낙태를 감행하다가 사망한 임신부가 여기에 해당한다. 따라서 무지에 의한 피해자라고도 한다.

③ 자발적 피해자로서 가해자와 똑같은 정도의 유책한 피해자로서 자살미수 동반자살 등이 있다.

④ 가장 유책한 피해자로서 여기에 해당하는 것이다. 정당방위의 상대방과 같은 공격적 피해자, 피해망상자, 히스테리발작자 · 병적거짓말장이 등과 같은 상상적 피해자가 여기에 해당한다.

2) 헨티히(Hentig)의 분류(김용준, 앞의 책, 448)

① **일반적 피해자 유형** : 어린이, 여성, 노인, 심신장애자 이민 소수민족 등과 같은 경우가 여기에 해당한다.

② **심리학적 피해자 유형** : 폭군, 탐욕자, 변덕군, 울화병에 걸린자, 궁박한 자, 정서불안자, 파멸된 자 등이 여기에 해당한다.

3) 엘렌베르그(Ellenberger)의 분류(김용준, 앞의 책, 448)

엘렌베르그는 심리학적 기준에 따라 분류하였다.

① 피해자가 되기 쉬운 경향을 가진 잠재적 피해자성(예컨대, 피학대자, 우울한자, 자기만족에 빠진자)
② 일반적 피해자성으로 나누었다.

4) 렉클레스(Reckless)의 분류(W. C. Reckless, 1956 : 744~756)

렉클레스는 피해자의 도발을 기준으로 '가해자-피해자' 모델(순수한 피해자)과 '피해자-가해자-피해자' 모델(도발한 피해자)로 구분하고 있다.

제3절 피해자의 입장에서 본 범죄 유형

범죄들을 피해자의 관점에서 분류해보면 크게 셋으로 나누어 볼 수 있는데, 첫째, 피해자 없는 범죄(Victimless), 둘째, 피해자가 동의 또는 기여한 범죄이고, 셋째, 가해자와 피해자가 분명히 구별되는 범죄인데 이를 분설하면 다음과 같다.

1. 피해자 없는 범죄

피해자 없는 범죄(Victimess Crime)는 경찰에 신고되지 않는다고 하여 피해자 없는 범죄는 신고 없는 범죄라고도 불리며, 자연히 피해자 없는 범죄는 대부분 암수범죄로 된다. 피해자 없는 범죄로는 우리나라에 있어서 마약매매, 매춘행위, 낙태, 성기노출, 포르노 영업 등과 같은 범죄 등을 들 수 있는데, 이들 범죄는 실정법상 범죄로 규정되어 있지만, 이들은 어떤 재화나 행위를 강하게 원하는 사람들 사이에서 서로 동의 하에 행해지는 교환행위이거나 개인적 범죄피해가 없는 공공법익에 관한 범죄에 해당한다. 이러한 것들은 피해자가 없거나 가해자와 피해자를 구분하기 어려운 범죄유형에 해당한다. 그리고 입법론에서 피해자 없는 범죄는 피해자가 없음에도 불구하고 형벌로써 처벌할 필요성이 있는가의 문제, 즉 비범죄화론(Entkriminalisierung)과 관련하여 많이 거론되고 있다.

2. 피해자가 동의 또는 기여한 범죄

피해자가 동의 또는 기여한 범죄의 경우에는 가해자와 피해자를 구별하기 곤란하고 경찰에 통보되거나 발각되는 경우가 적은데, 동의낙태, 장물수수 · 증수뢰 · 매춘 · 도박 · 마약밀매 · 간통 · 동성애 등이 여기에 해당한다. 이러한 유형의 범죄에 대해서는 구체적인 내용에 따라 다양한 대책이 제시되고 있는데, 범죄자와 피해자가 합의 하에 범죄를 행한 경우에는 사회적 위험성이 없는 한 비범죄화 해야 한다는 주장, 피해자의 동의에도 불구하고 처벌하는 것이 국가적 · 사회적 요청이라는 주장, 동의 자체를 부정하고 양자는 필요적, 공범관계에서는 경우가 많으므로 역할에 상응한 처벌을 필요로 한다는 주장 등이 있다.

3. 가해자와 피해자가 분명히 구별되는 범죄

가해자와 피해자가 분명히 구별되는 범죄는 대부분의 범죄가 여기 해당하는 것으로 이 경우에도 피해자의 역할이 문제되는데, 특히 무의식적으로 범죄에 기여한 경우가 주로 문제되고 이때에는 범죄예방이나 양형에 있어서 그 점을 고려해 넣어야 한다. 그리고 개인적 법익에 대한 범죄의 경우에는 피해를 입은 프라이버시의 내용 및 침해에 따라 범죄의 인지율이 달라지게 된다.

제2장 범죄피해자 보상제도

제1절 개 념

범죄피해자 보상제도라 함은 범죄의 피해자에 대하여 범죄로 인하여 받은 피해의 전부 또는 일부를 국가가 급전의 금부로써 구제하는 제도를 말한다. 원래 범죄피해자는 가해자를 상대로 민사소송을 제기하여 완전한 손해배상을 받거나 배상명령제도를 통하여 어느 정도 범죄로부터 입은 피해를 배상받을 수 있다. 그러나 이러한 제도에 의한 범죄피해의 배상은 가해자가 체포되고 손해배상을 할 자력이 있는 경우에만 가능하지 가해자가 체포되지 않거나 무능력인 경우에는 유명무실하게 된다. 따라서 이렇게 피해를 입고도 피해를 배상받을 수 없는 자들을 위하여 국가가 그 피해를 보상해주는 제도라고 할 수 있다.

이러한 범죄피해자 보상제도는 이미 기원전부터 강도를 검거하지 못하였거나 피해자가 생명을 잃은 경우에 국가가 그 피해를 보상한다는 함무라비법전의 규정에서 발견되고 있다. 근대에 이르러서 벤담(Jeremy Bentham)은 행위자를 추가적으로 처벌하고 위하하기 위하여 피해자를 위한 원상회복의 의무를 범죄자에게 부과하여야 한다고 주장하였고, 그 후 법실증주의학자인 가로파로(Raffaele Garofalo)도 범죄자에 대한 사회방위와 범죄자의 재사회화를 위한 강력한 수단으로서 원상회복을 고려하였다. 더 나아가 범죄피해구제에 대한 국가적 관심은 1950년대에 들어서 고조되었다. 특히 영국의 여성 형벌 개량가이며 범죄피해자보상제도의 어머니라고 불리우는 프라이(Sara Margery Fry)

는 1957년 "피해자를 위한 정의"(Justice for victims)라는 논문을 통하여 범죄자를 피해자와 화해시키고 법 평화를 재생시키기 위해서 원상회복제도가 고려되어야 한다고 주장하였다. 이로부터 영국에서는 피해보상 제도에 관한 입법운동이 전개되었다.

그러나 피해자 보상제도를 최초로 입법화한 나라는 1963년에 이를 실현한 뉴질랜드이다. 그 후 이웃 일본과 영국이 1964년에 미국 1965년, 오스트레일리아 1967년, 캐나다가 1967년, 아일랜드 1968년, 스웨덴 1971년, 독일 1972년, 덴마크 1976년, 프랑스 1977년 등의 순서로 입법화되었다. 우리나라에서는 "타인의 범죄행위로 인하여 생명 · 신체에 대한 피해를 받은 국민은 법률이 정하는 바에 의하여 국가로부터 구조를 받을 수 있다."는 헌법 제30조를 근거로 1987년에 「범죄피해자구조법」(1987.11.28 법률 제 3969호)을 제정하여 1988년 7월 1일부터 시행하고 있다.

제2절 범죄피해자 보상제도의 이론적 근거

국가가 범죄피해를 보상하려는 이론적 근거가 어디에 있는가에 대해서는 여러 학설이 있다. 이 중에서 대표적인 학설 3가지를 분설하고자 한다.

먼저 '보상권리설'을 들 수 있는데, 이것은 나라는 국민에게 무기의 소지나 휴대를 금지하고 스스로 범죄방지의무를 받아들이기 때문에 일단 범죄가 발생하였을 때는 국가는 그 책임을 소홀히 하게 된다. 따라서 국가가 국가배상이라는 형식으로 피해를 보상해야 된다고 하는 것이다. 이러한 근거로 성립되어 있는 예로서는 영국의 제도가 있다. 이것은 보통 '손해배상형'제도라고 말하고 있다. 그러나 영국의 제도는 콤먼로(Common law)상의 손해배상에 기초를 두고 있고 법률로서가 아닌 제도였기 때문에 지금까지 결정을 신속하게 행할 수가 없는 것이었다. 이러한 결점을 고치기 위하여 영국에서는 새로 1995년 「범죄피해보상법」을 제정하였다. 그리고 이 법률을 기초로 새로운 보상계획은 1996년 4월 1일부터 실시하였다.

둘째는 '사회보험설'인데, 자기에게 잘못이 없는데 피해를 받아 생활이 곤궁해지고 무능력으로 낙인찍힌데 대해서는 그 피해를 피해자 자신이 받아들이는 것이 아니고 국가가 사회보장의 관점에서 공적인 부조를 행하여야 된다는 것이다. 이러한 입장에서

'생활보호형'의 보상제도가 생기고 실지로 미합중국의 캘리포니아주의 제도가 그런 형식인 것이다.

세 번째는 '사회복지설'로 어떠한 사회에도 일정량의 범죄는 필연적으로 발생하는 것이다. 현대사회에 있어서는 범죄로 인해서 일어난 피해를 피한다는 것은 불가능하다고 생각할 수 있다. 더구나 어떤 사회가 어떤 범죄통계 시스템을 선정했을 때는 그 사회는 어떤 의미로 거기에 상응하는 범죄를 인계받았다는 것이 되고, 그 사회는 그 사회에 필연적으로 발생하는 범죄의 피해가 불평등하게 분배되는 것을 방지하고 그 피해를 사회에 평등하게 할 의무가 존재하는 것이 된다. 이와 같이 그 사회에 필연적으로 발생하는 범죄의 피해를 피해자에게만 부담케 한다는 것은 공평의 원칙에 반한다고 하고, 피해를 사회전체에 분산시켜 피해를 전보(塡補)하기 위한 제도가 범죄피해자 보상제도라고 보는 것이다. 이 견해에 따르면 '노재보상형'의 범죄피해자가 보상제도를 생각하게 된다. 현재 1963년의 뉴질랜드의 범죄피해자 보상제도는 이 형에 속하는 것이다. 그러나 뉴질랜드에서는, 그 후 1974년에 '범죄피해자 보상법'을 발전적으로 해소(解消)시키고 원인 여하를 묻는 인신사고에 대해서는 보상을 행할 '사고보상법'이라고 하는 형태의 일반적인 제도를 만들었기 때문에 현재는 범죄의 피해에 대한 특별한 제도는 없어진 것이다.

이 중에서 우리나라의 범죄피해자 구조제도는 '사회복지설'에 입각하고 있다고 보겠다. 왜냐하면 우리나라에서 범죄피해자 구조는 생명 · 신체를 해하는 범죄의 피해자에 제한되면서 그에게 생계유지가 곤란한 사정이 추가적으로 인정되어야 비로소 가능하기 때문이다.

제3절 우리나라 피해자 구조제도

1. 구조요건

우리나라 실정법이 규정하고 있는 범죄피해자 구조요건은 생명 또는 신체를 해하는 다른 사람의 범죄행위로 인해 피해가 발생한 경우에 한한다. 그리고 피해는 사망이나 중장해에 한하는데, 여기서 중장해란 부상 또는 질병이 치유된 때(그 중상이 고정된 때 포함)의 신체상의 장애로서 대통령이 정하는 경우를 의미한다(동법 제2조). 그러나 생명 또는 신체를 해하는 범죄행위에 의한 피해라도 정당방위와 정당행위로 인한 경우와 과실범의 경우는 제외된다(법 제2조1호). 그리고 자기 또는 다른 사람의 형사사건의 수사 또는 재판에 있어서 고소·고발 등 수사단서의 제공, 진술, 증언 또는 자료제출과 관련하여 피해자로 된 때에도 피해구조의 대상이 된다(법 제3조제1항).

이러한 피해구조의 대상자인 경우에도 범죄피해자 구조는 가해자가 불명(不明)하거나 무자력으로 인하여 피해의 일부 또는 전부를 배상받지 못하고 생계유지가 곤란한 사정이 있어야 한다. 이외에도 증인 등의 피해에 대한 보상제도로서, 자기 또는 타인의 형사사건의 수사 또는 재판에 있어서 고소·고발 등 수사단서의 제공, 진술, 증언 또는 자료제출과 관련하여 피해자로 된 때에도 구조대상이 된다(동법 제3조제1항).

구조금 지급의 결격사유로는 피해자와 가해자간에 친족관계가 있는 경우, 피해자가 범죄를 유발하였거나 당해 범죄피해의 발생에 관하여 피해자에게 귀책사유가 있는 경우 사회통념상 구조금의 전부 또는 일부를 지급하지 아니함이 상당한 경우가 해당되고, 이 경우에는 구조금의 일부 또는 전부를 지급하지 않을 수 있도록 하고 있다(동법 제6조).

2. 지급대상 및 종류

구조금의 종류로는 사망시에 유족에게 지급하는 유족구조금과 중장해시에 본인에게 지급하는 장애구조금이 있다(동법 제4조).

유족구조금 종류로는 사망시에 유족에게 지급하는 유족구조금과 중장해시에 본인에게 지급하는 장애구조금이 있다(동법 제4조).

유족구조금은 사망당시에 피해자의 수입에 의하여 생계를 유지하고 있던 유족으로서 배우자(사실상 배우자포함)와 자, 부모, 손, 조, 형제자매의 순위에서 생존하고 있는 제 1순위자에게 지급하고 동순위 유족이 여러 사람인 경우에는 균분하여 지급한다(동법 제4조, 제5조1항). 다만 유족이 피해자나 선순위 또는 동순위 유족을 고의로 사망 하게 한 경우에는 지급대상에서 제외한다(제5조제4항). 피해자나 유족은 대한민국 국민에 한함이 원칙이지만 외국인이 피해자이거나 유족인 경우에도 상호보증이 있는 경우에는 구조금을 지급한다(제10조). 장해구조금은 당해 피해자에게 지급한다(제4조제3항).

3. 구조결정과 구조금의 지급

구조금의 지급에 관한 사항을 심의 결정하기 위하여 지방검찰청에 범죄피해 구조심의회를 둔다(동법 제11조). 구조금을 지급받고자 하는 자는 구조사유가 발생한 경우에 주소지, 거소지 또는 범죄발생지를 관할하는 지방검찰청에 설치된 법무장관이 지휘·감독하는 범죄피해자구조심의회에 구조금신청을 한다(제12조제1항). 구조금신청을 당해 범죄피해의 발생을 안 날로부터 1년 또는 당해범죄피해가 발생한 날로부터 5년 내에 한하여야 한다(제12조제2항). 국가배상법 기타 법령에 의해 급여를 지급 받을 수 있는 경우에는 구조금을 지급하지 않을 수 있고(제7조), 범죄피해를 원인으로 손해배상을 받은 경우에도 그 금액의 한도 내에서 지급하지 않는다(제8조제1항).

또한 국가가 구조금을 미리 지급한 경우에는 그 금액의 한도 내에서 국가가 대위권을 행사할 수 있고(제8조제2항) 가해자인 수형자·피보호감호자의 작업 상여금 또는 근로상여금에서 배상금을 지급받을 수 있다(제8조제3항). 그리고 사기 기타 부정한 방법으로 구조금을 지급받은 경우, 구조금지급 후 구조금지급 결격사유에 해당하는 것이 발견된 경우 및 과오금된 경우에는 구조금을 환수할 수 있다(제16조).

유족구조금과 장해구조금은 일시금으로 지급하는데, 그 액수는 유족구조금은 1,000만 원이고 장해구조금은 1급은 600만 원, 2급은 400만 원, 3급은 300만 원이다(시행령 제13조). 피해자의 장해정도가 명확하지 않거나 그 이외의 사유로 인하여 신속하게 결정할 수 없는 사정이 있는 때에는 피해자의 응급구제를 위하여 가구조금을 지급할 수 있다(법 제14조). 가구조금의 액수로서는 유족구조금은 200만 원 장해구조금은 100만 원 한도 내에서 지급할 수 있다(시행령 제24조).

4. 최근의 국내외 동향

1960년대 이후 미주와 유럽 각국에서는 피해자 보호를 위한 법제 정비를 비롯한 국가적 노력이 행해짐과 동시에, 범죄피해자 지원을 위한 시민단체의 활동도 눈부시게 전개되고 있다. 일본에서는 1980년대 이래 피해자 문제에 대한 일반의 관심이 높아졌고 1990년부터는 경찰의 적극적인 노력에 힘입어 피해자 관련 자원봉사조직이 전국적인 규모의 연대활동을 전개하고 있다. 2000년 5월에는 형사절차에서 피해자지위를 강화하기위한 형사절차법개정도 이루어졌다.

범죄피해자 문제에 대한 국제적 관심도 매우 높다. 1773년 예루살렘에서 제1회 국제피해자학 심포지엄이 개최되었고, 1979년에는 세계피해자학회가 설립되었다. UN에서도 '회복적 사법모델'에 관한 권고안(Recommendation) 작성을 추진하고 있다.

우리나라에서도 외국의 입법례를 본받아 다양한 형태의 제도개선이 이루어졌다. 1987년 「헌법」에서는 범죄피해자에 대한 국가적 지원을 명문으로 규정하였고, 이 규정에 근거하여 1986년에 「범죄피해자구조법」이 시행되었으며 「형사소송법」도 일부 개정되었다. 뿐만 아니라 「특정범죄의 처벌에 관한 특례법」(1990), 「성폭력범죄의 처벌 및 피해자보호 등에 관한 법률」(1993), 「가정폭력범죄의 처벌 및 피해자보호 등에 관한 법률」(1998) 등이 범죄피해자보호에 관한 규정들을 신설하였다. 2002. 15. 한국피해자학회와 김천피해자지원센터 주최로 '범죄피해자지원 1주년 기념식 및 국제학술세미나' 개최를 계기로 검찰, 경찰 및 다른 민간단체 등과의 전국 네트워크 구성 및 핫라인 설치하였다. 현재는 검찰, 경찰 등의 관(官) 지원뿐만이 아니라 순수 민간단체의 지원사업도 활성화되고 있는데, 민간단체에서는 상담 보다는 법정동행 등 직접지원이나 의료지원에 중점을 두고 있다.

제4절 종합과 평가

우리가 언론매체를 통하여 잘 알고 있는 바와 같이 범죄가 날로 흉포화 되고 대형화되고 있을 뿐만이 아니라 핵가족 하에 1~2명만의 자녀를 둔 가정이 많기 때문에 유학이나 직장관계로 부모와 떨어져 살 경우 자녀나 부모 중 어느 한쪽이 범죄의 피해를 입은 경우에 전혀 돌봐 줄 가족이나 친척이 없을 경우가 있을 뿐만이 아니라, 이혼이나 별거 등으로 편부나 편모가정이 늘어나고 있고, 심지어 소년이나 소녀가장이 증가하고 있어 가족 중에 한사람이 피해를 입으면 돌볼 가족이 전혀 없을 경우도 있을 수 있는 바 이와 같은 범죄피해자 구조제도를 보다 활성화하여 피해자의 인권을 보호해야 할 것이다. 그러기 위해서는 이러한 제도의 필요성을 널리 홍보하고, 엄격한 구조요건의 완화, 충분한 범죄피해구조예산의 확보, 네트워크 및 핫라인 활용 등의 확대 강화라고 볼 수 있다.

제3장 범죄예측론

제1절 개 념

범죄(또는 비행) 예측(prediction prognose)이란, 광의와 협의로 나눠볼 수 있는데, 광의의 범죄예측은 일정한 지역에서의 범죄 량의 예측을 말하고 협의의 범죄예측은 개인의 범죄 내지 비행화 예측을 말하는 바 이를 사회적 예후(soziale prognose)라고도 한다(김용준, 앞의 책, 455).

종래 범죄예측의 문제는 일반적인 범죄예방의 견지에서가 아니고 행형에 있어서 수형자를 가석방하는 경우, 그 장래의 개선가능성을 심사함에 있어서 문제로 되어왔다. 즉 가석방심사에 있어서 의사 또는 심리학자가 범죄생물학적 입장에서 개선가능, 개선불가능, 개선의문 등의 분류를 한 데서부터 시작되었다고 한다.

범죄예측에 있어서는 직관적 방법에 의하지 않고 조사한 인자, 이를 통상 예측인자(prediction factor)라고도 한다. 수량적 평가를 하고, 이미 작성되어 있는 예측표에 이 평가를 대조비교하여 장래의 범죄행동을 예측하는 것이다. 따라서 예측법은 조사대비 및 개연성의 결정이라는 세 가지 요소로 성립된다고 하겠다. 그리고 이것은 일정한 원인결과라는 것을 떠나서 확률이라는 것만을 중요시하게 된다. 현대의 형벌 또는 보안처분이 범죄인에 대한 개선작용을 목적으로 하는 오늘의 현실에서 이의 중요성은 검증되고 있으며, 처음 시작된 미국을 비롯하여 독일 · 일본 등 각국에서 연구되고 있다.

제2절 범죄예측법의 분류

1. 전체적 평가법

전체적 평가법이라 함은 범죄생물학적 입장에서 인격 전체를 분석, 종합하여 그 인간의 범죄행동을 논리적으로 예측하려고 하는 방법을 말한다. 이 방법은 마치 임상적 진단에 있어서 병리학에 의하여 병인(病因)과 논리로서 전치가능성, 그 기간 등을 예측하는 것과 같이 의학·심리학·사회학 등의 지식과 이론으로서 구체적인 범죄인이 어떠한 상태에 있고 얼마만큼 교정이 가능한가, 또 그 기간은 어느 정도를 요하는가 등을 예측하고, 또 어느 정도 갱생을 기대할 수 있는가를 판단하게 된다. 다만, 이 방법에는 판정자의 판단에 학식, 임상적 경험 등이 크게 작용하여 판단자의 개인차가 생기므로 객관적 기준을 얻을 수 없다는 데에 큰 결함이 있다. 그러나 그러한 결함을 이유로 이 방법을 무조건 부정할 수 없으며 범죄나 비행에 대하여 정밀진단을 하는 데에 중요한 의미를 가지므로 오늘날 그 필요성이 인정되고 있다(정영석, 앞의 책, 433).

2. 점수법

점수법(Scoring method)이라 함은 여러 과학적 지식과 논리로써 범죄 원인론을 기초로 하면서 범인적 특성을 수량화하고 그 점수의 다소에 의하여 장래의 범죄행동을 예측하는 방법을 말한다. 이 방법에서는 구체적 인간의 여러 특성의 득점을 미리 작성되어 있는 예측표에 대조하여 범죄 또는 사회복귀의 비율을 수치로 알게 된다. 따라서 점수법은 인자를 엄격하게 정의, 규정하여 두면 판정자가 누구이든 동일한 결과를 기대할 수 있으므로 앞서 말한 전체적 평가법보다도 객관적이라고 하겠다.

이 점수법의 연구는 1923년 미국의 워너(S. B. Warner)에 의하여 연구(Warner, 1923) 발표된 이래 구미 여러 나라에서 널리 연구, 활용되고 있다. 특히 전체적 평가 법에서와 같이 장래의 범죄적 행동(또는 비행)을 예측하는 기준에 개관성이 없으면 효과가 없을 뿐만 아니라 공평성(형사사법의 실천성에 있어서)을 상실하게 된다. 이리하여 판정자가 다르면 판정이 달라진다든가, 판정자 이외에는 판정이유를 알 수 없는 등의 폐해

(弊害)를 피하기 위하여 지극히 객관적인 점수법에 의한 예측법연구가 활발하게 진행되어 최근 범죄 또는 비행예측이라고 할 때에는 경험과학의 입장에서 보통 점수법을 의미하기에까지 이르게 되었다.

제3절 단계별 예측

1. 예방단계에서의 예측

예방단계에서의 예측이란 범죄를 범하기 전의 예측으로서 이 예측은 범죄를 범하고 행하는 재범예측이나 수형자의 석방 시에 행하는 교정단계에서의 예측과는 다르기 때문에 사법적 예측이 아니다(김용준, 앞의 책, 457).

형사정책의 목적은 "범죄의 진압보다 범죄의 예방이다."라는 말도 있듯이 한 번도 범죄에 빠지지 아니한 동안에 그 가능성을 예측하여 예방조치를 강구하는 것은 형사 정책적 관점에서는 최상의 대책이라 할 수 있다. 또한 개인적 입장으로 보더라도 사전에 치료교육을 받아 미연에 교정된다면 복지적 은혜를 받는 것으로 된다. 이것은 마치 의학에 있어서의 예방의학과 같이 범죄성의 조기발견이나 조기예방을 꾀하는 것이라고 할 수 있다.

조기예측은 특히 나이 어린 소년의 범죄 또는 비행의 예방에 중요한 의의를 가진다. 예컨대, 초등학교 입학기, 중학교 재학 중에 있어서 일반적으로 장래의 범죄 또는 비행을 예측하여 교정교육기관 또는 복지가관의 손에 의하여 범죄방지의 효과를 얻으려고 할 때에 중요한 역할을 하게 된다.

우리나라에서도 소년분류심사원에서는 비행소년뿐만 아니라 일반소년에 대하여 외부기관(학교, 부모 등)의 의뢰를 받아 분류심사를 실시하고 있는데, 이러한 외래 분류심사는 점차 증가하고 있는 추세이다.

2. 수사단계에서의 예측

경찰이나 검찰에서 범죄자를 검거하여 이에 대한 수사의 종결단계에서 처분을 할 것인가를 결정하여야 하며, 소년인 경우는 가정법원에 송치할 것인가 아니면 일반법원에 기소할 것인가, 훈계 방면할 것인가를 결정하여야 한다. 이러한 결정은 범죄자나 비행소년에 대한 위험성 판정을 전제로 하며 여기서 적정한 예측은 수사종결 후 처분 선정을 하는데 있어서 중요한 역할을 담당한다(박상기 외 2인, 앞의 책, 606).

3. 재판단계에서의 예측

재판단계에서의 예측이란 재판의 단계에서 개별처우를 하기 위하여 범죄인의 장래의 행동을 예측하는 것을 말한다. 형사재판에 있어서는 법정형의 범위에 신축성이 크므로 예측판단에 의한 개별화의 재량범위는 넓은 것이다. 여기에서 개별화란 범죄뿐만 아니라 범죄인의 정상에 따라 과형을 선택하여 나아가는 것을 말하며, 이러한 관점에서 현행 형법은 제51조에서 양형상 참작할 조건을 규정하고 있다.

범죄는 과거의 행위이므로 범죄사실의 인정은 회고적 판단이지만 범죄인의 정상은 범죄인의 행동을 전망적 · 예측적으로 판단하여 인정할 필요가 있다. 다만, 재판시의 예측에 있어서는 단기간에 조사, 심판을 하므로 계속적으로 범죄자의 행동을 관찰할 수는 없다. 따라서 재판 시까지 수집한 증거자료에 의하여 예후(豫後)의 양부를 예측하여야 할 것이다. 재판단계에서의 예측은 구미에서는 보호처분에 준하는 경우 또는 위험한 상습범죄인으로서 보안처분을 명하는 경우 등에 필요로 하는 것이다.

4. 교정단계에서의 예측

교정단계에서의 예측은 주로 가석방을 할 것인가의 여부 및 가석방을 한다면 어느 시기에 하는 것이 가장 효과적인가에 대한 판단자료를 얻기 위하여 행하여졌던 것이다. 요컨대 석방 시까지 지득(知得)한 자료에 의하여 가석방 후의 범죄 또는 비행여부를 예측하는 것이다. 즉 수용까지의 생활력, 수용중의 성격, 복귀할 환경 등이 고려되고 통계적으로 성적과 인자와의 관계를 확인하여 전체적 평가법이나 점수법에 의하여 예측하는 것이다.

제4절 범죄(비행)예측의 연혁

통계적 비행예측방법으로서의 비행 예측표는 1923년 미국의 워너(Sam B. Warner) 교수의 가석방 심사기준에 관한 연구보고서를 시작으로 세계 각국에서 연구하게 되었는바 그동안의 연구 연혁을 미 · 일 및 우리나라를 중심으로 개관해보면 다음과 같다.

1. 외국의 범죄예측

1) 미국과 독일에서의 범죄예측

범죄예측의 연구중심은 교정단계에 있어서의 가석방의 예측(parole prediction)인 것이다. 가석방의 객관적 존재조건을 갖추려고 하면 이 객관적 조건에 대한 분석예측이 있어야 한다. 이에 대한 선구적인 연구로서 버제스(E. W. Burgess) 교수의 연구가 있다. 버제스 교수는 일리노이 주의 형무소와 교정원에서 석방된 1,000명의 기록에 대하여 다음 21개 인자를 조사 연구하였다.

① 범죄의 성질, ② 공범자의 수, ③ 국적, ④ 결손가정을 포함한 양친의 상태, ⑤ 혼인상태, ⑥ 범죄자의 유형(초범자 · 가해범인 · 관습범인 · 직업범인), ⑦ 사회유형(부랑자, 갱(gang), 무뢰한), ⑧ 송치하여온 군, ⑨ 지역사회의 크기, ⑩ 인근의 형, ⑪ 체포될 때 지역사회에 안주하고 있었는가 일시적인 거주자인가, ⑫ 완화, 권고 또는 반대에 관한 판사 또는 검사의 설명서, ⑬ 위탁의 수락여부, ⑭ 선고된 형의 성질과 기간, ⑮ 가석방전의 실제로 복역한 형기, ⑯ 이전의 범죄기록, ⑰ 이전의 직업기록, ⑱ 시설 내에 있어서의 징벌기록, ⑲ 가석방시에 있어서의 연령, ⑳ 지능연령, ㉑ 정신의학적 진단 등이다.

버제스(E.W.Burgess)는 전기인자의 평균보다 양호한 가석방 결과의 성과와의 관계에 대하여 다음 〈표 3-1〉을 얻었다.

〈표 3-1〉 Burgess의 가석방의 예견

평균보다 좋은 인자수량	77(%)	비77(%)
16~21 ························ A	1.5	99.5
14~15 ························ B	2.2	97.8
13 ······························ C	8.8	91.2
12 ······························ D	15.1	84.9
11 ······························ E	22.7	77.3
10 ······························ F	34.1	65.9
7~9 ··························· G	43.9	56.1
5~6 ··························· H	67.1	32.9
2~4 ··························· I	76.0	24.0

〈표 3-1〉에 의하여 버제스(E. Burgess)는 다음과 같이 결론을 내렸다. 즉 15점 이상의 불량점수를 갖은 수형자는 가석방의 결과가 좋지 않다. 이와 반대로 불량점 5점 미만을 갖은 자는 그 결과가 양호하였다. 이 버제스의 방법에 대하여 다음 세 가지 점에서 비판을 한다. ① 그가 사용한 2개의 인자를 동등하게 취급하였다. ② 또 이 인자의 항목 구별은 자의적인 데가 있다. ③ 그러나 전체적으로 보아 매일의 활동상황 이전의 기록, 가족생활 등으로 이루어진 그룹적 분류방법은 가석방예측에 있어 많은 도움을 준 것은 사실이다.

그 후 이 버제스의 연구는 크라크 티블릿스(Clark Tiblitts)에 의하여 발전되었다(C. Tiblits, 1978). 한편 글륙부처(Sheldon and Eleaner Glueck)에 의해서도 범죄예측에 대하여 연구가 전개되었는데, 글륙부처는 전술한 버제스의 연구결함을 보충하기 위하여 매사추세츠 주 교정시설에서 가석방된 500명에 대하여 석방 후 5년간의 관찰결과 이와 관계있는 여러 인자들을 검토한 후 상관관계가 적은 것은 생략하고 다음의 7개 인자를 발견하였다(S. Glueck and E. Glueck, 1950 : 261).

① 금회(今回)의 판결전의 직업관습, ② 교정시설에 들어가기 전의 범죄의 중대성과 빈도, ③ 금회(今回)의 범행 전 범죄 때문에 체포, ④ 교정시설수용 전 형을 받은 경험, ⑤ 판결전의 경제적 책임, ⑥ 입소시의 정신적 이상성, ⑦ 교정시설에 있어서의 범칙의 척도 등이다.

이 인자는 대부분 범죄의 경력에 관한 것임을 부당하다는 비난도 있으나 이는 인격이 범죄의 예측에 있어 중요하다는 것을 중점적으로 보여주고 있다. 그밖에도 미국에서는 범죄의 예측에 관한 연구는 많았다. 그 중 존 길린(J. Gillin)의 연구만이 그 결과에 대하여 부정적인 결론을 내리고 있다.

한편 독일에 있어서도 엑스너(F. Exner)가 버제스(E. W. Burgess)의 가석방 예측의 객관적 방법을 본받아 연구하였고, 그 뒤 쉐이트(R. Schiedt)는 엑스너의 시사에 따라 극력 주관적 추정을 배제하고 전혀 기록에만 의지하여 사회적 예후의 신 방법을 고안하였다. 그리고 뮌헨(München)의 범죄생물학수집소의 자료에 대하여 검토하였다.

이 조사에 의하면 '개선가능'이라고 판정된 자 중 28%가 사실상 재범을 하지 않았다는 것이 판명되었다. 이에 있어 쉬이트는 버제스의 방법에 암시를 받아 예후를 불량하게 하는 다음의 15개조, 즉 재범의 위험의 징후를 발견할 수가 있다.

① 유전부인, ② 선계의 범죄, ③ 불량한 교육관계, ④ 불량한 학교성적 및 행장, ⑤ 견습봉사의 미완료, ⑥ 불규칙적인 근무, ⑦ 18세전의 범죄초발, ⑧ 4회 이상의 전과, ⑨ 특히 빠른 누범경향, ⑩ 다른 지방에 있어서의 범죄, ⑪ 정신병질, ⑫ 음주기별, ⑬ 형무소에 있어서의 불량한 일반적 행장, ⑭ 36세 전의 석방, ⑮ 석방후의 불량한 사회적·가족적 관계 등이다. 이상과 같은 사항에 해당하는 자는 모두 64~79%의 재범률을 나타내고 있다. 이를 표로 하면 〈표 3-2〉와 같다.

〈표 3-2〉 Schiedt의 재범예측

재범위험 징후표	인원	재범률
0	30	3.3%
1~3	101	14.8%
4~6	170	40.6%
7~9	118	68.6%
10~11	50	94.0%
12~15	31	100.0%

위의 15개 항목 중 ①항에서 ⑨항까지는 상태범인 또는 기회범인에 관계되고 ⑬항은 행형 중의 상태의 변화를 의미하고 ⑭항, ⑮항은 장래의 생활관계를 지시하는 것이다.

이상과 같이 범죄예측이 주관적 추측을 떠나 가능한 한 객관적 인자 위에 이루어지려고 하는 노력을 알 수 있다. 그러나 여기서 중요한 것은 앞서 버제스에 대한 비판에서 지적한 바와 같이 인자 간에 동일한 중점을 둘 수 있는가이다. 환언하면 비중이 큰 인자에도 다 동일하게 같은 점수로 평가한다면 결론은 정당하지 않을 것이다.

2) 일본에서의 범죄예측

일본에서 비행예측에 관한 첫 연구자로 吉益修夫을 들 수 있는데, 그는 독일 범죄생물학의 영향을 받아 1927년부터 청소년 수형자 850명에 대한 사회적 예후의 정신의학적 연구를 행하여 정신적 이상이 있는 자가 재비행률이 높다는 연구결과를 1936년에 발표하고 뒤이어 청소년 비행자에 대한 사회적 예후 연구를 시작하여 1950년에 발표하였다. 앞 연구에서는 그 예측인자를 ① 정신병질, ② 조발비행, ③ 고반복도, ④ 결손가정, ⑤ 취학부전, ⑥ 빈번한 전직, ⑦ 유전요인 등 7개 인자를 결정하고 2회 이상 조사한 대상 446명에 대하여 재비행 위험성 징후와 재비행과의 관계를 연구하였다. 이 연구는 일본경찰청에서 사용하는 비행위험성 판정법 작성연구에 큰 영향을 주었다.

大阪가정재판소 소년부 판사였던 圓井은 1949~1950년의 2년간 심판한 소년을 대상으로 '비행원인의 재비행 위험성' 산출하는 표를 만들었다. 즉 ① 누범, ② 불량지역, ③ 주거부정, ④ 무직, ⑤ 하급주택, ⑥ 취학부전, ⑦ 결손가정, ⑧ 빈곤가정의 8개 요인을 가지고 재비행 위험성을 측정하였는데, 4개 이상의 요인이 결합하면 재비행에 빠질 위험성이 높다는 결론을 내렸다.

通口는 1956~1957년에 걸쳐 일본의 특별소년원 182명, 중등소년원 163명을 조사하여 소년원 수용자의 실태를 분석하고, 조사대상 소년들을 1년 반 내지 3년 반 추적 조사하여 다음 〈표 3-3〉과 같은 예측표를 작성하였다. 입원 시 예측표는 5개인자로 예측하는 것이고 퇴원 시 예측표는 6개인자로 하는 것이다. 通口는 동 예측표 이외에도 여러 가지 예측표를 작성했다.

이러한 개인의 범죄예측 외에 기관이한 범죄예측도 있는데, 일본최고재판소사무총국은 1953년도에 가정 재판소에서 처분 결정한 사건 약 2,000건을 대상으로 처분결정 2년 반 후의 상황을 보호자에게 우편으로 화답하도록 하여 이를 분석하였다.

동 연구에서 조사한 예측인자는 불처분의 경우 33개, 보호관찰의 경우 7개 소년원 송치의 경우 23개로서 각 인자에 가중 점수를 주어 평정을 산출한 다음 그 점수가 종합평점보다 크면 사후 양호, 작으면 사후 불량으로 예측하는 방법을 작성하였다.

1956년 과학경찰연구소는 비행소년부(11~19세)와 정상소년군 826명(중학생 586명, 고

교생 240명) 대상으로 조사했는데, 그 내용은 ① 비행요인 평정항목이라 불리우는 17개 항목과, ② 누비행예측인자표의 취학부전 등 10개항목과, ③ 집단 로르샤하검사로 조사하여 소년의 장래의 비행위험성을 판정하는 '비행위험성 판정법'을 만들었다. 동판정법은 사회항목 6개 중 해당하는 것마다 1점씩을 주고, 집단 로르샤하 검사에서 이상반응(K-)으로 나타난 점수와 서로 연관하여 소년의 비행 위험성을 판정하도록 되어 있다. 이 연구는 일본소년경찰의 과학화에 많은 영향을 주었다.

2. 우리나라의 범죄예측

우리나라의 범죄예측에 관한 연구는 글룩(Glueck)의 '비행소년의 해명'이 1950년 발표된 이후 1960년대에 들어와서 이에 대한 실무가들의 관심을 표명한데서부터라고 볼 수 있는데, 서울가정법원 소년부에서 글룩의 사회적 예측표를 시험적으로 적용하여 소년심판에 보조자료로 활용하면서부터 시작되었다.

이에 대한 본격적인 연구로는 먼저 1963년 권순영은 법원에서 심판 중인 소년 중에서 51명을 무작위 추출하여 글룩부부의 예측표와 로르샤하(Rorschach) 검사를 활용하여 예측표를 구성하였다. 김기두는 1963년 9월부터 1964년 3월에 걸쳐 소년교도소 재소자 100명과 학생 100명을 선정하여 각 100개 인자에 걸쳐 비교 조사한 결과를 통하여 조기 예측표와 불량소년식별도를 작성하였다. 이 때 예측요인으로 사용한 항목들은 어머니의 감독, 실부모의 결혼생활, 가족의 결합도, 학교에 대한 태도, 태학(怠學), 가출경험, 교우의 연령 등이었다. 이 연구결과 조기예측표의 적중률이 88.3%에 달할 정도로 뛰어나다고 보고하였는데, 이것이 우리나라 최초의 비행 예측표라 하겠다(김용준, 앞의 책, 464).

재범예측과 재범예측표의 구성과 관련하여 방대한 조사가 처음으로 실시된 연구는 1976년 광주소년원에서 수행한 "소년원생의 재비행 예측에 관한 연구"이다. 이 연구대상이 되었던 소년범들은 2,300명이었고, 사회항목 200개와 성격 및 심리항목 290개 등 모두 490여개의 항목이 사용되었다.

이러한 항목들을 대상으로 통계처리를 한 결과 재비행 예측표 구성에 중요한 사항으로 판명된 것들은 가출경험, 무단결석경험, 문신경험 등 22개의 사회항목과 13개 성격항목이 있다. 항목별로 재비행자의 비율을 계산하고 이에 따라 가중 총 실점을 계산하여 예측표를 구성하였을 때에 22개 사회항목의 예측률은 92.7%이었고, 13개 성격항목의 예측률은 80.1%로 매우 높은 예측률이었다. 광주소년원의 연구는 2,000명 이상의 많은 사람들은 연구대상자로 하고, 예측항목의 선정과 논리적인 가중치를 부여하는 과학적 방법을 사용함으로써 이후 재비행 예측표를 만들고자 한 연구들은 대부분 이 연구를 바탕으로 이루어졌다(김용준 앞의 책, 464).

1990년에 실시된 부산소년 분류심사원의 연구도 재비행을 구성하는 데에 두 단계를 거쳤다. 모두 1,002명을 대상으로 했던 이 연구에서 첫 번째 단계는 예측항목을 선택하고 이에 대해서 실점을 부여하는 과정이다. 예측항목의 선정은 통계방법을 이용하여 42개 항목을 선정하였고, 이에 대한 실점의 부여는 글룩식의 실점 부여방법을 사용하였다. 즉 항목별로 재비행집단과 그렇지 않은 집단 간의 비율에 따라 실점을 부여하였다. 두 번째 단계는 예측확률을 계산하는 것이다. 이를 위하여 예측항목들의 실점을 합산하여 등급을 나누고 각 등급별로 재비행 소년과 그렇지 않은 소년 간의 백분율로 환산하여 예측확률을 나타내었다. 이러한 과정을 거쳐서 구성된 비행 예측표와 등급별 예측확률은 다음의 〈표 3-3〉과 같다(부산 소년분류심사원, 보호처분소년의 재비행에 관한 연구, 107~109).

이를 더욱 발전시켜 1994년 한국형사정책연구원에서 재비행 예측확률 뿐만이 아니라 재비행시기까지도 예측할 수 있는 방법을 연구하였는데, 이는 서울 소년분류심사원에 입소했던 소년 549명을 대상으로 실시되었다.

전체 56개에 걸쳐 조사된 항목들 중에서 제1차 선정과정에서 통계적으로 중요한 것으로 판별된 예측항목은 교육수준, 음주경험, 경찰단속, 친구유무, 아버지의 훈육방법 등 19개 항목이었고, 이 중 2차로 중요하게 작용하는 6개의 항목이 최종 선정되었다. 최종 선정된 6개 항목은 입소 범죄명, 교육수준, 가출여부, 흡연여부, 과거범죄, 아버지의 훈육방법 등이었다. 이들을 중심으로 재범시기를 예측한 결과 재범기간이 정확하게 예측된 것은 247사례로 46.4%의 성공률을 보였다. 이 연구에서 재범예측의 괄목할 만한 발전을 보인 것은 재범확률을 예측함에 있어 재범예측방정식을 개발한 것이다.[9)]

그 이듬해 12월에는 서울소년분류심사원에서 소년원생 수용지침상의 처우기간조정기준을 중심으로 수용소년의 재비행예측에 관한 연구를 하는 등 우리나라에서도 범죄예측에 관한 연구가 활발히 전개되고 있다.

9) 과거의 연구들이 항목별 실점을 계산하고 이를 등급화하는 복잡한 과정을 거쳐야 했지만 이 재범 예측방정식을 개발함으로서 보다 손쉽게 재범예측을 파악할 수 있게 되었다.

〈표 3-3〉 재비행 예측표

항목	실점	항목	실점
1. 비행명 : 절도 독극물, 향정 등	3 4	19. 퇴학 : 자주	4
2. 입소시 연령 : 16세 이하	3	20. 학업성취도 : 하위권	2
3. 첫 비행시 연령 : 16세 이하	3	21. 비행시 직업 : 무직	3
4 .비행력 : 1회 2회	2 4	22. 봉급사용처 : 가계비 보존	2
5. 비행동기 : 용돈, 유흥비 마련, 허욕심 : 가정빈곤, 가출, 교사 교우불량, 자기과시, 호기심	2 1	23. 용돈원액수 : 1만원 미만 24. 용돈소비처 : 유흥비	3 4
6. 부 직업 : 영세상인 : 직공, 막노동, 파출부 : 종업원, 공원	4 3 1	25. 여가장소 : 유흥비, 우범지 26. 여가 : 유흥장 27. 친구연령 : 연상 28. 비행력친구: 3인 이상	2 2 5 2
7. 모 직업 : 영세상인, 운전원, 선원 : 무직 : 직공 막노동	4 2 1	29. 무위도식 친구 : 1~2인 3인 이상	1 4
8. 가족수입원 : 형제	4	30. 우두머리친구 : 있음	4
9. 경제적 수준 : 극빈	4	31. 음주시작연령 : 15세 이하	2
10. 가정문제 : 갈등, 부도덕, 애정결핍 결손, 빈곤, 훈육결함	3 1	32. 음주정도 : 소주 1~2홉 이내 2홉 이상	1 4
11. 가출회수 : 1회 : 2회 이상	2 4	33. 흡연시작연령 : 15세 이하	3
12. 가출이유 : 교우유인 가정문제	4 3	34. 흡연정도 : 6개~10개 11개 이상	1 4
13. 최초 가출시 연령 : 15세 이하	3	35. 문신, 자상유무 : 있음	2
14. 성장지 : 빈민가 상가, 유흥가	3 4	36. 성경험최초연령 : 15세 이하	3
15. 학력 : 퇴학	2	37. MMPI척도 55점 이상	2
16. 중퇴, 미진학 이유 : 학력 흥미상실, 성적부진 : 학교생활 불량 및 비행사건	 1 3	38. MMPI척도 3.57점 이상 39. MMPI척도 4.57점 이상 68점 이상	2 2 1
17. 수학년수 : 8년 이하	3	40. MMPI척도 6.55점 이상 66점 이상	2 3
18. 재학시 불량행위 : 퇴학 싸움, 절취, 갈취 교칙 위반 등	2 3 1	41. MMPI척도 8.55점 이상 42. IQ 104점 이하	2 2
		총 점	

제5절 범죄예측의 한계

범죄예측의 한계로서는 기술적 측면과 윤리적 측면을 들 수가 있는데, 기술적 측면이란 차후 범죄가 있을 것이라고 예측하였지만 실제로 그렇지 않은, 즉 오류긍정(false positive)의 경우와 차후범죄가 있을 것이라고 예측하였지만 실제로 차후범죄를 저지른, 즉 오류부정(false negative)과 같은 경우의 기술적 문제점을 말하고 윤리적 측면이란 범죄예측을 형사사법실무에 적용하는 데에 나타나는 문제점을 말하는 것으로서, 이에 대한 해결책으로는 범죄예측의 적용에 있었다. 죄형법정주의나 책임형법의 원칙과의 조화, 임상적 예측의 경우 전문가의 객관성확보와 행위자의 인격적 특수성과 자유로운 의지의 고려예측항목이 사회적 가치에 반할 수 있다는 점이 항상 유념하여야 하는 점이다. 따라서 범죄예측의 실무적용은 앞으로 오류긍정과 오류부정을 줄일 수 있는 신뢰성 있고 정확한 예측기법을 개발하고 죄형법정주의를 유지하는 상태에서 범죄자의 자유의지를 고려하고 사회의 기본가치에 반하지 않는 방향에서 운영하는 신중함이 필요할 것이다(박상기 외 2인, 앞의 책, 616~617).

제6절 향후 전망

앞에서 살펴본 바와 같이 가석방 예측에서 출발한 범죄 내지 비행예측은 이제 소년비행의 예방단계에서의 예측, 수사기관에 있어서 송치의 여부나 고소 · 체포여부의 판단, 기소결정을 위한 판단, 재판에 있어서 보석, 양형, 처우방법의 결정, 보호관찰의 해제와 결정에 이르기까지 광범위한 분야에 활용가능성이 인정되고 있다. 그러나 이러한 범죄 예측을 위한 예측표의 작성에 대하여는 지나친 정형성으로 인하여 범죄자에 대한 개별적 관찰이 무시되기 쉽다는 점을 간과할 수 없으며 이러한 점에서 예측표를 보다 정밀화하고 과학화하는 작업이 요청된다.

보다 나은 예측법을 위한 전제조건을 언급하여 보면 ① 신뢰성(누가하더라도 동일한 결과가 나올 것), ② 타당성(예측의 목적에 대하여 올바른 기능을 할 것), ③ 단순성(판정을 위한 조작이 간단하고 단시간이 걸릴 것), ④ 효율성(가능한 적은 예측인자로 높은 정밀도가 얻어질 것) 등을 들 수 있다.

앞에서 살펴본 바와 같이 우리나라에서도 범죄예측에 관해 깊은 관심을 기울이게 된 것은 매우 고무적인 일이라고 본다. 다만 범죄예측의 한계성을 극복하고 보다 과학적이고 정확한 예측이 이루어지도록 하여야 할 것이다.

제8편

형사정책학의 현대적 과제 및 전망

제1장 서 설

그동안 범죄 학문영역은 범죄학과 관련된 법의 제정 또는 개정에 있어서 직·간접적으로 인권신장에 크게 기여함은 물론 형사사법제도를 일신함으로써 범죄학이 지향하는 궁극적 목적인 범죄의 현상과 원인을 탐구하고 이를 기초로 범죄방지를 위한 대책을 수립하는데 일조하여 온 것이 사실이다.

그러나 이러한 범죄학의 기여에도 불구하고 세계적으로 불어 닥친 경제적 위기와 기상 이변과 생태계 오염과 같은 환경의 변화, 국제화시대를 맞은 세계인의 지구촌화는 범죄를 질적으로 흉포화, 조직화, 국제화해 가게 만들고, 양적으로는 수적인 증가는 물론 그 형태를 다종·다양화시키고 있다.

따라서 이러한 범죄에 능동적으로 대처하고 새로운 21세기를 맞이해 범죄학의 기능을 제대로 수행하기 위해서는 현재 해결해야 할 과제로는 어떤 것들이 있으며 향후 전망은 어떤 것인가에 대하여 범죄와, 범죄학의 국제화, 범죄학상의 입법상 과제, 피해자보호와 피해자보상, 고령화 사회와 범죄학의 순으로 간단히 일별하여 보기도 한다.

제2장 범죄와 범죄학의 국제화

경제활동의 거대화 교통기관 · 정보전달수단의 비약적 발달에 따라 국경을 넘은 물자와 사람의 폭넓은 이동과 교류는 새로운 범죄요인을 발생시키고도 범죄와 범죄자에 대한 국제적 대응을 요구하게 되었다.

범죄의 국제화라고 하는 경우, 우선 문제되는 것은 각국이 다양한 형벌법규에 따라 처벌하고 있는 범죄가 그 국가의 영토범위를 넘어서 실행되고 있는 경우이다. 국제적인 사람의 교류가 이전부터 성행되었던 구미제국의 경우 범죄활동이 국가 간에 이루어진 경우가 그리 드문 일은 아니었으며 그 대책에 관해서도 일정한 경험이 축적되고 있다. 하지만 그간 새로운 국제화의 진행과 함께 다국적기업 활동에 관련된 탈세, 부정경쟁, 대량으로 유입된 외국인노동자가 저지르는 범죄문제는 심각해지고 있다고 하지 않을 수 없다(森本益之 外 2人, 1992 : 208~211).

우리나라의 경우에도 최근 외국인 입국자와 한국인 출국자의 증가와 함께 범죄자의 국외도피라고 하는 사태가 드물지 않게 되었으며 국내에 있어서 외국인의 범죄와 외국에 있어서 한국인의 범죄의 증가가 보이고 있으며, 범죄의 국제화가 진행되고 있다. 구체적으로는 집단적인 절도 · 장물매매의 범죄 그룹과 위조 미 달러의 행사 등의 국제적 상습범의 유입, 조직범죄의 해외진출에 수반한 권총과 마약 · 각성제의 밀수, 외국에서의 범죄행동 외국인 호스티스와 노동자의 위법한 입국과 한국 내에서의 위법취업, 기업 활동의 국제화에 따른 경제범죄 등이 최근 보여지고 있다.

이에 대하여 개개국가의 법률을 초월해 국제사회 혹은 개인의 국제교류 그 자체를 침해하는 행위에 대해서도 이를 범죄로 파악하여 그 대책을 수립할 필요가 있다는 주장이 있다. 이러한 행위를 '국제범죄'라고 부른다면 고전적으로도 해적과 같은 것 등을 생각해 볼 수 있지만, 최근의 문제로서는 하이제크(Hijack), 세계적 규모의 환경오염, 핵무기의 사용, UN 등 국제기구에 대한 파괴활동, 평화, 인도에 대한 죄 혹은 '전쟁범죄' 등이 중요하다. 이러한 행위의 일부는 개인 혹은 소수사람의 그룹에 의해서도 실행되는데 일부는 국가 혹은 정부 그 자체에 의해 행해진다.

국가의 전쟁행위를 범죄로 파악하는 것은 최근에는 신 범죄학(New Criminology)의 주장을 기다릴 필요도 없이 이미 제2차 세계대전 후의 뉴텐베르크와 동경의 국제군사법정에서 결론지어졌던 것이다. 이것 이외에 현시점에서는 조약에 의거하여 그 체결국을 구속하는 것에 지나지 않는다고 할 수 있으나 국가의 행위로서 행해진 국제적 범죄의 존재를 인정하고 이에 대한 제재를 정하는 규범도 현재 존재하고 있다. 이러한 개개국가의 경계를 넘어 진정한 의미에서의 국제범죄가 오늘날 여러 측면의 국제화가 한층 더 진행됨에 따라 이해의 공통화와 여러 나라의 상호이해관계가 점점 명확해지고 거기에 따른 국제적 범죄학의 구조가 형성되어 왔다고 생각된다(김용준, 471).

범죄가 국제화하는 경우 범죄정책의 주된 담당자인 국가는 큰 어려움에 봉착되지 않을 수 없다. 해적행위와 같이 국제적 교통에 대한 죄로 하는 것이 널리 인정되고 이것을 발견한 나라가 범죄자를 체포하고 처벌하는 것이 국제적인 관습법이 되는 예는 아주 드물며 개개의 범죄에 있어 그것을 처벌할 권리가 어느 나라에 속하는가 하는 그 자체가 다투어지고 있는 것이다. 오늘날 형벌권은 어디까지나 개별국가에 속하고 국가를 초월한 범죄정책의 주체는 존재하지 않는다. 그 때문에 형벌규정을 조정하고 처벌대상 및 처벌내용을 통일하는 것과 관련하여 많은 국제조약을 체결하고 있다. 예컨대, 인신매매 및 타인의 매춘으로부터의 착취금지에 관한 조약, 마약에 관한 단일조약, 항공기의 불법탈취의 방지에 관한 조약 등 조약에 의하여 제정된 관계국의 국내법의 적용을 통하여 국제화 범죄에 대응하고 있다.

범죄의 수사 및 재판의 과정에서의 국제적인 정보교환과 협력에 관해서는 국제형사경찰기구(Interpol, ICPO)의 활동 및 개개의 경우에 국제사법공조에 의한 협력이 이루어지고 있다. 국제형사경찰기구는 파리에 사무국을 두고 있는 국제적인 경찰기구인데, 그 활동은 가맹국 간의 범죄정보의 교환과 국제수배가가 중심이다. 2010년 현재 188개국이 가맹했으며 우리나라는 1964년에 가맹하였다.

한편 국제사법공조의 실제는 외국의 요구에 의하여 수사, 증거자료의 송달 외국인범죄자의 인도가 중심이다. 우리나라의 경우 미국, 호주, 캐나다 등 10여개국과 범죄인도 조약을 체결하고 있다.

하지만 현재로서는 비교적 중대한 범죄에 관한 국외범 혹은 국외에 도주한 범죄자를 처벌하는 것에 한하고 있다. 국제교류의 확대와 함께 증가하는 외국인에 의한 경미한 재산범과 교통사범에 관하여 이를 처벌할 필요성은 많지만 출국 후에 통상의 범죄인도 절차에 따라 신병을 확보하는 것은 국가에 대해서도 범죄자에 대해서도 지나친 부담을 지우게 된다는 것은 분명하다.

범죄의 예방과 범죄자의 교정 · 재사회화는 오늘날 개개의 국가가 주체가 되어 추진되고 있는 기능이지만 국제화의 진전과 함께 범죄현상의 일반화 · 공통화에 대응하여 그 내용도 평준화하고 있다고 할 수 있다. 한 나라에서 개발된 새로운 기법과 제도가 다수의 정보로서 급속히 세계 각국에 전파되고 있는데 일수벌금제, 피해자 보상제도 등의 세계 여러 나라에 대한 보급과정은 그 좋은 예이다.

이러한 범죄정책의 국제화에 관해서는 UN이 완수하고 있는 것도 무시할 수 없다. UN은 이미 국제형법 및 형무회의를 계승하여 '범죄방지 및 범죄자 처우에 관한 UN회의'를 계속 개최했는데, 특히 제1회에는 여러 가지 것들을 UN총회 결의를 통하여 각국에 권고함으로써 또 각국에 대한 실상보고의 요구 등에 따라서 여러 가맹국에 인도적이고 합리적인 범죄자 처우를 요구하며 형사정책의 국제수준의 향상을 촉진하고자 하는 것이다. 이것 이외에 UN은 범죄방지를 위한 전문기구를 설치해 범죄와 그 방지에 관한 조사연구와 정보수집은 물론 관계전문가의 연수를 시키고 있다.

제3장 범죄학 관련 입법상의 과제

범죄학 관련(형사) 입법이라 하면 형법, 형사소송법, 행형법 등을 들 수 있는데, 이러한 법들이 앞으로 해결해야 할 과제들에 대해 살펴보고자 한다.

먼저 형법에서는 책임주의의 확립, 죄형법정주의의 현대적 의미부여, 범죄구성요건의 세분화, 개별화, 비범죄화·비형벌화의 검토, 현대적 범죄(환경범죄, 경제범죄, 의료범죄 등)의 형법적 규율, 자유형의 단일화 및 단기자유형의 폐지, 보호관찰부 벌금제도의 검토, 양형의 이념 정립 보안처분제도의 전면적 도입 내지 형법 전에의 포섭에 관한 문제 등이 있다(정영석, 앞의 책, 68~71).

형사소송법상의 과제로는 법의 적정절차의 확립, 판결 전 조사제도의 도입, 과학적 범죄 수사방법의 확립, 불구속수사원칙의 확립, 사실인정절차와 양형절차의 분리, 특별검사제도 도입 등을 들 수 있다.

행형법상의 과제로는 행형법이 수형자의 권리장전으로서의 성격전환 등이 이루어지기 위해서는 행형의 기본원칙 및 수용자 지위에 따른 처우원칙의 신설, 규범적 기능과 보호적 기능의 조화, 실질적 법치주의와 사회국가원리의 구현, 수형자의 권리보장과 교정의 사회화 기여 등이 이루어져야 할 것이다.

제4장 피해자 보호와 피해자 보상

1985년 이탈리아 밀라노 남부에서 개최된 제7회 UN범죄방지 · 범죄자 처우에 관한 회의에서 '범죄피해자와 권력남용의 피해자에 관한 사법의 기본원칙'이 결의되었다. 그런데 범죄의 피해자를 '각국의 형법과 권력남용을 금지하는 법률에 위반하는 것 같은 작위, 부작위의 행위에 의해 단독 혹은 집단적으로 육체적 · 정신적 장해, 감정적 고충, 경제적 손실, 기본적 인권에 대한 중대한 침해 등의 피해를 입고 있는 자'라고 정의하고 이 피해자에 대해서 각국은 ① 사법 및 공정처우에 대한 접근, ② 배상, ③ 보상, ④ 사회적 원조를 확대 강화해야 할 필요성이 요청되고 있다.

UN범죄방지회의에서 위의 결의가 채택되게 된 것은 1979년에 창립한 세계피해자학회에서 결집한 연구자들의 이론적 · 실천적 노력에 기인한다는 점이 크다고 할 수 있는데 그러한 피해자학의 발전자체가 제2차 세계대전 전후의 시대상황을 반영하고 있는 것이다.

전통적인 범죄학은 오로지 범죄자를 연구대상으로 하고 그 연구를 통하여 범죄의 원인과 대책을 발견하고자 하는 것이었다. 그러나 범죄는 통상범죄자와 피해자 쌍방의 존재에 의하여 성립하는 것이기 때문에 피해자의 연구 없이 하는 범죄의 연구는 충분한 것이라고는 할 수 없을 것이다. 이러한 견해에 의거하여 헨티(H. Von Hentig)는 범죄 원인에 대한 피해자의 역할을 추구하는 「범죄와 그 피해자」(1948)를 출간하고 멘델존(B. Mendelsohn)은 1940년대에 강간 피해자의 연구를 발전시킨 「생물, 심리, 사회과학의 새로운 분야---피해자학」(1956년)을 발표하여 독립과학으로서의 「피해자학」(Victimology)을 제창하였다. 그 때문에 엘렌버거(H. Ellenberger)도 「범죄와 피해자의 심리학적 관계」

(1954년)를 발표하였다. 이러한 선구적 업적에 의해 그들은 '피해자학의 3인의 부'라고 불리기도 한다. 일본에서는 宮擇浩一 교수가 「피해자학의 기초이론」(1966년)을 간행하여 종래의 피해자학의 가설을 정리하여 체계화를 시도함으로서 피해자학 연구에 공헌하였다(宮澤浩一, 1978).

宮擇浩一의 말처럼 제2차 세계대전 후에 피해자학의 등장은 시대가 피해자에게 눈을 돌린 시대상황을 탄생시키는데 큰 역할을 하였다. 즉 제2차 세계대전의 참화는 사람들에게 그러한 가치관을 심어주는 원동력이 되었다. 또 전후의 혼란과 무질서 가운데서 격증하는 범죄와 소년비행도 종래의 범죄 내지 범죄자관을 일변(一變)시켰다. 더욱이 그 후의 교통범죄 · 공해범죄 · 경제범죄 등의 현대형 범죄의 다발현상도 시민들 사이에 피해자의 구제와 피해자화의 방지에 대한 관심을 높이는 것이 되었다. 피해자학은 이러한 사회적 배경을 기초로 하여 연구 테마를 확대하고 그 발전을 이루게 된 것이다.

초기의 피해자학은 종래의 범죄학연구를 뒤집는 형태로 피해자의 형태의 유형화를 시도하였다. 예컨대, 맨델존(B. Mendelsohn)은 범죄성립에 있어서 피해자측의 귀착 성 및 과실에 따라 ① 완전히 책임이 없는 피해자, ② 유책성이 적은 피해자, ③ 가해자와 같은 정도의 책임이 있는 피해자, ④ 가해자보다 더 책임이 있는 피해자 등으로 분류하였다. 이러한 분류를 통하여 범죄의 실상이 명확해지며 범죄자에 대한 책임추궁 재판에서 양형과 범죄방지상의 유익한 자료가 얻어질 수 있다고 생각하였다. 그 후 피해자 문제에 대한 사회적 관심의 증대와 함께 피해자학의 연구테마도 다양하게 많아진 것을 볼 수 있다. 그 중 하나가 1960~1970년대에 걸쳐 세계적으로 전개된 범죄피해자에 대한 국가보상제도의 도입문제이며 피해자학에서는 '범죄에 기여하는 피해자' 분석이 시도되었던 것에 대하여 최근에는 범죄로부터 피해자보호의 시점도 중시되고 있다. 즉 피해보상은 말할 필요도 없이 여성 · 유아 · 아동 등으로부터의 보호가 문제가 되며 형사사법과정에서 피해자의 범위에 관해서도 국내법상의 범죄의 피해자에 한정하자는 견해와 범죄피해자 뿐만 아니고 권력남용에 의한 피해를 입은 사람들 특히 정치적 · 경제적 권력남용의 피해자도 포함시키자는 논쟁이 전개되고 있다.

범죄에 의한 피해를 국가가 금전의 급부에 의하여 구제하는 피해자보상제도는 최근에 많은 나라가 법제화하기에 이르렀다. 범죄피해의 회복문제는 戰前에 있어서도 실증학파의 사람들에 의해 국제회의에 상정되어 논의되었는데, 오늘날 피해자 보상제도에서 특히 강조되어야 할 점은 영국의 형벌 개량가 프라이 여사의 옵저버지에 기고한 '피해자를 위한 정의'(1957년)이다. 영국에서는 이것을 계기로 피해자보상제도의 도입이 현실적 과제가 되었으며 의원입법의 움직임 등 우여곡절을 거쳐 1964년 8월에 제도화 되었다.

뉴질랜드에서는 영국에서의 논의에 영향을 받아 영국보다 한 발 앞서 1963년에 입법화되어 1964년부터 시행되고 있다. 이러한 움직임은 1964년 캘리포니아주로 파급되었고, 또 1970년대에 들어서는 오스트리아, 핀란드, 스웨덴, 네덜란드, 덴마크, 독일, 프랑스 등의 유럽대륙 국가에서도 채용되기에 이르렀다.

우리나라에서는 "타인의 범죄행위로 인하여 생명·신체에 대한 피해를 받은 국민은 법률이 정하는 바에 의하여 국가로부터 구조를 받을 수 있다."는 헌법 제30조를 근거로 1987년에 「범죄피해자구조법」(1988.7.1 법률 제3969호)을 제정하여 1980년 7월 1일부터 시행하고 있다.

범죄피해의 회복은 범인자신에게 손해배상시키는 것이 마땅하고 자연스러운 일이다. 현재 피해자에게는 이를 위한 민사재판절차를 밟을 권리가 보장되고 있다. 국가에 따라서는 피해자 측의 입증의 편의를 고려하여 '부대소송'의 제도를 두고 있는 나라도 있다. 이것은 형사재판에 부대하여 피해자의 손해배상청구를 인정하는 것으로 피해자는 국가기관이 수집한 증거를 이용할 수도 있다.

이것 외에 재판소에 의해 손해배상명령을 언도한다든가 수형자의 직업보수로부터의 배상 등도 생각되고 있는데, 어쨌든 범인의 자력 범위 내에서 밖에 기증할 수밖에 없다는 한계가 있다. 또 범인불명과 미 체포의 경우에는 범인측으로부터 충분한 배상을 받은 케이스는 극히 예외적이며 주로 피해자가 피해의 회복을 할 수 없을 정도로 어려운 상태에 놓이는 것이 태반이다. 이러한 피해자의 비참한 상황은 수형자의 법적 지위의 확립-처우조건의 향상이라고 하는 현대적 형사정책과제의 달성에 관해서도 사실상 체크되지 않는다고 할 수 없다. 이러한 점에 넓은 의미에서의 형사정책의 일환으로 국가에 의한 범죄피해의 보상이 요청되는 이유가 있다.

그런데 피해자 구제를 위한 국가의 재정지출을 정당화하는 이론적 근거는 무엇인가 이에 관해서는 3가지 학설이 있다. 첫째는, 손해배상적 견해인데 권리보상설이라고 하기도 한다. 국가는 범죄방지의 책임을 가지고 있기 때문에 발생한 범죄에 대한 손해배상의무를 가지고 있다는 것이다. 둘째는, 사회보장적 견해에서 사회보장설 내지는 생활보호설이라고 불리고 있다. 피해자의 비참한 상태에 대한 사회보장으로서 생활원조를 할 필요가 있다고 하는 점이다. 이 경우는 피해자의 곤궁한 정도를 조사하는 것이 전제가 된다. 셋째는, 보험적 견해에서 보험설이라고 하는 것이다. 현재의 사회에서는 일정량의 범죄의 발생은 불가피한 현상이기 때문에 세금의 일부를 보험금으로 해 손해를 사회전체에 분산해야 한다고 한다. 물론 세금을 내지 않는 시민도 있기 때문에 일종의 의제적 발상이라 하겠다. 우리나라의 통설은 제3의 견해를 제1로 하고 제1, 2의 견해도 가미하여 피해자 보상제도를 정당화시켜야 한다고 주장하고 있다.

한편 현재의 형사사법의 시스템이 범죄의 가해자에 어떻게 대응하는가를 중심으로 구성되고 있기 때문에 피해자의 입장에 대한 배려가 충분하지 않다고 지적되고 있다. 예컨대, 범인의 기소로부터 형벌의 부과에 이르는 절차에 있어서 피해자가 의견을 표명하고 처분결과에 관한 보고를 받을 권리는 원칙적으로 인정되지 않는다. 또 피해자가 증인으로서 법정에 출정하는 경우 등 매스컴을 중심으로 하는 사회의 호기심의 표적이 될 우려도 적지 않다. 결국 피해자는 범죄의 피해에 더하여 명예 · 프라이버시를 침해한다고 하는 이중 손해를 입게 될지도 모른다. 그래서 피해자가 할 수 없이 형사사법과정에 등장시킴으로써 인권침해를 받지 않도록 하는 연구가 필요하며 전술한 UN범죄방지회의의 결의도 '피해자에 대해서는 동정과 인간으로서의 존엄사상으로서 접근할 것'이 강조되고 있다.

제5장 고령화 사회와 형사정책

한국의 인구 고령화(高齡化) 속도가 세계에서 가장 빠른 것으로 나타났다. 통계청과 보건복지부에 따르면, 한국은 2000년에 이미 65세 이상 고령인구비율이 7.2%로 '고령화 사회'로 접어든 것이다. 유엔은 65세 이상 인구가 총인구의 7% 이상이면 고령화 사회, 20% 이상이면 초 고령사회로 정의하고 있다. 통계청의 '인구주택총조사'에 의하면 지난 1985년에 68.0세이던 평균수명이 90년에는 71.3세로 높아졌고 2010년 평균수명은 79.4세이고 남자 75.9세, 여자 82.5세로 나타났다.

이러한 사회의 변화를 감안하여 우리나라에서도 종래 그다지 논의되지 않았던 고령자(60세 이상인자를 지칭함)에 대한 형사정책적 관심도 그만큼 높아지고 있다.

고령자의 범죄행동에 관해서 미국에서는 일반적 범죄학이론을 모방하여 노년학(gerontology)의 이론에서 설명하는 견해도 있다. 이 이론 중 해제이론(disengagement theory)이라는 것이 있는데, 이는 고령자가 사회에서 기능적 역할로부터 해제된 지위에 있다는 것을 지적하는 것으로 고령자 자신이 원치 않게 강제로 물러난 경우 고령자에게 불만과 타격을 가져오는 일탈 행동의 동기를 부여한다는 것이다.

또 하나는 활동성이론(activity theory)이라는 것으로 고령자는 그 만년에도 활동성을 보장하여야 한다고 주장한다. 이 이론은 생산적 노동으로부터 물러났다는 것을 인정하는 것으로서도 자원봉사활동 등의 보람 있는 대체활동이 필요하고 그러한 자기의 존재가치를 보여주는 활동에 나설 수 없는 고령자는 잃어버리고 박탈된 역할의 보충으로서 일탈행동에 이를지도 모른다고 하고 있다. 말린자크(A. A. Malinchak)는 '노인과 범죄'라고 하는 것은 주로 고령자가 처해진 환경의 심리적 작용으로부터 범죄행동을 설명하고

자 하는 것이며, 특히 고령초범자에 관해서는 중요한 지적이라 하겠다. 그러나 한편으로는 고령범죄자 중에도 전과가 많은 사람이 존재하는 것도 사실이다. 따라서 이러한 상습적 범죄자의 문제와 겹쳐있다는 것을 잊어서는 안 된다. 고령자를 위한 범죄예방 대책으로서 ① 폭넓은 연령층의 사람들에 의한 지역방범활동의 전개, ② 까다로운 상담업무의 충실, ③ 고도정보시스템의 활용(가정 보안시스템의 보급촉진, 방범광고에 있어서 뉴미디어 활용, 배회하는 노인탐색시스템 등)을 제시하고 있다. 그밖에 피해와 가해의 양면에 관련하여 특히 고령자의 다양한 사회참가활동이 중시되어야 한다. '보호'라는 말과 함께 고령자를 사회생활로부터 배제하여서는 아니되고, 고령자가 생기 있게 적극적으로 활동할 수 있는 기회를 제공하는 것이 고령자에 대한 진정한 형사정책이라 할 수 있다. 또한 형을 받은 고령범죄자(고령수형자)의 대책으로서는 그 심신의 상황에 따라 교도작업을 경감하거나 의료적 배려를 부가하고 특히 이들의 처우를 체계화하고 고령수형자의 집금처우 등을 할 필요성이 있다.

제6장 유전자 정보은행 설치활용

제1절 서 설

유전자 정보은행은 유전자 감식 관련 기술을 이용하여 강력전과자와 같은 특정집단을 대상으로 유전자형을 먼저 전산입력해 두었다가 중요 강력사건이나 미제의 사건에 대해서 1차로 용의자를 검색하는 국가 차원의 제도를 말한다. 우리나라의 「유전자정보은행의 수집 및 관리에 관한 법률안」에 따르면 유전자 감식정보는 수형자 · 피의자 · 범행현장 등에 대한 유전자감식정보로 구분하여 관리한다고 밝히고 있다. 즉 현장증거물 등에서 검출된 용의자의 유전자형과 피의자와 수형자의 유전자형 데이터베이스는 한 사람이 여러 사건에 관여됐을 때(특히 성범죄 같은 경우) 동일범을 가려낼 수 있을 뿐만 아니라 검거된 용의자와 신속하게 대조할 수 있다.

따라서 제2의 범행을 사전에 방지할 수 있고 사건을 조기에 해결하는데 절대적이라고 볼 수 있다. 또 형이 확정된 범법자의 유전자형을 확보함으로써 또다시 범죄를 저지르면 반드시 검거 된다는 인식을 심어줘 범죄를 예방하는데 중요한 역할을 할 수 있다.

따라서 지금까지의 유전자 감식이 범죄현장의 증거물에서 나타난 유전자형을 용의자나 피해자의 유전자형과 비교함으로써 동일인을 식별하는 '소극적 과학수사기법'이라한다면 유전자 정보은행제도는 특별히 용의자가 없는 강력사건에서도 적극적으로 용의자를 색출할 수 있다는 의미에서 '적극적 과학수사기법'이라 얘기할 수 있다(김용준, 479~483).

제2절 정보은행에 입력되는 자료와 사용될 기법

유전자 정보은행에 입력되는 자료는 크게 다음과 같은 3가지로 대별된다. 첫째, 출소를 앞두고 있는 강력범 재소자에 대한 유전자형 자료이다. 주요 강력범죄를 위주로 조사한 결과에 의하면 연간 15,000명 정도가 될 것으로 추정되는 이 자료군은 주요 미제 사건의 용의자를 검색하는데 사용될 수 있다. 둘째, 미제사건의 증거물에서 검출된 타인의 유전자형에 관한 자료군으로 특정범죄로 이미 구속된 피의자의 미제 사건 관련 여부를 확인할 수 있는 자료를 활용될 수 있다. 마지막으로 임의의 한국인 집단에 대한 유전자형 분포 자료군이다. 이것은 정보은행을 통해 일치하는 용의자를 색출한 경우 그 용의자가 진범일 확률을 계산하는데 중요한 자료로 사용될 것이다. 이와 같은 3가지 자료군이 완벽하게 작성되어 전산처리를 통해 유기적으로 정보교환이 이루어진다면 전과자에 의해 발생하는 강력 재범에 관한 범인 검거율은 현저히 높일 수 있을 뿐 아니라 더 나아가서 강력범죄를 예방하는 효과도 가져올 것으로 기대된다.

유전자 정보은행 운영에 관한 기술적 측면에서 크게 전산 기술적 측면과 분자생물학적 기술 측면으로 구분되는데, 본 연구에서 연구될 분자생물학적 기술 측면은 유전자 정보은행의 핵심 분야로 철저한 기술 검토 여부에 따라 제도의 성패가 달려있다해도 과언이 아닐 것이다. 일반적으로 유전자 정보은행에 사용될 기법들은 다음과 같은 조건들에 합당한 것이어야 한다.

첫째로, 변별력이 높아야 한다. 변별력이란 일치하는 용의자를 찾아내었을 때 그 용의자와 같은 유전자형이 한국인 중에서 얼마나 많은지에 대한 척도인데, 이 변별력이 낮은 경우에는 정보은행으로서의 가치가 줄어들게 된다. 그러므로 변별력을 충분히 높일 수 있는(대립 유전자의 수가 많은) 기법을 위주로 검토되어야 한다.

둘째로, 실제 강력사건의 증거물에서도 확실한 분석이 가능한 기법 위조로 선정되어야 한다. 대부분의 사건 증거물은 상태가 좋지 않아 유전자가 파괴되어 있는 경우가 흔하다. 아무리 변별력이 좋은 기법으로 훌륭하게 전과자 자료군을 만든다해도 실제 증거물에서의 유전자형 검출이 불가능하거나 불완전한 결과를 얻는다면 정보은행의 효용가치는 없어지게 된다. 그러므로 상태가 나쁜 증거물에도 적용이 가능한 기법 위주로 선정이 되어야 한다.

셋째로, 분석이 용이하여야 한다. 실험 상태나 실험자의 차이에 따라 미묘한 변이에 의해 서로 다른 유전자형으로 판독되어서는 아니된다.

넷째로, 지나치게 전문적이거나 고도의 기술을 요하는 기법은 바람직하지 않다. 유전자 정보은행의 자료는 여러 사람에 의해 작성되므로 통일된 '표준 감정 프로토콜'을 작성하여 공통적인 방법으로 시행되는데, 어느 정도의 전문지식을 갖춘 요원이라면 보편적으로 행할 수 있는 기법이어야 한다.

다섯째, 비용이 과다한 기법은 제외되어야 한다. 장기간의 세월에 걸쳐 많은 수의 유전자형 입력이 필요하므로 저렴한 비용으로 가능한 기법을 찾아야 할 것이다.

마지막으로, 일단 선정된 기법에 대하여는 한국인 집단 내에서의 대립유전자 분포조사가 충분히 이루어져야 한다. 일치하는 용의자를 정보은행에서 찾아낸 경우에 진범일 확률은 하아디-바인베르크 유전법칙에 따라 통계적으로 계산되는데, 그 표본 모집단이 충분한 크기여야 통계치의 유의성을 지니므로 각 기법별 작성된 대립유전자의 분포도의 통계학적 유의성에 항상 주의하여야 한다.

제3절 연 혁

1940년대 모든 생물종의 세포핵 안에 들어있는 유전자의 본체는 DNA라는 사실을 처음 발견하였으며, 1953년 왓슨(Watson), 크리크(Crick) 등에 의해 DNA의 구조를 알아내게 되었으며, 1980년대 DNA의 조작기술의 연구로 유전공학(생물공학)분야가 급속히 발전하게 되었다(이하 이정빈 외 2인의 연구자료 참조).

그 후 1985년 영국 레이세스터(Leicester) 대학의 제후레이(A. J. Jeffreys) 교수가 활용할 수 있는 기초를 마련 미국, 영국, 일본 등 선진 10여개 국가에서 DNA 지문법을 받아들여 수사에 활용되고 있다. 우리나라에서는 화성연쇄 살인사건 현장에서 수집된 범인의 정액반과 주요 용의자의 혈액을 1991년 처음으로 일본과학경찰연구소에 유전자 감식을 의뢰하였다. 이러한 노력의 결과 영국이 1995년에 세계에서 최초로 국가주도의 유전자 터이터베이스를 구축하여, 9만 4천여 사건에서 용의자를 가려내 범인 검거율이 과거 23%에서 거의 두 배 가까운 43%로 크게 향상하는 개가를 올렸다. 처음에는 입력

대상자를 성폭행범으로 제한했으나 그 후 살인·강도·차량절도 등 범죄자들로 적용대상을 넓혔다.

미국은 1998년에 모든 주에서 입법이 완료돼 연방차원의 유전자 정보은행이 설립됐으며, 이미 200만 명의 유전자 정보가 확보되어 있다. 네덜란드와 오스트리아는 1997년, 독일은 1998년 유전자 정보은행을 세웠다. 아시아에서는 홍콩이 2000년에 정부산하연구소에 유전자 자료은행을 설립했으며, 싱가포르가 유전자 자료은행을 운영 중에 있다. 일본 역시 2005년에 2만 여명의 데이터베이스를 만들어 그간 풀지 못한 263건의 미제사건을 해결하였다. 우리나라는 2006년 「유전자감식정보의 수집 및 관리정보에 관한 법률」이 처음 발의됐지만 시민사회의 강력한 반발로 입법이 무산되었으며, 그 후 2008년 3월 안양초등학생 실종·피살사건에 이어 2010년 강호순 사건과 같은 흉악범죄가 잇따르자 2010년 5월 27일 법무부와 행정안전부는 「DNA 신원확인정보의 이용 및 보호에 관한 법률안」을 입법예고했다. 이 법률안은 지난 2006년 입법이 무산된 법안과 그 내용이 거의 유사하지만, 2006년 법안에는 검찰이 단독으로 관리권을 가진다고 규정했지만, 2010년 법안에는 검찰과 경찰이 동시에 관리권을 가진다고 되어 있어 그간 다른 예에서도 나타난 바와 같이 유출에 대한 위험성이 크다고 볼 수 있다. 뿐만 아니라 이 법안에는 유전자 샘플채취, 유전자정보등록, 유전자샘플 폐기, 유전자 정보삭제 등에서 당사자에게 이와 같은 관련 된 사항을 통지하는 절차가 규정되어 있지 않으며 정보를 관리하는 기관을 통제할 수 있는 장치가 미흡하다고 보겠다.

제4절 활용상의 문제점 및 대책

활용상의 문제점으로는 유전자 감식의 법적 수용문제가 뒤따르는데, 이는 결국 피고인의 자백이나 다른 증거가 전혀 없는 경우 그 감식 결과만으로 유죄판결을 받을 수 있는가의 문제, 즉 증거능력과 증명력의 문제로 귀착된다. 증거방법으로서 신뢰도를 높이기 위한 선결과제로는 채취된 감정증거물의 동일성과 객관성을 보장하는 일인데 그러기 위해서는 변경되지 않은 최초의 범행현장에서 감정증거물을 채취하고 보관 및 운송과정에서 혼동되거나 부패하지 않도록 조치하여야 한다.

다음으로 유전자 감식의 정확성 보장인데, 이를 위해 유전자 감식관의 자격요건 구비를 의무화하고 감식결과를 공인 받을 수 있는 실험실을 운영하여 할 것이다. 마지막으로 유전자 감식 기구를 어느 곳에 설치하느냐의 문제인데 이는 나라마다 다르다. 예컨대, 미국의 경우 대부분의 주에서 법무성 산하 수사국에서 유전자 정보은행을 관장하고 있으며 캐나다도 법무성에서 입법 추진하고 있는가 하면 영국 경찰청 법과학 실험소, 프랑스 경찰청 중앙실험소 등에서는 경찰에서 유전자은행 또는 분석실을 설치 운영하고 있다. 어느 곳에 설치해도 장단점이 있으나 필자의 소견으로서 유전자는 국민개개인의 생체적 프라이버시 침해 등의 문제가 발생할 수 있는 바 준사법기관이며 법률의 감시자인 검찰이 관장함으로써 유전자 정보은행에 등록될 자료의 오·남용 등으로 인한 국민의 프라이버시 침해를 방지해야 할 것으로 본다. 또한 가장 문제 되는 것은 사생활침해가 문제이며 부모가 대상자일 경우 자식의 유전자에 대한 낙인까지 찍기 쉽기 때문에 개인의 유전자 정보공개는 부모의 교육에 있어서도 중대한 영향을 미칠 수 있다.

따라서 유전자 정보공개는 가족 모두가 공유하고 있는 정보로 한 개인의 유전자 정보를 공개 하게 되면, 그 가족들 역시 본인의 의사와 상관없이 자신의 유전자 정보공개가 공개되는 결과를 빗게 된다.

제5절 결 어

이미 유전자 정보은행을 설립해 운영하고 있는 나라는 과학적 데이터를 적극 활용하고 있으며 법원에서 결정적 증거로 채택하는 빈도도 높은 것이 사실이다. 이 때문에 유전자정보은행제도를 점차 확대하고 있는 실정이다. 또 인권이 침해되지 않도록 충분한 제도적, 법률적 장치를 마련하고 있다.

우리나라와 같은 강도, 강간 등 강력범죄가 날로 증가하여 수사에 엄청난 비용과 시간이 소요되고 있는 점을 감안한다면 유전자 감식의 필요성은 매우 크다고 보겠다. 또 인권이 침해되지 않도록 충분한 제도적, 법률적 장치를 마련한 후 친생자 확인이나 비행기 사고, 화재사고, 폭발사고 등의 대형사고의 피해자 확인 등에도 점차 확대 실시할 필요성이 강력히 제기되고 있다. 뿐만 아니라 앞에서 언급한 바와 같이 여러 선진국에서 실시하고 있으며 그 효과 또한 큰 것으로 나타났을 뿐만 아니라 우리나라의 경우도 2010년 8월 27일 경찰청 발표에 따르면 "범죄자 DNA 은행운영 한 달 만에 47개 '미제사건'이 풀렸다."[10]는 성과 등을 살펴볼 때 그 실시의 필요성이 시급하다고 보겠다.

10) www.nocutnews.co.kr, 2010. 08. 27일자

제7장 우리나라의 형사사법의 개혁과제

제1절 경찰분야

1. 경찰의 엄정중립

경찰도 검찰과 같이 엄정중립을 지키는 길이 경찰의 신뢰를 높이고 경찰의 위상을 강화하는 길이라고 본다. 경찰은 어느 특정 정파나 이익집단과는 초연하여 엄정 중립하에 경찰력을 운용할 때만이 경찰의 신뢰를 높이고 경찰의 위상을 강화하는 길이라고 본다. 그동안 우리경찰은 특정정치인이 정당을 지지하는 듯한 형태로 국민의 질책을 받은 적이 한 두 번이 아니다. 따라서 경찰의 엄정중립화의 길만이 경찰이 사는 길이라고 보며 경찰의 엄정중립방안에 대한 대책수립에 최선을 다하여야 할 것이다.

2. 검찰과 경찰의 수사권 조정문제

현재와 같은 검찰의 독점적 수사구조는 일본 군국주의 시대의 구 형사소송법상의 수사체계를 그대로 계수하여, 군사독재정치시대를 거치며 검사지배적 수사구조가 더욱 확대 강화되어 오늘에 이르고 있다.

선진국이라고 볼 수 있는 영 · 미 법계 국가와 독일과 프랑스 일본 등의 대륙법계국가 와는 달리, 유달리 우리나라만이 검사가 수사권과 수사지휘권 모두를 독점적으로 보유하고 있는데, 이와 같은 수사구조는 '인권보호는 권한 집중보다는 견제와 균형이라는 민주화된 제도로서만 보장이 가능하다'는 헌법적 요청에 위배될 뿐만 아니라, 분리되어야 할 수사기관과 소추기관이 하나로 결합되어 국민들의 객관적이고 공정한 형사사법서비스를 받을 권리를 저해하고 있다고 판단된다.

또한 수사절차상 검찰의 직접 수사하는 사건 외에는 거의 대부분 경찰의 초동수사한 것을 한정된 검찰인력으로 다시 한 번 수사하는 2중수사하는 꼴이 되어 수사경제상 손실과 사건관계자들의 불필요한 시간낭비 등으로 대국민 형사사법서비스의 질적 저하를 초래할 수밖에 없다.

따라서 어떤 형태로든 경찰의 수사권 독립은 필연적일 수밖에 없다고 본다. 그 첫째의 방법으로는 경찰 독자적으로 수사권을 행사하게 하는 방법과 경찰에 수사권을 주되 일부 중요사건에 대한 수사권은 검찰이 맡는 형태가 있을 수 있다. 경찰과 검찰이 상호협력관관계로 나아가고 있는 것이 세계적 추세이고, 오늘날의 검사는 수사보다는 소추에 주력함으로써 당사자주의와 공판중심주의라는 형사소송이념에 충실하고 있는 것이 선진국 추세라고 볼 수 있다. 결론적으로 검사의 수사지휘권이 정당성을 갖기 위해서는 수사기능의 역할보다는 객관적이고 중립적인 입장에서 수사에 대한 통제나 감독역할을 하는 것이 보다 타당하다고 보며, 하루빨리 경찰의 수사주체성을 인정하여 검찰과 경찰 간의 관계를 현행 명령복종관계에서 협력관계로 개선하는 수사권조정이 이루어져야 할 것으로 본다.

3. 경찰교육제도의 혁신

현행 경찰관 교육제도를 보면 교육과목이 너무 많아 짧은 교육기간에 다 소화하기란 좀 벅찬 감이 든다고 본다. 따라서 수사관련 교육 등 전문성이 필요한 전문교육 위주로 보다 효율적이고 알찬 교육제도를 수립함으로써 경찰관의 자질향상에 매진해야한다고 본다. 또한 이미 경찰이라는 직장 협동주의가 실종되어가고 있는 터에 철저히 개인화된 신세대 경찰유입에 걸 맞는 경찰교육제도의 과감한 개혁을 필요하다고 본다.

4. 경찰위상의 강화

경찰관들은 민중의 지팡이라고 볼 때 경찰관들이 제복을 입은 자신 스스로가 자랑스

렵게 느껴질 때 경찰위상은 저절로 확립된다고 보며 지금처럼 경찰 자신을 비하하여 제복을 입기를 꺼리는 것은 이 또한 경찰의 위상을 가늠하여 보는데도 도움이 될 것이다. 이렇게 하기 위해서 경찰의 사기를 진작시키는 길이 급선무라고 보며, 이를 위해서는 본청과 지방청의 내근요원을 최소화 하고 외근요원을 일선경찰로 통합하고, 경찰의 인허가 업무를 과감히 행정기관으로 이양하여 일선 외근경찰을 확충하고, 일선서장에 대한 중앙통제식 지휘를 최소화하고 일선서장의 자체 지휘권을 확대강화하고, 경찰력 낭비요소인 피의자 대기실 폐지 등의 폐해를 시정 등을 통한 생활치안에 주력하는 길이라고 본다.

5. 경찰조직의 쇄신

현재 경찰의 입직 경로는 크게 나누어 4가지라고 할 수 있다. 순경 채용시험을 통하여 순경으로 입직하는 것, 간부 후보생 시험을 통하여 1년의 교육 과정을 마친 후 경위로 임관하는 것, 4년제 경찰대학을 졸업하고 경위로 임관하는 것, 그리고 기타 고시출신이나 군 출신 및 각종 전문직의 특채가 그것이다. 경찰의 입직 경로가 이렇게 다양한 것은 일단은 바람직한 현상이라고 할 수 있다. 복잡하고 전문성이 요구되는 오늘날의 민주 사회에서 경찰 기능의 다양한 욕구와 수요를 충족시키기 위해서는 이러한 다양한 입직 경로에 따른 충원이 불가피하다고 할 수 있다.

그러나 이러한 과정에서 세밀한 배려가 부족함으로 인해 많은 문제점이 제기되고 있다. 현 시점에서 가장 큰 문제점으로 제기되어 있으면서도 매우 민감하고 자칫하면 조직 내부 갈등이 외부로 표출되는 것이 두려워 이를 공식적으로 제기하지 못하고 있는 문제가 경찰대학 출신과 일반 순경 출신 경찰관과의 갈등 문제이다. 우수한 자질을 갖춘 인재 들이 경찰대학을 통해 경찰관으로 입직하여 그동안 경찰을 위해 기여한 바는 크다. 무엇보다도 경찰의 전반적인 수준을 높였다고 평가되고 있고 경찰의 대국민 이미지 개선에도 크게 기여하였다.

그러나 경찰대학 출신들이 매년 120명씩 경위로 임관하고 경위 이상의 경찰간부의 압도적인 다수가 경찰대 출신으로 채워짐으로서 경찰조직에서 그 비중이 매우 커졌다. 그러나 순경으로 입직한 경찰관들의 사기는 크게 저하되었다. 그 이유는 순경으로 입직한 비 간부들이 경위로 승진하기가 너무나 어려워졌을 뿐만 아니라 경위에서 경정까지 시험승진의 압도적 다수를 경찰대 출신들이 독점하다시피 하고 있기 때문이다. 순경출신 경찰관들은 우수한 젊은 경찰대 출신들과 시험에서 경쟁할 엄두를 내지 못하게 되고 자연히 바늘구멍 통과하기보다 어렵다는 심사 승진에만 의존하게 된다. 순경출신 경찰관들은 자연히 경찰대 출신들을 경원시 하게 되었다. 따라서 경찰조직은 분열되었고 직원들은 상호 보이지 않는 첨예한 갈등으로 내연하고 있는 실정이다.

경찰에서 순경 출신은 전 경찰력의 90% 이상을 차지하고 있다. 더구나 현재 순경으로 경찰관이 되는 일이 참으로 어렵다. 높은 경쟁률을 뚫고 순경 계급장을 단 이들 경찰관들은 매우 우수하며, 거의 95% 이상이 대학 재학 이상의 학력 수준을 갖추고 있다. 이들이 일선에서 긍지와 사명감을 가지고 얼마나 열심히 일하는가 하는 것이 경찰 조직 성공의 관건이라 할 수 있다. 지휘부의 간부들이 아무리 자질이 훌륭해도 일선에서 국민들과 직접 접촉하는 직원들이 높은 사기를 가지고 성심껏 일하지 않는다면 국민들로부터 좋은 평가를 받는다는 것은 지극히 어려운 일이다.

1905년 5월 일본의 연합함대에 의해 동북쪽 동해상에서 로제스트벤스키 중장이 이끄는 러시아의 발틱 함대가 전부 침몰하는 큰 패전이 있었는데, 이를 쓰시마 해전이라고 한다. 그 패배의 가장 큰 원인이라고 할 수 있는 것은 당시 러시아 군대의 출신 성분에 의한 군대 구성 때문이었다. 러시아 군대의 장교는 귀족 출신만 될 수 있었고 일반 사병들은 노예나 다름없는 평민 출신들로 구성되었었다. 반면에 일본 군대는 계병제로서 사병과 장교가 출신으로 구분이 되지 않았었다. 그렇기 때문에 러시아 군대는 장교와 사병 간의 신분적 차별이 심하고 군대 조직이 이원적으로 운영될 수밖에 없었으며 당연히 병사들의 사기가 높을 리가 없었다. 이러한 조건에 처해 있던 러시아 함대가 일본 함대와의 격돌에서 처참히 패배하였던 것은 어쩌면 필연적 결과라 하지 않을 수 없다.

민주사회에서의 경찰 직원의 사기는 어느 시대보다 더 높아야 한다. 위로부터의 지시나 강요 그리고 감독과 감시에 의해 마지못해 일하는 분위기가 되어서는 안 된다. 스스로 직업에 대한 높은 긍지와 자부심을 가지고 열심히 헌신하고 봉사할 수 있어야 한다. 그러기 위해서는 순경 출신 경찰관들에게도 희망을 주어야 한다. 그들도 성의껏 열심히 일하고 봉사하면 언젠가는 총경이 되고 경찰서장을 해 볼 수 있다는 희망이 있어야 한다. 경찰력의 90%가 넘는 순경출신 경찰관들이 좌절감에 빠져 있다면 어떤 개혁의 구호도 공염불이 될 뿐이다.

경찰력의 90% 이상을 차지하고 있는 순경 출신 경찰관들이 이 조직의 주인이라는 긍지와 보람 그리고 희망을 가지고 일할 수 있도록 그들에게도 승진의 길을 열어 주어야 한다.

이에 대한 방안으로서 정치권 일각에서는 심지어 경찰대학 폐지론까지 거론되고 있다. 그러나 경찰대학의 존립으로 인한 국가와 경찰에 미치는 순기능을 감안한다면 그 폐지를 주장하는 것은 지나친 발상이라고 할 수 있다.

우선, 경사에서 경위로의 승진의 기회를 열어 주어야 한다. 경찰대학 출신과 간부후보생 출신들로서 경위들이 채워지고 있어서 일반 순경 출신들의 경위 승진이 너무나 어렵고 힘들기 때문이다. 지금까지 시행되어 오고 있는 경위 승진의 경우를 보면 이렇다. 매년 연초 승진 시기가 되면 승진자 수요를 파악하게 되는데, 경위 총 소요량에서 경찰대학과 간부후보생 졸업 예정자의 수를 차감하고 남은 수를 승진예정자수로 한다. 그 중 1/2은 시험으로 하고 나머지 1/2은 심사로 승진을 결정한다. 따라서 당연히 전국의 많은 경사들은 경위가 되기 위한 승진시험을 치른다든지 심사승진을 기대하지만 문제는 승진하고자 하는 경사의 숫자에 비해 승진자의 비율이 너무 낮다는 것이다. 이들 승진 소요 연한에 다다른 경사들의 숫자를 감안하여 경위 승진의 폭을 크게 넓혀 주어야 한다.

그리고 경위로 승진한 순경출신 경찰관들도 경찰대학 또는 경찰 종합학교(간부후보생과정)에서 경찰대학생 또는 간부후보생들과 함께 교육을 받을 수 있는 최소한 6개월 정도의 교육과정을 신설하는 방안을 강구해야 한다. 경위로 승진한 모든 경찰관이 그 과정을 이수하도록 하여 경찰 간부로서의 자질을 갖추고 긍지와 자부심을 키울 수 있도록 하는 것이 바람직하다 할 것이다.

2005년에 국회에서 통과한 경찰관련 법안(2005.12) 중 경위까지의 자동 승진제는 이러한 문제를 해결하기 위한 하나의 방안이라 할 수 있다. 그러나 일정 연한에 이르렀다고 자동으로 승진시키는 것은 계급 가치를 희석시키고 승진의 유인(incentive)을 제공하지 못하는 등의 문제점이 있다. 즉 계급 인플레현상을 일으킬 수 있는 것이다. 순경 출신의 경위 승진을 대폭 넓혀 주되 반드시 시험이나 심사를 거치도록 하여 간부로서 전혀 자질이 없는 직원까지 자동으로 승진하는 일은 없도록 하여야 한다. 또한 경감, 경정 승진의 경우도 시험승진과 심사승진이 있다. 심사승진의 경우는 순경출신과 경찰대 출신 등이 같은 조건에서 경쟁한다 해도 불만이 있을 수 없으나 시험승진의 경우는 순경 출신들이 경찰대학 출신들과 꼭 같은 조건에서 경쟁한다면 승진시험에 합격하기는 매우 어려운 일이다. 따라서 시험승진의 경우 합격자를 결정할 때 경찰근무 연한에 따른 가점을 가산하는 등의 방법으로 순경 출신 경찰관들을 배려하여 그들도 노력하면 승진하여 총경 등 높은 직위까지 승진할 수 있다는 희망을 심어 주어야 한다.

경찰 조직 내부에 존재하는 심각한 갈등 문제는 최우선적으로 개선되어야 한다. 이러한 근본적인 문제점을 가지고 있으면서도 조직 내부의 민감한 문제라서 손대지 못하고 외면한 채 지엽적인 문제를 붙들고 경찰개혁을 강도 높이 추진한다고 매달려도 언제나 그 한계를 드러내고 만다.

제2절 검찰분야

1. 검사동일체의 원칙

우리한국의 검사동일체의 형태는 모든 조직사회에 존재한다고 볼 수 있다. 그러나 현행 우리나라 검찰청법의 문제점은 이를 법률로 명문화하였기 때문에 악용의 소지가 있다고 보는데, 이것은 주로 권력형 비리나 정치적 사건에서 문제시 되고 있다. 지금과 같은 검찰의 이미지 실추와 대국민불신의 주요한 원인이 되기 때문에 이법을 삭제해야 한다고 본다. 그 이유는 첫째, 검찰사무의 균등성은 검사들 사이의 지시나 종속관계가 아니라 업무지침 등을 통해서도 얼마든지 달성할 수 있으며 전국적인 수사망의 필요성도 검사나 검찰청 상호간의 긴밀한 공조체제를 유지함으로써 확보할 수 있다.

둘째, 검사동일체의 원칙은 이론상 검사는 단독관청이기 때문에 검사의 지위와도 부합하지 않을 뿐 아니라 검찰권행사의 궁극적 주체를 검찰총장으로 귀속시키는 결과를 초래하기 때문에 검사동일체의 원칙을 유지하는 한 검사가 단독관청이라는 의미는 단지 명목상에 불과하기 때문이다.

셋째, 이 원칙은 독립관청임과 동시에 준 사법기관으로서의 합리적인 사무처리를 요구하는 검사의 직무성격을 무시한 채 마치 군대조직과 흡사하게 만들고 있기 때문에 검찰내부의 민주화를 저해하는 것이라고 본다.

2. 상명하복의 관계

상명하복은 형사사건의 수사, 공소의 제기 및 유지, 형의 집행을 내용으로 하는 검사의 고유 업무에도 그대로 적용되는 것이 문제라고 볼 수 있는데, 이를 나누어 살펴보면 다음과 같다.

첫째, 상명하복의 의무조항은 검사가 명목상으로만 단독관청이기 때문에 검사의 의견이 끝까지 제대로 반영되지 않고 마지막에는 결국 고위층의 의사에 종속시킬 수 있는 근거가 된다. 현 검찰조직 하에서는 수사검사들의 대부분이 기소나 수사에 대한 내용도 하부에서 처리하고 상부로는 보고만하는 식이나 이번 강기훈 교수 사건에서도 알 수 있듯이 정치적 사건에서는 이 원칙이 적용되지 않고 있다.

둘째, 검사는 자신의 이름으로 법적인 결정을 내리는 단독관청이면서도 일반 행정관청처럼 상사의 지시를 받으며 일하고 있다. 사건의 중요성에 따라 부장검사, 차장검사의 결재를 받는 것은 물론 법무부장관에게 보고해야 하는 사건도 있어, 법무부장관이 중요한 사건에 대해 구체적인 보고를 받는 것은 이를 정치적으로 이용할 수 있는 길을 열어둔 것으로 볼 수 있다.

셋째, 검사는 단순한 법무부 소속의 행정공무원이기 이전에 그 소송법상 지위의 사법기관성을 지니고 있기 때문에 합목적성의 필요성으로 합법성의 요청을 버릴 수는 없다 할 것이다. 따라서 이 조항에 대한 삭제보다는 보다 바람직한 방향으로 개정이 되어야 할 것으로 본다.

3. 직무승계와 이전

직무승계와 이전의 규정은 직무를 수행하던 주임검사에게 직무 수행을 계속할 수 없는 특별한 사정이 발생했을 경우에 대비하여 필요한 것이다. 그러나 이 조항의 구체적 사건에 있어서 상사의 의지를 관철시키는 수단으로 사용하는 경우에는 심각한 문제가 된다고 볼 수 있다. 그것은 앞에서 언급한 상명하복 관계는 상사의 직무 승계권과 이전권에 의해 실질적으로 보장받고 있기 때문이다. 따라서 상사의 직무 승계권과 이전권의 남용을 방지하는 것이 무엇보다 중요하다고 보는데, 이를 위하여 서면화 하여 증거를 남겨둠으로써 사후에 그 법적 정치적 책임의 소재를 밝힐 수 있는 근거를 마련함과 동시에, 직무승계의 이전권한의 행사의 남용을 방지하도록 하여야 할 것이다.

4. 기소독점주의와 편의주의

정치적 중립성을 유지 못하는 이유를 기소권과 관련이 많이 있다고 본다. 검사에게 공소권이 독점되어 있으므로 인하여 대대로 자의적인 공소권행사를 통하여 일반국민의 검찰에 대한 불신을 초래할 위험이 있을 뿐만 아니라 더 나아가 제도 자체의 적정성에 대한 의문까지 제기되고 있는 것이 우리의 현실이다. 따라서 소추기관인 검사의 기소재량을 어떻게 합리적으로 규율하여 적절하고 공정한 운영을 보장할 것인가 하는 점은 우리 형사사법체계의 신뢰성 확보를 위한 중요한 과제라고 볼 수 있다. 검사에게 공소권이 독점되어 기소여부에 대한 광범위한 재량을 행사하고 있는 현행법에 있어서 적정한 공소권행사를 보장하기 위한 규제 장치가 필요함은 당연하다. 현행법은 검사의 부당한 불기소처분에 대한 규제 제도에 대하여는 규제하고 있지만 부당한 기소에 대한 규제에 대하여는 아무런 규정이 없다. 공소권남용이론이 부당기소에 대한 규제제도로 논의되지만 법원과 대부분의 검사의 견해는 이를 반대하고 있다. 불기소처분에 대한 사법적 규제제도로는 형사소송법상의 재판상의 준기소절차와 헌법재판소상의 헌법소원을 들 수 있다. 헌법소원은 국가와 공권력작용에 의한 국민의 기본권침해에 대한 구제수단으로서 중요한 의미를 갖지만, 헌법소원이 인용된 예는 단지 몇 건에 불과하며 이중 검찰이 재수사해 기소한 예는 한 건도 없다. 헌법소원의 인용결정은 검사에 대하여 직접적인 공소제기를 명령하는 것이 아니라 검사에 대하여 재수사를 명령하는 것에 지나지 않는다. 따라서 준기소절차에 의한 재정결정에 비하여 헌법소원은 검사의 부당한 불기소처분을 규제한다는 효과는 훨씬 약하다.

5. 재정신청제도의 범위확대

재정신청제도는 1973년의「형사소송법」개정에 의하여 그 대상이 공무원의 직권남용죄에 제한된 아래 그 신청건수도 현저히 감소하여 그것이 검사의 불기소처분에 대한 규제제도로서 기능을 하는가 하는 점에 대하여도 의문이 제기되고 있지만, 검찰청법상 항고 및 재항고제도가 검찰 스스로의 시정책이라는 점에서 보면 재정신청제도는 기소독점주의와 기소 편의주의의 결합을 시정하고 검사의 독선과 자의를 방지하기 위한 현행법상의 유일한 규제제도라는 점에서 중요한 의미를 갖는다. 재정신청제도가 제한되기 전에는 상당히 활용되었다는 통계결과로 미루어 보건대 재정신청의 적용범위를 전범죄에 확대함으로써 검사의 불기소처분에 대한 규제수단으로 활성화 하는 것이 바람직하다.

6. 정치적 사건 등의 기소법정주의 도입

정치권력의 비리사건의 경우, 기소독점주의와 기소편의주의를 채택하고 있는 형법에 있어서는 정치적 입김이 강한 우리의 경우에 법적인 논리가 아니라 정치적 논리로 흐르고 있는 것이 현실이다. 이는 유전무죄 무전유죄라는 말로 압축되고 형평성이라는 법의 이념을 완전히 무시하는 것으로 일반국민의 법 감정 또한 완전히 무시한 행동이다. 이런 현상이 가능했던 것은 기소독점주의와 기소편의주의의 작은 허점을 정치적으로 뛰어넘는 것으로 정치적 사건의 경우에는 기소법정주의를 도입하여 정치적 입김의 통로인 작은 구멍을 없애는 방안이 필요하다. 독일과 같이 전면 기소법정주의를 채택하는 것이 아니라 정치적 사안에 대해서만 일반조항을 명문으로 마련하자는 것이다. 여기에 상당한 고려가 있어야 한다. 특히, 정치적사건의 정의가 중요하다.

7. 특별검사제도의 도입

그동안 불거진 여러 가지 검찰에 대한 불신사례는 우리국민들 의식 저변에 국가공권력에 대한 불신이 잠재해 있는 것이 사실이다. 이러한 우리나라의 특수한 사회풍토를 감안할 때, 이익충돌이론을 바탕으로 검찰조직 외의 제3자를 특별검사로 임명하여 정치적 의혹이나 권력형 비리사건의 수사와 소추를 담당하고 있는 특별검사제도가 일반국민들에게 신선하게 비추어지고 있다. 이러한 특별검사제 도입의 대두는 근본적으로 기존 검찰에 대한 사회일각의 오해와 불신에서 비롯된 것이므로, 검찰로서도 이러한 특별검사제도 도입 논의를 계기로 검찰의 과거와 현재의 모습을 다시 한 번 재조명함으로써, 이러한 사회일각의 오해와 불신을 해소하고 더욱더 국민의 신뢰와 사랑을 받는 검찰로서 재탄생하는 전기로 삼아야 할 것이다.

우리나라는 그동안 권력형 비리가 대두될 때마다 각각의 사건에 국한하여 한시적 특별법으로 특별검사를 임명하여 사건처리를 하여왔다. 그러나 이러한 접근방법은 특검제의 실시여부를 의원입법권자의 정치적 선택에 일임함으로써 결과적으로 제도적 학습을 통한 특검제의 합리화나 진화를 어렵게 만드는 요인이 되었다. 우선 특검제가 단속적으로 도입되어 내용상 통일성을 기하지 못했을 뿐만이 아니라, 특검제의 도입여부나 양상, 빈도 등 특검제에 관한 모든 것들이 국회 다수파의 이해관계나 주도세력의 성향, 정국의 추이에 따라 정치적 판단에 좌우되었다. 이렇게 볼 때 그간의 우리나라 특검제의 근본적인 폐단은 바로 정치화, 즉 특검제의 정치적 악용에 있다는 결론에 접근하게 된다. 이것은 특검제를 예외적 현상으로 만들고 싶은 집권당의 의도와 특검제를 정권에 대한 견제 내지는 공격을 위한 정치적 도구로 활용하려는 여당의 의도가 상호 반응하여 형성된 결과라고 볼 수 있다. 특히 당시 여소야대라는 특수한 정치적 상황에 의한 다수파인 야당이 집권당의 검찰독점구조를 저지하는 수단으로 특검제의 정치적 효용을 극대화하고자 했을 뿐이다. 특검제가 먼저 꽃을 피웠던 미국에서와는 달리 오히려 한국에서 지속적 생명력을 유지해왔다는 것은 흥미로운 사실이다. 이것은 실은 검찰이 정권의 시녀로 전락한 형태를 보여 왔던 한국사회의 특수성에도 기인한다고 보겠다. 경찰의 정치적 중립과 검찰권행사의 공정성을 담보해 줄 민주주의 제도로서 특검제가 지닌 효용이 사회적 공감을 얻었기 때문이다. 결국 최선의 대안은 언제라도 여야가 뒤바뀔 수 있다는 점을 감안하여 여야 모두가 동의할 수 있는 수준으로 특검제를 중립화하고, 이를 한시적으로 상설화하여 제도의 용도와 개입의 규칙 면에서 예측가능성과 불편부당성을 높이대서 찾아야 할 것이다. 이는 특검제의 한국적 모델을 구현하는 일이기도 하다. 물론 네 차례 특검제를 실시하는 과정에서 축적된 경험과 노하우를 토대로 제도적 개선방안을 마련해 시행하는 방법도 있을 수 있다. 수사대상과 범위를 좀더 융통성 있게 확대하고 수사인력이나 자원 등 특검의 기능수행에 필요한 행정적 · 재정적 지원이 충실히 이루어지도록 보장해야 한다. 또한 수사기관을 충분히 부여하되 그 연장여부에 대한 승인권을 대통령에서 사법부로 바꾸고 특검의 독립성에 관한 규범의 준수를 확보하는 방안 등을 충분히 검토해 반영할 필요가 있다. 아울러 수사미완료 사건을 승계할 수사 · 공소유지의 주체를 분명히 하는 명문 규정을 두고, 특검의 수사 비밀유지 등을 위한 법적 장치를 강구하는 한편 특검활동에 대한 국회보고 등 사후통제를 제도화하는 방안 역시 반드시 검토되어야 할 항목이다. 그 경우에도 특정사건에 대한 특검의 도입여부나 수사기관 등 제반 조건을 정하는 것 자체가 정치적 성격을 띠는 것은 어쩔 수 없는 일이지만, 특검제가 안고 있는 정치적 남용의 위험을 최소화하는데 각별히 유의해야 함은 두말할 필요가 없다.

8. 인사제도의 혁신

검찰의 문제점으로 지적되는 것 중의 하나가 인사제도라고 할 수 있다. 검찰은 법무부 산하의 행정기관이면서 독특한 내부구조를 가지고 있다. 즉 검찰의 수장인 검찰총장이 법무부장관의 지휘감독을 받음으로써 실제 검찰은 구속당하여 사회적으로 민감한 사항에 대하여서는 법무부장관의 입김이 강하게 작용하고 있다. 또 검찰총장의 2년 임기보장은 검찰의 정치적 중립을 위한 수단 인듯하나 검찰총장의 임기 후의 권력지향적인 진로를 감안할 때 거의 효과가 없음을 인식하여야 한다. 그에 따라 검찰의 인사제도의 실질적 개선이 필요하다. 무엇보다 개방적인 검찰총장의 인사와 법외 수단으로라도 검찰총장 임기후의 정치 지향적 진로를 견제하는 것이 중요하다고 본다. 더불어 외부인사 영입이나 지위격상, 그리고 개방성을 통한 검찰위원회의 개선 또한 필요하다고 본다.

제3절 사법분야

1. 사법개혁의 주체 문제

그동안 사법개혁의 주체로 세추위(세계화추진위원회)가 사법개혁 초기주도를 하였으며, 그 후 3권 분립 원칙에 의해 사법부가 개혁주체로 되어야 한다는 법조계의 여론이 있었으나 법조계가 주도할 경우 사법개혁이 정부주도로 진행되는 것은 별의미가 없다하여 이를 적극 반대하여 세추위와 대법원이 공동추진하기로 1995년 3월 18일 합의를 본 후 2003년 8월 22일 대통령과 대법원장, 사법개혁의 공동추진에 합의를 하였고 같은 해 10월 28일 대법원에 '사법개혁위원회'를 설치하였으며, 2004년 11월 2일 대법원장이 대통령에게 후속추진기구 설치를 건의 동년 12월 사법제도개혁추진위원회 규정을 제정 · 공포한 후 31일에 사법개혁위원회 활동을 종료하였다. 이듬해인 2005년 1월 12일에는 사법개혁 건의안을 대통령께 전달하였으며 18일에 서울 종로구 수송동에 '사법제도개혁위원회'라는 명칭의 현판식을 갖고 공식 발족하였다. 대법원 산하 사법개혁위원회가 건의한 사법개혁의 종합적 체계적 추진을 위하여 대통령자문기구로 '사법개혁추진위원회'를 설치하여 운영하고 있는데 사법개혁추진위원회의 심의사항은 다음과 같다.

① 사법개혁 추진을 위한 기본계획의 수립에 관한 사항
② 사법개혁의 추진과 관련되는 법령의 제정 또는 개정에 관한 사항
③ 사법개혁 추진상황의 점검과 평가에 관한 사항
④ 사법개혁 추진에 관한 부처 간의 의견조정에 관한 사항
⑤ 그 밖의 사법개혁의 추진과 관련하여 대통령 또는 위원장이 부의하는 사항 등이다.

2. 법조인력 증원문제

법조인력 증원이 법조 실무부서인 대법원과 법무부의 의견을 반영하고 학계와 시민들은 소비자단체에서 요구하는 점을 반영하지 못해 법조 기득권층의 압력에 밀렸다는 인상을 심어주었다. 법조인력 증원 문제에서 또 한 가지 다루어야 할 것은 법조인력의 증원과 더불어 변호사 직역 확대 문제도 검토되어야 한다고 본다. 세계화 · 국제화 되어가는 법률시장에 부응하기 위해 통상 · 외교 · 경영분야의 직역확대가 요구된다고 보겠다.

3. 법조양성제도

1) 개 관

법조양성제도는 조선조나 고려시대의 전통적인 체제와는 완전히 다른 서구식의 제도라고 할 수 있다. 또한 일본식민지시대를 거치면서 일본적 요소가 대부분 반영된 제

도라고 볼 수 있는데, 일본은 독일법을 많이 계수한 관계로 우리나라는 성문법을 중심으로 하는 대륙법계 국가이다. 이와 같은 법조양성제도는 1990년대까지 큰 변화 없이 유지되어오다가 1990년대 중반부터 새로운 제도, 즉 법학전문대학원제도의 도입이 거론되었다. 그리고 2007년 7월 「법학전문대학원 설치운영에 관한 법률」이 국회본회의에서 의결됨으로써 제도발전의 획이 그어지게 되었다. 법학전문대학원이 도입되기까지 존재해온 법조양성제도의 골격은 다음과 같다. 즉 법과대학, 사법시험 그리고 사법연수원이라는 요소가 제도의 핵심적 요소를 이룬다. 법과대학은 학부과정으로 고등교육법에 근거를 두는 것이었고, 사법시험은 응시에 있어서 학력제한이 없다(다만 2006년부터 법학과목 35학점 이수자로 재한되었음). 사법연수원은 사법시험에 합격한 사람들이 입학하였고 그 수료자들 중에서 판사와 검사를 임용하는 제도이다. 이와 같이 종전제도는 법과대학, 사법연수원, 사법시험이라는 세 지주로 이루어진 제도인데, 이 제도가 문제가 많다고 하여 나타난 것이 법학전문대학원이라고 할 수 있다. 종전제도에 어떤 문제가 있는가에 대하여 2005년 11월 22일 교육위원회에서 보고 된 「법학전문대학원 설치운영에 관한 법률안 검토보고」에서 나타난 종전제도의 문제점으로는 첫째, 법조인 양성제도는 법학교육과 사법제도의 연계가 부족하여 대학에서 충실한 법학교육이 이루어지기 어렵다는 것이다. 둘째, 복잡다단한 법적분쟁을 전문적, 효율적으로 예방하고 해결하는 능력을 갖춘 법조인을 양성하기 어렵다는 것이다.

2) 법학전문대학원제도의 성공적 정착방안

여기서 종전의 제도(법과대학, 구사법시험, 사법연수원제도) 속에서 새제도(법학전문대학원, 신사법시험 등)를 도입하여 정착시키는 과정에서 고려하야야 할 것이 무엇인가를 짚어 볼 필요가 있다. 중요한 것을 제시하면 ① 종전의 법과대학과 새로 만들어지는 법학전문대학원의 관계를 원활하게 하는 방안, ② 종전의 사법시험내용과 방법 등을 개선하여 전문대학원시대에 알맞은 제도로 만드는 일, ③ 다양한 학문적 배경을 가진 학생들이 전문적인 법률이론 및 실무에 관한 교육을 잘 받도록 전문대학원의 교육내용과 방법을 강구하는 일 등이다. 첫 번째의 경우 법과대학과 법학전문대학원의 교육내용상의 연계를 잘 설계하는 일이 핵심이라고 볼 수 있다. 두 번째의 경우는 사법시험을 통해서 측정하고자 하는 것이 무엇인가를 재검토하는 일이 핵심이다. 세 번째의 경우는 대학 학부의 각 분야 학문과정과 법학전문대학원 과정의 연계에 관한 것이다. 이 세 가지 문제는 앞으로 전문가들에 의하여 장기적이고 보다 심층적으로 연구 검토할 과제들이라고 볼 수 있는데, 이를 살펴보면 다음과 같다.

(1) 법과대학과 법학전문대학원의 관계 정립

법과대학과 법학전문대학원과의 관계 정립 문제는 근본적으로 어려움이 많다. 왜냐하면 대학원의 교육내용과 방법이 어떻게 구성되느냐에 따라서 법과대학 졸업생들은 유리할 수도 있고 불리할 수도 있다. 법학전문대학원의 과정을 이원화하여 학문적인 목적을 가진 과정과 실무적인 목적을 가진 과정을 설정하고 법과대학 출신들은 학문적인 과정을 이수하도록 하는 방법도 검토 할만하다. 학문적인 과정은 법과대학 출신뿐만 아니라 일반 학부출신들도 입학할 수 있을 것이다.

(2) 사법시험 내용과 전문대학원 교육의 대응

사법시험 내용과 방법이 어떻게 변화해야 하느냐 하는 것도 어려운 문제 중의 하나이다. 사법시험은 법학전문대학원 교육의 내용과 부합되어야 한다는 것인데, 이렇게 하지 않으면 법학전문대학원의 교육은 다시금 학생들로부터 소외될 것이기 때문이다. 또 하나는 법조양성이 아니라 법학전문대학원의 교육의 내용과 부합되어야 한다는 것이다. 이렇게 되지 않으면 법조양성이 아니라 법학박사를 중심으로 하는 학문적 과정의 위상에 관한 고려인데, 과연 이 과정을 어떻게 운영할 것인가 하는 것이다.

(3) 학부교육과 법학전문대학원 과정의 연계

학부교육과 법학전문대학원 과정의 연계문제는 고등교육의 여러 학문들의 성격과 상호관계라는 문제에 직결되어 어떤 면에서는 거창한 연구문제를 제기한다. 심리학이나 사회학과 같이 기초적인 학문을 내용으로 하는 학과가 있는 반면에 각종 응용적 학문들도 학부부에서 제공하고 있는 상황이기 때문이다. 우선 인문사회분야에서 어떤 학문이 법학전문대학원에서 제공하는 교육과 잘 융화될 것이냐 하는 문제가 검토될 필요가 있다. 또한 학부의 여러 학문 상호간의 관계와 학부-대학원 간의 학문들의 상호관련성을 전체적으로 검토해야 적절한 답을 내놓을 수 있을 것이다.

(4) 결 어

법과대학과 사법연수원 그리고 사법시험이라는 세 지주로 지탱되어 온 구 법조양성제도 속에 법학전문대학원이라는 새제도가 도입되는 과정에서 법조양성체제의 구성원들이나 정책수립자들은 새로운 제도가 일시에 구제도를 대체하는 것으로 보기보다는 구제도 속에서 새로운 제도가 점차 육성되고 발전되어 가는 과정이라고 보고 그 과정에서 일어나는 갈등과 문제들을 현명하게 해결하는 대안 들을 발굴하는 접근이 시급하다고 보겠다. 그리하여 새로운 제도와 구제도가 서로 대립하는 것이 아니라 원활하게 정합(整合)되도록 노력하여야 할 것이다.[11]

(5) 현행 변호사 수임료제도의 개선

현재 대한변협의 보수규칙(변호사 보수기준에 관한 규칙)으로 되어 있는 변호사 수임료를 법률로 정하는 독일과 같은 법정화 방안이나 변협 및 민간단체의 안을 정부가 인정하는 인가제 방안의 도입을 들 수 있다.

독일은 민·형사사건 모두 성공사례금이 없는데, 우리나라에서 이루어지고 있는 성공보수금제도도 형사사건의 성공보수금 뿐만 아니라 가사사건이나 민사사건의 경우에도 폐지하여 경제력이 없는 서민의 소송의뢰가 가능하도록 하여야 할 것이다.

현행 변호사서비스와 관련된 분쟁은 지방변호사회에서만 조정이 가능하게 되어 있는데 앞으로 의뢰인측이 '소비자보호원'의 분쟁조정위원회를 통해서도 구제가 가능하도록 하는 것이 바람직하다고 본다. 이밖에 독일이나 미국 등에서 시행되고 있는 법무보험제도의 도입과 장기적으로는 현재 이용되고 있는 '1건당 얼마씩'의 수임료 산정기준을 '시간당 얼마씩'의 산정기준으로 전환하는 방안도 검토되어야 할 것으로 본다.

(6) 전관예우 시정문제

우리나라에서 이루어지고 있는 전관예우의 폐해는 외국에서는 거의 찾아 볼 수 없다. 미국은 판사의 신분이 보장되고 사회적 지위가 높아 변호사로 개업하는 경우가 적어 재직 중에 변호사를 개업하는 경우가 극소수일 뿐만 아니라, 법조윤리법을 제정하여 전관예우제도의 폐해를 방지하고 있다. 독일은 수임료를 법률화하고 보험화 하여 누구

11) www.kedi.re.kr, 박재윤, 법학전문대학원제도의 운용 참조

나 법률서비스를 받도록 하였으며, 엄격한 윤리규정을 제정하여 부정의 소지를 없앴다. 일본의 경우도 판사는 종신제로 재직 중 변호사 개업을 하는 경우가 극소수로 전관예우와 같은 문제는 거의 일어나지 않는다. 전관예우의 폐해는 구속사건에 집중되므로 불구속제도의 원칙을 제대로 지키는 등 인신구속제도의 개선이 우선적으로 이루어져야 한다고 보며, 구속적부심 및 보석석방을 함에 있어서 미국식 '양형지침서'(Sentencing guide line)를 도입하는 등 합리적인 양형제도의 확립방안을 도모하고 공직자윤리법에 규정된 전직공무원의 취업 금지조항처럼 판·검사출신 변호사의 '개업금지 및 관련사건 수임 제한규정'을 변호사법 등으로 마련하는 방안이 검토되어야 할 것이다.

제4절 교정분야

1. 교정청(가칭)의 독립 신설

교정조직은 교정처우를 구현하는 인적 결합체로서 능률화·분업화, 전문화를 통하여 그 역량을 배가시킬 수 있을 것이다. 그러나 우리의 현실을 살펴보면 교정행정의 중앙조직은 법무부에 소속되어 있는 1개 본부(교정본부)이다. 이러한 1개의 본부에서 과연 서울, 대구, 대전, 광주의 4개 지방교정청이라는 거대한 교정기구 및 13,000여명의 교도관과 3,000명이 넘는 경비교도의 효율적인 지휘통제와 격증하는 수용자의 수용처우 등의 업무를 능률적으로 처리하기 위해서는 중앙에 교정업무를 통괄하고 있는 보조기관인 법무부 교정본부를 교정청이나 교정보호청 등의 외청으로 독립 운영하는 것이 급선무라 하겠다. 예컨대, 경찰의 경우 1974년에 당시 내무부 치안국을 치안본부로, 1991년에 다시 경찰청으로 승격시켰는가 하면, 소방분야도 그간 행정자치부 소방국에서 2004년 소방방재청으로 독립하였다.

외국의 경우 영국에서는 내무성 차관급에 해당하는 교정본부장(Director General of Prison Department)을 호주에서는 주정부별로 교정장관(Minister of Corrective Service)을 두고 있다. 뿐만 아니라 대다수 국가가 교정본부 내에서 범죄예방정책국 업무도 같이 볼 수 있도록 교정본부에 범죄예방정책국 업무를 통합하여 교정청으로 하든지 아니면 교정본부와 범죄예방정책국의 명칭을 그대로 살려 교정보호청으로 하여 독립하고 청장은 차관급으로 하여야 할 것으로 본다.

가장 교정선진국이라고 볼 수 있는 미국은 모든 주에 교정장관(Department Corrections)을 두고 있으며, 그 조직 안에 교정국과 범죄예방정책국으로 나누어서 시설 내 처우인 교정업무와 사회 내 처우인 보호업무를 관장하도록 하여 업무가 유기적이고 능률적으로 운영되도록 하여야 할 것이다.

2. 교정공무원법의 제정

교정직 공무원은 일반직공무원에게 적용되는 국가공무원법에 의하여 규율되고 있으나 경찰은 1950년 6 · 25전쟁 발발 이후 경찰의 역할과 기능이 중요시되면서 1969년 1월 「경찰공무원법」이 제정되어 '경찰공무원'이라는 특정직 국가공무원으로 독립된 신분이었다. 따라서 교정직공무원은 교정업무의 특수성에 맞는 처우나 혜택을 받지 못하고 있는 실정이다. 이러한 상황 하에서 교정직사회는 매우 위축되어 있고 자기비하적인 의식구조와 직장분위기를 보이고 있다. 다른 공무원에 비하여 교정공무원의 열악한 근무환경을 개선하고 계급 정년제를 도입 인사적체를 해소하여야 할 것이다.

또한 교도관들은 격무에 시달리고 있을 뿐만 아니라 수용자들과의 끊임없는 마찰로 교도관 10명중 9명이나 수용자들로부터 구타당했다는 조사보고도 있다. 뿐만 아니라 대개 교도소는 업무성질상 도심에서 멀리 떨어진 변두리나 오지에 위치하고 있어 교통의 불편과 대부분 가족과 떨어져 생활해야 하는 어려움 때문에 자기비하적 의식이 66.4%에 달한다는 조사도 있다. 우수 교정직공무원을 유치하기 위하여 모처럼 유치한 행정고시출신 교정관의 이직률이 타 부처에 비하여 많은 이직률을 등을 감안할 때 하루빨리 「교정직공무원법」을 제정하여 교도관이라는 특수성에 걸맞는 처우가 이루어져야 할 것이다.

3. 전문교육기관의 독립육성

교정시설에 근무하는 교정직공무원은 범죄자의 사법결과에 의한 형벌을 집행해야 하는 반면에 수용자를 과학적으로 분류하고, 교정교육을 개별적으로 수행하는 선량한 개선자로서 사회에 복귀토록 하는 이율배반적인 특수임무를 수행하기 때문에 고도의 전문지식과 수용질서유지와 사고방지를 위한 심신의 단련과 계구의 사용법 및 교정기법의 연마 등 광범한 인격의 겸비가 요구된다.

따라서 이러한 고도의 전문지식을 갖추기 위해서는 교정직원의 교육훈련이야 말로 가장 중요한 과제 중의 하나라고 보겠다. 우리는 일찍이 1945년에 독자적인 교정직공무원의 교육기관인 교도관학교를 설립, 교정공무원의 특수성에 맞는 전문적인 교육을 시행하여 왔으나, 1972년 교정공무원을 포함한 법무부 소속 공무원의 교육훈련을 담당하는 기관으로 법무연수원이 발족됨으로써 교도관학교는 이에 흡수, 통합되었는데 이는 바로 교정공무원교육의 퇴보를 의미하는 것이라고 하겠다.

외국의 교정공무원의 교육훈련에 관한 사항을 살펴보면 일본은 법무성 산하에 검사 및 검찰사무직공무원등의 교육훈련을 위하여 법무종합연구소와 그 산하에 7개 지소가 있는 외에 교정공무원의 전담교육기관으로 교정연수소를 별도로 독립 설치, 운영하고 있으며 그 산하에 8개 지소를 두고 있다. 영국은 웨이크필드 교정대학(Wakefield Prison Service College)을 두고 있고, 호주는 직원연수대학(Staff Training College Victoria)이나 뉴질랜드 등의 교정직원대학 등은 교정에 대한 전문대학으로서의 기능과 교정직원의 연수를 전담하고 있다. 우리도 하루빨리 교정공무원만을 전문적으로 교육시킬 수 있는 독립된 전문교육시설을 설립하여야 할 것으로 본다.

4. 교정관계법령의 정비

오늘날 교정이념은 과거의 응보형적인 폐쇄성에서 탈피하여 교육적이고 개방적임은 물론 사회 내 처우 내지 사회적 처우가 점차 확대강화되고 있다고 보겠다. 그러나 이러한 추세에도 불구하고 우리의 형 집행법 등 교정관련법은 아직도 구시대의 응보적이고 일반 예방적인 요소가 다분하여 보다 효과적인 교정처우를 하는데 많은 문제점이 따른다고 보겠다.

따라서 이러한 문제점을 해결하기위하여 법무부 내에 가칭 교정관련법심의회를 대통령령으로 설치하고 법무부가 그 지원 총괄업무를 담당하도록 하는 것이 효과적일 것이다.

① 2008년 12월 11일 법률 제9136호로 종전의 행형법의 명칭을 「형의 집행 및 수용자의 처우에 관한 법률」이라는 명칭으로 현시대감각에 맞도록 개정하였으나 입법에 참여하는 직원의 전문성부족으로 아직도 선진국에 비해 부족한 점이 많다고 본다. 따라서 앞으로 우리현실에 맞는 좀 더 선진화되고 전문화된 법이 되도록 지속적인 개정작업이 이루어져야 한다고 본다.

② 일반예방과 특별예방의 균형화가 이루어져야 한다고 본다. 이렇게 하기 위해서는 인신매매범, 가정파괴범 · 조직범죄와 소매치기범죄와 상습사기범죄자 등에게는 보다 강력하게 대처하고 개선 가능한 과실범죄자와 청소년범죄자 등에게는 보다 교화 · 개선적이어야 한다.

③ 징벌집행의 개선과 수형자의 법적지위에 기초하여 법률이 보장하는 권리를 제한하거나 처우에 대한 침해행위를 제거하기 위한 효과적인 권리구제방안이 이루어져야 한다.

④ 처우의 과학화와 개별화가 이루어져야 하는데, 이를 위하여는 1955년에 UN이 제정한 피구금자처우최저기준규칙 등 국제처우준칙과 그간 교정 최고실무가인 교정국장(우리나라는 교정본부장이라고 함)회의 등 교정관련 국제회의에서 논의된 내용 등을 충분히 반영하여야 할 것으로 본다.

참고문헌

〈국내문헌〉

김보환(2004). 「범죄생물학」, 동대출판부.

김용준(1995). 「교정심리학」, 고시원.

______(2006). 「형사정책학」, 교학사.

______(2009). 「교정학개론」, 백산출판사.

______(2009). 「범죄피해자학」, 백산출판사.

문화관광부(2009). 「청소년백서」.

박상기 외 2인(1998). 「형사정책」, 한국형사정책연구원.

배종대. 「행형학」, 법문사.

법무연수원(2009). 「범죄백서」.

신진규(2002). 「범죄학 겸 형사정책」, 법문사, 1989.

이상현(1994). 「범죄심리학」, 박영사.

이윤호(2002). 「범죄학개론」, 박영사.

정영석(1992). 「형사정책」, 법문사.

청소년폭력예방재단(2009). 전국학교폭력 실태보고조사서.

〈외국문헌〉

【일본】

高橋正己(1981). 「刑事政策」, 下中邦彦編, 世界大百科事典9, 平凡社.

橋本鍵一(1975). 所一彦. 石田幸平編, 「犯罪學」, 新曜社.

菊田幸一(1992). 「犯罪學4訂版」, 成文党.

宮澤浩一 · 加藤久雄(1975). 「增補犯罪學25講」, 慶応通信.

吉益脩夫(1974). 「犯罪學概論」, 有斐閣.

藤木英雄(1977). 「刑事政策」, 日本評論社.

藤本哲也(1993). 「犯罪學特講」, 東京: 八千代出版.

藤本哲也(1996). 「刑事政策概論」, 東京: 青林書院.

藤勳平譯(1973). 「文化葛藤と犯罪」, 法定大學出版局.

森武夫(1978). 「犯罪心理學入門」, 大成出版社.

星野周弘(1975). 「アメリカの犯罪. 비행の社會學的理論(上)」. (下) 警察學論集 28倦6号, 7号.

小川太朗(1975). 「改訂版 刑事政策論講義(第1分册)」, 法政大學出判局.

______________. 「刑事政策論講義」(弟三分册), 法政大學出版局.

安平政吉(1965). 「刑事政策概論」, 弘文堂.

岩井弘融(1976). 「犯罪社會學」, 弘文堂.

鈴木券太朗(1905). 「犯罪論及女性犯人」, 井例棠.

日本犯罪社會學編(1975). 「犯罪社會學」, 有斐閣双書.

前田信二郎(1970). 「刑事學原論」, 法律文化社.

正木亮(1940). 「刑事政策凡論」, 有斐閣.

竹村壽(1953). 「少年犯罪の 社會學的研究」, (司法研修報告書 第6輯 제4号), 司法研修所.

平尾청編(1974). 「犯罪心理學」, 有斐閣双書.

【영 · 미】

Ackerman, P. et al.(1977). "Teenage Status of Hyperactive and Non-hyperactive Learning Disabled Boys", American J. of Orthopsychiatry, 47, pp. 557-564.

Adler, F. M. et al.(1991). Criminology, New York : McGraw-Hill.

Alvarez, W. C.(1946). "puzzling 'Nervous Storms' due to Food Allery", Gastroenterology, 7, pp. 241-248.

Becker, H. S.(1963). Outsiders : Studies in the Sociology of Deviance, New York : The Free Press.

Berman, A.(1975). "Incidence of Learning Disabilties in Juvenile Delinquents and Non-Delinquents", J. of Learning Disabilities, 9, pp. 583-590.

Berman, Louis(1921). The Glands Regulating, New York : MacMillan.

Blackburn, Ronald(1993). The Psychology of Criminal Conduct, New York : Randum House.

Bonger, W. A.(1916). criminality and Economic Conditions, New York : Agathon Press, Inc..

Booth, A. & Osgood, D. W.(1993). "The Influence of Testosterone on Deviance in Adulthood", Criminology, 31(1), pp. 93-117.

Brain, P.(1990). April. "Homonal Aggression and Violence", In Reiss, et al., eds., Understanding and Preventing Violence, Vol, 2, pp. 173-244.

Brizzer, D. A.(1988). "Psychopharmacology and the Management of Violent Patients", Psychiatric of North America, 11, pp. 551-568.

Burt, Cyril.(1925). The Young Delinqents. New York : Appleton.

Carr, L.(1949). "Most Courts have to be Substandard", Federal Probation, Vol. 13, Sept.

Cater, R.(1968). Middle Class Delinquency : AN Experiment in Delinquency Control, Berkely : School of Criminology.

Cloward, R. A. and L. E.(1950). Ohlin, Delinquency and Opportunity, New York : The Free Press.

Cohen, A. K.(1966). Deviance and Control Englewood Cliffs, N. j. : Prentice_ Hall, INC..

Collins, John E.(1986). Criminology(2nd ed), New York : MacMillan Pub. Co.

Cowie, J., Cowie, V. and E. Siater(1968). Delinquency in Girls, London : Heinemnn.

Critchley, M.(1972). The Dyslexia Child London : William Heineman.

Diamond, B. L.(1965). "Psychiatry and Crimina", Potgraduate Mdicine, Vol. 36, August.

Durkheim, E.(1947). The Division of Laber IN Society, rans, by Simpson, G. New York : The Free Press.

Ehrlich, I.(1973). The Deterrent Effect of Capital Punishment : A Question of Life or Death.

________(1975). "Deterrence : Evidence and Inferrence", Yale Law Journal, Vol Journal, Vol. 85, Dec.

Eichelman, B.(1986). "The Biology and Somatic Experimental Treatment of Aggressive Disorders", In A. K. Brodie, et al.,(eds), The American Handbook of Psychiatry, Vol. 8. New York : Basic Books, pp. 651-678.

Erikson, H. S.(1962). "Outsiders in the Sociology of Deviance", Social Problems, Vol. 9, Winter, pp. 247-256.

Farrington, D. P. et al.(1990). "Long-Term Criminal Outcomes of Hyperactivity-Impulsity-Attention Deficit and Conduct Problems in Childhood", In L. Robins, et al., "Straight and Conduct Problems in Childhood", In L. Robins, et al., Straght and Devious Pathways from Childhood to Adulthood, Cambridge : Cambridge Univ. Press.

Feingold, B. F.(1975). "Food Addictives and Child Development", Hospital Practioner, Oct., 11-12, pp. 17-21.

Fishbein, D. H.(1990). "Biological Perspectives in Criminology", Criminology28(1), pp. 27-72.

______, Diana.(1992). "The Psychology of Female Aggression., criminal Justice and Behavior, 19, pp. 99-126.

______, et al.(1982). Nurtritional and Electrophysiological Indices of maladaptive Behavior.

______ & Pease(1986). "Research in Correction", The Effects of Behavior Implications for Criminology and Corrections New York : Basic Books.

______ & Pease, S. E.(1996). The Dynamics of Drug Abuse, Boston : Allyn and Bacon.

Gillbert(1976). The Relationship of Cognitive Temp to set Behavior Problems Intelligence and Achievement in Learning, Disabled Elementary School Children. Ann Arbor : University of Michigan Press.

Glaser, D.(1956). "Criminology Theories and Behavioral Images", American Journal of Sociology of Socioloy, Vol. 61, March, pp. 433-444.

Glouldner, A.(1968). "T Sociologist as Partisan : Sociology and the Welfare State", The American Socioloist, Vol. 3.

Goddard, H. H.(1928). "Feeblemindedness : A Question of Definition", J. of Psycho-Asthenic, 33, pp. 225-231.

Gordon A. W.(1987). "SES versus IQ in the Race-IQ-Delinquency Model", international J. of Sociology and Soc. Policy 7, pp. 30-96.

Goring, C.(1913). The English Convict, London : His Majesty's Stationary Office.

Gottfredson, M. R. & Hirschi, T.(1990). A General Theory of Crime, Standford Univ. Press.

Grierger, T. et al.(1976). "Organization Source of Crime", British J. of Crimiology 9, p. 209.

Healy, W. and Bronner(1926). Delinquents and Criminals : Their Making and Unmaking. New York : Macmillan and Company.

Heilbum, A. B.(1982). "Cognitive Models. of Criminal Violence Based ON intelligence and Psychopathy Levels", J. of Consulting and Clinical Psychology, 50, pp. 546-557.

Herrnstein, R. J.(1973). IQ IN the Meritocracy, Boston : Atlantic Little Brown.

________. &. Murray, C. 1994. The Bell Curve : Intelligence and Class Structure in American Life, New York : Free Press.

________(1995). "Criminogenic Traits", in J. Q. Wilson & J. Petersilia, eds, Crime, Institute for Contemporary Studies, Sanfrancisco : Academic Press, pp. 49-53.

________. and Murray, C.(1994). The Bell Curve : Intelligence and Class Structure in American Life. New York : Free Press.

Hill D. & Sargent, W.(1943). "A Case of Matricide", Lance, 244, pp. 526-527.

Hinderlang, M. J.(1970). "The Commitment of Delinquents to Their Misdeeds : Do Delinquents Drift?" Social Problems, 17, pp. 502-509.

Hooton, E. A.(1939). Crime and the man. Cambrige, Mass : Harvard University Press.

Holzman, H. R.(1979). "Learning Disabilities and Juvenile Delinquency". In C. R. Jeffery, ed, Biology and Crime Beverly Hills : Sage, pp. 77-86.

Huesmann, L. R. et al. "Intellectual Functioning and Aggression", J. of Personality and Social Psychology 52, pp. 232-240.

Jeffery, C. R.(1979). Biology and Crime, Beverly Hills. Sage.

Jenson, A. R.(1969). "How Much Can We Boost IQ and Scholasic Achievement?" Harvard Educational Review, Vol. 39.

Kitsuse, J. I.(1962). "Societal Reacton to Deviant Behavior", Social Problems, Vol. 9. Winter.

Klein, D.(1973). "The Etiology of Female Crime: A Review of the Literature", Issues in Criminology, Vol. 8, Fall.

Kletschka, H. D.(1966). "Violent Behavior Associated With Brain Tumors", Minnesota Medicine, 49, pp. 1853-1855.

Krisberg, B.(1972). "Review of Laud Humphries Tearoom Trade", Issue in Criminolgy, Vol. 7.

Krtschmer, E. Körperbau und Charakter, Göttinggen, Heidelberg : Spring, 1961.

Lange, J.(1929). Verbrechen 민 Schicksal. Leipzig : Thieme.

Lefcourt, R.(ed)(1971). Law Aganist the People : Eassy Law Order and the Courts New York

: Vintage.

Lemert, E. M.(1951). Social Pathology, New York : McGraw-Hill.

____________(1967). Hamann Deviance, Social Problem and Social Control, Englewood Cliffs, N. J. : Prentice-hall.

____________(1974). "Beyond Mead : The Societal Reaction to Deviance", Social Problem, Vol. 21, April, pp. 457-468.

Lindesmith, A. R.(1963). "Addiction: Beginning of Wisdom", The Naion, Jun.

Lober, R.(1988). "Behavioral Precursors and Accelerators of Delinquency", In W. Buikhuisen, et al., Explaining Criminal Behavior, Leide.

Malinowski, B. K.(1926). Crine and Custom in Savage Society, Routledge&Kegan Pal.

Mark, V. H. & Ervin, R.(1970). Violence and the Brain, New York : Harper & Row.

Martin, J. B.(1981). "Abortion", Saturday Evening Post, May 20.

Matza, D.(1964). Delinquency and Drift New York: John Wiley and Sons.

Mays, J. B.(1963). Crime and the Social Structure, London : Faber Ltd. Publiser.

McCune, S. and D. Skoler(1949). "Juvenile Court Judges in the United States, Sept.

Mednick, J. V. et al.(1981). "EEG as a Predictor of Antisocial Behavior", Criminology, 19(2), pp. 219-229.

_______, S. A. & Christiansen, K. O. eds.(1984). Biosocial Base of Criminal, S & Behavior, New York : Gardner Press.

Merton, R. K.(1938). "Social Structure and Anomie", American Sociological Review, Vol. 3, Oct., pp. 672-682.

Messinger, S.(1973). "Some Notes Toward a DISCUSSION OF THE year 2000 and the Problem of Ciminal Justice", Unpublished paper delvered at the Conference on Criminal Justice, Chicago, June24.

Miller, W. B.(1959). "Lower Class Culturerating Milieu of Gang Delinquency", Journal of Social Issues, Vol. 14, No. 3, pp. 5-19.

____________(1973). "Ideology and Criminal Justice Policy : Some Current Issues", The Journal of Criminal Law and Cambridge, July 5.

Monrad, C. et al.(1983). "Clinical Response of Aggressive Schizophrenics to Oral Tryptophan",

Biological Psychiatry, 18, pp. 575-578.

Morrison, H. l.(1978). "The social child : A Destiny of Sociopath?", In W. H. Reid(ed), The Psychopath, New York : Brunner/Mazel.

Moyer, K. E.(1971). "The Physiolgy of Aggression and The Implications for Aggression Control", In J. S. Singer, ed., Personality and Psychopathology, New York : Academic Press.

Murphy, F. J. Shirley, M. and H. Witmer(1946). "The Incidence of Hidden Delinquency", American Journal of Orthopsychiatry, Vol. 14, Oct.

Nideffer, R. M.(1973). "Alpha and the Development of Human Potential", in D. Shapiro, et al., Biofeedback and Self-Control-1972, Chicago : Aldine.

Nye. F. I.(1958). Short, J. F. and V. J. Olson, "Socio-Economic Status and Delinquent Behavior", American Journal of Sociology Vol. 63. Jan.

Platt, A. M.(1974). "Prospects for a Radical Criminology in the United Stateb", Crime and Social Justice, Vol. I. Spring Summer.

Raine, Adrian.(1993). The Psychopathology of Crime, San Diego : Academic Press.

Reckless, W. C.(1956). Dinitz, S. and E. Murray, "Self Concept as an Insulator Aganist Delinquency", American Sociological Review, Vol. 21, Dec.

Reiss, A. J. et al.(1961). "The Distribution of Juvenile Delinquency in the Social Class Structure", A. S. C. 26, pp. 720-732.

Royal Commission on Capital Punishment, Final Report, 397(1945~53).

Safer D. and Allen, R.(1978). Hyperactive Children, Baltimore: University Park Press.

Scher, E. M.(1971). Labling Deviant Behavior, Its Sociological Implications. New York Haper & Row, Publishers.

Schlapp, M. G.(1924). "Behavior and Gland Disease", J. of Heredity 15.

______. & Smith, E. H. 1928. The New Criminology, New York : Liveright.

Sellin, T.(1938). Culture Conflict and Crime New York : Social Science Research Council.

Shaw, C. R. and H. D. McKay(1942). Juvenile Delinquency and Uraban Areas, Chicago : University of Chicago Press.

Shaw, C. R. et. al.(1929). Delinquency Areas. Chicago : University of Chicago Press, 1929.

Sheard, M. H.(1975). "Lithium in the Treatment of Aggression", J. of Nervous and Mental Disease, 160, pp. 108-118.

Short, J. F. Jr(1954). "A. Report on the incidence of Criminal Behavior, Arrests, and Convictions in Selected Groups", Proceedings of Pacific Sociological Society.

Siegel, L. J.(1969). Theories in Criminology, New York : Random House.

__________(1986). Criminology, New York : West Pub.

Sutherand E. H. and D. R. Cressey(1970). Criminology, 8th edition, Philadelphia : J. B. Lippincott Company.

Sutherland-Cressey(1974). Criminology, 9th ed. p. 1.

Sykes, G.(1974). "The Rise of Criminology", The Journal of Criminal Law and Criminology, Vol. 65, June.

Tannenbaum, F.(1938). Crime and Community, New York : Ginn, 1938.

Tappan, P. W.(1951). Contemporary Corrections, New York : McGraw-Hill.

Tharp, R. G. and R. J. Wetzel(1969). Behavior Modificaion in the Natural Environment, New York A Cadenic Press.

Thomas, W. I. and F. Znaniecki(1918). The Polish Peasant in Europe and American, Vols. 1 and 2, Chicago : University of Chicago Press; Vols, 3-5 Boston : Richard G. Badger, 1919-1920.

Thomas, W. I.(1907). Sex and Society, Boston : Little, Brown and Company.

____________(1923). The Unadjusted Girl, Boston and Company.

Thrasher, F. M.(1927). The Gang, Chicago: university of Chicago Press.

Volaka, J.(1987). "Electroencephalogram Among Crininals", In S. A. Mednick et al.,(eds), The Cause of Crime, Cambridge, England : Cambridge Univ. Press, pp. 137-145.

Vold, G. B.(1970). Theoretical of Madness, New York : Dell.

Wallace, R. K. & Benson, H.(1972). "The Physiology of Mediation", Scientific American, Feb, pp. 85-90.

Williams, K. S.(1994). Criminology, Aberystwyth : Univ. to Wales.

Wolfgang, E. & Ferracuti, F.(1967). The Subculture of Violence, London : Tavistock.

________, M.(1973). "Development in Criminology in the United States with Some Comments on the Future", Unpublished paper delivered at the Fifth National Conference at the Institute of Criminology, University of Cambrage, July 5.

Wolfgang, Marvin. E. "Criminology", pp. 269-271.

________(1958). Patterns in Criminal Homicide, Philadelphia : Univ. of Pennsylvania Press.

________. et al.(1972). Delinquency in a Birth Cohort, Chicago : Univ of Chicago Press.

Wright, E. O.(1974). The Politics of Punishment San Francisco : Harper Colophon Books.

Zayed, Z. A. et al.(1969). "An Encephalographic and Psychiatric Study of 32 Insane Murders", British J. of Pschiatry, 115, pp. 1115-1124.

▮ 저자약력

김용준

연세대 행정대학원 석사
일본중앙대 방문자연구원
법무부 장흥 · 김천소년교도소장
국제문화대학원대학교 국제형사법 주임교수
한국복지사이버대학 외래교수
한국형사사법학회 회장
한국교정보호학회 회장
한양대 법학박사
법무연수원 교수
연세대법무 · 행정대학원 강의교수
미국 Piedmont University 부총장
제5회 공무원문예대전 최우수상
한국범죄방지사협회 회장
한국행정사중앙협의회 회장

〈주요 저서〉

범죄학, 형사정책학, 범죄피해자학, 교정심리학, 교정복지학개론(공저)
교정학, 교정학개론, 교정법학, 교정행정론

〈논문〉

형사사법제도에 있어서 민영화
미국의 집중감독 프로베이션에 관한 연구
한 · 일 교정제도에 관한 비교 연구 등 30여편

형사정책학

2011년 2월 15일 초판 1쇄 인쇄
2011년 2월 20일 초판 1쇄 발행

저 자 김 용 준
발행인 (寅製) 진 욱 상
발행처 백산출판사
서울시 성북구 정릉3동 653-40
등록 : 1974. 1. 9. 제 1-72호
전화 : 914-1621, 917-6240
FAX : 912-4438
http://www.ibaeksan.kr
editbsp@naver.com

값 28,000원
ISBN 978-89-6183-421-6